U0510328

A
STUDY
OF
HISTORY

历史研究

(ILLUSTRATED)

上

A STUDY OF HISTORY

(ILLUSTRATED)

历史研究

（插图本）

［英］阿诺德·汤因比 著　刘北成　郭小凌 译

ARNOLD TOYNBEE

上

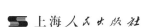

上海人民出版社

出版说明

　　阿诺德·汤因比(Arnold Toynbee,1889—1975),为英国著名历史学家,一生著述颇丰,尤以 12 卷巨作《历史研究》最为辉煌。在此书中,汤因比一反国家至上的观念,主张文明才是历史的单位;他把世界历史划分为 26 种文明,以极其宏大的视角展现了诸多文明的成长、碰撞、融合的历程。

　　因《历史研究》卷帙浩繁,普及不易,作者本人于 1972 年亲自删繁就简,并精心配置插图,将其缩编成一卷插图本印行于世。插图本收录了支撑作者论点的大量历史例证,保留了丰富的细节。图片不仅增强了文本的效果,而且能传递文字无法充分表达的信息。汤因比认为插图本与先前出版的纯文字版《历史研究》"有着广泛的不同之处"。

　　《历史研究》(插图本)中译版本由我社于 2000 年出版以来,一直受到读者热烈欢迎和广泛赞誉。但一卷插图本配有超过 500 幅的彩色/黑白图片及地图、表格,仍显厚重。值此新版之际,我社将本作品析为三册,以便读者阅读。

上海人民出版社

2019 年 7 月

上册目录

序 言

　　本书内容如书名所示,试图将人类史当作一个整体来加以考察。这意味我的考察始自人类史的开端,终至当前的 1972 年。同时也表明本书着眼于全球范围内的考察。

　　就时间而言,我们的视野不只局限于规定的范围之内。在我们的动物祖先演变成人之后的最初 50 万年或大约 100 万年时间里,[①]我们人类是很原始的,除了一些骨骸和旧石器,没有遗留下什么记载的东西。农业、家畜驯养、陶器制作和纺织技术仅有一万年左右的历史,而文明存在的时间充其量也不过五千年。我们所了解的大部分人类史其实都处在相对晚近的时代。从地理上对历史进行全球性考察,较从时间上考察要相对容易一些。但为了持有一种公允的、平衡的全球观点,我们必须抛弃自己的幻觉,即某个特定的国家、文明和宗教,因恰好属于我们自身,便把它当成中心并以为它比其他文明要优越。对于这样的历史学家来说,他的先辈们的立场,出乎意料地成了全面认识这个世界真实景象的障碍。

　　为什么要从整体上研究历史呢? 为什么要关照我们所处的时代以及所在地域以外的事物呢? 这是因为现实要求我们具有这种较为宽广的目光。在最近 500 年时间里,地球的整个表面,包括大气层,都因为惊人的技术进步而有机地联系在一起。然而,人类在政治上却尚未实现联合,我们彼此之间仍然是按照各自的方式生

---

① 汤因比显然认为真人或晚期智人之前的猿人时期不属于人类史的范畴,这同古人类学界中存在的部分观点相一致。但就多数人的意见而言,人类史的开端被设定在能人即制造工具的人形成时期,时间约在 200 万年前。——译者注

活的陌生人。这本来是我们从"消除距离"之前的时代继承下来的遗产,现在却使我们陷入了非常危险的境地。两次世界大战以及现今世界范围内的不安、沮丧、紧张和暴力,说明了这种危险。人类无疑正在走向自我毁灭,除非我们能成功地形成天下如一家的状态。为此,我们必须相互熟识,这意味着我们需要逐步熟悉彼此的历史,因为人类并非仅仅生存于直接的现在。我们生活在一条思想的河流当中,我们在不断地记忆着过去,同时又怀着希望或恐惧的心情展望着未来。

这种对历史进行全面研究的现实需要,是显而易见和无可争辩的。即使我们不是出于自我保存的目的来研究历史,我们也应受好奇心的驱使而对它表示关注,因为好奇是人性的显著特点之一。即使我们的生活已经非常繁荣且有着可靠的安全保障,我们仍应对我们置身其间的宇宙感到惊异。何况这个世界上还没有一个社会(无论在何时何地)实现过这两个理想的目标。

我是积个人经验认识到这一点的。促使我研究历史的动力是贯穿我一生的好奇心。从我能记事的幼年起,我就有了历史的头脑。我的母亲是一位历史学家,她对历史的兴趣感染和激励了我。我也是在曾经当过水手的叔爷的影响下长大的。他曾是一条东印度公司的商船(一种三桅横帆的海船)的船长。有关他远航至印度和中国的故事曾令我激动不已。所以,我开始研究历史是出于好奇,尽管我是在幻梦中长大成人的,以为我将在一个理性的、秩序井然的、和平的世界中安度自己的一生。直至1914年8月,当我26岁的时候,我才开始意识到要全面研究历史的真正理由。正是第一次世界大战的爆发唤醒了我去认识现实。也正是这一事件使我察觉到处理浩如烟海的史料的可行方法,而史料则是全面深入地研究历史所不可缺少的基础。

1914年我在牛津大学教书,讲授古典希腊的历史。那一年的8月,我的头脑突然闪动出一个想法,公元前5世纪的史学家修昔底德已经体验到了现在令我惊诧的东西。他同我一样,为他所在的世界分崩离析、各邦间展开相互残杀的大战所震撼。修昔底德已预见到,他那一代经历的大战开启了他当时所处世界的新纪元,后来的结果证明他是正确的。我现在看到,古典希腊的历史和现代西方的历史就经验而言,彼此之间具有共时性。二者的历史过程也是平行演进的。我们可以对它们做一番比较研究。不久我还发现,希腊史和西方史乃是同类事物的两种范例,该类事物还有一系列其他样板。我当时计算出21种文明,现在抛开一些已灭亡的不算,我则统计出至少有31种文明。对于比较研究来说,20或30个样本足以说明问题了。

教导我广泛研究历史的人是我的母亲、我的叔爷,修昔底德以及另外两位希腊历史学家——希罗多德和波里比乌斯。这两个人也写过他们目力所及范围内的广泛的世界史。我还是孩子的时候,就对死记硬背英国各郡的名称和英国历代国王的生卒年代感到厌烦。而以色列和犹大①的国王据称作恶多端,几乎乏善可陈,却激起了我对他们的邻人——亚述人和埃及人——的好奇心。我在大不列颠博物馆能看到这些古代居民遗下的一些给人深刻印象的纪念物。我对希腊与拉丁文献,包括诗歌、哲学与历史文献的认真钻研,拓宽了我的思路。1914年8月,修昔底德曾给过我一个至今仍未摆脱的震撼。在1915和1916年,我学校中的朋友、同事约一半死于战争。在其他交战国当中,我的同代人死亡的比例也不亚于此数。我在世上活得越久,我对恶毒地夺走这些人生命的行为便越发悲痛和愤慨。我不愿我的子孙后代再遭受同样的命运。这种对人类犯下的疯狂罪行对我提出了挑战,我写这部书便是对这种挑战的反应之一。

从1920至1972年,我一直致力于《历史研究》的写作。在1920年的夏天,我进行了首次尝试,但未获成功。1921年夏,我在伊斯坦布尔到卡来斯的火车上,草草拟定了各部分的题目,其中大多可在这部修订插图本中找到。未经删削的全本共计12卷。自1927至1939年,我抢在即将到来的第二次世界大战前面赶写这本书,在大战爆发前40天出版了头6卷。1954年我又出了7至10卷,1959年第11卷(《历史地图和地名集》)问世,1961年则出版了第12卷("反思")。

自1924至1956年,我在撰写《历史研究》一书的同时,还为伦敦的皇家国际事务研究所编写一部当代国际事务的年鉴,之后又同我的妻子一道编写一部有关第二次世界大战的政治史。这两项庞大而耗时费力的工作是相辅相成的。假如我不同时做这两项工作,我便一项工作也干不成。我始终是脚踩着现在和过去两只船。在这本《历史研究》的修订插图本中,我同样是二者兼顾,既回顾过去,又展望未来。因为当你研究现在和过去的时候,对未来不可能视而不见,倘若这是可能的话,那反而荒唐可笑了。

这部《历史研究》修订插图本是相互合作的产物。它的问世是牛津大学出版社

---

① 犹大王国(Judah)旧译为犹太王国,显然与原词发音及含义不符。——译者注

与泰晤士及哈德森出版公司之间一项协议的结果,由简·卡普兰小姐和我共同完成。

本书的形式在某些方面既不同于原来的 12 卷本,也不同于 D.C.萨默维尔根据前 10 卷所摘编的节本。

这是头一部插图本,配合文字说明的各幅插图赋予这部书以新的内容。图片不仅增强了文本的效果,而且能传递大量文字所无法充分表达的信息。插图是由泰晤士及哈德森出版公司的布鲁克纳太太收集的,而从布鲁克纳太太提供的图片中挑选一部分作为本书插图的工作,则是同卡普兰与我商量后才进行的。插图说明词由卡普兰小姐起草,经过了我的首肯。

在卡普兰小姐发现并填补因时间拉开的空白以及在布鲁克纳太太为卡普兰与我合编的这个新版本配图之前,都必须熟识本书原版的布局和内容。这是一项很艰巨的任务,所以我对完成此项任务的这两位同事表示深切的感谢。她们勤恳的工作使得眼下这本书的问世成为可能。这个版本是我独自难以完成的。如我先头所说,这是一部合作的产物。但在指出这一点时,我需要做一点保留说明,即对本书的批评应是仅针对我一个人的。我的思想与我的这两位同事的研究相比,要更薄弱一些。

目前这个版本同萨默维尔的版本一样,是一个删节本。但本书的删节依循不同的思路。书中能看到萨默维尔的节本和原书前 10 卷所没有的一些课题。经萨默维尔压缩的版本成功地再现了初版头 10 卷的整体结构,却不可避免地舍弃了我的大部分历史例证,而那正是我的论点的支撑。现在这个版本则收入了初版当中的那些例证,而且还有可能保留了更多的细节。作为补充卷的第 12 卷("反思"卷),现在也被头一次纳入本书的主要内容当中。

本版还有了讨论 1961 年"反思"卷问世以后所发生的各种事件及发现的可能。例如,讨论了战争艺术虽不断"更新",却令人啼笑皆非、接二连三地遭受失败的历史(不幸的是,这个故事仍然没有终结)。先前无人知晓的非洲撒哈拉南部的地方文明史也同其他地方文明并列在一起,被赋予了适当的位置。1927 年,当我开始为本书头 10 卷做笔记的时候,人们以为热带非洲和南非,在阿拉伯人与西欧人到来之前,一直是个无历史的地区。但从那以后,一方面因考古发现的结果,另一方面因对早期幸存下来的文献证据进行认真研究的缘故,这一非洲主要部分的历史被重新找了回来。我们现在知道,在热带非洲,农业和冶金技术拥有堪与西欧的相关历史媲美的历史。东亚的早期文明史,东亚各个时期的经济与社会史,也成为人们关注的相当清晰的焦点。我们在埋头劳作时,中国则一直在世界主要事务中重新扮演着正常的角色。在目前这个版本的研究中,我们试图记述这些或其他有关人类事务的新增知识以及新近的理解。

在古希腊的两部伟大史诗之一《奥德修记》中,有一个关于海神普罗泰乌斯(Proteus)①被一位叫迈奈劳斯(Menelaus)②的希腊流浪者绑架的故事。迈奈劳斯自特洛伊战场返家途中迷了路。如果绑架者将普罗泰乌斯抓牢不放,他就会被迫告诉绑架者有关他们的命运。但做到这一点并不容易,因为普罗泰乌斯对付绑架的办法是不断变形。英语中的"变化无常"(Protean)一词便由此而来。历史就是变化无常的事物。你还没有抓住一种形态的历史,它已经像普罗泰乌斯一样改变了自己的形状,有时简直变得面目皆非。

变形恰恰是历史的本质,因为历史的本质正在于不断地增添自身。从1914年8月我最初产生撰写这部著作的冲动时起,到目前这一卷的面世,历史已经增添了不只58年的内容。每一次的增添都改变了历史的整体,因为整个过去都由于我们新的生活经验而显得有所不同。譬如,对我来说,修昔底德笔下的希腊,在1914年8月看上去就与1914年7月有着差异,因为在此期间,第一次世界大战爆发了,它对以往世界史的总和确实增添了具有重大影响的东西。

第一次世界大战是令人震惊的,但它的奇特性却不是前所未有的。有一些其他突发事件,也同样改变了历史的整个面貌。例如,中国在公元前221年的政治统一;亚历山大于公元前334年跨越赫勒斯滂海峡;公元633年,阿拉伯人突然越出阿拉伯半岛;蒙古人在13世纪自东北亚大草原的突然崛起。还有一些更加令人吃惊的事件是逐渐发生的,如希腊和中国哲学的发展,犹太一神教的形成,宗教传教团体的传

---

① 普罗泰乌斯在荷马史诗中(《奥德修记》4章354—359行)是一海中老人,海神波赛冬的仆从,具有未卜先知和变形的能力,经常在帕洛斯岛休息。迈奈劳斯从特洛伊战场返家途中迷失航路,困在帕洛斯岛。普罗泰乌斯之女埃多塞雅帮迈奈劳斯紧紧抓住其父,最终使迈奈劳斯返回家园。在晚后的传说中,如在希罗多德的《历史》和犹里庇底斯的剧本《海伦》中,普罗泰乌斯则是波赛冬的儿子,埃及国王。——译者注

② 又译墨涅拉俄、曼涅劳等,斯巴达(与后来的斯巴达非一国)国王,传说中的希腊霸主迈锡尼王阿伽门农之弟。其妻海伦为绝代佳人,被特洛伊王子帕里斯拐走,遂引发希腊亚该亚人群起围攻特洛伊的战争。——译者注

布,农业的扩散,水利的利用等等。我们现在所处的时代,在创造新事件、改变过去的整个面貌上没有什么独特的地方。但同时,我们的时代大概也有两点与先前时代有所不同。

我们时代的一个特点是由于现代技术的惊人进步,导致"距离消除",致使变化以空前的速度加快进行。现在历史被如此迅速地创造出来,以致它常常使我们惊诧不已。我们时代的第二个特点是已逝的过去变得越发令人捉摸不定。它的面貌不仅因我们日新月异的新经验而一直在变化,而且因考古学家们的新发现而一再发生更动。考古学家们不断有革命性的新发现问世,并且不断对他们先前的发现予以革命性的新诠释。他们用变化无常来弥补四平八稳的不足,而考古学理论方式的剧烈变更则突出了考古学家们对过去的认识发生了急剧的转变,无论如何,这种转变是因他们所了解的事实知识的增加而应运而生的。

自从拿破仑于1798年侵入埃及以来,在美洲以及在旧世界各地的考古发现尽管不太一帆风顺,但对诸文明的比较研究毕竟已做出不可缺少的贡献。从那时起,考古学家们已发掘出一些文明的遗迹,如苏美尔—阿卡德文明、印度河流域的文明、米诺斯文明、迈锡尼文明、玛雅文明,以及中国的商代文明。这些文明本来已经彻底湮没无闻了。他们还通过破译古埃及的文字记录复活了法老时期的埃及文明,这一文明的大量古文物从来就没有离开过人们的视野。他们随后又破译了苏美尔—阿卡德文明、迈锡尼文明以及中国商朝的文字记录。由于考古学家的发现,各个文明对于历史学家来说已不再是难以接近的了,它们增加了已知文明的数量,使得比较研究各个文明成为可能。同时,考古学家们一直在不断修改着文明行将兴起时的历史面貌,其变更之速,毫不亚于科学家、技术人员、独裁者、征服者对20世纪历史面貌的变革。

基于这些理由,本书现在这个版本与1934至1954年间出版的原10卷本有着广泛的不同之处。基于同样的原因,目前这个版本由于历史事件的长河不断地流动以及知识的持续增长注定也会过时。只要人类继续存在,无论历史还是任何其他人类活动,都不可能永恒不变。如果本书有助于读者对既令人畏惧又令人着迷的人世变迁采取一种全面的看法,那么本书的目的也就达到了。

阿诺德·汤因比

第一部

历史形态

　　我是从寻找一种历史研究的单位入手,开始自己的研究工作的。这个单位应当相对完整独立,或多或少有别于其他历史成分,对我们来说是可以对其感知并能够加以理解的。我舍弃当前根据国别来研究历史的习见做法。我的单位似乎是某种范围更大的碎片,这就是文明。人类在解释某个事物之前,总需要对它进行分类。在我看来,这种大范围的单位与小单位相比,易使人少产生一些曲解。在明确了我划定的单位以及考察了前文明的各个社会之后,我试图从希腊史、中国史、犹太史的过程中抽出我的线索,以便为文明史构建起一种"模式"。我通过归纳这些文明的主要特征,提出一个似乎适合我们所知的大多数文明史的综合模式。本章的结尾则是我拟定的一个有关过去和现在文明的一览表。

第一章
历史思想的相对性

埃塞俄比亚人说他们的神祇鼻子扁平、皮肤黝黑,色雷斯人则说他们的神祇长着一双蓝眼睛和一头红发。倘若牛马也像人类一样有两只手,并打算用双手绘画或者制作艺术品,那马匹也会仿照自己的模样来绘制它们的神像,牛的神像自然也一定像牛,它们都会依自身的模样塑造神祇的身体。[1](色诺芬语)

无论在任何时代、任何社会,历史研究都同其他社会活动一样,受到在特定的时间和地点占据主导地位的思想倾向的控制。我们这个时代的西方世界一直生活在两种制度的统治之下:一种是工业化经济体制,另一种是我们称之为"民主"的、几乎同样复杂的政治体制。民主这个简洁的字眼是指在一个主权独立的民族国家当中负有责任的代议制政府。这两种制度,一种经济制度,一种政治制度,于上个世纪的末叶,在西方世界取得了至高无上的地位。[2]其原因在于它们为那个时代所面临的一些主要的难题提供了暂时的解决方案。它们的登堂入室标志着寻找自救出路的那个时代的终结。它们能够幸存到现在则证明我们的前人所具有的创造力。我们虽不是这两种制度的创造者,却是在它们的阴影下成长起来的。我们仍然生活、行事和存在于工业体制与代议制的国家当中。这两种因袭而来的制度对我们生活的影响,反映在对我们想象力的控制上。它们的权威影响简直在我们这个时代的历史著作中无所不在。

工业体制在劳动分工方面有着人文的一面,但在把西方现代科学思想应用到与人类生活相关的自然环境时,又具有非人文的一面。它的运作方式是最大限度地发挥其生产能力,通过一些人之间机械式的合作,将原材料源源不断地转化成商品。这种工业体制的特征不仅在理论上,而且在 20 世纪西方的思想实践中一直被复制出来。

当我还是小孩子的时候,我时常在一位自然科学的名教授家里逗留。他有一间布满书架的书房。我记得,我每去一次那间书房,架上的书都有所更换。我头一次进那个房间时,众多书架上排着的是一般文学作品和科学著作,以及房间主人所专长的某个科学分支学科的一般书籍。随着时间的推移,这些书架接二连三地被一些专业期刊所无情侵占。这些期刊篇幅不大,装订简单,每一本充斥的是出自不同作者之手的众多专论。按字面的意思,这些刊物都算不上书籍,因为它们没有统一的内容,论文和论文之间除了同那门科学学科的某些问题存在些许关联之外,说不上有什么联系。就这样,书架上的书籍日渐减少,期刊却逐日增多。我后来是在阁楼上才又看到了那些书的。雪莱的《诗集》和《物种起源》一道被抛到了那里,堆在做工粗糙的架子上,同盛着菌种的玻璃瓶并排而立。我每次去都发现,那个书房较之先前越来越不雅观,越来越不适于使用了。

这些期刊就是"书本形式"的工业体制的体现。它们具有劳动分工,内含通过对原材料机械加工而成的最大量的产品。由于我厌恶这一排排的卷宗,我时常把它们看作是既可怜又可憎的东西,占了它们不该占的地方。但现在我打算相信,在 20 世纪的早期,恐怕还不必把它们从一位自然科学家的工作间请出去。

由于工业体制就其非人文的一面而言,是建立在自然科学基础上的,所以在二者之间,可能存在着某种"先定的和谐",因而将科学思想运用于"生产线"而不触犯科学思想的本质是可能的。无论如何,这或许是在自然科学的早期阶段,处理其任何分支学科的正确途径(我们西方的全部现代科学,即使同西方社会的年龄相比,也显得非常年轻),因为任何尚不成型的思想最初都需要一种"资料"的供应,以便能够自圆其说。然而,同样的方法后来却超出了自然科学的范围,被运用于许多思想领域当中,运用到与生命有关、与死寂的自然界没有干系的思想之上,甚至应用到与人类的活动[3]相关的思想领域当中。历史思考便属于这些额外的领域之列。在这些领域中,工业化体制的权威在强调着自己的存在。在这里,在一个远比我们西方社会要久远得多的思想领地当中,在一个关乎人而非物的思想领域当中,其实并没有为这样一种认识——现代西方工业化体制是可供人们生活与劳动的最优秀制度——提供任何可靠的保障。[4]

这种古老的历史思想王国被现代西方生活的工业化所征服的情景,体现在泰奥多尔·蒙森①的经历之中。他年轻的时候,写出了一部伟大的著作,这部著作无疑将

---

① Theodor Mommsen, 1817—1903 年,德国杰出史学家,柏林大学教授,除著有汤因比下面所提到的罗马史外,还写有《年代学》、《罗马货币史》等多部专著及 1 500 余篇论文,与汤氏所述有些出入。——译者注

伊斯兰、刚果人和中国人眼睛里的基督教的肖像

1、2、3 虽然主题一致，但每个图像都折射出艺术家个人特殊的文化和种族环境背景。

第一章 历史思想的相对性

永远被视为西方历史文学的杰作,这就是 1854—1856 年出版的《罗马共和国史》(*The History of the Roman Republic*)。但蒙森在这部著作尚未杀青的时候,就几乎为这本书感到羞愧了。于是他将自己的巨大精力和超卓才能转投到了其他方向。蒙森穷毕生精力,组织出版了详尽无遗的拉丁铭文集,并对罗马宪法进行了无所不包的引介注释。《罗马宪法》与《拉丁铭文集成》是纪念碑式的文献,他晚年时宁愿因这两部书而为后世铭记。他的多卷文集由互不关联的专论和论文组合而成,如同多卷学术期刊一样,所不同的只是由一位作者撰稿罢了。从哪个方面来讲,蒙森都是他那一代西方史学家的代表人物。那是一代头上被迫顶着工业化体制权威的西方世界的"知识分子"。自从蒙森和兰克①时代以来,历史学家们将他们最旺盛的精力,都用到在"文集"和期刊中"组装"原材料(碑铭、文献以及诸如此类的史料)的工作上。当他们试图把这些材料加工成"成品"或"半成品"的作品时,他们再次求助于劳动分工,并生产出了综合性的历史,如剑桥大学出版社连续数版发行的多卷本历史丛书②。这些丛书是辛勤劳作的纪念物,体现了我们这个社会所掌握的"事实"知识、机械性技能和组织的程度。它们的规模可同巨大的隧道与桥梁、惊人的水坝与摩天大楼、巨人般的喷气机与宇宙飞船相提并论,它们的编者将被载入西方著名工程师的名册而被人永志不忘。在这种对历史思想领地的征服当中,工业体制已赋予伟大的战略家们施展其才能的余地,并取得了令人难以置信的成果。然而,对一位超脱的、具有头脑的观察者而言,疑问也会油然而生:这种征服毕竟算不上什么可歌可叹的壮举,所谓对胜利的那种自信,不过是一种出自虚假类推的幻觉罢了。

我们这个时代的某些历史教师,把他们的"研究班"故意称作"实验室"。对"独创性的工作"(original work)这个术语的含义,他们也许并非是有意识地、但却是相当肯定地限定为发现或核实某些事实以及某些先前未能确认的事实。[5]这个术语就其最广义的内涵而论,可包括在这类工作基础上写出的各种暂时性质的报告,即供学术期刊或综合性的历史发表的研究成果。目前存在一种贬低由个人思想创作出的历史文学作品的强烈倾向。这样的作品越接近"通史",就越受到轻视。例如,威尔斯③的《世界史纲》便受到一些史学专家的公然敌视。他们严厉批评在书中发现的

---

① L.V.Ranke, 1795—1886 年,德国著名史学家,客观主义史学的宗师。——译者注
② 指《剑桥近代史》、《剑桥古代史》等集体编写的巨著。——译者注
③ H.G.Wells, 1866—1946 年,英国史学家、文学家。——译者注

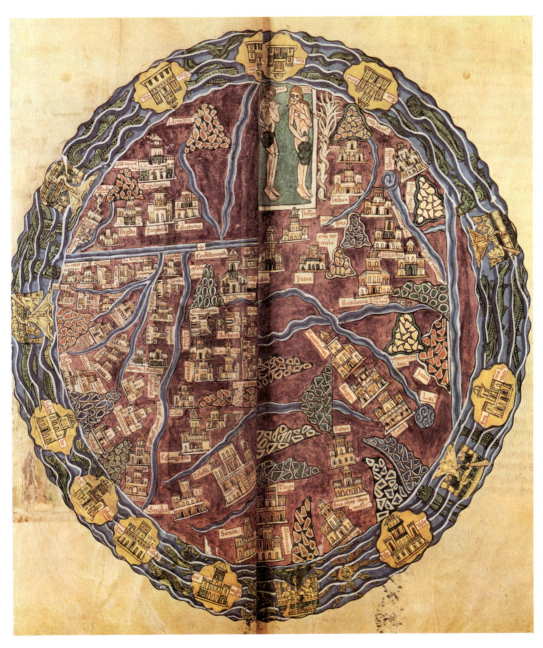

彩图 1
主观性：一种偏颇的观点

人们大多看到的是他们所希望看到的事物，他们大多记载他们觉得重要的东西。从一位现代地理学家的立场来判断，这幅 13 世纪的曼迪地图（Mappa Mundi）是可笑的，但从图本身来说，它却是有关一个基督教世界的合情合理的画面。在一个圆平面的顶部是东方——基督教的发源地——那里画有伊甸乐园和亚当、夏娃，下面是耶路撒冷。欧洲、非洲和亚洲都被方便地集中在一个图案里。这个图案包含了该时代的某些地理知识，但绝不是全部。结果这是一个哲学模式，而非是对旅行者的指南。

彩图2、3
主观性：统一中的多样性

相同的宗教信仰可能对同一事务予以全然不同的文化解释。上图是17世纪埃塞俄比亚的一幅"耶稣自十字架上被取下"的绘画，是根据当时该地的传统描绘的情景。右图是一位印度16世纪莫卧儿人（Mughal，即征服印度的蒙古人。——译者注）画家的作品，它试图忠实地模仿欧洲人的样式，但圣母和她周围的人却仍是印度人的模样。

彩图 4、5
"固定宇宙"：关于世界的各种模式

　　在神秘莫测的宇宙中，对某种模式的需求简直同人类一样古老。这幅阿兹特克人关于五个世界区域划分的"地图"（上图），用红点分出四个过去的世界，中央是现在的大地。每个世界都有一位指导其历史的神来代表。彩图 5 是佛教的曼荼罗，刻画了一个更为抽象的形而上的世界：几何状的图表有助于对神秘的终极实在的思考。

彩图6、7
希腊和中国模式

　　希腊文明为一个连续发展的模式提供了证据，因此这位基督教修行者看上去像是从希腊的石柱上长出来似的，它是一个新的、与之有联系的基督教文明已经呱呱落地的象征。

　　相反，中国史却以统一和分裂、有序和失序、进步和衰落轮流交替的模式为标志。右图的中国哲学家们正在研究体现这种螺旋运动的阴阳图，阳等于活力和主动，阴象征惯性和被动。历史学家的任务是把这种希腊与中国模式结合起来，创造一个适用于其他文明历史的现实模式。

פסח

יוצר לשבת הגדול של פסח

אל

彩图8、9
犹太人：一种流散社会的模式

"流散社会"的模式是指这样一种社会，它已在地理上流离失所，部分融入了外族社会的生活，但通过坚持一种共同的文化传统而仍旧保持着自己的精神统一性和与众不同的特点。犹太人是这方面的一个最清晰例证。

这两幅图似乎是其成画年代和地点——文艺复兴时期的意大利和18世纪的德国——的犹太人典型状况的完美描绘。它们都出自关于希伯来人礼拜仪式的画稿，二者均表现了欢度逾越节的场景，尽管这个仪式在各地有不同的传统和形式，但都使犹太社会的活力得到了保持。

彩图10、11
权力的代价

组织劳动是走向文明之路的一个重大步骤，但也把社会分化为少数统治者和大多数生产者。埃及农民生产出的财富供养了法老及其王后的奢华的生活（上图），亚述皇帝的奴隶（右图）在建造主人的宫殿，那是帝国威势的一座纪念碑。在前工业化时代，这些劳民伤财的工程榨干了并不充裕的农民经济的资源，成为各帝国发生动乱的极为重要的原因。

彩图 12
一种客观的观点

从外层空间观察世界，20 世纪的人类第一次能够这样做。在这个世纪里，历史视野以一种比较的方式向过去铺展开来，为人类对自己创造的所有文明进行"通盘的"的考察开辟了道路。

一些错误之点,而这些错误只是作者在进行漫长的时空之旅时,偶然忽略了的细微末节。他们似乎没有认识到,威尔斯是在做他们自己连尝试一下都几乎不敢的事,以单独一个人的想象来重新体验人类的整个生命历程。对这类事业,他们大概压根儿就没想到有实现的可能性。事实上,目前对于威尔斯那本书的目的和价值,一般读者的评价比专业史家的估价要好得多。

历史思想的工业化已进展到如此地步,它甚至能重新产生出对工业化精神的病态夸张。众所周知,由于精力和能量都集中到将原料转化为光热、动力及制成品上,个人或社会团体觉得自然资源的发现与开发本身便是一种有价值的行为,而这一过程所引起的任何后果对人类的价值反倒无所谓了。当别人忽略了开发个人或社会团体能够支配的全部资源时,那些个人或社会团体甚至不由自主地为他们感到担忧。如果他们正好生活在一个自然资源丰富、开发它们的机会又很多的地方,那他们自己就欣欣然成了物质偶像的奴隶。对于欧洲的观察者来说,这种思想状况看上去似乎是某种类型的美国商人才具有的特征,其实它不过是作为我们整个西方世界特征的一种趋于极端倾向的产物。当代欧洲的历史学家有时忽略了这样一个事实,即在我们这个时代,同样的病态会造成相同的损害,所以在他们自己的思维框架内,这类病症也是可以识别出来的。

我们也许可以用一个例子来说明这一点。亚历山大大大帝在灭掉阿黑门尼德帝国①之后,托勒密王朝②将帝国的一些支离破碎的残片组合成一个以埃及为基础的强大实体。同时塞琉古王朝③则将先前那个帝国的亚洲诸行省,归并为另一个强国。从历史角度研究这两个强国的人,没有谁会提出关于它们中的哪一个更令人感兴趣或更为重要的疑问。塞琉古王国是希腊文明与叙利亚文明交融的场所,两者的结合孕育出强大的后代:起初,神圣的血缘联系是城邦之间联合的一项原则④,这种联合是后来罗马帝国的原型。随后是一系列宗教——密特拉教、基督教、摩尼教和伊斯兰教的大融合。在几近两个世纪的时间里,塞琉古王国是当时世界上的人们进行创造性活动的最伟大国度。即使这个比较短暂的王朝灭亡了很久以后,在其存在期间

---

① 即波斯帝国,因帝国的缔造者和统治者为波斯阿黑门尼德族的成员而得名。——译者注
② 亚历山大帝国崩溃后由其部将托勒密在埃及建立的独立王朝。——译者注
③ 同样是在亚历山大帝国崩溃后由亚氏的部将塞琉古建立的新王朝。——译者注
④ 希腊城邦的公民认为他们是出一个共同祖先的血缘集体,这项原则推及整个希腊世界,构成希腊人各邦联合的基础之一。——译者注

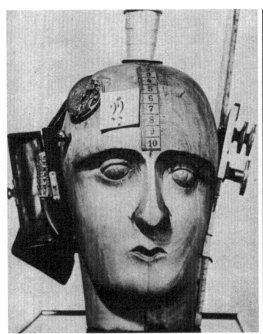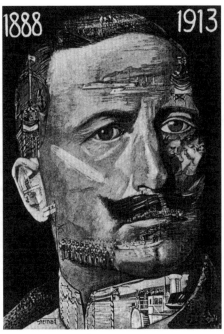

工业化和民族主义是现代西方人的双面

4、5　左图名为"我们时代的精神",描述人类智力的机械化。右图是好战的民族主义的形象,系印在一张纪念明信片上的德皇威廉二世的画像。

产生的那些运动仍继续塑造着人类的命运。与此相比,希腊文明与埃及文明在托勒密帝国的结合却没有什么成果。对伊西斯①的崇拜和某些经济与社会组织形式传入了罗马帝国,这便是能够摊在账面上的全部东西。但是,因为意外的气候,我们恰好能得到的有关这两个君主国的原始史料的数量,同它们在历史上的重要地位相比简直不成比例。上埃及②干旱多尘的土壤,为具有科学知识的西方发掘者提供了丰富的纸草文书,这是文艺复兴时代的学者做梦也想不到的事。这些纸草文书准确地记载了当地的农耕方法、手工制造业、商贸、行政管理的信息。而塞琉古王朝的历史却主要是由零星的钱币和铭文、破碎的文字记录拼凑而成的断片。在这里,堪与托勒密时代的纸草文书相比的唯一新资料,就是出自巴比伦尼亚③的塞琉古时代的泥版

---

① 古埃及女神,冥界之神奥西里斯之妻,国王保护神荷努斯之母,起初司生育等与妇女有关的职能,后在与希腊文化的结合过程中成为统治天地、海洋、生死、命运的女神。——译者注
② 指尼罗河三角洲以南约至第四瀑布之间的地区,三角洲则为下埃及。——译者注
③ 指两河流域南部,北部在历史上称亚述。——译者注

文书。十分重要的一点是:托勒密时代的纸草文书把西方古代史研究领域的学者队伍几乎全部吸引了过去,相当多的对纸草文书一直做考据研究的学者,都倾向于用他们手头能够得到的那些重构历史所需的资料数量、用他们为这种重构工作所付的劳动强度,来衡量托勒密王国的重要意义。

但一个局外的观察者却感到遗憾:为什么他们没有把一部分精力保存起来,用在资料相对贫乏、但同样需要紧张工作的塞琉古史的重构工作上呢? 与其将洪水般的光亮倾泻到托勒密埃及的社会经济组织上①,不如为有可能增加对人类史更多理解的这个篇章分出一缕多余的亮光。此外,这位观察者还会产生一种心理反应,即他怀疑已经成了托勒密纸草学专家的学者,事先是否问过自己一个问题:"托勒密王朝的埃及是它从属的那个特定社会、特定时代中最有趣、最重要的研究对象吗?"也许他事先对自己提出的是另外一个问题:"在这个领域未经开采的最富饶的宝藏是什么?"他发现答案是"托勒密王朝的纸草"。于是他在余下的学术生涯里,义无反顾地成了一名纸草学家。这样,在现代西方的历史研究中,如同现代西方工业的情况一样,原料的数量及其所处的位置对人类的活动和生活就构成了支配性的威胁。我们那位想象中的纸草学专家,即使用人类的所有标准来衡量,也无疑做了一个错误的选择。实际上,正是塞琉古王朝而不是托勒密王朝,才是蕴藏着大量富矿、等待人们去开发的宝地。为了证实这一点,有充分的理由搬出爱德华·迈尔(Eduard Meyer)这位权威。[6]他是在他那一代享有盛誉的学者,像是应时而生的某个巨人的儿子,尽管他根据《论摩尔人》或《罗马帝国衰亡史》②的伟大传统,为了写作自己的"通史",运用了他能掌握的近代科学的装备和技术。

这种陶工成了黏土奴隶的趋向明显违反常态,以致我们只要在历史思想进程和工业化进程之间做一番时髦的对比,就可以找到纠正它的方法。无论如何,在工业中若受原料的左右是不会有什么收益的。成功的工业家是这样一种人,他首先察觉对某种特殊商品或服务有强烈的经济需求,然后他才利用能给他带来利润并有效地制出这种商品或提供特殊服务的原料和人力。那些不能为其目的服务的原料和人力,他并不感兴趣。换句话说,他是自然资源的主人,不是它们的奴隶。正因为如

---

① 因纸草文书的内容主要是社会经济表报,所以西方史学家在这方面用功甚多。史学不是文学,只能有多少史料做多少文章,故汤因比所评失之偏颇。——译者注
② 18 世纪英国最优秀的史学家吉本的代表作。——译者注

人和他的主人

6　一幅经底特律的福特汽车厂认可的壁画,隆重庆祝人类在工业生产过程中的附庸地位。

此,他成了工业巨子,为自己创造了财富。

　　但历史思想与工业生产其实并没有类同之处。我们知道,后者在运作中,如果对待动物或人类像对待木石一样,就会引起灾难。为什么我们在思想领域,就应该认为这样的处理方法无懈可击呢?为什么我们觉得科学的思想方法——本来是为思考非生命的大自然而设计出来的——就该应用于旨在研究活生生的物种和人类的历史思想呢?当一位史学教授称他的"研究班"是一间"实验室"时,他是否愿意将自己逐出那个属于他的天然环境呢?"研究班"和"实验室"这两个名称只是隐喻的符号,每一个只适用于它自己的领域。那位历史学家的研究班本是一处园圃,我们这个生动的创造物所具有的生动思想,在那里得到传授和激发。自然科学家的实验室则是——或许在某天到来之前[7]——一处工作室,制成品或半制成品在那里用无生命的原料被机械地生产出来。无论怎样,没有一个讲究实际的人会考虑用经营一所工厂的原则来侍弄园圃,也不会考虑用经营一处园圃的原则来运营工厂。在思想领域,学者们应当同样避免这种方法的误用。在防止凭借想象赋予无生命之物以生命的所谓"可怜谬误"方面,我们做得很充分。而我们现在却沦为相反的"可怜谬误"的牺牲品,将生动的人类这个创造物似乎当成了无生命之物。

　　假如工业体制是唯一支配当代西方生活的制度,那它对西方历史思想的权威影响就可能在它自身的重压下分崩离析。因为工业体制之所以能够适应历史思想,就在于它有非常彻底的劳动分工。在工业生产中,人类很乐意(恐怕过分乐意了)接受劳动分工,他们把它看作是改善物质生活所必须付出的代价。在同宇宙自然相关的思想领域当中,还没看出或迄今为止还没看出分工有什么不合适的地方。如同伯格森①所说,我们能够想象到这一点:我们的智力机制是专为把我们对自然界的理解单立为一种形式并对它采取行动才构建起来的。[8]但即使这是人类原初的思维结构,即使其他思维方法只是在某种意义上说带有非自然成分,那也正像伯格森随后指出的,在那里还是存在着一种人的要求,它不支持对无生命事物的观察,而要求对生命的感知,并要求从整体上对生命的感知。[9]这种对生命整体进行审视和理解的深刻冲动,无疑是史学家心灵所固有的。但它却受到劳动分工的强烈的侵害(工业体制的分工强加于历史思想),以致我们的历史学家们假如没有支配当代西方生

7 相反,卓别林的电影《摩登时代》中的情景却讽刺了人类被自己创造的机器变成了侏儒。

活的第二种体制存在的话,差不多肯定要对这种“暴政”群起造反了。而仍与历史思想的工业化相兼容的“看法的统一性”(unity of vision),看来正是第二种体制造成的。这第二种体制就是主权国家。在我们这个“民主”时代,它通过国家精神来激励自己,将现代西方史学家忠贞不渝的品行同工业体制顺利地分离开来。

在这里,一种统治着特定社会中的特定时代的制度,再次影响到生逢其时的历史学家们的见解和行为。国家精神是装在部落主义旧瓶中的民主新酒的发酵酵母。

---

① Henri Bergson,1859—1941 年,法国思想家。——译者注

第一章 历史思想的相对性

现代西方民主观念已把基督教四海之内皆兄弟的思想,应用到了实际政治生活当中。但这种新型的民主观念,在西方世界的政治实践中,却表现为不是兼爱和人道,而是部落意识和穷兵黩武。现代西方民主观念因此企图调和这两种几乎截然对立的精神,解决这两种几近绝对相斥的力量。国家精神是这种绝妙政治表演的精神产物。国家精神可以定义为(虽是贬义,但很准确)使人们在感觉、行事和思考中,把任何既定社会的一部分都视为该社会总体的一种精神。这种民主与部落主义互相妥协的怪异产物,在我们现代西方世界的政治实践中的影响力,远胜过民主本身。工业化和国家主义,而非工业化和民主政治,是对我们这个时代的西方世界具有决定作用的两种力量。在 19 世纪即将结束的年代,大约是在 1875 年间,西方世界的工业革命和同步出现的国家主义,共同造就了"列强",每个强国都自诩为宇宙的中心。

这当然是虚妄的矜夸。存在不止一个强国的简单事实证明,列强中没有一个可以独步天下,脱离包括众列强在内的整个人类社会而独自扩张。然而,每个强国的确不断对一般社会生活成功地施加了影响,所以在某种意义上,它可以将自己视作一个整个人类社会围着它旋转的轴心。同时,每个强国还热切希望取代整个人类社会,不仅在政治经济领域,甚至在精神文化方面一概唯我独尊。这样一种思想状态,在构成各列强的社会成员中间生成,并扩散到了规模较小的社会。在西方社会史的这一时代,各民族国家,无论强弱大小,都提出相同的要求,欲成为自给自足、独立于世界其余部分之外的永恒的实体。这种要求如此顽强地向前推进,为人们所广泛接受,以致西方社会持久存在和真正统一的事实本身,反而一时间模糊不清了。人类对生命整体感知的深刻冲动,在生命所历经的那些变化无穷的生存环境中,永无休止地寻求着自我满足,为此它把自己附着在某些特定的国家身上,而不是依附于规模更大的社会。这种依附于各民族群体的社会情感,几乎成了普遍的现象,历史学家与其他人比起来,对这种情感并无更多的免疫力。确实,国家精神对历史学家有一种特殊的感召力,因为它为历史学家提供了某种前景,即人们对"看法的统一性"的共同期望,有可能与加在他们头上的劳动分工(由于工业化体制应用于他们的研究工作使然)实现和谐共处。要同依据工业化原则编写的"无所不包的历史"进行斗争,显然超出了即使是最具天才、最富精力的个人的能力范围;对一位科学的历史学家而言,倘若同意在"无所不包的历史"中找不到任何一点统一性的话,那就无异于完全否定了"看法的统一性"。这种否定会抹去任何一位历史学家的画面上的光晕。不过，假如他能把握住历史思想的一个单位，这个单位又是历史思想中比较易于处理的部分，且在某种意义上还是一个整体，那么他在心理上的一个难题，即理智和情感的协调问题，或许就迎刃而解了。看来，国家主义的原则为其提供了一个解决的办法。

因此，国家的立场已证明对现代西方史学家具有特殊的引力。它不只通过一个渠道影响史学家们的思想。而他们所以受它诱惑，不仅因为它在他们生于斯、长于斯的社会中无孔不入，而且因为他们的原始材料，在很大程度上是以分散的、按国别遗存的形式出现的。他们开发的最丰富的矿源是西方各个政府的公共档案。这种充裕的特殊自然资源，无疑是他们在扩充自己产品的厚度方面取得惊人成功的主要原因。于是，我们的历史学家们，部分因专业经验，部分因心理冲突，部分因所处时代总的精神，被吸引到了同一个方向之上。

至于这种倾向能走多远，我们从一位出色的历史学家的著作中能够找到答案，他的国家属于现代西方世界最强大的国家之列。卡米尔·朱里安(Camille Jullian)是欧洲大陆部分地区(现在是法国领土)史前史的最著名权威之一。他在1922年出版了一本书，名为《高卢人和法兰西：我们历史的起源》。[10]该书是一流的历史著作，但在阅读它的时候，很难将注意力集中在朱里安打算处理的问题上，因为读者被一再提醒，作者不只是历史学家，还是法国人，是一位经历过第一次世界大战的法国人。该书的副标题"我们历史的起源"给读者提供了一把理解全书的钥匙。朱里安始终在追忆着过去，述说他对为他而存在的法兰西怀有的炽热意念，那是一个精神的法兰西，赋予了他一切人生经验，假若世界其他国家统统毁于一旦，只留下法兰西毫发未伤，那朱里安或许也不会感到丝毫的精神贫乏。而那个物质的法兰西，却有明确的边界，它经常受到侵略者的蹂躏，又不断被法兰西民族的爱国主义所重建。法国能够自给自足以及法国分隔于世界其他国家之外的念头，支配着朱里安的想象力，即使他在处理"法兰西"这个概念产生以前的千百年间那块土地的历史时，也依然如此。无论他徜徉在多么遥远的过去，他都要带着法兰西。如果他能轻而易举地这样做，他就感到心满意足；如果他并不感到困难而又没有这样做，他就感到烦恼。反正他不能丢下法兰西不顾。例如，当他不得不应付罗马帝国时代的高卢分裂成几十个独立国家的事实时，他感到十分苦恼，竭尽全力想使自己的论点令人信服，认为

民族主义的神圣化

8　左图为巴黎的凯旋门,1806—1836 年。
9　右图为柏林的勃兰登堡门,1789 年。

即使在尤里乌斯·恺撒(Julius Caesa)时代和西多尼乌斯·阿波利纳里斯(Sidonius Apollinaris)时代之间的 500 年里,在当地居民的生活中,高卢的地方独立与之作为囊括整个地中海区域的帝国的成员相比,是更为重要的事实。另一方面,当朱里安发现法国版图的轮廓处于欧洲新石器文化的分布范围之内时,他不禁沾沾自喜起来。在那里有一条小道,[11]出现于新石器时代,正是当时人们生活的某些方面得到明显复兴的末期。通过他对这条新石器时代的人们赖以往来的小道痕迹的考察,他指出:

> 我们现在能够谈论这些基本道路,在很大程度上,法兰西正是靠这些道路才得以形成的。同样,这些道路并没越出后来的高卢边界之外,在人们的意识当中,这些边界的价值似乎已经得到了承认。

在这里,在一眨眼的瞬间,这位科学的西方新石器时代的研究者,已成了 1918 年的法兰西爱国者,高喊着:"它们绝不是陈迹!"

这恐怕是在感情与理智上以一个国家替换整个人类的极端例子。当被赞美的国家恰好是法国的时候,在这种情况下,要把历史写得丝丝入扣,那几乎是不可能的。无论如何,冠名为"法兰西"的共同体,毕竟在我们西方社会的汪洋大海中,实际

10 左图为纽约的杜威胜利门,1899 年。
11 右图为诺夫哥罗德的俄罗斯立国 1 000 年纪念碑。

独立存在了千年之久。一千年对于人类史来说虽算不上漫长,但它几乎涵盖了我们西方社会存在的整个历程。我们自身的西方社会最初形成于罗马帝国的废墟之上①,而法兰西明确作为这个新的西方世界的一个成员而降生于世,时间上仅比罗马帝国的灭亡晚了大约 250 年。此外,法国自形成以来,便在西方史当中一直领大轴、唱主角。所以一方面,朱里安试图根据法国的需要来描述罗马帝国或新石器时代的手法是昭然若揭的;另一方面,由于从法国的立场出发集中阐释现代西方史,法国居中,所有其他历史则处于其周边位置,这种歪曲又不是非常一目了然的。法国与其他任何民族国家相比,或许更接近于同整个西方社会等量齐观的地位。然而,假如我们用挪威或葡萄牙,甚至荷兰、瑞士来代替法兰西,以其中任何一国为中心撰写西方社会史,我们立刻就能发现这样做是行不通的。我们可以用归谬法说明这一点。让我们试想一下,我们自己正围绕类似国家中的一个来写西方社会史,而这个国家直至第一次世界大战结束后方才成型。这部史书包括要写一个存在了 12 个多世纪的社会的历史,但却要以一个存在与否尚无定论的国家为中心。无论是关于捷克斯

① 这里的西方社会显然指基督教为特征的西方社会。——译者注

第一章 历史思想的相对性

洛伐克还是南斯拉夫现存的国家意识,几乎始终是一个争论不休的问题。毫无疑问,在75年前,这种意识还不存在。即使我们打算依据这两个新生国家的一些组成部分来写西方史——依据捷克或斯洛伐克、克罗地亚或塞尔维亚来写西方史,因它们成为一个形态分明的集团的历史,在时间上要更为久远一些——那么也只是在相对年代方面的荒谬情形会少一些,但在相对人口和领土面积方面,荒谬的成分却又会增大。所以西方历史不能以这些民族为中心来加以理解。的确,我们不仅远不能写出一部以斯洛伐克或克罗地亚为中心的西方史,甚至写出一部以斯洛伐克为中心的斯洛伐克史、以克罗地亚为中心的克罗地亚史都不可能。与法国的情况相反,构成一种历史范畴的斯洛伐克或克罗地亚非常短命,以致它们刚成为独立实体,转瞬间就无影无踪了。要写出清晰可辨的斯洛伐克或克罗地亚史,以其领土或人民为主角,甚至让他们在广阔的西方舞台上属于他们自己的那个小角落中扮演主角,都是不可能的。按他们的情况,要把属于他们自己所特有的某些内部史同他们的外部关系区别开来,恐怕是很难办到的。人们发现,他们经受过的每一种体验,采取的每一次行动,都和其他社会有关,而且其他社会所起的作用,比他们自己社会所起的作用还要大一些。为了使他们的历史成为可以理解的历史,我们就需要拓展自己的视野,把一个又一个其他民族纳入我们的观察领域。我们的视野不得不一路拓展下去,直到把整个西方社会都有可能包括进来。无论怎样,我们找到的那个可以理解的地方,肯定会证明斯洛伐克或克罗地亚本身是一个小型的、比较微不足道的国度。[12]

这些民族国家没有自己独立的、清晰可考的历史,它们的出现标志着一个新时代的到来,表明它们本身所具有的特点。我们西方社会的一般条件,已和19世纪上升时期(约终止于1875年)有很大不同。当时的条件在西方史学家思想中打下的那些烙印,至今仍然没有消失。到了1875年左右,两种占主导地位的体制——工业主义和国家主义,共同缔造了一些强大的国家。1875年以后,这两种体制开始反方向运动,工业主义增大了它的运作范围,越出了列强中的最强大国家的疆界,走上了通向世界之路。同时,国家主义则向深处渗透,开始在小民族中培植分离的意识,而这些小民族不仅无法形成强大的国家,甚至连形成拥有既定意义上的充分政治、经济、文化独立的蕞尔小邦都不成。

两次世界大战累积的作用,把在1914年以前几乎半个世纪时间里都在发挥功效的一种倾向,推上了前台。1918年,曾在1914年的地图上是八大强国之一的奥匈帝国分崩离析。同年,奥斯曼土耳其帝国彻底崩溃。第二次世界大战之后紧接着是大不列颠、法兰西、荷兰殖民帝国的倾覆。列强的数目缩减到两个,而拥有合法主权的独立国家的总数,在随后25年里,则增长到大约140个。名义上的主权国家的数量越多,它们的平均国土面积、人口、财富以及经济和军事实力就必定越小。目前,两个幸存强国的阴影仍然笼罩着世界其他地区,但这些新时代特有的国家不能被看作是内部无所不包的单位,它们是名义上独立的国家,分别在军事、经济、文化,甚至所有各方面都存在着明显的局限。由于工业主义现已在世界范围内发挥着作用,所以,即使那两个幸存的超级强国,也正在经济领域逐渐地萎缩。但某些国家现在却仍在螳臂当车,它们试图通过激进的货币、关税、配额、移民政策来拯救它们日益缩小的独立性。然而,由于形势比人强,某些国家也承认,它们不可能单独存在。"发展中国家"正在从"发达国家"以及西欧国家那里寻求财政和技术援助。450年来,西欧国家彼此间轮番发动战争,以防止任何一个国家控制其他国家。这种状况直到1945年才告结束。目前,它们正努力在相互平等的基础上自愿联合起来,组成一个欧洲经济共同体。

我们可以把这些复杂的趋向归结成一个简单的公式:在新时代,在社团合作的意识中,占主导地位的看法是成为某个更大社团的一部分;而在过去的时代,具有支配作用的意识是自己成为包罗一切的宇宙。这种观念上的变革,表明了一种毋庸置疑的潮流变化。这一潮流在大约1875年达到最高点时,它已经沿着同一个方向稳定地流动了4个世纪。这可能预示着一种回落,回落到西方历史的前一个阶段(所谓"中世纪"),当时西方社会意识受到诸如教皇和神圣罗马帝国之类体制的支配,它们将社会生活的一些方面归并为一个整体。相形之下,那些王国、城市国家、封地和其他地方性制度则显得狭小、处于从属的地位。不管怎样,这似乎是现今潮流的流向,它转向的时间虽然很短,但我们能够察觉出它的走向。

如果说这种观察是正确的,如果说史家的思想情感不能挣脱生活环境的影响是真实的,那么我们便可以指望在不远的将来,会目击到西方史学家在见解与行为上的变化,这种改变与近来西方社会状况所发生的一般变化相一致。正如在上个世纪末叶,历史学家们的作品与工业体制相吻合、他们的观点受到国别的束缚一样,在我们这个新的时代,他们大概会发现属于自己的、明确的研究领域,他们的视野并不限于一国的领土，他们将把目前的研究方法运用到更大范围的思维活动中。

这就提出了两个问题，其中一个与我们有直接关系，这就是："在新的时代，西方史学家所能找到的、可被认识的研究领域是什么？"另一个问题则具有恒久的重要意义："是否有某种绝对的、不只同特定史学家的特定社会环境有关的历史研究的明确领域？"至此为止，我们的询问似乎引出了这样一个事实，即历史思想，深受思想者所处社会环境中的主导体制的影响。倘若这种影响证明是非常深刻和广泛的，历史学家的头脑中已实际形成了先入为主的成见，那我们的询问也就有了最终的结论。它意味着，对于一定的社会环境而言，历史思想具有相对性这一点是绝对的。在这种情况下，我们无论用多长时间注视转动着的历史文献的胶片，希冀在其中发现经久不变的某种形态的轮廓，都是徒劳的了。历史学家也许不得不承认，他通过分析他所处的特定社会对他思想的影响，或许有可能形成一种个人的思维模式，但他却不可能发现该社会本身的结构，也无法发现别的时代的历史学家及其他社会成员所生活的那个社会的结构。不过，这个结论还不会同我们正面遭遇。迄今为止，我们只是发现，在历史思想的前景中有那么一丝相对性的微光在闪烁。这一事实的确认，可能是通向在背景中发现存在着某种永久、绝对的历史思想目标的第一步。因此，我们下一步是寻找可被认识的历史研究领域，这个领域独立于我们迄今一直关注的史学家们的地域性和暂时性的观点和行为之外。

注释

[1] 希腊文本出自 E.狄赫尔编：《抒情诗选编》(*Anthologia Lyrica*)，莱比锡，杜布纳尔出版公司，1922年，第1章，第58—59行。

[2] 对于作为整体的西方世界而言，这个先前的时代结束的时间大概相当于公元19世纪70年代。19世纪的"60年代"或"70年代"是一个从我们共同的文明向另一个文明过渡的时代，这种思想既为欧洲大陆人也为美洲人（美国人和加拿大人）所熟知。但在英国生长的人们却对之颇为陌生，他们通常认为这几十年并非是一个时代的结束，而是一个时代——维多利亚时代的鼎盛时期。这个时代开始的时间比上述时间要早一些，而结束的时间则比上述时间要晚一些。从英国的观点来看，或许这是一种很自然的观点，但下面（见第二章）将要谈到，英国在当时西方世界中的地位是很例外的。英国人是工业化和"民主制"的先驱，当确立这两种体制的至尊地位的过程在西方世界大多数国家里已经完成或接近完成的时候，在英国已经是历史陈迹了。所以当西方大多数国家意识到他们在从一个时代向另一时代过渡时，英国人已意识到该时代的相对的连续性。在我们把西方世界当作一个整体看待时，必须把大多数人的看法视为标准。

[3] 关于这一点，参见 W.狄尔泰：《全集》(*Gesammelte Schriften*)，莱比锡和柏林，杜布纳尔出版公司，1927年，第7卷。"精神科学"往往借用自然科学的方法，这是由于后一类学科有着成熟的资历，虽然事实上它们彼此的方法程序从一开始(*ab initio*)就是不同的（第130页）。"人文科学中使用的各种范畴……跟自

然科学中的范畴没有一处是共同的。"(第197页)利用"科学方法论"是现代社会学的主要问题之一,可参见P.博尔格的《社会学导论:人文的视野》(*Invitation to Sociology*:*A Humanistic Perspective*),纽约,双日出版公司,1963年,第11—62页。

[4] 值得注意的是,虽然许多历史学家仍旧默认这个观点,但当代物理学领域的一些主要思想家已经越过了以为工业化体系似乎是一种富有成果的、充分的研究方法的阶段。P.B.迈德华在驳斥"科学家正变得越来越狭隘、越来越专门化"这一观点的时候指出:"情况正好相反。现代科学的显著标志之一是忠于宗派主义现象的消失……孤立主义已经过时,我们大家都彼此依赖和互相扶持。"见"科学的两种观念"(Two Conceptions of Science),重新发表在《可溶的艺术》(*A Art of the Soluble*)一书中,伦敦,麦逊出版公司,1967年,第111—128页。

[5] "被确认的"在法文动词 constater 中有主观的含义。

[6] 参见爱德华·迈尔的论文"古代历史进程"(Der Gang der alten Geschichte),载《论文集》(*Kleine Schriften*),哈莱,尼迈尔出版公司,1910年;《古希腊文化在亚洲的盛衰》(*Blute und Niedergang des Hellenismus in Asien*),柏林,库尔提乌斯出版公司,1925年。在另一处,迈尔指出,历史学家在任何地方收集历史证据,都始终要靠运气,所以在历史事件内在的重要性及兴趣方面与我们在研究时需处理的历史证据的数量及可靠性方面,没有什么合理一致的地方[见《古代史》(*Geschichte des Altertums*),第4版,斯图加特和柏林,科达出版公司,1921年,第1卷第1章,第211—212节]。

[7] 今天,物理学领域的先驱们或许会同意,这一描述对他们"古典的"先辈所用的实验室方法来说是真实的,但他们也许会愤怒地——恐怕是正确地——否认他们自己的工作是根据"古典"原则或在"古典"传统的阴影下展开的。

[8] 参见伯格森对"智识最主要的功能"(Fonction Primordiale de l'Intelligence)的探讨,收于《创造进化论》(*L'Evolution Creatrice*)一书第24版中,巴黎,阿尔坎出版公司,1921年,第164—179页。在这方面,杜尔哥(Turgot)已料到伯格森的看法,参见"再论通史大纲",收于《杜尔哥文集》(*Oeuvres de Turgot*),新版,第2卷,巴黎,圭劳明出版公司,1844年,第2章,第626—628节。

[9] 伯格森:上引书,第3章。

[10] 卡米尔·朱里安:《高卢人和法兰西:我们历史的起源》(*De la Gaule a la France*:*Nos Origines Historiques*),巴黎,哈凯特出版公司,1922年。

[11] 朱里安,见上引书第2章,第62页,"农业时代"[新石器时代(Temps Néolithiques)]。

[12] H.W.V.坦坡雷(Temperley)的杰作《塞尔维亚史》(*History of Serbia*),伦敦,贝尔出版公司,1917年。该书说明一位历史学家在努力试图撰写这种小国历史时所遇到的困难。为了使塞尔维亚史可被人理解和具有连贯性,他不得不把它置于拜占庭帝国和奥斯曼帝国史的先后框架内,并最后同"东方问题"联系在一起,这即是说,对现代欧洲势力起一种平衡的作用。在该书中,很少有几章能成功地把塞尔维亚史同其他历史割裂开来并将它置于孤立的条件下加以表述。

第二章
历史研究的领域

在着手寻找某个具体的"可被认识的研究领域"时,似乎最好是从现代西方史学家一般的视界开始入手,就是从某个民族国家入手。让我们从西方的民族国家中,选一个一眼望去便似乎最符合现代史学家的研究领域的理想国家。然后,我们再以这个例子,根据"历史事实"(这里取"历史事实"的一般含义,至于"事实"这个词的含义,暂且先提出哲学上的疑问)[1]来检验他们的看法。

大不列颠似乎是一个适宜的选择。它是一个拥有强大实力的民族国家,其主体为英格兰。大约在 250 年前,它没经过任何中断或特征上的变化,便形成了大不列颠帝国。在西方历史中,它的古老堪与法国相提并论。总的说来,它扮演着同样重要的角色,尽管它所起的历史作用很有些不同。就我们的目的而言,它的特殊优点,也是很例外的优点,就是它始终与外界保持着隔离状态。这首先是由于一定的、永久性的自然地理特点使然,其次则要归因于它的政治家们在其最富创造力、最强盛的时期所拟定的某种政策。说到它在地理上的隔离,那是因为海岛的海岸线为它提供了疆界。同法国的陆上疆界相比,它的疆界无比清晰和准确。不过,朱里安一定会感到只有那些陆上疆界才具精确性和永久性。倘若朱里安在不列颠发现了一些新石器时代的小径,沿着与今天不列颠的道路和铁路相同的路线伸展,小径的中断处正是今天道路的中断处,那我们也不应嘲笑他。假如他在描述不列颠在罗马帝国的地位时,援引"现在不列颠同世界的其他所有地方分离开来"[2]这句话,我们也用不着发笑。至于不列颠在政治上的孤立,倒有点像是一个"另外的世界"。[3]

我们要想找到一个比它还要隔绝、像它一样在西方史中长期扮演显赫角色的西方国家绝非易事。事实上,如果大不列颠(作为英格兰的后嗣和遗产)本身不能构成"可被认识的历史研究领域",那么我们便有把握推断,没有任何现代西方的其他民族国家能够适合需要了。

那么,英国历史可以单从其本身来认识吗? 我们能够把英国的内部史同它的外部关系分割开来吗? 如果我们能这样做的话,我们是否将发现那些剩余的外部关系仅处于次要地位呢? 在对此再次进行分析时,我们是否发现,外部对英国的影响同英国对世界其他地区的影响相比较,要显得微不足道呢? 如果对所有这些问题的答复都是肯定的,那我们就可以得出合理的结论:虽然理解其他国家的历史不能不参考英国史,但理解英国史却或多或少地可以不必参考世界其他国家的历史。要解答这些问题,最好是反思一下英国史的过程,以及对它的主要章节做一番回顾。

我们可以按相反的顺序排列这些章节如下:

1. 工业经济体制的建立(始于公元 18 世纪最后 25 年)。

2. 责任代议制政府的建立(始于 17 世纪最后 25 年)。

3. 海外扩张(始于 16 世纪 50 年代,初起于海盗劫掠,逐渐发展为世界范围内的对外贸易,获得热带地区的属地,在海外温带国家中建立新的英语社区)。

4. 宗教改革(始于 16 世纪头 25 年)。

5. 文艺复兴,包括政治、经济以及艺术、思想文化方面的运动(始于 15 世纪最后 25 年)。

6. 封建化的完成(始于 11 世纪)。

7. 英格兰人从所谓"英雄时代"的宗教信仰皈依西方的基督教(始于 6 世纪末叶)。

这份由近至远、覆盖了英国史总进程的概览,显示出我们越向前追溯,我们能找到的有关自给自足或与世隔离的证据就越少。宗教的改变,实在是英国史上一切事物的开端,是一个直接的转折。它是这样一项举动:一系列孤立的蛮族社会,为了一个新的西方社会的共同福祉而融合为一体。至于封建制,马克·布洛赫(Marc Bloch)[4]业已证明,自从 7 世纪以来,庇护制便在英国得到发展;在 9 世纪,推动这种发展的力量大多来自外部,即丹麦人的入侵。在大征服之后,诺曼人的各种外来制度和行政管理方法实际上渗入到整个英国社会。我们因此可以公允地说,除非至少将法兰西和斯堪的纳维亚也考虑进来,否则有关英国封建制确立的任何解释都是不合情理的。至于文艺复兴,无论在文化方面还是在政治方面,人们都普遍承认是来自北意大利的生活气息感染的结果。假如说在北意大利,在大约两个世纪(约在 1275—1475 年)的时间里,没有培植出人文主义、绝对主义和权力制衡思想的萌芽,犹如没有在温床中培养出的幼苗,那它们绝不可能在大约 1475 年以后被移植到阿

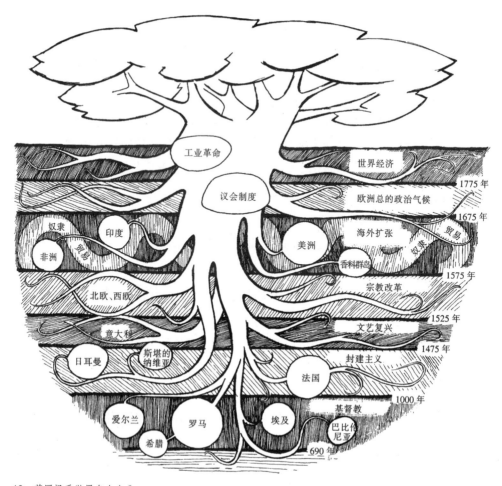

12 英国根系世界各个文化。

尔卑斯山以北的地方。宗教改革同样不是英格兰特有的现象,而是普罗米修斯①的
西北欧(那里的所有波罗的海、北海及大西洋区域的人们都被召向一个新的世界)的
一场普遍的运动,其目的是摆脱埃皮迈修斯②的南方(在那里,西地中海区域的人们
仍凝视着那个已经死亡和过时的世界)。在宗教改革中,英国并未采取主动,它甚至
未参与大西洋沿岸欧洲诸国为争取获得海外新世界的"奖品"而进行的竞争。比较

---

① 普罗米修斯是古希腊神话中的一位神祇,曾违背天父宙斯的旨意偷天火给人类,受到宙斯的严厉惩罚。
　 此处显然是在比喻西北欧的宗教改革运动如带给人类以光明的普罗米修斯。——译者注
② 同样是古希腊人的神灵,普罗米修斯的兄弟。——译者注

而言,它是作为后来者,在同先于它向新世界殖民的列强们进行了长达几个世纪之久的斗争后,才赢得那份"奖品"的。为了理解英国的海外扩张史,有必要了解从大约15世纪最后25年以来,所有欧洲战争的后果,以及考虑欧洲势力均衡方面的所有变迁情况。事实上,我们的眼界应该扩展到西方的整个现代史。

我们还需考察两个最近的篇章:议会制和工业体制的形成。一般认为,这两种制度先在英国土生土长出来,然后才从英格兰扩展到世界其他地区。从我们的目的出发,这是英国史上的重要篇章。这两章从岛国的意义上是否能够加以认识呢?答复是否定的。根据公认的权威的意见,这样做是无法认识的。阿克顿爵士[5]①认为:"一般历史自然要依赖各种力量的作用,但这些力量不是国内的力量,它们有着更为广泛的来源……。波旁王朝和斯图亚特王朝的结果尽管有所不同,但它们却遵循同样的法则。"换句话说,作为英国土产的议会制度,乃是一种力量的产物,这种力量并非为英国所特有,但却在英国以及同时在法国发挥了作用。关于工业革命,那它"不应在纯粹英国的意义上"加以解释,因为这个国家是更广泛的经济体系的一个组成部分,我们可以称这个经济体系为"欧洲经济"或"欧洲海洋国家的世界性经济"。[6]

因此,英国史过去不是、现在不是、将来也几乎肯定不是一个可以进行孤立研究的"可认识的领域"。如果这样说对大不列颠是对的,那么它无疑对任何其他国家也是适用的。因而我们如果要继续我们的追寻,这一点很清楚,就是我们必须用某种较之国家的范围更大的共同体作为我们的研究领域。

一个社会在其存在的过程中会遇到一系列难题,每个社会成员为其个人利益必须竭尽全力去解决它们。每个难题的提出,便是一种需要经受严格考验的挑战,经过一系列的磨难,这个社会的成员本身会逐渐呈现出彼此的差异。每一次都会有一些人失败,同时又有另外一些人成功地找到解决的办法。有些已发现的解决方法对成功地解决接踵而来的问题又显得不大完善,或者过于泛泛,或者适得其反;而其他一些方法却能对未来的发展对症下药,相得益彰。当一个接一个的考验迎面而来时,某些社会成员在某个时刻未能调整好自己,倒在了途中;还有一些成员继续斗争,结果或精疲力竭,或扭曲反常,或萎缩困顿;另外一些成员在智力和体力上得到

---

① Lord Acton,1834—1902年,英国近代著名史学家,《剑桥近代史》主编。——译者注

提高,在为个人开辟道路的过程中,会发现通向他们所隶属的那个社会总体进步的新途径。总而言之,若没有注意到某个特定社会成员的同伴所做出的相同或相异的行为,或没有看到在整个社会生活中,以一系列事件的形式出现的接二连三的考验的话,那就不可能掌握该社会成员在特定考验下的行为有什么重要意义。

因此,我们除非先将英国史看作是范围更广的社会的历史,大不列颠是其中一个与其他国家为伍的成员,它们中的每一个尽管以自己的方式、但却都对整个社会的共同体验做出反应,否则,英国史就会变得不可理解。同样,必须把威尼斯史视为一个暂时的、准社会的历史,这个社会包括米兰、热那亚、佛罗伦萨以及中世纪北意大利的其他城市国家;雅典的历史应看作是包括底比斯、科林斯、斯巴达以及希腊化时代的希腊其他城邦的历史。在每一场合,我们都不得不根据整体而不是依据部分来进行思考;把故事的各个章节看作是社会生活中的一个个事件;不是单独分开、而是从整体上来追踪那些社会成员的命运,把他们看成一个单一主题的变奏曲,或看作是一支交响乐队,其意义在于各种乐音的和谐,而非众多互不相干的音符。我们如果从这个观点出发在研究历史方面取得成果,我们会发现我们的头脑由杂乱无章转变为井然有序,我们开始理解那些以前不可理解的东西。

这种诠释"历史事实"的方法借助一个具体的例子或许会显得更为确切。我们可以引用希腊世界城邦史的实例,时间限定于大约公元前725—前325年这四个世纪之间。

该时代开始后不久,由这些为数众多的国家所构成的社会便面临着人口对生活资料的压力问题。当时的希腊人显然几乎完全靠他们本土的各种农业生产获取生活资料,来满足他们自身的消费。当危机到来后,各个国家以不同的方式与危机进行抗争。某些城邦,如科林斯和哈尔基斯,依靠夺取并移民海外农业区域——西西里、南意大利、色雷斯和其他地区——安置自己的剩余人口,而那里的土著居民要么过于稀少,要么过于虚弱,无法抵御殖民者的入侵。希腊殖民地于是建立起来,但只是扩大了希腊社会的地域范围,并没有改变希腊社会的性质。他们的农业文化和他们生活所依赖的各种制度完全是按他们母邦的样子复制出来的。

另一方面,某些国家谋求使自己的生活方式发生变异的解决方案。例如,斯巴达不仅突破先前希腊世界的地理局限,向海外殖民,[7]而且攻击并征服它在美塞尼亚地区的希腊近邻,以满足其公民对土地的追逐。结果,斯巴达获得了必要的附加土地,代价仅是与自己治下的邻人进行顽强不断的战争①。甚至在征服结束之后,为了维持被征服的领土,也需要在军事上做出持久的努力。这种持久不断的紧张,压迫了斯巴达本身,但并未对某个处于海外的独立的女儿邦②造成压力,它自己负责自身的安全。为了适应这种形势,斯巴达的政治家被迫将斯巴达人的生活彻底军事化。为此,他们恢复和改造了某些原始的社会制度,这些制度曾为希腊社会所共有,但当时在斯巴达以及在其他城邦,已处于消亡状态。[8]

雅典对人口问题反应的方式有所不同。起初,它对问题视而不见,既不到海外开发殖民地,也不吞并它的希腊邻居的领土,直到人口压力威胁人们要到社会革命中去寻找出路。可到了这时,其他国家的解决办法已对它来说行不通了,于是它为自己找到了一种新颖的解决方法,就是为了出口使自己的农业生产专门化,并开始制作供外销的手工业产品。随后,它改进了自己的政治制度,赋予因经济革新滋生的新阶级以公平的政治权力。换言之,雅典的政治活动家避免了一场社会革命。由于他们在力所能及的范围内为共同的问题找到了这样一种解决方法,他们便不期然地为整个希腊社会的进步开辟了一条崭新的大道。这就是伯里克利③在他的国家处于物质财富危机时所声称的:雅典是"全希腊的学校"。[9]就它作为一个城市国家的独立存在而论,雅典在希腊史终结之前便遇到了不幸④。但就它是为希腊所生而言,这个事件证明伯里克利的说法是合情合理的,因为在希腊史的下一阶段,自大约公元前325年开始,雅典为解决先前时代的一般问题而发现的特殊解决方法——新思想和新制度——已被其他希腊社会所广泛采用(到那时为止,希腊社会已远远超出了希腊语人群的狭隘范围之外),成为他们共同的社会遗产。希腊史的这个阶段,通常被称作"希腊化时代",但称之为"阿提卡化时代"⑤应该说更恰如其分。[10]

如果我们从这个观察角度出发,即不是从雅典或斯巴达、科林斯或哈尔基斯出发,而是把整个希腊社会当作自己的研究领域,我们便能够理解在公元前725—前

---

① 斯巴达征服美塞尼亚后,将土地和被征服者在公民中平均分配,每个公民占有7户被征服居民和他们的部分产品,但公民仍集中居住在5个村落中,被征服者则仍是他们的邻人,多次发动起义反抗斯巴达人的统治。——译者注
② 指斯巴达人在海外建立的殖民城邦,它们之间是母邦和女儿邦的关系。——译者注
③ Pericles,约公元前495—前429年,雅典的民主政治家。——译者注
④ 这里显然指失去独立,被马其顿征服一事。——译者注
⑤ Atticistic Age,雅典所在地区又称阿提卡。——译者注

325 年期间这些社会的历史所具有的重要意义,也能够理解从这一时期向下个时期过渡的重大意义。倘若我们孤立地在哈尔基斯史或科林斯史、在斯巴达史或雅典史中寻求能够加以理解的研究领域,那么问题的答案就是不可能找到答案。由这个观点出发,唯一可能的解释是:哈尔基斯或科林斯的历史在某种意义上是正常的,斯巴达和雅典的历史则是脱离了常理而选择了不同的方向。我们无法解释这种偏离发生的原因,历史学家们倾向于认为,斯巴达和雅典由于在希腊史的初始时期便具有一些先天的特殊本质,所以与其他希腊人有所不同。这等于说斯巴达和雅典的发展是因为它们压根儿就完全没有发展;这两个特殊的希腊民族从故事的开头到结尾都是与众不同的。然而,这种假设与现成的历史事实相矛盾。以斯巴达为例,设在雅典的英国考古学院进行了发掘工作,出土的一些惊人的证据表明,直至约公元前 6 世纪中叶,斯巴达的生活并无异常之处,后来却迥然不同于希腊其他国家的社会生活。在公元前 6 世纪中叶以后,有一次必须加以解释的革命性变革。只有把该时期的斯巴达史,看成是对整个希腊社会所遇到的严酷考验做出的地方性反应,我们才能找到真正的答案。雅典的特点,在所谓"希腊化时代"传递给了整个希腊世界(与斯巴达相反,斯巴达独特的转变证明是一条死巷)的同时,它本身也获得了一些新的特点,它的起源只能通盘考虑才能得到理解。这种情况,类似于我们西方史的所谓中世纪时期北意大利的威尼斯、米兰、热那亚、佛罗伦萨以及其他城市国家间表现出的差异,也类似于法国、西班牙、荷兰、大不列颠及其他现代西方民族国家之间存在的差异。为了理解局部,我们必须将注意力首先集中于整体,因为整体本身才是可以说明的研究领域。

在一个社会的各组成部分逐渐变异的条件下,公元前 725—前 325 年期间的希腊史,显示出与整体的"中世纪"北意大利史和现代西方史相同的结构。不过,尽管希腊史的这一段落可与另外两个段落相比拟,但它们却属于不同的时代。从编年上讲,它早于另外两段历史。西方社会的起源可以追溯到希腊史的最后阶段——希腊—罗马阶段,再进一步往前推就不行了。这种西方史与希腊史在编年上的关系,暴露出我们西方历史在时间上向前追溯的限度。这种"可认识的领域"在空间方面的延展,虽然比任何隶属于它的单个国家要宽泛一些,但比起地球的整个表面和所有现存的人类,即使它在空间上达到极限的时候,也是很狭窄的。我们现在发现,它在时间上向前追溯的距离,尽管较任何隶属于它的单个国家要长一些,但它再长也超不出人类社会(它是其中的一个代表)已存在的时间长度。

我们暂时的结论如下所述：

1. "可加以认识的历史研究领域"，是比民族国家或城邦以及任何其他政治社团的范围更大的社会，我们可以从我们所处的时代和我们自己国家的立场出发，通过时间上向前延伸，空间上向外扩展，来界定这一领域的范围。

2. 这类政治社团（民族国家、城市国家及诸如此类的单位），同它们从属的各个社会相比，不仅在空间的扩展和时间的上溯方面是很有限的，而且它们同这些社会的关系是不可分割的整体与局部的关系。这些社会，而不是国家，是"社会的原子"，也是历史研究者必须处理的对象。

3. 这些社会的组成部分是诸如大不列颠这样的民族国家或雅典式的城市国家，虽然它们（与自己的组成部分有所不同）从自成一体的意义上说是独立实体，是可认识的历史研究领域，但它们同时又是彼此相连的，它们都是整个人类社会的不同代表。

作为有机体的社会
13 巨人"骄傲的国王"，出自霍布斯的论文。这个形象再现了错误的信仰：社会是由人群而非关系构成的。

　　　　　　　　　　　　　　　　　　第二章　历史研究的领域

4. 我们一直在研究的这些特定的社会,没有一个包括整个人类,没有一个能在空间上囊括这个星球上的所有人类生息繁衍的地区,也没有一个同整个人类社会(它是其中一个代表)处于共时同代。譬如,现在仍然存在的我们西方社会,在希腊社会度过它的成年期之前,还没有孕育出来。而希腊社会——即使(不是那么回事)在它向前推溯之后,证明是整个人类社会的最初代表之一——已经灭亡了 13 个半世纪。所以不管怎样,它已完结的生命时间要远远少于尚未完成的整个人类社会的生命时间。

5. 一个社会的历史和另一个社会的历史之间的连续性,比起任何单一社会不同阶段之间的连续性,在程度上要少得多(确是不可相提并论)。然而,处于不同时代的两个特定社会之间,在时间关系方面,如西方社会和希腊社会,我们却观察到了连续的特征,我们可以将这种连续关系喻为"血缘"关系。

注释

[1] 参见本书第十一部,第五十三章。

[2] 维吉尔:《牧歌》(Ecloques),第 1 卷,第 66 行:"不列颠完全与所有其他世界分割开来。"

[3] 即"第二世界";参见 E.A.弗里曼(Freeman):《史论集》(Historical Essays)第 4 卷,伦敦,麦克米兰出版公司,1891 年,第 9 章"改变奥尔比斯"。

[4] M.布洛赫:《封建社会》(Feudal Society),伦敦,卢特莱支和克甘·保罗出版公司,1961 年,第 181—189 页。

[5] 在一篇关于亨利四世和黎希留的讲稿中,收于《现代史演讲集》(Lectures on Modern History),伦敦,麦克米兰出版公司,1906 年。

[6] E.霍布斯鲍姆:《工业和帝国》(Industry and Empire),伦敦,威坦费尔德—尼科尔森出版公司,1968 年,第 21 页。

[7] 斯巴达唯一的海外殖民地是塔兰敦,建立塔兰敦看来是一项例外的措施。

[8] 参见 M.P.尼尔森:《斯巴达人的殖民地》(Die Grundlagen des spartanischen Lebens),收于《克丽奥》(Klio),第 12 卷,1912 年。

[9] 修昔底德:第 2 卷,第 41 章。

[10] 参见本书第四部,第二十三章。

第三章
某些术语的定义

1．社会（Society）

社会是人类相互关系的总网络。社会的组成部分因此不是人类，而是人类间的关系。在社会结构中，"个人仅仅是关系网络的小结"。[1]霍布斯①的著作《利维坦》中有一幅著名的卷首插图，显示社会系由大量真人大小的人组成的一位巨人，这是对真实所做的一种神人同形同性的曲解。实际上，说人类是社会的"成员"或社会某个组成机构（如一个俱乐部、一个教会、一个阶级、一个家庭、一个公司）的"成员"，也是一种对真实的曲解。[2]能够感受到的人们的集合，并不是社会，而是人群。人群可以招之即来，挥之则去，可以拍照，也可被屠杀。社会则不然。

2．文化（Culture）

我同意并采用 P.巴格比（Bagby）对文化所下的定义，即文化是"一个社会成员内在和外在行为的规则，但那些原本是明显遗传下来的规则不算文化"[3]。巴格比附加的解释[4]是：由于文化是"在历史中业已成型或重复出现的成分"，所以"文化是历史可被认知的一面"。A.L.克罗伯（Kroeber）[5]的定义则包含四点内容，头三点与巴格比的相同，第四点是文化含有价值。我也赞同并采纳这个释义。

3．文明（Civilization）

这个假拉丁词是在近代形成的一个法文单词，约翰逊博士②在他编写的英语词典中拒绝给它一个英语对应词。从那以后，它便在所有现代语言中流行开来，意思是指在一个特定时代存在的一种特定文化或特定文化阶段。根据目前的认识，文明

---

① T.Hobbes，1588—1679 年，英国著名哲学家。——译者注
② Samuel Johnson，1709—1784 年，英国著名文人，字典编撰家。——译者注

时代看来约始于五千年前。

巴格比建议[6]我们应当从"文明"一词的词源上去寻求它的含义,应把文明定义为"在城市中发现的那种文化"。他提出"城市"的定义是"居住着众多(或者更准确地说是大多数)人们的结合体,其居民不从事生产食品的活动"。巴格比的定义接近于问题的实质,但很不适用。柴尔德①发明的术语"城市革命"(根据与"工业革命"的类比),也不能当作被人们所称的"文明"这个文化种属问世的代名词。[7]有一些没有城市的社会,但却跻身于文明的进程之中。我认为,我们必须更进一步,将文明等同于一种社会状态,其中包括少量人口,无论人数多少,均摆脱了这样的任务,即不仅脱离食物生产活动,而且不从事任何其他经济活动,意即手工业和商业活动。而这些活动从文明的物质方面来说,是为了保持该社会的生活能够持续所必需的。这些非经济的专门人士是职业士兵,专职行政管理人员,其中恐怕最重要的是祭司,他们无疑是我们已知的大多数文明中的城市居民。[8]

我同意 H.法兰克福[9](Frankfort)的看法,他拒绝这样的观点,即"用食物生产的发展或技术进步所引起的变化(二者的确与文明的兴起同步)……来解释文明形成的原因"。法兰克福在这方面援引了 A.N.怀特海(Whithead)的一段话,可谓一语中的。怀特海说:"世上每一个因具有高级活动而闻名的时代,在其顶峰阶段,以及在造成这一顶峰阶段的代表人物中间,都能发现某种深刻、普遍的特征,它们被不声不响地接受,在人们日常发生的行为上打下自己的印记。"[10]

克里斯托弗·道森也有相似的看法,他说:"在每个文明的背后,都别有一番景象。"[11]按照我所赞同的这种观点,一个摆脱了经济活动的少数人社会的出现,是识别文明的标志,不是文明的定义。如果依从怀特海的说法,我就应在精神的意义上给文明一个定义。它也许可以称之为创造一种社会状态的努力,在这个社会状态中,整个人类成为一个无所不包的大家庭的成员,将在一起和谐地生活。我相信,这就是迄今已知的所有文明一直有意无意追求的目标。

4. 各个社会 (Societies)

我用复数词"各个社会"及单数词"一个社会"(a society),来表示前面已经考察

---

① V.G.Childe,现代英国考古学家和历史学家。——译者注

过的"社会"这个抽象概念的一些特殊历史范例。"各个社会"或"一个社会"与"社会"的关系,是一个或多个同级的现象与它代表的那个社会级别的关系。

　　因为我用社会这个词来表示人类之间的整个关系网络,所以用"各个社会"和"一个社会"这两个词来表示能够被作为一系列制度组合加以分析的特定的网络。这些制度虽是它们的组成部分,但却不能看作是任何更广泛的网络的组成部分。如果人们在这类意义上定义各个社会,那他们就会发现,它们具有多种类型。换言之,人们会发现,"社会"这个"属"是由一些"种"社会构成的,譬如前文明社会,正在形成中的文明社会,内含较高形式的宗教社会。前文明社会又可分为一

各文明的专业人才:士兵、行政管理人员和祭司
在一个经济上能出产剩余产品的社会里,劳动的分工有了可能。少数专家脱离了食物生产活动,垄断了原本属于社会所有参与者的各项社会职能。
14　公元 16 或 17 世纪的贝宁武士。

些不同的层次:石器时代早期,旧石器时代晚期,中石器时代,新石器时代,青铜器时代。这三个子时代,或不管怎样,最后两个子时代,与文明的共同之处要多过它们与先前旧石器时代的共同之处。

　　根据我的定义,尽管各个社会是诸关系的体系,并且这些关系只是自己而非其他社会的构成部分,但在我看来,它们并不是莱布尼兹[①]的单子。所有社会均经久不断地相互影响。那些"种"社会的广泛代表,在不同程度上,不仅受到幸存下来的、与之同时代的社会的影响,而且也受到那些已经寿终正寝或即将终结的各个社会遗产的影响。

---

①　Leibnizi,1646—1716 年,启蒙时代的德国哲学家,提出世界由单子构成的历史哲学体系,各单子既是独立的单位,又彼此影响,具有个性和共性。——译者注

　　　　　　　　　　　　　　　　　　　　第三章　某些术语的定义

每个社会网络都是文化的载体,在实践中研究一个社会及其文化而不考虑它们相互间的关系是不可能的。

5. 各个文明 (Civilizations)

我使用复数词"各个文明"和单数词"文明",意指抽象的文明概念下的特定历史实例。"各个文明"或"一个文明"与"文明"的关系是一个或多个同级的现象与它代表的那个级别的关系。各个文明所代表的那一级是属"文化"的一个"种"文化。每个文明都附着在一个社会网络上,在实践中研究一个文明及其社会,不考虑它们彼此的关系是不可能的。

一个文明可以确定为"一个可认识的研究领域",可以看作是处在一些不同民族的个别活动场所之间的共同场地,也可当作一个特定的"种"社会的代表。这些定义彼此相连,假如失去它们中的任何一个,也就失去了某些基本的东西。当然,其中第一条定义是就主观意义而言的。它对一个文明定义所用的处理方法是认识论的方法。其余两条定义是客观的定义,它们试图描述询问者心目中所相信的(在我看来这种相信是正确的)那种真实,那种他的思想通过现象所理解的真实。理想地说,我们对任何事物所做的任何定义,无论如何都应具有这种双重的形式,要考虑到主观和客观的双重性,考虑到主客观之间真正的关系是什么的问题,这是所有思考都必然具有的。

一个文明是一个可以通过对它的组成部分进行比较而加以认识的领域。这些组成部分是国家、城邦、宗教部落、排他性的社会群体以及诸如此类的其他社会成分。总的说来,一个较大的研究单位与较小的研究单位相比,可能更易于理解一些,我们需考虑到,缺少有关真实的全部材料,没有什么是可以完全加以理解的。但这对于理解仍然不够,因为事物可被认识仅仅是对思想而言的,根据假设,在全部真实之外,作为客观主体的思想是不存在的。因此,现象的可知性,无论在什么程度上,都始终是片面和不完善的。这意味着一个文明仅仅是一个相对意义上的"可认知的研究领域"。

在不同民族自身的活动场所之间的那块共同的场地,是一个可以代换的用语,可同我在本章中描述的那个所谓一些人之间的关系网交换使用。一个关系网是一种特定时空范围内的现象,它将包括几个阶段。迄今有历史记录的各个文明,都是

15　左图为埃及第五王朝的书吏。
16　右图为公元9世纪日本的佛教僧侣。

已经发生过了的客观真实,在不同的历史时期,它们大多数的发展程度也有所不同。其中有些已经夭折,有些在经过了一段蜕变的过程后,以解体而告终。在说明各个文明(均具有阶段形式的历史)的时候,我不想将它们拟人化,或在人神同形同性的意义上去思考它们。一个人类之外的可认知的研究领域——比如一块水晶——也是客观的真实,它以规则的形态、阶段性地加以变化。

　　各种文明是看不见的,犹如宪制、国家、教会一样,其原因是相同的。但各种文明也有一些可见的显示标志,如普鲁士国戴着金冠的鹰徽和带穗的头盔;基督教会的十字架和白色法衣。如若将埃及、希腊的雕像和前文艺复兴时代[12]的西方人的雕像排列在一起,你肯定不会弄错它们是出自哪些雕刻流派的作品。这三种艺术风格各具的特色不仅是可见的,而且是明确的,比任何教会或国家的标志或可见的制品都更加明确。通过考察一种文明的独特艺术风格所在的时空范围,我们能够判定由这种风格表现出的该文明在空间和时间上的界限。如同克罗伯所指出的,[13]一种艺术风格就是一种历史关系的敏感指示器。在任何一种文明的范围内,各种风格"之间有一定的趋同倾向",[14]"各种风格正是文明历史所采取的各种动态形式的化身"。[15]克罗伯补充道:我们将一件未归类的艺术作品,按艺术风格的顺序,放到它

33 ｜

第三章　某些术语的定义

该去的位置上,这种归类的能力暗示,一种风格是循着单行道发展的。"一种风格是一种文化的分支……也是一种有选择的途径……在那些强迫性的冲动或物质或生理需要占支配地位的地方,没有风格发展的余地。"从选择的意义上讲,一种风格以及一个国家,乃是一种意志的体现。[16]巴格比也认为:"艺术史家已证明,艺术作品的风格并非绝对不可确认"[17],"人类学家和文化史家干着某些相同的事。他们在一种文化或一个时期的不同特点中也能感受到某种相同的气息。他们还试图指出那些引起了他们的感觉、能够加以观察的品质。"[18]法兰克福指出:"我们认识它(一种文明的特征)是在它的各种表征中有了某种相同的东西,有了某种方向上的一致性,有了某种塑造出它的政治和司法制度,它的艺术、文学、宗教以及道德的某种文化'风格'的时候。"[19]

这些多方面显现其所在文明的艺术作品,仅仅是文明的体现,而非文明本身。文明仍然是隐性的,如同教会或国家一样。当人类学家或文化史家试图分析观察到的各种品质(那是他了解一种文化的线索)的时候,如巴格比所说,[20]他是在思想和价值的意义上分析它们。

注释

[1] F.A.哈耶克:《反科学革命》(*The Counter-Revolution of Science*)伦敦,阿兰和安文出版公司,1952年,第34页。

[2] 大概出自《新约全书》的比喻,在那里,基督教会的追随者据说是基督肉体的一部分(即《哥林多前书》,第6章,第15节;《以弗所书》,第5章,第30节)。

[3] P.巴格比:《文化和历史》(*Culture and History*),伦敦,朗曼出版公司,1958年,第84和95页。

[4] 同上书,第124页。

[5] A.L.克罗伯:《文化的性质》(*The Nature of Culture*),芝加哥大学出版社,1952年,第104页。

[6] 巴格比:上引书,第162—163页。

[7] 参见 H.法兰克福对柴尔德在《近东文明的诞生》(*The Birth of Civilization in the Near East*)中一些用语的批评,伦敦,威廉—诺尔盖特出版公司,1951年,第57—58页,以及第57页注2。

[8] R.雷德费尔德在《原始世界及其转变》(*The Primitive World and its Transformations*,伊大卡,纽约州,康奈尔大学出版社,1953年)中,把文明等同于城市兴起(第9页),根据是在城市中,"行政管理精英"、"有文化的祭司"和"专门化的手工工匠"首次出现。

[9] 法兰克福:上引书,第7—8页。

[10] A.N.怀特海:《思想的冒险》(*Adventures of Ideas*),剑桥,大学出版社,1933年,第13—14页。

[11] 克里斯多弗·道森:《世界历史的动力》(*The Dynamics of World History*),伦敦,士德和沃尔德出版公司,1957年,第41页。

[12] 这尊西方雕像一定是前文艺复兴时期的,如果它特征突出和明确的话。它必定早于文艺复兴时期西方所接受的希腊视觉艺术的风格。

[13] 克罗伯:《风格和文明》(*Style and Civilizations*),伊大卡,康奈尔大学出版社,纽约州,第2—3页,

155—166 页。

　　[14]克罗伯:前引书,第 402 页。

　　[15]克罗伯:前引书,第 403 页。

　　[16]克罗伯:前引书,第 150 页。

　　[17]巴格比:前引书,第 108 页。

　　[18]巴格比:前引书,第 108—109 页。

　　[19]法兰克福:前引书,第 16 页。

　　[20]巴格比:前引书,第 109 页。

第三章　某些术语的定义

第四章
需要对人类事务进行全面研究

对人类事务进行全面研究的要求出于某些动机。在这些动机中,有些是永久性的,有些是暂时性的,有些系出于公心,有些系出于私心。其中最强烈、最可贵的一种就是好奇,这是人性最显著的特点之一。尽管人们的好奇程度可以说千差万别,但我们还找不出一个似乎完全没有好奇心的人。在人事范围内,正是好奇促使我们注意全面观察问题,以便获得真实的认识,这是人的思想有可能理解问题的关键所在。"历史的确证实了爱因斯坦的一句名言,除非一个人摈弃细枝末节,具有更广阔的视野,否则,在科学中就不会有任何伟大的发现。"[1]全面的观点同偏颇的观点相比,在反映真实方面,无论如何会减少一些失误。虽然人们在寻求知识和理解的过程中,同他们在所有其他活动中的情况一样,取得的成就肯定是不完整的,但人类的美好品性之一正是具有领会这种局限的智能,拥有继续奋斗的精神和一如既往的热忱,竭尽其天赋的才能,朝着他认定的目标前进。

要求对人类事务持全面观点,或确切地说,要求对整个宇宙现象持全面观点的另一个动机是较为自私的。对具有发散特点的人类思想来说,现象看上去简直无以计数,宇宙则无边无涯,这种既无航海图又无罗盘针、在渺无边际的大海中随波逐流的体验,对于力量有限的人类是件很可怕的事情。在这种令人惶恐的形势下,我们救助自己的办法首先是力图相信大海并不像它看上去那样辽阔。我们试着对它玩一些分割和省略的把戏。但在这么做的时候,我们看透了它们,然后这种救助的绝招便保留了下来,成为令人敬畏的办法,将我们思想的网络铺撒到整个宇宙之上。李约瑟(Needham)指出:"刺激原始科学的最主要因素之一"就是"至少需要对各种现象分类,将它们置于某种相互的联系当中,以克服反复产生且必定对早期人类的心理造成可怖压力的恐惧和忧虑。"[2]

这种对表面现象的忧虑,随时随地刺激着人类的思想,促使他们寻找一种模式,将现象"固定"起来。在现今世界,由于现代科技的统摄作用,这一点已得到特殊的强调。依靠"消除距离"而把世界统一起来的这种前所未有的科技进步,通过制造原子武器的战争,又将人类推入自我毁灭的境地。我们现在已苏醒过来,回到了这样一种现实当中:我们已在无意中将自己陷入一种新的境地,即人类可能不得不在两个极端之间做出一个选择,要么有计划地灭绝和屠杀,要么从此学会像一家人那样生活。[3] 自从人类对杳无人烟的大自然确立了自己的优势地位以来——这是人类在旧石器时代便已部分完成了的一项功业——人类的生存首次成了悬而未决的问题。但这一次威胁要灭绝人类的是人性。远古的威胁在新时代的这种复生,是对整个人类的挑战,迫使他们将效忠于地方的传统转向崭新的、至高无上的对人类本身的忠诚。而这种人类于原初时期遇到的威胁在人性中的再现,则对研究人类事务的我们提出了挑战,要求把这种威胁置于控制之下。

在一个时间和空间均已统一的世界上,对人类事务的研究若想取得成效的话,就必须从广阔的视界入手。[4] 这不仅必须包括所有现在活着的一代人,而且包括所有过去曾经活着的人。为了使人类得救,我们之间虽然存在着各种传统的差异,如宗教、文明、国籍、阶级和种族等,但我们必须学会在一起和谐生活。为了能成功地实现这种和谐的生活,我们不得不彼此结识,包括认识彼此的过去;因为人类的生命,如同其他宇宙现象一样,所以能被人们的思想认识,仅仅是由于它在移动的时间中展现了自己。历史的威力比原子弹的威力还要强大。目前,为了我们共同的、迫切的目的——自我保存,仅仅开发我们潜在的共同人性是不够的。心理学家的工作需要考古学家、历史学家、人类学家和社会学家的工作予以补充。我们必须学会认识,并尽可能地学会理解各种不同的文化结构,我们共同的人性在这样的结构中表现为不同的宗教、文明、国籍,人类的文化正是由于这些东西才在历史的过程中联结了起来。"全部人类的历史都关系到现在和将来的人类需要。"[5] "人类史的知识应是一种人类的共同财富。"[6]

然而,我们不只要理解甚至欣赏彼此的文化遗产,而且我们还必须做得更多。我们必须对它们进行估价,把它们当成人类共同财产的组成部分,因而也像对待我们自己的财产那样珍爱它们。我们将会把自己的珍贵遗产也奉献给共同的宝库。没有爱的火焰,人类社会团结方面出现的裂隙,就不可能被融为一体。即使像我们当前这样到了极其危险的地步,也绝不足以刺激人们去寻找必要的自救之道。这是

　　　　　　　第四章　需要对人类事务进行全面研究

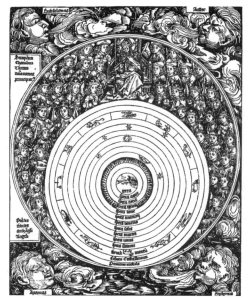

将宇宙图表化

17、18　人类在能够理解之前必须进行分类。前哥白尼时代的一幅关于宇宙的全景画(左图),它将宇宙限定为一系列球体的组合,由上天的圣体加以保护。右图是一块护佑着历史的阿兹特克人的历法石,上面显示太阳(中央)被已遭破坏的过去和现在的世界所环绕。

一种贫乏的刺激,因为它是负面的刺激。冷漠的锱铢必较不会激发出我们拯救自己的精神力量。这种力量只能来自对一个积极目标的无私追求,这个目标比起只是想避免自我毁灭的消极目标来说要远大得多。[7]除了爱之外,没有什么能将这个积极的目标赋予人类。

注释

[1] M.R.科翰:《人类史的意义》(*The Meaning of Human History*),拉撒尔,欧潘考特出版公司,1947年,第 210 页。

[2] J.李约瑟:《中国的科学与文明》(*Science and Civilization in China*),剑桥大学出版社,1954 年,第 2卷,第 336 页;C.列维-斯特劳斯:《野性的思维》(*The Savage Mind*),伦敦,韦坦费尔德—尼科尔森出版公司,1966 年。

[3] 在其他许多同代的观察者中间,J.罗曼证明在我们这个时代,"要么一个世界,要么就没有世界",这便是我们所处的真正形势(M.F.A.蒙塔古编:《汤因比和历史》,波士顿,鲍特·瑟珍特出版公司,1956 年,第350 页)。

[4] 这个观念是由波里比乌斯在其著作《通史》(*Ecumenical History*)第 1 卷第 4 章中提出来的:"世界上所有事务都是循着同一个方向并向着同一个目标而同步发生的,这是时下这个时代的最为显著的特点。目前这部著作的特征就是由此而来。在向读者描述命运法则的巨大作用时,各个事件的统一性影响到历史学家注意其写作要有类似的统一性。在我撰写这部著作的时候,这是我主要的动机和刺激。"

〔5〕R.科尔波恩在《菲隆》(*Phylon*)中所说,1940 年,选刊,第 62 页。

〔6〕"历史只是应当成为人类共有的精神财富"(Die Erkenntnis der Geschichte der Menschheit soll ein Gemeingut der Menschheit sein),这是兰克在 19 世纪 60 年代作品的一个片断,发表在 A.多弗为兰克九卷本《世界史》(*Weltgeschichte*)第 9 卷第 2 章所写的前言当中,莱比锡,丹克尔和汉姆布劳特出版公司,1881—1888 年。此引文出自第 15—16 页。

〔7〕在对我的著作所作的批评当中,J.罗曼认为我对世界统一性目前正在形成中的思考是正确的。如罗曼所说,世界的统一性是由技术人员创造出来的,我们现在是要把这种技术上的统一性上升到具有创造能力的水平(前引《汤因比和历史》,第 350 页)。

第五章
过 渡 的 社 会

本书主要关注的社会形态是文明和具有较高级形式的宗教。由于二者是颇具活力的基本制度,再加上我们对它们的了解要远比对先于它们的东西了解得多,所以当我们回顾过去的时候,首先进入眼帘就是这两样东西。不过,它们所以成为我们的论题并为我们耳熟能详,其原因在于它们乃是昨天的事物。较高级的宗教中最年长的也不过只有 2 500 年,最悠久的文明只有 5 000 年。到目前为止,最漫长的人类历史也只能追溯到旧石器时代早期。从我们祖先转变成可以辨认的人那一刻算起,它持续了 50 万年①。[1] 比较而言,大约始于 3 万年前的旧石器时代晚期却是短暂的,但按照文明的时间来衡量,它又是漫长的。若同较高级宗教所在的时间相比,则显得更为漫长。而且,不论是在旧世界还是在美洲,文明的降生,从文化以及编年上看,都是通过一系列文化的过渡,在旧石器时代晚期结束时脱颖而出的。如果我们承认对人类事务需要进行全面的研究,我们就一定不要忽视这些较早的、较久远的人类历史的篇章。

旧石器时代晚期的人类是狩猎者,但在旧世界的西北部,他们丧失了这种生存手段,当时正是在连续大冰期的最后一季冰川消退时,区域性的动植物群发生了一连串令人吃惊的变化。在北欧,一度是强悍猎人的马格德林人,未能应付环境对他们的挑战。一些比他们能力低下、地处南部和东南部的同代人也部分灭亡了。但他们中有些人仍然向更南部迁徙,踏上了原本是热带森林的南方大草原。也有一些人坚守在原地,创造着他们的历史。

在旧石器时代晚期和第一代文明——公元前 3000 年左右,兴起于底格里斯河与幼发拉底河下游以及尼罗河下游——之间的过渡时期的文化形态或阶段,是通常

---

① 目前古人类学的研究表明,完全形成的人至少在 200 万年前甚至更早便已出现。——译者注

人们熟知的新石器时代,其意系指一种具有特色的工具,即经过磨制的石斧。它比旧石器时代晚期人类最精制的打制石片工具还要有效得多。无论如何,农业以及几乎处于同等发展程度的家畜饲养业(在旧世界的农耕发源地,它在那里是农业如影随形的伴侣),是新石器文化的核心,也是它留给后来建筑在新石器基础上的"较高"文化阶段的最伟大、最恒久的遗产,这里的"较高"既是指它的价值,又指它在精神上的贡献。

由于农业、畜牧业革命的实现,人类使自己成为大自然的积极伙伴,不再像他们的前人以及除某些社会性昆虫之外的其他所有生物那样,只是寄生在大自然身上的食客。无论植物栽培还是动物驯养,都是高瞻远瞩、深谋远虑、矢志不移、自我抑制的成果,它要求一种不断将这些美好的品性付诸实践的精神,以使它们能够持续地进步。农夫们必须进行思考,这不仅是为了次日,而且是为了来年。他们无论多么饥饿,也绝不能吃光种子或杀掉为他们提供奶水和补充畜群的母牛、母羊和母山羊。农业的回报是出产食物补给,它与狩猎和食品采集相比,能为较稠密的人口提供更可靠的保障。但是若把这场革命仅仅看作是技术和经济革命,那这个解释恐怕是很不充分的。在较高级宗教的出现导致宗教活动与世俗生活脱离之前,所有社会活动与文化活动都是宗教活动。农业,无论是植物栽培还是动物驯养,从一开始就无疑具有宗教和经济的成分。假如没有某一方面的宗教革命,农牧业革命也许永远不可能实现。

原始农业并没有生产出剩余食品,因此也没有可能维持一批专家。唯一的劳动分工是在男人和女人之间。每一个地方公社都是自给自足的单位。[2]新的工艺出现于公元前第 4000 年的亚洲、非洲的沙漠绿洲之中,它要求男性专门人才,这意味当时已经有了某些剩余。[3]冶金是专门的职业,[4]冶金术知识是第一种近乎国际化的科学,[5]冶金突破了新石器时代自给自足的状态,它实际上不仅要求有铁匠,而且要有采矿工、熔炼工、运送工。[6]这些公元前 4000 年的发明——冶金术、车轮、牛车、驴驮、帆船——为新型经济组织奠定了技术基础,这种组织能够从事亚非人民从未尝试过的任务;为了发展农业,开发位于巨大的亚非盆地与河谷地带的丛林和沼泽。这项工作预示人们掌握了灌溉艺术,它又随之要求一种精心构思的经济和社会组织,因为没有它们就不可能有公共工程。[7]没有这些组织,公元前 4000 年发明的那些技术也不能帮助亚洲人、非洲人完成他们的伟大新事业。

19　赶驴人,埃及第五王朝。

新石器技术革命

驴驮、牛车、帆船,所有这一切都体现了技术发明和驾驭自然力的重大进步。从技术上讲,这些发明极大地增加了人类对其环境的控制能力。但在社会和心理方面,它们却标志着人类受其自身文化制约的开始。

20　左图为一辆大车的模型,时间属公元前 3000 年。

21　右图为约公元前 2000 年的米诺文化的帆船。

水力与人力

最早的灌溉计划要求前所未有的社会合作和强制,它们永久性地改变了人们彼此之间的关系及其同自然的关系。

22 上图为古埃及"蝎"王正在割一条灌溉渠的第一棵草,这象征南方在征服了下埃及后恢复了和平与秩序。

23 下图为依靠"沙杜夫"汲水。那根挂在直立杆上的木杆,一边有一个吊桶,另一边有一个取平衡的重物。平衡物的重量使人们可以用很小的气力将吊桶装满水,吊起并加以移动。

第五章 过渡的社会

24　左图为上下埃及的统一由两个神祇完成,他们系紧环绕在象征统一的饰纹周围的纸草和水莲。
25　右图为一块王室地产的灌溉渠图,地产约在公元前 1300 年的美索不达米亚的尼普尔附近。水渠穿过块块田地,圆圈代表村落。

　　毋庸置疑,从技术变革既是社会变革的结果又是社会变革的原因这个意义出发,每一次技术革命同时也是一次社会革命。R.J.布雷德伍德(Braidwood)指出,[8]现存的前文明时期文化证据的性质给我们提供了一幅图画,技术进步在图上赫然耸现。但与新石器革命相反,新石器革命在技术上是前所未有、超乎寻常的,文明革命的核心却是社会和文化方面的革命。技术史的各个阶段——食物采集、食物生产、工业化——与其各个文化阶段是不相吻合的。[9]新石器时代的技术革命,以食物生产取代了食物采集,是一种在规模和意义上堪与近代西方工业革命相提并论的技术变革。在工业革命中,人力则是被受控的机器力(作为人类制造和运动的物质手段)所代替。[10]在这两次革命的间歇期间,没有任何可与之比肩的技术变革。"在文明和食物生产的前文明各阶段之间存在的那些技术和经济的差异,不过是程度上的差异。"[11]另一方面,在这个间歇时期,我们先看到文明的出现,然后看到了较高级形式的宗教的产生,这是两项迄今为止最伟大、最罕见的文化变革。假如此前没有发明食物生产以及上面刚好提到的那些随之而来的其他技术进步,文化的文明阶段也就成了无稽之谈。但文明的出现本身是一个非技术性的事件,它的形成有赖于精神层面的发展。[12]它脱胎于新的技术进步,或者说新的技术进步伴随着它,但仅仅到此为止,很快跟着的就是技术进步的停滞,这在新石器革命中已经初露端倪。[13]新石器的技术革命也付出了精神代价,这是它相反的一面。"猎人居无定所的生活解放了人类的思想,而农业却把人变成了土地的囚徒。"[14]

"所有近东最好的地方,都是辛辛苦苦垦殖出来的。"[15]这种努力要求生产、收集和贮存大批余粮,以便把生产出来的食物转供大规模公共工程的劳动大军食用,而工程却不会立即给人带来粮食剩余。这支劳动大军必须进行招募、控制和指导。若缺乏拥有巨大能力和权威、居统治地位的少数人,这个任务是不可能完成的。[16]因为这项任务劳心耗力,它的规模如此巨大,以致普通劳动者几乎不敢想象能预见到自己努力的成果。[17]他必定是借助信仰或是在强制之下开展工作的。更为可能的是他同时受到这两种力量的驱使。这一点意义重大,即无论在历史之初的苏美尔还是在埃及,已开垦的土地都是一位神灵的财产,[18]这位神灵的代表是管理着卓有成效的经济和政治体制的少数统治者。

正是这种纪律约束下的通力合作,辅之以宗教信仰的激励,以及必要的政治权威及其控制的技术装备,开垦出适于农业耕作的亚洲和非洲的河谷与盆地。"除非在公元前四五千年的时候有明显不同的降雨和气候形态——我们对此表示怀疑——否则在美索不达米亚的冲积平原上,没有灌溉就根本不可能有人们广泛的生活。"[19]"淤积而成的各大河流域,提供了一个需要更加小心应付的环境,同时也对开发它们提供了一份更为丰厚的物质回报。在那里,铜器时代的村落转变为青铜时代的城市。"[20]"食物生产的革命大概是人类史的转折点,但人们认识到这次转折的结局却是通过城市革命。"[21]文明首要的成果——在底格里斯和幼发拉底河下游的沼泽地中开垦出苏美尔①的良田,乃是最伟大、最艰巨,时间上也是最早的文明成就。苏美尔地区的面积约相当于丹麦,到了大约公元前 2500 年,在原是沼泽的土地上,谷物的产量已增长了 86 倍。[22]开发尼罗河下游的上埃及的有限事业似乎是在后来完成的,在某种程度上,可能是在苏美尔人已实现的事业刺激下完成的。开发尼罗河三角洲则是一项与开发苏美尔同等规模的任务,也许仅仅是在埃及的早期王朝时期才最终完成。如果情况是这样的话,它较印度河流域的开发要早一些,而东亚各条大河流域的沼泽地的开发,则肯定还要晚些。

---

① 两河流域最南部,那里有文字记载的最早的居民是苏美尔人。——译者注

　　　　　　　　　　　　　　　第五章　过渡的社会

因此,对亚非大河流域的农业开发,实际上是对后冰川时代或间冰期的亚非地区遇到的连续干旱的挑战所做出的一种迎战。开垦小块绿洲是对这种挑战的最初回应,但它并不足以使亚洲非洲成为人类在雨后条件下永久居住的地区。人类或者像他们的前辈那样,把农业文化从亚非地区带到旧世界的天涯海角;或者像旧世界各文明的创造者最终所做的那样,开垦沼泽地带。人们最后面临着这两种选择。开发沼泽是一劳永逸的解决办法,因为新开垦的耕地可以永久性地得到河水的灌溉,并且这些河流都发源于贫瘠地区之外,河水携带着实际上由取之不尽、用之不竭的腐殖质构成的淤泥,不断给土壤注入肥料。在开发大河流域的过程中,人类只要继续从事有组织、有纪律的艰苦劳动,就能够获得可靠的生活保障。干旱是挑战,苏美尔和埃及的耕地则是应战。但这种枯燥的陈述或许会误将我们的故事简单化。在我们对原始农业社会,即旧石器时代末期的采集狩猎社会向最早的文明社会过渡的社会做出诠释之前,它是不易理解的。旧石器时代晚期的人类甚至缺乏对付丛林和沼泽的技术以及组织,所以人类在能够开拓文明事业之前,不得不让自己有一段过渡性的学徒时期。

原始文化和我们称之为"文明"的较高级文化之间的这种过渡时期,并不是旧世界特有的东西,我们在美洲史中也发现了同样的现象。

注释

[1] 参见本书第四部,第二十章。

[2] J.哈克斯和L.伍尔利爵士:《人类史》(*History of Mankind*),为国际会议"人类科学与文化发展的历史"所作并发表,伦敦,阿兰—安文公司,1963 年,第 1 卷,第 363—364 页。

[3] 哈克斯和伍尔利:上引书,第 414 页。

[4] 哈克斯和伍尔利:上引书,第 466 页。

[5] V.G.柴尔德:《历史上发生了什么》(*What Happened in History*),哈蒙德斯沃斯,企鹅出版公司,1942 年,第 70 页。

[6] 哈克斯和伍尔利:上引书,第 597 页。

[7] 哈克斯和伍尔利:上引书,第 419 页。

[8] R.J.布雷德伍德:《近东与文明的基础》(*The Near East and Foundation of Civilization*),尤金,俄勒冈州高等教育系统,1952 年,第 16 页。

[9] 布雷德伍德:上引书,第 5 页。

[10] 载 F.波尔凯诺:《摩科》(*Merkur*),1949 年 7 月,第 629 页。

[11] 布雷德伍德:上引书,第 42 页。

[12] 布雷德伍德:上引书,第 5—6、42 页。

[13] 波尔凯诺:前引书,第 631 页。值得一提的是,在秘鲁,技术进步是形成时代的特点(W.C.班奈特:"秘鲁考古学述评",第 6 页,载《美国考古学会纪念文集》(*Memoirs of the Society for American Archaeology*),

迈纳沙,威斯康星,1948年,第121—122页。

[14] 波尔凯诺:前引书,第630页。

[15] 柴尔德:《人类创造了自身》(*Man Makes Himself*),伦敦,瓦特出版公司,1936年,第122页。

[16] 在安第斯世界,从文明形成时代向古典时代的过渡中,秘鲁沿岸河谷低地已被开发和灌溉,这一过渡伴随着人们的兴趣从技术转向控制人力的社会政治事业。班奈特和伯德:《安第斯文化史》(*Andean Culture History*),美国博物馆自然史系列手册,注[15],纽约,1949年,第181—182页;班奈特:上引文(参见注[13]),第6页。

[17] 柴尔德:前引书,第120—122页。

[18] 在埃及,所有土地属于神的一个化身法老。在苏美尔,它包含在一些独立城市国家的领土之中。每个这样的城市国家的领土包括一些神的土地。这些苏美尔神灵未化为肉身。

[19] 布雷德伍德:前引书,第37页。比较第39页和第35页,"插图25:西亚核心地带的地形和降雨分布图,具有一些乌贝德阶段或据判断与乌贝德阶段同时代的物质文化的主要遗址"。在这个阶段,底格里斯与幼发拉底河下游冲积盆地已被人占据(第36页)。

[20] 柴尔德:同注[5]引书,第79—80页。

[21] R.雷德费尔德:《原始世界及其转变》(*The Primitive World and its Transformations*),康奈尔大学出版社,1953年,第6页。

[22] 柴尔德:前引书,第80页。

第六章
文明的比较研究

我着手对人类事务进行比较研究是从提问开始的,我对当代西方的做法——把个人所处的时代和西方国家当成整个人类史的顶峰,表示质疑。因为我恰好是个英国人,我自问:我所在时代的英国是历史巅峰的说法属实吗？我得出结论:这种观点不过是一种民族主义的幻想。这个幻想对 1972 年的英国人较之对 1927 年(我在那一年开始为本书做笔记)的英国人更不可信。我认识到,英国若单就其本身而言,无论在我所处的时代还是在早些时候,即自从英国首次明显成为政治地图上的组成部分起,它事实上都不是一个"可加以认识的研究领域"。我因此去寻找一个最小的单位,英国应该是这个单位的一个组成部分,如果把这个单位当作一个自在的个体来处理,它是可以理解的。我找到的这种单位就是西方文明。在一个社会物种当中(这个社会不仅比单个民族国家要大,而且比较清晰可辨,实际上接近于自成一体)识别自己国家的样本时,我发现自己面对着两个有关的事实:首先,西方并不是整个世界,世界划分为西方和一系列其他现存的文明;其次,与西方以及其他同代文明息息相关的事实表明,它们的历史尚未结束。对于研究这个物种来说,至少要有一个完整的文明史样本,作为必要的第一件实证材料。

我因此从时间上向以前推溯,上溯到属于我自己的西方文明的源头,直至我触到一个更早的文明的末端,也就是希腊—罗马文明(希腊文明的别称),西方文明正是经过基督教文明而附属于这个文明的。这段希腊文明的历史是它那类文明的完整样本,它无疑已经完结,因为在我所处的时代,已看不到任何希腊文明的存在。它在很久以前被两个接替者所取代,一个是西方文明,另一个是西方文明的姊妹及同代共时的拜占庭文明。希腊文明的历史在时间上也无疑没能延伸到我们这个时代,因为人们已经知道,不仅它的接替者,而且它的前身米诺—赫拉斯—迈锡尼文明(爱琴文明的别名)也没有从时间上延伸到现在。在希腊文明史当中,有一个我一直在寻找的文明样本。它对西方的探寻者存在着一般价值以及两种特殊的价值。一般价值是它完整无损。它有明显的开端和结尾,两端之间有文字记录的完整历史,至少有完整的成文史轮廓。其特殊的价值在于它同西方历史联系在一起,并且西方人对它耳熟能详。即使是一个未曾受过希腊、拉丁古典学教育的西方人,也可能知道希腊史比知道西方以外的其他任何文明史要多一些。

现在,我已找到了一个文明史的完整样本,那么如何利用它为我的目的服务呢?我的目的是发现一些通盘研究人类事务的组织方式和手段。从一开始,我就拒绝使用习见的展示历史的方法,也就是把整个历史一古脑带到研究者所处的时代和地区。这样做意味着拒绝单线的历史表现图式,因为那种图式只是借助于万流归宗的手法,使人自以为历史是沿着单一的路线运行的,而历史的单线式是不符合实际的,只有多线式才是适合我们所发现的历史现象的唯一图式。

但是,多线式提出了一个单线式未能提出的心智问题,意即如何组织材料的问题。人们只要依循单线说,就不会遇到这样的问题。因为这样的观察者仅仅注意他看到的事件,他是在一个单一的序列中发现了它们,一个单一序列能以叙述的形式再现出来。然而他一旦放弃单线式,他就发现手头有一系列在时态上相同的历史现象。它们不可能用单线的叙述加以处理,因为它们并不构成一个单一的序列。所以就需把一些不同的叙述归入某种相互联结的关系,并假设这种关系是不能加以叙述的,因为在同一时间不可能讲述两个以上的故事。当我们不得不在两个或两个以上同时发生的事件之间建立一种关系时,这就要求我们对它们持一种总览全局的观点,因而要求我们对它们进行比较研究。

我们对一些样本做比较研究,意在指出它们的共性和差异之处,发现是否有一种适合它们的标准类型,尽管它们均有各自的特点。但为了有把握地进行比较,我们也对此感到满足,就是我们现在提出要加以比较的那些样本,是具有可比性的。[1]这里存在两种思考活动,一旦我们采用解释现象的多线式以取代自以为是的误人子弟的单线式,便要求做两种思考。同时我相信,这也正是可以构建起一个能很好地服务于我们的模式的地方。

"模式"(model)一词,在用来表示科学调查之意时,可以被看成是作为工具使用的一种符号。

一个符号与它象征的事物并不是同一的,在时间和空间方面也不是同时延伸

希腊世界在其鼎盛时期的文化统一和政治分裂

这些铸币具有单一的模式,它们出自9个独立的城邦:一种相同的文化内部的富有成果的竞争。

26　狄凯亚币,约公元前520年。
27　派帕莱托斯币,约公元前500—前480年。
28　阿伯德亚币,约公元前520—前515年。
29　马其顿尼亚币,约公元前500—前480年。
30　伊大努斯币,约公元前450年。
31　彼奥提亚币,约公元前446—前426年。
32　纳克索斯币,约公元前460年。
33　埃努斯币,约公元前455—前432年。
34　马罗尼亚币,约公元前400—前336年。

的。假如不是这样,那它就恐怕不是事物的符号而是事物本身了。一个符号等于一件事物的再现是错误的假设,实际上符号的意思不是再现而是阐明。检验一个符号是否准确,并不在于它是否能忠实地再现它所象征的事物,而在于它说明了它的象征之物还是使我们对它的象征物感到困惑不解。一个有效的符号是能够说明事物的符号,一批有效的符号是我们思想结构中不可缺少的组成部分。如果要使一个符号作为思维活动的工具来发挥效用,意即作为一种"模式"发挥效用,那么它必须简化并敏锐到一定程度,即把对象浓缩为某种类似实地简图之类的东西,成为一种服务指南,一幅概貌图,而不是从一架 U-2 飞机上拍摄的照片。

一个模式是否类似于外部世界的某件事物,只有通过核查才能做出鉴别。当我们通过检测一个模式是否符合它所象征的现象来核查它有效与否的时候,这样做本身并不是目的,而仅是达到某个目的的一种手段。我们最终的目的不是想知道这个模式是否合理,而是要借助一种合理、因而也是有效的工具,对真实的结构和性质有新的、深入的了解。模式本身正确或谬误到什么程度,并非是本质的东西。

构建一个模式与检验模式同它的象征之物是否相符乃是两种不同的举动,[2] 但把这两种举动彼此分离开来也绝非妥当。如果分头进行这两个举动,那么其中任何一个都不可能获得满意的结果。构建模式所用的资料,不过是资料总和中的很小一部分,我们永远不能用这很小一部分来取代其余的资料。正因为如此,任何模式的结构始终是实验性的,是暂时的,除非经过验证表明,它与我们知识范围内的所有其他资料相适应。[3] 如若不是这样,我们拥有的资料总体的画面便总是混沌的,直到我们找到一个模式,把它们归拢成某种的一个样本模型为止。

我们除非在同一时间、在相互依赖中进行构建与核查的工作,从而使它们彼此结合在一起,否则我们便不能说我们暂时的模式,对某个化明显的混沌为有序的原则,是否提供了真正的线索;或者说,是否这个特定的模式必须加以修正、补充,或者干脆抛掉以利于制定另一个模式。我们既不能说我们像小孩从小棒堆上拣木棒一样,在混沌中挑出特定资料的几个片断,就有了至关重要的共同特点;我们也不能说,它们被挑到一起纯属偶然。我们在进行这两种举动中的任何一种时,必须暂时预期另一种举动的结果。每一举动未经检验的结果,都可用来检测另一举动的有效性,这是我们能做的唯一检验。

这里对我在希腊文明史当中发现的那个"模式"做一番检验,旨在证明这个"模式"是否符合其他同类社会的历史。为了做这个检验,我必须暂时使用我在第九章列出的文明一览表,并力求对它加以证明。我验证自己的这个"模式",是把它用到那个仍未经检验的一览表上面。这种验证将引起我对该"模式"本身加以修订,做法是把它同中国文明史所提供的第二个"模式"结合起来考虑。此外,这也导致我得出结论:单单一个"模式",即使是一个复合模式,还不足以将所有资料组织成为一项比较研究所需的形式。

注释

[1] 这种显著的基本点是由伯恩斯提出来的,见《社会学史导论》(*An Introduction to the History of Sociology*),芝加哥大学出版社,第 732 页。

[2] G.巴克达赫尔在《澳大拉西亚哲学期刊》(*The Australasian Journal of Philosophy*)1956 年 12 月第 168 页上,援引了牛顿关于他自身工作方法的一句格言:"在这种哲学中,命题是从现象中推演出来的,然后通过归纳而成一般原理。"巴克达赫尔将牛顿的第一步称作"归纳的过程",第二步称作"归纳的推论"。

[3] 我的看法同巴格比的一样,"我们能够对我们的方案作出判断,只有在将它应用于历史事实并已看到它给我们带来什么结果之后"。见《文化和历史》(*Culture and History*),伦敦,朗曼出版公司,1958 年,第 202 页。

第七章
希腊模式与中国模式

现在我把自己的希腊模式应用到其他文明史领域当中。在这样做之前，我先把它分解开来，然后逐一使用它的各个部件。这个程序可能产生一览无遗的效果，因为我们将发现，不同的组成部件在不同程度和数目不等的事例上能够与一定的现象相适应。我对 M.R.科恩(Cohen)的建议牢记在心："对那些与事先设计的模式不相吻合的事实，要予以特殊的注意。"[1]

我的希腊模式在构成上不只包括希腊文明的内部史，还包括该文明与同代各文明之间的关系(这里的同代各文明系指其成员与希腊文明内部的下层阶级具有呼应关系的文明)，包括它与基督教的关系，最后还包括它通过基督教与后来的东正教、再后来的西方文明的关系。对历史事件的这种构造还可析分为下列若干要素。

第一个要素是希腊文明自身的政治史的结构。在我们拥有文字记录的希腊史的肇始阶段，希腊世界在文化上的统一与政治上的分裂形成鲜明的对照。我们发现在政治上分为一系列主权独立的国家，其公民认识到他们都是同一文化的所有者，但这并未能阻止他们相互之间进行战争。随着时间的流逝，这类自相残杀的战争变得如此残酷，以致这一文明因此堕入了痛苦的深渊。当它濒于解体的临界点时，由于希腊世界在罗马帝国内的姗姗来迟的统一，使它的解体得到了缓解。这带来了暂时的和平与秩序，但却付出了过分高昂的代价，一系列"致命的打击"最终摧毁了所有政治力量，只幸存下来一个胜利者。到了希腊式的"大一统国家"被罗马建立起来为止，希腊世界已经精疲力竭到如此的程度，以致它不再能长久地维持自己的世界性国家了。罗马帝国的崩溃最终引起了希腊文明的解体。

第二个要素是希腊文明在其"解体"之后的社会史结构。社会中居统治地位的少数人这时为了维持自己的权势，越来越仰仗武力，越来越放弃对感召力的依赖。这种与多数人关系的性质方面出现的变化，既疏远了希腊文明范围内的少数上层依

沦落为战争的竞争

35 伯罗奔尼撒战争爆发(公元前431—前430年),将希腊世界猛地掷入长达4个世纪的自相残杀。此浮雕显示了小亚细亚的一座希腊城市的包围战,希腊人同希腊人作战(出自吕西安,约公元前400年)

附者,也使其境外的原始民众产生了疏离感,而过去他们是受其吸引的。这两个阶级各自转化为内部和外部的"无产者"(这里阶级的含义是指在社会"内"而非"属"于这个社会)。内部的无产者由于外部无产者蛮族人和外部文明的代表们的加入,在数量上膨胀起来。他们通过军事征服,强制性地与希腊文明内部的无产者结成一体。

第三个要素是在同一阶段中的希腊文明的宗教结构。内部的无产者创立了较高级的宗教——基督教,它从已融入希腊内部无产者队伍的一个非希腊文明那里吸收了灵感。基督教使希腊世界以及它的蛮族入侵者都皈依了它。一种反宗教的思潮——新柏拉图主义试图组织起来,它主要是从希腊本土的思想源流那里获取灵感,但这一企图却以失败而告终。基督教的社会组织形式——基督教会,具有虫茧般的作用,两种新的文明,即东正教文明(另名为拜占庭文明)和西方的基督教文明,就在一段文化中断之后,最终从这一虫茧中脱颖而出。

第四个要素是"外部无产者"(蛮族人)所起的作用。他们的创造力在史诗中展现出来,他们的民族主义以接受异端形式的基督教(阿里乌斯教派)或接受在起源上

基督教的继承人
36　左图为一幅 4 世纪的马赛克镶嵌画"圣餐的胜利",利用了表现罗马军事胜利的传统手法来象征基督教对异教的胜利。
蛮族篡位者
37　右图为古典罗马的风格用来表现伦巴德国王阿基拉尔夫的胜利(公元 7 世纪)。

与基督教有关的宗教(伊斯兰教)表现出来。蛮族人在军事上征服了希腊化的大一统国家,在其领地上建起一些后继的国家。但是,他们同"内部的无产者"的作用相比,对于创建新文明的贡献简直微乎其微。这些新文明的母体是基督教会,不是继承罗马帝国的蛮族国家。

　　第五个要素是在两种"希腊化"文明——拜占庭文明和西方文明的历史过程中,一系列希腊文化的"复兴"。这些复兴试图直接而不是间接通过基督教中的希腊成分,从希腊精神中汲取灵感。

　　我们现在来考察我的希腊模式中的这些要素,在多大程度上符合各个文明而不是希腊文明的历史。

　　我们在希腊世界历史初期便发现文化统一与政治分裂相结合的特点,这看起来是普遍的现象。按照巴格比的说法,在所有已知的前文明社会中,都存在这种情况。

反复重现的文艺复兴

38、39、40　在500至1000年之间,西方文化三次返回到它的希腊源头:加洛林王朝期间的文艺复兴(上图,圣马修的穿着像一位古典哲学家),12世纪的文艺复兴(中图,圣母和圣子),15世纪意大利的文艺复兴(下图,圣母和圣子)。

它的频繁出现是不足为奇的,因为毕竟只有两种可能的选择:如果一个社会在政治上不能团结,那么它必然要分裂。所以政治分裂本身是过于一般的特点,以致它没什么可大惊小怪的地方。我的希腊模式中具有重要意义的结构成分是由分裂到统一的革命性变革,这是一连串破坏性更大的战争的产物,这些战争在政治统一实现之前已把文明拖入凄惨的境地。在各个文明的历史中,可经常见到这一希腊模式的构成成分。例如,它发生在——以明白无误的希腊形态的再版形式——安第斯文明和中美洲文明史当中(如果我们现在把中美洲文明看作是连续性的一元化文明,把阿兹特克帝国看成一个正在形成的大一统国家的话)。同样的形态也丝毫不差地出现在叙利亚文明、中华文明、印度文明、苏美尔—阿卡德文明、俄罗斯东正教文明、日本的远东文明当中。叙利亚是在亚述帝国及其后继者新巴比伦帝国和阿黑门尼德帝国时出现了统一。中国是在"战国"时期结束后的秦与汉帝国时出现一统天下。印度是在同样自相残杀的列国战争时期过后,统一于孔雀帝国。在阿卡德帝国和后来由乌尔第三王朝建立的帝国,以及再后由汉谟拉比突然重建的帝国,即在整个苏美尔—阿卡德世界,情况也是如此。俄国的统一是在莫斯科帝国时期,日本的统一则是在德川幕府建立的统一政权时期。

在埃及文明史中,如果说存在过一个时期,在这个时期里,埃及的诺姆①是众多独立的主权国家,彼此间不断发生战争,并在随后一个时期,起初是上埃及,接着是第一瀑布以下的整个尼罗河流域,都在政治上统一到所谓的"古王国"当中,那么其中也能辨认出我们希腊模式的政治结构成分。[2]这一结构成分与希腊模式相符,但年代上却不一致。各竞争国家之间的战争不仅将希腊文明拖入痛苦的境地,而且把它带到解体的边缘,在此之后,希腊文明史从政治分裂到政治统一的革命性变革,就进入了故事的最后一章。埃及文明史中存在着同样的革命变革,但它才刚刚开始。埃及各诺姆(州)的战国时代,假如真有的话,那就是"前文明"意义上的"史前史"时代②。在埃及,政治统一与文明的破晓时期同步。随后就是埃及史最富创造力的时期,接着取而代之的是土崩瓦解的局面,与希腊史中的情形没什么两样。我们在两个看上去处于颇为不同阶段、履行不同功能的文明的历史中,发现了相同的构造,这表明共性可以覆盖这两种历史基本结构之间的显著差异。

西方文明的姊妹——东正教或拜占庭文明的结构与埃及模式雷同。在东正教国家中,罗马帝国崩溃后的空缺很快被政治统一所填补。在这里,政治统一是通过成功地复兴罗马帝国而完成的。这一成功与西部的情况形成鲜明对照,在那里,从查里大帝开始,复兴罗马帝国的企图便一再地破产。

我的希腊模式的第二个要素——一个崩溃的社会分离出内部和外部的无产者集团——的确出现在许多非希腊社会中。希腊史的这个要素同第三个要素——通过内部的无产者,创立其灵感源自国外的较高级宗教——密切结合在一起。这第三个要素是模式的关键部分,因为以希腊为例,包容较高级宗教的教会具有虫茧的功能,两种新文明正是由那里脱颖而出的。因此,重要的是发现基督教会的历史形式到底是一种在其他例子中也适用的标准形式,还是某种例外。

为了核查这一点,我们必须首先把这一形式分解为若干部分。基督教会是在无产者中间兴起的,这些无产者身处一个正在解体的文明当中。基督教的灵感来自不同的文明,它很轻易地击败了自称为源自本土文明的反教会势力,在该文明的领地

---

① 古埃及早期国家的通称,后来成为统一王国的行政单位州的名称,类似他国的行省。——译者注
② 指无文字记载的时期。——译者注

上成功地建起了教会组织。获胜的教会不仅使它所在的世界改奉了基督教,而且还使这个世界的蛮族入侵者改变了信仰。它生育出两个新文明,我们不能把它们简单地视为先前作为基督教母体的希腊化文明的继续。确实,西方文明和拜占庭文明是希腊化的文明,但它们又与希腊文明本身有所不同,因为它们也是基督教化的,并且从一开始便基督教化了。

大概与旧世界西端的基督教史最并行不悖的就是旧世界东端的大乘佛教史了。大乘佛教的灵感同基督教的一样,也源自国外,是一种在接受地兴盛起来的宗教。基督教在希腊世界得到发展,但却是从叙利亚汲取的灵感。大乘佛教崛起于中国,其灵感的源头却在印度。此外,大乘佛教是在中国社会的无产者中间传播,这是指它把反儒教传统的中国当地人与怀疑儒教传统的蛮族入侵者吸引到自己身边来。同时,大乘佛教的发展招致一个反对组织——道教,它与新柏拉图主义有惊人的相似之处,均由地方哲学构建而成,它们试图仿效外国宗教的特点以增强其感召力,从而窃取外国宗教的巨大影响。大乘佛教和基督教之间的这些类同之处给人以深刻印象,但除了这一点之外,两种宗教的历史就没有更多的平行之处了。

在西方世界和拜占庭世界,基督教赢得垄断地位达许多世纪之久,尽管现在它的这种地位正在逐步丧失。新柏拉图主义的反教会组织以及四种既定的希腊哲学——柏拉图主义、亚里士多德主义、斯多葛主义和伊壁鸠鲁主义,到此时为止,也就是在至少1 400年里已全部消亡殆尽。希腊文化硕果仅存的也只是基督教有选择地接收过来的一小部分。拜占庭和西方世界在复兴希腊文化当中企图直接从源头做起是肤浅和短暂的。西方社会和拜占庭社会尽管目前正在停止基督教化,但它们仍然无法摆脱基督教。它们的文化遗产已经浸满基督教的成分,以致它们要想挣脱自己基督教的历史是根本不可能的(例如,共产主义意识形态具有犹太教—基督教渊源一事便是明证)。在东亚,历史运行中的革命成分较少。大乘佛教即使在其权势鼎盛的时期,也未能将缔造中国哲学的道教或儒教成功地排挤出局。中国在20世纪初叶,儒教、道教以及大乘佛教依然存在,这时距大乘佛教首次传入中国已有1 800多年之久,从大乘佛教丧失局部优势地位的时间算起也有1 000多年。这段局部优势时期自公元4世纪初的西晋统一政权开始,到公元844—845年官方对佛教的迫害止。直至1911年,中国的大一统国家依然故我,受过儒学教育的文职官员仍旧治理着国家。这种大一统的国家,治理国家的传统制度,知道使这个制度如何运转的文职人员,儒家思想熏陶下的贵族士绅作为文职人员长期的招募来源,所有这些构成了一个绝无仅有的、完整伟大的体制。这一体制的连续性即使是在中华文明的其他要素发生最严重断裂的情况下,也没有出现任何中断。

基督教在原希腊文明领地上的大获全胜,佛教在东亚遭遇到的明显失败,这两者相反的命运提出了连续与中断的矛盾问题。同样的问题在印度史中也提了出来,印度本土宗教的革命性转变,并不亚于外国宗教——大乘佛教和基督教传入中国和希腊化世界。印度社会与中国社会的情况不一样,管理行为不属文职行政当局,而属宗教部门。婆罗门等级因此等同于中国的士大夫阶层。虽然印度宗教自公元前 2 世纪开始,在长达一千年的时间里,从精神到实践均发生了激烈的变革,但婆罗门仍想方设法维持他们对印度宗教事务的垄断。

这样事情就很明显了,我的希腊模式中的不同要素不能一概而论,不能都当作解释文明史结构共性的法宝。正像我们已提到的,希腊模式的政治构成至少在九种文明的历史中得到重视。但另一方面,如我们所看到的,希腊模式的这个要素在用于埃及世界的历史时,却遭到了彻底失败。埃及政治史的构造不仅有所不同,而且是反其道而行之。在希腊史中,大一统的国家是历史的最后阶段。在埃及史上,大一统国家却是最初阶段。当我们通过把一种较高级的宗教当成中介性的虫茧,来考察各有关文明的产生时,我们发现希腊模式作为一把解释的钥匙,失败之处常常多于成功。[3] 希腊模式的这个要素的确如我们所见,在中国史和印度史中得到了再现,大概在埃及史中也有相同的情形。但在每个例子上,连续性的中断似乎都不具有决定性,还不足以使我确信自己的假设性解释:中断之后便是新文明史的开端。

因为希腊史在我们的检验中已表明,它未能提供一个适用于所有其他文明的模式,所以我们再来考察一下中国史,对它进行同样的检验,看它在多大程度上可以作为一个代换希腊史的模式,或者在多大程度上作为希腊模式的补充。如果我们对中国史做一番回顾,从 1911 年清政权倾覆开始,对以前的历史过程做一审视,那么我们就会发现一种非常明显的结构。中国历史具有漫长的跨度,它表现为一个大一统国家的理想不断变为现实,中间又不时被一些分裂和混乱的局面所打断。这两种局面在时间长度上有很大差别,所以二者更替的节奏是没有任何定规的周期性循环。从清政权回溯到明朝和元朝,连续统一的局面之间出现的分裂状态相对短暂。元朝以前的分裂持续了大约 150 年。再往前统一的宋王朝持续了 167 年。宋朝之前有半个世纪的分裂状态。统一的唐政权加上前面的隋王朝,超过三个世纪。此前的分裂和混乱局面却有四个多世纪(往上推算,经西晋的瓦解至后汉的灭亡为止)。这之前,统一的汉朝外加秦朝大约有400年,中间被两次剧烈短暂的动乱(公元9—25年和公元前207—前202年)打断。

自统一的清政权在1911年的覆灭始,回溯到公元前221年秦统一政权的建立止,这段历史明显展现了中国史的结构。在1911年以后,中国经历了又一次分裂,这种局面在1949年随着一个新的、由共产党领导的统一政权的建立而告结束。但我们无法断定,这种引进外来西方思想的做法不会给中国史带来一次决定性的中断,引起中国政治结构的转变。因此我们也无法预测,我们熟悉的统一与分裂往复循环的老套路,是否将继续以传统的方式发挥效用。的确,中国已被一种并非中国的哲学或宗教所征服。以前也一度出现过佛教形式的宗教征服,但这种来自印度的宗教在表面上取得成功之后,最终被中国本土的世界观所克服。但我们现在并不知道,这种本土的世界观是否将证明有足够的能力,再次成功地重申自己。

中国的未来是难以捉摸的。但另一方面,有关中国自公元前221年政治统一以来的史实,却是毋庸置疑的。我们已注意到,从汉代上溯到中华文明的初起时期,中国史的结构类似于希腊模式。中国最初拥有清晰的历史记载的时间,不早于公元前9世纪或者公元前8世纪。在这个时期,中国是以地方列国政治分立的局面出现的,秦汉王朝最终实现的政治统一,则是列国之间旷日持久的痛苦战争的结果。但在公元前221年政治统一之前,中国早已实现了文化统一。在这方面,中国最伟大、最富创造性的思想文化运动发生在兵连祸结的春秋战国时代,即完成政治统一之前。这是包括孔子在内的几乎所有中国哲学学派奠基人所在的时代,儒学最终被推崇为经典。孔子是位保守主义者,他从未梦想过中国会实现有效的政治统一。秦始皇的事业或许让他震惊,汉高祖刘邦修复统一一事也不见得会使他多么高兴。孔夫子如同柏拉图和亚里士多德,视政治分立为正常现象。中国早期史的这种可靠的构成,包括政治分裂与思想文化成就的共时性,与早期希腊史的结构雷同,完全不同于接踵而来的中国历史形态,其思想僵化和政治统一的轮廓不断被非正常与暂时的分裂动乱所打断。

然而,这是后来的轮廓,在公元前221年以前尚未形成,只是从汉代起才被中国学者当作他们对整个中国历史的解释模式。结果,这个模式在不违背事实的情况下就不能适用于中国早期史。但中国的学者宁愿违背事实，而不愿放弃他们这种自成一体、先入为主的解说。

由于中国学者正确地观察到晚后的统一政权是对秦汉统一的刻意复原，他们因此设想这也一定是某个较早的统一政权的复兴，他们因而把自己的这种统一的阶段系列再向上推，经过周、商和夏代，重现由假定的原初圣贤们建立的理想政体。这些圣贤大概是具有人形的神的缩影。就我们所知，夏代是传说的朝代；商、周政权是真实的存在，它们的历史性得到幸存下来的物质文化遗骸的证明，包括诸如商代刻写在"卜骨"上的铭文之类的、具有指导意义的同代文字史料。但没有证据表明，商周政权是同秦汉王朝及其之后的各个化身一样的政治实体。从中国历史的传统表现来看，由始皇帝完成并经刘邦加以拯救的那种有效的政治统一，实际上必定是史无前例的成就，如同恺撒与奥古斯都在希腊世界所取得的成就一样。

中国学者的传统中国史模式其实与埃及史非常适应，它彻头彻尾地符合埃及史实。在埃及"古王国"时期，即在历史的开端时期，我们看到一个统一的政权，既不像夏朝那样只是传说，又不像影影绰绰的周王朝，而是令人信服的可靠存在。从古王国的这种统一与分裂轮流交替的第一拍起，这种节奏便持续下去，经过埃及史的第一中间期、新王国以及一连串复兴新王国的努力，在这里正像在中国史相应的阶段一样，帝国建造师的角色越来越多地由外国人扮演，以埃及史为例，有利比亚人、埃塞俄比亚人、亚述人、波斯人、马其顿人、罗马人，而当地人建立的王朝则越来越少见。

传统的中国模式假若用到早期希腊史上，那就如同用在早期中国史上一样，简直风马牛不相及。另一方面，倘若我们的观察方向不是朝前推溯，而是向后延伸，从罗马帝国开始，即从公元前 31 年开始，将注意力集中在帝国中部和东部地区，那里是希腊大一统国家的腹地，并且在戴克里先[1]于 284 年将帝国政府移至尼柯米迪亚以及君士坦丁一世[2]于 324—330 年迁都君士坦丁堡后，成了帝国政府的所在地，那么这个模式则相当符合罗马帝国史。在这一中心地区，分合交替的节奏异常清晰可辨。公元 69 年和公元 193—197 年的分裂动乱局面，在 235—284 年长达半个世纪痛

---

[1] Diocletian，罗马帝国皇帝。——译者注
[2] Constantine Ⅰ，罗马帝国皇帝。——译者注

　　　　　　　　　　　　　　第七章　希腊模式与中国模式

苦的无政府状态中得到重复与加强。继戴克里先和君士坦丁的复苏之后,就是哥特人于378年在亚得里亚诺波尔痛击帝国军队所造成的崩溃。但这次岌岌可危的逆转又因5世纪的一次稳定复苏而被迅速加以克服。查士丁尼一世(Justinian I,527—565年的罗马帝国皇帝)消除了一次新的瓦解局面,复兴了希腊大一统国家。由于他再次扩张的错误图谋,造成过度紧张,随着这种过分的努力之后就是一场新的无政府状态,从602年延续到717年,至少比235—284年的动乱和痛苦要长两倍。但在717年,大一统国家又一次由立奥·塞鲁斯①恢复起来。此后,统一有序的局面维持到1071年。1081年再度统一,并维持到1186年。那一年,保加利亚人发动叛乱,西方基督徒于1204年攻陷君士坦丁堡,瓜分东罗马帝国,造成持续两个世纪之久的动乱。但在14世纪后半叶几十年里,统一得到恢复,这次却是由"奥斯曼土耳其人"完成的统一。新的"罗马恺撒"重新扩张和恢复了大一统国家,版图扩至东南欧和罗马皇帝图拉真(Trajan,98—117年在位)当年曾夺得的底格里斯—幼发拉底河流域。这个土耳其罗马帝国持续了约400年(1372—1774年),中间穿插着16世纪和17世纪之交发生的灾难和混乱。1683年,奥斯曼帝国二度围攻维也纳失利后再次陷入动乱。奥斯曼帝国在1768—1774年的俄奥战争中惨败,从此末日来临。即使如此,19世纪前半叶仍有一次统一。奥斯曼帝国在东南欧的统治直至1878年才最终倾覆,在西南亚的统治则苟延残喘到1918年。末代奥斯曼的"罗马恺撒"于1922年被其臣下废黜,皇位也被废除。这比西部罗马皇帝头衔的最后一位持有者放弃其头衔的举动晚了116年。

希腊世界晚期史始于公元前31年,我们有一个从公元前221年开始的中国史形态与它相对应,而这个形态又是埃及史整个过程的惟妙惟肖的再版。在黎凡特②,如同在中国的情况一样,这种分合治乱的持久节奏直到今天也没消失殆尽,仍然留在人们的脑海里。不过,这个希腊大一统国家有一些落后的环西地中海沿岸的边远省份,其中包括意大利和曾是大一统国家政治核心的、半开化的罗马城本身。为了完成中国模式对旧世界西端的西方史吻合程度的检验,我们还必须将它应用于最西端的历史。这一实验将证明,在这里,自公元378年以降,中国模式便不符合史实,如

---

① Leo Syrus,717—741年在位的拜占庭皇帝。——译者注
② Levant,地中海东部诸国及岛屿。——译者注

同它明显与公元前31年以前的希腊世界以及公元前221年以前的中国史本身不相适应一样。这种传统的中国模式与中美洲史和安第斯文明同样矛盾,而希腊模式却反倒很适合它们。

我们根据传统中国模式对各个文明史的这番考察表明,这个模式同希腊模式一样,不能放之四海而皆准。的确,它与埃及史结合得天衣无缝,但这仅仅是在我们置"史前史"于不顾的前提之下。传统中国模式不能适用于所有其他文明的早期史,甚至与中国文明本身的早期史也不相符。它的自相矛盾之处在于,尽管孔子除了是位披着泥古服装的创新者外,还是他所处时代的孩子,但对于传统中国模式自己的、令人尊敬的大哲人孔子所处的时代,它却只能给予南辕北辙的解释。传统中国模式不得不把孔子的时代,当作西周和秦帝国之间的一个小段落视而不见。从大一统国家建立时起,中国模式便的确适合希腊以及随后的拜占庭的历史,适合底格里斯—幼发拉底河流域和伊朗的历史,也或多或少适合伊朗的历史,同时还勉强适合印度史。但它完全不符合西方史、中美洲史和安第斯史。在一个将历史展示为大一统国家分合交替的形态中,忽略了地方性国家和离散的犹太人,没有给犹太人留出余地。犹太人丧失了自己的地方性国家,始终不想(同大多数其他民族一样)成为帝国的缔造者,却设法(不像大多数其他民族)在没有国家或民族家园的条件下保存自己的民族特征。从中国的视角观察世界历史,犹太人恐怕在先知时代和法利赛时代就湮没无闻了。

看来,传统中国模式的不足至少与希腊模式的缺陷不相上下。但中国模式同希腊模式一样,在历史中闪烁着耀眼的光芒,如把这两种模式相互联系起来加以观察,它们则更加光彩夺目。希腊模式广泛适用于各文明史的早期阶段,中国模式则广泛适用于各文明史的晚后阶段。我们可以把中国模式的晚后阶段同希腊模式的早期阶段结合在一起,组建成一个改良的模式。[4]这一文明史的组合模式显示这些社会在开始时存在着文化统一,却没有政治统一。这种政治局面有利于社会和文化的进步,但代价是地方各国之间连绵不断的战争。随着这个社会的成长壮大,这种战争变得越来越惨烈,迟早要引起社会的崩溃。在旷日持久的"麻烦时期"过后,混乱局面为一个大一统国家的建立所治愈。这个统一国家周期性地陷入无政府状态,但无论这类中间期长短与否,它们总会被政治统一所克服。在最初的统一过去之后,一定有某种强大的力量维持着这种治乱交替的过程。统一被修复的现象一而再、再而三地发生,甚至在极为漫长混乱、以致传统上可能认为无法修复的"中间期"过去之后,仍会恢复统一。

这一新的模式无可争辩地适用于大多数我们称之为"文明"的社会形态。埃及文明在其历史的开端时期便实现了政治统一这一点是绝无仅有的。但我们已看到,如果我们考虑埃及史的前文明阶段,那么埃及也事先有过一个政治分立的时代。中美洲文明、安第斯文明和希腊文明只是例外地经历了大一统国家的一次更换,而不是在一次最初的更换后,正常地经历了随后的一连串治乱分合的交替。但在希腊文明的案例中,这种结局仅仅对其最西部的领地而言才是真实的①。西方的历史学家倾向于注意这些落后的边缘地区所发生的事,因为这是他们自身文明的历史。但这种说法对于罗马帝国的中部、东部行省来说就没有什么意义了。在这一地区,演化程序与中国模式相适应:从717年开始,直到1922年,存在着一系列重建大一统国家的现象。

这种希腊—中国的组合模式很明显是一种标准模式,可用来解释人类史的各个阶段。例如,当我们对一个文明的成长时期进行考察时,我们若发现该时期的社会是由一些政治上各行其是的地方社会所组成,但享有一种共同的文化,那我们对这个时期应是创造和进步的时期这一点就不会感到大惊小怪了。由人们之间的直接交往产生的刺激力,在一个小型社会中发挥的作用,要比在大型社会里的作用大得多。在小型社会中生活,与具有同样规模及同样类型的邻居处在积极的、相互竞争的交往之中,更具有刺激性;因为这种社会结构,将亲密无间和较为宽广的视野这两种刺激力结合在了一起。在统一的经济和文化范畴内,一个处于政治分立状态下的政权,对文化的有利之处在休谟的"关于艺术与科学的兴起和进步"一文中得到了绝妙的说明。但这些美好的成分是以列国间频繁的战争为代价的。当这种代价超过多样化以及竞争的刺激所能提供的任何好处、到了彻底失去平衡的地步时,这个社会也就分崩离析了。人们也许要问,一个社会为什么不对崩溃做预先的防范,或者说为什么不对政治统一迅速采取补救的措施(反正最终也要求助于它)来避免崩溃呢? 为什么人们要在摆脱战争、服从一个统一国家之前,忍受经年累月的"麻烦时期"的煎熬呢? 答案是:人类是习惯的动物,地方自主政权在其自身优劣尚不分明的

---

① 指西罗马帝国。——译者注

中国历史上的统一和分裂

41 这个石刻上部表现无政府状态,显示有人企图谋刺中国大一统的秦王朝的缔造者。石刻的下部表示秩序:两个传奇的领袖挥舞着几何状的工具,下面是对称的模型,代表"良好的政府"。(公元2世纪)

时代,已经占据了人心,以致它先前的受惠者只有在长期体验到它带来的灾难和痛苦、成了它的牺牲品之后,才会抛弃对它的忠心。

然而,大一统国家一旦建立起来,这个政权也一样会赢得人心,这点不足为怪。政治统一的实现带来了和平与秩序,同先前已变得无法忍受但尚未被超越的"麻烦时期"形成对照,因此受到人们的欣赏。现在,刺激力的损失与摆脱灾难所得到的无可估量的宝贵实惠相比,似乎是微不足道的,只要统一国家存在,就有了避免恐惧威胁频频发生的保证。[5]随着时间的推移,统一国家越来越深入它的依附者们的心灵,除非这些帝国的建造者已成了外邦人,并不断干一些恶事。[6]我们很容易理解,为什么一个大一统的国家一旦确立,便在它覆亡之后能一再得到复兴。但我们仍不得不自问,当它建立起来之后,尽管它的多数臣民通常希望维持这个统一国家,但为什么总还会有分裂的"中间时期"。

这些统一国家的衰落和倾覆可以解释为一个社会在它先前的"麻烦时期"所遭受的致命创伤留下的后遗症。这种疲乏症假若尚未达到精疲力竭的地步,就可用来解释在维持统一国家当中出现的那种力不从心的现象。但它却无法解释一个缺乏维持其统一国家活力的社会,如何能在后来集聚起重建它的能量。自从大一统国家成立之日起,便似乎在文明史中盛行着治乱交替的韵律,我们在寻找这种韵律的原因时,不能满足于中国人对它的解释,即把它看成是宇宙基本韵律——阴阳交替在人类事务中的体现,而阴阳说法本身是自明的,因此无法加以说明。这个韵律贯穿各统一国家的历史,但却有一个人为的解释,也就是经济意义上的解释。

一个统一国家对一个文明的经济是沉重的负担。它为了维持自身,要求培养一批收入甚丰的专业文职人员和常备军。如果说随着时间的推移,地方自治政府体制的腐败和蛮族犯境的压力增大,行政和军事人员越来越多成了大一统国家史的规律之一的话,这些公职消耗的费用就会膨胀。倘若这个大一统国家——以及被它包容的社会——能够应付这类日益增大的开支,而不致被它们所压垮,那它必定能想出提高生产率的补救办法。但迄今为止,到了文明的这个时代,大部分经济在多数时间里已或多或少地处于停滞状态。

像西方那样把科学深思熟虑地应用在技术之上是史无前例的、最近的事情。即使是在当代,工业革命已开展了 200 年左右,并且从它的发源地英国传播到了地球的各个角落,但人类的大多数仍然处在前工业化阶段。在此之前,最近一次经济革命是通过治水来提高农业生产力的,这发生在公元前第 4 000 年末的某个时间,它把适于人类居住的沼泽和丛林转化为苏美尔-阿卡德文明和埃及文明的摇篮。[7]但地球表面仅有一小部分可开垦的土地,能够出产一些可用来比较的农产品。不过,直至将科学开始用于农作物和家畜的改良之前,即使是在最适宜的环境里,农业技术实际上也始终是停滞不前的。同当前的工业革命一样,这只能追溯到 18 世纪的英国。因此,在近代以前,文明正常的经济基础一直是静止状态的农业,大部分地区的生产力水平并不比属于前文明的新石器时代的社会高出多少。但文明社会结构的消耗却远远胜过新石器时代的社会。当文明在政治上已组织成大一统国家并且这个国家已存在了一定的时间后,其开支恐怕也到了最大限度。前科学时代的农业经济无力承受这种经济负担,这显然是导致统一国家出乎意料的灭亡的原因之一,众多大一统国家因此被接二连三地推翻。

经济因素在决定一个大一统国家是否崩溃或得以幸存一事上所起的重要作用,可以通过比较罗马帝国不同省份的各自命运来加以衡量。西部行省——帝国统治于公元 5 世纪在那里崩溃——在经济上相对落后。中部和东部行省——帝国统治于同一世纪在那里幸存下来——是希腊世界手工业和贸易的中心,那里在经济上的相对实力要优于相对不利的战略地位。尽管中部和东部比起西部来说,要更直接地暴露在从大草原西海岸而来的欧亚游牧民族,以及来自伊朗和伊拉克的萨珊波斯军队的袭击之下,但帝国还是设法在这里站住了脚跟。虽然它的确也垮台过,如在公元 7 世纪。倘若皇帝查士丁尼在 6 世纪没有因企图重新夺回先前抛弃的西部而过分加重了税收负担,它也许能在这个经济较兴盛的地区继续生存下来。后来,在 8 世纪,当这个希腊大一统国家以两个互相竞争的形式——安纳托利亚的东罗马帝国和在高卢的加洛林帝国——重建起来时,历史由于相同的经济原因的作用,再次重复了自身。加洛林帝国迅即解体,东罗马帝国却安然无恙达三个半世纪之久,避免了进一步覆亡(公元 717—1071 年)。两地之所以具有不同命运,其原因无非是这个时期安纳托利亚的经济仍能承受统一国家的负担,而同时代的阿尔卑斯山外的西欧却承受不起。这一点很有意义,即正好在 1071 年的灾难的前一个世纪,东罗马帝国的中心地带安纳托利亚的社会和经济出现了越来越明显的病状。

这是一些生动的例证,说明经济生产对一个大一统国家生存的价值。但是到此时为止,统一国家的当权者们却很少注意这一点。他们常常对技术进步的可能性漠不关心或者干脆采取敌视的态度,因为他们认为,任何技术变革都会威胁经济的稳定,因而也会威胁社会和政治的稳定,而这种稳定是统一国家的奠基人好不容易才确立起来的。罗马帝国政府在其历史的任何阶段,肯定没有认识到,技术有可能解决这个大一统希腊国家遇到的纠缠不清的财政和国防问题,就像亚历山大里亚的发明英雄制造出滑轮机的例子所证明的那样。在公元 4 世纪的西部行省,当帝国正在为自己的生存而战的时候,丝毫没有注意到用防御机械来补充人力短缺的可能性,尽管当时有人以匿名作品《论军事》(De Rebus Bellicis)的形式发表了这样一些装置。[8] 在旧世界东西两边的大一统国家里,公共机关似乎通常将自己的活动限定在收取土地税,以及在农业歉收或公共开支增大时对纳税的农民或他们的地主加紧榨

　　　　　　　　　　　　　　　第七章　希腊模式与中国模式

取上。

　　颇有意义的是,在中国,地方诸侯国秦国于公元前 221 年战胜了自己的最后竞争者,首次建立起一个统一的国家。它在公元前 4 世纪系统地革新了社会经济结构,目的在于提高人们的生产力,将增加的产品置于政府的控制之下,这使秦国在各竞争对手当中露出头角。但同样具有意义的是,当这个统一国家的奠基人秦始皇将统治扩及整个中国时,引起了激烈的反抗。始皇帝死后,秦朝的统治很快被推翻,无论是他本人还是哲学上的"法家"(其理论曾是秦政权行事的依据)流派,都受到后来确立的中国传统的排斥。由汉武帝(140—187 年在位)正式尊崇并直到 1911 年断断续续保持其垄断地位的哲学流派不是法家思想,而是儒家思想。儒学虽然懂得水利对农业和交通的价值,但对农业之外的经济事业不感兴趣。

　　这种经济结构的缺陷不仅可以用来解释中国这样的统一国家不断崩溃的事实,而且也适用于其他建立在同样的经济和社会基础之上的国家。譬如,它可以解释埃及古王国的覆灭,可解释公元 5 世纪罗马帝国的统治在其西部行省的垮台,可解释

农民在劳动
42　土地所有者门纳注视着他的正在劳动的农民。一个农民正受到惩罚,其他官员在草拟报告。在下方,牛被驱赶着经过已割倒的谷物,为的是在脱去麸皮之前将谷物反复滚压(埃及,十八王朝)。

在同一地区的罗马帝国化身——加洛林王朝于9世纪的崩溃,以及11世纪在安纳托利亚的罗马帝国化身——拜占庭帝国的覆亡。所有这四个案例都发生在与中国相对的旧世界的另一端,这些统一国家的经济基础几乎无一例外都是农业。当地产主和官方沆瀣一气,摆脱中央政府的控制,在政府的摊派上加入私货时,为了维持一个统一国家而压在农民头上的负担——这种负担即使在最好的政府统治之下也是沉重的——就变得无法忍受了。

如果说这些大一统国家走马灯似的、一再崩溃的原因的确是经济方面的,那么近来人类的经济条件所发生的变化——感谢近代西方的工业革命——就为将来世界范围内的一个大一统国家的出现指出了比较美好的前景。现代技术伴随着出生率以及死亡率的刻意降低,可能会给未来的世界国家的财政带来闻所未闻的好处。未来的世界国家,不再向穷人和呆滞的农民经济征收难以忍受的赋税,而是依靠世界范围内的农业科技的应用,有能力对根本改变其传统的新石器时代的农民生活方式提供资助。

如果这的确是一个未来世界国家的远景,那对于人类倒是一件幸运的事。因为史无前例的科技进步已展现出这种高度生产力的前景,但它同时也生产出了可怕的武器,假若使用它们,战争就会变成灭绝人类的灾难。只要我们今天的世界在政治上,在一些主权独立国家之间,仍旧存在着分裂状态,就始终不能排除使用这类武器的可能性。在目前形势下,我们同那些处于"麻烦时期"的前人相比,对这种危险的政治分裂局面同样不能容忍。但在核武器时代,我们也不能按照传统的方式,通过战争——除了一个胜利国外、其余所有互相竞争的强国均被消灭——让现在这种势在必行的全人类的政治统一得以实现。人类将不得不依靠协议来达到政治统一。如果实现这种统一,或者当这种统一实现的时候,我们将再也看不到那个旧的治乱交替的韵律。因为在原子时代,陷入任何一次分裂和混乱都可能对整个人类的生存造成威胁。对于政治家来说,这可是一个前所未有的难题。但如果这一点属实的话,即已经向未来世界国家的建筑师们提出了这个难题的技术革命,将会减轻曾反复困扰他们前人的经济困境,那我们就可以振作一些了。

注释

[1] 科恩:前引《人类史的意义》,第114页。

[2] 过去,在埃及学专家中间,这种观点确实广为流行。但是,E.J.邦伽尔特勒在《史前埃及文化》(*The Culture of Prehistoric Egypt*)一书中(修订本,伦敦,牛津大学出版社,1955 年,第 12 页)认为:"人们一般并不承认诺姆存在于前美尼特国家时期。"

[3] T.A.山姆伯格问道:"教会是否是关乎文明生与死之间的一种普遍联系。"(《社会研究》,1947 年 9 月,第 267—284 页)

[4] 中国历史本身提供了构建这种改良模式的所有必要的资料。如果中国学者对早期中国史没有作出过分热情的调整和连接的话,也就没有必要求助于希腊模式了。为了更正早期中国史结构处理上的错误传统,我们不得不这样做。

[5] 法兰克福指出,我们如若从希腊和西方的角度来看埃及历史,我们就无法看到它的真实面貌。见《近东文明的诞生》(*The Birth of Civilization in the Near Bast*),伦敦,威廉—诺尔盖特出版公司,1951 年,第 27—31 页。正像法兰克福所看到的那样:"在金字塔建造之前很久便形成了一个奇妙的社会统一的思想。当建造它们的时候,人们就几乎认识到任何理想的社会形式都可以转化为现实。在随后的世纪里,这一理想始终呈现在统治者和人民的眼前。这是一种应当令西方史学家惊异不已的新颖理想,因为它虽然在非洲以十分微弱的形式残存下来,但它完全超出了希腊人、罗马人以及近代人的经验。它体现人和神之间的一种和谐,这是我们连最大胆的梦想都没想到的事,因为它是依靠神权维持的,而神则委托法老以人的身份来主管人类事务。社会与大自然和谐无间,宇宙秩序在社会领域的法则——公正,在这个大国内广为流行。"(第 27—31 页)法兰克福关于埃及人的"政体不是被人为强加的而是从无法追忆的远古预言中演化出来"的理论(第 99 页),是令人信服的。另一方面,当法兰克福继续指出这种政体"存在了几乎 3 000 年而没有遭到反对"时,他的看法便与中王国时期留下的埃及文献证据发生了矛盾。这一点证明,古王国政权的理想和这些理想赖以变成现实的措施(即建造金字塔)最终引起了道义上的反应,最终在第六王朝的末期导致了政治革命。

[6] K.W.埃尔德曼在《文化与历史档案》(*Archiv fur Kulturgeschichte*,1951 年,第 174—250 页,此例载第 224—225 页)中论及这种例外的情况。

[7] 这种经济革命有可能因政治领域而非技术领域的进步而出现。见本书第五章。

[8] E.M.汤普森(主编与译者):《从〈论军事〉一书看一位罗马的改革家与发明家》(*A Roman Reformer and Inventor：De Rebus Bellicis*),牛津,克拉伦顿出版社,1952 年。

第八章
犹 太 模 式

一般而论,建立起一个大一统国家,即使它后来一去不再复返,也会导致永久性地消除地方性国家及其人民的一些特征。典型的例子就是那"十个消失的部落"。以色列王国是一个被亚述帝国于公元前 722 年灭掉的国家,今天它的代表不过是居住在纳布卢斯①附近的区区数百撒马利人。流散在各地的以色列人,已经完全被他们流散地的人民所同化。他们失去本民族的辨认特性一事并不是什么例外,而是法则。他们的例子之所以引人注目仅是因为以色列的同胞犹大人的历史②意外地突破了这个法则。在分立的地方王国以色列灭亡以后,轮到新巴比伦帝国灭掉犹大王国了(公元前 586 年)。犹太人两度被尼布甲尼撒③以及两度被罗马人驱赶出自己的祖居地。在他们第二次被罗马人赶离祖居地之前,他们依次成为五个帝国的属民:新巴比伦,阿黑门尼德,托勒密,塞琉古和罗马。从公元 135 年至 1948 年,世界上没有犹太国家[1]这样的事,甚至没有一个领土意义上的、由犹太人充分居住但受非犹太人治理的犹太"民族家园"。然而,尽管没有国家性的政治结构或以地域为基础的家园,犹太人却从公元前 586 年——犹大王国灭亡之年——到现在,作为一个民族,设法保住了自己的民族特征。他们是一个七零八落的少数民族(散居在世界各地),生活在各国非犹太人中间,这些国家处于已经绝灭的前犹大王国边界之外,远离其历史上的首都耶路撒冷千百英里之远,但他们却保住了自己的特性。

这样的业绩可谓超尘拔俗、异乎寻常,但却不是独一无二的。犹太人并不是唯一被根除了家园却幸存下来的民族。有例为证:自从萨珊波斯帝国被早期阿拉伯穆

---

① 约旦河西岸的城市。——译者注
② Judah,犹太人分建成两个王国,一为以色列,一为犹大。——译者注
③ 新巴比伦国王,公元前 607—562 年在位。——译者注

斯林征服者摧毁以后,景教徒①就幸存了下来。基督一性论者②在阿拉伯穆斯林征服叙利亚、埃及和亚美尼亚之后也做到了这一点。景教派的基督徒自5世纪以来,便因东罗马帝国东正教控告者的迫害,而在萨珊波斯帝国找到了避难所,也幸存下来。从奥斯曼帝国完成对东罗马帝国先前领土的征服,直到1821年摩里亚半岛③上的"奥斯曼土耳其"的希腊属民发生暴动止,希腊东正教徒亦有部分离开家园,失散到世界各地,但尽量以犹太人的方式保留了自身社会的特质。在俄国的东正教会当中,某些持不同见解的基督教派别的成员,为了逃避东正教会的迫害,移居到俄罗斯帝国边境附近或干脆迁往境外。其中的摩洛坎教派④在外高加索和西伯利亚东部找到落脚之地。罗马尼亚的斯科普特瑟派⑤、加拿大的杜克波尔派⑥也是如此。在西方基督教社会中,公谊会的教徒(贵格会教徒)最初是从英格兰北部农区来的,他们无论如何都想从土生土长的农村迁往城市,因为在城市的氛围中,较容易避免同那些高居于他们良知之上的权威发生冲突,他们反对向国教圣公会交纳什一教区税。贵格会教徒移居各个城市和法国的新教徒逃往荷兰、英国和德国,也是基于同样的原因。

无论怎样,犹太人散居在世界各地为建立一个离散类型的社会模式提供了最好的材料。在我们掌握的所有离散社会的名单当中,犹太社会是最引人注目、最具影响的一个,至少到目前为止,它同散居地的非犹太多数人的关系也是最僵的。但它却比任何其他离散社会存在的时间更久,脱离祖居地的程度更为彻底。

依此看来,我们如果把犹太人散居世界各地当作这类社会的模式,我们将发现它具有如下要素。

首先是要有在各种散居的环境中保持自身历史特性的决心,而大多数社会在那种环境中都会失去自己固有的特性。在自己的国土家园被剥夺、变为一个少数民族——而且是散居的少数民族——寄居于外人篱下之后,这个无根的社会找到了在不利条件下维持自身凝聚力和连续性的新手段。此时的维持手段就是自愿遵守严

---

① Nestorian Christians,音译为聂斯脱利派基督徒,为拜占庭帝国基督教的一个非主流教派,我国史书称之为景教。——译者注
② 主张耶稣基督只有神性,其身上的人性已融入神性的派别。——译者注
③ 希腊半岛南部的小半岛,即古代的伯罗奔尼撒半岛。——译者注
④ 俄国东正教派别之一,强调圣经的权威性。——译者注
⑤ 俄国东正教派之一,强调禁欲。——译者注
⑥ 教派名原意为"灵性斗士",俄国东正教派之一,1899年移居加拿大。——译者注

"被连根拔起的文明"：杂居在异族社会中的犹太人
严格遵守传统的宗教仪式使犹太社区生活在异族社会得到了保存。

43　上图为18世纪阿姆斯特丹的西班牙系的犹太人家庭，正聚在家里过逾越节。

44　巴塞尔的犹太家庭（1831年），在传统的帐篷里庆祝犹太丰收节（Succot）。

格的宗教仪式和教规律法。

第二个要素是流散社会要有不愿融入当地多数人社会的动机。这个社会之所以珍视自己固有的特性，是因为它自信这种特性蕴涵着具有无与伦比的意义和价值的宗教启示。

犹太人流散社会结构中的第三个要素是它认识到了这样一条真理：倘若它没有充分的经济基础，就不可能幸存下来。这是因为它没有自己的国家，没有自己的民族家园，经济实力是它能得到的唯一实力。一个社会要在这个世界上立足，就必须拥有某种实力。但对流散社会来说，即使经济实力的获得也不是件轻而易举的事。它丧失了从事农业的可能，而农业自新石器时代以来便一直是人类的主要和稳定的生存来源。它杂处于异族国家当中，被排除或更多的时候被禁止参与公共生活，甚至不能从事一些自由职业，以此作为它拒绝接受当地多数人的宗教的一种惩罚。一个流散社会必须从多数人社会允许它的成员从事的职业中挣得财产。这种限制最小的、对他们开放的职业通常就是零售业。但流散社会无论遇到什么经济机会，它始终要想方设法挣到为自己生存所必需的经济来源。在经济以及精神方面，惩戒已证明是一种异常强劲有力的刺激。[2]

这种出自犹太流散社会的模式，或多或少比较贴切地适合我们前面名单上列举的其他同类型的社会。在所有这些案例中，宗教都对保持流散社会特性的意愿提供了动力，而在某个非农业领域从事经济活动的才能则为这种生存的意愿变为实际可能提供了手段。如果我们将这个模式简化，我们将发现流散社会的宗教形态是一种范围更为广泛的类型的一个代表。目前世界上最显著的两个流散社会是苏格兰和黎巴嫩。同犹太人、祆教徒、景教徒和贵格会教徒一样，海外黎巴嫩人和苏格兰人在经商方面也颇为成功，但驱使他们到海外去寻找财富的动力却是经济压力，而非宗教或政治压力，无论是黎巴嫩人还是苏格兰人，都没有失去自己的祖国，他们是自己家园的主人。[3]不管是在国内还是在国外，他们都未因固守自己祖先的宗教而受到迫害。[4]他们不是他们同胞而是大自然的牺牲品。他们的祖国是贫穷的国家，他们因很难在家乡谋生而被迫到海外发展。[5]

对于以犹太人为代表的宗教类型和以海外苏格兰人为代表的世俗类型的流散社会来说，两者的共性是社会结构的转型。在这两种场合，我们都看到一个正在变更着维系自身明显特性基础的社会。这就是从最初的地域基础（在此基础上社会通过一个民族家园和自治民族政府将自己聚合在一起)向文化和职业基础的转变(在此基础上,社会通过共同的记忆、信仰、风俗、习惯和技能将自己凝聚在一起)。无论犹太人还是苏格兰人,都走的是同一条道路,尽管苏格兰人离开起点还不太远,而犹太人则到达终点已经很长时间了。我们如果再从更为广阔的背景来观察,把离散社会杂处其间的外族多数人的社会纳入眼帘,那么这种犹太人和苏格兰人经历的变迁就是从纵向的社会组织向横向的社会组织的转变。这些连结起来的社会,经历了从内含为数众多的土生土长的细胞,向具有五花八门的成分、彼此在同一地共存的社会的蜕变。原则上说,这类可以共存的地方是具备居住条件的整个地球的表面。

我们可以跟踪这种蜕变的历史。"文明就是脱胎换骨"。[6]犹太人流散社会是在肥沃的新月地带①发生的两种社会发展的产物。一种是社会交往的频繁,另一种是城市化的进展。日益频繁的社会交往既有商业和文化交流这样的和平形式,也有战争和驱逐之类的暴力形式。日益成长的城市起着熔炉的作用,使交往在这里得到融合。就我们所知,这一过程在肥沃的新月型地带要早于其他任何地区。在后冰河时代,这一地区各定居中心之间有利的自然交通条件,无疑是肥沃的新月地带成为文明摇篮的原因之一。自从公元前第 5 000 年和公元前第 4 000 年起,当文明正在孕育的时候,新月地带就一直处于早熟状态。在这个较高文化的温室中首次出现的某些东西,一次又一次地最终传播到整个世界。社会组织中的流散社会的历史,是新月地带惯于对世界其他地区加以引导的实例之一。

由于技术进步应用于自然交通工具,导致"距离在消除",从而使我们看到了一个未来社会的远景。这个社会涵盖地球表面上所有可居住和可通行的地区,以及它的大气层,它将把人类联合在一个无所不包的单一社会之中。在这个大同社会里,流散社会这个在地域上没有紧凑地方单位的社会,似乎有可能成为这个地球大社会的各个组成中最重要的成分。我们可以猜测,大多数这类未来的流散社会都不是原系地区性的、后来被驱散的社会,它们将不再被种族,甚至不再被宗教纽带连结在一起。它们的精神纽带将是某种共识或共同的职业。这个世界的物理学家们,已经构建出一个全球的流散社会。而这个世界的音乐家们则构造出了另外一个全球流散社会。这个世界的内科和外科医生们正处在建造第三个全球流散社会的过程之中。

---

① 指两河流域至叙利亚一带新月型的地区,土地肥沃,为西亚农耕文明的发源地。——译者注

　　　　　　　　　　　　　　　　　　　　　　第八章　犹太模式

犹太流散社会的文化
一种艺术风格各异的传统仪式的物品——蜡烛台,每一件都反映出当地的文化。

45 法国,14 世纪。
46 意大利,16 世纪。
47 荷兰,17 世纪。
48 波兰,18 世纪。
49 伊拉克,18 世纪。
50 荷兰,18 世纪。
51 奥地利,18 世纪。
52 耶路撒冷,19 世纪。

53　一种涤罪仪式。参与者将物品从口袋里抛入流动的水中。人们散立在各处，作为散落到各地的一种明显比喻（波兰，19世纪）。

只要注意一下各种国际会议在报纸上发表的公告，你就会认识到，全球流散社会网络正在一个由长途电话、空邮、环球民航服务构成的社会中飞速地发展，这个网络正在使那些彼此有着密切关系的人们，由于具有某种共同的关注点，所以能够有效地进行通讯与合作，无论在何处都如同在家中一样。

犹太人流散社会维持自己的凝聚力达24个世纪之久，从公元前6世纪开始，当时人类天然的交通工具还局限于驱动帆船的风力，以及驴马和骆驼的畜力。这种令人震惊的成果赋予我们预测未来时代期望出现的事物的能力，在那个时代里，为了人类的目的，无生命的自然力量，将被无数的技术革新所控制。

各种交流工具的加速改善，可以更好地推动这种世界流散社会的创立，这比起好战的亚述君主们武力推动的做法要高明多了①。在一个"距离在消除"的社会里，

---

①　亚述帝国曾多次大规模地将被征服的居民迁往其他地区。——译者注

世界范围内的流散社会而非地方性的民族国家,看来就像是一股"未来的潮流"。这个世界向国际性大都市的转化,会使建立在非地方基础上的社会组织受益。城市生活的显著特点是城市居民并不同自己的邻人过从甚密,而是同散居在都市地区的旨趣相同的人一道往来。一个村的人不管愿意不愿意,必须和自己的邻居打交道。而在一个拥有高度发达的交通体系的大城市里,人们交友的选择范围要广泛得多。目前世界正在变成一个城市,我们有希望看到建立在邻里基础上的交往关系将被建立在精神纽带基础上的其他关系所替代,这即是说,被具有最广泛内涵的流散社会所取代。这样的流散社会包括所有形形色色分散杂居的少数人社会,不管将它们凝聚在一起是宗教纽带还是各种与地域无关的其他纽带。

如果这个预测是合情合理的话,我们就需要把犹太模式作为流散社会的代表,需要把希腊模式作为从地方国家向大一统国家过渡的典型,需要把中国模式作为一个保持着治乱交替韵律的统一国家的缩影。其中每个模式都对文明的比较研究是不可缺少的思想工具,因为每个模式都给了我们一把了解迄今为止文明时代的某种人类社会基本结构以及文化形态的钥匙。每一结构都是各种力量综合作用的产物。在每个事例中,人类都试图实现自认为是非常重要的目标,这种努力表现为人类同各种问题和障碍展开的斗争,而这些问题和障碍则是人类在追求特定目标过程中的伴侣。

在希腊模式那里,我们看到人类在文明的发展过程中,追求着创造的可能性,这种可能性是由极为多样的、独立的地方性政权提供的。直到彼此间的冲突——这是此类政权存在的代价——达到很剧烈的程度,以致社会不得不被迫以统一来换取和平,代价却是单调乏味的一致性。

在犹太模式中,我们看到在同一历史阶段的人类,牢牢地依附于某种启示、发现、成就或他们感到具有某种超凡意义和价值的生活方式之上,因而他们要千方百计地保存这些价值连城的珍宝的保管人——上帝的"选民"的独有特征。这种"选民"对其民族使命的信仰,在他们失去了本民族的国家甚至家园之后,赋予他们在散居各地的条件下,而且是在其他社会已使自己的民族个性融入某个同一化的统一体(这是为了和平而付出的代价)的条件下,保持住自身特征的精神。

在中国模式中,我们看到自诩已经文明化的人类,在大一统一旦确立之后,便竭力维持整齐划一的局面,每次崩溃后又重新恢复它。人类所以这样做是因为他们不能忍受分裂带来的冲突和混乱。人类每一次诸如此类的努力都是试图满足自己基本要求的尝试。但文明的历史至今对是否能同时满足所有这些要求一事，没有给我们提供任何保障。在文明的进程中，人类与这些要求彼此协调的程度如何，为衡量作为社会动物的人类的生存能力，提供了一把标尺。人类如果想幸存下去，就必须是社会的动物。

注释

［1］这个时期存在着诸如阿迪亚比恩王国和卡扎尔帝国这样的国家。在这些国家当中，王室及某些达官显贵们皈依了犹太教。在希加兹也有信奉者，在阿比西尼亚、高加索和克里米亚有一些由改奉犹太教的人盘踞的据点，其中可能还包括某些犹太流亡者。但世界上的犹太人仅有很少数曾经在这些边远角落地带居住过或能够生活下去。

［2］惩戒的刺激在本书第二部第十六章加以讨论。

［3］就黎巴嫩人而言，这既是合法的，也是真实的，因为黎巴嫩于 1861 年成为土耳其帝国的一个自治区，1920 年则建立了黎巴嫩共和国。

［4］目前黎巴嫩人在世界各地的流散社会大部分可追溯到 1861 年，从黎巴嫩人有了一个自己的国家时算起。自 1861 年始，他们遭到的一场大难是土耳其在第一次世界大战期间对它的封锁。

［5］这一直是促使爱尔兰人向外发展的动力。但与苏格兰人和黎巴嫩人不同，爱尔兰人同时受到政治压迫的驱动。

［6］雷德费尔德：前引书，第 49 页。

第九章
对各个文明的考察

我在第七章中试图构建一个希腊—中国"模式",作为"各个文明"形态的正常社会结构。为了这样做,我不得不提出两个先决条件,即我不仅必须承认其他社会形态的存在,而希腊和中国类型只是其中的两个代表;我还需及时给其他文明冠以名称,确定它们存在的时间和空间范围。本章打算借助我在第七章提出的希腊—中国模式,拟定一个有关各文明的确切名单。一个社会能否被纳入名单的标准,要看它是否符合希腊—中国模式。

在草拟任何一种"标准化"的各文明的名单时,对一个模式的应用(意即对它的适用性进行检测)不可能做到完全客观,因而争议是不可避免的。既然免不了有主观成分,所以要排除武断成分也是不可能的。

比如,西方文明、希腊文明以及中国文明,它们中每一个都存在着与之相似的同时代的文明。这些文明中的每一个都有权认为自己等同于文明本身。但是,经验的事实证明,这不过是虚幻的认识,同犹太人自称他们是独一无二的"选民"、其他人为异族的认识是一样的。一系列同时代文明的共存,其中每一个都是文明系属的可靠代表,这一点是能够加以证明的。不过,这个无可争辩的事实也提出了一个问题:一组同时代的文明,其构成成分是否彼此没有关联、各自充分独立呢? 如果我们的结论是它们中的某一些与其他同代文明存在着一种密切的联系,那我们随之就需要考察这种密切联系的特点,以及密切到了怎样的程度。

在我们正在关注的这组文明中,西方文明和中国文明可看作是彼此独立存在的文明。西方文明"附属于"希腊文明,由于宗教的关系又同叙利亚文明有很大的牵连,因为基督教根植于我们称之为"希腊—叙利亚文化复合肥料"的基础之上。相反,中国文明却与任何先前的文明没有什么"密切的瓜葛",虽然在其历史过程中接受过出自国外的佛教,但佛教与基督教在起源上还是有所不同的。

因此,西方文明和中国文明之间的关系是相互完全独立的关系。反之,西方文明与东正教文明和伊斯兰文明却有着千丝万缕的联系,因为伊斯兰文明以及东正教文明也根植在同样的"希腊—叙利亚文化复合肥料"之上。中国文明作为一方,朝鲜文明、日本文明、越南文明作为另一方,这两方面之间则存在着十分紧密的关系。后三个文明受到中国文明的启发,但它们沿着自己的路线发展了从中国文明借来的东西,这足以将它们明显地列入次一级的分支文明当中,我们可以将它们称为"卫星"文明,与诸如中国文明、西方文明以及西方文明所"附属的"希腊和叙利亚文明相对应。

然而,我们必须在"卫星"文明和一个成熟文明的各个成分之间划出明确的界限。"卫星"文明是文明系属的分支代表,尽管它们与一个"独立的"文明密切联系在一起(或与两个或更多的独立文明紧密联系在一起)。而一个成熟文明的某些成分,可能明显具有独特的风格,几乎足以将它们划分成与分支的"卫星"文明处于同一等级的文明。譬如,我们该怎样对公元前最后一千年和公元头五个世纪的意大利文化定位呢? 意大利文化仅仅是希腊文明的一个最显著的地方版本吗? 或者尽管它是一颗希腊文明的"卫星",但能算作一个分支文明吗? 在这样的例子中,我们的分类将不可避免是主观的、随心所欲的,因而出现意见分歧也是题中应有之义,我们因此将不会有一个评判各种冲突意见孰是孰非的客观标准。

当我们从空间联系向时间联系转移时,我们遇到一个同样不确定的问题。我们不能把西方文明的历史看作是希腊文明史的唯一尾声。将西方"日耳曼人的罗马帝国"("神圣罗马帝国")当作罗马帝国的化身,是有些过分勉强了。它在西方史上的作用简直微不足道,以致不允许我们因为罗马帝国的这个幽灵,便将西方史视为希腊史的延伸。此外,西方文明通过基督教同叙利亚文明以及希腊文明联系在了一起。所以,我们不仅必须把西方文化划分为次一级的"附属"性文明的独立文化,还必须把同样的分类位置给予东正教和伊斯兰文化(尽管这个位置一度给了西方文明),因为这两种文化同西方文明一样,根植于同一种希腊—叙利亚的"文化复合肥料"之上。

不过,把东正教的历史看成是具有自身特征的历史,而不是希腊史尾声的做法,无论如何都很成问题。正如上面已经提到的,与罗马帝国在西方的那种虚幻的化身相反,它在东正教区域的化身同中国秦汉帝国的化身一样,乃是实实在在的。基于

　　　　　　　　　　　　　　第九章　对各个文明的考察

中国的现象,我把整个中国史,从商代到1911年清王朝的覆亡为止,解释为连绵不断的同一个文明的历史,我已经给它贴上了"中国文明"的标签。在对此表示认可之后,我并不认为希腊文明在黎凡特地区一直延续到1922年奥斯曼帝国灭亡,我是否需要对这个看法加以辩解呢?我认为没有必要。我已经表示过,随着对基督教和伊斯兰教的接纳而来的,便是文化连续性的中断,这要求我们将西方文明、东正教文明和伊斯兰文明分别划为独立的文明。那么,我拒绝把采纳佛教之后的中国文化阶段划分为一种单独的文明,而仅是中国文明的"附属"部分,这一做法是否合理呢?

将一种特定的文化归到这个类别或那个类别,即使在分类原则上具有共识,大家对某些类别的划界也会产生争议。人们也许同意,在希腊史和西方史之间的连续性有所中断。人们也许还会同意,法老埃及的历史,自公元前3000年开始后不久的王冠合二为一起①,到公元2世纪止,始终延续未断。但这两个例子只是一个全音阶两端的音,在两个音之间,还有一连串其他的音,我们不可能对它们标以同样的音高。人们或许会再次同意,在"现存"的各文明当中,西方文明和中国文明完全是各自独立的文明,但俄罗斯文明与东正教文明以及西方文明的关系,则是有争议的问题。

非洲各文明的内容应加以澄清。[1]这里使用的文明一语,包括苏丹西部和中非、东非已有政治组织的前伊斯兰和前基督教社会,但经济和政治上处于原始状态的那些零星的非洲社会不包括在其内。我们几乎无可否认,撒哈拉南部非洲在近代西方人到来并将它放到当时西方人眼中的"地图"上之前,已经有很长的"发展"历史。在公元前最后1 000年里,自埃及传入的冶金术得到普及以及来自至今仍模糊不清的库施(Kush)和麦罗埃(Meroe)——位于埃及南部和尼罗河流域的国家,其文化部分来自埃及,部分系自身的创造的影响,[2]推动了下撒哈拉(Sub-Sahara)地区土著文明的兴起。[3]

第一瀑布南部与白尼罗河沼泽地区北部的尼罗河流域诸王国,在被穆斯林阿拉伯人于14世纪征服并皈依伊斯兰教之前,大约有八个世纪,一直是信仰基督一性(Monophysite Christian)论的国家。此外,在苏丹西部和东部、撒哈拉以南的非洲土著文明受到的主要外来影响,来自伊斯兰社会。自从穆斯林阿拉伯人于公元7世纪

---

① 指两个埃及分立王国被统一后,法老的王冠从此标有两个前王国的王徽,以象征统一。——译者注

征服埃及和西北非起,伊斯兰的影响就渗入到下撒哈拉地区。[4]确实,在这些受到伊斯兰文明非常深刻影响的地区,即在位于撒哈拉南部与尼罗河流域各沼泽地的开阔地带,发现了一些非洲土著文明的卓越成果。[5]但非洲的土著文化在伊斯兰到来之前便已确立,并已发展了很长的时间。在刚果盆地和大裂谷南端的非洲文化,直到19世纪,并没有受到伊斯兰和近代西方的影响。[6]

尽管非伊斯兰社会大多数尚处于无文字的阶段,并因此使自己的经济和政治发展受到严重阻碍,[7]但若按巴格比和柴尔德的文明标准,[8]已证明无论在伊斯兰化还是在非伊斯兰化的非洲都存在着城市。贸易活动带来的各种需要和报酬,导致城市及城市化所要求的集中组织的行政管理机关的出现。[9]集约农业的发展和商贸业带来的利润,促使一批与生产相脱离的精干人才(elites)——国王、行政管理人员、学者、祭司的产生,他们是靠经济上的剩余产品过活。[10]从伦理意义上我对文明所下的定义[11]也适用于非洲,目前西方人的眼睛里,终于有了非洲丰富的宗教和哲学遗产。[12]

然而,一位西方观察者对这种十分空洞的有关宇宙世界演化的解释、对非洲土著社会迷人的多样化的严重缺乏认识这一点,必定会留下深刻印象。人类为了建立人与自然世界的关系而形成的这些高度综合的体系,无疑容许我们对有关人类复杂的精神与物质经验的资料,做出切实可行的分类,使之看上去就是对一个前科学社会而言的。这种极端自给自足、自成一体的状态,尽管对解决人类同敌对的、或多或少可预测的环境如何协调的问题是有利的,但当传统经验无法解释的某些因素一旦打破这种既定的平稳均衡时,自给自足就变成了明显的弊病。[13]在这种情况下,原有平衡的社会或僵化为保守社会,或彻底解体,失去其价值,以致社会陷入手足无措的迷茫局面。在前一种场合,那些未曾料到的问题或刺激被现存的社会和思想组织形态所吸收,从而中和掉了。换句话说,这个体系几乎没有什么能力对挑战给以积极的、富有成果的迎战。[14]这种"被滞留"[15]在发展的门槛之外或者注定要过早夭亡的命运在等待着每一个内部缺乏发明与创新能力的社会,我们可以根据非洲史的证据或从目前已知的有关非洲的哲学认识来推断,在非洲发展的关键之点,这些僵化思想的蹩脚局限已造成了危害。[16]

同样,在"殖民"期间西方对非洲的暂时统治,导致西方人低估了非洲人的成就。19世纪侵略成性的西方社会,其价值标准基本上是由当时西方的技术发明的目标所决定的。那些与这个武断的、强加于人的技术标准不相适应的外族社会,在西方人头脑中就被划为野蛮、原始和未开化的社会。然而,今天继续持有这些观点的人证明,他们自己患有偏执的顽症。一位客观的观察者将确信,非洲的各项成就与其他社会(迄今属于正常的社会)的成就相比,可以说毫不逊色,我们不应过分迷恋于技术而对所有其他东西视而不见。我们应当承认,在社会关系和人与自然的关系方面,非洲已对人类文化做出了一种独特的、也许还未被充分认识的贡献。

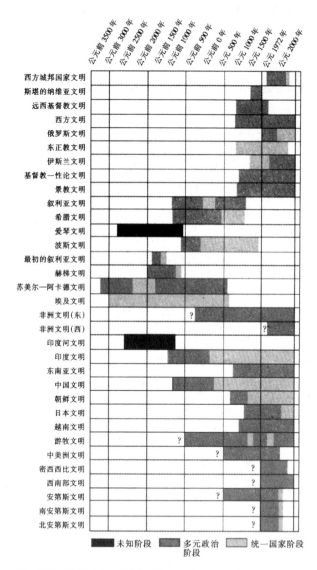

54 世界诸文明成长阶段(公元前 3500 年—2000 年)。

下列文明一览表不是结论性的,它受上面所讨论过的各种保留的限制。除了那些列入独立的文明似乎不大适宜的卫星文明之外,这张表显示出所有文明的时空范围。[17]

<h2 style="text-align:center">一、发展充分的文明</h2>

A. 独立的文明

与其他文明没有亲缘关系的文明

中美洲文明

安第斯文明[18]

不从属于其他文明的文明

苏美尔—阿卡德文明[19]

埃及文明

爱琴文明[20]

印度河文明

中国文明

从属于其他文明的文明

叙利亚文明,从属于苏美尔—阿卡德文明、埃及文明、爱琴文明和赫梯文明

希腊文明,从属于爱琴文明

印度文明,从属于印度河文明

非洲文明,起初从属于埃及文明,之后从属于伊斯兰文明,再后从属于西方文明[21]

东正教文明

西方文明 } 从属于叙利亚文明和希腊文明

伊斯兰文明

B. 卫星文明

密西西比文明,中美洲文明的卫星文明

"西南部"的文明[22],中美洲文明的卫星文明

北安第斯文明,[23]安第斯文明的卫星文明

南安第斯文明,[24]安第斯文明的卫星文明

? 埃兰文明,[25]苏美尔—阿卡德文明的卫星文明

赫梯文明，[26]苏美尔—阿卡德文明的卫星文明

？ 乌拉尔图文明[27]，苏美尔—阿卡德文明的卫星文明

伊朗文明，先是苏美尔—阿卡德文明，后是叙利亚文明的卫星文明

？ 麦罗埃文明，[28]埃及文明的卫星文明

朝鲜文明
日本文明 }中国文明的卫星文明
越南文明

？ 意大利文明[29]

东南亚文明，先是印度文明的卫星文明，后在印度尼西亚和马来西亚出现
伊斯兰文明的卫星文明

俄罗斯文明，先是东正教文明，后为西方文明的卫星文明

邻近欧亚与亚非大草原地带的各土著游牧文明

二、失落的文明[30]

最初的叙利亚文明，为埃及文明所取代

基督教聂斯脱利（景教）文明，为伊斯兰文明所取代

基督教—性论文明，为伊斯兰文明所取代

远西基督教文明，为西方文明所取代

斯堪的纳维亚文明，为西方文明所取代

中世纪西方城市文明，为近代西方文明所取代

注释

[1] 在非洲史中，统一和分裂的对立要求是纷争不已的。在本章的图表上，列出了东非和西非之间存在的实际年代的区别，但问题仍然存在。要讨论这个问题，可参见巴塞尔·戴维森的《非洲人》(*The Africans*)，伦敦，朗曼出版公司，1969年第36—41页及资料。

[2] 参见 P.L.西尼(编)：《非洲的铁器时代》(*The African Iron Age*)，牛津，克拉伦顿出版社，1971年。

[3] 参见西尼：《麦罗埃》(*Meroe*)，伦敦，泰晤士—哈德逊出版公司，1967年，第165—169页。

[4] 参见 J.S.特里明汉姆：《伊斯兰教对非洲的影响》(*The Influence of Islam upon Africa*)，伦敦，朗曼出版公司，1968年。

[5] 参见特里明汉姆：《西非的伊斯兰教》(*Islam in West Africa*)，牛津，克拉伦顿出版社，1959年；《西非的伊斯兰教史》(*A History of Islam in West Africa*)，牛津，格拉斯哥大学出版社，1962年；《东非的伊斯兰教》(*Islam in East Africa*)，牛津，克拉伦顿出版社，1964年。

[6] J.戴斯芒德·克拉克：《非洲史前史》(*The Prehistory of Africa*)，伦敦，泰晤士—哈德逊出版公司，1970年，第219—222页。

[7]参见路希·马埃尔:《原始政府》(*Primitive Government*),哈蒙德斯沃特,企鹅出版公司,1962年,第9页。

　　[8]参见本书第二部,第三章。

　　[9]参见布里安·法根:《铁器时代的南非》(*Southern Africa during the Iron Age*),伦敦,泰晤士—哈德逊出版公司,1965年。

　　[10]参见戴维森:前引书,第35—36页。

　　[11]参见本书第三章。

　　[12]参见 C.D.福特(编):《非洲世界:非洲各民族的宇宙思想与社会价值研究》(*African Worlds: Studies in the Cosmological Ideas and Social Values of African Peoples*),伦敦,牛津大学出版社,1954年。

　　[13]参见戴维森:前引书,第137—142页。

　　[14]关于挑战—应战的概念,参见本书第二部,第十三章。

　　[15]参见本书第三部,第十八章以次。

　　[16]参见戴维森:前引书,第235—243页。

　　[17]在每个场合,前大一统国家的文明阶段——倘若有这样一个阶段存在(大多数的例子表明有这一阶段)——都与大一统阶段明显区别开来(如果这个谈论中的文明曾经进入过这个阶段的话)。为此,大一统国家阶段便包括这个最初的统一国家的所有后来的化身,包括这样一些情况,即这个统一国家一而再、再而三地暂时陷入政治分裂局面后又重新建立起来。在有些场合,以爱琴海文明和印度河文明为例,我们并不知道这些社会是否进入过大一统国家阶段,这种文明的整个时间周期迄今还都被遮盖在不同的阴影下。

　　就某些从属的情况而言,在先前的文明消失和从属文明的出现之间的中断时期,也被纳入到两个文明的时间周期之中,而不是排除在这两个文明之外。为了使两个在表面之下互相交织的文明的时间范围更加清晰,我们必须这样做。

　　我们已计算出五种基督教文明和伊斯兰文明的时间周期,是从群众广泛皈依伊斯兰教和四个基督教流派时算起的。基督教文明和伊斯兰文明起始的时间,当然明显不同于这两个宗教本身起始的时间。这两个宗教在其正式存在的最初三个或四个世纪里,它们的信徒局限于分散在信奉其他宗教的多数人社会中的流散社会的成员身上,这种少数人的宗教可以鼓励一个社会团体在没有自己领土的条件下保持它自身的特征,却不能为一个新的文明提供框架或者基础。群众最终的广泛皈依,使基督教文明和伊斯兰文明的形成头一次成为可能。伊斯兰的散居社会在穆罕默德升天后的20年里,成了少数的统治者,而基督教散居社会却直到基督蒙难后差不多300年还是一个依附的少数集团。但政治分歧与此无关。一个少数统治者的宗教与一个依附的少数人的宗教相比,并非更有能力成为一个新文明的母体。在倭马亚王朝和阿巴斯哈里发王朝处于鼎盛的时代,有了一个伊斯兰的政治强国,却还没有一个构成文明的伊斯兰社会。

　　[18]迄今为止,我们掌握的中美洲和安第斯文明的大部分信息都是来自考古发掘。考古证据使我们能够在这两个文明的每一个当中区别出地方的文化以及两个文明各自不同的历史阶段。另一方面,考古学家在年代问题上还没有达成明确的结论。直至1958年,中美洲和秘鲁的"古典"阶段的开端——即在旧世界的历史上,我们称之为文明阶段的开端——已有了日期,最早不晚于基督降生之年。1971年,米切尔教授根据他在1966—1968年于泰罕太佩克地峡上的圣劳伦佐的发掘,推测中美洲奥尔迈克文化的极盛时期为公元前1150—前900年。该遗址似乎是奥尔迈克文化最早的中心。在本章末的表上,无论在中美洲还是在安第斯山,文明的开端仍被置于公元纪年的起始阶段,附加上问号,也允许存在这样的可能性,即真正的时间也可能早于公元前1000年。

　　[19]底格里斯和幼发拉底河下游地区著名的文明,其最后阶段从灵感上说仍然是苏美尔人的。阿舒尔巴尼巴尔的图书馆①收存有用苏美尔语言撰写的文书及该语言的术语表。但若用"苏美尔"来标记公元前7世纪在亚述和巴比伦尼亚流行的文明的话,那就会造成误导。因为我们要考虑到那个时代,苏美尔语已经"死"了1000多年。自从汉谟拉比时代以来,属塞姆语系的阿卡德语已经取代了苏美尔语,成为苏美尔文

---

　　①　著名的亚述国王的图书馆,藏泥版文书两万多件,是发现苏美尔人的主要线索来源。——译者注

生动的载体。因此,对于一个直到公元1世纪仍未失去其特征的文明的整个周期来说,"苏美尔—阿卡德"文明与"苏美尔"文明的说法比较,是一个更鲜明的标志。

[20] 这不仅覆盖了"米诺"社会,而且还包括在大陆欧洲希腊的爱琴文明的一些"海拉斯"的变种①,以及"米诺"文化与"海拉斯"文化的最后阶段"迈锡尼"文化。

[21] 非洲诸文明并不是自17世纪结束前几十年起,开始同西方有密切联系的仅有的文明。我们可以较准确地把它们称作西方的"卫星文明"而非"从属文明"。今天也许很难找到任何现存的非西方化的社会,无论是文明的还是前文明的社会,无论它们愿意还是不愿意,都在某种程度上被纳入了西方文明的轨道。但是,根据叙利亚文明被囊括到希腊文明之内的情况判断,它们同西方的这种关系仅仅是一个阶段。由于这个历史先例,这一点似乎是有可能的,就是西方及其卫星文明可能会吸收二者的所有成就,融合成一个新的文明。

[22] 亦即哥伦布时代以前的文明,现存于美国西南部。

[23] 现在的厄瓜多尔和哥伦比亚。

[24] 现在的智利北部和阿根廷西北部。

[25] 埃兰(Elam)指现今伊朗的卡尔克黑河和卡兰河流域,与底格里斯和幼发拉底河下游区域相邻。我们是否可把埃兰文化不单划为苏美尔—阿卡德文明的一个地方文化单位,而且看作是从属苏美尔—阿卡德文明的一个单立的文明? 把它分类为一个单立文明的根据是它的语言以及它的地方文字。其语言既不属塞姆语系的苏美尔语也不属阿卡德语。但这一文字的发明也可能受到苏美尔文字的启发,在埃兰史的某些重要时期,也曾用苏美尔—阿卡德文的形式表达埃兰语。

[26] 本书标以"赫梯"的文明,类似于爱琴文明、安第斯文明、中美洲文明的叫法,是用地名来概括的,这样做显得更贴切一些。这个文明的范围限于小亚细亚(在今天的土耳其境内),但称它为"亚洲文明"或"亚细亚文明"或许会造成混乱,因为"亚洲"一词系指整个大陆,不再仅指小亚细亚。赫梯人,包括操印欧语的赫梯人之前的当地土著在内,仅占据了安纳托利亚文明的一小部分,这个文明在操印欧语的赫梯人和鲁文人(赫梯人的西部邻人)来到小亚细亚之前,已达到或也可能已经过了它的鼎盛时期。

[27] 乌拉尔图(Urartu这个国家的名字是以阿拉拉特山的名字流传下来的)的版图,大约相当于现在土耳其东部边缘地区和苏联埃里温共和国所在的地区。乌拉尔图王国(在公元前9—前7世纪期间)的中心地带是凡湖(Van)流域,但乌拉尔图还包括阿拉斯河(Aras)和幼发拉底河上游地区,也就是幼发拉底河上游的河湾部分。

[28] 麦罗埃文明的范围从尼罗河上游的第一瀑布至少延伸到第六瀑布,大概包括白尼罗河和青尼罗河之间的耶兹拉赫(Jezirah,"岛")以及青尼罗河与阿特巴拉(Atbara)之间的地区。这个地区大约与现今埃及的努比亚部分相当,还包括现今苏丹的北部地区。该地整体上被希腊人和罗马人称作埃塞俄比亚。今天的埃塞俄比亚(别名阿比西尼亚)并不包含在内。法老埃及帝国在18王朝期间溯尼罗河而上,一直扩张到第四瀑布。埃塞俄比亚王国则在公元前654年以后与埃及再也没能统一过。麦罗埃文明逐渐发展出自己的一些鲜明特点,它也曾向南部扩展过自己的领地。

[29] 这也许是公元前1000年迁入意大利的埃特鲁里亚移民和先前在意大利已定居的人们所共有的一个文明。该文明的共同成分(即文字上用库麦的字母)均源自希腊。在希腊时代,意大利文明由希腊文明那里得到的恩惠非常之大,以致把这个时代的意大利看作是希腊世界的一部分而非一个卫星文明,似乎更为合适。

[30] 参见第二部,第十七章。

---

① "海拉斯"为希腊考古学上的分期之一。——译者注

文明的起源

　　在把我的马匹聚拢起来之后，我现在要赶着它们上路了。引起一种文明降生的原因是什么呢？我先试着从种族角度去寻找，然后又考虑环境的因素。我发现这两种解释都难以令人满意，因为它们以为生机勃勃的生命与死气沉沉的物质没什么两样，均要受无情的自然规律的支配。我因此要去寻找一种适合于生命的解释，在人类事务方面，这是指自由的意志。我在深入了解神话和宗教的过程中发现了这一点，神话和宗教表明了创造，而创造则是我称之为挑战和迎战之间发生的一场遭遇战的结果。随后，我试图发现影响挑战和迎战相互作用并进而在实践中发挥创造力的局限是什么。为此我考察了一系列可供检测的案例，我发现，尽管一个文明的降生需要强有力的刺激，但这种挑战绝对不能过于严厉，以致扼杀了人们的创造能力。

第十章
关于各文明起源的性质

在罗列我的文明一览表时,我已将它们分门别类做了标记。我的分类表明,文明的产生不只有一种途径。一个文明可由某个前文明社会自发演变而来。我称这种文明为"与其他文明没有关系的文明"和"不从属于其他文明的文明"。除此之外,一个前文明社会由于受到业已存在的某些文明的影响和刺激,可以转化为文明。这是一种我称之为"卫星"的文明。这个标记不过是我对这种具有特殊起源的文明所给的一个符号,它并不意味"卫星"文明在文化素质或在历史的重要性上必然低于先它存在并赋予它最初刺激的那些文明。例如,俄罗斯文明从起源上讲是东罗马帝国和保加利亚东正教文明的"卫星文明",而后它又成了西方文明的"卫星文明"。但它却取得了突出的成就,在某些方面,其成就甚至超过了东正教文明,而俄罗斯社会正是在这个文明的影响下才使自己的文化越出先前未开化阶段的。一个文明也可能并非从某个前文明社会演变而来,而是通过一个或多个老一代文明的解体,其某些要素转化为新结构之后产生出来。这是一种我称之为"从属关系"的社会文化的衍生进程。东正教文明、西方基督教文明和伊斯兰文明就是与希腊和叙利亚文明存在"亲缘联系"(取该词的这个用法)的文明。

在文明起源的第三种形式中,跟在较年长的文明后面的是同类文明较年轻的代表,并由后者将前者取而代之。而另外两种起源形式则是在形态上发生了变化。一个文明由原来的前文明社会蜕变而来。当我们发现一个社会变成另一个社会时,我们就需要找出二者之间有什么不同的特点。

文明和前文明社会间的差别不在于是否存在或缺乏某些制度,因为我们发现,由于制度是各社会赖以存在的人们关系的载体,所以它们是各类社会的属性,为文明和前文明社会所共有。前文明社会具有它自己的、颇为独特的制度——有关年代的规定,伴随生动的季节循环;图腾和族外婚;各种禁忌,成丁仪式和年龄级别;在某个年龄阶段,两性分别被隔离在各自交往的圈子之内。其中的某些制度,无疑同那些文明社会特有的制度一样精致,或许还一样妙不可言。

文明同前文明社会的区别也不在于是否有劳动分工。尽管一般而言,分工在社会生活中扮演十分重要的角色,并且其重要意义还随着社会的成长而日渐增大。但我们至少能察觉到,在前文明社会也存在着初步的劳动分工形式。例如,原始的王似乎像是事无巨细、无所不管的人,与处在文明进程中的政治社会的行政首脑形成鲜明的对照。当我们从他们所在的社会环境来观察他们,将他们与他们同部落的普通成员加以比较时,我们可以将他们视为原始的专家。原始巫师、匠人、游吟诗人都是这类专家。

的确,劳动分工可能是制度存在的一项必要条件,因而是各个社会生活中的一个普遍特点。因为很难想象,如果没有以某种方式将特殊的社会职能具体体现在一些特定的个人身上,各项制度如何能够存在。

对劳动分工进行补充和调整的方式是社会模仿。[1]这可以定义为通过模仿来获取社会"资产",即各种才能、情感或者思想。那些获得者自身不会产生它们,如果他们不曾遇到并模仿其他已经拥有这些"资产"的人们的话,他们也许永远不会主动拥

静态的过去
对先人的模仿或社会仿效,在前文明社会中显得没什么效用。小心翼翼地循规蹈矩阻碍了发明和社会进步。
55　图为贝宁国王奥巴神庙中的祖先祭坛,奥巴得到他的随从们的支持。

动态的未来

相反,当同样的模仿对象是活着的人时,社会的运动就有了可能。具有创造力的领袖不是家长,而是先驱,他们通过自己的功业而非传统吸引追随者。

56　这是一幅彼得大帝的神化图,在这位俄国皇帝用他的军事胜利筑成的金字塔周围,环列着先前沙皇的画像。

有它们。模仿也是社会生活的一般特点。[2]在前文明社会和文明社会当中,我们都能看到模仿行为。但是这两种社会中的模仿行为的方向是不一样的。在前文明社会,如我们所知,模仿对象是仍旧活着的老一辈人,是在活着的老辈人身后屹立着的、既看不见也摸不着的已经过世的祖宗,老辈人藉此来加强他们的权力,提高他们的威望。在一个以过去为模仿方向的社会里,风俗习惯占据统治地位,社会始终是停滞不前的。另一方面,在向文明演进的各个社会当中,模仿的对象是具有创造个性的人,这些性格支配了追随者,因为他们是通向人类共同目标的开路先驱。在一个以未来为模仿方向的社会里,"风俗习惯的堡垒"[3]被打破了,这个社会便沿着变化和发展的道路奋力前进。

在这种运动不止和停滞不前的反差中,我们最终看到了文明和原始社会之间的区别之点。但当我们扪心自问,这种凭经验观察到的区别是否是永久不变的根本差异时,我们发现答案是否定的。

如果我们仅仅了解处于停滞状态下的前文明社会的话,那这只是因为我们不完整的知识结构造成的一个偶然结果。我们用来研究这类社会的全部"资料",恰好都是代表它们历史最后阶段的材料。而在我们无法直接观察的地方,一系列推理告诉我们,这个前文明社会必定还有某些更早的历史阶段,比起任何我们已知的、仍在运行的文明更有活力。人类之前一定过未开化的社会,因为人类除非在一种社会的环境中才可能成其为人。我们的前人类祖先就是这样才变成人类的,这个过程是在前文明社会的条件下、在我们没有记载的情况下完成的。这样的转变与人类在文明条件下所取得的任何进步相比,都更为深刻,具有更大的进步幅度。

就我们直接观察所知,前文明社会就像是一群昏睡在山腰部的一块突出岩石上的人们,它的下面是悬崖峭壁,上面是峭壁悬崖。文明则像是这些"以弗所①的昏睡者"们的伴侣,他们正拔起脚,开始攀登上面的绝壁。而我们这一方可能更像是一批旁观者,视野仅限于那块突出的山岩和上面那块峭壁的底部,我们在到达现场的时候,正值被观察者的不同成员摆正了彼此的姿势和位置。我们第一眼看到的可能是两组人之间出现的显著差异,我们可能会称呼那些攀登者为运动健儿,称那些昏睡不动的人是瘫痪病人。但随后一想,我们就发觉还是谨慎一些好,不要妄加判断。

无论如何,那些静卧的人并没有真正瘫痪,因为他们不可能出生在那块支出来的岩石上,除了靠他们自身肌肉的力量,没有谁能将他们拖上那个濒临万丈深谷的地方。他们绝不是瘫子,他们一定是经验丰富的体育家,已经成功地爬上了那个高度,正在享受因自己那一番劳作而应得到的歇息。[4]另一方面,他们那些此刻正在攀

---

① 古希腊城市之一。——译者注

登的伙伴刚好离开那块岩石,开始攀援上头的峭壁。由于下一个歇脚的山崖在我们的视线之外,所以我们不知道下一个攀援高度是多少,要花费多少气力。我们仅知道在到达下一个可以躺卧的山崖之前,没有停留或歇脚的可能。因此,即使我们能够估量出每个攀岩者的气力、技巧、胆量和勇气,我们却无法判断他们中的任何一个成员有希望抵达上面那块看不见的岩石——那是他们现在正竭力要达到的目标。不过,我们能够肯定他们中的某些人将始终爬不上去。

我们看到我们的攀岩者中有很多人已经掉了下去,有些摔死了,有些掉在下面的岩石上奄奄一息,忍受着失败的屈辱。这些人同自己伙伴们的正在腐烂的尸体并排而卧,他们夭亡的旅伴是幸运的死者,[5]因为死亡使他们避开了失败的痛苦。紧靠着他们的还有那些昏睡在岩石上的、看上去像是瘫痪的人,他们尚未尝试那个使许多不幸者失败的"高度"。那些已无机会再次尝试新高度同时又避免了致命打击的人躺在那里,假如神灵不怜悯他们,没把他们变成岩石,使他们失去知觉,随着岁月的流逝而风蚀殆尽,就像躺在西皮鲁斯山麓的尼俄比①一样,那他们也许要"被痛苦和锁链牢牢地束缚"[6],忍受着诚如普罗米修斯被秃鹰啄咬其肝脏般的折磨。当我们看到这幅景象的时候,在我们所处岩石上方的峭壁上攀援的大多数人已经坠落下来,他们因失败所受的惩罚不是死亡就是变成化石。我们看到仅有很少数的人在继续攀登。倘若我们能够俯视一下我们脚下方的峭壁,把目光落在下面的那块突出的岩石上,并使我们的思想回到先前的时代,即攀援那个较低"高度"的情景,我们肯定会发现,那些爬到我们立脚的这块岩石上、在尝试下一个"高度"之前正埋头休息的登山人,与无以数计的、被人遗忘的伤亡者比较起来(在该时代为征服下面那个高度而付出的代价),仍然是很少数。

我们现在所做的比喻已足以使人确信,我们所知的前文明社会的静止状态和文明进程中的动态社会之间,存在着明显的反差,这种差别绝不是永久性的根本差异,而是由于观察时间、地点的不同所造成的偶然差别。我们见到的、现在正处在休整状态的所有前文明社会,肯定能再次活跃起来。所有已进入文明的社会,或迟或早会以这种或那种方式陷入停顿。某些已经停顿下来的社会,早在抵达下一个目标之

---

① Niobe,希腊神话中的底比斯王安菲昂的妻子,因自傲而遭到阿波罗神和阿尔泰米丝神的惩罚,失去所有的子女和自己的宫殿,躺在血泊之中有九天之久,第十天变成西皮鲁斯山侧的岩石。——译者注

人类努力的目标

57　一个人正艰难地沿一架梯子向上帝所在的地点爬去,梯子的横杆上标有各种美德,它们使人的理解得到高度的升华。雕版出自 1477 年蒙特·杉克托·狄·迪奥。

前就退回到它们起始时的原始人状态。这些经过努力却蒙受失败之苦的、退化了的文明(ci-devant civilizations)处在静止的条件之下,它们的情况类似那些延续到今天的前文明社会,因为它们都有过成功的时候。但在其他方面,它们之间又是完全不同的。这种不同是失败与成功的不同,是完全有利于前文明社会的不同。正如我们今天已看到的那样,这些静止的社会之所以停滞不前,是因为它们在成功地到达它们现在所处的位置后已疲劳过度,需要恢复元气。它们的静止不是一死了之的静止,而是休眠的静止。即使它们注定要长眠不醒,它们至少还在呼吸。退化了的文明之所以静止,是因为它们在试图超越它们现在业已退回的位置时不幸因失败而失掉了生命。它们的静止是处于腐烂状态的死亡物体的静止。无论它们是像一具腐烂的尸体迅速解体,还是像一根腐朽的树干或一块风化的石头缓慢地消蚀,它们已经死亡这一点是毋庸置疑和无可挽回的。

我们想寻找一个直接的目标,即找到前文明社会和文明之间永久的、根本的区别这一点已失败了。但我们却意外地得到了有关我们目前想要探讨的最终目标——文明起源的性质的某种启示。自前文明社会开始转变为文明,我们发现这是一种从静止状态向活动状态的过渡。我们还将要发现,这同一个公式也很好地适用于文明形成的不同模式,即文明是通过无产者同现存文明以前的那些占统治地位但丧失了创造力的少数人分道扬镳而形成的。这些少数的统治者就定义上来讲是静止的,因为说一个处在文明成长期的、具有创造力的少数人退化或衰竭为一个处于文明解体期的少数统治者,这只是在用另一种方式说,这个出了问题的社会从活动状态回到了静止状态。对于这种静止状态而言,无产者的脱离运动是一种动态的反应。我们从这一点能看到,在无产者与少数统治者分道扬镳的过程中,一个社会从静止状态向活动状态过渡,一个新的文明于是在这一过程中产生出来,这就像一个文明由一个原始社会脱胎而来一样。所有文明的起源,无论是否有亲缘关系,都可以用一位当代西方的哲学家和政治家在第一次世界大战结束一个月后所写的那段话来加以描述:

> 毫无疑问,人类又一次动了起来。那些原有的基础已经动摇和松弛,所有事物都再次流动不已。营帐已被拆除,人类这支庞大的旅行队又一次前进了。[7]

关于每一个文明起源于从静止状态向活动状态转化这一点,我们还能说些什么呢?我们对此早就耳熟能详了。这种转换的例子不只一个。当我们用登山的比喻来研究它的时候,我们认识到那块凸出的岩石——前文明社会昏睡在那里,退化的文明陈尸在那里,处于文明进程中的社会则从那里向上方的峭壁攀援——只是一系列凸出岩石中的一个而已,其他这样的岩石不过处于我们的视野之外罢了。一切延续下来的前文明社会,必定是从我们看不见的下方突出的岩石爬到我们所见到的这块岩石上的。所有处在文明进程中的社会都在努力向我们看不到的上方凸石爬去。我们所知的一切就是:无论上方还是下方凸起的岩石,都是无以数计的。

至于高耸在我们头上的那块绝壁的高度,我们也无从度量。但我们确实知道,我们要在某些人类社会正在从事的、充满危险的攀登中寻求怎样的目标。在最初的一批文明形成之后不到 2 500 年时间里,第一批高级宗教和哲学便出现了。每一个已形成的文明社会都指出了人类的目标,都赋予我们实现目标的方法。因此,尽管人类前仆后继、加倍努力欲实现的那个目标是始终难以看到的,但我们却知道它到底是指什么。我们不必猜测未来,也能够通过自己的内省辨别出它来。因为人类的目标已被大写在人性的结构之中。那些令我们的动物祖先变成我们人类的因素,就是意识和愿望的获得。这两种心灵的才能是人性的显著标志,相互矛盾是它们的特征。它们既是赐予我们希望的宝库,又是把我们置于危险境地的负担。它们出现在人类身上,为了每一个有意识的、任性的灵魂,而打破了宇宙的统一性,破坏了宇宙的平衡。人类认识和自由的代价就是思想和道德上的相对性。我们每个人都把宇宙看成个人和他人、它物两部分。我们每个人都谋求以自我为中心,其他一切都应围着他转。人性的这一构成也就设置好了人性的目标,这个目标就是超越由相对性加在它身上的思想与道德局限。根据犹太教的一神论,人性的思想目标是把宇宙看成同上帝眼中的一样,而非用自我为中心的上帝创造物的目光来观察它。人性的道德目标是使自己的意愿同上帝的意愿保持一致,而不是追逐他一己的目标。印度哲学和宗教根据它们超凡脱俗、归根结底的真实观点,也给我们确立了同样的目标。

人类中对这一目标毫无知觉或完全漠视其存在的人如果说有,也是极少数人。圣人们已将自己的一生用来追求它,某些圣人离这个目标的距离也就在毫发之间——在一般旁观者看来至少是如此,但这始终不是精神苦修者们自己的想法。人的心灵,即使是圣人的心灵,要与私心斗争也不是轻而易举的事。圣人们以他们自身心灵的体验证实了这一点,这意味着某些正在攀登的人如果成功地爬上了下一块凸起的岩石,这块岩石也不是人类心灵的永久归宿。如同我们看到的下面那块凸石一样,它只是一个暂时歇脚的地点。即使人类未来的某一代人齐心协力,把人类社会变成了一个全是圣人的社会,那歇息也不会成为这种精神成就的一种奖励。甚至在一个圣人社会里,无论集体还是个人,对自我中心意识的胜利,恐怕也是不彻底的,因此还需要不懈的努力。这意味下一块凸出的岩石将是心灵斗争的场所,其斗争的紧张程度不亚于一块凸石接一块凸石向上面的绝壁攀援的斗争。

但下一块凸石绝不是最后一块。就我们的全部所知而言,我们头上的高度仍在等着我们去测量,它们也许远远超过我们已经量过的高度。而现在我们脚下的深谷,也同样是深不可测的。那些延续到今天的前文明社会已远远高于原始人的水平。他们大部分是新石器时代的人们的代表,是农业的发明者,也是我们的大多数家畜的驯化者。他们中的很少数人是旧石器时代晚期人们的代表,他们是富有能力和进取心的狩猎者、食物采集者,正处于进步之中。他们已超越了自己的旧石器时代早期的祖先们所使用的原始技术和经济。旧石器时代早期的人们,也许在他们爬上的岩石上昏睡了 50 万年之久,但这只是迄今人类生存时间的一个小段落而已。旧石器时代早期的人类在经过一番从人类的动物祖先转变成人的努力之后,必须歇息一下以恢复体力。这不仅是人类最早的成就,也是人类所完成的最伟大、最艰难的功业。我们或许必须降到下面的凸石上,正在形成的人正是从那里上升为人的,在那里我们能找到人类和类人猿的共同祖先。倘若我们从最低级的脊椎动物开始寻找哺乳动物的踪迹,再从脊椎动物追溯生命本身由混沌状态脱颖而出时的原始形式,那我们在下行时是否不得不经过成百上千块凸出的岩石呢?

暗和明

58 按照中国美术理论,这座位于中央的高峰必须受到环绕在它周围的较低的山丘的烘托,它们的阴面和阳面(暗与明)有明显的区别。一位唐代画家的文章如是说。

我们无需冒险攀下漆黑的深谷,我们也无需考虑这轮流变换的一块凸石一处峭壁、一处峭壁一块凸石有完没完,我们能看到的是,这种位于山峦一侧反复不已的水平面和垂直面的交替,构成了一种形态,它相当于那些正在以一种节奏、力求反复向上攀援的生命能量,在静止与活动之间不断地交替运动。一些生活在不同社会、不同时代的观察者已经指出了这种节奏,他们都把这一节奏看作是宇宙本质的某种基础。

　　　　　　　　　　　　　　　　　　第十章　关于各文明起源的性质

59 阴阳符号。

赫伯特·斯宾塞(Herbert Spencer)把宇宙看成是从"一种无限的、无关联的同质之物经过一系列'结合'与'分类',转变为有限的、互相关联的异质之物"[8]。黑格尔(Hegel)把人类的历史看成是螺旋式的发展,是一系列从统一形式到分裂阶段、再到更高程度的统一的运动。[9]圣西门(Saint-Simon)则把文明的历史看成是一连串"建构"时期和"批判"时期的交换。[10]在这些18世纪和19世纪的西方哲学家出现以前23个世纪,一位希腊科学家恩佩多克勒斯(Empedocles)把我们的经验能够觉察到的宇宙外表的变化,归结为两种力量的轮番此消彼长,这两种力量既互相补充,又互相对立。其中一种结合的力量被他称为"爱",一种分裂的力量被称为"恨"。他说:"没有对立便没有进步。"[11]

这两种在宇宙的韵律中被恩佩多克勒斯称之为"爱"、"恨"交替的力量或阶段,也被中国的观察家们察觉到了,而且这一发现与希腊人的思想运动毫不搭界,中国人将它们名之为"阴"和"阳"。[12]代表"阴"的基本中国符号似乎是一团遮盖了太阳的黑云,而代表"阳"的基本符号似乎是没有云朵遮拦、光芒四射的太阳。在原来的日常用法中,"阴"看上去表示一座山或一处谷地背阴的一面,"阳"则看上去指的是朝阳的一面。中国哲学家把阴阳描画为两种不同的东西。作为物质,阴象征水,阳象征火。作为宇宙自然的阶段,它们又代表季节,每年周期性的四季更换则在暗示着中国人关于阴阳如何相互联系的观念。二者此消彼长,但即使其中一个达到扩张的高潮,也永远不会淹没另外一个;以致当其中一个在盛极必衰时,总给另一个的基本成分留下自由扩张的余地。就这样它们不断竞争与协作,直到在适当的时候达到某个反向的转折点,整个运动便从那里开始再重新运行一遍。

在不同社会、不同的观察者用来表示静止状态和活动状态这一宇宙韵律的各种符号当中,阴阳是最贴切的,因为它们不是通过心理学、机械学或数学的某些暗喻方式,而是直接表现出了交替的韵律。我们因此在这本《历史研究》中将使用这两个中

国符号。我们将会发现,这些符号很乐意被借用到其他文明的乐曲当中。在《圣母颂》中,我们听到欢乐的阴柔之歌注入了阳刚之气:

> 我的灵魂在赞美我主,我的精神因上帝我的救主而欢欣鼓舞;因为是他并未轻视他那卑微的女仆。

在《浮士德》第二部的高潮部分"神秘合唱"中,我们将听到欢乐的阳刚之歌在进行当中又复归为阴柔:

> 一切无常事物,
> 无非譬喻一场;
> 不如意事常八九,
> 而今如愿以偿,
> 奇幻难形笔楮
> 焕然竟成文章,
> 永恒女性自如常,
> 接引我们向上。[13]

在"大地精灵"对那位以激烈的思想冲突来激发强大力量的学者所做的自白当中,我们听到了轮换韵律本身的节拍:

> 在生命的浪潮中,在行动的风暴里,
> 上涨复下落,
> 倏来又忽去!
> 生生和死死,
> 永恒的潮汐,
> 经纬的交织,
> 火热的生机:
> 我转动呼啸的时辰机杼,
> 给神性编织生动之衣。[14]

注释

[1] 在本研究中,所用的希腊词 *mimesis* 出自 *mimeisthai*,为的是避免来自英语派生词 *mimicry* 所具有的"不明智的模仿"这一内涵。*mimesis* 在这里意味着"毫无偏见"的社会仿效。

[2] 大卫·休谟发现了模仿的重要历史意义,他的论文《关于民族的共同性》中有一段话可以作为证明:

"人类的思想具有模仿的天性,对于任何经常在一起交谈的人来说,若没有形成相似的作风,不曾交流各自的恶行和美德,那是不可能的。这种对伙伴和社会的倾向性在所有理性动物中都非常强烈。赋予我们这一倾向性的相同特征使我们深入到彼此的情感当中,因整个集体或同伴的感染而产生诸如热情以及实际上想跑动起来的趋向。"

〔3〕W.巴格霍特:《物理学和政治学》(*Phisics and Politics*),第 10 版,伦敦,凯根·保罗出版公司,1894年,第 27 和 35 页。

〔4〕关于这一点,参见巴格霍特的上引书,第 42 页。

〔5〕塔西陀:《阿格里古拉传》,第 45 节。

〔6〕《诗篇》,第 107 章,第 10 行。

〔7〕S.C.斯马兹:《国联:一个实际的建议》(*The League of Nations:A Practical Suggestion*),伦敦,霍德尔和斯塔顿出版公司,1918 年,第 71 页。

〔8〕H.斯宾塞:《首要的原则》(*First Principles*),第 4 版。

〔9〕黑格尔:《精神现象学》(*Phanomenologie des Geistes*)。曒

〔10〕《圣西门和昂方丹文集》(*Œuvres de Saint-Simon et d'Enfantin*),巴黎,莱洛出版公司,1877 年,第XLI 卷,第 86—87 节(行),170—172 节(行),177,179,205 节(行)。

〔11〕W.布莱克:《天堂与地狱的婚姻》(*Marriage of Heaven and Hell*)。

〔12〕它们被提到的顺序始终先是"阴"——静止状态,其次是"阳"——运动状态。从来没有任何其他循环的方式。

〔13〕歌德:《浮士德》,第 2 部,第 12104—12111 行。

〔14〕歌德:《浮士德》,第 2 部,第 501—509 行①。

---

① 原引处似有误,应为第一部。——译者注

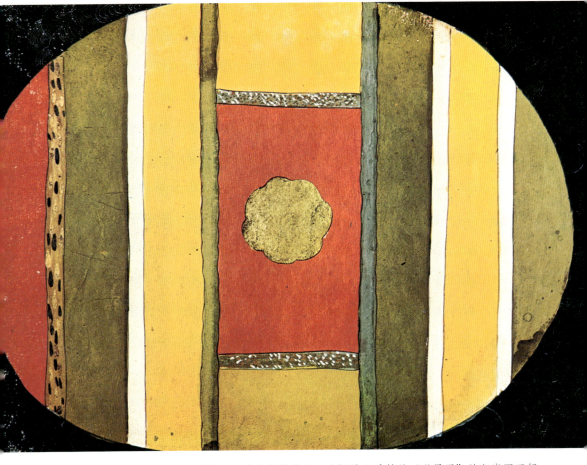

彩图 13
文明的诞生

把活力注入呆滞的宇宙的力量是什么？这幅关于受精的"世界蛋"的印度图画解释了密宗佛教关于生命结构的观念：纯粹的存在这种毫无差异的统一，在有意识的生命可能出现之前，必定会分裂为若干范畴，这种分裂先是从消极的雌性生命和积极的雄性生命之间的明确分离开始的。这种关于对立面在连续的运动中交互作用的辩证思想，在许多年代和众多社会中，成为理解创造的性质和成长过程的一把钥匙。在希腊，这种力量被看作是爱与恨，在中国是阴与阳，在现代欧洲是命题和反命题。

彩图 14、15
种族和创造性

一部分人是否比另一部分人拥有更多的创造力？现代西方种族主义者认为白人先天就是优越的，但中世纪的西方却根据宗教而非种族来划分人类。在中世纪的基督徒眼里，摩尔人穆斯林的西班牙是一个"黑色"文明，但浸礼派（上图）却赋予它的成员一份进入"白色"文明的通行证。种族并不是进入这位中世纪画家的伊甸园的障碍（右图）。

彩图 16、17
在基督教象征主义作品中的
挑战和应战

　　"挑战和应战"是描述在个人或社会生活中激起新的脱离行动的各
种自由力量的一个公式。一次有效的挑战会刺激人们去从事创造活动，
但它必然会破坏原先存在的和谐，并因而可能会首先导致邪恶的出现。
根据基督教的神学理论，基督的牺牲造成同上帝的更高和谐，但这并
非是没有沦落就能获得的。因此，这棵中世纪的"生死树"（上图）上
既结着头骨，也挂有十字架：它同时是《旧约全书》中的知识和罪恶
树，也是《新约全书》中的十字架和得救树。同样的思想赋予布莱克的
水彩画以灵感（右图）：基督本人领着亚当和夏娃走出伊甸园，因为他
们的罪恶使他有可能展示上帝挽救他们的爱心。

彩图 18
艰苦环境的刺激

优良的环境不会对人类提出挑战。正是艰苦的环境才刺激人类展开创造活动。以色列人从这片荒芜的朱迪亚沙漠中，奋争出统一和上帝无所不能的直觉，一种理解的壮举，远远超过了他们同代人在不大要求水土条件的地方所取得的成就。

彩图 19
惩罚的刺激

　　宗教歧视同艰苦的自然环境一样，同样提出了潜在的挑战。在日本，西方的商人和当地的基督教皈依者正像这里显示的，受到了严厉的迫害，其严厉程度几乎在整个宗教迫害史上都难以找到。在 19 世纪实行宽容政策以前，这两种人经受了两个多世纪的痛苦待遇。

彩图 20
流产的文明：过度的挑战

　　一次强有力的挑战
通常激起一次具有高度创
造力的应战，但它也会达
到这样一点，其严厉性已
不再是刺激，而是成为压
倒一切的力量。哈剌火州
（Qarakhocho）的"基督
神庙"中的这幅壁画（9
世纪），是景教社区在中
亚漫长活动的纪念。这是
一个萌芽的文明，当面对
不可战胜的阿拉伯人入侵
的挑战时，它在即将出生
时便不幸夭折了。尽管个
别成员在这种场合能够挺
住，但整个社会却无法抵
御这股潮流，它的特征最
终被异族文化和异族宗教
所淹没。

第十一章
文明源于种族吗？

我们可以用传统习惯的"惰性"，来解释处于前文明文化水平的人类在大约50万年的时间里停滞不前的原因。但为什么在最近5 000年，人类某些社会的某些成员却能克服他们的惰性，越出这种"阴"的状态，而进入到新的、适合于"阳"的积极状态呢？我们越看重"惰性"，把它视为消极的停滞的因素，就越要把更大的动能赋予积极的因素，不管这一因素是什么，反正人类生活是由于它的激励才重新返回到动态之中的。

我们可以从一些不同的方向去寻找这个积极的因素。也许可在人类的某些特性中找出它来，这些人类是指就我们所知已经实现了从阴到阳特定转变的那部分人；也许可在发生过阴阳转变的某些环境的特性中找出它来；也许还可在微观和宏观世界的交互关系中，在面对环境挑战时某些种族的超卓的表现中找出它来。我们依次来分析这些可供选择的因素。我们首先考虑种族因素，然后再来考虑环境因素，每个因素都就事论事，限于它自身。如果没有一个因素看上去能够独立地适合我们的要求，也就是产生促使转变的能量，那么我们就必须在这两个因素的某种产物（倘若我们发现了它的话）中去寻找我们未知的特性。当它们在某种条件下相互作用的时候，这个特性有可能是作用的效果，而在其他条件下，无论它们是单独还是共同在一起，都不会出现这样的效果。这就如同空气和油气在化油器中混合之后，被导入汽缸，产生强有力的爆炸，足以驱动一辆汽车的引擎，而大气中的空气和油箱中的汽油仍旧处于惰性状态一样。

"种族"这个术语通常是指生物的某个种属或某个类别所固有的一些显著的特性。我们这里所关心的种族成分，是某些人类社会中可能固有的一些显而易见的心理素质或精神素质，它们或许能证明是推动这些社会进入文明的积极因素。迄今为止，凡是有关种族问题的讨论，从我们的观点来看，都依赖于一种假定，即认为在人类心理素质方面假设的人种特征与我们在体质上的明显人种特征之间,存在着一种永恒的、确定不变的联系。人种在体质上的显著标志是一眼就能看出来的,即使是未经训练的眼睛,哪怕是微妙细小的差异,也都能看出这些差别来。

在今天的西方世界,以"种族"原因来解释社会现象的做法相当流行。人类在体质上的种族差异,不仅被看成是不可改变的,而且还被当成人类心理方面的、永恒的种族差异的论据。人们以为,这些差异是我们亲身见到的各人类社会具有不同的命运和成就的原因。然而,目前西方流行的种族主义,与现有的科学假设风马牛不相及。像这样如此强烈的偏见不能用如此理智的原因来解释。现代西方的种族偏见既是对西方科学思想的一种歪曲,又是对西方种族感情的一种虚伪的思想反映。这种感情,正像我们现在所见到的,是自从公元 15 世纪最后 25 年以来,我们西方文明在地球表面扩张的结果。这种感情通常是由各个社会在不利的条件下的接触所激发出来的,而各个社会的代表,又恰恰是智人时期①出现的众多人种差异的两个极端的代表。[1]

我们现代西方人的种族感情在较早期的西方社会里是不存在的,在迄今为止的某些西方社会当中也不被人知。在所谓的"黑暗时代"和"中世纪",也就是说,在大约公元 1525 年之前的十个世纪期间,西方社会的成员在思考整个人类的时候,习惯把人类大家庭分成两个范畴,如同我们今天的划分一样。但过去和现在的划分原则却大相径庭。与我们划分整个人类为白人与有色人种两大类不同,我们的祖先将人类分为基督徒和异教徒。我们必须承认,他们的两分法无论在智力上还是在道德上都比我们现在的分法优异。说它在智力上较强,是因为人类的宗教在人类生活中的作用较之人类的肤色有远为重要的意义,因此它是一个非常好的分类标准。此外,这种基督徒和异教徒的两分法之所以比白人和有色人的两分法在道德上要强得多,是因为宗教之间的隔阂并不像人种间的隔阂那样不可逾越。宗教隔阂就像是羊圈里的绵羊和山里迷途的绵羊之间的区别,而不是绵羊和山羊之间的差异。

中世纪的西方基督徒在审视外部世界的时候,他眼里的异教徒只是徜徉在野蛮状态的粗人,既不是肮脏得无可救药,又不是迷途而不知返,他们是潜在的基督徒。

---

① Homo sapiens,古人类学把人类的进化过程分为猿人和智人两大阶段,人种一般认为是在早期智人时期开始出现的。——译者注

种族和人类

60、61　中世纪的基督要拯救所有的人,但现代人却妄自把人类分裂开来并分成等级。

　　　　　　　　　　　　　　　　　　第十一章　文明源于种族吗?

黑人占卜师

62　汉斯·巴尔丹的作品"崇拜",依循中世纪通行的画法,描述了作为东方三"博士"①之一的黑人。

他期盼有一天这所有迷途的羔羊都能汇集到羊圈里。他的确在充满信心地期待着这一天,在他看来这是尘世历史的注定结果,是在这个世界上履行上帝的意愿。西方的美术家们常常以这种精神将东方三圣②之一描绘成黑人。现代西方白人的新教看待黑人皈依者的态度与这种精神是多么不同啊!那位皈依者也许可以在白人的信仰中得到拯救,也许能够接受白人的文化,学会用天使般的音调说白人的语言,也许他还能成为利用白人经营技巧的行家里手,但只要他的肤色没有改变,这些对他都不会带来什么好处。当然他也可对此反驳:你白人即使能洞悉一切奥秘,理解所有知识,并有移山填海的技能,但如果没有慈善之心,这一切对你也毫无价值可言。

中世纪西方人的这种无种族偏见的精神,或多或少地在一些仍处于西方文明的中世纪阶段的西方民族那里幸存了下来,如在西班牙人和葡萄牙人以及在美洲建起新的西方社会的西班牙后裔和葡萄牙定居者中间可以看到这种精神。[2]

阿拉伯人和所有其他白种的穆斯林,无论是肤色浅黑者还是碧眼金发者,在面对非白种人时,从来没有肤色偏见。当前,穆斯林仍然在使用西方基督徒在中世纪

① 寻访刚出生的基督的智者。——译者注
② Magi,《圣经》所载寻访和朝见初生的基督的三个贤人。——译者注

常用的将世界大家庭一分为二的方法。他们把人类分为信徒和非信徒,所有非信徒都是潜在的信徒。这种分类超越了体质上的种族差异。当代白种穆斯林的这种虚怀若谷的态度显然要超过中世纪西方的白种基督徒,这是因为我们中世纪的祖先与不同肤色的民族极少或完全没有过接触,而白种穆斯林从一开始就和非洲黑人以及黑皮肤的印度人有过交往,并且这种交往在稳步的扩大,一直发展到今天,从巴基斯坦到非洲这一宽阔地带的白人与黑人,在伊斯兰教的旗帜下均联合到了一起。在这个相当彻底的实验中,白种穆斯林以最令人信服的证据表明自己没有种族情结,他们把自己的女儿嫁给黑人穆斯林为妻。

一些对最近 5 000 年形成的文明做出大量辉煌贡献的种族,如今全都有代表存在,除了那些仍徘徊在野蛮甚至蒙昧状态的前文明社会不算。如果我们以毛发来划分,我们能够见到多毛的北欧人种,他们帮助创建了印度文明、赫梯文明、希腊文明、西方文明、俄罗斯文明,以及在东南欧的东正教文明。同时,他们可怜的亲戚如多毛的虾夷人、澳大利亚的土著、斯里兰卡的维达人及托达人却直至今天仍停留在原始阶段。

我们如果以肤色来分类,就能遇到帮助创立了世界上约一半文明的白种人,我们知道这些文明的创造者还留下了一些近现代的白种蛮族人:金发蓝眼的西北非山地人,他们击退了来自一个又一个文明的袭击和骗诱,在里夫、阿特拉斯、卡比里亚①岿然不动。至于他们在撒哈拉沙漠游牧的同族人,即使那里的灼热阳光晒黑了他们的皮肤,也掩饰不住他们缺乏色素的头发和眼睛。在阿尔巴尼亚,碧眼金发的山地人长期以来刻意避开文明,据守在俯瞰希腊和罗马之间的交通要道的山岭上。高加索的山地人是白种人中极为典型的分支,以致西方人种学家徒劳地将他们的名称当作概括整个浅色皮肤的人种术语。还有库尔德斯坦的山地人,阿富汗斯坦和印度边界地区的人。再加上虾夷人——尽管他们白皙的皮肤隐匿在蓬松的毛发之下——他们以蛮人的方式所进行的反抗来自日本东亚文明的所谓"黄祸"的斗争,最终遭到了失败。

我们在创造出中华文明的黄种人那里也遇到了黄皮肤的蛮族人,他们仍然分散生存在中国南部海岸线至长江南部分水岭之间的崇山峻岭当中。在印度支那半岛

① 均为西北非的山区。——译者注

黑圣人
63 《圣伊拉斯谟和圣毛里求斯的会见》,马提阿斯·格伦沃尔德绘。

的某些内陆闭塞地带,也有黄种蛮族人。我们还能碰见棕色皮肤的印度文明的创造者,他们在印度次大陆也有一些处于野蛮状态的部落人,如比尔人、刚德人以及诸如此类的人。此外还有苏门答腊和婆罗洲的以割取敌人首级为战利品的原始人。我们在印加人那里也能遇到智利的蛮人阿劳干人,以及亚马逊流域和火地岛的蛮族人。我们在玛雅人和扎尔特克人中则能遇到北美"高贵的蛮族人",他们因出众的红皮肤而赢得了声望。

我们的记录表明,现存的蛮族人是那些与文明为邻并已被同化的蛮族人的残余,这种同化仍旧在进行当中。假如我们对两个世纪以前而不是今天的白种蛮族人做一番考察,那我们的名单上就要加上苏格兰的山地人,他们自从 1745 年以来在六代人的时间里已被西方社会所彻底同化。如果这个考察再向前推两个世纪,那我们的后代似乎会感到奇怪,阿尔巴尼亚人和里夫人竟仍然是我们这个时代的蛮族人,就像现在我们对苏格兰的山地人在乔治二世在位时仍是蛮族人感到奇怪一样。同样,对大约公元前 1 000 年的黄种蛮族人的考察将使今天的几乎所有中国人都成为蛮族人,只有那些生活在黄河中下游的两个相对狭小盆地的人们可以除外,因为中国文明在其早期仅局限于那两个地方。扩展文明的疆域以及因同化相邻的蛮族人而使人力资源得到扩充,是文明这个社会物种自诞生以来便具有的生命活力的恒久特点之一。

如果我们假定一切人类,不分种族,都有创立文明的能力,那么这一同化的过程(已在经验上是既成的事实)也就不难理解了。

从野蛮到文明的进步之所以迟滞发生,原因可能在于人类共同的天性与某些特定时期的人类家庭成员所遇到局部不利条件之间的相互作用。

上述理由大概足以使我们避免这样的错误,即误以为人类一些成员所具有的某种特殊的种族素质是积极的因素,在最近 5 000 年里,将部分人类从我们所称的"传统习惯的综合体"——阴柔状态带入我们称之为"文明异变"的阳动状态。

注释

[1] 参见本书第九部,第四十九章。

[2] 这并不是说在西班牙属和葡属非洲以及拉丁美洲,白人统治下的非白人的生活条件比原先在英国或美国统治下的非白人的生活条件要好一些。相反,在新旧世界的西班牙语国家以及在它们现在的或旧日的殖民地上,非白人的生活条件恐怕在各处都要比英美非白人的条件要差得多。无论如何,这是因为西方世界操西班牙语和葡萄牙语的各民族自身目前在整体上的生活条件不如英语民族。就西班牙语国家中的非白人遭受的痛苦而言,与处于同一社会阶级的白人农民所遭受的痛苦是等同的。这就是说,他们的苦难出自到处横行的政治混乱和经济不公,而不是来自任何种族歧视。

　　　　　　　　　　　　　　　　　　　　　第十一章　文明源于种族吗?

第十二章
文明源于环境吗？

一个社会在扩张中,有时会使自己的信息传递者同那些在体质和文化上与之有别的民族进行接触。这些不同民族的差异提出了问题,而现代西方人利用了不过是权宜之计的种族概念,便自以为满意地解决了这个问题。希腊社会由于类似扩张的结果,在思想上也遇到了相同的问题。希腊社会的扩张始于公元前8世纪末,希腊人借助迥然不同的理论解释思路,也自以为满意地解决了这个问题。希腊人的解释在各方面都优于现代西方人的解释。它更富于想象,更理性,也更加人道。最重要的一点是它没有任何偏见。在我们西方的种族理论当中,最一般、最昭然若揭、也最丑陋不堪的部分就是利己主义,但在希腊人那里却明显见不到。希腊人非但没有因为与异族人接触而滋生出种族意识,相反他们得出了一个对种族问题越发持怀疑态度的推论。他们把自己与新发现的邻人之间存在的明显差异,解释为多样化的环境对统一人性影响的结果,而不是把差异当作人性天生多样的外在表现。

可供我们研究的有关希腊"环境理论"的权威作品是一篇论文,题目叫做《空气、水和环境的影响》(Influences of Atmosphere,Water,and Situation)。该文写于公元前5世纪,收存在希波克拉底医学学派的文集里。就我们掌握的史料而言,它是有关文献中最恰如其分地体现了希腊人环境理论的作品,所以有必要援引它的原文:

> 但凡拥有广袤面积和多变气候、季节的国家,也拥有广大荒无人烟、千变万化的地形地貌,包括众多的山脉、森林、平原和牧场;而在季节变化不大的国度,景色则显得千篇一律。细想一下,这种情况也同样适用于人性。人类的相貌可以分为树木茂密和水源丰盛的山岳型、土壤贫瘠的缺水型、草场沼地型、开阔且排水良好的低地型几种。在这里存在着多样的环境对体质的同样影响,如果环境差异很大,体型的差异亦相应有所增大。[1]

相同的环境,不同的文化

64、65　在欧亚大草原支撑着一个彻头彻尾的游牧文明的同时(上图),北美具有同样牧场的地方却始终没能产生出一个当地的游牧文明(下图)。

　　　　　　　　　　　　　第十二章　文明源于环境吗?

这种有关文明起源的环境理论不像种族理论那样在道德上令人厌恶,但在学术上也不见得高明多少。这两种理论试图解释我们经验观察到的人类不同组成部分在体质行为方面的多样性,它们都借助于一种假定,即这种多样的心理,就因果关系而言,与我们经验观察到的、无感知的自然界的某些不同的因素,有着固定不变的恒久联系。种族论以为人类体质的不同是人类存在差别的天然原因。环境论则以为,人类千差万别的原因在于不同的人类社会有不同的气候、地形地貌及水文条件。但这两种理论之间并没有什么根本的差别,它们只是两种不同的尝试,旨在将不同的值赋予同一个未知数,以便求解同一个方程。这两种理论中设定的方程结构是一样的,如果它经不起一般公式的检验,那这两种理论均无法成立。这个公式的核心是两组可变因素之间的相互联系,而这种联系必须证明是固定不变的,无论处在什么条件下,也无论在任何实例中,均无所不在。在此之后,任何以它为基础的理论才有权宣称自己是当之无愧的科学法则。经过这样一番检验,我们已看到种族论是站不住脚的。我们现在将要看到,环境论也比它好不到哪里去。

譬如,欧亚草原和阿拉伯半岛以及北非的大草原,据我们所知,被游牧民占据了大约近4 000年之久。他们的生活方式与众极为不同又明显整齐划一,他们居留地的地理和气候条件也是极具特色又千篇一律。那么,这些游牧民族所处的地理和气候条件能否用来解释他们的文化特征呢?如果我们把考察限定在旧大陆的各个草原,我们的确发现,在环境类型与社会形态之间存在着环境论所要求的那种相互联系,同样的环境依靠大自然统一的原则而不是模仿,在时时处处塑造着同样的社会。然而,在做进一步验证之后,这种相互联系就靠不住了。因为我们发现,世界其他为游牧社会提供了适宜环境的地区,如北美的草场,委内瑞拉的伊拉诺斯草原,阿根廷的潘帕斯草原,澳大利亚昆士兰西部和新南威尔士西部的草原,却没有产生它们自己的游牧社会,这与环境论的要求不相吻合。它们的潜力应该说不成问题。近代西方社会的开发者认识到了这一点。西方的牧人先驱,北美的牛仔、南美的高卓人(牧人)和澳大利亚的牧牛人,将先前的犁与磨装在大篷车中,占据了这些未经开发的土地达数代人之久,他们就像西徐亚人、鞑靼人和阿拉伯人一样,成功地充实了人类的想象。假如美洲和澳洲的大草原能够在仅仅一代人时间里,便将一个没有游牧传统、一向依赖农耕和手工业为生的那些社会先驱们转化为牧民,那么这些草原的潜力一定是十分可观的。更值得我们注意的是,来到这里的西方第一批开发者发现,当地人民从来没有受到环境潜力的促动,变成游牧民族,他们把这些牧人的天堂当成狩猎的场所,始终停留在畜牧业发生之前的那种狩猎和采集经济状态。

如果我们接下来考察与尼罗河下游相似的地区,对环境论做进一步的检验,我们将得出同样的结论。在希腊民族史上的古希腊时代,同法老埃及有过接触的所有希腊人都对埃及文明的特征感到惊异。在希腊人眼里,它们简直太奇特了。希罗多德把埃及文化的这些独到之处归结为特殊的自然地理环境的作用,埃及文化正是在其中孕育成型的。他说:"埃及的气候(对希腊世界的气候而言)是陌生的。此外,埃及河流的性质是绝无仅有的。这说明了埃及人为他们自己确立的风俗习惯之所以同人类其他成员的风俗习惯大相径庭的原因。"[2]倘若我们随便在这个星球表面的什么地方,在与尼罗河下游及三角洲地区的气候、地理条件可堪比较的其他任何国家中,发现流行着同样的风俗习惯,那希罗多德对埃及文明特性所做的希波克拉底式的解释便是可信的。我们当然不能指望会找到一个同埃及文明的自然地理条件丝毫不差的国度,但底格里斯与幼发拉底河流域下游和印度河流域的条件则接近于埃及。这两个地区在一些关键的自然地理特征上与埃及类似。它们四周同样有草原环绕,有干旱的气候,以及拥有源自远方雨水充沛或积雪皑皑的高原的大河所提供的充裕水源和冲积平原。在这两处可供比较的地方,的确兴起了与埃及文明相似的文明。但是,当我们将自己的考察范围扩大一点,这种相互联系便中断了。尼罗河下游、印度河、底格里斯和幼发拉底河流域的环境条件,与美国南部瑞奥格兰德河以及科罗拉多河的环境是完全类同的。近代欧洲的殖民者,装备着从世界的另一边带来的文明资源,美洲的这两条大河经他们的手所产生的奇迹,足以同埃及和苏美尔的灌溉工程师们一度在尼罗河、幼发拉底河创造的奇迹相提并论。但这种奇迹绝不是由科罗拉多河与瑞奥格兰德河传授给殖民者的,他们已在别处学到了一些治水能力,只是还不擅长。他们除了拥有技能之外,还具有一种精神,即把这些技能应用到提供给他们机会的地方。

我们能够援引更多的实例,说明某种特殊类型的环境可以被人类的一个社会所充分利用,同时人类的另一个社会却面对同样的潜能而无所作为。这两个具有灌溉潜力的流域和潜在草场的实例足以证明环境如同种族一样,不是文明起源的原因。

"环境"是一个相对的概念,它隐含的意思是指某个其他成分的存在、表现与活动。这种"某个其他成分"是某种具有活力的生物,而每一种生物的环境则是宇宙其余部分的总和。譬如,单个人的环境系由整个非人类的大自然——无论是有机物还是无机物——同单个人的所有人类伙伴(包括死去的与活着的)一道构成。最重要的是,单个人的环境包括他本身的人性。有关单个人环境的这个最后提到的要素——内在的精神要素——是这个人同他的其他环境要素之间联系的关键。因为一个人假如不能驾驭内在的天性,他将无法掌握他身外世界的一切存在。他可以"理解所有的奥秘和全部的知识"[3],但倘若他不能支配他自身,那即使是最高级的、完善的专项技术也对他毫无裨益。

至于由非人类的自然界构成的人类环境成分,早在那个未知的时代,即我们的祖先变成清醒的有意识的人之前,就已存在了不知有多久的时间了。我们还能预料的是,非人类的大自然在莫测高深的未来时代,即人类有一天灭绝之后,仍能在无以数计的时间里继续存在。在非人类的自然史当中(假若我们能够设想人类形成前和灭绝后的历史篇章是由某个非人类的观察者所记录的),作为宇宙要素之一的人类的存在时间,不过像眨一下眼那样短暂。但对于人类来说,只要存在一天,非人类的自然界便仅仅由于是人类环境的一部分而具有重要意义,尽管它不是最重要的部分。当从人类的角度去认识宇宙世界的时候,"地理实在是他们加以处理的实在……没有人类,这个世界就不是什么环境,不是我们的世界……没有人即没有环境"[4]"没有任何自然的产物能被看作是自然资源,除非人类需要它为其服务,并具有技术来开发它。因此肥沃的沼泽地并不是自然资源,除非人类能够疏浚并垦殖它。没有人类的需求和利用它们的手段,煤矿、黄金或铀矿都毫无用处。"[5]

因此,希腊思想家的一些假设,如关于人类身处其间的,多种多样的非人类自然因素是人类文化多样化的原因,以及在文化类型和地理、气候类型之间存在必然联系的假设,是十分错误的。"地理实在是他们(人类)加以处理的实在"这句话是正确的。但如果说它是正确的,那一定有相反的命题存在。人类在与地理实在打交道的时候,既拥有也缺乏相应的装备。人类的关键装备不是技术,而是他们的精神。如果人类没有想象力,没有创新和持之以恒的精神,最重要的是如果没有自控能力,没有这些为开发有利于人类的某些地理潜能所要求的精神,那么再好的技术本身也不能使人类完成这项工作。就人类而言,决定的要素——对胜败举足轻重的要素——绝不是种族和技能,而是人类对来自整个大自然的挑战进行迎战的精神。由于人类出现在宇宙之中,自然的总和才成了人类的环境。这个总和包括人性自身的天性,如同在智人和这个物种的各个代表,也就是在每个特定的个人身上所显示的那样。

注释

[1]《大气、水和环境的影响》,第 13 章。

[2] 希罗多德:第 2 卷,第 33 章①。

[3]《哥林多前书》,第 13 章,第 2 节。

[4] O.H.K.斯佩特在《地理期刊》(*The Geographical Journal*)上的文章,见 1952 年 12 月号,第 419 页。

[5]《历史研究中的社会科学》(*The Social Sciences in Historical Study*),纽约,社会科学研究学会,1954 年,第 119 页。

---

① 原注有误,应为 35 章。——译者注

第十三章
挑 战 和 应 战

我始终在寻找一种决定的因素,在最近 5 000 年里将部分人类从"习惯综合症"中解脱出来,进入"有区别的文明"阶段。文明的黎明并不是破天荒的第一次机会,使人类史的韵律按它的节拍发生了这样的转变。这种机会在某些位于肥沃的新月型地带边缘的人类社会发明出农业的时候,便已经出现过。在那之前,在某些较早的社会抛弃旧石器时代早期那种老一套的工具制作方法时,它也出现过。人类到那个时候大概有 50 万年的历史,那时他们发明了更加行之有效的旧石器时代晚期的技术。在人类史上,所有新进步中最剧烈的一次还要算是最初的那一次。在那次转变当中,人类的动物祖先转化为人类。因此寻找对这种新起点的解释就是在寻找文明的源头以及人类本身的源头。

我的寻源路程到目前为止,一直在对那些无思想的力量,即习惯性、种族和环境的作用进行实验。我也一直在思考决定因果关系的条件。现在这些探讨已经依次结束,我的画面上还是一片空白。我不由得想到,我的一再失败是不是由于某些方法上的错误。我也许成了"无情感的误置"的牺牲品,而我在开始自己的探讨时便力求使自己避免陷入这种谬误。[1]我是否把原本是为研究无生命的自然界而设计的科学思想方法,错用到了研究活生生的历史思想上呢? 我是否还错在把人与人发生遭遇的结果当作因果关系发生效力的例证呢? 一个原因所对应的那个结果是不可避免和无法更改的,因此也是可以预测的。但某个具有生命的一方对另一个遇到的对手所采取的主动却不是原因,而是挑战;其结局也不是结果,而是应战。挑战和应战[2]与原因和结果的类似之处仅在于二者均体现了事件的先后次序。但这种次序的性质却并不一致。与因果关系不同,挑战和应战不是先定的,在所有的场合并非一定是均衡对应的,因而它实际上是不可预测的。我现在从新的视角来观察我的这个问题。我要在迄今我一直看到"各种力量"的地方看到"各色人等"。我将把人与人之间的关系描绘成挑战引起的应战,以取代那种原因造成结果的关系。我将依循柏拉图的指示:为了能倾听神话的语言,我应对科学的公式视而不见。

到目前为止,我们通过这种令人精疲力竭的进程,已经有了一个发现:各个文明不是起源于单因,而是起源于多因;文明的起因不是一个统一的整体,而是一种关系。我们可以任意设想这种关系,既可把这种关系看作是两种非人类的力量之间的相互作用,如同汽油和空气在汽车引擎中的交互作用一样;也可把它当作在两个人物之间发生的一次遭遇。让我们的思想接纳第二种设想,或许它会给我们引出一条光明之路。

两种超人的个性发生了碰撞,这是人类的想象力所勾勒出的一些最伟大的故事和最杰出的剧作的主要情节。耶和华与蛇的一次相遇是《创世记》章中有关人类堕落的故事情节。这两个对手间的第二次遭遇,经叙利亚精神的进一步熏染改编,成了《新约全书》中关于赎罪故事的主题。上帝和撒旦之间的一次遭遇是《约伯记》的主要情节,上帝与魔鬼梅非斯特的对抗是歌德的《浮士德》的主要情节。众神遭遇恶魔是斯堪的纳维亚人的神话《瓦拉斯帕》(Voluspa)的情节,阿耳忒弥丝(Artemis)和阿芙洛狄忒①间的一次对抗则是欧里庇得斯的悲剧《希波里图丝》的主要情节。

我们在普遍存在和不断重复的有关圣母和她的圣子之父相逢的神话里,发现了同一情节的另一种版本,假如这一情节有一个"最初的版本",那恐怕就是这个版本。这个神话中的人物有无以数计的名字,在成千上万个不同的舞台上扮演他们应扮的角色,阿耳戈斯国王之女达那厄(Danae)和宙斯的化身金雨(Shower of Gold),欧罗巴和公牛,塞墨勒(Semele)这位受到电击的大地女神和放射雷电的天空之神宙斯,欧里庇得斯的悲剧《伊嗡》中的克鲁莎(Creusa)和阿波罗(Apollo),普赛克(Psyche)和丘比特(Cupid),葛丽卿(Gretchen)和浮士德(Faust)。这个主题以不同的形式反复出现在《天使传报》当中。这种变幻无常的神话在一个时间里竟受到现代西方宇宙进化论者的钟爱,他们宣布这样一个理论,说太阳系是太阳和路过的一颗星球之间发生紧密会合的产物。

---

① Aphrodite,古希腊神话中的两位女神。——译者注

撒旦的挑战和上帝的应战

66　魔鬼介入上帝的地盘,引起神圣的创造力的重生。黑色的水彩画戏剧性地突出了撒旦的活力,与上帝端坐不动形成对照。在他们的下面是"正直完美的约伯"。

67 "我是一位神祇吗?我感到了亮光"(浮士德)。浮士德对超出人类所知的知识的不懈探求是对上帝的挑战,但却作为一种徒劳无功的选择而被上帝所接受。

　　他们的假设是:在遥远的过去,我们的太阳是一个不带行星的一般星球。后来,大约 2 000 万年前(原文如此),另一个星球在空间遨游时,与太阳擦肩而过。两个天体之间的引力使它们彼此环绕,转个不停,最终那个路过的星球脱离而去。但在这次近距离的遭遇当中,巨大的气体潮被吸引起来,脱离了太阳。其中有一些落了回去,一些随着那个路过的星球进入了太空。但仍有某些气团留在太阳的引力之内,围绕它旋转。这些气体最后凝聚成较小的碎块,而这些碎块后来又越聚越大,形成了各个行星。[3]

这不过是以现代天文学不大适宜的口气,复述了一个太阳女神遭遇她的掠夺者的神话,这是无知儿童常讲的司空见惯的故事。

让我们把这种以如此不同的内容和如此多样的形式反复出现的故事或戏剧的情节,试着来分析一下。我们可以先从两个一般的特征入手:这种遭遇被看作是一种少见的、甚或是独一无二的事件,它的结果影响巨大,因为它突破了习惯性的自然进程,引起了巨大的变化。

即使在希腊神话那种随和的世界里,神灵们见到凡人漂亮的女儿就要恣意占有,他们的牺牲品如此之多,以致这些受害者能在诗文里排成一长列名单。[4]这类事件从来就被当成耸人听闻的大事,结果总是引起英雄豪杰降临于世。在各种此类情节的版本中,遭遇双方如果都是超人,这件事的传奇色彩和重要性也就越发值得渲染。《约伯记》中写道:"那天,当神的诸子来到上帝面前,撒旦也跻身其间。"这显然被看作是一个非同寻常的场合。在歌德《浮士德》一剧的开头部分"天上序曲"中(当

堕落和得救
68 没有人类的堕落,上帝也许就不能显示出他自我献身的爱;对夏娃的诱惑和基督的蒙难,总是在中世纪一般象征生死的树中联系在一起。

然，它受到《约伯记》开头段落的启示），[5]上帝遇到梅非斯特的场景也有这个意义。天堂里的这次异乎寻常的遭遇，在大地上引起规模巨大的后果。约伯和浮士德受到的个人磨难，用小说的直觉语言来讲，代表着人类受到的无穷无尽的多种磨难。如果用神学的语言来说，《创世记》和《新约全书》所描述的那些超人之间的遭遇也具有同样巨大的后果。耶和华与蛇相遇，随后亚当和夏娃被逐出伊甸园。这件事就等同于人类的堕落。基督在《新约全书》中的受难，则等于人类的救赎。

在《新约全书》中，这个神圣事件的独特性是故事的核心；自从物质宇宙地心说首次受到西方近代天文学发现的打击以来，它一直是西方知识界的一块绊脚石。

但是，这种近代天文学关于宇宙无限的观念，看上去仅是在昨天批驳了那个不朽而独特的神话，明天这个神话看来又会卷土重来。因为人们所说的空间的无限性与所谓星球数目的无限性是不成比例的，所以任何一次两个天体之间的遭遇都几乎是无法想象的稀罕事。因此在我们的太阳和另一个星球相遇的描述中（它假定正是这次相遇才导致地球上生命的出现），这件事的绝无仅有和重要性就几乎成了故事的核心，正如在《创世记》和《新约全书》中的情况一样，上帝和魔鬼在那里遭遇，结果则是人类的堕落和赎罪。这出戏的传统情节具有一种利用外部的东西来重新认定自己的方式。

这出戏是以完美的阴柔状态开场的。在宇宙中，巴尔德尔①通过自身的活力使一切事物都保持着光亮和美丽。在天堂中，

> 上帝的工作崇高得难以名状，
>
> 巍巍造化之功和开辟那天一样辉煌。[6]

在地上，浮士德的知识是完美无缺的，约伯的善良和富足是完美无缺的，[7]伊甸园里的亚当和夏娃纯真和安闲是完美无缺的。处女葛丽卿、达那厄、希波里图丝的纯洁和美丽是完美无缺的。在天文学家的宇宙里，太阳是一个完美的球体，它不受任何阻碍地在空间轨道上运行。在生物学家的宇宙里，物种完美地适应于它所处的环境。

当"阴"处在如此完美状态的时候，它也就对转化为"阳"做好了准备。然而，是什么促使转化得以发生呢？按道理来说，一种状态达到了自身的完美状态之后，便

---

① Balder，北欧神话中的光明、善良和智慧之神。——译者注

只有通过外部的刺激或推动才能开始变化。如果我们想到的是一种自然平衡状态，那我们就必须让另一个星球在太阳的球形表面吸引起浪潮，或者喷入另一股汽油，引起汽车引擎汽缸内的空气爆炸。如果我们考虑的是一种精神上的美好状态或涅槃境界，那我们就必须让另一个演员上场：让一个批评家提出疑问，从而引起再度思考；叫一个对手上来慢慢注入悲哀、不满、恐惧或反感，再一次引起心灵的感知。事实上，是让一个敌人在田里播下稗种；[8]让一个欲念产生而引起报应。这就是《创世记》中的蛇、《约伯记》中的撒旦、歌德《浮士德》中的梅非斯特、斯堪的纳维亚神话中的罗基、欧里庇得斯的《希波里图丝》中的阿芙洛狄忒以及《伊嗡》中的阿波罗、现代西方天文学中的那颗路过的星球、达尔文进化理论中的环境所起的作用。用一位现代西方哲学家的话来说就是："摇动那个人……还应……打破束缚他的集体的桎梏，绝对有必要从外部摇撼他，刺激他。若我们没有敌人，那我们还有什么事可做？"[9]

当这个角色由《浮士德》中的梅非斯特扮演的时候，这一点得到了最清晰的诠释。首先，上帝在《天上序幕》中指派了这个角色：

人的活动太容易弛缓，

动辄贪求绝对的晏安，

因此我才愿意给人添加这个伙伴，

他要作为魔鬼来刺激和推动人努力向前。[10]

后来，梅非斯特在大地上向浮士德自我介绍的时候，也对他扮演的角色给以同样的解释：

我是经常否定的精神！

原本合理；一切事物有成就终归有毁，

所以倒不如一事无成。

因此你们叫做罪孽毁灭一切，

我还是要对你说：

简单说，这个恶字便是我的本质。[11]

最后，浮士德在他临终的话语中，通过暗示，以他的个人经验，对这个敌对的角色做了解释：

人要每日每夜去争取生活和自由，

才配有自由与生活的享受。[12]

这种使完美的"阴"的静态转化为新的"阳"的动态的刺激或动力,来自魔鬼侵入了上帝的宇宙。这件事以神话的形象能够得到最好的描述,因为当把这段陈述用逻辑术语表达的时候,便会产生无法解释的矛盾。按照逻辑,上帝的宇宙如果是完美无缺的,就不可能有一个处在宇宙之外的魔鬼。如果这个魔鬼存在,那么他要破坏的完美就会因他的存在这一事实,而称不上完美无缺了。这种无法用逻辑来解决的逻辑上的矛盾,却由诗人和先知用直觉的想象解决了,他们把光荣归之于全能的上帝,但很自然地认为上帝也有两种重大的局限。

第一个局限是:他在自己业已创造的完美世界里,已找不到进一步创造活动的机会了。如果上帝被看作是超然的,那么:

> 上帝的工作崇高得难以名状,
>
> 巍巍造化之功和开辟那天一样辉煌。[13]

这些创造业绩的荣耀一如往昔,但它们却不能"变得荣上加荣"。[14]就这一点而言,那个"上帝的精神在何处,何处便有自由"的原则[15]就不适用了。如果上帝被看作是无所不在的,同样的局限依然存在:

> 我内在的神明,
>
> 能够深深地刺激我的方寸;
>
> 那君临我一切力量的神明,
>
> 却不能将外界事物移动毫分。[16]

上帝权力的第二个局限是当新的创造机会由外界提供给他的时候,他被迫接受它。当魔鬼向他挑战时,他不能拒绝挑战。"危险的生活是上帝所必需的",这是尼采在《查拉图斯特拉如是说》中表达的思想。这个局限在关于稗草的寓言中表现出来:

> 于是田主的仆人们来告诉他说:"主人,您不是把良种撒到地里了吗?那这些稗草从何处而来呢?"主人对他们说:"这是我的敌人干的。"仆人们对他说:"那么您是否让我们把它们薅起来呢?"主人答:"不必,你们拔稗草的同时,也会把麦子一道连根拔掉。让它们一起生长吧,到收获时再说。"[17]

上帝必须接受魔鬼给他添加的烦恼,因为他如果拒绝,那代价就是否定了自己的目标,不再从事自己的工作。事实上,也就等于否定了自身的性质,不再是上帝了。这要么是不可能的,要么就需要另当别论了。

如果根据逻辑要求,上帝并非是全知全能的,那他是否仍能像神话所说的那样是战无不胜的呢?如果他不得不接受魔鬼的挑战,他是否必定会赢得这场随之而来的会战呢?在欧里庇得斯的《希波里图丝》中,上帝的角色是由阿尔忒弥丝扮演的,阿芙洛狄忒则扮演的是魔鬼。阿尔忒弥丝不仅无力拒绝战斗,而且注定要吃败仗。奥林匹亚诸神之间的关系处于一种无政府状态,所有神灵彼此势均力敌,如同一支黩武的蛮人战斗队。

> 这是希普里斯的意志,
>
> 为了发泄她的愤怒,这些坏事都应该发生。
>
> 宙斯在上天下达过命令:
>
> 没有任何神灵可以阻挡一位神灵已定的决心,
>
> 我们只有袖手旁观,暗自伤心。[18]

阿尔忒弥丝只能用她的想法安慰自己,希冀有一天她也将扮演魔鬼的角色,报复阿芙洛狄忒对她的伤害。

> 我要亲手报仇雪恨,
>
> 用一根又一根利箭,
>
> 射穿她最爱的所有男人的心房。[19]

因此,在欧里庇得斯的剧本中,会战的胜利落到了扮演魔鬼的角色头上,其结果不是创造,而是破坏。在斯堪的纳维亚神话的版本里,尽管《瓦拉斯帕》的创作者那无人可比的天赋,使得他的西比尔(Sibyl)的目光洞穿了幽暗,望见了前面新黎明的曙光,但"世界末日"的结局同样是毁灭——"天神和魔鬼互相残杀"。[20]另一方面,在有关这个情节的另外的版本里,随着无可回避地接受挑战而来的战斗,并未采取轮换开火的做法,即魔鬼先喷火杀死他的对手;而采取的是魔鬼注定要输的赌博方式。这种以打赌题材写就的典型艺术作品,正是《约伯记》和歌德《浮士德》的主题。在《浮士德》中,再次以最鲜明的形式表现了这一点。

在上帝于天堂接受了魔鬼的挑战之后,[21]魔鬼和浮士德则在大地上达成了如下的协议:

> 浮士德:只要我一旦躺在逍遥榻上偷安,
>
> 那我的一切便已算完!
>
> 你可以用种种巧语花言,

使我欣然自满，

你可以用享受将我欺骗，

那就是我最后的一天！

我敢和你打赌这点！

魔　　鬼:击掌吧！

浮士德:击掌就击掌！

假如我对某一瞬间说:

请停留一下,你真美呀！

那你尽可以将我枷锁,

我甘愿把自己销毁！

那时我的丧钟响了,

你的服务便一笔勾销。[22]

对于我们从新的出发点来解释文明的起源问题,这段神话是意味深长的。它的含义可以从浮士德的身上表现出来。当他在打赌的那一刻,就像是我们那个关于攀登者的比喻中所说的那样,是一位刚从岩石上爬起身来的"大梦初醒的人"。他们已在那里沉睡了许久,现在开始攀援上面的悬崖峭壁了。[23]按我们这个比喻的说法,等于浮士德正在说:"我决心离开这块岩石,攀登眼前这道峭壁,抵达上面那块凸石。我在打算这样做的时候,已经意识到充满风险,但我已把安全置之度外。我明白一旦我止步不前,我就会坠落下来。一旦我坠落下来,我就会粉身碎骨。但是为了可能的成功,我宁愿冒这种不可避免的风险。"

在这个故事里,大胆的爬山者经过重重致命的危险和绝处逢生的考验,最终成功地征服了那道峭壁。在《约伯记》和《浮士德》中,上帝都是打赌的赢家。在《新约全书》当中,结局是同样的。通过两个对手的又一次遭遇(初次遭遇是在《创世记》卷中),发展到耶和华与蛇之间的搏斗,以类似于《希波里图丝》中阿尔忒弥丝和阿芙洛狄忒之间的争斗方式而告终结。[24]

此外,在《约伯记》、《浮士德》和《新约全书》中提到或者直截了当地宣称:魔鬼不可能赌赢,魔鬼对上帝的工作不可能造成麻烦,唯一能做的是服膺于上帝的意旨。上帝在任何时候都是局势的驾驭者,使魔鬼总是搬起石头砸自己的脚。这一点似乎在耶稣对祭司长和神庙主持以及长老说的话中体现出来:"这是属于你们的时间,是黑暗的统治。"[25]他对彼拉多说:"你根本没有权力来对付我,除非上苍给了你这个权力。"[26]这句隐喻在一位现代基督教神学家的笔下则是以下面这种形式表现出来:

> 基督获得胜利不是通过痛苦、失败和死亡。在他之后,我们都因为他的缘故而成了基督徒。但是,……这些东西的确是胜利……正是……在复活了的基督那里,我们能看到我们所必须与之斗争的罪恶是如何行事的,并最终发现它是如何变为它似乎在一直反对和破坏的善的。我们还能看到上帝为了使我们更有保障是如何一定要抛弃我们的。[27]

所以在歌德的《浮士德》一剧的"天上序幕"中,在打赌过后,上帝对魔鬼说:

> 那时候你可以自由显现。[28]

他还宣布,他很高兴将魔鬼赋予人类为伴,因为

> 他要作为魔鬼来刺激和推动人努力向前。[29]

当魔鬼向浮士德展开攻击时,他仍是一个陌生者,他向他觊觎的受害者自我介绍说:

> 我是那种力量的一体,
>
> 它常常想的是恶而常常作的是善。[30]

事实上,魔鬼虽然设法制造令人恐怖的残暴和痛苦,他却在整个剧本中扮演一个小丑的角色,注定要被愚弄。这一点由上帝本身在"天上序幕"的道白中得到明显的表达。他这样说:

> 我从未把你的同类憎嫌,
>
> 在一切否定的精灵当中,
>
> 我觉得小丑最少麻烦。[31]

同样的提示遍及剧本的第一部,在第二部中则更为加强。直至最终受挫的那一幕,[32]那是以喜剧的方式精心写成的,魔鬼明显变成了一个可笑的人物。浮士德在他临终前反复说着如下一句话:

> 你真美啊,请你暂停!

他和梅非斯特所打的赌就是这句话。梅非斯特心满意足地望着浮士德的尸体,满以为他是胜利者。但他高兴得太早了,因为浮士德复述的那句至关重要的话并非肯定它适用于现在,而仅是有条件地适用于未来:

69、70　两幅 19 世纪出版的歌德作品中的雕版画,描绘了该剧的开头和结尾,直接含有某些较早期的有关浮士德的传说。上图是撒旦挑战上帝,下图是魔鬼和天使们争夺浮士德的灵魂。

我对这一瞬间可以说:

你真美呀,请你暂停……

现在我怀着崇高幸福的预感,

享受这至高无上的瞬间。[33]

梅非斯特毕竟没有成为赌局的赢家,他猥琐地匆匆离开舞台,由小天使组成的合唱队向台上抛洒着玫瑰花,他们一面以迷人的魅力转移了魔鬼的视线,一面从浮士德鼻子下面吸引出他那不曾死亡的精神。梅非斯特因徒劳无功而自怜自怨,他比起在《威尼斯商人》一剧结局中的那个狼狈的夏洛克还要可怜。

由我们现代西方的两位伟大戏剧家所创造出来的这些滑稽可笑的恶棍,在斯堪的纳维亚人的罗基身上已经有了他们的原型。罗基是一出传统的佚名戏剧中的人物,而这出戏在转变为神话之前,是作为一种宗教仪式来加以演出的。在这出仪典式的戏剧里,罗基这个人物是

> 仪典的表演者,他的任务是驱赶妖魔鬼怪,是引发对抗的意识并因而要为胜利做好准备。他的本性因而是口是心非……这样一个人物欲挑起对生命的征服,就必须受得住人们对虚伪狡诈的谴责。他因此成了一个滑稽可笑的人物,一个注定要受骗的骗子手。[34]

这个魔鬼真的上当受骗了吗?上帝接受了那个他完全知道自己不会输的赌吗?这很难回答,因为假如事情真的是这样,那整个交易就会是一场骗局。上帝无需冒任何风险,他毕竟不会"生活在危险当中"。既然"没有什么冒险,也就不会赢得什么"。因此不是真正遭遇的一次遭遇不可能产生遭遇的后果,也就是引起阴转阳的

知性来自痛苦
71、72　约伯和十字架上的基督所蒙受的极度痛苦,是他人所难以理解的。

巨大的宇宙性后果。

事实上,当上帝的一个创造物受到魔鬼引诱的时候,上帝本身也就得到了一次重新创造世界的机会。由于敌手所用的三叉戟的打击,巨大深渊的所有泉眼都被打开了。魔鬼的干预完成了这种从阴到阳、从静到动的转变,而上帝自从阴状态完成的那一刻起,就一直渴望着这一转变。但对于上帝来说,由他本身来实现这种转变是不可能的,这超出了他的至善至美的特性。魔鬼更多的是在为上帝做这件事,因为当阴一旦转化为阳的时候,魔鬼本身就不能阻挡上帝从事新的创造活动,使阳转变成更高水平的阴。当神圣的平衡一旦被魔鬼的不稳定所破坏时,魔鬼便射出了闪电。按照体现着上帝意志的新方案来恢复平衡,就完全处于上帝的权限之内了。

因此魔鬼必然要输掉这个赌局,这并非因为他受到上帝的欺骗,而是因为他自己骗了自己。[35]他被上帝玩弄于股掌之间,是因为他自己没有或者不能否认他曾恶毒地满足于迫使上帝出了手。魔鬼虽然知道上帝不会或者不能拒绝打赌,但他没有想到上帝尽管沉默不语但却热切地期待着他提出打赌的建议。他在为得到毁灭上帝精选的创造物的一次机会而兴高采烈的时候,却没有预见到他给了上帝一个机会,来更新上帝的整个创造工作。于是上帝的目的通过利用魔鬼和在魔鬼的恨恨中得到了实现。[36]

我们将看到,这出戏结果转移到上帝的这个创造物的身上,他成了赌注。在这里,我们又一次发现自己受到来自各方面的逻辑矛盾的困扰。约伯或浮士德顷刻间成了一件挑出来的器物,而且是一件要打碎的器物。在他经受考验一事上,他已履行了自己的任务,所以无论他是在地上被火烧成灰烬还是百炼成钢,对天上的那出戏剧来说都没有什么不同。即使魔鬼的伎俩在他身上得逞,即使他最终毁灭,但上帝的意旨得到了实现,魔鬼的目的则终成泡影。因为尽管上帝的这个创造物牺牲了,但造物主仍在;同时由于创造物的牺牲,创造工作才得以进行:

> 自古您就为大地奠定了基础,上天是出自您手的作品。它们都将毁灭,但您却永存。啊!它们像一件外衣会变旧,您改变它们就像改变一件衣衫,它们将要发生变化。
>
> 但您的技艺一丝未变,您的年代没有尽头。[37]

再者,作为上帝和魔鬼间的赌注而被挑出来加以破坏的这件器物是他们行为的共同对象,是他们斗智斗法的场所,是他们表演的舞台。但他自己也是一位参战者,一处战斗的场所,一位戏剧演员,一个演出的舞台。他被上帝创造出来,又被上帝丢给魔鬼,人们在先知的眼里看到,他是他的制造者以及他的诱惑者的人形化身。据心理学家的分析看来,上帝和魔鬼化作他心灵中的两种互相冲突的心理力量,这两种力量除了用神话的象征性语言作为载体之外,无法独立存在。

关于上帝和魔鬼的赌注是上帝化身的观念,我们是很熟悉的,《旧约全书》的主题便在于此。而关于上帝与魔鬼的赌注同时又是魔鬼化身的观念,我们却很陌生,但其意义却很深刻。这表现在浮士德与大地精灵①的遭遇上。他说浮士德很像他熟悉的一个精灵,即尚未显露真相的梅非斯特,这使浮士德很是恼火:

　　浮士德:你这位在寥廓世界中周游不息的神祇,

　　　　　我觉得自己和你多么相近!

　　地　灵:你相近的是你理解的神,

　　　　　而不是我

　　　　　(消失)

　　浮士德:不是你?

　　　　　又是谁? 我这神的肖像②,

　　　　　连像你都不配![38]

我们继续来思考这个"魔鬼加上帝"、部分与整体、创造物与化身、战场与战士、舞台与演员的作用。因为在这种以打赌为情节的戏中,地狱和天堂两股势力之间的遭遇仅仅是序幕,大地上某个人的激情才是这出戏的实际内容。

在这出戏的每个版本中,受难是这位人类主角的基调,无论这个角色由拿撒勒的耶稣、约伯还是浮士德、葛丽卿或亚当和夏娃、希波里图丝和费德拉③、霍德尔④和巴尔德来扮演。"他是一个受到鄙视和遗弃的人,一个充满悲哀、与痛苦为伴的人。"[39]"他将遭受鞭笞,拷打,戴上枷锁,被烧红的烙铁烫瞎双眼,经受各种酷刑,最后被钉在十字架上。"[40]浮士德是以一副熟谙人类知识、大彻大悟的样子出场

---

① 在剧中是尘世生活的总体象征。——译者注
② 指上帝按自己的模样造了他。——译者注
③ Phaedra,希腊传说人物。——译者注
④ Hoder,北欧神话中巴尔德的弟弟,误杀死巴尔德。——译者注

的。[41]他转而注意魔法只是在受到大地精灵的断然驳斥之后。[42]然后他接受梅非斯特的建议,进入感官快乐和淫逸纵欲的生活,导致他在玛嘉丽特①的牢房中那悲剧的时刻。在她被处死的那天的黎明,当他像约伯[43]一样悲恸欲绝地哭喊"天呀,何苦生下我这个人"时,[44]葛丽卿却如释重负,[45]坦然地被带向死亡的幽谷:

> 我的平静已成过去,
>
> 我的心灵布满伤痕,
>
> 我再也找不到我的宁静,
>
> 永远再不可能。[46]

被安排担任这个角色的人,在威廉·詹姆士提到的那位妇女不大现实的梦想中,异常生动和尖锐地表现出来:

> 一个伟大的生命或伟大的力量,是天马行空,独往独来的。他的脚是一道闪电,如同车轮在轨道上飞驰,天空是他脚下的道路。这道闪电完全是由无以数计、紧密依存的人民构成的,我也是其中的一员。他以直线运动,他的每一次飞奔或闪电都短暂地使人意识到他的存在。我似乎就在上帝的脚下,我猜想他正在用我的痛苦锻铸着他自己的生命。然后我明白了,他一直倾全力试图要做的事,是改变他的路线,将闪电按他旅行的方向,弯曲成他希望的模样。我感到自己身上的弹性和无依无助,我知道他会成功。他弯我折我,依靠给我的痛楚来改变他行进的角度。我受到的苦痛之深是我一生从未经受过的。正是在那最痛苦的一刻,我看到了他经过的身影。我在那一刻理解了我已忘却的事情,而这些事情在一个人心智正常的时候是不可能记住的。他改变的角度是一个钝角。当我苏醒时,我却记得他转的弯儿也许是一个直角或锐角,我或许应当蒙受更多的痛苦,"看得"更清楚一些,我也许已经死了过去……
>
> 倘若我必须明确地说明这些东西,那么我对它们的零星看法如下:
>
> 有必要永远经受苦难和永远代人受过。最深刻的苦难具有隐秘的、难以言传的性质。天才的被动性,基本上被当作工具,没有抵抗能力;被外力推动而动,不能自主运动;必须从事自己从事的工作。不付出代价便不可能有所发现。

---

① 即葛丽卿,因与浮士德的爱情而毒害母亲,溺毙自己的婴儿,被关进死因牢。浮士德潜入牢房企图救她,但遭拒绝。——译者注

最后,这个受难的"先知"或天才付出的过分的代价正是他所在那个时代的收获。(他似乎像是一位尽心竭力挣钱的人,为的是将那个地区从饥荒中拯救出来。他精疲力竭,步履蹒跚,濒临死亡却心满意足,带着 10 万卢比的血汗要购买谷物,上帝却将这笔钱悉数拿走,只丢下一卢比说:"这才是你可以给他们的,这才是你为他们挣得的那一份,其余都是为我挣的。")我刻骨铭心地领悟到:我们看到的东西是远远超出了我们能够显示的东西。[47]

客观地看,这种严峻的考验包含着受难者为实现上帝的目标而必须经过的一系列阶段。

在第一阶段,这出戏剧中的人类主角采取了行动,对诱惑者的进攻做出回应,从而由被动转为主动,由歇息转为运动,由风平浪静转为暴风骤雨,由和谐转为骚乱,实际上由阴转变为阳。这种行动可能是很卑劣的,比如那个古代水手射杀阿尔巴特罗斯(Albatross),罗基借盲神霍德尔(Hoder)之手以及槲树杆射杀巴尔德;也可能是十分高尚的,如耶稣在约旦河受洗之后,紧接着便在野地里受到诱惑,他拒绝充当传统犹太人好战的救世主角色,不愿靠刀剑将上帝的选民抬举到世界主人的地位。[48]这个行为的核心不是道德品质,而是它产生的强力效果。那个古代水手的行为改变了那条船及其乘员的命运,耶稣的行为对弥赛亚的概念赋予了新的内容,因此使它具有了一种前所未有的内在力量。[49]约伯受到考验时采取的相应的行动是诅咒他的出生日。[50]这是一种抗议,它提出了约伯的整个功过和上帝的公正问题。在浮士德受到的考验中,这一点设计得更为精巧,表现得更加清晰。

在梅非斯特干预之前,浮士德已经力求依靠自己的努力来打破他所处的"阴"状态,即对掌握了完备的人类知识感到不满。他试图通过魔法技术摆脱束缚他的精神枷锁,但却受到大地精灵的拒绝。[51]他试图通过自杀逃避,又受到天使合唱之歌的制止。[52]他由运动状态被驱赶回沉思状态。但他的思想仍在运动,调换着"初步实际的战斗行动"[53]。当时,梅非斯特已经以兽形的伪装出现了,但直到他变成人形立在他面前时,浮士德才采取行动,诅咒整个的道德和物质世界。[54]自此,深不可测的泉眼被打开,一片无形的鬼哭神舞声响起,旧的创造被打破,新的创造降临了。

可哀! 可哀!
美丽的世界,
被你用强力的拳头

将它打坏；

世界已在倾圮已在崩溃！

一位半神把它摧毁，

我们把这些碎片

运进虚无，

我们为这失去的美

而叹息。

世人中的

健儿，

把它重建得更加壮丽，

建设在你们的胸怀！

再以明朗的心神，

重新把人生的历程

安排，

听新的歌声

响彻九垓！[55]

在这首精灵之歌中（梅非斯特自称这些精灵属于他[56]），"阳"的第一个音符回响起来。天使的颂歌这时也传了过来：

上帝的工作崇高得难以名状，

巍巍造化之功和开辟那天一样辉煌。

在斯堪的纳维亚人的世界里，也有这种情况。在罗基激励下，失明的霍德尔开始做出愚蠢的举动，杀死了巴尔德。

生命毁灭了，诅咒从众神那里传布到人类居住的地方。人们的头脑一片漆黑，被自然界的巨变和人类自己思想的骚动搅得一塌糊涂，在心绪纷乱的情况下，人们触犯了生活的原则。同胞之情让位于盲目的激情：兄弟彼此相争，同胞互相残杀，没有人信任自己的伙伴。一个新的时代开始显现：这是刀剑的时代，斧钺的时代，人们的耳中充斥着盾牌的破碎声，嗜血的豺狼在死者的尸首上发出嗥叫声。[57]

在《创世记》有关人类堕落的故事中，这种行为发端于夏娃受毒蛇的诱惑而吃掉

|

善恶树上的果实。在这里,神话应用于新的历史起点的用意是直截了当的。那幅亚当和夏娃在伊甸乐园中的图画,是原始时代的人类在对地球上的动植物确立了优势之后,对自己经历的食物采集阶段的"阴"状态所进行的旧梦重温。这种"阴"状态在希腊神话的记忆中则成了"克洛诺斯时代"[58]①。堕落,作为对品尝善恶树果实的诱惑所做的回应,象征着接受挑战,放弃已经取得的完好状态,甘冒新变化的风险;而这一新的变化也许会导致、也可能不会导致另一次完好状态的出现。亚当和夏娃被逐出伊甸园,落入一个不友好的外部世界当中,女方必须在痛苦中分娩子女,男子则必须汗流浃背才能进食。这都是接受毒蛇挑战之后所引起的苦难。随后,亚当和夏娃的性交是一种社会创造行为,交合的果实是两个儿子的降生,他们分别代表两个初生的文明:牧羊人亚伯和种地人该隐。[59]

类似的农业文明以及通过辛勤劳作取得的进步,也反映在赫希俄德②的希腊诗歌当中:

> 成功的代价是勤劳,
>
> 天神的法则是你必须预先付出。[60]

这种思想在维吉尔③那里也有回声:

> 农夫的道路坎坷不平,这是天父朱庇特的旨意。他指引我们从事翻掘草地的劳动,他用烦恼磨砺我们人类的智慧。他不能忍受懒散怠惰,那会使他的领地破败荒芜。[61]

公元 2 世纪的思想家奥利金④是基督教会的奠基人之一,同时又不失为一个希腊哲学家,他用比较一般的话语和较少诗意的表述,再次谈到这个故事:

> 上帝由于希望人们的智慧能随时随地得到锻炼,以便它始终不致疏懒和对技艺毫无概念,因此他创造了具有各种需求的人类。纯粹的需求迫使人类去发明各种技艺,为自己提供食物和安身之所。对于那些不愿利用自己的智慧来追求上帝哲学知识的人,这样做要更好一些,因为他们必须吃苦受累,运用智慧来发明各种技艺,不致因舒适富裕而让他们的智慧闲置不用。[62]

---

① 在希腊神话中,克洛诺斯是犹拉努斯和盖阿两神的 12 个统称为泰坦的子女之一。靠其兄弟姊妹的帮助,他推翻父亲的统治,成为世界的主宰。后来他的儿子宙斯又取而代之。——译者注
② Hesiod,公元前 8 世纪左右的希腊诗人。——译者注
③ Virgil,公元前一世纪末期的古罗马诗人。——译者注
④ Origen,希腊裔的基督教教父。——译者注

在人类的主角经受考验的过程中,第一阶段是上帝的这个创造物因敌对一方的引诱而开始能动的行为,结果导致从阴到阳的过渡,使得上帝重新展开了自己的创造活动。但这一进步的取得是必须付出代价的,而代价则无需由上帝来偿付。上帝是一位严厉的主人,他不管播种与栽培,只管粮食的收获。[63]上帝的仆人——人类才是播种的人,也是支付代价的人。

对人类主角考验的第二个阶段是危机。这位人类的代表认识到,他的行动重新释放了他的主人和他的制造者的创造能力,从而使他自己踏上了一条通向苦难和死亡之路。他在幻灭和恐怖的痛苦中,与他自寻的命运进行着抗争,他所做的一切都是为了上帝的收益。当他有意识地充当上帝意愿的工具和上帝手中的一件工具时,这场危机便得以解决。这次由被动而来的主动,经失败而来的胜利,引起了另一次的宇宙变化。正像在第一阶段的考验中具有生命力的行为震撼了宇宙,使阴转化为阳,第二阶段上的顺从天意又使宇宙的韵律得到逆转,导引它从动到静,从疾风暴雨到风平浪息,从混乱到和谐,也就是再从阳复为阴。

我们从一位希腊诗人的呐喊中,听到了没有顺从天意的痛苦的声音:

但愿我的命运不致将我抛入

第五代和最后一代人类中间!

但愿我在他们那一天到来之前死去

或者在他们死去之后再降生。[64]

在斯堪的纳维亚神话中的奥丁①眼里,这出悲剧达到了更高的水平。在"世界末日"前夕,他竭力同控制着命运秘密的势力进行思想斗争,他这样做不是为了保全自己的生命,而是为了众神的宇宙,以及为了那些对他——万众之父——满怀着救助期望的人类。在耶稣的受难中,我们被告之这种心理体验的全部过程。

耶稣在最后一次从加利利去耶路撒冷的旅途中,首次认识到自己的命运。他是当时形势的主人。他将自己的直觉在"改变形象"之前[65]以及之后[66]两次传达给他的感到困惑和惊慌的信徒们。这种痛苦也感染到他身上,但在他受难前夕,在客西马尼园中,[67]这种痛苦通过祈祷得到了解决:"哦! 我的父亲,假若我不喝它,这杯子就不会离我而去,那么你就照你的意旨去做。"[68]然而当这位受难者被钉到十

---

① Odin,北欧神话中的宇宙统治者。——译者注

字架上的时候,痛苦又再次降临到他身上,他在那里发出了绝望的最后呼喊:"我的上帝,我的上帝,你为什么要离开我?"[69]接着是最后几句听天由命的话:"父亲啊!我把我的灵魂交付于你了",[70]"结束了"。[71]

同样的痛苦和听天由命的体验——在这里以纯粹的心理学术语——表现在《致罗马人的使徒书信》当中。保罗在信中嘶喊道:"哦!我真是命苦啊!谁将使我脱离这死亡的肉体?"随后的回答是:"感谢上帝,靠我主耶稣基督我可脱离。所以,我以内心顺从于上帝的律法,而以肉身来顺从罪恶的律法。"[72]

同样的体验在那位古代水手对婚礼宾客的叙述中再次表现出来。由于他的罪行,即仍然是射杀信天翁的能动行为,他使自己陷入"九死一生"的考验:

孤独,孤独,只有孤独,

孤独,在浩淼无垠的大海上!

始终没有一位圣人,

给我那痛苦的灵魂带来一丝怜悯。

那么多美好的人啊!

他们全都躺卧着死去:

而那成千上万猥琐龌龊的东西

却活了下来,我也是如此。

在这次磨难中,当受难者任凭自己的行为后果摆布时,这种诅咒就消失了,出现了一片美景,可是在他依旧是铁石心肠时,他在那里感觉的只是丑恶。

啊,这些快乐的生命!

他们的美妙没有言语能够表达:

一股爱的清泉从我心头涌出,

我祝愿他们无忧无虑。

仁慈的圣人确实给了我怜悯,

我祝福他们无忧无虑。

在同一时刻我能够祈祷,

我的脖颈获得了自由,

那只信天翁坠落下来,

就像是铅锤沉入了海中。

拒不顺从

73 "让我出生的那一天见鬼去吧。"约伯不能理解上帝让他经受考验的良苦用心,这促使他否定自己对上帝善意的信赖(上图)。

74 "他责备上帝,就让他来回答。"从旋风中显圣的上帝答复约伯(下图,威廉·布莱克的水彩画)。

　　　　　　　　　　　　第十三章　挑战和应战

在这部充满浪漫色彩的奥德修记中,这是一个转折点。将那艘船置于沉寂状态的神圣力量,现在却奇迹般地将它吹送到了港口,并且把这个传奇般的坏蛋或英雄带回他自己的家园。

《约伯记》中的情况也如此这般:在约伯与朋友交谈的末尾,当以利户表示,上帝的路是多么正确,上帝的话语是多么令人敬畏,因为在他的伟大话语中蕴涵着无法捉摸的智慧的时候;当上帝自己从旋风中向约伯讲话,叫这个受难者继续同他辩论的时候,约伯对上帝表示了谦卑。

> 然后约伯对上帝回答说:"看来,我是卑下的人。我能回答什么! 我只能用手捂住我的嘴巴。"
>
> "我说一次,但我不回答;我说两次,我将不再继续说……"
>
> "我知道您无所不能,我知道没有任何思想能将您阻拦……"
>
> "因此我说的是我无法理解的,对我来说事情过于奇妙,我不知道……"
>
> "我凝神倾听,我听到了您的声音,但现在我亲眼又见到了您。"
>
> "因此我厌恶我自己,我在尘埃和灰烬中懊悔不已。"[73]

这首叙利亚诗歌中的心理学是粗糙的。约伯的顺从不是由于灵魂里的一种直觉精神,而是由于肉眼明显看到了上帝那不可抗拒的力量。在这出戏的歌德版中,痛苦与顺从天命被依次安排在剧情的危机和高潮之中,葛丽卿在第一部最后一幕经历了这种苦难和顺从。[74]轮到浮士德,则是在第二部的最高潮处经受了同样的考验,[75]但其风貌却变得认不出来了。

在葛丽卿的监室那一幕,在她临终前最后一天的晨光微曦中,梅非斯特试图利用葛丽卿的痛苦,诱使她逃避死亡的灾难,放弃她的得救。这似乎是一件他策划好了的十分轻而易举的事,他的牺牲品正因她将面临的想象中的情形而恐怖得发狂。这也是一个人类的精力处于最低潮的时刻,死亡的痛苦即将来临。潜逃的希望出乎意料地出现在她面前,正是葛丽卿的情人浮士德自己,恳求她同其一道穿过神秘的洞开之门,逃之夭夭。但是葛丽卿在痛苦中已神志不清,似乎对浮士德的祈求无动于衷,直到最后,梅非斯特等得不耐烦,亲自进行了干预。这正是诱惑者失败的时刻,因为葛丽卿认出了他是谁,从神志错乱中苏醒过来,在上帝的裁判中受到了庇护,如同埃斯库罗斯笔下的卡珊德拉①不再沉浸在噩梦中无法自拔。

---

① 埃斯库罗斯为希腊悲剧之父,其悲剧《阿伽门农》中的女主角卡珊德拉,原是荷马史诗中的特洛伊公主,城陷后变为阿伽门农的女奴,后被妒嫉她的阿伽门农的妻子所杀。——译者注

她像是柏拉图笔下的苏格拉底，慎重地放弃了逃亡的机会，而她明知道这是完全可行的：

玛格丽特（即葛丽卿）：

是什么从地底出来？

是他！是他！快打发他走开！

他为何来到这神圣的所在？

他想把我拐带！

浮士德：你应当活下去！

玛格丽特：上帝的裁判！我听凭你处置！

梅非斯特（对浮士德）：

快走！快走！要不，我把你连她一起抛弃。

玛格丽特：天父啊！救救我！我是你的！

天使啊！列位神灵，

请环立在我周围，把我护庇！

亨利！我害怕你！

梅非斯特：她受到了判决。

声（自上）：是得到了拯救！

梅非斯特（向浮士德）：

到我这儿来！

（偕浮士德消逝）

声（自内渐次消沉）：

亨利！亨利！[76]

在第三阶段，起始于第二阶段的宇宙韵律从阳到阴的逆转到此终结。在北欧神话中的世界末日的最高潮，当托尔①遇到邪恶的龙，奥丁遇到狼时：

太阳失去了光芒，大地重新陷入波涛之中，星雨纷纷落下，大火熊熊燃烧，直冲云霄。但接着听到一阵最后的狼嚎，满世界的大火竟渐渐熄灭。当吼叫声停下来时，翠绿的大地再一次从海面下升起，小溪欢快跳跃地流下山岗……众

---

① Thor，北欧神话中的雷神。——译者注

神在他们播下了种子的田地里相会,他们回忆着往日的作为和先前的智慧,他们脚下的草地上,摆放着黄金的桌子。一座新的金顶大殿拔地而起,比太阳还要灿烂。一群心地真诚的人将居住在这里,尽情地欢乐。然后从天上下来一位无所不能的强者。那条灰暗的龙飞走了,它的双翼因负载着沉重的死尸而擦着地面。它落入无底的深渊,失去了踪影。[77]

上帝的一个创造物经受的这种考验,使上帝能够完成新的开天辟地的事业。受难者本人则在此过程中,超越了他在回应诱惑者挑战时所挣脱的那种阴静状态,达到了更高的平静、和谐与幸福。在《约伯记》中,这种成果直露得令人吃惊——上帝使约伯确信,他的行为不向任何人负责——并且这种复原是纯粹物质的:"上帝祝愿约伯往后的日子比开始时要好些。"他给了约伯几个女儿,比他失去的更美好;给了约伯牛羊、骆驼和驴子,超过他原先丢失的两倍之多。[78]在《新约全书》中,耶稣的痛苦、驯顺、受难于十字架,实现了人类的救赎,随后是救赎者的复活和升天。在斯堪的纳维亚神话中,奥丁吊死在树上之后得以复生,他的一只眼睛与从前相比更加锐利,而另一只眼则由他亲手挖出后抛掉,作为换取智慧的代价。[79]在歌德的《浮士德》第二部的最后一幕里,圣母女神身后跟着成群的忏悔者,她赐予这些历经千山万水、抵达顶峰的朝圣者们晋见上帝的机会,正好与该剧第一部开始时"天堂序幕"的情形相对应。这两幕的情况,与基督教神话中的情况——人类得到救赎后的祝福状态对应于堕落之前天真无邪的状态——是一样的。宇宙的韵律如此循环往复,画出了一个从阴到阳再回到阴的完整圆圈。但后来的阴状态与先前的阴状态有所不同,同春异于秋是一样的道理。这些创造性的工作,得到天使的赞颂,[80]却受到浮士德的诅咒,[81]现在又重现辉煌,得到沉思神甫(Pater Profundus)的歌颂。[82]但这一次它们是柔嫩的幼芽而非可以用镰刀收割的成熟果实。通过浮士德的行动和葛丽卿的顺应天命的行为,上帝使万物焕然一新。在这种新的创造中,人类的各个主角在这出神圣的戏里扮演了他们自己的角色。在葛丽卿世上生活的最后一个黎明,由来自天堂的声音宣布了她的得救。她看上去变成了圣母随从中的尤娜·珀妮坦汀(Una Poenitentium)。得救的命运也赐给了浮士德,他升上天空追随葛丽卿,变形为崇奉玛丽亚的博士①:

① Doctor Marianus,指专门信奉圣母的学识渊博的教会长老,这里的博士并非指学位。——译者注

一切无常事物，

无非譬喻一场；

不如意事常八九，

而今如愿以偿，

奇幻难形笔楮

焕然竟成文章，

永恒女性自如常，

接引我们向上。[83]

因此将上帝表现为一个严苛的主人并不是绝对的真实。对上帝所造之物的考验，在回顾时是作为一种启示体现出来的，它并不意味上帝的无情和冷酷，而是表示上帝的爱。

是皆全能爱之力，

造形万物育万类。[84]

"因为主所爱之人，他必要其受到磨炼，鞭打他收纳的每个儿子。"[85]

最后，这位受难者获得了胜利，成为一位先驱。"引入永生，那门是窄的，路是小的，很少有人能找到它。"[86] 这出神圣戏剧里的人类主角，不仅为上帝服务，使他能够更新其创造，而且服务于他的同胞伙伴，为他人指出一条可以依循的道路。[87] 约伯的求情，转移了上帝对他的友人的怒火。[88] 葛丽卿的求情，为浮士德赢得了主的召见。[89] 当耶稣头一次向他的门徒预示他将受的考验时，他宣布："如果有人要跟从我，那就让他忘掉自己，背上十字架来追随我。"[90] 在他上十字架前夕，他补充道："如果我由地上被拿起，我将吸引万民来皈依我。"[91]

美好的结局

75 天使们把浮士德的灵魂带进天堂。一个 20 世纪的诠释（迈克斯·贝克曼画）。

第十三章　挑战和应战

借助神话的光亮,我们对挑战和应战的性质有了某些深入的了解。我们已看到,创造是一种遭遇的结果,或者我们把这种神话的形象表述变为科学术语的陈述,起源则是一种交互作用的产物。我们现在从新的视角来考虑种族和环境的因素,我们将对这些现象给以不同的解释。我们不再寻求某种简单的文明起因,不再寻找在任何时间和地点都能产生同一结果的原因。如果在文明形成的过程中,具有相同的种族或环境条件,却在一地表现为硕果累累,在另一地又毫无成就可言,那我们并不感到惊异。的确,看到人们在不同的场合对同一种挑战(即使这种挑战是在相同条件下的同一种族和同一环境之间的相互作用)做出多种多样、变幻莫测的应战现象,我们也并不感到奇怪。无论两种或更多的情形之间的同一性有多么科学精确,我们并不指望它们所产生的各个结果在准确程度上均彼此相符,或在任何程度上都完全一致。事实上,我们将不再对自然界的一致性做什么科学的假定。我们只有在用科学的术语思考诸如无生命的力量所起的作用之类的问题时,我们才有权这样做。我们现在准备承认一个前提:即使我们正确地掌握了所有种族、环境或其他能够供科学阐释所需的资料,我们仍然不能预测出这些资料所代表的各种力量交互作用的结果。我们之所以不能这样做,是因为在这类活动中的“各个力量”乃是一个个的人。

人与人之间发生遭遇所产生的结果,具有不可预测这一点已为经验所熟知。一位军事专家不可能从他所掌握的有关敌我双方总参谋部的部署和计谋的“内情知识”中,预测出一场会战或一次战役的结果。一位桥牌专家即使熟知各家手中所有的牌也无法预料一局或一盘比赛的结局。在这两个类比里,“内情知识”并不足以使它的拥有者预测出精确的或有把握的结果,因为内情知识不是全部的知识。有一种东西对于消息即使最灵通的旁观者来说也始终是未知数字,因为它超出了参战者或打牌者本身掌握的知识之外。他们对这个数字的一无所知使得他们不可能进行计算,因为它是计算者不得不解决的方程中最重要的一个条件。这个未知数就是那些神话中的演员们在考验来临的时候所做的反应。“外在的原因只有通过内在的原则才能发挥作用,正是这些隐含的原则对我们精神和品格的形成具有一定的意义。”[92]一位将军可能对自己的兵力和火力无所不知,对敌人的类似情况几近了如指掌,并且通晓敌人的计划。他根据这一切知识来拟定自己的方案,最大限度地使之有利于己方。然而,他不能预知他的敌手或者他的敌手指挥下的任何其他人,在战役开始或战斗打响后将如何行事;他也无法预知他自己的人将怎样表现;他更无法预知他本人将如何行动。这些心理的因素压根儿是无法衡量的,因此也是无法预先加以科学估算的,而正是这些力量才真正决定了业已发生的遭遇的结局。一个依靠猜测和直觉在无法预料的战争中屡战屡胜的人是军事天才。历史上的大多数军事天才,比如像克伦威尔和拿破仑那样具有多方面素质和远见的统帅,都明确地承认兵力、火力以及情报和战略并不是给他们带来胜利的法宝。在把所有可以衡量和把握的因素充分估算之后,也就是在强调"上帝站在庞大的军队一边","上帝帮助那些事在人为的人",你应当"信赖上帝,保持你的火药干燥"之后,他们都坦白地承认:尽管该说的都说了,该做的都做了,但人的思想仍然不能预测胜利,人的意志仍然不能把握胜利,因为胜利最终来自一种思想和意志无法接近的源泉。如果他们信仰宗教,那就会高叫:"感谢赋予我们胜利的上帝!"[93]如果他们是不信宗教的人,他们会用一些迷信的术语把他们的胜利归功于命运的作用或归结于个人之福星高照。但他们无论说了什么话,他们都经受了同样的真实体验,即一次遭遇的结局是不能预测的和事先决定的,而是产生于遭遇本身,如同一次新的创造。

注释

[1] 参见第一部,第一章。

[2] 在 1931 年复活节的那一星期里,当我撰写本章初稿的时候,我认为"挑战和应战"这个术语是我个人的新创造。但在我第一次把它写到稿纸上之后过了十多年,我却在罗伯特·布朗宁(Robert Browning)的《萨克森—哥达的大师胡格》(*Master Hugues of Saxe-Gotha*)一诗第 4 节中发现了它:

> 噢! 你可以向他们挑战,
> 而不是一味应战。
> 把那些教会的圣人
> 弄得团团转。

自从 1905—1906 年圣诞节假期里我头一次同我的母亲一起读到这首诗以来,这两个词一定在我头脑中以潜意识的形式驻留了 25 年之久。当我认为我正在发现这个用语的时候,我实际上只不过是从我的记忆中把它调出来罢了。

[3] A.C.B.罗威尔:《个人和宇宙:1958 年 BBC 的雷斯讲座》(*The Individual and the Universe*:*B.B.C. Reith Lectures* 1958),伦敦,牛津大学出版社,1959 年,第 23—24 页。

[4] 即在《奥德修记》第 11 卷第 225—332 行中列举的那个目录,该段大概是已经佚失的赫希俄德的《埃浩伊》(*Ehoiai*)的一个很好的样本。

[5] 歌德:《浮士德》,第 1 部,第 350 行。

[6] 歌德:《浮士德》,第 2 部,第 249—250 行。

[7] 《约伯记》,第 1 章,第 1—5 节。

[8] 《马太福音》,第 13 章,第 24—30 节。

[9] 皮埃尔·泰哈尔德·德查丁:《人类现象》(*The Phenomenon of Man*),伦敦,科林斯出版公司,1959 年,第 164 页。

[10] 歌德:《浮士德》,第 2 部,第 340—343 行。此处译文取董问樵的《浮士德》译本,复旦大学出版社,

1982 年。以下同。

[11] 歌德:《浮士德》,第 2 部,第 1338—1344 行。

[12] 歌德:《浮士德》,第 2 部,第 11575—11576 行。

[13] 歌德:《浮士德》,第 2 部,第 249—250 行。

[14]《哥林多后书》,第 3 章,第 18 节。

[15]《哥林多后书》,第 3 章,第 17 节。

[16]《浮士德》,第 2 部,第 1566—1569 行。

[17]《马太福音》,第 13 章,第 27—30 节。

[18] 欧里庇得斯:《希波里图丝》,第 2 卷,第 1327—1330 行,吉尔伯特·莫瑞译,伦敦,阿兰—安文出版公司,1902 年。

[19] 莫瑞译本,同注[18],第 2 卷,第 1420—1422 行。

[20] V.格隆柏克:《条顿文化》,伦敦,牛津大学出版社,1931 年,第 2 部,302 页。

[21]《浮士德》,第 2 部,第 312—317 行。

[22]《浮士德》,第 2 部,第 1692—1706 行。

[23] 参见本书第十章。

[24] 对未来命运转换的暗示在这里隐约表达了出来:"它将打伤你的脑袋,你却只伤及他的脚跟。"这一暗示比起阿尔忒弥丝对希波里图丝的保证,即他将成为崇拜的对象和歌中的英雄来说,几乎不会给人以多少安慰(《希波里图丝》,第 2 卷,第 1423—1430 行)。

[25]《路加福音》,第 22 章,第 53 节。

[26]《约翰福音》,第 19 章,第 11 节。

[27] R.H.J.斯图尔阿特:《内省》(*The Inward Vision*),伦敦,朗曼出版公司,1930 年,第 62—63 页。在 C. G.蒋的《寻找灵魂的现代人》(*Modern Man in Search of a Soul*),伦敦,克甘—保罗出版公司,1933 年,第 274—275 页)一书中,从当代心理学的角度,以更加简明的语言对同一真理进行了表述。

[28]《浮士德》,第 1 部,第 336 行。

[29]《浮士德》,第 1 部,第 343 行。

[30]《浮士德》,第 2 部,第 1335—1336 行。

[31]《浮士德》,第 2 部,第 337—339 行。

[32]《浮士德》,第 2 部,第 11167—11843 行。

[33]《浮士德》,第 2 部,第 11581—11582 行。

[34] 格隆柏克:前引书,第 2 部,第 331、334 页。

[35] 这是关于神秘存在的叙利亚神话的主题(保存于《创世记》,第 32 章,第 24—32 节)。这种神秘存在或者是人,或者是魔鬼,或者是上帝本身,在黎明前攻击了雅各,在这样做的时候,事与愿违,造成了他自己的挫折。攻击者由于他的本性而必须在天亮前离去,当他未能制服雅各的反抗和摆脱不了他的纠缠时——即使他利用自己超人的力量希望使雅各放弃抵抗——他不得不承认雅各已经赢了,并且依从了雅各的条件:"除非你为我祝福,否则我就不让你走。"

[36] 它似乎应循着这一点展开,即如果魔鬼聪明的话,他就会去玩恰好是相反的游戏,不再天真地吹嘘自己具有毁灭上帝的一个创造物——浮士德或约伯——的能力,他应虚伪地同天使们一道赞美上帝的无所不能及其成就的尽善尽美。他的歌也许不是对上帝的主要创造物之一人类的明白讥讽("这个世界的小神灵老是那副真实样子,就像他刚出世时那样令人惊异"),而是一种毫无诚意的道白:"上帝高踞在他的天堂,世界万物都秩序井然。"

[37]《诗篇》,第 102 章,第 25—27 行。

[38]《浮士德》,第 2 部,第 510—517 行。比较第 1744—1747 行。

[39]《以赛亚书》,第 53 章,第 3 节。

[40] 柏拉图:《理想国》,第 2 卷,361E—362A。

[41]《浮士德》,第 2 部,第 354—417 行。

[42]《浮士德》,第 2 部,第 418—517 行。

[43]《约伯记》,第 3 章。

[44]《浮士德》,第 1 部,第 4596(原文此处似有误,应为第 2596 行)。

[45]《浮士德》,第 2 部,第 2607—2608 行。

[46]《浮士德》,第 2 部,第 3376—3413 行。

[47] 一位妇女在不充分的麻醉条件下接受手术时做的梦,系威廉·詹姆士引用的第 33 例印象经验,载《多种多样的宗教经验》(*The Varieties of Religious Experience*),伦敦,朗曼出版公司,1922 年,第 392—393 页。

[48]《马太福音》,第 3 章,第 13—14 节;第 4 章,第 11 节;《马可福音》,第 1 章,第 9—13 节;《路加福音》,第 3 章,第 2—22 节和第 4 章,第 1—13 节。

[49] 耶稣和他的信徒们不使用暴力,这同泰尤达斯或加利利的犹大所领导的流产弥赛亚运动的好战性形成对照,这些都没有逃过迦马列的观察(《使徒行传》,第 5 章,第 34—40 节)。

[50]《约伯记》,第 3 章。

[51]《浮士德》,第 2 部,第 418—521 行。

[52]《浮士德》,第 2 部,第 602—807 行。

[53]《浮士德》,第 2 部,第 1224—1237 行。

[54]《浮士德》,第 2 部,第 1583—1606 行。

[55]《浮士德》,第 2 部,第 1607—1626 行。

[56]《浮士德》,第 2 部,第 1627—1628 行。

[57] 格隆柏克:前引书,第 2 部,第 302 页。在《沃琉斯帕》的佚名作者所用语言和维吉尔在《农事诗》第 1 卷第 505—511 行中所用语言之间有惊人的一致性:

> 这是一个正确与错误轮流交替的世界!
> 如此众多的战争! 如此众多的罪行!
> 犁铧受到轻蔑! 农夫被抢劫一空!
> 荒芜的土地一片凄凉!
> 弯曲的镰刀被熔铸成坚硬的剑刃……
> 邻居背弃了友情,
> 拿起了武器;
> 邪恶的战争之神到处肆虐。

[58] 例如,参见柏拉图:《法律篇》,713C—D。该神话在这里被用于揭示哲学家的社会理论。

[59] 该隐和他的后代的故事,是该隐和亚伯故事(《创世记》,第 4 章,第 1—15 节)的一个尾声(《创世记》,第 4 章,第 16—24 节),代表该隐是所有文明及其成果的始祖。在这个尾声中,该隐本人建立了一座城市,他的后代拉麦有两个儿子,一个叫犹八,另一个叫图八该隐,他们各自是一切吹拉弹唱的人和手工匠人的始祖。我们在这里拥有一幅有关文明的图画,这个文明具有农业基础,并演化出了城市生活和手工业。同时,犹八和图八该隐还有一个兄弟雅八,他是居住在帐篷里并拥有牛群的牧人的始祖,于是该隐的后代拉麦成了游牧文明以及定居的农业和手工业文明的祖先。

[60] 赫希俄德:《工作与时日》(*Works and Days*),第 289 行。

[61] 维吉尔:《农事诗》,第 1 卷,第 121—124 行。

[62] 奥利金:《面对崇高》(*Contra Celsum*)第 4 卷,第 76 章,第 19 节,转引自 A.D.诺克所编关于萨路斯提乌斯的《关于神和宇宙》(*Concerning the Gods and the Universe*)一书,剑桥大学出版社,1926 年,第 xlv 页。

[63]《马太福音》,第 25 章,第 24 节。

[64] 赫希俄德:上引诗,第 174—175 行。

[65]《马太福音》,第 16 章,第 13—23 节。

[66]《马太福音》,第 17 章,第 10—12 节;《马可福音》,第 11 章,第 11—14 节。

[67]《马太福音》,第 26 章,第 36—46 节;《马可福音》,第 14 章,第 32—42 节;《路加福音》,第 22 章,第

39—46 节。比较《约翰福音》,第 12 章,第 23—28 节。

[68]《马太福音》,第 26 章,第 42 节。

[69]《马太福音》,第 27 章,第 46 节;《马可福音》,第 15 章,第 34 节。

[70]《路加福音》,第 28 章,第 46 节。

[71]《约翰福音》,第 19 章,第 30 节。

[72]《罗马书》,第 7 章,第 24—25 节。整个第 7 章和第 8 章是对这个主题进行思考的抒情诗。

[73]《约伯记》,第 40 章,第 3—5 节;第 42 章,第 2—6 节。

[74]《浮士德》,第 2 部,第 4405—4612 行。

[75]《浮士德》,第 2 部,第 11384—11510 行。

[76]《浮士德》,第 2 部,第 4601—4612 行。在心理上,这可以说是该剧的结局,因为梅非斯特的失败已是不可避免的了。尽管在这天的黎明,亮光已映照到葛丽卿的灵魂,却没有照亮浮士德的头脑,只是许多年之后才闪过他的脑海;但他的最终得救毕竟是由于葛丽卿的作用。因此这部剧本内容曲折的第 2 部在心理上以及在艺术上都是多余的。同第 1 部的最后一场相比,第 2 部中有着相应一场,其中浮士德遭遇到并且公然反抗那 4 个灰女人——欲望、罪恶、忧虑和需要——这简直是虎头蛇尾。第 1 部最后 10 行已经传达了这一神秘的含义,在第 2 部最后两行的神秘合唱也表达了出来。诗人无需用一个尾声来指出它的含义,而这段尾声几乎使他的作品长了 4 倍。

[77]格隆柏克:前引书,第 2 部,第 302—303 页。比较维吉尔的《牧歌》(Eclogues)第 4 卷。

[78]《约伯记》,第 42 章,第 12—17 节。

[79]和有关所罗门选择的寓言(《列王纪上》第 3 章,第 5—15 节)相反,在那里,这位英雄仅仅避免为自己求长寿和财富,或避免要敌人的性命,以便求得一颗理解的心来治理人民。但他不仅得到了一颗睿智和理解的心,而且还得到了财富和荣誉。

[80]《浮士德》,第 2 部,第 243—270 行。

[81]《浮士德》,第 2 部,第 1583—1606 行。

[82]《浮士德》,第 2 部,第 11866—11889 行。

[83]《浮士德》,第 2 部,第 12104—12111 行。

[84]在《浮士德》,第 2 部,第 11872—11873 行中,沉思神甫说"爱之使者告众人:永恒造化育众生。"

[85]《希伯来书》,第 12 章,第 6 节;埃斯库罗斯:《阿伽门农》,第 186—187 行。

[86]《马太福音》,第 7 章,第 14 节。

[87]在关于普罗米修斯的希腊故事中,这两种服务是不相容的,因为他服务于神蔑视的人类,所以这位英雄才蒙受苦难。关于埃斯库罗斯对普罗米修斯神话的诠释,可参见本书第三部,第十九章以次。

[88]《约伯记》,第 42 章,第 7—10 节。

[89]《浮士德》,第 2 部,第 12069—12111 行。

[90]《马太福音》,第 16 章,第 24—28 节;《马可福音》,第 8 章,第 34—38 节;《路加福音》,第 9 章,第 23—27 节。

[91]《约翰福音》,第 12 章,第 32 节。

[92]罗伯特·杜尔阁:"两论通史大纲"(Plan de Deux Discours sur l'Histoire Universelle),载《杜尔哥文集》(Oeuvres de Turgot),新版,第 2 卷,巴黎,魁劳明出版公司,1844 年,第 2 章,第 647 节。比较 E.迈尔:《古代史》(Geschichte des Altertums),第 4 版,斯图加特和柏林,科达出版公司,1921 年,第 1 章,第 83 和 174 节。

[93]《哥林多前书》,第 15 章,第 57 节。

人类的胜利

76 在苏丹北部,水浇地突然变为寸草不生的沙漠,这意味着把荒地变为可耕地是一种需要付出极大努力的斗争。

　　　　　　　　　　　　　第十三章　挑战和应战

第十四章
卓越出自艰辛

我们在上一章认定,必须到我们所称的"挑战和应战"相互作用的模式中去寻找文明的起因。对挑战的应战,同因果的关系相反,不是无可改变的,因而是无法预见的。同一种挑战在某个场合可能会引起具有创造性的应战,而在其他场合却不能。

根据人类过去的经验,在何种形势下,挑战才能真正激起具有创造性的应战呢?如果我们转而考察人类社会已经受过的各种刺激,那我们便会毫不迟疑地否定流行的观点,即文明趋向于在易于人类生活的各种有利的环境中产生。这个观点之所以谬误,是因为它未能在文明的起源中看到包括适时变化过程在内的创造行为。当起源这出戏已经演到尾声的时候,这种看上去已是最后阶段的现象,很容易和处在同一场景的初始时期的现象混为一谈,而人类在当时尚未将那里的环境当作自己从事伟大活动的舞台。

例如:

> 由于埃及是世界上最富庶的国度,我们惯于将埃及看作是一处天堂。在那里,我们只要随便翻一下土,撒上种子,我们就等着收庄稼了。希腊人说埃及是最适于最初的人类生活的地方,因为他们说那里的食物随时唾手可得,无需劳作便有可靠、充裕的食物供给。[1]

但是,正像这位作家继续所说的:

> 毫无疑问,今天的埃及与前农业时代的埃及有着相当大的不同之处。整个国家的自然条件已逐步发生了很大的变化……现代的农业化的埃及是尼罗河赐予人类的一份厚礼。[2]

当然,这种流行的错误观点事实上完全忽略了有关人类的巨大努力,这里的人不仅把尼罗河下游的史前丛林沼泽地带一度改造成埃及的肥沃土地,而且始终避免了使这一巨大但不很牢靠的人为工程再变回到原来的自然状态,使这个地方直到今天,仍然是一处"与人有关"的土地。尼罗河上游的巴尔—阿尔—贾巴尔地区(Bahr-al-Jabal)的处女地,在今天仍是对大约五千年前的那些先驱们北上创建的功业的证明,他们成功地将类似的不适宜居住的丛林沼泽地带变成渠道成网、良田成片的家园。在那里,田地和水源受到人们的控制,服务于人类的目的。一位地理学家可能会对此持反对意见,认为这种特殊的比较不能成立,因为这两个地区在规模大小上有所不同。[3]但他肯定会被某些地方的景象所说服。在那些地区,一度被人类的英雄主义所征服的执拗不驯的大自然挣脱了束缚,导致曾经是文明的家园或象征人类其他成就的某些地区,又恢复到了旧有的宇宙洪荒状态。我们将通过对某些返荒实例的回顾来证明我们的论点。在这些例子中,原始的自然状态,人类随后的开发,以及最终复归原始状态的过程就像地层一样,能在一地充分展示出来。

77 努力维持:一连串的储水洞组成了一条在沙漠中生活的人类的生命线。

一个显著的例子是当前墨西哥的玛雅文明发源地的状况。今天,玛雅人的成就早已成了明日黄花,他们幸存下来的唯一的纪念物是规模庞大、装饰华丽的公共建筑的废墟,它们位于热带雨林的深处,远离任何现代人类的居住地。森林就像是某条大蟒蛇,已将它们完全吞没,而现在则在悠然自得地"肢解"它们,也就是利用自己的根须分离那些经过精心打制、紧密排列的石块。但这些玛雅人的建筑杰作,现在虽被森林"扼杀",过去却一定是为了联合周围的社会而使用剩余劳动力建造起来的非生产性建筑物,这片森林也被改造为物产丰富的田地。它们都是人类征服大自然的战利品,当它们矗立起来的时刻,那

　　　　　　　　　　　　　　　　　　第十四章　卓越出自艰辛

大自然的报复
78 吴哥的一座神庙，被不断进逼的丛林所淹没。

个遭到溃败、被人征服、其边缘向后退却的森林敌人，大概在人的视野内已很少能见到了。对于那些从当时优势的角度来观察世界的人类而言，人对自然的胜利似乎已经取得了充分的保障。但人类成就的短暂性和人类愿望的虚幻性，却由于森林的最终回归而暴露无遗。然而，这并不是从今天的科潘（Copan）、提卡尔（Tikal）或帕兰克（Palenque）那里吸取的最重要的教训。这些废墟非常雄辩地告诉我们，玛雅文明的创造者们当年成功地发起的那场与自然环境的斗争是多么激烈。而热带大自然在实施报复的时候，表明并不甘心屈从于迫使它逃遁、退缩到海湾附近的人类的勇气与活力。

蔓草遍地的吴哥废墟给我们上了同样的一课。将炎热的锡兰平原辟为良田决不是一件轻而易举的事业,但现在供人凭吊的只是些残破的堤岸和簇叶丛生的蓄水池残迹。这些体积巨大的水池,原本是由改奉印度小乘佛教的僧伽罗人在这个多山国家的阴湿的一面修建的。印度文明在锡兰的传播者完成了这个壮举,迫使季风肆虐的中央高地向其下面的宽阔平原提供水源和生命,而这些平原曾被大自然变成干旱的荒原。

锡兰史上的一个显而易见的事实就是:这个岛国的北部平原是干旱地带,(其)早期文明在那里曾经繁盛一时……数代僧伽罗人开发出了非凡的灌溉体系,这是早期民用工程中的极为令人震惊和羡慕的成就。

当然,在一个地势平坦的国家,其灌溉系统必定是基于水库蓄水,以及开挖渠道,向其周围的土地最大限度地供水。古代僧伽罗人以杰出的技艺建造了水库,其中一些有相当的规模,有的是开阔的人工湖,也有很多"水槽"……巧妙地彼此连结在一起,构成一个庞大的灌溉系统。现代

79 人们先前战胜森林的遗迹:亚克斯齐兰的一个石碑。

水利工程师们对古代僧伽罗人在灌溉规划方面取得的成功表示极大的钦佩。这些规划即使对于现代的同行也远非易事……修建这些早期的灌溉体系显然是一项实用的伟绩。它们要求持久地关注,对它们的修建和维护一定被看作是僧伽罗人早期经济生活的主要特点……

例如,人称明尼瑞亚(Minneriya)的"水槽"曾有(并且现在仍然有)一条几英里长、约 50 英尺高的堤坝,记住了这一点,下面的问题就很清楚了,即这个"水

槽"的建设必定利用过大量劳力,并对他们有过非常严密的组织。这个特殊的"水槽"在注满水时,面积有4560英亩之大……它由一条在公元4世纪开挖的、长达25英里的运河供水。另一条运河将水引到阿努拉得哈布拉(Anuradhapura),长54英里,灌溉面积180平方英里。对于这条运河的前17英里长的那一段来说,一英里的坡度仅有6英寸,这充分显示出当时治水工程师们的能力。[4]

但这个人工制造的富庶农区,只有在人类毫不放松对敌视自己的自然环境进行控制的条件下才能存在。当公元11世纪互相残杀的战争摧毁了建造"水槽"的王朝、终止了人们的不懈努力(面对大自然,人们需要加强和维护这些奇迹般的建筑)的时候,这些得到灌溉、垦殖和人烟稠密的平原便又回复到它们最初的荒凉状态,从此再无人打算或敢于改变它们。我们看到大自然最终无所顾忌地毁灭了人类的这些成果时,我们对人们的劳作所面临的条件并非容易而是极端艰难这一点还会有任何疑问吗?

注释

[1] P.E.纽伯里:"作为一个人类学研究领域的埃及",载《英国协会第九十一次会议的报告》(*Report of the ninety-first meeting of the British Association*),伦敦,莫瑞出版公司,1924年,第176页。

[2] 纽伯里:上引文,第176页。

[3] 杰出的地理学家O.H.K.斯培特事实上对此提出了有关的反对意见。

[4] S.A.帕克曼:《锡兰》(*Ceylon*),伦敦,本恩出版公司,1964年,第33—35页,此处引用得到了出版商的认可。

第十五章
艰苦环境的刺激

我们现在已经发现,艰苦的环境对于文明来说非但无害而且是有益的。我们是否有理由进一步认为,环境越困难对文明成长的刺激也就越强烈呢?让我们借助于经验性的证据对此进行一下检验,首先,我们把自然环境的刺激和人类自身环境的刺激加以区分。我们先对具有不同程度困难的自然环境做一番比较。

爱琴海地区是两个前后承递的文明的发祥地,当我们将它的地理条件同其周围地区的土壤加以对比时,就充分显示这里是一个非常困难的地方。从我个人的经验便能证明这一点。我在第一次访问爱琴海地区时,来去均取海路。突然从英国来到希腊,使我识别二者之间截然不同之处的能力竟变得迟钝起来。我第二次访问希腊仍走海路,但我没有在雅典久留,而是对靠近爱琴海地区的周边地带进行了一些考察。我先去伊兹迈尔,进入安纳托利亚的腹地。然后我拜访了伊斯坦布尔(即君士

80 "仅有皮和骨头的国度"——位于阿提卡的索尼昂海角的裸露地貌。

坦丁堡),再从那里回到安纳托利亚内地。之后我去了帖撒洛尼克(即萨洛尼卡),进入马其顿。我最后取陆路返回英国,坐火车旅行,从伊斯坦布尔到加来。在旅途中,我发现每当我离开那些充满荒山秃岭、被大海分割得七零八碎的国度,便进入了郁郁葱葱、气候柔和、物产丰富的国家,看到起伏不平的小山岭代替了高山峻岭,广袤的、可供耕作的河流谷地代替了海水充盈的海湾和海峡。这些接二连三的对照累积起来的效果十分强烈,因为通过与英国以及各个比邻地区的对比,它们显示出爱琴海地区作为一个异常艰苦的地方所具有的真正色彩。有鉴于此,我认识到希罗多德借斯巴达人达马拉图斯(Damaratus)之口说出的那些话的深刻含义。达马拉图斯说:"希腊有一个未曾须臾分开的同胞姊妹就是贫穷,但她却引来了一位有美德之形的客人——智慧和法律之子;希腊人正是依靠美德的帮助,将贫穷和奴役拘留在了海湾里。"[1]

我们在爱琴海地区内可以看到,在相应的地域文明多样化的比照之下,也有着类似的自然环境的鲜明对比。例如,如果一个人乘火车或乘汽车沿高速公路自雅典启程旅行,最后经过帖撒洛尼克进入欧洲的中心地带,那么这个人旅程中的第一阶段是经过一处延伸开来的乡间,在中欧或者西欧人眼里,那是一片预料到的、为他所熟悉的景色。在车子缓慢地环行、爬上帕尔奈斯山东侧,穿过由低矮的松树和参差不齐的石灰岩峭壁构成的典型爱琴地貌之后,这位旅行者会吃惊地发现,他驶入了一处低陷的农区,到处是起伏不大、土层丰厚的可耕地。这种出人意料的地貌在希腊文明的存在时间里是"一种突变",它被称做彼奥提亚①。在希腊人头脑中,"彼奥提亚的"一词具有相当清晰的内涵。它代表一种习气,即感觉迟钝、缺乏想象、残忍粗俗的乡下习气。这是一种与占有优势的希腊文化的精华不相协调的习气。彼奥提亚习气与希腊主流文化的这种出入,得到一个事实的强调,这就是围绕帕尔奈斯山一角的"希腊的希腊"——阿提卡②的存在。这个地方的精神特质是希腊文化的典范,它和如同不协调的噪音影响一般希腊人感觉的那些精神特质密切地交织在一起。

对我们提出的目的而言,这一点十分有趣,即这种深刻的文化差异与同样惊人的自然环境的差异,在地理条件方面却是互相一致的,因为阿提卡所以是"希腊的希

---

① 位于中希腊,古时是希腊重要的农区。——译者注
② 雅典所在的地区,位于彼奥提亚之南,同属中希腊。——译者注

雅典成功的基础
81　上图为收获主要的出口产品——橄榄(出自公元前5世纪的一幅瓶画)。
82　下图为雅典贸易的运载工具——商船,绘在一只公元前6世纪的双耳酒杯上。

腊"不只在于它的灵魂,而且还在于它的体形。它矗立在其他爱琴国家之间同其他国家矗立在它周围没什么两样。如果你从西部取海路抵近希腊,你可能以为你的双眼已经逐渐熟悉了希腊的景色——突如其来的美丽和险峻——直到你深入科林斯运河之前,这一景色不会消失。但是,当你乘坐的船只最终由地峡①中行驶出来的时

---

① 指连结中希腊和南希腊的十分狭窄的科林斯地峡。——译者注

　　　　　　　　　　　　　　　第十五章　艰苦环境的刺激

候,你仍会为萨洛尼克湾①中的严峻景色感到震惊,因为你对地峡两边的这种景色没有充分的思想准备。在你绕行萨拉米斯岛的一角②并看到阿提卡的土地展现到你眼前、潘泰里库斯峰和希迈图斯峰进入你的视野的时候,这种严峻的景象达到了极致。

阿提卡由于土层浅薄,土质多石,腐殖质流失的过程在柏拉图时代便已完成,而彼奥提亚在这时却逃脱了土壤风化的厄运。这种情况正像柏拉图自己所描述的那样:

> 当代阿提卡可以被准确描述为一件原初状态的遗物……由于过去九千年时间里大洪水频仍……高处的泥土不断被冲走……留下来的东西同原来的相比,就像是一个人因大病摧残而变成一副瘦骨嶙峋的骨架。所有肥沃松软的土壤都流失了,留给一个国家的只是皮和骨头。[2]

83　手工业:吉兰邦的国王阿尔凯希拉斯监督为羊毛称重和包装的工作,羊毛是供海外贸易用的。吉兰是公元前 7 世纪在小亚细亚建立的众多希腊城邦之一。

---

① 紧靠科林斯湾。——译者注
② 萨拉米斯岛是横在萨洛尼克湾出口处的岛屿,与阿提卡隔海相望。——译者注

当这个国家已失去彼奥提亚式的丰盈体态时,雅典人该如何应付这种贫瘠的局面呢? 我们知道,他们干出了一番事业,使雅典成为"全希腊的学校"。当阿提卡的草场干涸,耕地荒芜的时候,它的人民却有自己的打算:种植橄榄树和开发下层土。为了从橄榄树获得赖以生存的产品,雅典人不得不把阿提卡产的橄榄油装入陶罐,运往西徐亚①市场换取谷物。交换的必要引起阿提卡制陶业和商船业的产生,因为国际贸易要求货币经济,预示阿提卡银矿也应运而生。所有这一切加在一起——出口、工业、商船和金钱——都要求有一支海军来加以保护,要求维持海军的支出。因此,阿提卡土壤的侵蚀促使雅典人获取整个爱琴海以及爱琴海以外的霸权。于是他们损失的财富又百倍地回收了过来。这些通过海洋攫取的财富,是那些从未在其沃土上遭遇失败的彼奥提亚农民做梦也想不到的,但对于使雅典成为不开化的彼奥提亚的对照,成为"全希腊的学校"、"阿提卡风味"的一种政治、艺术和思想文化来说,这些财富仅仅是经济基础。在政治方面,雅典的手工业者和航海业者构成了雅典民主的选民②。同时,阿提卡的贸易和海权为爱琴海各城邦的国际联合提供了构架,在雅典主持下形成了提洛同盟③。在艺术方面,阿提卡制陶业的繁荣赋予陶瓶画匠们创造新的美术形式的机会。阿提卡森林的消失迫使雅典建筑师努力在石料上作文章,创造出帕台农神庙④,突破了过去对一般木结构房屋的满足。最后,雅典人接触到所有国外思想文化潮流,它的商人和海员是这些潮流的推波助澜人。这座城市集当时的整个希腊文化于一身,以便把这些注入了"阿提卡风味"和打有阿提卡印记

84 被动性:一尊带着无奈麻木神情(悲恸的妇女)的彼奥提亚小雕像。

---

① 又译斯基泰,古代黑海北部地区。——译者注
② 汤因比在这里转述了一个19世纪以来的错误认识,即雅典经济以工商业为主,公民集体的主体是工商业者。20世纪60年代以来的西方史学界已抛弃这一观点,认为雅典的主要经济基础是农业,公民大多数是农民。——译者注
③ Delian League,雅典为首的军事同盟,会盟地初设在提洛岛,后移往雅典,同盟成为雅典控制附属国的工具。——译者注
④ Parthenon,雅典卫城上的主要神庙。——译者注

的文化传诸于后代。

　　彼奥提亚和阿提卡之间的对比并不是希腊文明时代的爱琴海地区所提供的唯一例证。彼奥提亚的另一个邻居凯尔西斯(Chalcis)是埃维亚岛①上的一座面向大陆的城市。凯尔西斯背后的腹地是勒兰丁(Lelantine)平原,这是一片肥沃程度不亚于彼奥提亚的耕地。但不幸的是,或者说幸运的是,对于凯尔西斯人而言,这片平原十分狭窄,所以它的农民很少能在陡峭、高耸的狄尔菲斯(Dirphys)山峰的侧面找到新的土地,这促使他们到海外去寻找新耕地。他们航行到爱琴海中,在东北部的色雷斯(thrace)沿岸建立了一处新的凯尔西斯,在西南方的西西里岛建立了另一个新凯尔西斯。当然,凯尔西斯人对其祖居的埃维亚岛土地短缺的挑战所进行的应战,与雅典人因土壤销蚀的刺激而建立起来的功业不可同日而语,因为后者对自己的经济实现了质的变革,凯尔西斯人则仅仅在土地存量上做了些改变。但凯尔西斯人也在希腊历史上打下了印记,尽管印痕较雅典人的要浅一些。这是因为马其顿和拉提乌姆②的蛮族人正是通过凯尔西斯的海外农民定居者才被引到希腊文化的轨道上来。凯尔西斯人根据自身条件对需要的刺痛做出反应,而条件舒适的彼奥提亚却对诸如此类的事漠不关心。

　　在公元前725—前525年间,凯尔西斯人在其中起了明显作用的希腊世界的扩张,给我们的论题提供了另一个显著的说明。这一点可从分别建立于公元前685年和公元前668年的两个希腊殖民地卡尔切敦(Calchedon)和拜占庭看出来。这两个殖民地一个位于亚洲,一个在博斯普鲁斯海峡南部入口处的欧洲一侧。希罗多德告诉我们,在这两个城市建立后大约一个半世纪,波斯政治家麦伽巴祖斯(Megabazus)路过这个地方,在听说卡尔切敦比拜占庭的建城时间早17年后,他戏称卡尔切敦是座"盲目的城市"。他的意思是说,那些有先见之明的人在两个可供选择的定居地点有意挑选了明显恶劣的一个,这简直不可思议。[3]但他的观察虽有讽刺意味,却并不敏锐。因为当事后诸葛亮是容易的,在麦伽巴祖斯所处的时代,两座城市各自的命运已经显而易见了。卡尔切敦始终保持着一个普通的希腊海外农业定居地的面貌,与环地中海沿岸其他定居地的情况没有什么不同。而拜占庭则成长为希腊世界最

---

① Euboea,爱琴海较大的岛屿,紧靠中希腊。——译者注
② Latium,罗马所在的平原。——译者注

繁忙的港口之一,顺利地开展着自己的事业,其发展的顶点是最终成为东正教大一统国家的首都。因此,到了麦伽巴祖斯的时代,在拜占庭和卡尔切敦各自的优势之间进行任何比较都自然而然地着眼于各自作为港口的设施上,在这方面,拜占庭的优越性是无可比拟的。拜占庭不仅具有对岸卡尔切敦所不能相比的"金角"(Gold Horn)天然港,更优越的地方是由黑海流到博斯普鲁斯海峡的海流有利于船只从任何方向驶入金角湾,同时这股海流又阻止了任何船只驶向卡尔切敦开阔的海滩。倘若从这两个事实来看,卡尔切敦的建立者的确是盲目的人,他们故意选择了他们后来城市的地点而不是作为港口的拜占庭的位置。

实际上,卡尔切敦的建立者在做出自己的历史选择时是出于迥然不同的思考。当他们靠近博斯普鲁斯海峡沿岸的时候,他们观察了那里的地形,用自己的双眼挑选了他们安家落户的地点。他们不是完全没长眼睛,他们的眼睛是农民的眼睛而非海员的眼睛。他们在肥沃的沿岸一块有所遮拦的条状地带建起自己的城市,定居下来,种植他们在故乡一向种植的作物。对他们的目标来说,他们恐怕不可能有比这更好的选择。我们可以描绘出拜占庭的创建者们在 17 年后从希腊来到这里,寻找适于耕作的新土地的情形。他们在离开这处现已被卡尔切敦的城墙环绕的美好海滨地区时,一面诅咒卡尔切敦人目光的敏锐,一面抱怨自己动作的迟缓,一路驶向对面并不诱人的色雷斯沿岸。这些不幸的晚到者随后定居下来,在这个小半岛的土地上辛勤劳作,内地的色雷斯部落年复一年地掠走他们的劳动果实,而他们却对此束手无策。[4]拜占庭的移民们发现他们陷入同蛮族敌对势力无止无休的战争当中,这些敌人既为数众多,力量强大,无法靠武力将其赶走;又贪得无厌,坚定顽强,进贡行贿也无济于事。

不管怎样,卡尔切敦人的明智和远见似乎被拜占庭人的灾难般的命运所证实。然而,这并非是故事的真谛。它的真正含义在于:当拜占庭人发现自己在土地开发上频频受制后,他们被驱向了海洋,力求通过经商和航海获取的可观利润来弥补他们在当农夫时遭受的毁灭性损失。在这种谨慎的卡尔切敦农民从未遇到过的强力刺激下,拜占庭人考察了他们所在海峡的大部分海区和地形,发现"金角"乃是一只哺乳宙斯的羊角①。拜占庭位于爱琴海和黑海经济区的中间地带,扼守所有贸易必

---

① cornucopia,意思是丰饶富美。——译者注

第十五章　艰苦环境的刺激

外向的应战

85、86　腓尼基人的天赋表现在字母文字这一革命性的发明上（上图）。在诸如此类的船上（下图），腓尼基水手对西地中海和北非的大西洋沿岸地区进行了探险和殖民。

须经过的狭窄通道，掌握着希腊世界繁荣的关键，扮演着监护人的角色，它于是懂得了由此来获取最大限度的财富和影响。因此，拜占庭人和卡尔切敦人的命运之所以具有如此巨大差异，并不能用麦伽巴祖斯的格言警语来解释。造成拜占庭人这种命运的原因不是卡尔切敦人的盲目，而是蛮族游牧部落的凶猛，因为需要给它上了生动的一课，这是得天独厚的卡尔切敦人从未能学到的。

　　如果我们现在转过头来看叙利亚世界，我们会发现：当地居民取得了相对不同的成就，这些成就同他们在后迈锡尼时代的人口大迁徙末期①遇到的相对困难的自然环境之间，有着类似的相互联系。叙利亚文明最重要的地方是它有三个伟大的贡献。它发现了大西洋；发明了字母文字系统，除了中文、日文和朝鲜文之外，这是今

---

① 　显然指公元前 8—前 6 世纪希腊古风时代的大殖民运动。——译者注

天所有文字体系的祖先；它对上帝产生了特殊的观念，这种观念对于犹太教、袄教、基督教和伊斯兰教是相同的，对于埃及、苏美尔—阿卡德、印度和希腊宗教思想和情感来说都是相宜的。但是，叙利亚文明在取得这些成就的过程中，居领导地位的并不是处于有利条件的大马士革或肥沃的奥龙特斯河谷（Orontes）的阿拉米人，也不是在约旦河东岸丰美的基里德（Gilead）草场止步不前的以色列各部落。[5]尤为引人注目的是，叙利亚世界的优先地位并没有保留在海上民族腓力斯丁人[①]的手里，他们到来时不是蛮族人，而是以爱琴文明继承人的身份将埃克隆到加沙一带广阔的沿海平原作为自己的战利品。发现大西洋一事也不是由色非拉（Shephelah）平原的主人们完成的，他们祖先的航海传统已经随着他们在新家园的耕耘垦殖而消逝始尽了。当他们感到需要扩张的时候，他们只好背对着海洋，征服了贝尔谢巴（Beersheba）贫瘠的低地以及埃斯德瑞隆（Esdraelon）和杰兹瑞尔（Jezreel）水源充裕的河谷地带。当他们向山地部落以色列人和犹大人[②]进行挑战、以夺取巴勒斯坦的控制权时，他们最终遭遇了失败的命运。发现大西洋和发明字母文字的功劳属于腓尼基人。他们

内向的应战
87 "这是上帝之山，他喜欢在这儿居住。"以色列人的家园在耶路撒冷和耶利哥之间的沙漠上，远处是摩押山脉。

---

① Philisitine Sea People，海上民族指大约公元前 2000 年末叶由海上侵袭、移民西亚、北非沿海地区的原始民族。腓力斯丁人可能是海上民族的一支，后定居在巴勒斯坦，巴勒斯坦的名称即由腓力斯丁演化而来。——译者注
② Judah，同以色列人并列为希伯来人的两大支，过去误译为犹太人。——译者注

是叙利亚土著迦南人残存的后裔,在那次入侵期间退入起伏不平的中部沿海地带。腓尼基地区同腓力斯丁定居者们选择的、便于向南的色非拉地区在自然条件上截然不同。在这处沿海地区,没有广阔的平原,也没有沿海和山区之间的漫坡,黎巴嫩山脉几乎完全是拔海而起,勉强给沿岸居民提供了一个立足之地,将他们与内地平原分隔开来。感谢这处毫无魅力的家园,腓尼基人正是在这里躲过了腓力斯丁人对叙利亚的入侵,侥幸存活了下来。感谢这片穷山恶水,他们实际上是从他们的新邻人、即现在已抛弃了远距离航海传统的腓力斯丁人那里接手了这个地方。当腓力斯丁人如同羊群一样在色非拉吃着苜蓿并移向内地去寻找新的草场时,腓尼基人却由不适于居住的海岸出发,向外发展,进入开阔的海洋,从而在西地中海和大西洋沿岸为叙利亚文明找到了第二个家乡。

然而,大西洋的地理发现被人类的另一项伟业———一神教的精神发现所超越。贡献这项成就的是一个叙利亚的社会,它因大迁徙运动而被置于一处自然条件甚至劣于腓尼基沿岸的地区。希伯来人游牧部落中的以色列先驱们移居到以法莲(Ephraim)和犹大寸草不生的山区,把自己从游荡的牧人变为定居的农人,勉强在荒山秃岭、贫瘠多石的土地上挣得可怜的一口饭食。这个穷困的农民部族无声无息地生活,甚至到了公元前5世纪这样晚后的时候,当所有以色列的伟大先知们都说出了他们要说的话时,以色列的名字仍然不被希罗多德所知,在希罗多德的眼里,以色列的土地仍旧冠以巴勒斯坦的名称。[6]但在心灵的理解力方面,以色列人超过了腓力斯丁人的军事实力,也超过了腓尼基人的航海能力。在以色列荒凉闭塞的高地上,存在着一种内在的、神圣的灵感,它使得这块不被人知的荒野对于当地居民来说,成了一处优雅之地,成为冶炼出人类最伟大的精神财富之一的熔炉。

注释

[1] 希罗多德:第7卷,第102节。
[2] 柏拉图:《克里提阿斯》,111A—C。
[3] 希罗多德:第4卷,第144节。
[4] 参见波里比乌斯:第4卷,第45节。
[5]《民数记》,第32章。
[6] 就是"腓力斯丁人的土地"。Palaistine是希腊文,Filastin是现代巴勒斯坦的阿拉伯文形式。

第十六章
惩 罚 的 刺 激

我们从自然环境转到人文环境之后发现,同样存在着变化引起变化(*mutatis mutandis*)的现象。例如,一个受到惩罚的社会团体,被排除于某个活动领域之外,它对这种歧视性挑战的应战是将自己的精力集中于其他领域,在这些领域开发出独具一格、游刃有余的能力。因此惩罚能够产生刺激的效果,同自然界的挑战引起的后果是一样的。我们通过考察不同的集团对宗教歧视所做的反应,来说明这个论点。

西方世界的那些不遵奉国教的新教徒蒙受取消教籍之苦一事,为我们提供了一个团体受到惩罚的范例,这个团体与它的压迫者属于同一个社会。在英国,1660 年王室复辟之后,持有不同看法的新教各教派便处于很难堪的境地,尽管这种歧视还不能算是完全无法忍受。这引起了刺激的效果,使他们在被允许从事的行业中崭露头角,如工业和银行业的教友会成员,以及零售业中的非国教徒。这些新教徒毕竟能在自己的社会中生存发展,但英国清教徒在同一个世纪早期所遭受的更为严苛的迫害,或者美国马门教徒在两百年以后受到的残酷迫害,则激起了这些教派以相应的、更大的精力来作出反应。由于他们发觉,他们无法和迫害者在同一个国家内生存,他们中的每个教派都适时地出走,移居到杳无人烟的地方,除了自己的勇气和远见,他们没有任何可资借助的东西。正是在那些处女地上,他们建立起自己理想的共和国家。因此,他们既是他们的文明先驱,又是他们的宗教的捍卫者。

当受到惩罚或享受特权的各个教派的信徒分属于两个不同的文明,而两者又互相关联的话,另外一种情况便出现了,这可以由奥斯曼帝国的早期政权得到说明。我们发现,一个东正教社会生存于异邦的穆斯林大一统国家的机体内。在那里,基督教依附者被排除在政府公职、军队和"自由"职业之外,在某种程度上,没有土地所有权,甚至没有耕种土地的权利。这种严重歧视的结果是激起受到惩罚的基督徒们在较卑下的商业领域学会了出众的技能，这个行当始终对基督教从业者是开放的。在君士坦丁堡的这些希腊基督教居民中间，有一群被称作"法纳尔人"(Phanaliots)的同行们，居住在提奥多西墙内的城市西北角。他们遭遇的惩罚性挑战将他们刺激到如此程度，以致他们崛起为奥斯曼帝国政权机关事实上的合作者和人员的潜在补充者。在得到重建的东正教长老教区的庇护下，法纳尔居住区成了操希腊语的东正教徒们的集会地点。法纳尔人有两项特殊的成就：作为阅历广泛的商人，他们同西方世界的联系使他们直接熟悉西方风俗习惯和西方的语言。作为共同的长老教区事务的管理人，他们对奥斯曼帝国行政机关有着广泛的实践经验和深入的了解，因为长老教区是帝国皇帝和他的所有东正教属民(不只限于共同长老教区神权管辖下的教徒)之间的正式中介。当奥斯曼帝国在同西方世界旷日持久的冲突中，尤其是在 1682—1683 年第二次围攻维也纳失利后局势对奥斯曼土耳其人不利的时候，这两项成就便成了法纳尔人的财富。

奥斯曼土耳其人在军事上的失败使他们面对着两个可怕的问题。他们现在不得不在谈判桌上与西方势力讨价还价，他们已不能在战场上战胜他们了。他们第一次被迫考虑他们的东正教依附者的感情，因为他们靠武力已不再能控制他们了。换句话说，奥斯曼帝国再也少不了这些干练的外交家和精明的行政管理者了。而且奥斯曼土耳其人发现自己在需要资金的时刻，这些必要的款项正好存放在法纳尔人的钱袋里。结果，奥斯曼土耳其人不得不忽视惯例，修订政府的各个原则，为法纳尔人的利益废除了非穆斯林要担任奥斯曼政府公职必须皈依伊斯兰教的条件。奥斯曼帝国政府甚至早在 1683 年的灾难迫使其放权之前便已在这一方向上迈出了第一步。在 1669 和 1716 年间，法纳尔人便被授权独占四个高级的国家官职，这些官职在后来新的政治形势下变成了举足轻重的职位。在随后 100 年时间里，因这些官职给他们带来的影响和保障，以及因面对西方的强大压力，奥斯曼帝国中日益增长的对能够处理"西方问题"的文职人员的需要，法纳尔人的政治权力得到了稳步加强。到了 18 世纪末叶，开始看到法纳尔人似乎已稳固地站立在最终导致他们成为奥斯曼帝国老牌合伙人的道路之上。

但是，法纳尔人最后却未能实现他们"似乎唾手可得的命运"。[1] 他们丧失了已得到的果实，因为他们从和平地参与奥斯曼的国家事务转向民族主义的暴力道路。这些希腊人是第一批受到西方民族主义病毒感染的人。在 18 世纪末期，正好是在法国大革命发生和希腊独立战争爆发（即1821—1829年）之间这段时间里，这种民族主义在奥斯曼帝国到处弥漫，他们在两种不可调和的渴望的诱惑下毁灭了自己。他们没有放弃法纳尔人旧有的野心，即要染指奥斯曼人的整个遗产，在希腊人而非土耳其人的管理方式下保持奥斯曼帝国的完整。同时，他们产生了新的野心，要建立一个他们自己的独立自主的民族国家，一个只是这个帝国已被肢解的躯体上分割出的小国家。这两个目标的对立最终在1812年表现出来。当法纳尔人伊普希兰德斯亲王（Prince Ypselandes）成为奥斯曼帝国的主人以及马尼奥特的首领马夫罗米克哈里斯（Mavromikhalis）分离出独立的希腊时，两种尝试同步发生了。无论如何，诉诸武力招致法纳尔人渴望的彻底破灭，因为它对奥斯曼土耳其人产生了震撼的效果，他们依仗了一百多年的芦苇管竟刺穿了他们的手掌。[2]他们对背叛的愤怒使他们歇斯底里般地将这些反叛者击得粉碎，不惜任何代价用自己的双

有活力的少数
88　穆斯林国家的基督徒：东正教的高级教士，16世纪土耳其人的画，为君士坦丁堡的法纳尔人社区成员所作。

脚再次站立起来。1821年，奥斯曼土耳其人回击了伊普希兰德斯亲王的战争行动，一举摧毁了法纳尔人自1669年以来规规矩矩地为自己建立起来的权势。这是长达一个世纪之久的从奥斯曼人遗产的残余中消灭所有非土耳其因素过程的第一个步骤。不仅如此，这种希腊民族主义的第一次大爆炸不仅初次引燃了土耳其民族主义的火焰，而且还对奥斯曼帝国的其他非希腊依附民族产生了同样的影响。于是，法纳尔人"唾手可得的命运"和奥斯曼帝国的未来便一道同归于尽了。

我们无需将我们的视野越出奥斯曼帝国的疆界，就能在信奉罗马天主教的"黎

凡特人"(Leventines)那里找到我们论题的实例。这些来自西欧的移民被允许居住在奥斯曼帝国境内,但要忍受痛苦的折磨。唯一能够避免对他们所依附宗教的歧视的出路就是成为叛教者。这一步骤不仅能使他们脱离卑下的贱民地位,而且奥斯曼帝国政府的最高职位也对他们敞开了大门。但是黎凡特社区中的情况同法纳尔社区的情况一样,虽然存在很大的诱惑,但叛教者只是个别的例外,而不是一般的通则。在金角湾北岸的伽拉塔(Galata)以及在其他黎凡特人社区,这些天主教移民[3]的集中居住的生活方式,与在法纳尔的东正教移民或至法国大革命为止的西方犹太人的生活方式没有多少区别。黎凡特人也因社区的要求形成了一些特定的善恶品格。在社区沉闷的气氛中,他们必须像其他人一样,要么以同样的方式对宗教迫害的挑战进行应战,要么便表示屈从。

　　我们的最后一组例证出自第三种情况,即受到宗教迫害的教派的信徒们,从属于一个仅以化石形式或是以散居[4]在其他仍具有活力的文明中的形式残存下来的文明。我们来浏览一下叙利亚社会中的某些离散社团以及后来基督教的类似社团

89、90　亚美尼亚和犹太商人,均因其宗教而受到惩罚,被赶离自己的祖居地,但在商贸方面却取得了成功。

的例子,它们在自身不时中断却漫长悠远的社会历史过程中,不断地飘零在异国他乡。他们所有的人赖以幸存下来的中介是宗教,但使他们的身份得到保障、使他们得以持久存在的这种宗教特征,也将他们置于他们身处其中的异邦社会的宗教歧视之下。这种迫害通常采取的形式就是把他们排除在某些生活途径之外,这常常会引起它的受害者的回应。

例如,犹太人便通过在千差万别的社会环境中充当商人和金融家,克服了宗教特征给他们带来的障碍,成功地保全了自己。就帕西人①而言,他们在印度社会中所起的作用同犹太人在其他地区所起的作用也没什么两样。他们表现出的伸缩性和创造性,丝毫不亚于犹太人在各种条件下利用自己的特殊技能和经验,以博取良好

91 米利亚坡尔的圣托马斯的神殿。虽然这位圣人在印度的使命和死亡只是传说,他那颇有名气的墓地还是成了印度基督徒的一处朝圣中心。

---

① Parsees,移居印度的祆教教徒。——译者注

92　公元781年立于长安附近的石碑，是景教（聂斯脱利教派）传入中国的记录。

的收效。亚美尼亚的格雷戈里基督一性论者（monophysites），以坚决反对罗马帝国东正教对他们的迫害的姿态开始了自己的职业生涯，他们也表现出类似的能力和适应性，直到今天为止，亚美尼亚商人就像他们的帕西人搭档一样，简直无处不在。叙利亚的雅各比基督一性论者和埃及的克普特基督一性论者以同样的方式对同样的挑战做出了地方性的反应。

与上述基督一性论者相反，景教徒发觉在罗马帝国无法生存后，便把他们的大本营迁到伊拉克和伊朗。他们在萨珊波斯、倭马亚和阿拔斯政权相对宽容的政策下，不只在当地经商，而且还从事医生的职业。当1258年蒙古人攻陷巴格达后，这些地区因阿拔斯哈里发政权的崩溃而出现了社会大动乱，他们没有在动乱中灭亡。早在这场灾难摧毁他们在这个伊斯兰帝国活动的基础之前，景教信徒就已经学会了如何在天涯海角的他人环境里安家过活的本领。他们一方面沿印度西海岸取海路前行，在印度半岛的顶端建起自己的家园。

他们的后代或皈依者（受到信奉基督一性论的景教思想感召的人）作为喀拉拉邦的"圣托马斯基督教徒"（Saint Thomas's Christian）一直幸存到现在。在另外一个方向上，他们甘冒陆路的风险，越过叙利亚和伊朗世界最边远的河中地区（Transoxania）的一些居民点，进入广袤的亚洲大草原的腹地，穿过整个荒无人烟的旷野，直至中国的边境才住脚。这些一度在中亚和东亚获得立足点的大陆景教徒的先驱们并没有后代延续下来。尽管就这一点来看，他们不如经海路到印度的同道们那样成功，但他们仍然在比较短暂的存在时间里，对人类的历史成功地留下了深刻的痕迹。

93　宝石装饰的景教十字，出土于中亚（属公元 8 至 10 世纪）。

东亚的景教徒是唐代（公元 618—907 年）社会颇为活跃的成分。在欧亚大草原的绿洲中，他们成功地使当地土耳其维吾尔族人改变信仰，并且几乎建起一个与众不同的远东基督教文明。[5]但这个壮举毕竟流产了。公元 737 年，当外药杀河地区的绿洲并入阿拉伯帝国时，这一前景暗淡下来。随后，在半景教化的草原牧民被异教的蒙古首领成吉思汗击败时，它遭到了最后的一击。即使如此，景教的先驱们在他们的游牧民族保护人被推翻后，仍旧能够存续下来，这要感谢他们在当地对某些较高级的文化成分的垄断。蒙古征服者令他们为自己服务，让他们充任文书、会计或录事员之类职务。在那个世纪有一段最好的时光，当时蒙古帝国的重心仍保留在大草原上，其政府所在地是"祭司王约翰"[①]在哈剌和林（Qaraqorum）的故乡，"大汗"宫廷中的档案均由担任秘书的景教信徒们保管。景教徒甚至使一些显赫的蒙古人改信其宗教。曾于 1258 年攻陷巴格达并大掠伊拉克的可汗旭烈兀（Hulagu Khan）便娶了一位景教信徒为妻。公元 1260 年攻占大马士革的旭烈兀的前卫部队，也是由一位景教将军统帅的。我们看到，这些景教土耳其维吾尔族信徒的历史，同东正教的希腊法纳尔人的历史有某种相似之处。他们也失掉了"唾手可得的命运"。但他们在对惩罚挑战的应战中，创造出某些特殊的成就，从而使他们在所处的人类环境中提高了自己的社会价值，他们实际上成了一个大帝国的统治者们的伙伴。

---

① Prester John，传说中的人物，是中世纪远东和埃塞俄比亚的一位信奉基督教的国王兼祭司。——译者注

注释

[1] 这个用语是由 J.O.沙利文在《美国杂志和民主评论》(*U.S. Magazine and Democratic Review*，1845)第 5 页上创造的。

[2]《列王纪下》，第 18 章，第 21 节。

[3] Raiyeh 在字面上的意思是"羊群"，奥斯曼君主就是牧羊人。这个术语并不是仅仅用在他的非穆斯林臣民身上。安纳托利亚的伊斯兰农民以及基督教商人和君士坦丁堡的教会人士均被称作 raiyeh。

[4] 参见本书第一部，第八章。

[5] 这个流产的远东基督教文明在以下的第十七章中得到了进一步的讨论。

第十七章
流产的文明

我们现在已经到达了这样一个地点,即我们可以给目前的讨论做一个结论了。我们已发现,文明是在异常困难而非异常优越的环境中降生的。通过对惩罚引起的各种效果的考察,我们得出了一条可以用公式来表达的法则:"挑战越大,刺激越强。"不过我们仍需要验证,这个法则是绝对有效还是有所局限的。换句话说,如果我们把挑战的严重性无限增大,我们是否有把握说刺激也会无限加强呢? 或者说,如果我们无限增大挑战的严重性,由它所引起的应战的能量是否也会无限增大呢? 如果挑战的严重程度增大到超过了我们所能应付的地步,这是否会使回应的力度衰减呢? 如果我们超越了这一点,我们是否会进一步达到这样的程度,即挑战变得如此严峻,以致完全没有了成功应战的可能性呢?

为了给这些问题以令人信服的答案,我们必须提供一些可靠的例证,证明某一种挑战已经严重到了过分的程度。一种挑战的过分与否,仅靠某个特定的一方在某个特定场合未能对提出的挑战予以应战一事,是不能充分加以说明的。这样做本身不能证明任何东西,因为几乎每一次最终激起成功应战的挑战,如果深究的话,都会使一个又一个应战者困惑不已或粉身碎骨,直到经过成百上千次的召唤,那位胜利者才最后被列入成功者的名单。例如,自然界中北欧森林的挑战,有效地置旧石器时代的人类于困难的境地。由于他们没有伐树的工具装备,也对如何利用树下的沃土来栽培作物一无所知,于是旧石器时代的人类便简单地避开那里的森林,在沙丘和白垩高地上安家落户。但他们的体验并不能证明森林提出的挑战本身过于严酷,以致不可逾越。因为就在他们陷于困境的地方,他们的新石器时代、青铜时代和铁器时代的后继者却能借助先进的工具和技术的帮助,刻下了某些人为的印痕。直到西方基督教文明和俄罗斯文明的先驱们接过手来,最终成为自大西洋到乌拉尔山之间的森林的主人。

继亚历山大大帝之后,希腊文化对叙利亚和伊朗世界的政治入侵,向这两个社会提出了直接的挑战。[1]它们是否能起而迎击这一入侵的文明并把它逐出境外呢?面对这一挑战,它们做出了一系列的应战尝试,这些应战都以某一种宗教运动作为载体。祆教和犹太教的回应遭到了失败。景教和基督一性论派的回应也遭到了失败,而伊斯兰教的回应却获得了成功。

祆教和犹太教,从宗教的意义上说,分别代表了伊朗文明和叙利亚文明。这两个被希腊文化弄得只有招架之功的文明,在受到希腊化冲击之前各自都有过一段漫长的辉煌时期。景教和基督一性论教派均在试图缔造新的文明时流了产。

一个流产的文明可以被界定为:其追随者在开始时试图扮演某种特殊的角色,但遭到了失败;后来某个其他文明的追随者却成功地扮演这个角色。当这种情况发生的时候,这两个起初竞争的文明的头一个便消失了。它要么彻底销声匿迹,要么留下了一点支零破碎的残余。我们已提到,景教信徒和基督一性论者连续两次企图摆脱希腊化对基督教会和罗马帝国①的优势。这种优势在公元5世纪时成了一种时代的错误。在当时的世界上,先前的叙利亚文化和希腊文化已混合成一种"复合体",[2]这种复合体成为除犹太人和撒马利亚人之外的所有原先的叙利亚人和希腊人的共同文化。无论是景教徒还是基督一性论者都没能证明他们强大到足以胜过希腊"帝国主义者"(正宗的东方基督徒)。景教派别被赶出了罗马帝国,基督一性论派则被迫转入地下。然而,这些反罗马的基督徒所尝试却未获成功的事业最终由穆斯林完成了。结果是叙利亚和希腊的"文化复合体"造就出一个伊斯兰文明,同时景教派和基督一性论派则只是杂居在世界各地的异邦社会当中或固定在某些冷僻的角落里,侥幸存活下来。我们到处发现,一种文明得到了另一种文明的补充,这给我们提供了一个线索。任何得到补充的文明都是那些业已流产的文明名单上的潜在的候选人。

在我们迄今为止已经注意到的案例中,我们发现,一种已经击败了某些竞争者的挑战,最终会受到另一个竞争者成功的应战,但这种历史事件的顺序并没给我们提供所需的可靠证据,以便发现一种挑战是否有可能严重到根本就无法克服。对这个问题,倘若我们采用一种将三种条件加以比较的方法,我们便可能找到一种更富

---

① 指东罗马帝国,即拜占庭帝国。——译者注

无效的挑战
94 自然地理条件保护了埃塞俄比亚基督徒,使之避免了来自外部的刺激:这个社会孤立地存在于世。上图是 13 世纪的一个教堂的屋顶,在拉里贝拉未经开采的天然石块上雕刻而成。

成果的答案。如果我们从一个例子出发,这个例子是一次激起成功应战的挑战;然后再将这个例子同相似的应战例子,即比前一次挑战的严重程度较小或较大的例子加以比较,我们便可以发现,我们的出发点将落在两个端点之间的位置上。换言之,如果我们确信两个端点代表的挑战,分别对于激起一种创造性的应战而言力度太弱和力度过大,我们就会发现最适度的严重性位于何处,我们将会发现挑战和应战之间的交换作用依赖于回应递减的著名规律。

让我们通过伊斯兰和基督教国家之间的一系列遭遇的范例来考察这个规律。这两种宗教运动的扩张浪潮在各种场合都发生了冲突。我们如若从比较的观点来观察这些冲突,就会看到,它们表现为剧烈程度不一的一连串挑战,并因此也表现为成功程度不一的一连串应战。当穆斯林于公元732年侵入法国时,正逢这个西方社会为立国而开始奋斗的时刻,它面对的是一批无往不胜的征服者,他们已把自己的疆域从地中海南岸向北推进。但这次令人吃惊的挑战的结局却证明,它并非过于猛烈,因为它不仅远没有杀灭它的应战者,还激起初生的西方基督教社会起而抗击侵略者,并开启了一个成功的政治和文化自我意识的过程。

但是,西方仅仅是伊斯兰教和基督教发生冲突的一系列地点之一。在南方,伊斯兰向阿比西尼亚(今埃塞俄比亚)的基督一性论的国家发起挑战,这场遭遇给我们提供了一次失败的应战的范例,因为这次地方性的挑战表现得太无力了。阿比西尼亚的基督一性论者残余能特别侥幸地延续到今天,其原因在于他们固守的高地事实上坚不可摧。连续的文化侵略浪潮徒劳地拍击着这些原始残余藏身其中的岩石,既不能把他们吞没,也未能刺激出他们更大的努力。阿比西尼亚的基督一性论始终是基督教的一个呆滞和孤立的残片,伊斯兰的挑战在这里之所以一无所获,是因为在近代技术无情地摧毁这些阿比西尼亚人的天然屏障之前,伊斯兰对阿比西尼亚的冲击如同那个时代的所有其他挑战一样,由于当地自然环境的阻碍,其力度虚弱到如此地步,以致远远低于所要求的最适宜的严重程度。

另一方面,河中地区的景教徒在东方对伊斯兰挑战的应战却因为相反的理由而失败。这种挑战的严重性在于它实际上阻止了“远东景教基督教文明”的诞生。这一景教母体中的远东基督教文明的胚胎在流产之前,孕育在乌浒河—药杀河(Oxus-Jaxartes)流域。但是在737—741年,由于这个地区遭到阿拉伯帝国的打击,结果被剥夺了出生的机遇。在这次征服以前,这个地区的所有条件都看上去有利于一个新文明的降临。这里的各种文化,如伊朗文化、叙利亚文化、希腊文化和印度文化,曾经有过长时间的、全面的融合。这里也曾有过同样漫长和全面的种族融合过程。当地的伊朗农民在公元前2世纪与操伊朗语的牧民发生融合。在公元5—6世纪期间,两支操土耳其语的牧民进一步融合进来。这种硕果累累的多种人类成分因自然环境的特点而得以保存和加强。这些经过种族沉积的居民集中在一些分别设防的绿洲当中,导致这个地区的社会结合成一系列政治上独立、但经济和文化上互相联系的城市国家。这些国家同他们的哎哒人霸主以及后来的土耳其霸主保持着良好的关系,因为霸主们明白,主仆之间的共同繁荣来自东西方商路的过境贸易,而这取决

无法抗衡的挑战
95 中亚初起的景教文明在扎下根来之前,被穆斯林阿拉伯人所压垮。卡拉霍科"基督神庙"中的壁画。

于具有安全保障和不受阻碍地通过他们的领地。而生气勃勃的景教把宗教刺激的因素也加入到这些有利的人文和自然条件之中。这个教派的信徒因罗马帝国的迫害而出逃,将景教引进中亚乃至中国。

因此,在公元 7 世纪中叶,外药杀河地区的新文明的胚胎已显露出即将分娩的一切迹象。它之所以夭折,原因是它对穆斯林阿拉伯人入侵的严峻挑战所做的应战遭到了失败。对阿拉伯侵略者旷日持久的抵抗和突骑施(Turgesh,西突厥人)牧人的掳掠,造成无政府的紧张状态的潜在威胁,商路因此有可能关闭;而商路一旦被切断,外药杀河地区的生命之血就会不受遏制地流淌干净。阿拉伯人提供了两种选

第十七章 流产的文明

择,要么是一场无法抑制的经济灾难,要么采取政治上臣服的温和形式,尽管丧失了地方独立,但由于可以进入阿拉伯帝国从呼罗珊(Khurasan)到大西洋的广阔内陆市场,因而令人较容易忍受。他们接受了并非无条件投降的和平,外药杀河人避免了经济毁灭的选择。但同时,他们默认并入异族大一统国家也不可避免地对他们自己文明的胚胎具有消极影响。在这里,对挑战进行应战的代价未免有些过于昂贵了。

我们现在可以将伊斯兰教徒和各类基督徒之间的冲突按部就班地排序了。伊斯兰教的浪潮对阿比西尼亚基督一性论者的冲击十分微弱,几乎没有引起任何可以感受到的刺激。伊斯兰教对西方基督徒的强烈冲击则具有高度的刺激性,正像热烈的应战所显示的那样。对景教徒的冲击却把这个社会禁锢在胚胎状态,这个胚胎过于弱小,以致难以对挑战进行成功的应战。显而易见,伊斯兰对西方基督教世界的严重挑战恰好是最适度的,对阿比西尼亚基督一性论派以及对中亚景教基督徒的挑战的程度均与适度相去甚远。我们在这里便有了一个区分趋向成熟的文明和流产的文明的标准。我们能够理解为什么西方基督教和伊斯兰教分别生出了一种文明,而景教和基督一性论派却都没有做到这一点。伊斯兰教已证明它有足够的力量击垮希腊"帝国主义者"的支配地位。至于西方,则证明自己有足够的实力打败伊斯兰教。另一方面,景教和基督一性论却分别受到希腊"帝国主义"东正教的整治,当东正教的支配地位最终被伊斯兰教推翻的时候,它们也没有得到任何实惠。在阿比西尼亚,正像我们看到的那样,伊斯兰教对基督一性论的冲击过于轻微,以致没有起到刺激作用。而在外药杀河地区,伊斯兰教对景教的冲击又过于猛烈,以致引起摧毁性的后果。结果是伊斯兰教使这两个基督教的支派黯然失色,承袭了它们的遗产。除了据守在阿比西尼亚和亚美尼亚高地上的人之外,其他基督一性论者仅仅以杂居在他国社会中的形式才得以幸存下来。景教徒仅存活在库尔德斯坦(Kurdistan)的高地之上以及印度西南端的沼泽和丛林之中。

注释

[1] 参见本书第九部,第四十七章。
[2] 参见本书第九部,第四十七章。

———— 第三部 ————

文明的成长

　　一个顺利降生的文明，已经越过了自己最初的也是最困难的阶段，是否今后就能自然而然地成长壮大呢？某些降生后不久便停止了生长的社会表明，情况并非始终如此。所以这促使我去考察成长本身的性质。一个处在不断成长中的社会，在对一次挑战做出成功的应战并随之引发另一次新的挑战时，它似乎在把一次单个的运动变为一个运动的系列。我于是不由自主地要问：这种挑战和应战过程中的一系列连续的步骤是否有方向可循。在我看来，那种朝一个预定的目标必然前进的观念并不适用于人类世界。但我也发现，就一般而言，一个社会的成长，可以根据这个社会领导者的自主力量是否在不断增大来加以衡量。我认为一个文明的未来命运操在具有创造力的少数个人手中。

第十八章
成长停滞的一些例子

各个文明的成长真的是一个问题吗？至此为止,我们的探讨已使我们毫不怀疑,文明的起源确实是个问题。我们对这个问题的解决已经尽力而为了。但现在我们是否需要做进一步的探索呢？当文明一旦降生,是否接踵而来的就是成长呢？这个问题的答案似乎是:降生之后,成长并非会随之而至。除了我们已经列举过的那些成熟的和流产的文明类型之外,我们还能找出一些第三种社会类型或一个社会内的各个不同社会团体的例子,意即一些既未流产也未继续发展、而是在出生之后便停滞不前的例子。

这些停滞社会或团体的共同特点是:它们均由于尝试并实现了一次重大的举动而停止了运动,它们均对恰好介于刺激和过分刺激之间的挑战进行了应战。那些流产的文明,在试图出生的时候,遇到了难以逾越的困难,因此不幸夭折。停止的文明则赢得了第一个回合,但在接下来的一轮中却遭受了明确无误的失败。在我们虚构的那个有关攀岩者的譬喻中,[1] 停滞社会的代表就像是那些攀岩者,他们刚好开始攀登绝壁,很快便爬到了离那块绝壁突出部分不远的地方。这些过分大胆的攀岩者并不像其他较为胆怯或谨慎的人那样精神一蹶不振,他们接受了挑战,同挡在前面的悬崖展开搏斗。后来,他们发现自己紧贴在那块绝壁突出的岩石表面,姿势僵滞,动弹不得。于是他们的全部技能、精力和勇敢,现在都被调动起来,用在避免落入深谷的努力当中。他们在再次到达一处正常的歇脚地之前,连一丝继续攀援的气力都没有了。他们正在表演一种令人惊异的绝技,但不是运动的而是静止的绝技。他们的箴言,或者说最后的墓志铭就是"不动即是生存"。

一个社会一旦降临于世,在其生命的任何阶段,实际上都有可能陷入停滞状态。我们将看到,[2] 一些已经崩溃的社会,在其生命的最后阶段,存在着停滞的现象。同样,在一个文明的内部,当某个社会群体的邻人继续发展的时候,它却有可能变得停滞不前。奥斯曼土耳其人从游牧社会变为大帝国时的情况便是这样。他们面临前所未有的挑战，即不得不统治广大的依附民众。为了试图应付这种新的政治问题，他们创立了复杂而缺乏灵活性的制度，从而完全窒息了社会进一步发展的可能。斯巴达给自己带来了同样的命运。为了对公元前8世纪希腊社会遇到的共同问题——人口压力做出回应，他们通过在希腊世界的征服战争，拓展了自己的领土，将他们的全部创造才能，都消耗在维持对含有敌意的同族居民①的控制一事上。

除了这些例子之外，还有一些其他社会，似乎踏上了出生之路或已完成了出生的壮举，却发觉自己已无力支撑成长的运动。爱斯基摩人便是这样。他们发展出一种极具特色和高度适应性的北极文化，但这使他们成了他们欲征服的艰苦环境的囚徒，因为首要的任务是生存，这耗尽了他们的全部精力。非洲世界的许多孤立隔绝的社会也是这样。他们生活的自然和思想意识环境，似乎阻滞了大范围的、富有伸缩性的社会的形成。每当这样的社会要变为传统制度和部落习俗无法容纳的更大的社会时，就会有一部分从其母体分离出来，进而建立起一个新的部落社会。因此，这种引起创建如此严格的社会与实际生活结构的危机，导致这个社会的与世隔绝和缺乏活力。

然而，停滞社会的突出例子是欧亚大陆的游牧社会。这些游牧民族接受了草原的挑战，而草原作为一种自然成分，其要求同北极的冰雪或热带的丛林没什么区别。确实，欧亚草原比任何其他干旱地区更接近另一种非常难以相处的自然成分——海洋。草原的表面与海洋的表面有一个共同点，就是人类只能以朝圣者或暂居者的身份才能接近它们。除了海岛和绿洲，它们那广袤的空间未能赋予人类任何可供其歇息、落脚和定居的场所。二者都为旅行和运输明显提供了更多的便利条件，这是地球上那些有利于人类社会永久居住的地区所不及的。但二者都要求（作为它们受到入侵的惩罚）永无休止地"继续前进"，要不然就彻底"脱离"它们的表面，到它们周边坚实的陆地上去找一个立足的地点。因此，在草原上逐水草为生的牧民和在海洋里搜寻鱼群的船民之间，确实存在着相似之处。在去大洋彼岸交换产品的商船队和到草原那一边交换产品的骆驼商队之间也具有类似之点。在海盗和沙漠劫匪之间，在驱使亚该亚人、北欧人或十字军搭乘海船、潮水般涌向欧洲和黎凡特沿岸的爆炸

---

① 被斯巴达人征服的邻人美塞尼亚人与斯巴达人一样，同属多利安人。——译者注

成长的停滞

96　上图为游牧民族营帐里的生活，14世纪的蒙古绘画。

97　下图为在日本一条冰封的河流上捕鱼的虾夷渔民。虾夷人长期处于停滞状态，在成长的日本文明的范围之外，组成靠近北极地带的狩猎和打鱼的社会。

　　　　　　　　　　　　　　　第十八章　成长停滞的一些例子

性人口移动,以及迫使阿拉伯人、西徐亚人、土耳其人或蒙古人驰离他们的草原故土,如狼似虎般地涌入埃及、伊拉克、俄罗斯、印度或中国定居地区的其他人口大迁徙之间,情况也如出一辙。

我们看到,游牧民族对大自然挑战的应战是一出非凡的壮剧,由于缺乏令人满意的考古证据,引发这项成就的历史动因仍然限于猜测。这个问题是一个涉及年代的问题,因为没有任何史料允许我们将中亚游牧生活的历史起源归结到某个确切的时间和特定的地点。[3]

在探索人类最初试图驯服与控制自然环境的问题上,我们可以采用一种发展模式。按照这个模式,经济生产方式是假定逐步由简单到复杂,由几个彼此衔接的阶段——狩猎采集、动植物的驯化栽培、农业和家畜饲养业相接合的定居——构成的。根据这个模式,游牧生活被假定为一种从动物驯化阶段的标准发展道路分离而来的有选择的体系,因为游牧生活基本上是一种高度专业化的畜养牲畜的形式。人们试图把这一进程中的各个阶段同气候变化联系起来,譬如说有一种推论认为,当干旱的程度增加的时候,首先是作为人类捕猎对象的动物群消失了,这迫使那些过去完全靠狩猎为生的社会,在不利的条件下,通过从事原始农业和用食物饲养无处觅食的野生动物来获取生活资料。随后,按照这种理论,干旱在加剧,这些业已定居的农夫和家畜饲养人被迫离开日益缩小的可耕地,采取在草原上四处游牧的生产方式,为寻找暂时的牧场,季节性地驱赶着他们的畜群,从一个地方迁往另外一个地方。[4]近来,人口压力的假设进一步对这种渐进的生产变化予以解释。根据这一假设,早期人类因为要应付人口的增长以及无力改进现存的生产技术,不得不使他们的生存手段多样化,例如他们学会了栽培植物和饲养动物的艺术。[5]这两种理论中的任何一个,都可能对游牧生活的起源做出了令人满意的解释,但由于缺乏可资佐证的考古材料,它们只能是未经证实的假设。我们无权假定这些由某个遗址的发掘所提供的有限证据,通过类比就能适用于在不同时间里采用过游牧生活方式的广大地区。

首先,我们甚至不能大概地给出假定的农业生产方式的渐变时间,如果说这个过程是一个隐含未露的谜,那么游牧生活的起源则是这个谜中最隐秘的部分,因为一般而论,流动的氏族部落及其畜群,遗留下来的那些可供现代考古工作者挖掘并重见天日的持久痕迹,即有关居住和旅行路途的痕迹,在史前社会中是为数最少的。再者,我们甚至没有证据推测,游牧生活作为对环境挑战的一种有选择的应战,是始

彩图 21
成长的停滞

　　交谈中的蒙古牧
民。一个试图做出某
种旷世伟业的文明，
可能发现自己并没有
完全失败，而是陷入
了停滞不前的境地。
他的活力全被用来对
付这种巨大的、单一
的挑战。中亚牧民便
被赋予这样的命运。
他们虽成功地解决了
适应大草原生活的迫
切问题，却在这样做
的同时使自己成为环
境的奴隶，不能取得
任何具有创造新意的
进步。

彩图 22
成长的活力

降生是一次单个的行动，而成长却是一个连续的过程。如果每一次成功的应战引起一种需要新的创造性来调整的失衡状态，那么挑战和应战的运动就成为一种自我持续的序列运动。普罗米修斯的神话就包含着这样一种动力，因为普罗米修斯在违抗暴君宙斯的权威、偷天火给人类之后，接下来就是说服他应当允许人类不断发展。中世纪关于这个神话的记述则对这个起源于异教的神话予以基督教式的歪曲，说普罗米修斯并没有造上帝的反，而是上帝在创世时的搭档。在这幅 15 世纪的微缩图中，普罗米修斯先是手持火把穿行在宇宙之间；图的中央，是伊甸园中懒散的人类。在这里，普罗米修斯的火把恰到好处地表现了一种赋予生命活力的力量，同时它还具有附加的象征意义，也就是作为认知或求知欲望之火。后来看到的普罗米修斯所受的惩罚之苦，则隐喻着探询的求知伴随着危险的后果。

于气候或人口的挑战呢,还是始于什么别的原因。这就是说,作为一种应战,它使接受它的人从农业发展的主流中分离出来,采纳了一种最终证明是属于逆流的生活方式。我们也想象得到,游牧生活绝对不是由于人们大批离开农耕社会而被引到干旱贫瘠的大草原上的,它是草原上的古代居民设想出的一种新颖别致、前所未有的方法,为的是应付苛酷的环境在他们史前史的一个阶段上强加给他们的挑战。这个阶段尽管十分遥远,但它肯定要晚于人类驯化了动物并把它当作主业的阶段。

迄今为止,我们还没有关于畜牧业起源的确凿证据。另一方面,游牧生活方式作为对固有的严重挑战的应战这一点却是毋庸置疑的;而且,这种应战所具有的活力或持久的韧性,也是世所公认的。游牧民族以高度发达的牧业艺术同极为恶劣的环境进行搏斗,但为了在过于严峻的条件下成功地实践这种艺术,他们必须发展出一种特殊的技能,而为了运用这项技能,他们还需开发一些特殊的道德和智慧的力量。草原游牧生活是经济活动中最专业化的形式之一。由于缺乏固定的居留场所和耕作的机会,牧民几乎毫无例外地依赖单一的资源——畜群。他们必须从牲畜身

98 游牧民族的艺术:西徐亚人一柄刀鞘的细部,表现两位神祇面对一棵圣树,这是从美索不达米亚借取来的形象。

第十八章 成长停滞的一些例子

上获取自己的衣食、居室材料、燃料和交通工具，同时他们将部分剩余同草原周边地区的居民交换诸如金属和谷物之类的生活必需品。游牧民族流动频繁，同相对稳定的农业民族形成鲜明对照。但他们也受到后勤方面的很大局限，在不适于居住的、荒凉的环境中，组织相对庞大的人群和畜群的运动是个棘手的问题。游牧民族必须携带自己的家庭和畜群，依循四季气候的循环（它决定各地草场能否供牧民、牲畜食用），在广阔的大草原上游动，逐水草为生。如果他们不想使自己在开阔的荒野中迷路或错过那些零星分散的水源或草地（没有这些条件，他们及其畜群在迁徙中便会灭亡）的话，他们必须相当精确地计算距离和方向。游牧民族的首领倘若没有磨炼出诸如远见、自信、肉体和精神上的韧性等优秀品质，若没有对其属下人员和牲畜拥有强制的权威，就像一位军队统帅在人与人而非人与自然的战争中所应具有的品格以及左右其部队的权威那样，便不可能赢得这场持久的经济战的胜利。游牧生活的伟业要求一种非常严格的行为和体力标准，本能地要求高度的忠诚和血族集团的团结。若没有这些特性，一支蜿蜒穿过大草原的、训练有素的队伍就会涣散成七零八落的碎片，每片都无法独立生存。毫不奇怪，具有如此严明纪律的社会，在取得这项成就的同时，一定会受到同等程度的惩罚。

　　游牧民族遭受的惩罚本质上同爱斯基摩人受到的惩罚是一样的。已被他们成功征服的、令人生畏的自然环境，又不声不响地奴役了他们，尽管表面上接受他们是自己的主人。牧人如同爱斯基摩人，成了循环迁徙的永久囚徒。他们不得不随着自己的畜群食尽一处又一处草场而不断移动。因此，游牧民族在取得对草原的主动的同时，又丧失了对更广大的世界的主动。的确，他们如果丢不掉自己游牧的标记，就无法超越文明史的这一阶段。他们自身文明的内在活力确实将某些出色的成就归之于自己。西徐亚人是西方世界接触到的最早的游牧民族之一，他们生机勃勃的艺术创作给人的印象，可与那些定居的同代人的任何艺术作品相提并论。一千年过去之后，土耳其人和蒙古人的游牧大帝国也创造出令人震惊的、生动饱满的文化，它们都以繁荣的首都为基地，如窝阔台汗国（Ogodei Khan）的首都哈剌和林。然而，这里无疑也有一些真正的游牧文明的弱点：除了在一些历史时期里，他们越出自己的领地，扑向定居的邻人，并在草原之外的地盘上建立起暂时的统治之外，游牧社会注定要痛苦地徜徉在荒无人烟的环境中，以不大的血缘团体和小队的形式永久地迁徙流动。这种在恶劣的地带产生出有效的、绝妙的经济成果的社会手段，证明是对更高文化发展的一种无法逾越的障碍。

注释

[1] 参见本书第一部,第十章。

[2] 参见第五部,第二十七章。

[3] 关于游牧业的起源,参见 E.D.菲利普斯:《一流的游牧部落》(*The Royal Hordes*),伦敦,泰晤士—哈德逊出版公司,1965 年。

[4] 关于这个观点,参见 R.潘派里:《在土耳其斯坦的探险:1904 年的探险活动,阿诺的史前文明》(*Ex-plorations in Turkestan*:*Expedition of 1904*:*Prehistoric Civilizations of Anau*),第 2 卷,华盛顿,卡内基协会,1908 年。

[5] 参见 P. J. 尤科和 G. W. 丁波尔贝主编:《动植物的驯化》(*The Domestication of Plants and Animals*),伦敦,达克沃特出版公司,1967 年,尤其看 73—100 页。

第十九章
成 长 的 标 准

　　既然我们已相信文明的成长的确是个问题，那现在就需要通过对成长本质的探讨来试着解答这个问题，或者换句话说，我们有必要尝试一下，确认文明成长的标准是什么。我们还是从先前章节中已助过我们一臂之力的神话出发，开始我们的探讨，看看埃斯库罗斯在普罗米修斯三部曲①中的看法是否对我们提出的论题能有所阐释。

　　《约伯记》和歌德《浮士德》中的神话使我们洞悉文明起源的实质，[1]有关普罗米修斯的神话则可能给我们提供了了解文明起源本质的线索。根据埃斯库罗斯的剧本，宙斯在与他的挑战者的战斗中吃了败仗。宙斯不同于约伯或浮士德眼里的上帝，他在这里并不想要开展新的创造活动的刺激，他希望保持原状，宁愿环绕着他的宇宙静止不动。普罗米修斯向宙斯提出的挑战，是对宙斯的脾性和政策提出了疑问，促使宙斯对其挑战者采取报复性的迫害。这次行动颠覆了他所珍爱的均衡状态，失败的一方是宙斯自己，而普罗米修斯却通过受苦受难赢得了胜利。

　　我们看到，埃斯库罗斯笔下的宙斯起初是大胆创新的前古典时代的宙斯，在此之前，人们尽管"对自由思考所带来的消解和破坏作用感到惧怕，却仍在寻求人类智识的力量，寻求理性和自由探索的精神"。[2]宙斯的功绩是推翻了他的前任天神克洛诺斯，在完成了这项功业之后，他坐上了奥林帕斯主神的宝座。他在那里除了想维持自己的统治、在唯我独尊的状态中脚踏着匍匐在地的整个宇宙之外，没有什么其他想法。但宙斯不是靠自身的力量而是靠普罗米修斯的援助才战胜克洛诺斯的。正像埃斯库罗斯预言的那样，他必须仰赖于他的这位先前盟友的挑战才能得救。尽管宙斯一心想在永恒的静止状态中保持自己的地位，但普罗米修斯却是一位永不知足的创造者和点火人，他具有不断探索的思想，是成长过程的一个神话般的化身，是

――――――――――

① 《携带火种的普罗米修斯》、《被缚的普罗米修斯》、《被释的普罗米修斯》。——译者注

伯格森学派①的"生命的冲动"（é lan vital）。他知道，除非宙斯继续运动，否则这位奥林帕斯山的统治者就必然要被推翻，如同先前的克洛诺斯一样，因此他不让宙斯安宁：

> 当他头一次登上他父亲的宝座，
>
> 便径直将众神招到面前，
>
> 赋予他们每一位应得的地盘和荣誉，
>
> 于是他实现了他建立帝国的计划。
>
> 但他对人类，那不幸的人类，
>
> 却毫不关照，他甚而同诸神商议
>
> 将整个人类连根除掉，
>
> 在他们的居住地上栽植一种怪异的生命。
>
> 为保全自己，没有哪个神胆敢
>
> 反对这个罪恶的念头。
>
> 而我却挺身而起，不能坐视人类
>
> 被他一扫而光，无影无踪……[3]

普罗米修斯运用理性的力量，未能使宙斯相信他那静止的宇宙，不是和平的世界，而是一处荒漠。他蔑视宙斯的意志，用他个人的精神鼓励他佑护的人和他的学生，指引着人类努力向前，力争上游：

> 他是一无所用的东西，
>
> 直到我把生动的思想，
>
> 注入他的心里，
>
> 直到他掌握新的思考。[4]

由于自己的意志受到阻挠，宙斯调动雷霆万钧之力，决意报复普罗米修斯。

> 我对人类抱有怜悯之心，
>
> 因此我自己必须面对冷酷无情，
>
> 被缚在石柱上，
>
> 印证天神的残忍和傲慢。[5]

---

① 伯格森是现代法国哲学家，生卒年代为 1859—1941 年。——译者注

创造者普罗米修斯

99、100　在希腊神话中,普罗米修斯是对宙斯的造反者,奥林匹亚山众神秩序的捣乱者,也是人类的创造者。上图为普罗米修斯在用泥和水、模仿神的样子制作人的骨架。下图是他自己的保护神、戴着头盔的雅典娜把生命注入僵死的雕像,从而完成了这项工作。

在这场斗争中,普罗米修斯的肉体虽然受宙斯的支配,但胜利却属于普罗米修斯。因为宙斯的任何酷刑都不能动摇普罗米修斯的坚定意志。正是这种意志捍卫着宙斯想要知道的秘密。这个秘密就是:如果宙斯坚持他那静止不动和独往独来的姿态,他便注定要像他的前任一样,被一股经过悉心策划的残暴的僭越势力所推翻。这个秘密是宙斯个人命运的关键,在《被缚的普罗米修斯》一剧中,我们看到宙斯绞尽脑汁,试图从普罗米修斯那里逼出这个秘密。尽管三部曲中的另外两部剧本未能保存下来①,但我们有足够的证据推测,普罗米修斯和宙斯最后尽释前嫌,宙斯学会了宽恕,同意饶恕他的敌人,允许人类生息发展。无论如何,宙斯的内心燃有一星半点"普罗米修斯的火光",并且始终未能完全泯灭。他和普罗米修斯的冲突则将这种一直潜藏在宙斯灵魂深处的火星引燃成冲天大火。

根据神话学的说法,宙斯和普罗米修斯各自表现为不同的人类化身。但在心理分析看来,可以将他们看作是同一个人类灵魂的两种冲动,它们无论冲突如何剧烈,却是彼此相通的,因为感受着二者的是同一个灵魂。我们可以把这种心理解释应用于人类的各种社会行为。例如,我们假定,在公元前 2000 年末叶希腊社会的襁褓时期,操希腊语的西北蛮族入侵者盘踞在已被遗弃的爱琴文明的废墟上,他们死气沉沉,丝毫没有受到普罗米修斯思想潮流的冲击。随后,整个希腊就像"多利安"人的克里特一样,始终过着单调乏味的生活②。但是在某些蛮族人的头脑中,就像神话中的宙斯的头脑一样,奄奄一息的文明火星又被重新点燃,通过这种普罗米修斯的冲动,襁褓中的希腊社会从僵化的被缚状态解脱出来,从降生状态转为成长。伯格森用哲学的语言,描述了这种在埃斯库罗斯的神话中被刻画成普罗米修斯式的人类的思想冲动:

> 人类在从大自然脱颖而出时,便是一种既具聪明才智又具社会性的存在,其社会性用来构成各个小型的社会,其聪明才智则注定要为个人生活和团体生活服务。但人的聪明才智由于人的自身努力而不断膨胀,其发展的程度是难以预料的。它将人类从人性的各种局限所决定的依附状态中解放出来。在这些条件之下,有一点已得到了证明,即对于(精神上的)天赋特别充分的某些人类

---

① 在埃斯库罗斯的 90 部悲剧中,现在幸存的仅有 7 部。——译者注
② 这里指多利安人的入侵及其后建起的相对保守、停滞但较稳定的社会制度。——译者注

第十九章 成长的标准

而言,完全有可能重新开启那些曾经是封闭的东西,以及至少是为他们自己,去做那些大多数人类天生不可能做的事情。他们的榜样最终会带动其他人类,至少会带动其他人类的想象力。[6]

我们能否将这些洞见用我们挑战和应战的术语来表达呢?到目前为止,在我们的考察中,我们已令人满意地注意到一些有关挑战性质的相当明显的事实:我们已看到,无论是过分的挑战还是过弱的挑战都不能引起一种创造性的应战;我们也看到,一次刚好介于过分边缘的挑战,乍看起来似乎是所有挑战中最具刺激性的一种,却趋于对它的应战者予以致命的惩罚,致使其止步不前。[7]当然,这里有我们正在寻找的成长的秘密,因为从长远的观点来看,最适度的挑战不仅必须激起受到挑战的一方进行成功的应战,而且刺激对方获得一种将自己推向前进的动力,即从一次成功到新的斗争,从一个问题的解决到另一个问题的提出,从暂时的歇息到展开新的运动,从阴再次到阳。如果说起源之后接着就是成长的话,那么仅有从混乱状态到恢复平衡这种单一的、有限的运动是不够的。为了使这一运动转变为一种反复再现的韵律,就必须有一种把受到挑战的一方由平衡状态推入不平衡状态的冲力,使之暴露在新的挑战面前,因而激励它做出以进一步的平衡为形式的新应战,而结局却是又一次的不平衡,实际是一种潜在的无止境的进程,用尘世的语言说就是:

> 我耽溺于享乐是出于欲望,
>
> 在享乐中我渴求欲望。[8]

而用天上的语言来说就是:

> 来吧,升向更高的境界!
>
> 他觉察到你,会从后面跟来。[9]

这种不断反复的成长韵律是否有任何方向或目标可循呢?为了解答这个问题,我们不妨明智地回想一下,"方向"这个概念除了可用在自然界外,是没有什么实际用处的。当我们把这个概念用于精神领域的时候,我们必须防止自己误入歧途。

只要我们同意把这些运动步骤称作进步,即使没有说(人类进程中的一连串步骤的)方向,那意思也是同样的。每一次运动,事实上都不得不定义成向前迈出了一步。但这仅仅是一种比喻而已。倘若确实存在着一种先定的方向,人类心满意足地沿着它前进,那各次道德的复兴就是可预测的了,于是每一次复兴对某种创造活动的需要也就不复存在了。事实上,人们能够选择的总是它们

火的携带者普罗米修斯

101、102 普罗米修斯作为人类创造者和违反天命携天火予人类的神具有双重的神话身份。这两种角色经常被组合成一个形象，显示普罗米修斯借助火来赋予人类以生命。

上图为普罗米修斯穿过天空来到大地,把火带给人类。这是 15 世纪一位法兰德斯人的画稿。

下图为耶和华赋予混沌以形状,普罗米修斯用他的火炬使伊甸园内的人有了生气。这是收在奥维德《变形记》中的一幅中世纪的插图,把异教的希腊创世的神话传统结合到基督教创世的偶像解说之中。

中间的最晚近的一次运动,用一个概念来界定它,说其他运动或多或少地受到这个概念的涵盖,结果所有的运动都成了通向这个概念道路上的中间站。但事情所以采取这种形式仅仅是由于人们在事后的回顾。实际上各种变化都是质变,并不是量变,因此它们都是无法预测的。不过,它们在展现自己这方面还是有一点共同之处,这不只表现为概念的复制。它们全都试图打破封闭状态……为了将我们的分析向前推进一步,我们必须补充一句,就是这些连续的努力,绝不是一种观念在一步步的实现,因为没有一种在预想中形成的观念能够代表各次所得的全部结果,在每一次自我的创造中,都创造出它自己的特殊的观念。但无论如何,这些多种多样的努力可以恰当地概括成某种唯一的东西,即"冲动"(élan)。[10]

一个目的论的公式或许能够充分表示进步过程中的任何一个单独的时期,但若把它用于整个过程,就会犯误导的错误。成长的连续性不是表现为空间的延续,而是表现为累加的形式。就运行的方向而言,由一连串的挑战和应战勾勒出的运动路

103　普罗米修斯反对宙斯导致一起新的创造活动:他把自己的火炬举向太阳之火,后者通过他的身体将生命传送到人类身上。

104 普罗米修斯神话的三个情节。普罗米修斯在太阳战车那里点燃了自己的火炬;左面是他在用火炬激活僵死的人类雕像;右面是他被赫尔默斯绑在一棵树上,等待对他的惩罚。

线可能是极不规则的。但这并没有什么象征的意义,因为这种由普罗米修斯式的冲动所实现的连续进步,在对一次挑战做出应战时,又使自己处于另一次挑战之下,因此不可能用一种曲线形式全部勾画出来。这一进程毋宁说是依据控制或组织的状况设想出来的,即把处于成长中的个人或社会对外部环境的支配和内部自决或自省的能力,看成是一种渐进的、不断积累的提高过程。

对外部环境的征服,无论是对人为环境还是自然环境,其本身不能成为成长的标准,尽管这个简单的公式初看上去很是诱人。我们很容易找到一些与这种观点相矛盾的例子。例如,中国文明冲出了它的政治版图之时——按照地理扩张的说法它正经历着一个成长的时期——却正好是(春秋)战国时期(公元前 771—前 221 年),社会处于剧烈的解体过程。在技术领域,情况也是如此,在新技术的掌握和文明的进步之间没有必然的联系。譬如说,我们在对停滞社会的考察中已看到,即使技术得到了改善,社会有可能依旧保持着静止状态。[11]再者,单纯的专门技术虽能使人类征服和控制外部环境,但如果人类证明他自己不能对冲撞其心灵的挑战战而胜之的话,技术则常常可能导致人类的毁灭。[12]真正的成长在于重点的不断变化,能量的不断转移,活动场所从宏观世界转向微观领域。在这个新的竞技场上,对挑战的成功应战不会采取克服外在障碍的形式,而是以不断内省的形式展现出来。当我们

第十九章　成长的标准

注视单个人或单个社会对持续不断的挑战——进行应战的时候,当我们自问这一系列对挑战的应战是否可以作为成长的一种体现的时候,我们将在这一系列活动进行的过程中,通过观察这种行动是否从上述宏观领域向微观领域的转移,来得出我们对问题的答案。是否存在或缺乏这种转移运动,给我们提供了一个标准,用来衡量一系列对挑战的应战是否具有或缺乏成长的性质。当然,行动实际上是不能绝对局限在这些领域中的某一个之内的,但成长的进程却意味着:在每一个连续的回合里,在决定成败与否的问题上,外在世界的行动是微不足道的,而内在世界的行动才至关重要。为了阐明这些关于成长性质的相当抽象的反映,让我们转过头来,举一个历史实例,作为对我们思考的印证。

在希腊史当中,较早期的挑战均来自外部环境。当爱琴文明崩溃之后,残存的希腊低地居民面临的挑战是如何确保安全,以抵御来自邻近高地上的那些好勇斗狠的土匪们的侵袭。低地居民成功地解决了他们的自卫问题,对邻人确立了军事上的优势。然而正是这种对第一次挑战的成功应战,使得他们又面临第二次挑战。对在低地上和平地从事农业活动提供保障的胜利,推动了人口的增长,直到希腊本土不再能容纳如此众多的居民。人口过剩的难题以海外扩张的办法来加以解决,这又一次使得应战者遭遇一些新的挑战,即来自殖民地区的腓尼基和埃特鲁里亚殖民者的挑战。当希腊人的扩张活动在大约公元前525—前325年被他们的非希腊邻人所遏制住时,这种挑战便真正显现了出来。在公元前480年的危机中,希腊被迫同时在两条战线上为生存而战:抗击西西里的迦太基人和在希腊本土由薛西斯①统帅的波斯人。之后,这种可怕的挑战自公元前334年亚历山大②渡过赫勒斯滂海峡起,在四个世纪里被顺利克服。亚历山大推翻了阿黑门尼德帝国,并因而为希腊文化支配叙利亚世界的主要地区开辟了道路,使埃及、苏美尔—阿卡德、伊朗和印度世界密切交流。罗马人则推翻了迦太基人的统治,在同欧洲蛮族人的斗争中占了上风,因而希腊文化向西部的新扩张开辟了道路。感谢这些胜利,希腊社会现在享有大约五到六个世纪——从公元前4世纪后期到公元3世纪早期——的太平。在此期间,没有出现来自外部环境的挑战。但这并不意味希腊社会在这个时期彻底免除了挑战。相

①　Xerxes,波斯帝国皇帝,率波斯军第三次入侵希腊。——译者注
②　Alexander,公元前356—前323年,马其顿国王,在征服希腊后率希腊联军东侵,灭波斯帝国。——译者注

反,这是一个衰退时期,意即这是一个希腊文化所面对的、不能予以成功回应的挑战时期。如果我们现在审视一下这些挑战,我们就会看到,它们无非是那些已给以成功应战的、来自外界的旧挑战的新版本,所不同的只是它们已从希腊社会环境转变为社会自身生活的挑战罢了。

例如,希腊社会已于公元前 480 年抗击了来自波斯和迦太基的外部挑战,所使用的两件有效的武器是雅典海军和叙拉古独裁统治①。但这两件在执行其直接功能时如此成功的工具,也在希腊社会机体内部造成了严重的紧张局势,这就是雅典和斯巴达争夺霸权的竞争,雅典对其海上同盟国的霸权变为独裁统治,西西里人起而反抗叙拉古的控制。这一切对希腊社会提出了挑战,而它却证明自己无力应战,并最终以社会的崩溃而告终结。因此,公元前 480 年提出的挑战,作为一种来自外部政治势力的冲击,在公元前 431 年(雅典海上同盟与伯罗奔尼撒同盟间的巨大战争)以社会内部冲突的形式得以再现。

在希腊史的下一章中,随着希腊文化的扩展而来的相应结果是:东方和西方纳入了马其顿和罗马军队的轨道。希腊军队在军事上的胜利,使希腊文化在大约五六百年的时间里,免除了来自外部世界的进一步挑战,这个结果的取得仅是由于挑战应战的领域从外部转移到了希腊世界的内部。反对外敌的长期斗争演变为互相竞争的马其顿的将领们以及罗马的独裁者们各自的内战。希腊社会和叙利亚社会为争夺地中海而展开的经济竞争,在希腊社会内部也以东方种植园的奴隶及其希腊主人之间的破坏性战争的形式反映出来。同样,希腊文化在成功地确立了对其他文化的优势之后,希腊文化和东方文明间的文化冲突作为一种希腊精神内部的危机,又卷土重来了。这种危机表现为伊希斯②崇拜、占星术、大乘佛教、密特拉教、基督教及其他形形色色的相近宗教的出现。

我们在当前西方文明和亚洲、非洲世界的遭遇中,也能察觉同样的战场转移的情况。对西方侵略性的帝国主义的反抗,导致这些社会从异族的统治或控制中解放出来。但这种把殖民主义的政治经济制度强加于人的西方化的外来冲击已经解体,转化为这些社会的外来文明和本土民族精神间的内部冲突。其结果不仅在这些社

---

① 叙拉古是希腊人在西西里岛的最大殖民城邦,当时正是僭主统治时期。——译者注
② 古埃及主要女神之一。——译者注

　　　　　　　　　　　　　　　　　　　第十九章　成长的标准

会当中明显出现了文化压力,而且西方社会——到目前为止,它仍享受着延长了的、没有外部挑战的时期——现在也体会到了这些努力所带来的反作用,即要应付它先前的臣民和附庸的挑战,而这个挑战最初却是由西方本身提出来的。

这种转移现象在对自然和人类挑战的应战中可以看到。随着西方文明在物质条件方面取得的胜利,接踵而来的就是类似的从外部挑战向内部挑战的转移。从经济角度驾驭大自然的问题,也就是把大自然提供的原材料转化为对人类有用的产品的问题,已经被西方的工匠们(*Homo Faber*)成功地解决了。但这些技术领域的成就引起了人们关系上的巨大问题。经济竞争加剧了国际紧张局势;在某些社会的内部生活中,劳资紧张造成了灾难性的后果。这两个分裂运动已在世界范围内结合到一起,制造出当代的热点问题,即人类不同成员在生活水准方面的差异,而这些成员因世界性的金融、贸易,目前已在彼此之间建立其经济联系。

在军事方面,现在严重的挑战也不再是技术问题而是心理问题了。我们掌握的毁灭性技术虽然可能变得精致,但它们却几乎不能再提高一步了。因为我们已经拥有彻底毁灭自然界和人类世界的能力。所以,原子物理的物质秘密对人类的科学思想提出的挑战已演变为对整个人类道德的挑战。

有鉴于此,我们恐怕可以持有这样的看法:当挑战和应战的系列在反复运行时,如果说应战的举动趋于从外部环境——无论人为环境还是自然环境——向正在成长中的人格或文明的内部转移的话,那我们就可以把一系列对连续挑战所做的成功应战看作是成长的体现。只要这种成长在继续,由外界对手提出并要求在外部战场应战的挑战便越来越少,而自己向自己提出并要求在内在竞技场上应战的挑战则越来越多。成长的意思是指:正在发展着的人格或文明,趋向于成为它们自身的环境,成为自身的挑战以及自身的战场。换句话说,成长的标准是一种趋向自决的进程,而趋向自决的进程则是一个平淡无奇的公式,用来描述使生命走进自身王国的奇迹。

如果说自决是成长的标准,自决的意思是自省,那我们就可以分析各个文明实际上赖以成长的进程,条件是我们需研究一下各文明不断认识自己的途径。一般而论,一个处在文明进程中的社会,是通过"属于"这个社会的个别人或这个社会所从属的那些人来自我认识的。正像我们在较早的章节已经说过的那样,[13]社会本身并不是一个人们的集合体,而是一个关系的网络,是两种或更多的力量交互作用的场所。它本身不是社会行为的来源,因为来源与其说是场所,不如说是假设。一个社会是交流的中介,人类通过它来互相作用,正是许多个人而不是各个社会在"创造"着历史。

伯格森在我们已在本章中援引过的书中雄辩有力地论述了这个事实:

> 我们不相信历史中的"无意识"(因素)。有关已经谈论得如此之多的"伟大的思想潜流",只是在事实的结果中流动。事实上,大批群众是被他们中的一个人或多个人领着走的……说社会的进步是由于历史上某个时期的社会思想条件自然而然发生的,这简直是无稽之谈。它实际上只是在这个社会已下定决心进行实验之后才一蹴而就的。这就是说,这个社会必须要自信,或无论怎样要允许自己受到震撼,而这种震撼始终是由某个人赋予的。[14]

向社会提供这种服务并因此引起社会成长的个人(他们则在其中崛起),精确地说是超人,因为他们获得了超卓的自制能力,并以极为少见的自决力量将它展现出来。用伯格森的话说,他们是感觉到生命冲动方向的人,是"得天独厚的人,渴望将冲动的印记留在整个人类的身上,而且由于他们意识到了矛盾,他们要改变一种式样,从根本上说这是一项创造性的事业,是化某种确定为停滞的东西为运动之物"。[15]

这种创造性的人物感受到内在需要的脉动,就是按他个人的看法改造他的同胞。一个这类天才的出现,无论是像基督、佛陀之类宗教神秘主义者还是列宁、甘地那样的政治领袖,都不可避免地引起社会的冲突,这是为了同他们的创造力引起的失衡状态相适应而展开的社会斗争。如果这些个人的观点变为社会实践,如果这种微观领域里的创造性突变,得到宏观领域适当修正的回应,平衡就将得到恢复。如果这种运动是在连续交替的动态系列中进行的,从整体经过变异分化到重新合为一体,再到仍然并非故事结局的重新分化,那成长便得到保障。但如果创造性的人物未能带领社会或他个人的精神领导权沦落为压迫性的、窒息活力的暴政,那结果又会怎样呢?倘若我们以为成长是创造性的自决能力的伴侣,那我们还必须看一看,我们是否能根据这一能力的丧失情况来解释一个文明的崩溃。

注释

[1] 关于对这个神话的分析,参见本书第二部,第十三章。

[2] G.莫瑞:《译成英语韵文的被缚的普罗米修斯》(*Prometheus Bound translated into English Rhyming Verse*),伦敦,阿兰—安文出版公司,1931年,第8—9页。

[3]莫瑞:前引书,第 2 卷,第 230—238 行。

[4]莫瑞:前引书,第 2 卷,第 443—444 行。

[5]莫瑞:前引书,第 2 卷,第 241—243 行。

[6]亨利·伯格森:《道德和宗教的来源》(*Les Deux Sources de la Morale et de la Religion*),巴黎,阿尔坎出版公司,1932 年,第 55 页。

[7]参见本书第二部,第十七章;第三部,第十八章。

[8]《浮士德》,第 2 部,第 3249—3250 行。

[9]《浮士德》,第 2 部,第 12094—12095 行。

[10]伯格森:前引书,第 188—189 页。

[11]参见本书第二部,第十八章。

[12]参见本书第三部以次。

[13]参见本书第一部,第三章。

[14]伯格森:前引书,第 333 和 73 页。

[15]伯格森:前引书,第 251 页。

第四部

文明的衰落

　　为什么有些过去的文明会衰落呢？我是断然不信各文明注定衰落的解释的，所以我把揭露决定论者的宿命观点作为本章的起点。在否定了决定论的解释之后，我要寻找一个替代它的理论。我首先发现，持续成长所依托的进程原本是充满风险的。一个社会所拥有的那些创造性的领袖人才，为了带动没有创造性的群众，就必须求诸社会"训练"。当领袖们的创造灵感消失的时候，这个"机械设备"会转过来反对它的操纵者。然后，我不得不解释这种创造性消失的原因，我把它归结于精神道德的败坏，我们人类似乎在取得伟大成就的次日便有了败坏的趋向，而我们本来并不是一定要屈从于它的。因此我们自己要为此承担责任。成功似乎使我们疏懒、自私或自以为是。我收集了一系列明显的历史实例，说明这一切是怎样发生的，在每一个案中人类是如何走上歧途的。

第二十章
决定论可信吗？

　　人类的劣根性之一,就是喜欢把自己的失败归咎于那些完全超出人力控制以及难以为人类行为所及的各种力量。这种精神伎俩虽使烦人的羞辱感转化为一种自负的新信念,以为宇宙这架庞大的机器处于运动当中就是为了干预人们的事业,但这其实不过是一种最隐蔽的"哲学安慰"而已。在文明衰落和解体的时间里,这种心理安慰对一些敏感的人特别具有吸引力。在希腊文明的衰落时期,它曾是不同哲学流派的共同特点,这些派别都把他们深感痛心却无力遏止的社会腐败,解释成一种必然的、无法回避的"普遍衰老"作用的结果。在希腊社会获得暂时的"奥古斯都的和平"①之前,这种思想的代表就是希腊多难时期的最后一代人、伊壁鸠鲁派的卢克莱修②的哲学:

> 宇宙本身也免不了厄运,
>
> 它的城池将受到风暴袭击,
>
> 可怖的破坏将使它成为一片肮脏腐烂的废墟。
>
> 这伤害已经开始了,
>
> 为何我们这个时代
>
> 变得腐败不堪。
>
> 大地母亲已筋疲力尽,
>
> 她发觉现在很难生育各种小生命。
>
> 所有时代的生命都是她的子女:
>
> 她生养了巨大的怪兽……
>
> 我们那金灿灿的庄稼和含笑的葡萄园

---

① *Pax Augusta*,指公元前31年罗马内战的胜利者奥古斯都确立的大约两个世纪的和平局面。——译者注
② 约公元前98—前54年,罗马哲学家兼诗人。——译者注

也是大地给人类的慷慨赠礼。

她带来甜美的幼苗，

她赐予美好的草原。

唉！可现在这一切都发育不良，

尽管人类的劳作想对自然有所助益。

我们成群结队地死命劳动，

驱赶牲畜的人也如此这般，

我们的工具都磨损殆尽，

但几乎不能满足大地的需要。

我们的土地需要更多的劳动，

但却不给我们劳动的果实。

年迈的老农摇头叹息，

他的劳作一无所获，

他痛哭流涕。

这就是现在吗？

怎么和过去泾渭分明。

他嫉妒起祖先的好运，

他慨叹，古人就像神仙，

他们谋生简直轻而易举。

可到了我们的时代，

庄稼变得矮小，

那枯萎的葡萄藤的主人，

可怜的农夫，

质问时代匆匆，冷酷无情；

责怪上苍

对宇宙的缓慢腐败视而不见，

听任无休止的损耗，

直到命里注定的灭亡。[1]

　　这个主题在大约三百年以后，又重现在由西方基督教会的教父之一所写的论战性作品中。这部作品是在希腊社会再次陷入苦难的背景下写成的,作者西普里安①起初还是异教学者,而这场危机还没过去,他已成了基督教的一位殉难者。

> 你应当意识到,现在这个时代是衰老的时代。如今它没有了过去那种能使它奋起的坚毅,也没有了过去能使它壮健的充沛精力。这个事实已尽人皆知,即使我们保持沉默……。由于这个世界本身,已用具体多样的腐败证据,证明了自己的衰落。那些滋养着地里种子的冬雨,已经减少;那些有助于庄稼收割的夏日的炎热,也不再多见。春天不那么鲜亮动人,秋日也不那么丰饶秀美。山岭千疮百孔,资源渐尽:大理石的产量微不足道,矿坑被采掘一空,贵金属的蕴藏量少得可怜,矿脉日渐枯竭,日复一日地减少。田地里缺少农民,他们的人数在缩小;海上的水手、兵营里的士兵、市场上的诚实、法庭中的公正、朋友间的友爱和谐、技能的熟练、道德的恪守,也变得同样稀少。当一个事物在逐渐老化时,你以为它还能原封未动地保持它青春年少时的健美体魄吗?任何接近终点以及趋向衰落的东西都必然要萎缩。譬如太阳在落山的时候,它射出的光焰就不太明亮灿烂了。月亮在缺损时,它变得越来越窄,轮廓也全被吞蚀了。一度郁郁葱葱、果实累累的树木后来变得枯萎不育,枝条干瘪,因年迈而逐渐丑陋不堪。衰老同样阻滞了泉水的流淌,直至喷涌的泉眼退缩成几乎干涸的细流。这是传递给这个世界的判决,是上帝的法则:有生就必然有死,有成长就必然有衰老,有强壮就必然有虚弱,有伟大就必然有渺小。这种精力和精神的丧失最后必将以毁灭告终。[2]

我们大概能听到西普里安悲观主义在我们这个时代的回声,说我们这个地球存储的自然资源已接近衰竭。自从西方的物理学家们根据热力学第二定理,提出一切事物终将解体的假设并因而对它反复强调以来,我们甚至对宇宙灭亡的判决耳熟能详了。[3]但即使我们接受这个目前仍有争议的假设,这种对物质世界的判决也因我们的意识化为乌有而对卢克莱修和西普里安所希冀的我们的精神解脱毫无助益。[4]我们西方的宇宙学家们已草拟了一张时间表,完全以不同的尺度罗列了人类的历史和宇宙的历史,从实用的观点来看,可以把它们看成是彼此毫无关联的东西。

> 人类是年轻的……。我们的文明尚处在婴儿阶段,地球本身还没有走完自己的一半路程,它现有四十多亿岁,但在今后四十多亿年里,它恐怕仍然会存在。[5]

---

① Cyprian,约200—258年,早期基督教在北非的神学家,曾任迦太基主教,被罗马政府镇压。——译者注

因而,晚近的西方宿命论或决定论的拥护者,在文明衰落的解释上转而求助于较短时段的判决和死亡的法则,他们声称对这个星球上的整个生命王国拥有司法权。这个学派最显赫的成员之一就是奥斯瓦尔多·斯宾格勒①。他争辩说,一个文明等同于一种有机体,要经历幼年、青年、中年和老年的历程,无论人类还是任何其他有机的生命莫不如此。[6]然而我们已在较早的一章提到,[7]实际上,各个社会无论从什么意义上讲都不是有生命的机体。从主观方面说,社会是可被认知和理解的研究领域,但从客观方面来看,社会又分别是个人活动的共同场所,这些个人的能量是推动一个社会历史发展(包括它的时间长度)的至关重要的力量。

有谁能测量出或预见到所有这些演员将扮演什么人物以及相互间会如何发生作用呢?这些演员中又有多少人能从头到尾都出现在同一个特定的舞台之上呢?斯宾格勒武断地宣布,每个社会都有一个命定的生存时间,这种看法是相当愚蠢的,这就等于说每出戏都注定要由同等数量的演员组成一样。

当斯宾格勒放弃单个生物个体的譬喻方法而采用一个生物物种或类属的譬喻方法时,他并没有给他的决定论增加什么筹码:

> 任何生物群落的特性中都包含着一个明确无误的生命周期和一个发展频率,没有一种历史形态能够脱离这些特性。……一代生命的周期,不管对什么生物而言,都是一种几乎具有神秘意义的数值。这类关系对一切人类文明也是有效的,并且以前人做梦都想不到的方式适用于人类文明。每一文明,每一古朴的时代,每一兴起和衰落,每一次这类运动中的每一阶段,都有明确的、始终相同的、以象征的形式重复再现的生命周期。在所有文明当中流行的有关50年政治、学术、艺术生命的说法有什么意义呢?……作为一切文明的理想生命周期的1000年,如果同个人70岁的寿命相比,又有哪些意义呢?[8]

对这些问题的结论性回答是:一个社会不是生物的一个种或一个属,它就是一个有机体。它本身是某些"社会"种属中的一个单独的代表,作为一个社会"成员"的个人同样也是一个种或属的代表。但我们各个人组成的属既不是特殊意义上的西方社会(或希腊社会,或任何其他社会),也不是一般意义上的各社会的属,而是人属(genus Homo)。这个简单的事实,免除了我们在这里考察斯宾格勒教条的任何义

---

① Oswald Spengler,1880—1936,德国历史哲学家,著有《西方的没落》一书。——译者注

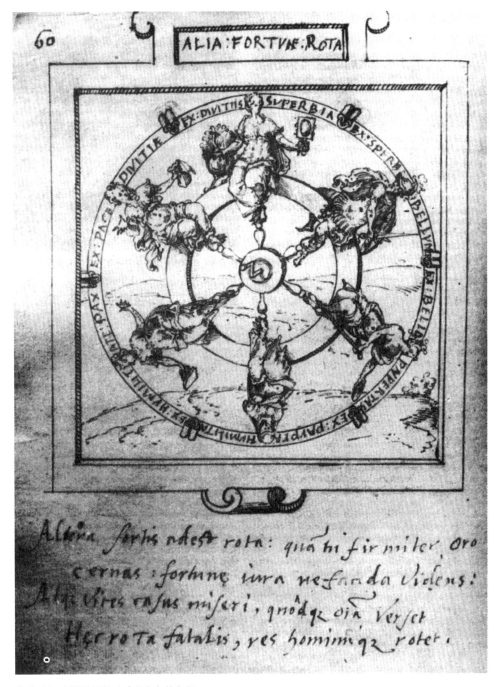

车轮，循环哲学的原始比喻和永久的象征

105 《无常的命运》：画中的命运之轮根据思想反应的顺序来解释命运无常的思想：从和平到富裕，从富裕到骄傲，从骄傲到战争，从战争到贫穷，从贫穷到卑下，从卑下到和平。

务。按照这个教条,从代表生物学种属的生物个体类推,属和种的生命周期乃是预定好了的。即使我们暂且假定,人属在这个星球的表面有一个命定的存在时限,但只要多少考虑一下生物种属实际上的历史长度就立刻明了:把任何文明的衰落同人属灭绝的假说联系在一起都是不可能的,这就像是把它同物质宇宙将化为乌有的假说混为一谈是一样的道理。人属以一种可辨认的存在,据信已有 30 万到 50 万年的时间[9]①,而自从所谓"文明"社会诞生以来,则过去了 5 000 年左右的岁月。我们有什么把握说这个物种的寿命(如果说它确实要依从某一寿命的话)不能至少持续另一个 50 万年呢? 我们还是回到文明覆亡这个直接的问题上来。说这些文明的衰落,总是伴随着恰好生活在一个社会解体时期的个人生理或心理恶化的症状,这有什么根据呢? 苏格拉底、欧里庇得斯、修昔底德、斐迪亚斯②、伯利克里时代的雅典人都遭受了公元前 431 年的灾祸③,他们是否天生在精神和肉体上比马拉松战役④时期的雅典人要差呢? 在记忆里,那个时期的人光彩夺目,笼罩在一个时代——这个时代与随后的时代相反,所以看上去较它本来的样子更灿烂——的虚幻迷人的光环中。

柏拉图在《理想国》中有一段著名的论述,他根据假定的优生学的说法,对文明

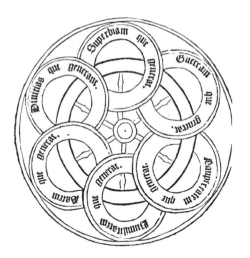 

106 左图为《宿命论》:西方的命运之轮,利用相同的命定循环的比喻。
107 右图为《生死轮回》:印度的生命之轮,象征生生不息的永恒旋转。

---

① 根据较新的古人类学材料,制造工具的人至少有 200 万到 300 万年的历史。——译者注
② Pheidias,卓越的雅典雕刻家。——译者注
③ 指伯罗奔尼撒战争,雅典战败。——译者注
④ 公元前 490 年雅典在马拉松以少胜多,击败波斯侵略军。——译者注

的覆亡做了他自己的解释：

> 一个建立得这么好的国家要动摇它、颠覆它确是不容易的；但是，既然一切事物有产生也必有死亡，这种社会组织结构当然也是不能永久的，也是一定要解体的。情况将如下述：不仅地下长出来的植物而且包括生出来的动物，它们的灵魂和躯体都有生育的有利时节和不利时节；两种时节在由它们组合成环转满了一周时便周期地来到了（活的时间长的东西周期也长，活的时间短的东西周期也短）。你们为城邦培训的统治者尽管是智慧的，但它们也不能凭感官观察和理性思考永远准确无误地为你们的种族选定生育的大好时节，它们有时会弄错，于是不适当地生了一些孩子。[10]

柏拉图凭空编造出一个复杂的数字公式，用来表示人类生命的长度。他假定社会解体是由于一个社会的领导人忽略了这个数学优生法则而引起的。即使如此，这一点也很明显，即柏拉图并不认为导致社会衰败的种族退化是自然而然或预定好了的，而是一种智力上的错误、技术上的失败、人类活动的一种疏忽。

无论如何，我们没有任何理由依从柏拉图，把种族的衰退看作是引起一个社会衰落的因果链上的重要一环。因为尽管在社会衰落的时代，处于衰败过程中的那个社会的成员，同处于社会成长时代的、身材伟岸和行为大气的前人相比，似乎显得矮小低下或僵化成了残疾人，但把这种缺憾归结于种族的衰退无疑是个错误的诊断。后代人的生物遗传与他们先人的其实没什么两样，所有先驱们的努力和成就，他们的后代都有可能企及。将预败时代的后代子孙们置于痛苦的煎熬中[11]不能自拔的疾病，不是他们先天才能的麻痹症，而是他们承继下来的社会处于衰落和解体之中，这使他们无法发现自己身上的那些并未受到损害的、开展卓有成效创造活动的能力。所以后代人能力的低下并不是社会衰落的原因，而是社会衰落的结果。

我们现在已摈弃了三种有关文明衰落的宿命解释：一种理论认为衰落是偶然的结果，是钟表式的自然界出现了故障。另一种理论认为文明如同有生命的机体，具有自身固有的生命周期和生命波动。再一种理论认为，任何文明在任何特定时期的衰落，是由于作为其组成部分的人，患上了种族衰退的病症。我们在摈弃了它们之后，还必须思考一下深层次的宿命论假设，即认为文明的先后承递受到先天法则的支配，而这个法则就是放之四海而皆准的生死永恒循环的宇宙规律。[12]

将循环论用于人类史，是由出色的天文发现所引起的自然而然的结果。这个发现看来是在公元前3000年代末由巴比伦人完成的，[13]公元前4世纪被希腊的天文学家加以推广，这就是三种显而易见、人所熟知的天体循环：地球上的昼夜循环，月亮的按月循环，太阳的年度循环。这些循环并不是天体周期运行的仅有例子，还存在着一种广大规模的星球系统运动的实例，其中包括所有的行星以及地球、月亮和太阳。这种"太空音乐"是由和谐的天宇大合唱发出的，一个接一个的和声反复循环，构成浩森的宇宙岁月，太阳纪年与之相比，就显得太微不足道了。地球上一年一度花草荣谢的现象显然受太阳年周期的左右，由此推导出宇宙万物反复出现的生灭现象也受着宇宙年周期的支配。在这种思想影响下的人，也就很容易把这种周期形式用到他们所思考的每个对象上去了。[14]

希腊的文献充斥着这种循环哲学，柏拉图便对它明显着迷，因为这个题目不断出现在他的作品中：

雅典的陌生人：你觉得这些古老的传说有任何真实性吗？

克里特的克雷尼阿斯：什么传说？

陌生人：关于人类被洪水、饥荒和许多其他灾祸反复毁灭的传说，人类在其中只有很小一部分能幸存下来。

克雷尼阿斯：是啊，每个人的确对整个传说深信不疑。[15]

柏拉图在其他地方发展了这个简短的循环论的假设，把它用到希腊史[16]以及宇宙总体模型的解释上，他认为这表现为一种灾难和复苏的永久交替。[17]维吉尔的诗歌也表达了同样的思想：

那女巫之歌预言的最后时代行将过去，

时代的排序又从头开始。

过去了的，

那处女地，萨杜恩①的领地又复归了，

一支新人从上天下到大地……

另一位提菲斯驾着另一艘阿尔戈②

满载着英雄好汉；

---

① *Saturn*，古罗马农神。——译者注
② 希腊神话中的求取金羊毛之船。——译者注

还有战争

把伟大的阿奇里斯①再次带到特洛伊城前。[18]

但是,在维吉尔看到英雄时代胜利归来的地方,约 200 年后的马可·奥里略②却感受到的只是无尽的悲哀,这表现在他那笼罩在忧郁时代阴影下的作品当中:

宇宙的循环运动死气沉沉,千篇一律——旋起旋仆,世界没有尽头……我们很快就要被葬于地下,随后大地本身也将发生改变,无论从这种变化中产生的是什么,都一再循着同一过程,无止无休。[19]

这种纯粹循环的哲学引起了希腊天才们的兴趣,却没能使他们心悦诚服,可它却统治了当代印度人的思想。

印度思想家曾发展出一种有关时间的循环周期理论。这种循环周期被称作一劫③,长度相当于 43.2 亿年。劫又分为 14 个时期,在每个时期结束的时候,宇宙得到更新,摩奴(manu,原始人)又一次生出了人类。目前我们正处在现有劫的 14 个时期中的第十个时期。每个时期又分成 71 个大的间隔,每个间隔又分别细分为 4 个尤格(yuga)或时期。每个尤格分别包括 4 800、3 600、2 400、1 200 个神祇年(一神祇年等于 360 人类年),文明在其中逐步衰落。我们现在正处于第四尤格、即黑暗时期④当中,世界充满了不幸与邪恶,因此世界的末日尽管还有几千年才到来,但相对而言就在眼前了。[20]

这些异教徒们的"徒然的重复"[21],真的是宇宙的规律、因而也附带是文明史的规律吗?如果我们发现答案是肯定的,那我们几乎不可避免地要得出这个结论:我们始终是一个永恒的宇宙笑话的牺牲品:它判处我们经受苦难,克服困难,洗清罪恶——仅仅预先知道,某个毫无意义的时间单位在不可避免地自动流逝,使我们人类的一切努力都变得毫无价值,因为同样的形势会反复再现,没有穷期,就好像我们的努力会永远付之东流一样。

这种结论对一位具有非常达观的思想、精力十分充沛的智者是可以忍受的。一位现代西方的哲学家甚至成功地使"永恒循环的法则"变成了一件高兴的事:

---

① 阿奇里斯是荷马史诗《伊利亚特》中的主人公之一,希腊人攻打特洛伊的英雄。——译者注
② *Marcus Aurelius*,罗马皇帝,有哲学家皇帝之称,生逢大混乱的 3 世纪即将开始之时,思想消极厌世。——译者注
③ kalpa,系指世界从创始到毁灭的周期。——译者注
④ kaliyuga,四尤格分别为黄金时期、微明时期、薄暗时期和黑暗时期。——译者注

唱吧！热情洋溢吧！噢，查拉图斯特拉，用新歌来治愈你的心灵，使你能承受自己伟大的命运，那可是其他人从来没有过的命运啊！因为连你的动物都清楚地知道你是谁，你必须成为谁，噢！查拉图斯特拉。瞧，你是永恒循环的教师，那就是你现在的命运！……看，我们知道你教什么，那就是所有循环不已的事物，我们自己同它们一道循环，我们从前已经存在过无数次，所有的事物与我们同在……[22]

亚里士多德在一篇有关气象学的论文中，以偶然观察到的现象打破了他自己的哲学幻想，但他也没有表现出任何哀伤迹象：

在人类史中，同样的科学景象重复发生，不只是一两次或若干次，而是无数次。[23]

在另一段落中，亚里士多德则通过暗示特洛伊战争重复再现的具体实例，来解释人类事务的周期问题，看上去这些暗示似乎是一种模棱两可的双关语。[24]他以十分冷静的态度思考了这样一个命题："人的生命是一个恶性循环的圆圈"一再重复着出生和死亡，感觉不到什么痛楚。维吉尔也在我们已经援引过的诗歌中，拒绝把特洛伊战争的再现视为微不足道的、短促的陈年旧事的复归，仅仅作为注定很快到来的黄金时代的一个陪衬。但是，当这位诗人从他的人间天堂的白日梦中苏醒过来、重新承担起他那一代人痛苦的精神重负的时候，他承认在希腊空白时期之前的年代里①，亚该亚人英雄般的战斗通过一连串因果报应的链条，一直延续到罗马军阀互相残杀的战争：

长久以来，

我们用罗马人的鲜血，

为特洛伊人信仰的破灭

予以充分的补偿。②

这是一个把对当成错、

把错认做对的世界！

如此频繁的战争！

如此多样的罪恶！

犁铧受到了鄙视啊！

---

① 指迈锡尼文明时期，其创造者是亚该亚人，在特洛伊战争结束后，希腊早期文明衰落，进入无可靠文字资料记载的所谓黑暗时代，汤因比在这里称之为空白时代。——译者注
② 罗马自称是特洛伊人的后代。——译者注

农夫被劫掠一空!

被冷遇的田地荒芜破败!

弯曲的镰刀熔铸成了兵刃……

邻人们反目成仇,

动辄诉诸武力;

刻毒的战神到处播撒着愤怒。

当人们沿着道路狂奔之时,

步子就像飞驰的战车。

可怜的驭手,

无法拽紧他们的缰绳。

只有奔驰的战马才是战车的真正主人。[25]

当每一次特洛伊战争注定要引起长达一个时代之久的、雪崩般的邪恶和仇恨的时候,它是否能无数次地重复发生呢?维吉尔不敢面对的这个问题,由雪莱给予了回答。他的诗歌以维吉尔式的回忆开头,以完全是他自己的情调作为结束:

这个世界的伟大时代重新开始,

黄金般的年月又周而复始。

大地似蛇一样更新了

它那已经百孔千疮的冬装:

上天绽开笑容,信仰和帝国隐约闪烁,

像一个破碎的梦只剩了些残片……

一艘更壮观的阿尔戈劈风斩浪,

满载着后来虏获的战利品;

又一位俄耳甫斯①

重新歌唱,

唱出了爱情、哭泣和死亡;

---

① 希腊神话诗人,缪斯之子。——译者注

一位新的尤里西斯①

又一次离开卡里普索而返回他的故乡。

噢！不要再写特洛伊的故事，

倘若地上的死亡注定如此！

也不要把欢乐同拉伊俄斯②

的愤怒搅和到一起，

那欢乐是从自由开始，

尽管更狡猾的斯芬克斯新出了

一个底比斯人永远猜不透的关于死亡的谜语……

噢，停止吧！仇恨和死亡难道一定要卷土重来？

停止吧！人们难道一定要杀戮和死亡？

停止吧！不要把满罐

痛苦仇恨的预言连残渣都喝干。

这世界已厌倦了过去：

噢，但愿它不是死亡

就是最终休息！

　　如果说宇宙的法则真是这种具有讽刺意味的"万变不离其宗"的法则，[26]那么这位诗人的大声疾呼，希望佛教的轮回解脱也就不足为奇了。如果生命的轮回仅是各种星辰运行的指南，那也许还算是件好东西，但对我们人类的肉体而言，它却始终是一种难以忍受的折磨。

　　是不是理性促使我们相信人类史也像星辰的周期运行一样在循环运动呢？在上面的分析当中，我们已因发现并揭示出阴阳和挑战应战的运动，而得到了某些认知的快感，那么，阴与阳、挑战和应战的运动又该怎样解释呢？我们无需怀疑，在编织着人类历史网络的各种力量运行的过程中，我们能够发现一种纯粹重复的现象，它的确是明摆着的事。但在时间织机上始终在前后飞动的梭子，却一直在编织一块

---

① 即荷马史诗中的奥德修，拉丁诗歌中称尤里西斯。——译者注
② 希腊神话中的底比斯王，被其子俄狄甫斯误杀。——译者注

织锦,那上面明显有一个趋向于完成的目标,而不是像梭子自身运动那样只是"无休止的往复循环"。在任何既定的场合,从阴到阳的过渡,都无疑是一种重复运动的再现。但这种重复既不是徒劳的也不是经久不变的,因为它是一次新的、自发的、前所未有的创造活动所必需的前提。[27]同样,对一次挑战的应战,激起了进一步的挑战,因而又激起另一次应战。这一应战同样是具有刺激性的,无疑会引起一种循环运动。不过我们已看到,这种应战确切地说是通过引出自己的后来者而发起的一场循环运动,它释放的正是普罗米修斯式社会成长的"冲力"。[28]

于是一个简单的真理就是:我们在对任何有关交替韵律的分析中,必须分清局部运动和整体运动之间、手段的性质和目的的性质之间的关系。这里不存在任何既定的协调法则,不存在目的必须同手段具有同样的性质或者整体与局部必须一致运动的法则。以作为整个循环哲学的原始譬喻和永恒象征的车轮为例,这一点是十分显而易见的。车轮的往复运动,公认与车轮自身的轮轴有关。但车轮之所以被制造出来并与它的轮轴搭配,是为了成为一台车辆的组成部分。车辆能够开动仅是由于车轮围绕轮轴转动的这一事实,这并不会使车辆本身沿着一个圆圈欢快地转来转去。车轮作为一种移动的手段,是一架车辆不可缺少的部件,但它却不能决定车辆运行的路线。车辆的路线取决于架车人手里把握的缰绳或方向盘。确实,如果说车轮和车辆的关系,或者说局部和整体、手段和目的的关系,完全受着某种法则制约的话,那这种法则绝不是相同的法则,而是相异的法则。在该法则下,车轮(或局部或手段)的重复运动引起了车辆(或整体或目的)的非重复运动。反过来说,通过重复使用同样的手段,通过重复排列标准部件和车轮围绕轮轴重复旋转,目的得到了独特的实现,整体具有了独特的个性,车辆到达了它从没到过的目的地。

这两种运动的协调——一种主要的非重复运动产生于一种次要的飞速重复的运动——大概是我们所指的韵律的精髓。我们能够发现,这种力的表演不仅在我们的人造机器所具有的机械韵律上体现出来,而且也同样表现在生命机体的韵律上。年复一年的四季运行,带来年复一年的花开花落,使得植物王国的长期进化成为可能。阴郁的生死循环使所有高级动物的进化成为可能,直至人类的形成。心肺的跳动呼吸使人类的生命得以延续。音乐的小节,诗歌的音步、诗句、诗节和诗章,使得作曲家和诗人能够表达他们的主题。祈祷的法轮循环转动,将佛教徒带到永久超脱的境地。甚至佛教戒律许诺能带来解脱的存在之轮,也产生出因果报应的持久重负,不断承递下去,结果或好或坏,从一次转世再生到下一次转世再生,于是把一种微不足道的轮回转化成了一种悲剧般的历史。这种重复不断的"天籁音乐"在广大的宇宙空间,在星云和星团当中(这些星团明显以难以置信的速度彼此分离开来),就降成了难以听到的低吟。同时,时空参照系的相对性,把某个剧本(人类是其中的演员)中的一个"剧景"所独具的历史特点,赋予了庞大星际队列中的每一个成员的相应位置。

因此,在我们对文明进程的分析中,尽管发现了周期性的重复运动,但这并不意味受到这些运动作用的进程本身是同样具有循环性的。相反,如果说我们能够从这些周期性的次要运动得出任何合理的推论,那么就可以认为,它们以单调的上下摆动所支持的那种主要运动便是以相反的规则进行的。或者换句话说,它不是重复而是发展的。这种根据两种韵律模式对生命运动的解释,在非洲文明的哲学中准确地表达了出来,苏丹西部的多贡人的宇宙起源说或许是其中最精彩的部分:

> 一方面,它们的宇宙观建立在事物振动的原理之上;另一方面,又基于宇宙整体的总运动。最初的生命微生物是由极小的可种植的种子作为象征的……。这粒种子由于内部的振动快速成长,冲破了包裹它的外壳,进而长大,直抵宇宙的边际。同时,这种伸展开来的物质沿着螺旋或盘旋的道路成长,……因此两种基本观念便表现了出来:一方面,永久的螺旋运动意味着事物的守恒,此外还表明这种运动……的维持体现着相反的事物——左右、上下、单双、男女——的永久交替,反映了一种成对的原则,完美地指导着生命的繁衍。这些相反事物的对子在一种平衡中相互支撑,个体自身也在平衡中得到了保持。另一方面,宇宙的无止境的延伸则通过事物沿着螺旋道路的不断发展而表现出来。[29]

这个暂时性的结论对我们此刻的目的来说已经足够了。我们没有必要把宿命主义的循环论当作人类历史的最高准则。这是我们不得不争辩的必然论教条的最后一种表现形式。根据历史上诸文明命运的证据,我们必须与之战斗的女神,不是携带着致命武器的"凶猛的必然性"(Saeva Necessitas),[30]而是"或然性"。人类的勇气配上适当的武器,有可能在某一天把它羞辱地逐出战场。那些已经灭亡的文明并不是命中注定要灭亡,因此那些现存的文明,比如西方文明,也不是预先注定要"随大流"(migrare ad plures),加入大多数已经衰落的文明行列中去。神圣的创造力的火星,乃是我们内在的本能,如果我们有幸将它点燃成火焰,那"按部就班运行的星辰"[31]就不能阻挡我们去努力实现人类的目标。

彩图 23、24

是命定论还是自由意志？

  人类往往易于否定自由意志，对生活的变迁予以宿命的解释，尤其是在社会危机期间。上图是一块 17 世纪的英国木盘，从循环哲学的车轮比喻中借到了自己的主题："充裕"、"骄傲"、"恳求"和"贫困"组合为一个无可回避的系列，尽管中央的"和平"可能提供逃避的办法。下图为普辛的《人类生命之舞》，也将目光转向中世纪的命运之轮，但引进了一种自由选择的肯定成分。在沿着不可更改的路线行驶的太阳战车下面，无常之神和时间之神注视着"贫穷"、"劳动"、"充裕"、"奢侈"富有韵律的舞蹈。舞者被锁定为一种单一的运动，受到宇宙规律的支配。但"劳动"——在这里代替了中世纪比较常见的那个命定的谦卑形象——与宿命论者的比喻相矛盾，因为它暗示着人们通过有意识的努力，有可能挣脱命定的循环。

彩图 25、26

创造性的应战和机械的应战

　　一个文明的成长有赖于具有创造力的少数人。这些精英不仅必须有能力成功地应对他们所在社会遇到的挑战，而且必须具有将无创造力的大多数人凝聚到自己身边的力量。阿西西的圣弗朗西斯把那些能够将灵感传授给其他人的具有创造力的个人，概括为"像从跳动的火焰中截取火光的人"。右图，基奥图·弗莱斯科描绘了这位圣人的目光推动教皇英诺森三世认可弗朗西斯指令的基础：按照一个记载，教皇"看到拉特兰教堂将要倒塌，当时一位身材中等、谦恭卑微的穷人用自己的脊背顶住了它，使它免于倾覆"。这个梦境使英诺森相信，弗朗西斯是教会的精神拯救者。

　　然而，这种灵感的力量毕竟十分少见，更常见到的是一个社会的领袖们必须依靠机械的服从，这种服从是通过吸引群众依从他们的社会训练逐渐养成的。但这种通常的做法带有失败的固有危险。左图，士兵们成了机器人，他们不再是具有回应和自决能力的个人，而是在他人支配下的一支机械的军队，如果领导人无能，很容易纪律松弛、士气低落；或者如果领导人实行暴政，则易于引发起义。

彩图 27、28
对过去的盲目崇拜：
威尼斯

由于迷恋中世纪的荣耀，威尼斯未能创造性地回应近代世界的挑战。在16世纪，廷托莱托能够展现威尼斯的确是"亚得里亚海的女王"（上图）。但两个世纪过后，这两尊监督着共和国总督就职典礼的马尔斯（战神）和尼普顿（海神）的巨大雕像（右图），成了偶像化的过去的空洞象征。

彩图 29、30
对一种制度的盲目崇拜：
东正教世界

　　东正教社会由于将罗马帝国专制主义的幽灵加以复原并偶像化，从而危害到自己的未来。对一个教会占优势的国家实行独裁统治，破坏和阻碍了社会的成长。11 世纪的皇后和皇帝（上图）立于基督两侧，基督成了世俗权力用来保护皇权的可靠的精神象征。因此被窒息的创造潜力在 14 世纪创作的天才作品中可窥见一斑，当时——虽然太晚了——皇权式微释放出压抑了几个世纪的能量：这位艺术家（右图）把感受到的生动气息注入他的有关圣母初期情况的镶嵌画当中，同早期官方艺术的那种呆板的形式主义形成鲜明对照。

彩图 31、32

对技术的盲目崇拜：战争

军事史对于依赖陈旧技术而非努力创新以满足未来需要的灾难性后果不断地提供了说明。典型的例证是歌利亚和大卫间传奇般的决斗（上图），这位全身披挂的巨人认为胜券在握，却出乎意料地被一个微不足道、貌不惊人的牧羊童所击败。阿勒多尔弗的名画《亚历山大的胜利》(右图)，记录了协同作战的马其顿骑兵和步兵方阵对同代希腊和亚洲人的军事保守主义的胜利。

彩图 33
胜利的陶醉：野心过大

忧伤的埃克来希娅——罗马的天主教会——眼睁睁地看着她在教廷的"配偶"克莱蒙特五世（带着一只象征不幸和圣爱的猎鹰）离她而去。这是一张 15 世纪的绘画，纪念教皇在阿维农成为法王的"巴比伦之囚"的事件。该事件始于克莱蒙特于 1309 年就任教皇期间。这次被囚和随后发生的大分裂，是历任教皇们一系列灾难性地判断失误的结果。他们沉溺于世界性的成功当中，这导致物极必反。作为一种精神力量的教廷的衰落，在宗教改革时代达到了顶点，这是一个典型的因盲目好大喜功而引起可怕后果的例子。

注释

[1] 卢克莱修:《物性论》,第 2 卷,1148—1152 行和 1157—1174 行。

[2] 西普里安:《致德米特里阿努斯》(*Ad Demetrianum*),第 3 卷。参考圣奥古斯丁:《谈话录》(*Sarmo*),第 71 卷,第 8 章(再参见《诗篇》,第 103 篇,第 5 行)。

[3] 即所谓的"宇宙的热死";参见詹姆士·金斯爵士:《黎明女神或宇宙成因面面观》(*Eos, or The Wider Aspects of Cosmogony*),伦敦,克甘—保罗出版公司,1928 年,第 52 页以次。

[4] 比较皮埃尔·泰尔哈德·德查尔丁:《人类现象》(*The Phenomenon of Man*),伦敦,科林斯出版公司,1959 年,第 285—290 页和第 308—310 页。

[5] P.莫尔:《太阳、神话和人》(*Suns, Myths and Men*),修订版,伦敦,穆勒出版公司,1968 年,第 224 页。

[6] O.斯宾格勒:《西方的没落》,维也纳和莱比锡,威尔赫尔姆·布劳恩穆勒出版公司,1918 年,第 1 卷,第 152—153 页。

[7] 参见本书第一部,第三章。

[8] 斯宾格勒:前引书,第 1 卷,第 160—161 页。

[9] 在直立人和智人之间的分类界限通常划在 50 万到 30 万年前之间(大卫·皮尔比:《人类的进化》(*The Evolution of Man*),伦敦,泰晤士—哈德逊出版公司,1970 年,第 15 页)。这两个种属于同一科,但对于我们当前的目的而言,我们能够将智人种出现的日期当作人属中"可辨认的人类形态"出现的标志。

[10] 柏拉图:《理想国》(*Respublica*),546A—B。①

[11]《诗篇》,第 107 篇,第 10 行。

[12] 对重复理论的概览,可参见 M.伊利阿德:《轮回的神话》(*Le Mythe de l'Eternel Retour*),巴黎,伽林马尔出版公司,1949 年。

[13] 参见 G.凯恩斯:《历史哲学》(*Philosophy of History*),伦敦,彼得·欧文出版公司,1963 年,第 26—31 页。

[14] 伊利阿德:上引书,第 131—132 页。

[15] 柏拉图:《法律篇》(*Leges*),677A;比较《克里提阿斯》,109D。

[16] 柏拉图:《提迈乌斯》(*Timaeus*),21E—23C。

[17] 柏拉图:《政治家》(*Politicus*),269C—273E。

[18] 维吉尔:《牧歌》(*Eclogues*),第 4 卷,第 4—7 行和第 34—36 行。

[19] 马可·奥勒略:《沉思录》(*Meditationes*),第 9 卷,第 28 节。比较第 5 卷,第 13 节;第 7 卷,第 1 节。

[20] R.塔帕尔:《印度史》(*A History of India*),哈尔蒙德斯沃特,企鹅出版公司,1966 年,第 161 页。

[21]《马太福音》,第 6 章,第 7 节。

[22] E.尼采:《查拉图斯特拉如是说》(*Also sprach Zarathustra*),第 3 卷,第 13 章,第 2 节。

[23] 亚里士多德:《天象学》(*Meteorologica*),第 1 卷,第 3 节。

[24] 亚里士多德:《问题集》(*Problemata*),第 17 卷,第 3 节。

[25] 维吉尔:《农事诗》(*Georgics*),第 1 卷,第 501—502 行。

[26] A.卡尔:*Les Guêpes*,1849 年 1 月。

[27] 参见本书第二部,第十三章。

[28] 参见本书第三部,第十九章。

[29] M.格里奥勒和 G.狄特伦:《多刚》(*The Dogon*)一文,载 C.D.福德编:《非洲人的世界》(*African Worlds*),伦敦,牛津大学出版社,1954 年,第 84 页。

[30] 贺拉斯:《诗简》(*Carmina*),第 1 卷,第 35 节,第 17 行。

[31]《士师记》,第 5 章,第 20 节。

---

① 译文引自郭斌和、张竹明的《理想国》译本,商务印书馆,1994 年,北京。——译者注

第二十章 决定论可信吗?

108　具有创造力的领袖：摩西，受上帝的启示，建立一个具有领土和神圣遗产的社会。

第二十一章
模仿的机械性

如果说我们已满意地证明,文明的衰落不是由于人类不可控制的力量作用(不管是重复作用还是向前作用)的结果,那么我们就必须去寻找导致灾难的真正原因。我们在前一章根据成长的性质得出的结论,[1] 对我们目前的研究提供了可靠的指南。我们在那里发现,成长伴随自决而来。我们现在是否能反过来认为,文明的衰落是由于这种自决能力的丧失造成的呢? 换言之,我们是否能说文明之死不是由于外部的、不可驾驭的"刺客"的袭击,而是由于自杀呢?

这里有一个结论,是由一位近代西方诗人以确切的直觉领悟到的:

> 上帝知道,在悲剧般的生命中,
>
> 根本无需恶棍! 是热情织就了阴谋:
>
> 我们内心的虚伪将我们自己出卖。[2]

梅雷迪斯(Meredith)的这种内省的闪光,并不像物种起源或能量守恒定律,是19世纪西方智者的新发现。此前一个世纪,天才的沃尔内(Volney)就偶然地突破了18世纪关于人性善和人性自动改善的教条,证实"人类灾难的根源……在于人类自身;它就在人的心灵中"。[3] 在米南德①作品的残片中,也说出了同样的真理,几乎和梅雷迪斯的话一模一样:

> 事物的败坏是由于它们自己的邪恶,
>
> 一切伤害出自身内。[4]

一位西方基督教的主教在公元4世纪得出了同样的结论:"敌人正好在你身内,你犯错误的原因就在那里边,所以我要说管好你自己。"[5]

自决观念作为一个宗教问题,在非洲文明的一些哲学中也可以看到,那里把降

---

① Menander,公元前4世纪的雅典戏剧家。——译者注

临到一个人头上或一个社会身上的不幸看作是罪过的结果,而非命运使然。换句话说,就是不负责任的结果。阿坎人(西非的一个民族)说:"关于这一点,人类才是问题的核心,任何人都得为他自己负责。"[6]

有关人类生命的这个真理,同样是具有活力的各个社会的真理。一个叫迪凯阿尔库斯(Dicaearcus)的希腊哲学家,据说在一部已经失传的作品(名为《人如何走向毁灭》)中持有这样的看法:人类的最大危险就是人自己。沃尔内将他的直觉认识"人类灾难的根源……在于人类自身"运用到政体的毁灭上,来替代那个站不住脚的假设,即认为社会如同个人一样,具有有限的生命周期和一条规范的生命曲线。[7]在圣西普里安的一段话中也可看到这一点。这位非洲教父把同一真理应用于整个社会生活领域。[8]

你们抱怨外敌的入侵,假如外部敌人不再制造麻烦,罗马人就真的能同罗马人和睦相处吗?假如消除了武装蛮族人自外部入侵的危险,我们就不会在国内遇到更凶猛更残酷的内战了吗?难道强者就不会把灾难和伤害加在他们公民同胞的弱者身上吗?你们抱怨粮食歉收和饥荒,但最大的饥荒不是来自干旱,而是由于掠夺;最难以容忍的痛苦出自粮商的哄抬物价和牟取暴利。你们抱怨说天上的云不降雨水,你们却忽略了地上的谷仓不吐粮食。你们抱怨说生产下降,你们却忽略了没能把实际生产出来的东西分配给需要它们的人。你们指责灾祸和瘟疫,而这些灾祸实际上是在展示或使人意识到人类的罪行——冷酷无情,对病者没有怜悯;贪得无厌,巧取豪夺,极力争夺死者的财产。[9]

在这段话里,一位目光锐利、感觉深刻的人对文明衰落的原因给予真正的解释,这种衰落使希腊文明停止成长提前了几乎600或700年,并且把这个衰败的社会引向其衰亡的最后阶段,也就是西普里安所处的时代。希腊文明的倾覆是因为它在成长阶段的某一点上,由于个人之间的交互作用,国内的某些事办错了,而一个成长中的文明其发展正是通过个人间的交互作用才得以实现的。

究竟是哪些弱点导致一个成长中的文明在中途便一蹶不振,陷入衰落境地,丧失了普罗米修斯般的活力呢?如果我们回忆一下在前一章中对成长的分析,[10]就会认识到,按照我们自己的说法,这种倾覆的危险是经常不断和十分剧烈的,因为它们横挡在一个成长中的文明所必须经过的道路之上。

这条道路并不是一条窄路,"虽通向生命,却只有极少的人才能发现它"。[11]尽管极少数有能力发现这条路的人是确实具有创造力的人,是他们把文明推向了前进,但他们不能将各种负担丢在一边,仅仅参与他们面前的比赛,[12]因为他们是"社会的动物",不能自行前进,除非他们能设法带领同胞一道前行。人类中的这部分没有创造力的群众,在每个已知的社会当中,始终在人数上具有压倒的优势,不可能在眨眼的时间里便改变了他们。

　　当个人仍然是孤立的时候,完美……是不可能的。个人在向完美的行进中必须带领其他人同他一道前进,竭尽全力,不断扩充和增大这股涌向完美的、声势浩大的人流,如果他不服从这个原则,他就要在个人发展中遭受挫折和衰弱之苦。[13]

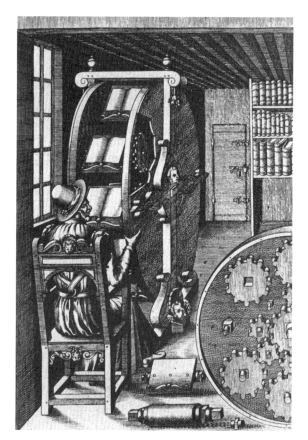

机器的顺从
109　精制的旋转机器,用于对一些书籍进行比较研究。

　　　　　　　　　　　　　　　　　　　　　第二十一章　模仿的机械性

在这些为社会生活本性所固有的条件下,创造性的人格受到干一番伟业的挑战:"改变一个基本是被造之物的物种,使它具有创造能力;将某种……停滞之物变为运动之物。"[14]

这项壮举并非不可能实现,而且确实存在着一条完美的实现途径,这就是"努力进行思想交谈和亲密的个人交流,把一个人心灵中的圣火传递给另外一个人,就像从一团跳动的火焰取得了光亮一样。"[15]但正如柏拉图所指出的,这还不能算是一种可行的实现完美的唯一忠告,因为这种高雅的内在精神几乎像奇迹一样稀少,它是奇迹般出现在这个世界上的圣人通过交流来启蒙一位愚钝者的关键。这种创造性的个人在其中工作的世界是一个社会,他的同胞则是社会上的普通成员。他的任务是使他的同胞成为他的追随者。广大群众能够被发动起来,朝着一个远大的目标前进,唯一的办法是调动他们模仿的本能。[16]这种模仿是一种社会性的训练,[17]迟钝的耳朵虽然听不懂俄耳甫斯的竖琴奏出的天堂般的美乐,但却能听清一位军训教官发出的沙哑口令。普通人只能靠抄取近道紧跟上他们的领袖,他们能找到的行进道路只能是导致毁灭的大路。[18]当为了求生而不得不走上这条通向毁灭之路的时候,这种求生以毁灭而告结束恐怕就不会令人奇怪了。

除此之外,在实际的模仿练习当中还有一个缺陷,与如何开发模仿能力没什么关联。因为如果说模仿真的是一种训练的话,那么训练就是一种对人类行动和生活的机械化。我们的"机器"概念具有模糊的含义。当我们说"一种精巧的机制"或"机械般的灵活"或"一位娴熟的机械师"的时候,这些话使我们想到人定胜天之类的一般说法,也使我们想起人类的意志和思想战胜人类社会面临的自然环境之类的特殊说法。由于操纵一些虽无生命却能执行人类意愿的物件,就像一排机械的士兵执行军训教官的口令一样,所以机械的发明极大地提高了人类驾驭环境的能力。

大自然本身已含蓄地对人类机械般的灵性予以褒奖,它预见到人类会使用机械装备。它已在一件我们最熟悉不过了的天然机械上大胆广泛地利用了这些装备,这就是它的杰作——人体。它在人的心脏和肺部制造了两台自我调节的机器,它们是这类机器的典范。通过对这些器官的调整,以便完美地履行指派给它们的任务,使它们能够"自动运作",大自然从持续不断地呼吸和心跳这种单调的重复运动中,为肌肉、神经及心理活动节余出了精力,使这些节余的精力自由地发挥到运动、感觉和思想之类"新颖的工作"上去。它正是利用这个窍门,在有机生命的进化过程中,成

机器的统治
110 经过改进的工作者，没有面孔，温顺驯良。

功地构建出越来越精密纤巧的有机体。在这种进化的每一个阶段上，它都像俄耳甫斯一样行事，求诸军训教官的方法。对那些自低向高、依次排列的每一种生物，它都最大限度地给它们以训练，或者换句话说，最大限度地赋予它自动控制的能力。事实上一种天然有机体，如同一个人类社会，是由具有创造力的少数成员和无创造力的多数成员构成的。在一个处于成长状态的生物体内，如同在一个成长中的社会内部一样，多数成员被训练成了少数成员的机械的追随者。

当我们忘情地赞赏这些大自然和人类的机械成就的时候，提起"机械制品"、"机械般的运动"、"机械行为"、"政党的机器"这样的用语是大煞风景的。在这些用语中，"机械"的含义完全是相反的。但毫无疑问，这第二组句子中的每一个用语都不是指生命战胜了物质，而是指物质战胜了生命。在这里，我们不只没有体验到自信

　　　　　　　　　　　　　　第二十一章　模仿的机械性

和骄傲的激动,相反却为羞辱和疑惧而震惊。因为我们已认识到,控制着生命和思想的工具主人,曾对生命和思想许诺,把对物质世界的无限统治权赐予他们,但事实上却把他们的双手变成了一种工具,要将他们自己重新带回到远古的黑暗世界。

> 奴役潜藏在善良的外表下——
>
> 各种技艺本身是仁慈和亲切的,
>
> 但盲从过了头,走得太远了。[19]

这些力量片刻之前还好像是发现了点燃宇宙之火的秘密,现在却突然间要匆忙掐灭燃料下面的火星,弄熄它们自己燃起的火焰,扑灭它们自己带来的光亮了。

机械的这种双重性是令人惶恐不安的,因为乍看上去它似乎颇为反常。但再细想一下,问题也就很明白了,"一切不过是在按部就班"而已。机械师因机器胜过了他而责怪机器,他这样做是不明智的,就像是一支输了拔河比赛的队伍指责他们的绳子,而他们在向别的队伍挑战以考验自己的气力时,为了适应比赛的需要,正是用自己的双手编就了这条绳子。这支输队所犯的错误在于:它在参加比赛时认为它获胜是理所当然的。然而这支队伍的绳子本身不能为任何一方的胜利提供保证,它仅仅是考验力量的一种中性的方式和手段,考验的结局是无法预知的。在生命和物质之间展开的宇宙拔河比赛中,这种中性的功能是由属于机械范畴内的所有设备来完成的。机械就其本质而言是含糊不清的,称这种模糊性为一种背离,等于判处他自己是个抱怨工具的差工人。人类已经使自己充当一项危险行业的学徒,任何根据"没有风险便没有成功"的原则采取行动的人,都将自己明显置于失败的风险之下,而这是他获得得胜者冠冕所需付出的代价。

如果说人类在为对付自然环境而利用机械一事上包含着风险的话,那么当他们求助机械来处理自身关系及自己与同伴的关系的时候,就一定会招致巨大的麻烦。[20]一种权宜之计若用在生命与物质的对抗中,会给生命带来风险;但如果生命企图用它来对付生命本身的时候,那它就会变成一种"绝技"。

因此,利用人类的模仿本能必然伴随着灾难的危险。模仿是人性交流沟通过程中的一种机械化的载体。有一点看来很清楚,当模仿的本能被用到一个动态社会中的时候,这种固有危险要比用到一个停滞社会中大得多。模仿的弱点在于它是对某个外部提示的一种机械的反应,所以通过模仿展开的行动,始终不是行动者本人自愿的行动。因此所有出自模仿的行动基本上是不稳定的,因为它们不是自决的行

机器人
111　腐败势力的牺牲品,被训练为消极驯顺的人

动。为了防止它崩溃,最实用的安全装置就是把模仿能力的演练固化成习俗或惯例。模仿这把双刃剑在"习惯的蛋饼"[21]上是游刃有余的。但是"习惯的蛋饼"的破裂却是变化的关键,前文明社会的那种被动的阴柔状态正是通过这种变化才被运动的阳刚状态取而代之的。[22]在这一运动当中,锋利的工具——模仿并没有被遗弃,现在它在使用上具有了更高的效率,因为它的双刃在切开"习惯的蛋饼"后裸露出来。这裸露的刀刃,意味着移去了原有的安全装置,作为成长所付出的代价,必须利用无任何传统习惯保护的模仿工具,这就注定了一个成长中的文明必然要生活在危险之中,而且始终呈现岌岌可危状。这是因为保持普罗米修斯式的成长"冲动"所要求的条件是一种不稳定的平衡,"习惯的蛋饼"被再次切割之前始终不能使它变硬。[23]在人类努力追求充满危险的目标时,从来就不可能有一种诸如暂时性的保险之类的东西,以避免由于模仿而引起的灾难。有的只能是一劳永逸地、根本性地解决问题,彻底消除一个社会当中的模仿,将它变成一个圣人们交流沟通的场所。这项成就丝毫不亚于目标的实现,而且从来不曾被任何已知的文明达到过,甚至连接近达到都不曾有过。

　　　　　　　　　　第二十一章　模仿的机械性

112　破坏性的领袖:集权主义国家——一个不受个人情感影响的怪物,吞噬其人民的生命和土地。

同时,按照人类存在的尺度来衡量,未来的时间还极为漫长,这支刻板机械的队伍在行进中始终会遇到止步不前或队形散乱的危险,倘若普通民众在没有前例的某种形势下陷入群龙无首的困境的话。这条深渊时刻张着大口,横在沿着宽阔的道路向文明前进的人类脚下,它不断以船只失事、火灾之类异常事件显露出来,常常引起惊人的道德堕落现象以及令人震惊的英雄主义行为。如果这种异常的考验不是一次意外的自然事件,而是一次诸如战争或革命这样的社会动乱,那这条道德的深渊就越发深不可测。迄今为止,在人类的文明史中,从来没有任何一个社会,其文明进步得如此之大,以致它的成员无论在战争时期还是革命时代,都不至于依靠暴行。就我们这一代人所经历的我们自己的社会史而言,我们能够举出纳粹在第二次世界大战时期的行为,举出1950—1951年朝鲜战争中西方军队的行为,举出20世纪60年代美国人在越南的行为,举出法国移民和职业士兵于1954—1962年在阿尔及利亚以及法国警察于1968年在巴黎的行为,作为实证的证据。在某些异常的条件下,在某种紧张的形势下,暴行正是由那些仍然存在的最开化社会的成员实施的。在充满压力的时刻,文明的面具就会被撕掉,露出普通人所具有的那种生冷人性的原始面孔。但引起文明衰落的道德责任却要落在领袖们的头上。

创造性的人物是一个文明的先锋,他们在求助于机械模仿的同时,也使自己面临着失败的风险。这是两种不同的风险:一种是消极的,另一种是积极的。

可能出现的消极失败是这些领袖人物事先没有想到或大概没有意识到,他们可能受到他们向自己的追随者们精心施展的催眠术的感染。在这种情况下,要买到普通群众的顺从,就需要付出沉重的代价,这就是失去长官的主动性。"如果瞎子领导瞎子,两个人将一起掉进沟里。"[24]一个有机体的百分之九十机械地成为余下部分的附庸,是为了使剩下的百分之十可以将能量集中到创造性的探索上。倘若这种机械运动扩展到整体,那么一种"独创性的机械奇迹"就会沦落成"一种类似机器人的机器"怪物。百分之九十机械化和百分之百机械化之间存在的差别是彻头彻尾的差别。一个成长中的社会和一个停滞的社会之间的差异正是这样一种差异。

我们在先前的章节中考察过的停滞社会,[25]已经极大地适应了它们的环境。它们已接受了环境的形式,采用了环境的色彩以及环境的节奏,而不是将它们自己的特点强加在环境上面。在它们的生活中,各种力量的平衡是如此精确微妙,以致它们的所有能量都消耗在努力维持这种既定的状态之上,没有留下为探索前进的道路所需的多余的能量。以停滞社会为例,我们有一种关于消极性失败的典型范例。在这些例子里,领袖本身由于训练而进入催眠状态,而这些训练原本是为了诱导平民大众的。在这种困境下,领队的人在行军路上的任何一个地点都可能停下来,原因只是没有人在队首发出新的命令。

然而,这种消极性的失败很少成为故事的结局。当领袖们放弃俄耳甫斯的音乐、采用那位军训官长的口令后,他们便借助权力在群众中鼓动模仿的本能,作为非强制性的、富有魅力的天才表演的替代品,因为后者仅能吸引气味相投的人。在领导与被领导的相互作用下,模仿和权力交织在一起。权力是一种力量,恐怕很少不被滥用的。如果握有权力的人已经失去了领导能力,那么在任何情况下保有和行使这些权力本身就是一种滥用。因而,部队在行军的路上驻步不前(我们已在有关军队的譬喻中描述过),接下来很容易引起士兵的哗变,造成军官的恐惧,致使他们以不再对公共利益做一些象征性奉献的手段而是以残暴的武力来拼命维持权威。结果是一场骇人听闻的混战。在混战中,这支军队瓦解为招人唾弃的一盘散沙。这是积极的失败,是一个处于成长中的文明乞灵于模仿应得的报应。我们在另一个譬喻中已经熟悉了这种失败。这是一个衰落文明的"解体"现象,表明"无产者脱离了"那批已经退化为"少数统治者"的从前的领袖。[26]这种由先知变为教官、由严格规矩的人变为恐怖分子的一连串角色的转换,从领导层的角度说明了文明的衰落和倾覆。

根据相互联系或交互作用的道理,这种普罗米修斯式"冲动"的失败本身表明和谐的丧失。在生命的运动中,整体如果运行良好的话,它的任何一个组成部分发生变化都应该伴随着对其余部分的综合性调整。但是,当生命被机械化了之后,一部分发生了改变,而同时另外的部分却仍保持原状,结果便是和谐的丧失。在任何整体中,局部之间失去和谐都会使整体相应地付出丧失自决的代价。一个处于衰落中的文明的命运在基督对彼得所做的预言中得到了表述:

> 你在年少的时候,自己束上了带子,随心所欲地来往。但你年老的时候……另一个人给你束上带子,牵着你去你不愿去的地方。[27]

自决能力的丧失是判断文明衰落的最终标准,因为正像我们在本章开头所预料的那样,它正好与成长的标准相反。在接下来的章节中,我们将考察由于失去和谐而表现出来的丧失自决能力的一些形式。

注释

[1] 参见本书第三部,第十九章。

[2] 乔治·梅雷迪斯:《现代爱情》(*Modern Love*),第 43 节。

[3] C.F.沃尔内:"废墟"("Les Ruines"),载于《全集》(*OEuvres Completes*),巴黎,迪多特出版公司,1860 年,第 12—13 页。

[4] 米南德:《断片》,第 540 行。

[5] 安布罗斯:《赫克萨迈隆一世》(*Hexameron I*),第 7 章,第 31 节,转引自 P.布朗的《希波的奥古斯丁》(*Augustine of Hippo*),伦敦,法伯—法伯出版公司,1967 年,第 85 页。

[6] B.大卫森:《非洲人》(*The Africans*),伦敦,朗曼出版公司,1969 年,第 147 页。也参见第 12—15 章。

[7] 关于这个教义的考察,可参见本书第四部,第二十章。对于沃尔内的分析,参见他的"历史的教训"(*Lecons d' Histoire*),载《全集》。

[8] 这两个分析是类似的,虽然两者都属当时流行的哲学之列。沃尔内的直觉论,正像我们已经考察过的,对 18 世纪西方哲学的基本教条造成了错觉,同时这里从西普里安那里援引一个段落与西普里安自己所写的另一个段落相矛盾,该段收在同一个小册子《致德米特里阿努斯》里。这另一段话里,西普里安在鼓吹这样一种观点,即当时的希腊社会正在经受自动衰败过程的痛苦。一个明智的西普里安的倾慕者,是不会抹掉这一明显的矛盾。他将会满意地看到,在这个小册子的第 3 章中,作者只是在重复一个希腊哲学的一般观点,而在第 10 章中,他则在阐释一个基督教的教义,它已成为西普里安自己思想的一个生动组成部分。

[9] 西普里安:《致德米特里阿努斯》,第 10 节。

[10] 参见本书第三部,第十九章。

[11]《马太福音》,第 7 章,第 14 节。

[12]《希伯来书》,第 12 章,第 1 节。

[13] M.阿诺德:《文化和无政府状态》(*Culture and Anarchy*),伦敦,莫瑞出版公司,1869 年,第 13—14 页。

[14] 亨利·伯格森:前引书,第 251 页。

[15]《柏拉图书信集》,第 7 封,341D。

[16] 参见本书第一部,第十章,另外看注释[1]。

[17] 参见伯格森:前引书,第 98—99 页:"一个人如何得悉(另一个人)的意愿呢? 在这位教育家面前有两条途径。一条是靠训练(dressage)……另一条是靠神秘主义……。第一种方法是谆谆劝导,包含着客观习惯的道德。第二种方法是诱导对另一个人的模仿,甚至达到一种精神统一的境地,达到一种或多或少与被模仿者的完全一致。"第二种方法当然是柏拉图提倡的。

[18]《马太福音》,第 7 章,第 13 节。

[19] 威廉·华兹华斯:《行旅》(*Excursion*),第 9 章,第 188—190 行。

[20] 伯格森提供了两个有关这种机械性的实际例子:在公开演出中表演的演员,仅仅在形式上将他在演练角色时所经历的真正情感重新经历一次罢了;在原始社会中一成不变的魔法"法则"再也不能重现那产生魔法的天然冲动。参见伯格森:前引书,第 177—178 页。

[21] 参见本书第一部,第十章。

[22] 参见本书第一部,第十章。

[23] 参见本书第三部,第十九章。

[24]《马太福音》,第 15 章,第 14 节。

[25] 参见本书第三部,第十八章。

[26] 参见本书第一部,第七章。

[27]《约翰福音》,第 21 章,第 18 节。

第二十二章
角 色 的 转 换

我们一直在思考失去自决能力的另一面，就是创造力的明显衰竭。对于少数人或单个人在某个特定的社会历史时期，对两个或两个以上连续出现的挑战进行的创造性应战来说，这看上去似乎有点儿不大正常。但事情确实如此，某一方在应对一次挑战中显露头角，但在试图对付下一次挑战时就明显地归于失败。这种具有讽刺意味的、令人惶恐不安的人类命运的无常状态，是阿提卡戏剧的最重要主题之一。亚里士多德在他的著作《诗学》中以 peripeteia 或"角色的转换"为名讨论了这个问题。[1]这也是《新约全书》的主题之一。

在《新约全书》戏剧般的情节中，基督以耶稣这个人的形式出现在大地上，按基督教的信仰，这意味着犹太人长期怀着的对救世主的向往得到了真正的实现。但一些书吏和法利赛派却拒绝承认基督。而仅仅几代人以前，正是这些人在一次危急的关头，由于领导了犹太人反对希腊化的英勇起义而跃居前列。但现在，在这次更为严重的危机中，理解并接受了（在基督教看来）犹太救世主福音的犹太人却是社会上的极少数人——税吏和妓女。[2]救世主本人来自非犹太人居住的加利利，[3]他的最伟大的门徒保罗则是一位来自塔索斯的希腊化的犹太人，那是一座位于传统的"上帝应许之地"之外的城市。在这出角色转换的戏剧的众多情节中，在基督教圣经的譬喻和事件中，转换了的角色有时是由法利赛派精英和被逐出犹太教的人扮演的。[4]而在其他时间里，这种角色又由全体犹太人以及非犹太人来扮演。[5]但无论是受到挑战的法利赛人（就像关于法利赛人和税吏的譬喻中所说的那样[6]），还是犹太人社会本身（如同关于善良的撒马利亚人的譬喻所说的那样[7]），精神含义却都是一样的：

> 建筑师弃用的石头，却成了屋角的头块石头。[8]

基督教在它自己的历史解释中，关于角色转换主题的安排是古老的犹太教圣经中的安排的变种。《新约全书》和《旧约全书》都被看作是一种工具,上帝用这种工具将非凡的遗产赠送给人类,以使他们受惠。在一出两次上演的悲剧里,相同的情节是角色的换演,其途径是通过上帝的一份无价礼品,从一个明显可靠的受益人手里向另一个显然前景不明的人手里的转移。在这出戏的原始版本中,受益人是长子以撒,他把自己的长子继承权卖给了弟弟雅各。在其后的版本①中,雅各的后代由于拒绝接受基督,现在又把他们的这份奖品给了以撒。关于这个情节的基督教版本因此表现出了一种双重的角色转换,也就是一种转换的再转换。但《新约全书》所描写的历史线索同时还有更深一层的神秘寓意,这一点在历史过程中得到了说明,因为它是生活的核心。在这方面,转换原则的作用在《新约全书》中得到宣示,它超越了特定时间和地点的历史局限:

> 若有人想成为第一人,那他将成为最后一人,成为众人的仆人。[9]你们中间最渺小的,才会成为伟大的。[10]

在这里,扮演角色转换的演员们既不是法利赛人或税吏,也不是犹太人和非犹太人,而是成年人和孩子:

> 除非你们回转,变成孩童,否则你们就入不了天堂。因此,谁像这个小孩子一样谦卑,谁在天堂里就最伟大。谁接待一个用我名的小孩,就是接待了我。[11]

耶稣对这种深沉和简单之间的矛盾转换给予了认定,他援引犹太圣经中的一句话:

> 从小孩和乳儿的口中,你成就了赞美。[12]

这种孩子和成人角色转换的神秘象征,通过圣保罗兴奋的话语,透过寓言的外壳,闪现了出来:

> 上帝选出这世界上的愚者,让智者狼狈不堪。上帝选出这世界上的弱者,让强者不知所措。上帝还选出这世界上低下的、受鄙视的、无有的、要化为乌有的,使鲜活的在他面前没有荣光可言。[13]

但对于在《新约全书》和阿提卡戏剧中起了如此重大作用的这个原则该怎样解释呢? 由于原始的头脑缺乏后代人通过更剧烈的痛苦才得到的那种更深刻的认识,

---

① 《新约全书》。——译者注

所以他们对这个问题倾向于给予一种愤世嫉俗的解答。他们力求解释杰出人物的垮台原因，把它归结于外力的作用，而这些外力的品性是人的，力量却是超人的。他们认为推翻伟人的是神，他们的动机是嫉妒。"神的嫉妒"是原始神话的中心思想，是使希腊思想家特别着迷的一个命题。

　　神喜欢把高出同类的东西削平，根据这个道理，一支庞大的军队在某些情况下会毁在一支小部队的手里。例如，神因为嫉妒会在他们中间散布恐慌情绪，或者把雷霆打在他们头上。随后他们就毁灭了。他们最后的状况还不如他们最初的。除了他自己之外，神是不允许任何人妄自尊大的。[14]

放纵一蛮横行为一大难临头
113　按照希罗多德的记载，克洛伊苏斯在梭伦面前炫耀他的大量财富和幸福，但受到这位贤人的警告：没有一个人在得悉他的结局之前能被认为是幸福的。由于他的自尊心受到损伤，克洛伊苏斯愤怒地打发走了梭伦。但他连续遭遇到一连串不幸，最悲惨的一次是他被居鲁士生擒，并被处以火刑。在柴堆上，克洛伊苏斯想起了梭伦的话，呼唤着他的名字，从而使居鲁士动了恻隐之心。但肆虐的火焰只是在阿波罗干预时才熄灭。

希罗多德作品中的这段话,出自薛西斯①的叔父阿尔塔巴努斯(Artabanus)之口,他在薛西斯宣布亲征希腊的计划之后,发表了这些虚构的讲话。希罗多德的记载在写到薛西斯演说的过程中,引起了至少三位伟大的神灵的嫉妒:波塞冬②因薛西斯宣布意欲在赫勒斯滂海峡架桥而嫉妒;宙斯因薛西斯夸口他要他分享对宇宙的治权而嫉妒;赫利俄斯③因薛西斯宣称要把他的疆域扩张到日出和日落的地方而嫉妒。[15]在这场薛西斯由伟大到沦落的悲剧中,当这位主角在渡过赫勒斯滂海峡的前夕,在走向失败的道路上,检阅了他的大军和装备的盛况并忍不住宣布他感到如神灵一般快乐的时候,他的不可逆转的噩运就注定了。就在他发表了这番渎神的话后,他马上有所省悟,但现在后悔已经来不及了。

在关于克洛伊苏斯④和玻里克拉特⑤的寓言中,希罗多德以更严肃的态度刻画了同样的主题。[16]在关于克洛伊苏斯的故事中,希罗多德笔下的神性表现出了一丝仁慈的人情味。克洛伊苏斯曾像薛西斯一样不知深浅,高傲自大,但在最后一刻由于悔恨而救活了他的灵魂。然而在关于玻里克拉特的寓言里,神的刻毒无情却赤裸裸地、毫无羞耻地展现了出来。他由于自己的事业过于一帆风顺,所以通过"神的嫉妒"一说预先知道了自己要破财。他因此象征性地把他心爱的指环印章抛入大海,但事与愿违,当这枚指环印章被不愿和解的神灵奇迹般地送还给他后,他于是受到了挫折。这个希罗多德的典故被贺拉斯(Horace)——一位将希腊诗文和希腊风范拉丁化的多才多艺的诗人——在一次对人类无礼大胆的行为可能导致何种致命后果的思考中,重新提了出来:

> 没有什么困难的事我们人类不敢碰,
>
> 我们愚蠢地立志,要与天公试比高。
>
> 我们以自己的罪行冒犯了朱庇特⑥,
>
> 他原本宁愿忘记他的愤怒,不再射出他的闪电。[17]

我们还可以援引一位罗马哲学家兼诗人的话,由于考虑到他毕生宣扬虚幻的信

---

① Xerxes,公元前480年率军入侵希腊的波斯皇帝。——译者注
② Poseidon,希腊神话中的海神。——译者注
③ Helios,希腊神话中的太阳神。——译者注
④ Croesus,小亚米底亚王国的国王。——译者注
⑤ Polycrates,希腊萨莫斯岛的僭主。——译者注
⑥ 罗马主神。——译者注

仰,相信超自然的力量干预人类事务,所以他的证据越发给人以深刻印象。

　　各国难道没有颤抖?

　　骄傲的国王们难道没有战栗?

　　难道对天神的震怒没有恐惧?

　　他们算计着自己的罪行和不计后果的言论,

　　那可怕的秋后算账的日子,

　　是否已经来临?[18]

　　身处一个正在解体中的希腊社会,卢克莱修对这个世界的状况做了消极的解释,这种解释在中国类似的混乱时期也被提了出来:

　　持而盈之,

　　不如其已。

　　揣而锐之,

　　不可常保……[19]

　　如果我们把目光转向一个虽在地理上接近但在风格上却距希腊甚远的世界,我们就会在公元前8世纪的以色列先知的书里,发现有些预测的话与希罗多德在大约300年后借阿尔塔巴努斯之口说出的话,有惊人的相似之处:

　　必有上帝降罚的一日,临到每个骄傲狂妄的、被抬举了的人头上;他将被贬为卑下……高傲者将卑躬屈膝,在那一日,惟独上帝受到尊崇。[20]

　　这种哲学在《传道书》中也可发现,该书恐怕是在犹太传统和希罗多德以后时代的希腊思想的影响下,于公元前2世纪写成的。[21]甚至在大约两个世纪以后成书的《路加福音》中,我们也能发现这样的看法,即上帝干预人类事务首先是由于他希望行使权力,其次才是出于对公正和怜悯的关注:

　　他用臂膀显示实力,让他们心中的傲气烟消云散。

　　他让他们失去权位,让卑微者变得崇高。[22]

　　正是一位希腊人而非犹太人,以一种经过艰苦的精神探索后才具有的洞察力,首先宣布了那条真理:角色转换的原因不是由于任何外力的干预,而是由于受难者本人的心灵失常,这一致命的道德缺陷的名称不是嫉妒,而是罪恶。

　　一句悲观的格言,

　　自古就在人们中间流传:

大富终有破败，

皆因满堂儿孙，

并非无子使然。

福星一旦高照，生出的是

泪水与破碎的心。

但我有我的想法，

别人休想把我蒙骗。

行为不洁之人，

问题带给子孙。

就像他们父辈，

罪行连绵不断，

一代一代照搬。

但那行事正直的男人，

包括他的房产，

会得到命运的眷顾，

子嗣定然不坏。[23]

　　把犯罪人引向毁灭的不是上帝，而是他本人的作为。他的罪行不是因为和造物主作对，而是因为他故意使自己完全不像自己。上帝在人类悲剧中所起的作用不是主动的，而是被动的。犯罪人的祸害不是神的嫉妒，而是神不能继续利用作为一件创造工具的创造物，因为他极力使自己疏远造物主所要求的生活。[24]罪恶的灵魂之所以悲哀，是因为只要他愿意沉溺罪中，上帝的福音就不能启示他，通知他。按照这个观点，角色的转换是由一种道德法规在内心的作用情况造成的，而不是因某些外力的冲击。如果我们对这种心理悲剧的情节做番考察，我们将发现它有两个不同的侧面。一种是主体不合时宜的消极犯错，另一种是他匆忙主动地自寻灾难。

　　一个具有创造性的人易于消极犯错，他取得成就之后，就想在他梦寐以求的愚者的天堂里"依着他的桨叶歇息"。由于先前他已竭尽全力地发挥自己的能量，因此他赢得了"从此以后幸福地过活"的资格。除了这种愚蠢之外，这位昔日战场上的胜利者还常常梦想：倘若时光的流逝仍然拒不停止，为了有把握克服任何新挑战，仅仅机械地重复过去那些卓有成效的动作就可以了。显而易见，对这种消极情绪表示屈

114 "第一个将是最后一个,最后一个将是第一个":一则基督教的寓言,显示骄傲的人将归于毁灭,而谦虚的人则会升入天堂(佛罗伦萨雕版画,1470—1480年)。

服的创造者,正在形成停滞社会的心态。[25]这个社会同它的环境之间实现了如此精确的平衡,以致它成了环境的奴隶,不再是环境的主人。就一个停滞社会而言,只要环境始终不变,这种状态就可以维持下去,一旦环境开始变化,灾难也就不期而至了。同样的命运也等待着那些沉湎于自身事务不能自拔的具有创造能力的个人或少数人。在叙利亚人关于创世记的传说中,宇宙自然创造出来之后,形成了一个静止不动的天堂。这就需要蛇来进行一次出乎意料的、有益的干预,促使上帝释放出能量,亲自展开一次新的创造行动。[26]根据现代西方自然科学的说法,这种消极形式的创造活动所引起的必然后果,可在一个过分专门化的物种身上看到。这个物种如果变得不能适应环境的变化,便注定会灭亡。

如果说这种磨灭了某些创造精神的消极反常状态,有"让他站着想,免得他倒下"[27]的意思,那我们将会发现"骄傲过后是毁灭,神气活现的背后是沦落"[28]这句话,就是那些争相扑向厄运的人的墓志铭。

这第二种情况作为一出悲剧的三部曲,在希腊文学作品中为人们所习见,这就是"过分放纵"(koros),"蛮横行为"(hybris)和"大难临头"(ate)。这是一种心理上主动追求的灾难,主人公因成功而腐败,失去了自己的思想和道德的平衡,因尝试不可能之事而招致灾祸。我们现在知道这是公元前5世纪雅典戏剧最一般的主题:埃斯库罗斯的阿伽门农(剧名便是《阿伽门农》)的故事,他的《波斯人》一剧中的薛西斯的故事;索福克利斯的悲剧《阿贾克斯》中的阿贾克斯的故事,《僭主俄狄甫斯》中的俄狄甫斯的故事,《安提哥》中的克里昂的故事;以及欧里庇得斯的《巴凯》一剧中的潘泰乌斯的故事,无不如此。用柏拉图的话说,就是:

> 如果一个人违反了均衡的法则,把某种过大的东西让过小的东西来承担,如将过大的风帆赋予过小的船只,将过多的食物赋予过小的身体,将过大的权力赋予过小的心灵,结果都注定要彻底倾覆。在自大狂妄的发作当中,暴食暴饮的身体立刻疾病缠身,自命不凡的小官吏迅即陷入邪恶,过度放纵始终滋生着这些恶习。[29]

在这种同一剧情、两种不同的表现形式当中,我们能够发现和理解创造行为的"报复女神"是谁。某一阶段上的成功创造者,在下个阶段努力恢复自己创造力的过程中,恰好因自己原有的成功而遭受严重挫折,假如这是"现实生活"中的事实的话,那么我们便在这里显然触到了文明衰落的基本原因。我们看到,在社会生活的舞台上,这种创造行为的"死对头"直接以两种明显不同的方式引起社会的衰亡。首先,在面对任何特定的挑战时,大量削减扮演创造者角色的候选人的数量,因为它希望排除对上一次挑战做出成功应战的人,这些人先前的成功对他们自身的创造力是具有威胁的腐蚀剂,但在其创造力未被其先前取得的成功明显磨灭之前,我们仍可假定他们是潜在的创造者。其次,对先前创造者的这种不断的腐蚀,使该社会在下一次考验中处于不利地位,一小撮过时的领袖和对创造精神的大量需求之间,仅在数量上也完全不成比例。我们可再次假定,这种彻底剥夺了他们取得任何进一步成功的以往成就,也把他们推到前列,将他们放到关键的职位上。在这些岗位上,他们衰老虚弱,无力创造,而他们一直持有的职权又成了创造的障碍,加剧了这种状态。

我们是否能够消除这种与创造力作对的力量呢? 显而易见,这是能够做到的。因为若不是这样,每一个文明在降生之后,就要被无情地拘禁在生命的门槛旁动弹不得了。而我们知道,绝大多数文明[30]都避免了这种命运,不断地发展壮大。然而,获救之路是狭窄的,很难被人发现。问题在于:"当一个人年迈的时候,他如何能够得到重生? 他是否能第二次进入他母亲的子宫,并得以出生?"[31]答案则是:"除非你们回转,变成孩童,否则你们就入不了天堂。"[32]

对一次挑战做出了成功应战的创造性的少数人,需多长时间才能经过一种精神上的重生,使自己有资格应对下一次、再下一次的挑战? 由于他们愚蠢地"依着他们的桨叶歇息"或任性地扑向悬崖绝壁,从"过分放纵"经"蛮横行为"直到"大难临头",使自己失去应战的资格,这一过程需多长的时间? 要找到对这个问题的答案,最好的办法是求助于我们通常使用的方法,进行一番经验性的考察。

注释

[1]参见亚里士多德:《诗学》(Poetica)第6卷,第18节,以及其他节。

[2]《路加福音》,第3章,第12—13节;第7章,第29—30节;《马福音》,第21章,第31—32节。

[3]《以赛亚书》,第9章,第1节;《马太福音》,第4章,第15节。

[4]参见《马太福音》,第21章,第31节。

[5]参见《路加福音》,第4章,第16—32节。

[6]《路加福音》,第18章,第9—14节。

[7]《路加福音》,第10章,第25—37节。

[8]《马太福音》,第21章,第42节(引用《诗篇》,第118篇,第22行)。参考《马可福音》,第12章,第10节;《路加福音》,第20章,第17节;《使徒行传》,第45章,第11节;《以弗所书》,第2章,第20节;《彼得前书》,第2章,第7节。

[9]《马可福音》,第9章,第35节,等于《马太福音》,第23章,第11节。参考《马可福音》,第10章,第43—44节,等于《马太福音》,第20章,第26—27节。

[10]《路加福音》,第9章,第48节。

[11]《马太福音》,第18章,第3—5节,等于《马可福音》,第9章,第37节,也等于《路加福音》,第18章,第16节。

[12]《马太福音》,第21章,第16节,引用《诗篇》,第8篇,第2行。

[13]《哥林多前书》,第1章,第27—29节。这一主题在《哥林多前书》第2章中被加以扩展。在《哥林多前书》,第3章第18—21节中,"智慧"和"愚蠢"之间的突然转变(这是第1章第27—28节中所列的4种转换的第一种)再次被提了出来,并且得到进一步的发展。参考《歌罗西书》,第2章,第8节。

[14]希罗多德:第7卷,第10节。

[15]比较近代英国人关于他们拥有一个"日不落帝国"的矜夸。

[16]希罗多德:第1卷各处;第3卷各处。

[17]贺拉斯:《诗简》,第1卷,第3、37—40行。

[18]卢克莱修:《物性论》,第5卷,第1222—1225行。

[19]《道德经》(*The Tao-te Ching*),第9章;亚瑟·华雷译为《道及其力量》(*The Way and its Power*),阿兰—安文出版公司,1934年。

[20]《以赛亚书》,第2章,第12—17节。参考《俄巴底亚书》,第3—4节(这是《耶利米书》,第49章,第16节的呼应)。

[21]《传道书》,第9章,第11—12节。

[22]《路加福音》,第1章,第51—52节。

[23]G.莫瑞:前引书。

[24]《以弗所书》,第4章,第18节。

[25]参见本书第三部,第十八章。

[26]关于蛇的作用,参见本书第二部,第十三章。

[27]《哥林多前书》,第10章,第12节。

[28]《箴言》,第16章,第18节。

[29]柏拉图:《法律篇》,691C。

[30]参见第一部第九章的列表。

[31]《约翰福音》,第3章,第4节。

[32]《马太福音》,第18章,第3节。

第二十三章
雅典和威尼斯：短暂的自我崇拜

　　"依着个人的船桨歇息"的态度,或许可以被看作是对创造行为的对立面表示屈从的一种消极态度,但消极的精神状态并不能保证一个人不犯道德错误。对现实取这种愚蠢的消极态度,是出于对过去的眷恋。这种眷恋是偶像崇拜的罪过,在原始希伯来人的宗教教义中,属于罪恶行为,最容易引起一位神的嫉妒和报复。我们可以把偶像崇拜定义为:在理智和道德上对部分而非对整体、对创造物而非对造物主、对暂时而非对永恒的一种盲目崇拜。[1]这是一种对人类最高精神才能的滥用,其结果是将上帝那"令人难以形容的杰作"[2]变成"令人望而生厌的荒唐之物"。[3]在实际生活中,在无止息的发展运动中的某个短暂阶段上,这种道德失常的现象可以采取广泛的形式,诸如对某个偶像崇拜者个人的人格或个人所在的社会的崇拜。此外,它还可采取崇拜某种特殊制度或技术的有限形式,这些特殊制度或技术一度曾使它的崇拜者处于有利的地位。让我们来依次看一下这些偶像崇拜形式。

　　有关短暂的自我崇拜的最有名的例子就是雅典。它由于陶醉扮演"全希腊的学校"这个暂时的角色,从而拜倒在创造力的报复女神脚下。

　　我们已经看到,[4]雅典如何因成功地战胜了早期所面对的自然和人类的挑战,以及不断创造出超凡脱俗、光辉灿烂的国内文化,从而赢得了暂时的荣耀——一个崇高的称号。它对希腊的贡献的确十分巨大,但它赖以获得"全希腊的学校"这个头衔的理由,恐怕只是对它的子孙后代们是个提醒:他们的成就离完美还差得很远。这个短语出自伯里克利的葬礼演说,[5]该演说是为了对公元前431—前430年间,即雅典同盟与伯罗奔尼撒同盟之间战争的头一年里牺牲的雅典将士表示敬意而发表的,那场战争是希腊社会内部生活中出现精神衰败现象的一个明显的外部标志。这场致命战争之所以爆发,是因为雅典已证明它对下一个挑战,即来自它已取得的国内成就的挑战,已没有战而胜之的能力。这个挑战就是要求创建一个希腊政治世界的新秩序。在公元前431—前430年的情势下,演说家关于雅典是"全希腊的学校"的说法大概不会使他的听众们洋洋自得,相反有可能使他们对自己悔恨莫及,甚至"无地自容"。[6]雅典在公元前404年的军事惨败,以及雅典在恢复民主政体后于公元前399年合法地处死苏格拉底所带来的更惨重的道德失败,确实激起了一位同时代的雅典天才对雅典及其所有事业的全盘否定[7]①。然而柏拉图的这个姿态既没有给他带来什么好处,也没给他的公民同胞留下什么印象。正是那些把雅典城变为"全希腊的学校"的先驱者的后代子孙们,才力求为失去头衔一事辩白,他们采用不大正常的方法,证明他们自己未听他人的教诲。他们将稍纵即逝的伯里克利时期的那个死去的雅典本身偶像化,因而也就把伯里克利时代之后的雅典完全或基本上排除在后期希腊人的创造行动之外了。

在政治方面,阿提卡的利己主义给雅典带来一连串的灾难,它反复犯同样的错误,结果导致它在公元前404年失去希腊政治霸主的地位,并引起希腊文明的衰落。它的根深蒂固的利己主义,在公元前4世纪毁掉了希腊世界与威胁性的马其顿统治相对抗的机会。直到它发觉自己已被崛起于希腊世界周边地带的、巨大的新强国所彻底超越,雅典这才不情愿地抛弃了强国希腊的伪装。即使在那时,它得到的教训仍然是反面的,宿命的,因为它退缩到自私孤立的状态,从此消极地目睹着罗马一个接一个收拾它的强大竞争对手,压垮了雅典周围的邻国。而它的邻国却一直在缺乏雅典的援助下力求通过成立一个联盟来改变这场灾祸。雅典就是以这种极端不合理的态度静观其变,直到罗马的世界霸权在粉碎了一切主要的竞争对手后变得坚不可摧为止。然后它才放弃了昔日的孤立政策,冲入混战之中,站到了反罗马的势力一边。它为自己的愚蠢付出了代价。公元前86年,罗马征服者苏拉(Sula)攻陷雅典,尽管雅典避免了毁灭——苏拉解释是看在现在雅典人的死去了的祖先面上[8]——尽管它作为建筑物的一件代表作和学术生活的一个地点幸存下来,但这最后一次对国际政治角逐场的可笑介入,则是雅典政治史的不光彩的终点。

由于迷恋自己的过去这一道德上的缺陷,雅典人给自己带来了政治不幸。在这里,我们必须寻找他们身上那种根深蒂固的、自私愚蠢的利己主义的心理原因。如果我们把它与同时代的某些其他希腊社会——这些社会明显缺少雅典人所具有的

---

① 指柏拉图对雅典民主的尖锐批评。——译者注

市民的尊崇

115 女神雅典娜，市民骄傲的不朽范例。晚期希腊雕像。

思维天分，同时也因此避免了"伯里克利的光环"这一沉重负担——做番比较，那么这种解释就将得到有利的证明。

我们以色诺芬①对他的阿凯亚和阿卡狄亚同事们所做的鄙视性描述为例，他们在公元前 401 年是一支杂牌雇佣军的成员，正在阿黑门尼德王朝的王位觊觎者小居鲁士②麾下服务。[9]色诺芬在这幅关于希腊兵连祸接的微缩画面中，既焦虑又颇具优越感地看到，阿凯亚人和阿卡狄亚人同当时较为深思熟虑和先进的希腊人代表相比，比如同他的雅典同胞或斯巴达或彼奥提亚的朋友相比，显得更任性，更易冲动，

---

① Xenophon，生卒年代是约公元前 430 至前 354 年，古代雅典著名史学家之一，著有《希腊史》、《长征记》等书。——译者注

② Cyrus，波斯帝国王储，与其兄争夺王位，战死在巴比伦城下。——译者注

更无远见,更自由散漫,事实上在各方面都更加粗俗和野蛮。色诺芬的观察在当时是恰如其分的,但这种角色很快就转换了过来。阿卡狄亚的历史学家波里比乌斯①不仅能够严厉谴责公元前4世纪的雅典政治家德摩斯提尼(Demosthenes)具有狭隘的地方观念,而且还把他那可怜的政治才能和与之同代的阿卡狄亚的祖先(波里比乌斯自己的祖先)加以比较。[10]

这种精确的比较研究对随后的希腊政治甚至更加明显有效。在公元前3世纪,正是阿凯亚和阿卡狄亚领导了希腊摆脱马其顿桎梏的解放运动,设计出以自愿参加为基础的联邦政治体系,这是小国寡民的城邦能够在不牺牲地方自治的条件下维持民族独立的唯一手段。甚至恪守传统的国家斯巴达也出现了一种新的、富有灵活性和实验性的活力,并暂时使它挣脱了几个世纪的死气沉沉状态。只有雅典,在希腊为自己的命运进行殊死斗争的危急时刻,始终冷漠地做壁上观,毫无生气可言。

当我们把注意力从政治转向文化的时候,雅典在晚后时期便越发凸显出了它的迟钝,因为在雅典历史的青春时期,文化同政治相比,是一个更加出色的活动领域。在这个领域,它成熟得较晚,但持续的时间更久。在欧里庇得斯、修昔底德、苏格拉底和柏拉图的心目中,政治逆境始于雅典与伯罗奔尼撒同盟战争的爆发,它具有挑战的作用,在道德和思想方面激发出最高度的阿提卡精神。公元前4世纪是雅典史上的政治秋季的开端,标志着雅典文化夏季的最高点。尽管衰落是一个缓慢的过程,但到了波里比乌斯时代,雅典已再也不能说它对希腊高级文化拥有独占权了。即使在哲学领域,虽然看上去它做出了自己独到的贡献,但"全希腊的学校"这一自负的矜夸却导致它走到了自己的反面。

雅典人对保罗的排斥可以同犹太人排斥我主基督相比。虽然保罗按照雅典人的传统,以公开讨论的方式传布教义,但他的关于耶稣复活的信息,对一代眷恋着斯多葛主义和伊壁鸠鲁学说的雅典人来说,却证明是一块绊脚石。[11]保罗对雅典的头一个印象,即这是"一个全身心地投入偶像崇拜的城市",在进入使徒时代后,这的确是对雅典的一种真实的直觉认识。雅典拒绝承担一种精神使命,它或许可以把这个使命作为它那长期的哲学基础的一种显赫象征。然而,促使希腊哲学和叙利亚宗教的微粒交合在一起的力量,不是阿提卡,而是小亚细亚。

---

① Polybius,约公元前202—前120年,罗马统治时期的希腊杰出史家,著有《通史》。——译者注

116　骄奢淫逸的威尼斯,荣登奥林匹亚诸神所在的天空,由胜利之
神为之加冕。维罗尼斯作于总督府议事厅的顶画细部(16世纪)。

　　保罗离开雅典之后的三个世纪,正是卡帕多利亚的教父们为新的社会秩序奠定
宗教基础的时候,雅典激发着皇帝朱里安的灵感,使他对一种异教信仰抱有悲剧般
的学术梦想,企图把它改造成基督教的形象,通过"人工呼吸"的办法来使它重生。
又过了一百年,雅典则成了墨守成规的知性主义与复兴了的原始迷信之间的一种奇
怪的结合之地。这种迷信早在一千年前,还是在爱奥尼亚①的襁褓时期,就被生气勃
勃的希腊哲学天才们轻而易举地扼杀了。但在这时,当希腊文化以阿提卡的顽强精

———————————

①　指小亚西海岸的希腊殖民地区。——译者注

神固守在海湾里的时候,希腊传统中最初的以及最后的成分,意即最低级的和最高级的成分,便在雅典结成了一个死守传统的神圣同盟。当雅典大学在529年关闭时,这些老迈的、故弄玄虚的晚期教授们的活动,最终才被迟迟落实的帝国政府反异教的敕令所制止。被逐出的雅典教授们到罗马在亚洲的敌人萨珊波斯那里去寻求庇护。但在向东部祆教徒科斯洛埃斯(Chosroes)治下的泰西封(Ctesiphon)移居的过程中,他们实际上越发接近了咄咄逼人的叙利亚文化的源头地带,这个文化向远方射出的光芒刚好促使希腊文化在其祖国的解体。倘若叙利亚精神(即使以基督教这样的希腊和叙利亚精神的混合形式)强大到足以使一位希腊哲学家在雅典难以立足,怎么可能想象这位哲学家在泰西封会重操旧业呢? 当地人的宗教是景教形式的基督教,而官方的宗教又是祆教,这是伊朗的思想天才们彻头彻尾地反对希腊文化的体现。毫不奇怪,这些雅典逃亡者很快便发觉自己染上了无可救药的思乡病,怀念那个对他们不大友好的世界,他们已将那个世界的尘土从自己的脚上抖落很久了。幸运的是,这出悲喜剧有一个美好的结尾。当公元533年科斯洛埃斯同罗马进行谈判,讨论缔结和约的条件时,他在条约中加入了一项特殊的条款,保障他的受庇

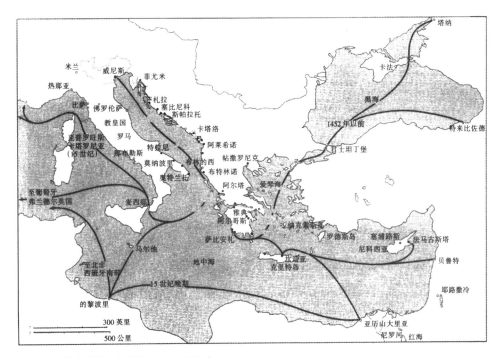

117 威尼斯帝国的海上版图,1380—1797年。

威尼斯帝国威势的标志

118、119　总督府和圣马可钟塔,在威尼斯和在伊斯的利亚半岛皮兰的复制建筑。

120　左图为在克里特岛赫拉克里昂的威尼斯要塞。

121、122　右两图为在诺普里昂和科尔福城门上的威尼斯雄狮像。

骄傲的欺骗
123　对十字军于 1204 年攻陷君士坦丁堡这一声名狼藉的举
动,威尼斯认为只是它漫长商业历程中的一段光荣插曲。

124　威尼斯于 1668 年在坎迪亚的海战中战胜土耳其,使它的
骄傲之心得到满足。但这并没给它带来多少好处,1669 年坎
迪亚再次陷落。

　　　　　　第二十三章　雅典和威尼斯:短暂的自我崇拜

护者重新进入罗马的领土,终生作为异教徒自由生活,不受帝国警察部门的干扰。阿提卡人对偶像崇拜的这种执着,最终并未随着最后一批职业化的行家里手的逝去而消亡,雅典出生的女皇爱伦(Irene,780—802 年在位)第一个在东正教的领地上重新建立起了对圣像的崇拜。

我们现在已大致扫描了一下雅典在希腊社会旷日持久地解体过程中所扮演的政治和文化角色。我们这种粗略的考察揭示出一个矛盾的事实:在希腊历史上有这样一个时期,可以恰如其分地称之为"阿提卡时代",它依据的事实是,在这个时代,雅典的创造性工作对该时代的希腊社会留下了极深刻的印记。不过雅典在一个带着过去阿提卡成就的明显印记的时代又一次显露了自己,不过这次却是以完全相反的方式,系因它对解决当时希腊遇到的各种问题,没有适时地做出任何贡献。

这种阿提卡式的矛盾,我们在雅典不正常地崇拜已经逝去的雅典一事上找到了解释。这种情况在西方世界其他地方也同样可以看到,罗马在西方史的随后几章中所扮演的各种截然相反的角色便是如此。

如果我们仔细打量一下自公元 15 世纪晚期至 19 世纪晚期西方社会近代史的概貌,我们会发现,它在近代经济和政治的效能方面,以及在近代艺术和学术文化方面,都具有鲜明的意大利起源的痕迹。意大利在 14 和 15 世纪所表现出的无与伦比的创造力,是西方文明在之后 400 年时间里不断具有活力的原动力。所以可以贴切地称这个时期为"意大利时代"。[12]我们在这里再次发现自己面对着阿提卡式的矛盾,因为在我们西方共同的历史里,有一个完整的时期,带有过去意大利创造行为的映像和烙印。当代意大利对这个时代整个生活的贡献,显然不及阿尔卑斯山以北的那些中世纪意大利的学生们。大约自 1475 年开始,在四百年的历史时段里,意大利文化在其先前家园内的相对贫乏是显而易见的。但我们从一些实例中可以满意地举出威尼斯,作为对意大利历史上的每个城邦所患疾病的一种特别深刻的说明。

16 世纪初叶,威尼斯表面上似乎比起它的大多数邻居来说,在不断变化的政治危机期间能更为成功地保全自己。它不像米兰,在一个来自阿尔卑斯山以北的征服者面前没有丧失自己的独立。它也不像屈从于教皇的佛罗伦萨、博洛尼亚,成为一位意大利帝国缔造者的牺牲品。相反,它设法为自己建起一个帝国,并在没有放弃祖先共和制庇荫下的那种奢侈生活的情况下保持了它。它的成功绝非偶然，而是它的政治家头脑清醒、审时度势的结果。这种政治领导艺术的性质只有在同处于相应形势下的雅典的行为相比较时，才能看得清楚。如果说威尼斯成功地获得并保持了一个帝国，排除了国内的专制主义，那么这是因为它避免了帝国主义强加在它的属民身上的紧张压力。它使自己的统治令人可以忍受，以致它的附属城市并不想起而反抗，这使得它取得了消极的成功，但这绝不是无足轻重的成功。在相应的形势下，雅典却使它的独裁变得如此可恶，以致依附于它的同盟国家均渴望摆脱它的统治，即使受另一种奴役也在所不惜。雅典人的领导艺术不及威尼斯之处，在处理这样一个问题上，即地理上处于国际体系中心的小国，由于一个新兴大国在其周边地区的扩张而变得矮小，在这种情势下它该如何行事的问题上，明显表现出来。雅典人在应付这个问题时蠢招迭出，与威尼斯人在外交上的精明干练形成鲜明对照。威尼斯人在几乎三百年的时间里，力求避免在阿尔卑斯山北部的列强瓜分共和制意大利时被一口吃掉。这个庞大的瓜分计划是坎伯来同盟（Cambrai League，1508 年）事先计划好了的。

威尼斯成功的秘诀是拥有超越邪恶的自我崇拜的能力，而雅典的失败却正是因为沉溺于自我崇拜。但是，近代威尼斯的成功仅仅是相对而言的，只是一种消极的

125　可以把 18 世纪威尼斯的无聊行为看作是对无法忍受的紧张年代的一种心理补偿。卡纳莱托画笔下的狂欢节的场面。

　　　　　　　　　　第二十三章　雅典和威尼斯：短暂的自我崇拜

成功,总的说来,威尼斯最终未能对它所在的那个社会的生活,做出任何富有创造性的新贡献。威尼斯的这种失败可用这个事实来解释,就是它以自己的方式对创造行为的敌手表示了屈从。

在国内政治领域,由于对已逝去的那个威尼斯的迷恋,使近代威尼斯鼓起勇气,努力维持着中世纪的共和制,同时也未能率先采用或效仿瑞士或北尼德兰的近代宪政成就,将晚近的意大利帝国转变为以共和制为基础的联邦国家。虽然威尼斯始终没有犯压迫依附城市的错误,但它也从来没有开明到将依附城市变成平等的伙伴。1797年,当威尼斯共和国被拿破仑灭掉时,威尼斯领地上的政权与1339年的政权没什么两样,仍然保持着一种温和的霸权统治,在这一统治之下,一系列依附社会不得不听从一个独自享有特权的主权国家发出的指令。

在外交政策方面,近代威尼斯的政治领袖具有极娴熟的技巧,在意大利成功地保持了后期威尼斯的领土完整,没有使威尼斯卷入它力所不能及的事情。在黎凡特地区还找不到能与同时代的威尼斯的对外政策相提并论的国家。在与西方列强打交道时,威尼斯小心翼翼地尽量不消耗自己的有限能量;而在东方,它却敢于藐视那个妄图捍卫古老的黎凡特帝国的奥斯曼土耳其人的绝对优势力量。由于它在坎迪亚①战争中不合时宜地过于强硬,因此元气大伤,除了毫无意义地迫使奥斯曼帝国为其胜利付出了高昂代价以外,没有得到其他任何收益。

近代威尼斯人对中世纪黎凡特地区的威尼斯帝国的偶像崇拜,激励威尼斯人做出一些自我牺牲的徒劳举动,驱使他们只要有机会便重新展开不大均等的斗争。1682—1683年,当奥斯曼帝国第二次围攻维也纳失利、局势变得不利于这个帝国时,威尼斯人迅即站到反奥斯曼土耳其人的力量一边。他们的努力暂时得到了回报,因为他们获得了奥斯曼帝国在欧洲大陆的大片土地。但这个胜利只不过是昙花一现,1715年,威尼斯人刚好丧失了所有新征服的领地,其他领地也成了有争议的领土。他们这次因判断错误而采取的干预行动,所产生的唯一持久的后果就是制造了一次角色的转换,使哈布斯堡王朝②和罗曼诺夫王朝③以奥斯曼土耳其人为牺牲品,扩张

---

① Candia,即克里特岛,威尼斯曾将该岛及其他爱琴海岛屿和南希腊变为自己的领地。——译者注

② Habsburgs,欧洲中古到近代史上的著名王朝,由位于瑞士的哈布斯堡伯爵鲁道尔夫所建,曾统治奥匈帝国、西班牙王国等国家。——译者注

③ Romanovs,俄罗斯封建王朝,被十月革命所推翻。——译者注

了它们的领土。确实,威尼斯人的这种政策在经济及政治上是无利可图的,因为威尼斯一直想要努力保持或得到的领地,因主要商贸活动从地中海向大西洋的转移,在这个时期已没有什么商业的价值。因此,威尼斯在黎凡特地区所下的赌注等于玩了一次具有毁灭性后果的反土耳其的游戏,除了为维持昔日伟大国家的象征物(已成了负担的领地)而一时"保住了面子"之外,没有任何实利可言。对"面子"的热衷支配了惯于冷静算计的威尼斯人的思想,这一事实是致命的自我偶像崇拜症的明显证据。

中世纪威尼斯人创造行为的敌对物,是以一种森严的物质形式表现出来的,这就是近代威尼斯人丢下的各种坚固的军事设施,它们是威尼斯在往昔黎凡特地区的纪念碑;而留在墙壁上的同时代的文字,则直截了当地明白显示出国内创作的艺术作品所具有的忧郁情调。乍看起来简直难以置信,由音乐和美术作品反映出的 17 世纪和 18 世纪的威尼斯人,生活在优雅轻浮的氛围之中,纵情于声色犬马,可他们竟同在诸次黎凡特战争中战斗和捐躯的人具有同样的血肉之躯。但随后的思考告诉我们,这种截然对立的气质证明了这两种状态是互补的。近代威尼斯在黎凡特地区所招致的难以忍受的紧张,以心理补偿的形式,要求在威尼斯的国内生活中具有一种伊壁鸠鲁式的放松,它得到了这种放松。在卡纳勒托①精心绘制的有关威尼斯的画面上,我们从晦暗的光线中仿佛看到了一场大灾变的余烬,威尼斯人自从尽情吸吮了提香(Titian)和丁托莱托②充满活力的色彩之后,已在这场灾变中耗尽了自己的精力。这种"尘埃与灰烬"的音符在伽路佩(Galuppi)的一首托卡塔③中跳动,敲击着诗人布朗宁(Browning)的耳膜:

> 你带着古老的乐曲来到这里,
>
> 它把一切美好的东西带到这里。
>
> 他们一度在威尼斯生活,
>
> 那里的商人们便是国君,
>
> 那里的总督们过去常把戒指丢进大海,
>
> 圣马可教堂在那里算什么呢?

---

① Canaletto,中世纪意大利风景画家,以刻画威尼斯和英国的景色而闻名。——译者注
② Tintoretto,与前者同为中世纪威尼斯的画家。——译者注
③ Toccata,一种即兴演奏的键盘乐曲。——译者注

算什么?

那些次要的三度音是如此哀伤,

那些六度音已弱化成低微的叹息,

告诉他们些什么呢?

告诉那些延留音,

那些终止的乐音:

"我们必须死吗?"

那些具有同情心的七度音在唱:

"生命也许会延续!

我们能做的就是尝试!"

是啊,你就像一只幽灵般的蟋蟀,

在一座被焚毁的屋子边鸣叫:

"尘土和余烬,死亡和结束,

威尼斯花光了威尼斯挣得的一切!

毋庸置疑,灵魂是不朽的,

但在哪里才能发现一个灵魂。"

在威尼斯史上,这并非是伽路佩为之写了挽歌、卡纳勒托为之画了死亡纹章的伊披迈斯安(Epimethean)的那一章,也不是威尼斯参与西方世界生活的最后一个阶段。威尼斯与意大利其他地区一道,经过19世纪的复兴运动,暂时摆脱了18世纪九死一生的危机状态。表面上看,新近意大利的社会奇迹似乎证明,威尼斯由于对先前创造行为的报应当仁不让,最终取得了胜利。但是,当我们去寻找这一复兴运动实际上赖以实现的创造力量的时候,我们看到,它们几乎都兴起在曾是中世纪意大利创造力的发祥地的古旧城市国家之外。如果说近代意大利最终能够再次崛起,那么这是因为这出戏是如此设计的,即演出的结果并不取决于演员的表演,它是由无法抗拒的外部力量来决定的。第一个强有力的政治刺激是意大利被暂时并入拿破仑帝国,这使它与近代法国结合在了一起。第一个强有力的经济刺激是经地中海、连接西欧和印度的商路得以重新开放,这是18世纪英国人的一个设想,由于拿破仑入侵埃及而变成了现实。当开罗至苏伊士的铁路建成后,紧接着便是在1869年苏伊士运河的开放,法英船舰在地中海水域引起的麻烦于是波及意大利沿岸。这些来自阿尔卑斯山北部的刺激,在没有和意大利的代理人相接合之前,当然没有发挥出它们的全部功效。但是,意大利人的创造力虽给复兴运动带来了成果,却不是出自滋养出丰富的中世纪意大利文化的意大利土地。

在经济领域,为意大利在近代西方海上贸易方面赢得一席之地的头一个港口既不是威尼斯,也不是热那亚,而是利沃诺(Levorno)。这是一位近代托斯卡纳大公的创举,原是他扶植起来的一个由秘密结社的犹太难民组成的定居点。正是这些移民而非当地商业先驱们的后裔,创造出17和18世纪的利沃诺所拥有的财富。在政治领域,意大利的统一是源自阿尔卑斯山以北的思想原则作用的结果。在11世纪以前,这一思想原则几乎在阿尔卑斯山的意大利一侧没有立足之地,直到1860年,它也没有完全失去阿尔卑斯山北部的特征。皮埃蒙特(Piedmont)是萨伏依家族在阿尔卑斯山南统治的一个根据地,但其精神和传统却是阿尔卑斯山北的,阿尔卑斯山南意大利城邦文化的成分在那里微不足道。这种与其他意大利地区迥然有别的感觉,甚至在萨伏依家族国家的重心于14世纪转移到山南意大利一侧后,仍然保持着。直到1848年,萨伏依家族把自己的命运同意大利人民联在一起,放弃了自己割据地方的野心,使自己成为民族统一运动的领袖。

1848年,控制伦巴底和威尼斯的奥地利政权同时受到来自两个方面的威胁:一面是皮埃蒙特人的入侵,另一面是威尼斯、米兰和其他哈布斯堡王朝统治下的意大

最后一点火星熄灭了
126　1797年,威尼斯被拿破仑占领。庆典围绕着圣马可广场上竖起的自由之树加以展开。

利行省城市的起义。回顾这两种反奥地利运动的历史意义之间有哪些差异是饶有趣味的,它们同时发生,二者都被正式看作是为实现共同事业而展开的两次有力行动。威尼斯和米兰的起义,毫无疑问是为了争取自由,虽未成功却显示出大无畏的精神。但激励他们的自由观念,却是对业已逝去的中世纪的怀念。与威尼斯起义者的英雄主义相比,皮埃蒙特人在 1848 年和 1849 年的军事表现就不那么光彩了。但皮埃蒙特毕竟在蒙受了诺瓦拉(Novara)惨败的耻辱后幸存了下来,并于 10 年后在马根塔(magenta)报了一箭之仇。查理·阿尔伯特①在 1848 年将一部英式宪法授予他的臣民,这部宪法在他退位之后成了意大利统一的宪法基础。相反,米兰和威尼斯无可争辩的英勇举动却没有结果,两个城市后来都消极地忍受着奥地利的武力统治,坐等皮埃蒙特及其在阿尔卑斯山北部的同盟者法国来解救它们。

对于这种反差的解释是威尼斯人和米兰人事实上注定要失败,因为他们的精神动力还是对自己业已逝去了的那个中世纪城邦的偶像崇拜,自从马基雅维里②时代以来,这种崇拜便一再挫败意大利政治家们的出色努力。19 世纪的威尼斯人在 1848 年响应米兰人的召唤,是为了威尼斯自身而战,而不是为皮埃蒙特、米兰或帕都瓦的利益。他们力求恢复一个已经过时了的威尼斯共和国,而不是创立一个新的意大利民族国家。正因为如此,他们的事业不过是一个被时代遗弃的希望;而皮埃蒙特在一次更为耻辱的失败后能够幸存,是因为皮埃蒙特人不是一段难以忘怀的历史的奴隶,他们在心理上认同于当时占主导地位的各种政治力量,并且投身于创建一个意大利统一国家的传奇事业。

在这场演出当中,1848 年的起义对于意大利复兴运动基本上扮演的是一个反面的角色。但起义的直接失败又确实是 1859—1870 年那场胜利的斗争不可缺少的先决条件。在 1848 年,作为偶像的中世纪的米兰以及中世纪的威尼斯,都被无情地丑化或打碎了,它们终于在其崇拜者的心灵中失去了有效的影响。正是这种姗姗来迟的中世纪意大利的伟大形象的破灭,为意大利在一个近代国家的领导下成功地实现复兴扫清了道路,这个国家摆脱了精神束缚,已不再醉心于对中世纪的强烈回忆了。

---

① Charles Albert,1798—1849 年,撒丁国王,皮埃蒙特摄政。——译者注
② Machiavelli,1469—1527 年,文艺复兴时期意大利的著名政治思想家和历史家,代表作为《君主论》、《佛罗伦萨史》。——译者注

127 1848年反奥地利的起义由光荣的历史所激起,但却没有多少英雄主义堪与当年相比。

注释

[1] 参见本书第一部,第一章。关于偶像崇拜的性质,可以反映现代西方政治失常症的民族主义为例。

[2]《浮士德》,第1部,第249行,本书第二部第十三章引用了它。

[3]《马可福音》,第13章,第14节,等于《马太福音》,第24章,第15节。参考《路加福音》,第21章,第20节。《新约全书》中的这些段落是对《旧约全书》的《以理书》第9章第27节和第12章第11节的回忆。

[4] 在本书第三部,第十九章。

[5] 我们使用的这个用语,出现在伯里克利的葬礼演说辞中,见修昔底德:第2卷,第41章。

[6]《约伯记》,第42章,第6节。

[7] 参见柏拉图:《法律篇》,第4卷,704D—705B。这段话读起来像是有意要加在伯里克利葬礼演说上的一段话(载修昔底德《伯罗奔尼撒战争史》第2卷第38章第2节)。同样,《法律篇》第4卷707A—C处是柏拉图对修昔底德作品第2卷第39章第3节和第40章第2节的回答。

[8] 普鲁塔克:《苏拉传》,第14章,第5节。

[9] 阿凯亚人及阿卡狄亚人和其余的上万人之间因为气质上的不同,行为上也会有不同的结局。参见色诺芬的《长征记》(*Cyri Anabasis*)全书,尤其是第6卷第1—3章①。

[10] 波里比乌斯:第18卷,第14节。

---

① 此处指公元前4世纪初希腊雇佣军随雇主——波斯帝国的小亚总督小居鲁士进军巴比伦一事,色诺芬是其中的一位将领。小居鲁士兵败身亡后,万余希腊雇佣兵经千辛万苦返回希腊人的属地。雇佣兵成分复杂,主要是破产的希腊小农,其中有希腊阿凯亚人,也有阿卡狄亚人以及其他地区的希腊人。——译者注

[11]参见《使徒行传》,第 17 章,第 16—34 节的记述。

[12]到 15 世纪末叶,意大利文化对阿尔卑斯山以北文化的优越性已非常明显,有时人们认为这得益于拉丁文和希腊文在意大利的复兴(这种已经消失的希腊文化在意大利的确实复兴,必须同阿尔卑斯山以北对这种意大利成就的全盘模仿区别开来)。但意大利文艺复兴不是原因,而只能部分算是文明的这种特殊地方性进步的工具或手段,部分是一种偶然的结果;这种地方性进步是意大利在 14 和 15 世纪取得的。进步的真正原因并非意大利对希腊文化的模仿,而是具有创造力的意大利人对当时遇到的挑战的一系列应战。关于文艺复兴的一般情况和意大利的具体状况,可参见本书第十部。

第二十四章
东罗马帝国：对一种短命制度的崇拜

　　我们刚才研究的创造行为的反面，是以一种短暂的自我崇拜的形式表现出来的，它还有另外一种表现形式，就是把某些暂时性的制度也当成崇拜的偶像。尽管某项制度与它的制定者——人类本身相比，显然是一种比较小的偶像，但二者同属被造物，都不应成为某种崇拜的领受者，因为除了造物主之外，没有谁能够成为崇拜的偶像。一种道德和思维的反常状态，从本质上说是一成不变的，它并不会因为搅到了狭窄的人类事务里，便使致命的危险多少有所减轻。我们有一个典型的例子，就是把一种制度当成偶像来崇拜，结果将一个完好的文明引到了可悲的境地，这便是东正教对罗马帝国幽灵的迷恋。在东正教世界孤注一掷地试图恢复罗马帝国之前，这个古老的体制其实已经完成了它的历史使命，走完了自己的生命历程。

128　世俗权威凌驾于教会之上：世俗权威和宗教权威集于东罗马皇帝一身，表现在一块 10 世纪的象牙上，上面刻有基督给皇帝君士坦丁七世戴上王冠。

　　公元 10 世纪末，东正教文明出现了衰落的迹象，其中最显著的一个征象就是保加利亚同罗马之间于 976 至 1018 年爆发的灾难性的战争。这场浩劫压垮了东正教社会，破坏了它的发展，而这时离它从后希腊时代的混乱空白状态中脱颖而出才不过三百年。这样的成长区间如果同它的姊妹文明西方基督教社会存在的历史相比,简直短得可怜。基督教与东正教是在同一个时代诞生的,可它即使到现在也没有明显露出衰落的样子,而这离它那陷入困境的孪生文明的距离已几乎有一千年之久了。

我们该如何解释这两个同时降生且出生条件也相同的社会之间存在的明显不同的命运呢?假设有一位不怀偏见的观察者,在公元 10 世纪的中期恰好对东正教会和西方的基督教会作过一番比较研究,当千年之后这段历史的整个过程展现在我

129　皇帝和教皇:圣彼得赋予教皇利奥三世精神权力,赋予皇帝查理曼世俗权力,这反映了初生的西方基督教世界(9 世纪)的实际权力分配。

们眼前的时候,实际结果显然与那位观察者的预言是完全相反的。那个时期的观察者无疑会认为,东正教文明的前景比它的西方姊妹要更为光明。他或许回想起二三百年前的事,当时阿拉伯入侵者席卷了整个西北非和伊比利亚半岛,在遭到西方基督教世界的有效抵抗之前,已越过比利牛斯山一线。而东正教社会却把阿拉伯人对东方的进犯,遏制在托罗斯山脉一带,因而使得它在整个安纳托利亚的财产免遭倭马亚王朝①的摧残。我们的那位假设的观察者也许还会进一步指出,东正教社会之所以获得成功,凭借的手段就是大声呼唤罗马帝国的幽灵,从而集中了一批处境艰难的部队。在他看来,这项属于皇帝叙利亚人立奥②的伟大政治杰作,若同查理曼③于两代人之后,在西方基督教世界所做的类似努力(惨遭失败的努力)相比,堪称灿烂辉煌的业绩了。

那么,为什么东正教文明在早期显现出的前途会如此迅速地夭折,而西方文明却能从无人看好开始,变得前途无量呢? 准确的解释在于查理曼的失败和利奥的成功之间有着鲜明的反差。倘若查理曼复活罗马帝国亡灵的企图没有破产,那么他强加在婴儿时期的西方文明肩上的沉重负担,也许早就把这个婴孩压死了。如果说西方因为查理曼的失败而得救,那么我们相反却发现,东正教社会则因利奥的成功而毁灭。利奥的成就,即在东正教精神的基础上卓有成效地复兴了罗马帝国的制度,是对过于猛烈的挑战给以的一次极度成功的应战。这项伟业造成了过度的疲劳,从而招致一种畸形的惩罚。其外部症状是国家在东正教社会生活中的早熟以及过分强化,代价则是牺牲了一切其他的制度。它的内部的反常状态是对一个特殊的历史实体的偶像崇拜,这个实体从坟墓中被请了回来并加以油饰,借着那昔日荣耀的灵光,以挽救一个初生的社会免遭迫在眉睫的灾祸的蹂躏。如果我们从这个角度而不是从表面上的军事成就来看君士坦丁堡的帝国,我们就会发现,我们为了理解漫长的过程,必须把它的历史翻回到较早的一页,接二连三的皇帝正是通过这个过程将他们真正的遗产挥霍一空,把好端端的帝国变成了虚妄祭坛上的祭品。

罗马帝国史的最后一章,可用来为我们当前的目的服务。这一章是从公元 395

① 由倭马亚家族建立的阿拉伯帝国的第一个王朝。——译者注
② Leo Sylus,717—741 年在位,又称利奥三世,中兴拜占庭帝国的名帝。——译者注
③ Charlemagne,约 742—814 年,法兰克王国的著名国王,又称查理大帝。——译者注

皇帝
130 左图为查士丁尼的镶嵌画像,他统治拉温那的教会同他统治整个东方教会没什么两样。
皇后
131 右图为查士丁尼的妻子提奥多拉,她在东罗马国家中具有显赫的地位。

年提奥多西大帝①之死开始的。起初,在这个希腊式的大一统国家里,拉丁行省与希腊及东方行省的命运存在着很大的区别。在拉丁各行省中,已直接出现财政、政治和社会的崩溃现象,帝国架构已经分崩离析,自行其是的农业大地产主和强大的蛮

① Theodosius the Great,古罗马帝国皇帝,将基督教正式定为国教。——译者注

族军队的领袖们填补了政治真空,教会也陷入这种社会分裂的泥淖中不能自拔。与此同时,在一个眼看着帝国西部土崩瓦解的时代里,帝国在希腊和东方行省的政权却成功地越过扑面而来的一层层惊涛骇浪,没有像拉丁行省那样遭到灭顶之灾。依靠坚定的意志和果敢的军事改革,立奥大帝(Leo the Great,457—474 年在位)使帝国东部摆脱了对来自帝国边境之外无人地带的蛮族雇佣兵的危险依赖,他的继位者之诺(Zeno)和阿纳斯塔希乌斯(Anastasius)成功地解决了行政和财政改革问题,平息了那场有可能导致希腊与帝国东方行省分离的关于基督教教义上的争论。[1] 结果,这个以君士坦丁堡为中心的帝国政权,在整个 5 世纪期间,通过坚持不懈的努力,竟使偌大的帝国变成一个"运营顺利的商行",因而名声大振,与同时代的帝国西部政权蔓延着的"失败主义"形成鲜明对照。从此时看,这些努力似乎大获成功。但是到 6 世纪为止,两地的这种反差毕竟仅是表面上的和暂时的。立奥、之诺和阿纳斯塔希乌斯锲而不舍、殚精竭虑积攒起来的每一点家底很快就在查士丁尼(Justinian,527—565 年在位)一人统治期间化为乌有了。查士丁尼由于崇拜那个业已逝去的君士坦丁和奥古斯都帝国,沉溺于同样巨大的野心之中,结果就像后来的模仿者查理曼一样,遭到了灾难性的失败。他的前人如此小心翼翼地积存起来并诚心诚意遗留给他的那一份微薄的能量储备,就这样被查士丁尼在兼并位于非洲和欧洲的拉丁行省、以便复兴帝国整个领土的事业中消耗殆尽了。他在公元 565 年的去世,成了帝国在希腊和东方行省倾覆的信号,这同提奥多西大帝死后西罗马帝国的崩溃情况没多少差别,唯一不同之处就是因为它延迟了 170 年才爆发,所以在崩溃的速度和报复的力度上都远远超过了帝国西部。在查士丁尼之死到叙利亚人利奥即位这 152 年时间里,战火几乎就没有止息过,这个君士坦丁堡帝国把它的东方行省和查士丁尼夺取的非洲领地丢给了阿拉伯人,而它在东南欧和意大利的行省则受到斯拉夫人和伦巴德人的蹂躏。因此查士丁尼死后,罗马帝国政权实际上已在它的中部和东部行省不复存在了,就像提奥多西死后,帝国在西部实际上已经灭亡一样。

这里确有某些迹象表明,一个新型的东正教社会在公元 7 世纪正缓慢而坚定地步入它的西方姊妹——基督教社会正在走的同一条道路,这本是教皇格列高利(Gregory the Great,610—638 年在位)为西方基督教社会选择的道路。西罗马帝国崩溃后,广义上可以说,因政治权威碎化为多元的、狭小的单位而出现的真空,最终被一个统一的教会权威所填补，这个权威的象征就是罗马大教长或教皇的权力。格列高利在西部的贡献几乎可以同东正教大教长塞尔吉乌斯（Sergius，大教长任期是 610—638 年）在东部的贡献相提并论。当皇帝赫拉克里乌斯（Helaclius）在 618 年受到向君士坦丁堡推进的萨珊波斯人的强大压力、计划把帝国的权力中心搬迁到迦太基时，塞尔吉乌斯本来也有同样的机会，在已消失的帝国版图上建立一个统一的神权统治。但结果却是塞尔吉乌斯本人迫使赫拉克里乌斯否定了这个计划，因而使以君士坦丁堡为中心的帝国政权幸存下来。假如赫拉克里乌斯能够顺利地迁都，我们可以推测，君士坦丁堡的东正教大主教完全有可能扮演他的西方对手那样的角色，改变帝国社会的面貌。但由于塞尔吉乌斯的重大举动使赫拉克里乌斯不由自主地成了英雄，塞尔吉乌斯等于自己毁掉了扮演格列高利那样的英雄角色的机会；除此之外，他还为叙利亚人利奥永久地打开了机会之门，使利奥在一百年后将东正教的历史变得与西方历史大相径庭。塞尔吉乌斯挽救了帝国的威严，确立了君士坦丁堡的声望，把亚洲东正教会祖传的遗产从东方入侵者的手里夺了回来，由于这三重的贡献，他为叙利亚人利奥在小亚细亚东正教的土地上重建一个牢固的罗马帝国备下了不可缺少的建筑材料，这个帝国正是利奥亲手制作的一件令人敬畏的作品。这个帝国的复兴，就等于封死了通向教皇形式的统一神权体制的发展道路。

罗马帝国的幽灵在公元 8 世纪被成功地召回到东正教的土地之上，显形为一个实在的、有效的中央集权的国家，并能够维系几乎五百年之久。这个在东方重生的帝国的主要特征是成功地保持了它开始时的模样，它被公认为原生的罗马帝国的一个再版，在政治发展方面先于西方基督教世界七八百年，因为直到 15 和 16 世纪之交意大利文艺复兴的光焰照射到阿尔卑斯山以北的各王国之后，西方世界还没有一个国家表现出堪与 8 世纪的东罗马帝国相比的征象。这个新的东正教强国从一开始，就是在坚实的地域基础上建立起来的，因为利奥和他的继承者君士坦丁五世，成功地把从巴尔干半岛的亚得里亚诺波尔到小亚细亚东部的凯撒里亚的土地连成一片，爱琴海诸岛和环绕意大利和巴尔干半岛沿岸地段的各个据点也尽入其囊中。这块幅员辽阔的领土赋予这个东正教的强国以大量的物质资源，其各部分的密切联系又为这些资源不受侵犯提供了可能的条件。自利奥之后两个世纪的帝国统治者们，都把保持这些资源当作最重要的原则。利奥和他的继承者们之所以能够避免过分雄

帝国政府

132 查士丁尼随行人员中的士兵和大臣们，为西方尚
不知晓的行政和军事体系的成员。

心勃勃的军事冒险和无谓的纠缠，靠的是两项东罗马的制度——一支常备军和一支
永久性的文官队伍。从5世纪到15世纪的时间里，西方世界实际上对这两项制度还
一无所知。这两项制度只有在一个能够支配经济和文化资源、以便用于训练专业军
队和行政人员的国家才有可能出现。正因为拥有训练有素的军官队伍和文官集团，
这个帝国才能取得最显赫的也是最不幸的胜利，将教会置于国家的有效控制之下，
从而使罗马帝国在东正教社会卷土重来。东正教社会和西方基督教社会的历史表
明，两者之间最大的区别、最关键的差异就在于教会和国家间的不同关系。这里我
们找到了两者开始分道扬镳的三岔路口：一条路将西方社会引向成长，另一条路则
把东正教社会引向了毁灭。

　　端坐在东罗马帝国皇位上的叙利亚人利奥及其继承者，成功地实现了一个查

理曼或奥托一世以及亨利三世在西方从来没有实现过的目标。这些东罗马帝国的皇帝们，在他们自己的领地之上，将教会变为国家下属的一个部门，把统一的大教长变成一个隶属于皇帝、主管神圣事务的国务秘书，而且他的地位虽具有专职性质，但任期却绝不是终身制的。把教会置于附庸地位，只是东罗马帝国的皇帝们复兴罗马帝国计划的一个重要组成部分，因为教会和国家间的这种关系，实际上在君士坦丁大帝决定把基督教会置于自己保护之下的时候，就已经拟定好了。而且君士坦丁的这个构想，在晚期罗马史中，即从君士坦丁当政之时到查士丁尼在位的时代，已经成为了现实。

君士坦丁将基督教会并入罗马帝国政治实体的政策获得了极大的成功，教会沦落到他为它安排的位置上，没有提出任何独立的异议，直到它的保护人死后发生的灾变，才迫使它采取行动。从此以后，历任教皇以及大教长都一直在哀悼自己失去了舒适的皇家保护伞，并一直在处心积虑地想找回这把伞。在西方基督教世界，这个两难的问题因为教会和国家重新组合在一个以教皇为首的基督教共和国中（Papal Rsepublica Christiana），从而得到了解决。其途径是多样化的地方国家服从于一个统一的教会，后者在西方基督教社会体系中是团结的象征和权威的来源。这种"僧侣统治"的社会体制是一个全新的创举。[2]而在东正教历史的相应篇章中，却没有类似的创造举动，因为在东正教社会的早期，由于成功地完成了罗马帝国的复兴事业，窒息了创造的可能性，结果是促进了在早些时候已经展开了的过程，就是将过去遗留下来的一种制度加以偶像化。这种自然而然的、也是灾难性的反常现象正是东正教世界提前崩溃的原因。

在由叙利亚人利奥发起的东正教对罗马帝国的幽灵崇拜当中，东正教会表示隶属于东罗马国家是一次十分重要的举动。这个举动是自觉自愿的，按照利奥自己的说法，这是"君权神圣"。[3]我们还听到这位东罗马帝国的创立者，以查士丁尼的专横口气，提出了一个君士坦丁的要求："君权即神权（Caesaropapistical）。"我们毫不奇怪地发现，利奥在他治下的大部分领土上，迫使教会接受了帝国政府的最高权威，这一成功是造成东正教文明在大约两个半世纪以后衰落的首要原因。

如果我们对东正教的这一历史悲剧做番研究，我们将看到，叙利亚人利奥把教会重新并入国家一事所起的破坏作用，是以两种不同的方式表现出来的：一种是一般性的，一种是特殊性的。

一般的破坏作用是指在东正教社会的生活中,阻碍和排除了多样化、伸缩性、勇于实验和创新的趋向。我们大体上可以估量这种方式对东正教文明发展的破坏程度。我们注意到它的西方姊妹文明在相应的成长阶段上,取得了显著的成就,而它的东正教对手却一无所得。在处于成长阶段的东正教的社会体系当中,我们不仅没有发现相当于希尔德布兰德①的教皇组织的体制,而且我们也没有发现自治大学兴起和传播的现象,没有相应的波罗格纳和巴黎那样的新的西方学术活动的中心,也没有自治的城市国家,如意大利中部和北部及弗兰德尔的新型西方生活的中心。[4]除此之外,西方的封建制度是独立于中世纪的西方教会和城市国家之外的制度,同后两者处于冲突状态。如果说封建制在东方并不是完全不存在,那也如同东正教一样,至少是受到了有效的压制。由于这种封建制度的不幸遭遇,当帝国权势的衰微为它提供了表现自己的最后机会时,它便和教会一样,在东正教世界以迟到的但却是更加剧烈的形式强调了自己的存在。

封建制和教会最终在东正教世界的这种自我标榜表明,在这两个领域当中,东正教社会的生活在先前的历史中表现出的贫乏与单调,并不是由于东正教社会体系中缺乏活力或创造力,而是由于这些能力受到了难以抗拒的力量的人为的、暂时的压抑。因为在那些播撒在东正教社会这块土地上的所有种子当中,有一粒是东罗马的"新型最高权力"(Imperium Redivivum),也就是"君权即神权"。它以如此反常的速度和活力茁壮成长,以致完全超过了它周遭的伙伴,扼杀了它们的生长活力。与西方各种制度均衡发展、欣欣向荣的状况相反,东正教的土地却呈现出一幅不和谐的痛苦画面,这是成长失误所受到的惩罚。

如果我们看到在时空的某一点上,在几乎无所不在的君主专制恰好有所松动的那一时刻,东正教社会立即放射出的某些罕见的、具有创造天赋的闪光,那么我们就会同意,是压制而不是贫瘠阻碍了东正教社会的健康发展。

例如,色雷斯西部是一个摆脱了皇权重压的地区,东正教教会在马其顿的圣山(Mount Athos)建立了一个抗击皇权的行动基地。在更加遥远的卡拉布里亚(Calabria),少数圣巴西勒修会的修士②被非洲的穆斯林征服者从西西里岛的修道院赶了

---

① Hildebrandine,即教皇格列高利七世。——译者注
② Basilian monks,巴西勒为4世纪希腊的基督教教父,以隐修闻名,后成为众多隐修者的榜样。——译者注

东正教教会的艺术
133 拜占庭艺术在14世纪的繁荣：出自卡赫里·卡米伊的镶嵌画。

出来，却成功地把一块被遗弃的荒芜地区变成了井然有序的定居地，这项成就完全可以和爱尔兰僧侣在6—7世纪重新夺回已被异教化的英格兰的事业相比。就是这同一处卡拉布里亚的僧侣定居地，在后来竟成了一个朝气蓬勃的宗教思辨哲学派别的发源地，它与通常人们所认为的狭隘的"拜占庭"风格截然不同。

更能说明问题的是东正教创造天才们的那些闪光，竟在时间上超越了东罗马帝国的界限，照射到帝国政权管辖范围之外的地方。在这些创造行为中，最令人吃惊的例子恐怕就是原科拉（Chora）修道院教堂里的那些14世纪的马赛克装饰，现在那里已成了卡赫里耶·卡米博物馆（Kahriye Camii Museum）。在那里，在帝国首都的地界内，我们今天仍能看到东正教的艺术展，它们是拜占庭的艺术家用精心挑选的、很难处理的材料制成的，在帝国政府已经衰微的日子里，这样一种生命运动的成果，是几乎任何同时代的意大利油画或蛋彩画所无法比拟的。

过了二百年以后，也就是东正教社会为了罩上奥斯曼土耳其人的丧服而脱掉东罗马帝国的沉重外袍之后,我们能够察觉一个垂死的文明仅存的一点余晖。东正教的克里特岛赋予西方世界一位艺术家,本名多迈尼科斯·泰奥托科坡洛斯(Domenico Theotokopoulos,1541—1614年),又名"艾尔·格莱科"(El Greco),他的艺术风格看上去与阿索安的圣像画家们的严格规范明显对立,但无论外表如何,艾尔·格莱科的灵感一定是来自一种乡土风格,因为他的画风和西方同时代的画风竟有天壤之别,以致他长期以来便被看作是一个无法理解的怪才。

这个例子使我们想起了东正教社会命运的另一个悲剧特性。无论这个不幸的社会做了善事还是恶事,都给某些其他的社会带来了很多实惠。

如同艾尔·格莱科在罗马和托莱多所做的一样,卡拉布里亚的圣巴西勒派的修士们,为了相异的西方基督教的未来利益,从事着开拓性的工作。还有一个更为著名的、同样并非情愿的利他主义的例子,使同一个西方邻居在西方近代史刚刚开始之时,便由于在其东正教姊妹的那座已经倾倒的大厦废墟中,发现了希腊文明的典

134　拜占庭传统的最后一位继承人,克里特画家埃尔·格莱科的《伊壁鸠鲁哲学的苦恼》(约1585年)。

　　　　　第二十四章　东罗马帝国:对一种短命制度的崇拜

籍,从而坐享了现成的文化果实。假如没有东正教徒的虔诚,没有他们在后希腊的空白期间,不顾暴风雨的摧残和地震的破坏,精心保存这些出于同一个母文化的珍贵纪念品,将它们从存放的宝库里取出来,带入拜占庭的文艺复兴时代,即与加洛林文艺复兴①同时开始②,延续到 15 世纪才结束的复兴时代,那么就绝不会有西方的这个富有成果的发现。在东正教社会的怀抱里,希腊天才们的杰作得到了保存和复原,这本应该有充分的时间给它带来应得的奖赏,亦即赋予东正教社会以灵感,去完成自己的原创工作,如同后来西方基督教社会所得到的极其有效的激励一样。但是,在东正教的文化史上,却始终没有出现过任何从希腊文化的主线解脱出来的斗争,没有出现过类似于西方发起的古人和今人的"书本之争"③,这场斗争在 17 世纪持续了几十年,直到厚今薄古的思想取得无可争议的胜利才告结束。

因此,在东正教世界,获得重生的希腊文化就像东罗马的新皇权一样,成了一种沉重的负担,而非刺激的力量。直到它在 15 世纪意大利的生动活泼的思想环境中传播开来,这种具有潜力的思想补药,才产生适当的刺激作用。因而正如后来事实所证明的那样,东正教世界事实上是在为它的西方姊妹的利益,竭诚地从事着文化活动。

东正教社会的一个臭名昭著的恶劣行为,同时也是有利于西方利益的行为,就是废除了圣保罗会。这似乎是幸存于亚美尼亚和小亚细亚地方上的一个古老的"信仰耶稣为上帝养子"教派中的小宗派。[5] 小亚细亚是基督教的温床,在发挥这一历史功能的过程中,这个亚洲半岛出产了丰富多样的实验性的耕作物,说明它们的种子被成功地播撒在小亚细亚的土地上。在亚洲的这份遗产中,第一批果实之一就是破坏偶像的运动,它在经过一个多世纪的冲突(公元 726—843 年)后被镇压下去。但是,这种反传统的亚洲宗教精神虽在东罗马帝国的都市地区受到压制,却仍然在保罗会成员的身上体现出来。公元 9 世纪的某个时期,当保罗会的成员,在位于拜占庭帝国和阿拔斯王朝哈里发的辖地之间的一处很难接近的边远无人地带,建起一个现代圣徒们的军事共和国的时候,他们给小亚细亚的宗教分离分子提供了一个集结的场所,而且这个场所与日渐衰微的反偶像主义的命运毫不相干。倘若这个令人颇感兴趣的保罗会社团被允许存活下来,它也许会通过这种一息尚存的保藏形式,保

① 指西方法兰克王国在查理曼或查理大帝统治时期的一次较小规模的文化复兴运动。——译者注
② 公元 9 世纪前后。——译者注
③ Battle of the Books,指西方启蒙时代关于厚今薄古还是厚古薄今的争论。——译者注

住东正教社会的生命，并最终会复兴那些东正教社会遗产中的最重要的成分，这些成分是与东罗马政权要求教会隶属于国家的事实是不相容的。在帝国首都君士坦丁堡和保罗会的大本营泰伏利克（Tephrike），东正教的宗教天才们的旨趣构成是南辕北辙、各执一端的。这场关于偶像地位的争执一旦因明确排斥反偶像主义而告结束，帝国政府便着手根除保罗会的异端了。东罗马帝国的军事实力以及神学力量均投入到了这场冲突之中。在力量如此悬殊的战争中，结局是不言而喻的，尽管在时间上或许拖长了一些。经过这场从 843 年拖到 875 年的斗争，以泰伏利克为蜂巢的黄蜂们，被君士坦丁堡的皇家蜂窝的主人一把火全熏了出来。

从东罗马政府的立场出发，这是一次尽人皆知的胜利，因为帝国对保罗会猛烈攻击的程度表明了帝国统治者的一种想法：保罗会共和国的存在是对帝国安全的一大威胁。考虑到两个政权之间奉行的原则水火不容，我们有理由认为官方的观

不容异说的东正教
135　因宗教争议而释放出的残酷无情在这幅 9 世纪的《圣经》插图上暴露得淋漓尽致。画家肯定意识到了这是根除保罗派的事件。东正教会对思想意识的挑战予以难以想象的应战。

点是正确的。但我们还可以从私人的角度来判断，在这件事上，东罗马帝国的胜利其实是东正教社会的失败。东罗马政府在消灭保罗会时对小亚细亚造成的伤害，同倭马亚哈里发政权这个基督教的"后继国家"因驱逐犹太人和穆斯林而对伊比利亚半岛造成的伤害是一样的。路易十四①驱逐胡格诺派②、国家社会主义党政权驱逐

---

① 　Louis XⅣ，1638—1715 年，法国封建专制制度由极盛转衰时期的国王。——译者注
② 　Huguenots，16—17 世纪的法国新教派别。——译者注

犹太人和自由分子对法国和德国也都造成了同样的伤害。然而东罗马帝国粉碎保罗会的举动，并没有使它免除原先由东罗马保罗会所造成的二元的宗教形式。

由于帝国政府的放逐政策，一批批保罗会成员在公元755年或757年，移居到保加利亚的帝国边境地带，以及移居到了色雷斯。公元872年，随着保罗会在泰伏利克的军事行动中心的毁灭，又展开了进一步的放逐，这使得保罗会成员得到了一块肥沃的、便于执行其使命的新土地。在一个世纪的时间里，东罗马帝国皇帝巴西尔一世(Basil Ⅰ)这种辛勤的锄草举动被保加利亚"二元论"的异教领袖波格米尔(Bogomil)辛勤的播草举动所一笔勾销了。这位衔天命的人是保加利亚东正教教会的一个操斯拉夫语的神父。我们不知道他的二元论是源自他家乡的新保罗会的邻居那里，还是他自己独创的。在10世纪的保加利亚，社会条件恶劣到即使没有任何外界的提示，人们也能感到善在宇宙间并非是万能的。无论如何，波格米尔的二元论在欧洲大陆广泛传播，在波斯尼亚找到了第二个活动基地，最后以"卡德尔主义"①的名义出现在拉丁世界。在西方，正像在东正教世界，这些在绵羊中冒出的山羊引起了积极的排斥举动。东罗马的皇帝巴西尔采取的反对9世纪保罗会的武力政策，三百年后在教皇英诺森三世反阿尔比②的十字军讨伐中得到了呼应。[6]这场由处于权势巅峰时期的教皇假基督之名发起的灭绝战争，是否是一种使西方基督教的统治体制注定要急剧衰落的罪恶呢？无论这个问题的答案是什么，有一点很明确，就是阿尔比的悲剧在很大程度上再现了泰伏利克的悲剧；但东正教仅仅以血腥的罪行对某种挑战所进行的应战，却在西方激发出一种创造行动，以及一种破坏性的举动。圣方济会和圣多明我会对卡德尔主义在12和13世纪之交向西方基督教提出的挑战所做的应战，给西方基督教的修道生活注入了新的生命，因为圣方济会和圣多明我会把僧侣们带出农区修道院，让他们投身到现实世界中去，以满足西欧日益增长的城市居民的精神需要。我们在东正教那里，却找不到与此相类似的运动。在东正教世界，保罗的教义不仅拒绝任何自我创造的机会，甚至还禁止它的东正教敌人及毁灭者的代理人要求帝国政府发挥创造力的机会。

我们现已考察了东罗马的"皇权即神权"体制阻碍东正教社会成长以及在使东

---

① Catharism，基督教的异端之一，又名清洁教派。——译者注
② Albigenses，在法国阿尔比形成的异端教派，遭教皇和法王组织的十字军的镇压。——译者注

正教社会生活千篇一律化当中所起的一般作用,下面我们还要考察这个无法抗拒的制度在直接引起东正教文明衰落一事上所起的特殊作用。

我们在前面已经看到[7],这种衰落的外在征兆是公元976—1018年保加利亚和罗马的战争。我们现在可以进一步看到,这场战争的交战方之一是在新生的东正教世界的核心地带建立起来的罗马帝国的仿制品,而交战的另一方则是相邻的蛮族社会中的一支最重要的力量,在东正教社会扩张的过程中,曾被并入正在成长中的东正教社会体系当中。换句话说,东正教社会的扩张和衰落是彼此紧密联系在一起的。我们在本书的先前章节中[8]曾提到:仅有扩张本身还不能成为判断成长的标准。同时,当一个带有真正的成长标记的社会,被发现在同时进行着地理意义上的扩张的时候,我们也许就可以指望这种扩张会增强这个成长中的社会的实力。事实上,这就是西方基督教社会从教皇格列高利(公元590—604年在位)开始的四个世纪扩张的结果,当时北欧和中欧的边远地区均被依次纳入西方基督教世界的版图。与富有成果的西方扩张运动相反,东正教社会进行的相应扩张却没有给这个社会增加任何力量和活力,而且事与愿违,由于保加利亚的叛教者和东罗马的老师之间发生一系列自相残杀的斗争,反而加速了它的衰落。我们可以把保加利亚人在9世纪改变信仰一事,同撒克逊人在此前一百年因法兰克人而改变信仰的事例来加以比较。这些异教邻居是随着他们被牢固地纳入西方基督教社会政治体系当中才改奉其信仰的。但处于同时代的保加利亚东正教徒,却与他们有着共同宗教的东罗马人分庭抗礼,这是因为他们之间早在一百年前就存在着宗教及政治的鸿沟,而现在他们之间又增加了一条更深的道德鸿沟。

在我们试图对东西方基督教社会的扩张结果出现如此惊人的差异进行解释之前,我们应当注意在此之前的另一种差别。与西方基督教社会的表现相比,东正教社会在改变居住在欧洲门口的蛮族人的信仰、以实现扩大自己疆土的任务一事上,其反应显得出奇的缓慢。7世纪在西部伊利里库姆(Illyricum)的一次早期的、明显流产的传教努力之后,巴尔干半岛的这些异教居民在两百年的最好时间里竟被忽视了。在864年以前,一直没有发生保加利亚皈依东正教的现象。而西方基督教世界却在那时不仅将先前被东罗马帝国占据的欧洲西部的所有土地重新夺了回来,而且越过了旧有的边界,深入到易北河流域。当我们想到东正教会充分摆脱了传教工作的严重障碍而西方教会却作茧自缚的情景时,这种在欧洲传教事业中的成就极不平衡的现象就更加令人触目惊心了。在西方基督教世界,从一开始就当然地认为拉丁文必须是唯一的、统一的礼拜语言,不管教会的皈依者的当地语言是什么。在礼拜用语的问题上,西方的神学权威是当仁不让的,甚至不惜冒失去新的皈依者拥戴的危险。与西方的拉丁文专政极端不同,东正教教会却采取一种明显开明的政策。它并没有把希腊语当作仪式专有的语言,而西方教会却视拉丁文的垄断地位是理所当然的事。毫无疑问,将礼拜布道的语言翻译成地方语言的政策,使东正教在传教事业中,就信息的传递而言,要比西方的基督教高明。由此看来,西方基督教在传教领域事实上超过了东正教这一点,看来就越发显得不可思议了。为了解释这个矛盾现象,我们必须假设这种语言自由化给东正教带来的好处可能被某种可怕的障碍抵消了。我们只要寻找这个障碍,它就会立刻进入我们的眼帘。

东正教教会的传教工作,因其大教长依附于东罗马帝国政府这一世俗权威而受到削弱。东正教教会在东罗马国家面前的这种卑下地位,对于所有将要皈依东正教信仰的人,提出了一个痛苦的两难问题。他们如果接受大教长的教会权威,也就意味着以同样的举动承认了大教长的那位世俗主人的政治权威。换言之,他们必须在坚持他们祖先的异教信仰和皈依基督教之间做出选择,而皈依基督教则等于丧失他们政治上的独立性。在这种情况下,他们避开后一种选择就不足为怪了,即使允许他们使用母语举行宗教仪式也无济于事。这种两难的境地,是那些被西方教会的传教士发展为基督徒的蛮族人所不曾遇到过的,因为接受罗马教廷的神权虽然包含着对拉丁语的语言专制的屈从,但这并不会同时带来更可怕的奴役,即承认一个外国政府的政治统治。尽管教皇在第二次复原西罗马帝国幽灵的努力中获得成功,但无论是加洛林王朝还是撒克逊人这些西方皇权至上的化身,既没有大一统的性质,也不是永久性的。例如,英国人始终是罗马教会的忠实儿子,却没有效仿教皇利奥三世,向查理曼的皇权权威顶礼膜拜。他们同教廷的关系并不受西方神圣罗马帝国的招魂术的影响。

东正教的扩张却没有这么顺利,因为大教长是皇权的附庸并不是一种空洞的形式,而是严酷的现实。当东罗马政府在864年最终感到必须确保保加利亚人的归顺时,这种差别造成的不幸后果很快就把他们拖得精疲力竭了。东正教教会附属于东罗马国家这一固有的不幸,在这次危机中暴露了出来,但由于在这件事上,如同在其他事情上一样,东罗马政府按惯例表现出了温和的态度,这使不幸的程度多少有所

东正教的使命

136　拜占庭皇帝米切尔三世及其皇后于 865 年主持保加利亚鲍里斯王的洗礼。14 世纪斯拉夫人的绘画。

减低。一种不良的制度结构不可避免地会产生必然不良的结果，不管政治家采取何种政策。

　　保加利亚人在 864 年开始改信东正教是因为东罗马陆海军显示武力的结果。这种为宗教目的而滥用政治实力的做法，同查理曼在类似形势下发起的激烈宗教战争相比，的确是策略多了。然而，保加利亚的鲍里斯王（Boris）虽被东罗马的政治鞭子如此轻微地触了一下，却也做出了强烈的反应。因为尽管他这次受到温和的待遇，但鲍里斯认为接受东罗马政府的政治控制将使自己蒙受永恒的耻辱。罗马和保加利亚在 864 年缔结协议之后仅仅过去了两年，鲍里斯便撕毁了它，使保加利亚在宗教上脱离了统一的大教长，转而效忠于罗马教廷。虽然他自愿在 870 年重新归顺东正教的大教长，但保加利亚人对大教长那种具有政治含义的效忠头一次做出逃避的尝试，这本身就是一个不祥的预兆。

　　这位浪子的信仰回归受到帝国政府巧妙的安抚政策的欢迎。在鲍里斯和巴西

137 保加利亚与罗马的战争:尼科弗罗斯在811年的远征。上图为东正教皇帝尼科弗罗斯一世率领他的骑兵进入会战。下图是尼科弗罗斯战败后,这位被俘的皇帝在被处决前受到嘲弄。

尔皇帝之间达成了某种妥协，这种局面维持到893年。当鲍里斯之子西迈昂（Symeon）继承了保加利亚的王位时，故意使这个政治问题再次表面化。西迈昂是在君士坦丁堡受的教育，在其学习期间因迷恋希腊大一统国家的"伟大思想"——一种来自已经死灭的、在君士坦丁堡的庙堂里以东罗马皇权至上的政体形式受到供奉的思想——而成为人质。由于保加利亚的王冠戴到了西迈昂的头上，他已不再满足于低下的王公地位。在这种情况下，西迈昂发现要想取得独立主权，只有把保加利亚的王位当作登上东罗马帝国王位的一块垫脚石。他决定牟取帝国皇冠，在做出这个决定后，他不仅对他拥有的王国和他垂涎的帝国签下了一纸死亡证书，而且还等于判处了这两个国家所在的社会的死刑。

西迈昂的野心在他发动的两次战争中，即894—896年和913—927年对东罗马的战争中恶性膨胀。当他对登上君士坦丁堡的皇位最终绝望之后，西迈昂决心尽其所能保证主权独立，其途径是在保加利亚境内称帝，任命了他自己的地方大教长。他因此在925年宣布自己为"罗马和保加利亚的皇帝"，大概在第二年又提升普雷斯拉夫的大主教为新帝国的大教长。东罗马政府当然不会承认这些举动。但是在927年西迈昂死后，双方经过谈判达成了一项和平协议，东罗马政府做出前所未有的让步，承认西迈昂的继承人彼得为皇帝，可以有自己的大教长。作为交换，保加利亚承认东罗马帝国在913年以前拥有的领土主权。

在这些条款基础上缔结的和平协议维持了42年。这项协议虽然形式上没有表现出来，但事实上不过是个休战协议。它是一种不可能持久维持的妥协，因为它没有解决宗教隶属和政治独立之间彼此不相容的问题，而政治独立正是西迈昂不顾一切所要强调的东西。到了927年，对这个重大的难题已不可能视而不见了，鲍里斯和巴西尔在五十年前正是以这种自欺欺人的方式来力求回避这个问题。而且也再不能装作看不见真正解决这个问题的方法了。现在事情已到了摊牌的地步，东罗马帝国的皇帝和大教长的管辖权，是必须与地理上的管辖权共存同在的。西迈昂以他的权宜之计，即在政治上将帝国归属于大教长辖下的外族宗教省保加利亚，来试图解决这个难题。自从他的这个企图破产以来，紧接着的就是因保加利亚反过来必须归属于帝国而迟早都要发生的、不可缺少的政治统一。因此，东正教世界的这两个主要国家注定要彼此争斗下去，直到它们中的一个被"致命的一击"所制服为止。表面上看，似乎是西迈昂的错误想法给东正教社会带来了灾祸，但实际上这场灾难

｜ 第二十四章　东罗马帝国：对一种短命制度的崇拜

的基本原因是教会依附于东罗马国家,因为正是这一点先是驱使西迈昂走上错误的道路,然后又使他无法补救自己的错误后果。在一个单一社会的内部,没有两个或两个以上的"集权国家"长久存在的余地。

这场斗争的第一回合于972年结束,保加利亚战败,东罗马皇帝约翰·兹米斯克斯(John Dzimiskes)吞并了保加利亚的东部,这原本是保加利亚的核心部分。但在四年时间里,残存的保加利亚国家在一个新王朝中找到了领袖,随后半个世纪的战争,从976年打到1018年,使东正教社会备受折磨。消灭两个竞争帝国中的一个,唯一可行的手段就是东罗马皇帝巴西尔二世于1018年出手的"致命一击"。整个东正教世界,总共付出了一百多年的代价,现在终于重新统一在一个帝国统治之下。[9]但这场旷日持久的罗马和保加利亚之间斗争的牺牲品,不是现在已经并入东罗马帝国的前保加利亚国家,真正的牺牲品是那个名正言顺的胜利者东罗马帝国本身。当小亚细亚在皇帝罗慕诺斯·狄奥耶奈斯(Rhomanos Dhioyenes)被俘之后由塞尔柱突厥人(Saljuq Turks)所占领的时候,这个帝国于1071年在"报应女神"的面前便彻底地俯首称臣了。

除此之外,保加利亚于1040年和1073年两次出现挣脱东罗马统治的流产尝试,并于1185—1187年发动了一场成功的脱离运动,东罗马帝国从此就一直没能恢复社会秩序,这都是由于它着魔般地追逐军事胜利而给自己招致的恶果。在这个时代,东罗马帝国版图内的东正教社会生活的混乱状态表明,它已染上了两种悲惨的、彼此交互影响的并发症。第一种病症是土地分配的危机,第二种是军国主义危机,二者都是不祥之兆,因为它们都是东正教社会机体在健康良好的时期所不曾患过的疾病。

当新生的东正教文明在公元7世纪和8世纪之交,从后希腊时代的混乱状态脱颖而出的时候,它起初的生活拥有一笔具有很高价值的社会财富。8世纪的东罗马皇帝叙利亚人利奥和君士坦丁五世的立法表明,东正教社会在他们那个时代,比之同时代的西方,更多地摆脱了土地所有权的集中以及随之而来的农耕社会两极分化为一小撮领主和大量农奴的现象,这是垂死的希腊文明在罗马帝国末期所患的致命疾病之一。这种健康的土地占有基础无疑是东正教文明在之后两百年里快速成长的一个原因。但在东罗马帝国和西迈昂当政时(893—927年)的保加利亚之间发生战争之后,开始出现了一种恶变。这一时期的东罗马立法不断收入一些保护自由小土地所有者、反对大地产主土地兼并的条款。如果这可以当作论据的话，我们便可以推论，自从查士丁尼在公元 6 世纪确立法律反对卡帕多西亚的大土地所有者以来，大地产的恶劣行径如今已头一次显现在小亚细亚东部和中部地区了。这些立法中有两部是出自随后进行的一次对外战争，这一点几乎不能说是偶然。战争对一个交战国施加的最一般的社会影响之一是造成财产的分配不公，或者加剧了某些现存的土地分配不公的弊病。无疑，保加利亚战争和同时代东罗马土地立法之间存在着联系，在皇帝巴西尔二世、"保加利亚人的屠夫"在位时，这种连带关系发展到了顶点，同时也是它失败的终点。这个观点得到了一个事实的确认，即战争拖得越久，消耗越大，社会的不良症状看上去也就越发严重和恶劣。这些症状之一是自尼科福罗斯·弗卡斯（Nikephoros Phokas）在 963 年发动成功的政变开始，以及小亚细亚的大地产主发表的一系列声明。这些觊觎帝国王冠者的怨恨或野心要比他们的爱国主义大得多。为帝国政府提供了税赋和兵源的农民也与政府离心离德。11 世纪，当小亚细亚的心脏地带被塞尔柱突厥人占领的时候，农民们高兴地看到帝国的税收官员和并吞他人土地的大地主受到敲诈勒索。农民现在投靠突厥人和改奉伊斯兰教。这种大规模的文化和宗教叛离意味着他们在自己的土耳其新主人出现在舞台上之前，已经不仅在精神上疏远了东罗马政权，也疏远了受到东罗马帝国重压的东正教文明。假如东罗马的农民对他们体验到的痛苦无所怨恨的话，那倒是咄咄怪事了，因为这实在是惊人的讽刺。这些农民士兵吃力地赢得了战争，使小亚细亚免于穆斯林的掠夺，但他们取得的国家安全不是属于农民自己的，而是收税官员和土地掠夺者的。

如果说东罗马的土地危机具有灾难性的结局，那么这种登峰造极的灾祸的部分原因大概是由于这样的一个事实，就是土地的灾难伴随着军国主义的并发症而得到恶化。甚至在保加利亚战争之前，即被西迈昂的妄自尊大强加在不情愿的东罗马政府身上的那场战争之前，这个政府就已激进地改变了自己的政策，处心积虑地开始对边境对面的穆斯林邻人大动干戈了。从 926 年派出一支东罗马远征军夺取幼发拉底河沿岸的土地开始，这个政府在 125 年时间里坚持实行扩张政策，这削弱了它的防御，使自己的心脏地带暴露在敌人的兵锋之下，恶化了本来由保加利亚战争造成的社会内部的紧张局势。军国主义的病毒——自 963 至 1025 年间在军人皇帝尼科福洛斯、约翰·兹米斯克斯和"保加利亚人的屠夫"巴西尔二世身上人性化了——

以前所未有的力量把帝国推向深渊,直到1071年突然出现的那次无可挽救的崩溃。

由于轻易地选择了这种以牺牲稳定和安全为代价的征服政策,东罗马政府证明它丧失了中庸和克制的政治家的精神,先前这曾是帝国得救的灵丹妙药。一旦丧失了这种精神,那种始终是东正教社会生活重压的制度就变得无法令人忍受了。不过,东罗马帝国具有的原始特质向它的对立面的转化,并不是非理性的机会游戏,也不是命运的恶毒打击或"神灵妒忌"所引起的致命后果。这种转变是由于一种内在刺激,而不是由于外在的偶发事件,因为一个成长中的社会应该扩张,这是很自然的;在东正教社会历史的具体形势下,扩张应当加重这个扩张中的社会已有的负担,这也是不可避免的。因为一座供鬼魂出没的房屋没有两个或两个以上的罗马帝国幽灵的房间,所以东罗马帝国和它相似的对手保加利亚之间你死我活的斗争不可避免地伴随着保加利亚的改变信仰。在两个偶像化的幽灵间的这种互相残杀当中,东正教文明走向了毁灭。

我们已在东罗马帝国的偶像崇拜及其后果的问题上驻留了一定的时间,因为这个悲剧性的故事揭示的不只是对一种短暂制度的崇拜所受到的报应,它还表明偶像崇拜本身的反常和邪恶,把对整体的忠诚转移到对部分的效忠,把对造物主的崇拜变为对被造物的迷信。自8世纪以降的东正教社会中,本应为整个东正教保持的虔诚却被局限在一种制度,即东罗马帝国之上,也就是局限于社会生活的一个方面,局限于崇拜者自己制造的偶像身上。10世纪以后,当东正教世界在扩张过程中把保加利亚人以及希腊人变为东正教的信徒时,这个偶像社会所崇拜的那些毫无价值的对象,由于从一个变成两个以上,在范围上不再与社会的扩展同步,甚至表面上也不再同步扩展,因此变得越发狭窄起来。927年以后,东正教的偶像崇拜者错误地把自己的热忱分别给了一种政治偶像:一个是君士坦丁堡的小帝国,另一个是普雷斯拉夫的小帝国。因为两个帝国都自称拥有大教长的神圣权利,它们之间的殊死斗争也就成了必然。当这些崇拜者的房屋自己分裂开来的时候,难怪它倒了下来。[10]

注释

[1] 例如景教和基督一性论派在美索不达米亚、叙利亚和埃及对帝国官方天主教的反应。

[2] 参见本书第二十六章。

[3] 教皇格列高利二世在对利奥一封不长的来信的答复中,他用这些术语把这一主张的提出归结于利奥。参见 A.A.瓦西里耶夫:《拜占庭帝国史》(*Histoire de l'Empire Byzantin*),两卷本,巴黎,皮卡德出版公

司,1932年,第1卷,第341节。

[4] 西方的大学大多把它们受到的刺激和享有的自由归之于这样一个事实,即它们处在教皇的庇护和赞助之下,而不是受到地方领主或地方主教的襄助。关于教廷对于在12世纪新生的意大利城市国家的态度,参见本书第二十六章。

[5] 与信仰感圣灵怀孕说相对,信仰耶稣是上帝义子的人的核心是相信耶稣不是天生为神,而是由于他拥有人的精神成就,被上帝指定为他的儿子,在他受洗的那一时刻而感圣灵享有了这个位置,作为传递神性的人性载体。在保罗派的故乡亚美尼亚,这种保罗派的原始"上帝义子说"的教义,一直流传到19世纪。另一方面,在东罗马帝国的土地上,保罗主义看来在9世纪初便有所改变,从基督教的"上帝义子说"形式变为"二元论"的宗教,认为邪恶的力量至少有部分的独立性,不受善的力量的制约。参见N.伽索安:《保罗派异端》(Paulician Heresy),巴黎与海牙,牟顿出版公司,1947年。

[6] 参见本书第二十六章。

[7] 参见本书第二十四章。

[8] 参见本书第三部,第十九章。

[9] 俄罗斯曾在985年改信天主教,对它依附于帝国政府的名义主权一事表示了默许。

[10]《马太福音》,第12章,第25节,等同于《马可福音》,第3章,第24节和《路加福音》,第9章,第17节。

第二十五章
大卫和歌利亚：对一种暂时性技术的崇拜

如果我们现在转而思考技术崇拜问题，我们将发现，战争的历史是供我们观察犯了此罪后会产生什么严重后果的一个典型场所。我们取传说中的大卫和歌利亚决斗的例子[1]作为我们观察的起点，我们看到在新旧军事技术之间持续不断的较量中，反复上演着同样的戏剧。

歌利亚在向以色列军挑战并因而送命的那天前，他依靠那根巨大的长矛和刀枪不入的铠甲赢得过多次辉煌的胜利，以致他认为自己无敌于天下，不再考虑任何更换装备的事宜。因而那天他向敌人挑战，要他们选出一位拔尖的勇士与他一对一进行决斗。他推测那位对手一定也是手持长矛，披挂盔甲，并确信任何不自量力、用自己的武器同他这位腓力斯丁人的英雄叫板的以色列人，都将轻而易举地成为他的牺牲品。歌利亚脑海里的这两种想法如此牢固，以致当他看到大卫跑上前来，身上没有披挂，手中除一根木棍外什么也没拿的时候，不仅没有感到惊慌，相反却由于对手明显没有准备而生出一肚子气。他大声喊道："难道我是条狗吗？你竟拿棍子来对付我！"歌利亚丝毫没有怀疑，这个年轻人的鲁莽并非由于孩童般的愚蠢，相反却是一次精心策划的行动（大卫实际上像歌利亚本人一样清醒地认识到，按歌利亚自己的设想打，他根本不是歌利亚的对手，因而他拒不接受扫罗非要给他的铠甲）。歌利亚没注意到在大卫没拿棍子的手中有一把弹弓，也没想到他的灾难可能就藏在这位牧羊人的口袋里。于是，这个不幸的腓力斯丁人的猛将昂首阔步，傲慢地走上前来，他那没有遮拦的前额正好成了弹弓的目标。在受他鄙视的敌手尚未进入他的致命长矛的打击距离之内时，他就被一弹击中，丢掉了性命。

从这个古典故事可以概括出一个经久不衰的哲学真理，而缓缓展开的军备竞赛的历史则说明了这个真理。但这个故事还牵涉到一个历史事实，即单个的重装武士

巨大杀手

138　上图为大卫和歌利亚，15世纪的木刻。

139　下图为越南游击战，现代漫画。

　　　　　　第二十五章　大卫和歌利亚：对一种暂时性技术的崇拜

战争形态

140　上图为重装步兵,浮雕细部,约公元前 400 年。

141　中图为希腊方阵,公元前 7 世纪晚期的瓶画。

142　下图为罗马和撒马提亚骑兵。图拉真纪念柱上的细部。

也许不会败给单个的挑战者,却必定会败给一个步兵方阵。这个方阵的关键不是构成它的士兵们的装备水准,而是把形同散沙的蛮族战士转变成有严明纪律的作战队伍。一支进退有序的部队,其作战能力可能十倍于一支具有同样装备和同等数量却缺乏合作的队伍。

这种新的军事技能,我们已在史诗《伊利亚特》中预先看到了一些,现在以斯巴达方阵的形式毋庸置疑地出现在历史舞台之上,这是美塞尼亚和斯巴达之间发生的第二次战争①的产物。但方阵的胜利却不是绝对的,因为斯巴达人在公元前431—前404年取得雅典和伯罗奔尼撒之间战争的胜利之后,便立刻"靠在自己的桨叶上歇息"起来,结果轮到它向新技术认输了。在雅典战败后的33年时间里,这一成功的斯巴达方阵在公元前390年被一支雅典轻盾兵——轻装步兵粉碎了。随后在公元前371年又被一支底比斯部队打得落花流水②。这是一次决定性的技战术发明,它具有前所未有的纵深、重力和冲击力,以令人吃惊的新思路打败了老套路。然而,雅典人和底比斯人的技战术也如斯巴达的方阵一样,很快就因发明者取得的成功而变成了过眼云烟,因为他们各自的胜利在公元前338年被马其顿的战阵一笔勾销了,该阵形把大相径庭的轻装步兵、重装步兵和骑兵巧妙地组合成了一支战斗部队。被腓力二世③和亚历山大④统帅的马其顿军队打败的军事强国的名字的确可以列出长长的一串,但对其威力印象最深的还要算是卢基乌斯·埃米里乌斯·鲍鲁斯⑤的评述,他在公元前168年取得皮德纳战役的胜利之后说:"马其顿方阵是他见到过的最可怕、最恐怖的景象。"[2]

鲍鲁斯对战败的马其顿阵形的颂扬同时又是一篇悼词,是由踩在敌人尸体之上的罗马大军的主帅宣读的,正是他对马其顿方阵予以致命的打击。由于对曾经所向披靡的技战术不合时宜的依赖,公元前2世纪的马其顿军几乎没有同罗马人抗衡的能力,这就如同雅典、底比斯人或阿凯亚的军队在五代人以前难以同腓力和亚历山大指挥的马其顿军对抗一样。当马其顿人在较为轻易地征服阿凯亚帝国之后"靠在

---

① 约公元前650—前620年,美塞尼亚人原为斯巴达邻人,后被斯巴达征服。——译者注
② 中希腊城邦底比斯运用楔形方阵一举击败斯巴达,并进而解放了美塞尼亚人。——译者注
③ Philip Ⅱ,公元前382—前336年,统一希腊的马其顿国王。——译者注
④ Alexander,公元前356—323年,腓力之子,率希腊联军东侵,灭波斯帝国。——译者注
⑤ Lucius Aemilius Paullus,公元前3世纪末叶的罗马统帅,死于第二次布匿战争中的康奈战役。——译者注

143　上图为 2 或 3 世纪的重甲枪骑兵。
144　下图为骑兵对骑兵：14 世纪身披重甲的马木路克骑兵在奔驰中。

自己的桨叶上歇息"时,罗马人却通过与汉尼拔①的艰苦斗争中所积累的经验,对战争艺术进行了革命性的改造,并于公元前 197 年在齐诺斯凯法莱和皮德纳战场上完成了改造过程。罗马军团能够战胜马其顿方阵是因为它改进了马其顿人轻装步兵和重装步兵相结合的战术,马其顿人的战术依赖装备、训练甚至建制上均完全不同的两种部队间的精确配合。如果这两个高度专业化的兵种之间失去配合,例如由于某些无法控制的因素,像在齐诺斯凯法莱的大雾或在皮德纳的断裂地面,那么这种阵形就会脱节,只好听任更善变化、更有效率的敌军的摆布了。与马其顿军队的这种致命的弱点不同,经历过汉尼拔战争的罗马军队,因为吸取了公元前 216 年在康奈灾难②中依靠老式方阵而惨败的教训,发展出一种具有极大灵活性的阵形,其基础是新型的队列和装备,使得任何一位士兵或任何一个建制单位都能够既扮演轻装步兵、又起到重装步兵的作用,在瞬间的命令提示下便能从一种战术转换到另一种战术。正是这种灵活多变的战术,结合训练有素的个人优势,成为成熟期的罗马将才们的特征。通过把每个军团的轻装步兵的机动性同重装步兵无法抗拒的冲击力结合在一起,在罗马共和国的最后一百年间,那些超群的将领们运用或者滥用这种经过改进的战术,使罗马军队于火器发明以前将步兵的效能发挥到最大限度。

然而,正当罗马军团抵达完美的境地时,它们却吃了败仗,这只是后来长时间里连吃败仗的开头。这一仗输在成双成对的骑兵冲击之下,其中每一对分别由轻装的骑兵弓箭手和披甲执矛的重装骑兵组成,正是他们在二者的较量中最终击溃了步兵。在卡尔瑞(Carrhae)之战大获全胜的轻骑兵(公元前 53 年),虽然出现于五年后在法萨卢展开的经典步兵大战之前,却是罗马军团在四个多世纪之后的亚得里亚诺波尔(Adrianople)被重甲骑兵彻底击败(公元 378 年)的前兆。在这场损失惨重的会战当中,罗马军队因对传统军事技战术过于自信而惨遭败绩,沦落为他们的敌手哥特人的一个小伎俩的牺牲品。瓦伦斯③的军团暴露在敌人重甲骑枪兵的压倒优势之下,其对罗马军团的冲击犹如"射向山岭的雷电",[3]使密集排列、束手无策的罗马军受到极为惨重的伤亡。罗马人忘记了他们在大约 600 年前的康奈战役中受到的同

---

① Hannibal,公元前 247—前 183,迦太基统帅,第二次布匿战争的发起者,古代世界最杰出的军事家之一。——译者注
② 指汉尼拔以少胜多、全歼罗马军的重大战役。——译者注
③ Valens,东罗马帝国皇帝,此战阵亡。——译者注

145　弯刀对枪炮：埃及骑兵和法国步兵在金字塔旁的会战（1798年）。

类教训，当时他们的步兵任由汉尼拔的重装骑兵砍杀。他们曾像先前的马其顿重装骑兵一样，"靠在自己的桨叶上歇息"，直到他们被东方类型的重甲骑兵所压倒和除掉为止。这种东方类型的骑兵甚至比汉尼拔的骑兵部队还要可怕。自从康奈战役表明军团敌不过东方的骑兵以来，尽管罗马人反复得到警告，如公元前53年克拉苏①的惨败，公元260年瓦列里②和公元363年朱利亚③的惨败，但他们却没有被刺激起来，在步兵战术上做出任何创新的举动。他们让未经改良的军团听凭命运的安排，当他们在亚得里亚诺波尔一败涂地后，他们能够想到的根本补救办法就是立即抛弃战败的军团，将获胜的重甲骑兵招纳到自己重建的军队中来。

　　重装骑兵是亚述重装步兵和游牧骑兵弓箭手的一种混合之物，在马镫的发明使骑兵无需下马便可冲锋陷阵之前，它已赢得了优势地位。骑兵在军事技巧方面的支配地位长达千年之久，以雷霆万钧之力纵横驰骋于欧亚大陆。但恰恰是这种活动范

---

①　Classus，共和末期的罗马执政官，镇压斯巴达克奴隶起义的主将，死于侵略东方的战争。——译者注
②　Valerius，罗马皇帝。——译者注
③　Julia，罗马皇帝。——译者注

146 普鲁士的阅兵队列(1871 年)。

围和程度对它的未来是不好的兆头。最后,重装骑兵的披坚挂甲变成了一种滑稽笑料,传说中的大卫和歌利亚的遭遇重复再现,笨重的伊拉克重装骑兵在拜希尔河会战中(The battle of Nahr Bashir,1268 年),沦为机动灵活的蒙古轻装骑射手们进行单兵打击的牺牲品。蒙古人是典型的游牧入侵者,在西南亚早已为人所共知,谈虎色变。[4]但这一胜利却很短命,因为正像重装步兵将装备和训练结合在一起从而所向无敌一样,在新的骑兵时代,单兵作战的蒙古勇士也很快被纪律严明的埃及马木路克①的重甲骑兵所战胜。这些例子对在 1250 年发生的曼苏拉会战(The battle of Mansurah)中臻于极盛的这一技巧提出了警告,当时圣路易的②法兰克军队因骑士们愚蠢的个人主义、每个人都渴望个人荣誉而牺牲集体的队形,结果受到严厉惩罚。[5]

　　所以,截至 13 世纪末,马木路克人在黎凡特地区处于无可争议的优势地位,其

---

① Mamluk,原为中亚等地奴隶的统称,9 世纪中叶构成阿拔斯王朝禁卫军主要成员,1250 年埃及禁卫军
　发动政变,建马木路克王朝。——译者注
② Saint Louis,1214—1270 年,又称路易九世,此战被俘。——译者注

优势可与皮德纳战役之后的罗马人相比。但也正像自皮德纳战役到亚得里亚诺波尔战役的五个半世纪期间的罗马人一样，马木路克人也"靠在自己的桨叶上歇息"起来，忽视了由停滞而生出的各种弱点。他们在 1798 年丝毫没有意识到，该轮到他们被以新战术武装起来的老对手击败了。在这件事上，拿破仑的法国远征军正是圣路易的那些任性的法国骑士的后代。虽然奥斯曼土耳其人的近卫军在 1516—1517 年的胜利是步兵战术复兴的先声，尽管马木路克在 18 世纪的埃及，部分复原和摆脱了奥斯曼帝国的统治，但马木路克经历了不幸和衰落的结果却是"什么也没忘记，什么也没学到"。[6] 正当他们任由自己的军事传统成为化石、自己的军事策略和装备日益落伍的时候，西方世界却重新发现和复兴了训练有素的步兵力量，其装备在这时变成了火器。这种在大革命后的法国招募和训练的混杂部队，大体上是对正处于最后衰落阶段上的奥斯曼土耳其近卫军部队的模仿。到了 1798 年，法兰西已准备好在征服埃及的事业中效仿 1516—1517 年奥斯曼土耳其人的榜样。法军对盲目自信的穆拉德总督[7]（Murad Bey）的军队所取得的羞辱性胜利最终表明，四个半世纪的不思进取会有怎样的灾难性后果。

我们追溯的毁灭之链现在已从第一位重装步兵歌利亚移到最后一位重装骑兵穆拉德总督的身上，我们已无需在最近的一些、也是我们更加熟悉的环节上费什么时间了。西方在火器时代开发出的新型步兵技战术，始终没有停滞，也没有任何一个西方国家能够垄断它。法军倚恃人数上的优势，对在 18 世纪加以完善的、人数较小但高度专业化的普鲁士军的胜利，在这个战败的强国中刺激出一批军事和政治天才，他们以新的训练和人数组合的形式战胜了法国，结果普鲁士在 1806—1807 年战争中蒙受的奇耻大辱被 1813—1814 年的自由之战一扫而光。法国从中几乎没有吸取什么教训，这使它在 1871 年遭受到更加惨重的失败。尽管从长远来看，普鲁士从自己胜利中得到的痛苦要多于法国失败的痛苦。由于被自己辉煌的胜利冲昏了头脑，普鲁士的总参谋部的战略思想停滞不前，结果在 1914—1918 年的战争中，普鲁士的战争机器因敌手对空前规模的包围迅速施以前所未有的反包围而遭到毁灭。西方盟国对掘壕据守和经济封锁这一成功技战术的盲目信赖，掩盖了来自希特勒军队的新型机械化和机动性的技战术威胁，后者在 1939—1940 年粉碎了他们的敌人欲舒舒服服地打第二次阵地战的想法，促使他们接受一场新条件下的战争。从那以后，我们看到大规模机械化的技战术本身，一方面受到人员大规模机动化战术已经过时的挑战,这是由于非人力的原子战争机器出现的结果;另一方面,受到技术精良的军事强国在集中使用军事资源时软弱无力的挑战,它们对装备远为低下却能熟练地、随心所欲地发动袭击的小股游击队简直一筹莫展。所以,在我们这个时代,正像在先前的时代一样,可以继续举出衰落和偶像崇拜之间存在联系的例子。我们最后的这个例证雄辩有力地指出,正是偶像崇拜的行为,而不是人或物或技术本身固有的性质,对人类造成了危害。

注释

[1] 参见《撒母耳记上》第 17 章谈到的故事。

[2] 波里比乌斯:第 29 卷,第 17 节。

[3] 参见阿米亚努斯·马尔凯里努斯《事业》(*Res Gestae*)第 31 卷第 11—13 节上对此次会战的描述。

[4] 参见法拉克德—丁·穆哈默德·比·阿迪迈尔的目击者的记载,由伊本—阿尔—提克塔卡在 *Kitab-al-Fakhri* 中引用。英文本译者 E.G. 布罗恩:《波斯文学史》(*Aliterary History of Persia*),伦敦,菲舍,安文出版公司,1906 年,第 2 卷,第 462 节。

[5] 参见收于德·儒昂威尔领主让的《圣路易国王的生平》一书中的同代人的记载,巴黎,第 87—88 页。英译本由 M.R.B. 肖翻译,哈蒙德斯沃特,企鹅出版公司,1963 年。

[6] C.德帕纳特在一封注明 1796 年 1 月写自伦敦的信中写道:"这些人既不能被遗忘,也不能被理解。"(Personne n'a su ni rien oublier, ni rien apprendre)载《德马利特·杜潘的回忆录与书信集》(*Memoires et Correspondance de Mallet du Pan*),两卷本,巴黎,阿米奥特—切布利兹出版公司,第 2 卷,第 9 章,第 197 页。

[7] 参见在沙伊克·阿布-阿尔-拉赫曼·阿尔-贾巴德的 *Aja'ib-al-Athar fi't-Tarajimwa' l-Akhbar*(4 卷本,开罗,A.H.,1322,第 3 卷)。法文译本收在《名人传记与历史》(*Merveilles Biographiques et Historiques*)中,9 卷本,开罗,国家印书馆,1888—1896 年;巴黎,勒卢克斯出版公司,1888—1896 年,第 6 卷。

第二十六章
罗马教廷：对胜利的陶醉

表现过分放纵—蛮横行为—大难临头（*koros-hybris-ate*）这一联锁悲剧的较为普遍的一种形式是对胜利的陶醉，不论获胜是通过动用武力的战争还是通过各种精神力量之间的冲突。在精神领域赢得了胜利却引起悲惨后果的最有名的例子，恐怕就要数源远流长的教皇史中的一段记载了。

这一章始于公元 1046 年，终于 1870 年，其间基督教社会的神职领袖被迫两次让自己的教廷向世俗统治者俯首称臣。1046 年，皇帝亨利三世①在苏特里（Sutri）的宗教会议上废黜三个互相竞争的罗马教皇，将他自己提名的候选人安插在教皇宝座上。1870 年，国王维克多·伊曼努埃尔②的军队占领罗马，剥夺了教皇在梵蒂冈之外的最后一批领土的主权。在间隔这两次灾难的八百年时间里，我们看到教皇共和国在中世纪创立时的辉煌风采，也看到这个超级精神成果的阴暗的一面。命运的车轮就这样整整转了一圈，把教皇制从极度失败引向极度成功，又从极度成功引向极度失败。征服这个西方最伟大的体制的武器，却不是罗马教廷的外部敌人，而是教廷自己那双顽固的手毁了自己。

当托斯卡人希尔德布兰德（Hildebrand）于 11 世纪 30、40 年代在罗马定居下来之后，他发现自己处在东罗马帝国一个遗弃了的边远市镇里，那是拜占庭社会的一支退化的旁系，在军事上毫无防御能力，道德上腐败不堪。在这个被人漠视和异族的城市里，希尔德布兰德和他的继承人成功地创立起西方基督教世界的统治体制。很多人试图把希尔德布兰德的教皇制同其他制度加以比较，例如同大祭司里霍尔（Hrihor）的政教合一的底比斯政权相比，但在教皇的基督教共和国（*Republica*

---

① Henry Ⅲ，1017—1056 年，神圣罗马帝国皇帝，曾入侵意大利。——译者注
② Victor Emmanuel，1869—1947 年，意大利国王。——译者注

Christiana)中有一个独到的地方,就是它拒绝用类比的方法对它的特点所进行的任何描述。我们最好是从相反的一面来描述它,把它看作是我们在先前章节中[1]已经考察过的东罗马帝国政权的一个明确的对立面。它是对这个政权的一种社会的反动,一种心灵的抗议。这个描述也许是对希尔德布兰德的成就的最适当的评价。罗马教皇在人类心灵中拥有的帝国,要比安东尼①的帝国伟大得多,仅就实地而言,它就囊括了西欧的大片土地,其中许多是奥古斯都和马可·奥里略的军团从未到过的。这块教皇的领地的确超过查理曼帝国的版图,后者是以毁灭性的代价才成功地把他的疆界从莱茵河推到易北河,因而其功业已胜过了奥古斯都,但即使是查理曼的征服成就,也没有超越英吉利海峡或波罗的海的界限。而中世纪的教皇却从大主教格列高利的手里承继了对整个英格兰的精神统治权,这要早于查理曼二百年。随后教皇又在查理曼辞世约二百年后相继在精神上征服了斯堪的纳维亚、波兰和匈牙利。

教廷的这些征服成就部分归因于"基督教共和国"的建制(历代教皇扩展了这个国家的疆界),因为这是一个激励信心和友爱而非鼓励敌视和对抗的建制。[2]这个教皇为首的基督教共和国的基础是教会的中央集权、统一性同政治多样性、继承性的结合。因为精神力量高于世俗力量是该建制教条的关键之点,所以这种结合强调了统一的优先性,但又没有剥夺青春期的西方社会所具有的那些自由和灵活的要素,而这些要素正是成长不可缺少的条件。的确,对西方基督教社会统一性的接受暗示着对教皇精神权威的一种普遍认可,它为任何一个承认教皇权力的地方社会的政治独立提供了某种保障,这种承认的负担在 11 世纪还是相当轻的。由于同教廷建立了直接的关系,因而成为拥有自己权利的西方基督教社会合法成员,新入教的蛮族波兰王国和匈牙利王国避免了被条顿王朝征服和统治的危险,就像撒克逊人在他们那个时代被查理曼强行"西方化",爱尔兰人和普鲁士人在后来的一个世纪里分别被英格兰王室和条顿政权变为附属民一样。[3]多亏教廷,匈牙利人和波兰人能够像英国人一样享有西方基督教社会成员的社会和文化福利,不必付出失去政治独立的代价。在很大程度上还多亏伦巴底的各个城邦同教廷的利益联盟或结成的共同体,这使它们能够维护自己的政治自治,反对腓特烈一

---

① Antonines,安东尼王朝统治时期,即公元 96—192 年,是罗马帝国的全盛时期。——译者注

　第二十六章　罗马教廷:对胜利的陶醉

147、148　罗马教会的谦卑和得意。5世纪的一幅罗马镶嵌画把教会拟人化为一个谦恭的妇女。到了13世纪，教会则成了一位珠光宝气的皇后。

世①，并在腓特烈二世②在位时保持了自治。

中世纪的教廷对成立地方自治政府的态度并不是偏狭的，即使是对中意大利地区的自治要求也是如此，教廷曾宣称这个地区由于是丕平③、查理曼、马提尔达(Matilda)三王连续给教廷的赠礼，因此属于圣地并且教会在那里拥有权威。当各个城市争取成为城市国家的运动先是遍及伦巴底地区、而后扩及罗马格纳(Romagna)、马尔凯斯(Marches)和翁布里亚(Umbria)地区的时候，它看来接受了既定的现实，没有表示拒斥。在托斯卡尼，教皇英诺森三世于1198年承认了新兴的城市联盟，鼓动比萨加入这个联盟。这种恩惠还扩及教廷的都市省区罗马城本身。教皇的影响在这里被用来保护在提沃里(Tivoli)、图斯库鲁姆(Tusculum)和维特伯(Viterbo)初生的自由民权，以反对罗马公民的压迫。当罗马本身的民权运动在1143年以军事和革命形式爆发的时候，教廷很快同这一运动缔结了和平。1143年的罗马革命之后紧跟着是新生的共和国同教皇尤金尼乌斯三世(EugeniusⅢ)之间在

①　Frederick Ⅰ，约1123—1190，德意志国王，神圣罗马帝国皇帝，又称红胡子。——译者注
②　Frederick Ⅱ，1194—1250年。——译者注
③　Pipin，751—768在位，法兰克王国国王，查理曼之父。——译者注

1145 年订立的协议。这项协议在 1188 年即教皇克雷芒三世（Clement Ⅲ）在位期间得到修订。

西方基督教世界的大多数国王和城市国家接受了教皇的至尊地位，很少有什么反对意见，其原因是人们并不怀疑当时的教皇有插手世俗权力的企图。这个时代的教廷非但没有像同时代君士坦丁堡的皇帝或像西方自奥托大帝①开始的那些首屈一指的神圣罗马帝国皇帝一样，在同法国、英国或莱昂（Leon）国王的关系上总想占头把交椅，教廷并不关心领土治权的竞争。它在一般的程度上行使一种具有精神性质的权力，与任何地域性的特权有所不同。只要它仍旧遵循这个方针，它就不会对地方政治自由构成威胁。这种对领土野心的颇具政治家风度的超脱态度，同在全盛期的教皇僧侣统治体制中运用拜占庭送给罗马教皇的礼品——行政管理技巧结合在了一起。而在东正教世界，这种赠礼却不幸被用于旨在复原罗马帝国幽灵的事业，从而把一个处于青春期的东正教社会，推到难以忍受的一种体制的重压之下。[4]这个基督教共和国在罗马的建筑师将他们的行政管理资源派了更好的用场，这就是根据新的计划，在更加广泛的基础上建设一个比较轻巧的结构。教皇制网络中的网丝，在 11 世纪最初织成的时候，便把中世纪的基督教世界自发地团结在一起，这无论对各个局部还是整体都是同样有利的；只是到了后来，这些柔软的网线才变成铁箍，威胁着要束缚和阻碍西方社会的成长。

在教皇的这项创造事业中，无论是行政管理能力还是对领土野心的回避，当然都不能算是至关重要的创造力量。罗马教廷在这个时代之所以能够像变魔术一样，建起一个教皇庇护下的基督教共和国，其基本原因在于教皇有意识地负起领导一个处于成长阶段的、正在扩张的社会的责任。教皇希尔德布兰德在位期间，对基督教无产者们心中含糊不清的各种渴望，给以表达和条理化，同时把孤立的个人或零星分散的少数人的白日梦，转变成具有崇高价值准则和特定权威的共同事业。基督教共和国的这个胜利，是在清除教士身患的两种道德瘟疫——非法同居和经济腐败——的斗争中实现的，是在为教会生活摆脱世俗权力的干预的斗争中赢得的，是在救东方的基督徒和圣地出苦海、免遭伊斯兰教的武士——土耳其人——控制的斗争中取得的。但这还不是希尔德布兰德教皇的全部工作，也不是他的最出色的成

---

① Otto the Great，912—973 年，神圣罗马帝国的第一位皇帝。——译者注

就。一位天才,是为了发现高贵的种子并使它生根、开花、结果,这才是希尔德布兰德教皇的至高无上的美德和伟大之处。展现这位天才的地方不是十字军的"圣战",而是在他庇护下创立起来的一些充满希望的制度,如大学、宗教等级制,以及成功地把西方基督教世界的最具天赋的人招募到教廷麾下服务。

希尔德布兰德教皇统治的衰落就像它兴起一样,是一种极为少见的奇观,因为那些将他推到顶点的所有美德,似乎都在向底部沉沦的过程中转化为它们的对立面。这个高洁的机构,曾为了争取精神自由而与物质势力进行战斗,并赢得了暂时的胜利,现在却染上了它曾经极力想从西方基督教的社会机体上去除掉的那些恶行。这个曾一度领导反对买卖神职的斗争的教廷,现在却要求整个西方世界的神职人员为获得教会的肥缺向罗马支付钱款,而罗马本身是禁止神职人员向任何世俗政权购买这些职务的。罗马教廷本来是道德和知识进步的旗手,是显示圣徒力量的灯塔,正是他们把苦修的生活提升到一个新的高度;教廷还为正在创建大学的学者们指明了方向。但现在它却变成了固守成规的保守精神的大本营。在这个基督教共和国中,教会的主权本身现在受到它的世俗地方下属——西方基督教世界新兴的地方性小国的国君们——的剥夺,他们分享了财政和行政制度带来的大部分收益,而这些制度本来是教皇为了树立自己的有效权威而精心设计出来的。这种损失并没有因为得到一个安慰奖,而对一个小公国的主权有所益处。是否有过其他什么制度,曾把如此大的机会给了上帝的敌人而任由他们对其糟蹋亵渎呢?[5]希尔德布兰德教皇统治的败落,是我们在研究关于创造行为的报应问题上遇到的最为极端的突变例子。它是怎么发生的? 发生的原因又是什么呢?

它是在有文字记录的、希尔德布兰德公共生涯中所处理的第一件事上初露端倪的。

罗马教会在 11 世纪为自己设立的目标是通过建立一个基督教共和国来拯救西方世界,摆脱封建的无政府状态,这种创造精神使自己处于进退维谷的境地,正像它的精神继承者在今天正试图通过一种世界政治秩序来取代国际的无政府状态一样。他们的基本目的是用精神权威的统治代替物质力量的统治,在他们反对暴力的斗争中,精神之剑是他们克敌制胜的武器。在希尔德布兰德于 1076 年废黜皇帝亨利四世并把他革出教门的行动中,没有物质力量的参与。但教皇说的那些像是长了翅膀的话语,对阿尔卑斯山以北的皇帝臣民的心灵产生了道义的影响,其力量如此之大,以致几个月过后亨利就被迫到卡诺莎堡①请罪。然而,也有一些其他的例子,那些既定的世俗政权似乎毫发未伤,并不在乎精神之剑的打击。在这种情况下,罗马教会的武士因受到挑战,就需要对斯芬克斯之谜给以自己的解答了。上帝的士兵是否除了使用自己的精神武器就不能使用其他武器、因而只好眼睁睁地望着自己前进的步伐受到遏止呢? 或者说,如果唯一能把他的敌人从堑壕中赶出来的可行途径就是用敌人自己的火药的话,那么他是否该用他的敌人的武器来进行一场反对邪恶的圣战呢? 这是真正的基督徒的信仰行为吗?

当格列高利六世在 1045 年挑起教皇一职的重担时,这个紧迫的实际问题便摆在了这位试图改革的新教皇面前。要想使教廷成为改革的工具,就必须将它有效地组织起来。而为了将它有效地组织起来,就必须有钱。但这种必要的金钱不会从天上掉下来,因为教廷通过赎罪卷的方式获得岁入的老办法已随着赎罪卷的废止而消失了,而从朝奉者的贡献得到的新收入,则被强盗般的罗马贵族从圣彼得大教堂的圣坛上直接掠走了。没有人敢于争辩说这种天理不容的抢劫本身是一种损害教皇和这个基督教共和国利益的罪行,也没有迹象表明这些罪犯有幡然悔悟的意思。在这令人难以容忍的案例上,以武力对付武力是否合理呢? 当格列高利六世任命希尔德布兰德为他的司库之后,这个问题得到了解决。司库的主要义务是守护圣彼得大教堂的圣坛和堆在上面的礼品。希尔德布兰德募集军队,用武力驱散了那些"强

教皇的权利

149 骑在马上的教皇具有至尊的色彩,这出自罗马帝国的传统。一幅 13 世纪的壁画则描述"君士坦丁的赠礼",显示这位皇帝把整个罗马赠给教皇希尔维斯特一世,然后领他入城。

---

① Canossa,教皇住地,亨利因德意志各地封建主叛变,被迫到卡诺莎向教皇悔罪。——译者注

盗",迅速完成了这项义务。

当希尔德布兰德在他的人生道路上首次迈出重大的一步的那一刻,他的行为的内在道德基础是模糊不清的,很难说是圣洁的。但在 40 年以后,在他生命的最后时刻,问题的实质就变得显而易见了。1085 年,在他作为一位被流放的教皇、躺在萨勒诺的一张床上奄奄一息的时候,他的教廷刚被诺曼人抢劫一空,并被一把火烧毁。这些人原本是他招来助战的,而这场斗争已从圣彼得的祭坛台阶逐渐蔓延,直到席卷整个西方基督教世界。希尔德布兰德和亨利四世之间世俗冲突的过度激化,等于是两个世纪以后英诺森四世和腓特烈二世之间更加剧烈和更具破坏性的斗争的一次预报。到英诺森四世担任教皇时,希尔德布兰德行为的性质就变得清楚了。由于选择了以武力对武力的道路,希尔德布兰德便将教会置于这样一个过程当中,这个过程的终点是他的敌人,即此岸世界、肉欲和魔鬼对他在地上所极力追求的上帝之城的胜利。

如果说教皇一直打算驱除魔鬼但却被它的物欲横暴所控制的话,那么我们也就对教廷的其他变化,如一些善德如何变为与之对立的邪恶,找到了一种解说。因为物质之剑取代精神之剑是致命的、根本的转变,而所有其他转变则是自然的结果。由某位教皇确立并加以改善的税收制度,原本是为了根除买卖圣职的罪行,但现在却因教皇和神圣罗马帝国之间连绵不断的战争而变成了为适应日益增长的对教皇财源的需要。当教皇在阿维尼翁向他的一位世俗竞争者俯首告罪时,事情已很清楚,地方的世俗国王或迟或早要继承教皇在整个西方基督教世界逐渐获得的所有行

150 15 世纪的一幅画,重复了同样的主题:皇帝腓特烈·巴巴罗沙领着教皇亚历山大三世进入罗马,象征在 1177 年帝国和教皇和解后,腓特烈表示服从教皇的权威。

政和财政权力。在同神圣罗马帝国展开的殊死斗争中，教皇耗尽了自己的实力，他只好听任教区内的世俗国家的摆布了，他身上的甲胄也很快被夺走，而那本是他用于中世纪战争的装备。教皇从他的剥夺者那里得到的唯一补偿是微不足道的一小份领土主权，那还是世俗的地方君主们从教皇手里掠夺的战利品中拿出的一点装模作样的施舍。在向这种新的教区主权的分配表示屈从或被迫屈从之后，教皇只好让自己在一股新的无可抗拒的潮流中听天由命了。这种随波逐流以及失去对自身命运控制的意识，无疑是教皇在宗教改革的震撼之后放弃保守主义的心理原因。因为教皇丧失了主动自愿的能力，所以他只有在停滞中才能看到自己的安全。正是在这种精神状态下，教皇不仅反对新教改革神学理论和等级制度方面的创新，而且反对近代西方物理学的大多数新发现，反对近代西方社会哲学的大多数新的思想。

我们现在大概对教皇如何会蒙受突如其来的极端痛苦的问题找到了某种答案。但在依次描述各个事件的时候，我们并没有解释其中的原因。我们的论述也许是正确的，这就是教皇制的全面衰落可以追溯到它放弃了那柄精神之剑而选择了物质之

151　但丁同教皇尼古拉三世交谈，指责教廷贪婪和浪费。

　│　第二十六章　罗马教廷：对胜利的陶醉

剑,这个致命的变化反过来又可以追溯到希尔德布兰德在第一次公共生活中采取的行动。然而,即使希尔德布兰德最初以武力对武力的决定事实上摧毁了希尔德布兰德的整个事业这一点是可以论证的,但这并不能证明已经发生的事是必然要发生的。希尔德布兰德的悲剧是个单独的例子,它证明这样一条真理,为了精神的目的而利用物质手段是个危险的游戏。然而,带有风险的生活是具有活力的不可避免的条件。没有一种道德的法则说失败是求诸于危险行为的必然结果。希尔德布兰德的例子并不足以说明一场灾难必定发生。对此,我们还必须解答"为什么"的问题。

中世纪的教皇为什么成了他自己工具的奴隶,并因利用物质手段而使自己误入歧途,从对精神的追求转变为受物质手段的左右呢?关于教皇制最终失败的解释,似乎存在于最初的胜利之中。以武力对武力的危险游戏在这一场合具有致命的后果,因为从一开始它就过于顺利了。由于陶醉在成功当中,而这些成功是在同神圣罗马帝国斗争的早期阶段通过一些冒险行动所取得的,所以教皇格列高利七世和他的继承人便坚持使用武力,从而把这种做法推到极端,直到它把挫败武力使用者的目的当成了目的本身。格列高利七世为排除帝国对教会改革设置的障碍而同帝国斗争,英诺森四世则在二百年后意在打碎帝国的权力而同帝国战斗。希尔德布兰德

152　教皇格列高利七世被逐出罗马。格列高利自称具有最高世俗和精神权威,结果导致同皇帝亨利四世的不断冲突。虽然他们于1077年在卡诺莎堡和解,但格列高利后来还是被亨利废黜,在南意大利的放逐中结束了生命。

教皇制的衰落是放纵—蛮横行为—大难临头这一连锁悲剧的一次绝妙的表演。

我们可以用两种方式验证这个中心思想：一是通过对这出戏的较早的几幕与较晚的几幕加以对比，二是对整个剧情进行分析。

举例说，把外表相似而内里相异的场景进行比较，我们发现有三位在神圣罗马帝国皇帝召集的宗教会议上对教皇提出控告的人，结果有两位被判非法，第三位被迫撤回指控。1046年，在皇帝亨利三世主持召开的苏特里宗教会议上教皇格列高利六世被迫以这种方式宣告放弃权力。1415年，在皇帝西吉斯蒙德（Sigismund）支持下召开的康士坦茨会议上，教皇约翰二十三世遭到同样的命运。这两幕从表面上看没有什么区别，但两个主角分别在间隔的四百年里，对教皇制的道德灾难所负的某种责任在性质上有所不同，教皇格列高利六世是一个不入世的圣人，他为了不让他的不肖教子，即教皇本尼狄克九世（Benedict Ⅸ）占据皇位，于是赎买了教皇一职，因而在技术上犯了买卖教职罪。对格列高利六世的谴责是一种对正义的嘲弄，激起了整个西方基督教世界的愤怒，促使希尔德布兰德把自己的一生贡献给从"皇帝教皇"的专横下解放教会的斗争。但这位非正义的合法行动的牺牲者毫无怨言地接受并同意了对他的判决。而康士坦茨会议处理"人类中最放纵者"[6]约翰二十三世的情况却不是这样。"他逃了，被当作囚犯带了回来，最具诽谤性的指控被压了下去，这位基督的代表仅被控抢劫、谋杀、强奸、鸡奸和乱伦"。[7]在不到四百年的时间里，世俗毒药的药效便如此发作，造成这两幕截然不同的情景。

还有另外两个场景，即教皇武力入侵意大利，均遭到不光彩的失败，死于屈辱之中。第一场是教皇利奥九世在1053年惨败于诺曼人，第二场是教皇英诺森四世在1254年被曼弗雷德①击败。从外表上看，利奥在他的征服者手中受到的羞辱较英诺森大得多，但如果我们根据动机和思想状态来比较这两个例子，我们便能看到实际上英诺森在道德上的失败要大得多。教皇利奥企图同东方和西方的皇帝的世俗军队携手合作，实施一项针对臭名远扬的匪帮的警察行动。使他心灵破碎的不是他个人的失败，而是参与他事业的人遭到了屠杀。另一方面，英诺森四世发兵攻打的是一个已经死去并被击败的敌人的儿子，他对这个敌人怀有深仇大恨，打算把他的仇恨追讨到他敌人的第二代、第三代身上。将他置于死地的心病是他的愤怒，表现在

---

① Manfred，1258—1265年在位，神圣罗马帝国皇帝。——译者注

153　左图为英诺森三世自我标榜为"基督的代理人"。这幅画像出自罗马圣彼得老教堂。
154　右图为格列高利九世是圣弗朗西斯的赞助人,这是圣彼得老教堂的一幅很是传神的镶嵌画。

他企图将战火引到敌人的国家,追逐一位从他祖先的王国中跑出来的王子,而这个王子已放弃了他父亲的侵略野心,仅仅希望过一种淡泊的生活。英诺森和利奥的远征在军事上的结局是相当一致的,但两人在道义上却无法相比。这种在道义上的天壤之别,使我们能够衡量出教皇在二百年的间隔期间精神堕落的程度。

我们在上述比较中已看到的过度放纵—蛮横行为—大难临头的连锁举动,在我们从整体上认识这个剧本并分析它的剧情时,能更加清晰地显露出来。1046 年上演了这个戏的第一幕,描写的是希尔德布兰德生涯的最初的情景,他发现并接受了当时正在从死气沉沉中苏醒过来的西方基督教社会对教皇提出的挑战。只有在一个因痛苦而变得麻木的社会里——如在从查理曼时代那一缕微光到奥托大帝的黎明时期的社会里——道德领导的特权才会留在(即使是在名义上)一个丢脸的公共机构的手中,罗马就是这样一个因其在历史上行为不检而使自己蒙羞的机构。从作为整体的西方世界开始挣脱自己原有的痴钝,渴望一种更美好的生活那一刻起,罗马教廷就面对着一种即将开始的飞跃,即从它所在的那个时代的道德阶梯的最底层向最顶层的飞跃,或者说它受制于实际上的退化状态当中,眼睁睁地看着它的王国正在分裂、走向灭亡,被米底人①和波斯人步步蚕食。[8]在这一时刻,希尔德布兰德给自己提出了艰巨的任务,这就是实现教会所宣称的成为西方世界道德领袖的要求。他通过30年艰苦卓绝的努力,成功地实现了原本不可能的任务。到1075年,反对淫乱和神职人员财务腐化的双重斗争已在整个西方世界取得了胜利。由于罗马教廷所具有的道德感召力,才获得了这个胜利。而在先前的年代里,所有西方教会的最大丑闻都出在行为不检的教廷身上。正是在它大获全胜的那一刻,在希尔德布兰德担任教皇的第三年,他采取了一个步骤,尽管是不可避免的,但却几乎毫无疑义是灾难性的步骤。在1075年,希尔德布兰德扩大了他的战场,从有把握的反纳妾与买卖教职的斗争拓展到颇有争议的教职授命权领域。

从逻辑上讲,关于主教任命权的冲突恐怕可以看作是反纳妾和买卖教职斗争的一个必然结果,倘若我们把这三个斗争看成是单一的教会解放斗争的不同方面的话。对希尔德布兰德来说,在他一生的这个危急时刻,如果让教会仍受世俗权力的政治束缚,那么他致力于使教会摆脱爱神和财神奴役的努力就似乎有可能前功尽弃。只要这第三种枷锁沉重地套在教会身上,它那由上天指定的复兴人类的神圣工作是否仍会受阻呢?但这个提法引出了一个问题,就是至1075年为止,教会和世俗权力之间真诚与富有成果的合作是否已实际上完全没有可能了呢?关于这个问题,至少有两个理由说明希尔德布兰德应负主要责任。

首先,无论是希尔德布兰德还是他的伙伴们都没有——不管是在1075年颁布希尔德布兰德禁止世俗教职授命权的法令之前还是之后——否认世俗权威在选举教会神职人员的程序中所扮演的合法的角色。其次,在1075年以前的三十年里,罗马教廷发现同神圣罗马帝国在反对荒淫和买卖教职的老热点问题上,是有可能紧密合作的。在这种形势下,需要有一个深思熟虑的政策,来限制或禁止世俗权威对教职授命权的干预。这一需要被认为是要受到查问的,因为可以想象,假如希尔德布兰德在1075年没有选择两面出击,那么也许就会达成一项妥协,导致一个新的、富有成果的合作时代的出现。

---

① Medes,古代伊朗高原的居民,曾建米底王国。——译者注

希尔德布兰德举动的严重性,通过随后所发生的灾难的规模表现出来。在教职授命权的问题上,希尔德布兰德把他三十年来为教皇制赢得的道义上的威信统统作为赌注押了上去。他在皇帝亨利四世统治的阿尔卑斯山以北地区的基督教无产者①心目中占有牢固位置,再加上撒克逊人的武力配合,所以能在1077年将这位皇帝带到卡诺莎堡。然而,尽管卡诺莎事件可能对皇权的尊严予以打击,使它始终没有翻过身来,但这种道义上获胜的结果并不是最终的结局,而是希尔德布兰德于两年前缓解了斗争的重新开始。虽然在随后五十年里一再试图解决这个争端,但冲突始终是西方社会躯体上的一处没有治愈的创伤,在后来的危机的压力下,反复地发作。希尔德布兰德在1075年点燃的火焰在一百年后仍旧在熊熊燃烧。

这出悲剧的第二幕在开始时有一小段暂缓时间,恰好是教皇英诺森三世(1198—1216年在位)当政的年代。由于德国被内战一分为二,年幼的皇帝西西里王腓特烈受到英诺森的监护,这位年轻的教皇便像希尔德布兰德所设想的那样,扮演起基督教共和国的总统角色来。英诺森三世的确是货真价实的希尔德布兰德教皇制的所罗门或苏莱曼大帝②或哈兰—阿尔—拉什德③。这是一个光彩夺目的角色,由一位仪表堂堂的尊贵人物来扮演。但英诺森的教皇角色实际上并未像他表面上看起来那样成功。作为一个重行动的人,他无疑是高贵的,但这种高贵的特性因沾染了粗暴而黯淡无光,因过分的愚钝而受到阻碍。他的判断失误表现在他对十字军这一武器的运用上,表现在他处理神圣罗马帝国和霍亨斯陶芬王室④的问题上,还表现在他对同时代的最伟大的人物圣弗朗西斯(Saint Francis)的态度上。

英诺森即位后的第一个举动就是鼓动十字军去援救法兰克王国在叙利亚的各残余公国,以使它们摆脱阿尤比德强国(Ayyubid Power)的控制。当西方基督教远征军改变初衷、转而参加一场不相干的邪恶战争时,也就是反对他们的东罗马帝国的基督徒同胞的时候,这项事业走上了悲惨的邪路。在这种痛苦的情势下,英诺森的理想主义,令人信服地表现在他对如此恶毒地出卖西方基督教世界荣誉的行为感到痛心疾首上。但这种高尚精神的证据仅仅增加了我们的惊异,1204年的那次教训

① *Plebs Christiana*,实为平民。——译者注
② Suleyman the Magnificent,1520—1566年在位,奥斯曼帝国鼎盛时期的苏丹。——译者注
③ Harun-al-Rashid,9世纪初阿拔斯王朝的哈里发,《一千零一夜》的重要人物之一。——译者注
④ House of Hohenstaufen,1138—1254年,德国神圣罗马帝国一个封建王朝,创立者原住霍亨斯陶芬,故名。——译者注

155 《圣弗朗西斯与贫穷夫人"结合"》。对于较早期的修道规则，守贫是自我否定修炼中的一个偶然成分。但弗朗西斯却选择守贫为一种理想的、基督所要求的生活守则。

　　　　　　　　　　　　第二十六章　罗马教廷：对胜利的陶醉

156 卜尼法斯八世,教皇朱比利的加冕人:一座出自阿诺尔福之手的雕像。

刚过去四年,他又处心积虑地发动了另一次基督徒打基督徒的战争,这次战场甚至不是在东正教异邦人的土地上,而是在他自己的基督教共和国的心脏地区朗格多克①。这个为法国十字军洗劫君士坦丁堡的恐怖而悲恸欲绝的教皇,是否以为把他的法国信徒们放到西方基督教共和国的一个最富庶的省份去,并且得到教皇的正式支持,他们就会变得手软了一些呢?英诺森是否以为在控制他所放纵的令人可怖的暴力和邪恶方面,这一次会比以前更为成功呢?

英诺森在驾驭他的十字军问题上所明显表现出来的无能,还体现在他处理帝国和霍亨斯陶芬王朝的事务上。他站在反霍亨斯陶芬王朝的一边介入了帝国的纠纷,只是由于他自己挑选的皇位继承人、不伦瑞克人威尔弗·奥托(Welf Otto)背叛了他并最终获得了帝国的皇位。面对这一变节行为,英诺森不可能想出比原计划更好的办法,他只能再找一个霍亨斯陶芬王朝的继承人来推翻威尔弗,而先前正是他把威尔弗扶上了宝座,目的也是取代一个霍亨斯陶芬的皇帝。他事实上选到了一个小孩子作为候选人,这个小男孩已经成了西西里的国王,并因而要执行他父亲亨利的计划,即如果英诺森的帮助能使他赢得帝国皇位的话,他就将罗马教廷置于两面受敌的境地。虽然英诺森于1216年在临终时得到了这位年轻的腓特烈的一个承诺,就是一旦他得到帝国皇位,就把西西里的王位传给他的儿子,但无人能保证这个誓言会得到尊重。于是,英诺森丢下了这个庞

---

① Languedoc,今法国南部地区。——译者注

大的机构,十八年前他接掌了这个机构,使它保持了持续的政治繁荣,现在却要听任罗马帝国这个宿敌的继承人——亨利四世和腓特烈·巴巴洛萨①摆布了。

英诺森在向两个并不令他满意的被保护人表示支持的时候,已显示出他缺乏神圣的悟性。这种悟性的贫乏更清晰地体现在他对圣弗朗西斯的态度上。这里很难在愚钝和粗暴之间划出一条线。英诺森对这位圣人的第一反应就是否定的,后来他的思想之所以转变是因为阿西西的主教以及未来的教皇格列高利九世的作用,他们在英诺森圈子里是仅有的弗朗西斯的战友。英诺森的冷淡是否表明他没有意识到弗朗西斯的伟大之处或是对伟大之处有意漠视?他疏远当时最深刻的精神运动是否反映了他专注于各种事务或者干脆是贵族式的傲慢?我们在这里也许可以给英诺森一些质疑的余地,宣布关于他蛮横无理的指责无效,但在另一件事上,对他的这个指责却是无可争辩的。他的前任教皇均满足于"彼得的代理人"这一头衔,而他却假定自己是"基督的代理人"。这是脱离伟大的格列高利式谦虚的征兆,格列高利在其君士坦丁堡的同僚约翰·法斯特(John the Faster)自称"统一"大教长的时候,却称自己为"伺奉神的奴隶"(Servus Servorum Dei)。衡量英诺森三世的判断错误的最好方法,同衡量希尔德布兰德的一样,就是看它的结果。因为随着英诺森的即位而为他敞开的活动空间到他死后也就关闭了。随后便是教皇和皇帝腓特烈二世之间的一场争斗,其激烈程度超过先前罗马和帝国之间的所有冲突,对西欧造成的破坏和痛苦是自从西方社会诞生以来闻所未闻、见所未见的。

教皇悲剧的第三幕始于 1250 年 12 月 13 日,这是未成年的腓特烈二世猝死的日子。以英诺森四世为代表的教皇(1243—1254 年在位),是否会利用这个时机在西方基督教世界恢复和平呢?或是否会因为对腓特烈家族的深仇大恨而对其穷追猛打呢?尽管有后来汉尼拔式的战争的可怕影响,但英诺森坚持他早在三年前便采取的立场,当时他

157 马丁五世,退位教皇约翰二十三世的继承人:青铜勋章。

---

① Frederick Barbarossa,约 1123—1190 年,神圣罗马帝国皇帝之一,又称"红胡子",六次入侵意大利,在十字军东侵中溺死。汤因比在这里恐怕误置了年代。——译者注

158 学者、外交家、文艺复兴的庇护人艾伊尼阿斯·西尔维乌斯，后来的教皇庇护二世；1431 年前往巴塞尔会议的途中。

宣布，只要腓特烈或他的任何子孙仍然是国王或皇帝，他就永远不会讲和。这个声明不仅毫无疑问是个判断错误，而且在道义上也是一种反常，它意味着希尔德布兰德教皇制的自杀。

这种绝不妥协的敌对姿态是英诺森四世传给他的罗马教廷继承人的政策。随着腓特烈家族子嗣的绝灭，如曼弗雷德死于 1265 年的会战当中，康拉丁（Conradin）于 1268 年被绞死，这个政策也就寿终正寝了。当英诺森三世宣布自己为"基督的代理人"时，当英诺森四世把当初为反对腓特烈本人时而发出的冷酷誓言又转而针对他的孩子们时，他们弹出了蛮横无理的音符，随后教皇卜尼法斯八世（Boniface Ⅷ，1294—1303 年在位）又将这些音符第三次奏了一遍。他在世纪之交时抓住机会，创立了教皇大赦节的制度。在神圣之年 1300 年，朝圣的人流涌向罗马的时候，卜尼法斯梦幻般地以为他看到了人证，证明四海之滨，莫非教皇之土。同时他却对边远省份的教士们的不满之声充耳不闻，在教皇的"布匿战争"可鄙地结束已有一代人之后，仍要求他们交纳教皇的战争税。卜尼法斯并不理解，无论是教士还是基督教无产者都不愿拿自己的生命和财产冒险，去支持一位教皇反对一位世俗暴君。但他以为他们会响应他的呼唤，就像当年希尔德布兰德一呼百应一样。在这种幻觉之下，他使法国国王怒不可遏，抽出了他的佩剑，随后他径直跑到伸出的剑锋之下，因为他确信，任何世俗的武器都必定会败在他的神圣炮火之下。

这一自杀举动的结局是教皇在阿纳格尼①束手就擒，成了阿维尼翁（Avignon）中

————————————

① Anagni，在罗马附近，法王派兵在此捉拿教皇。——译者注

的"巴比伦之囚",并造成了"大分裂",西方基督教世界分裂为两个营垒①。假如卜尼法斯的视觉和判断力没有被灾难的幻象所迷惑的话,那么他对这些灾难中的每一个,都是可以预见并加以警惕的,甚至是可以因势利导、化害为利的。前人的教训可能已经告诉他,当教皇向世俗国王宣战之后,任何教皇都应知道世俗君主的第一个重大的反击举动,就是针对教皇自身的,比如帕斯柴尔二世(Paschal Ⅱ)于 1111 年受到绑架,希

159 巴塞尔会议的图记,这次会议因教皇竭力想保持独裁而使宗教会议运动遭受失败。

尔德布兰德本人在 1075 年也是如此。再者,把教皇拉入法国的势力范围不过是 11 世纪的历史现象的再现。只要法国的势力受到神圣罗马帝国势力的制衡,这种强拉的举动并不是不可抗拒的。但是,当来自德国的威胁已被排除的时候,如卜尼法斯时代那样,有谁能向法国国王的野心挑战呢? 至于宗教大分裂,在卜尼法斯担任教

160 庇护九世,他使教皇一贯正确成为一种教条。

皇时已经有了预兆,因为在过去约五十年时间里出现过一系列空位现象,打断了希尔德布兰德拟定的继位程序。在此期间已有足够的证据显示,希尔德布兰德于 1059 年创设的教皇选举机器的运转已经失灵,假如再有一次严重的紧张局面或粗暴的事件,就可能彻底瘫痪。教皇在这种危险的状态下却向法国国王挑战,这对于一个具有正常思维的人来讲简直是不可思议的事。

于是我们接下来看希尔德布兰德悲剧的最后一幕,这一幕始于 14 世纪和 15 世纪的交接期

① 即教廷分裂为两个,一个在罗马,一个在法国阿维尼翁。——译者注

过去之后，是由"宗教会议运动"（Conciliar Movement）拉开的帷幕。"大分裂"的丑行推动行省的教士们出面挽救西方基督教的这个病入膏肓的机构，他们的态度——"宗教会议运动"正是他们参与活动的产物——结合了尽孝般的虔诚和道义上的谴责。这些改革者渴望将教皇拖离自杀的苦海，但他们的忧虑是为基督教共和国以及教皇制本身而发。他们决定重建坍塌的房屋，但这是按一个新的图案，就是使具有过重顶端因而也是险情所在的教皇大厦恢复平衡。这个重建的金字塔必须有一个高度较低的尖顶和更广阔的基础。因而恢复它的条件就是要求教皇同意（作为代价）并保证将议会制成分引入西方宗教组织的宪法。教廷是否愿意在这件事上，向基督教世界的意愿低头，以便忏悔自己的过去，保障自己的未来呢？一位教皇再一次不得不做出决定，这个决定对西方世界的命运以及罗马教廷本身都是至关重要的。但是，回答再一次是否定的。教皇拒绝引进议会制原则，而是选择了一种在有限范围内的无限的权力，作为对一个由有限的宪政权力统治的忠诚团结的基督教共和国的替代物。

这是于1417年这个关键的年头在康斯坦茨宗教会议上做出的决定，在1448年的巴塞尔宗教会议得到确认。在这两次会议间隔的三十年时间里，教皇确实想努力推行许多康斯坦茨会议所要求的改革，但教皇的这些改革努力却因其致命弱点——不是教皇的最高目的和利益所在——而一无所获。教皇在这个转变的关头，优先关注的是强调他个人行使独裁权力，教皇这样做的动机就是要使教会改革为强化教皇制度服务，这恐怕较任何其他因素更多地要为教皇和"宗教会议运动"之间发生的误解负责，它发展为教皇尤金尼乌斯四世（Eugenius Ⅳ）和巴塞尔会议之间的公开争吵。在这场赤裸裸的实力较量中，教廷为战胜"宗教会议运动"而沾沾自喜，它又一次放纵了自己的权力欲，这可是自希尔德布兰德时代起便一直受到攻击的罪恶。它专横地用一只手牢牢地抓着西方教会各教区的神权不放，在对这一权力的保持上它曾有过出乎意料的成功。它用另一只手继续加强他在中部意大利的世俗领土权力，教皇们在像15世纪的意大利暴君那样扮演自己的角色时，浸淫在纵情享受生活当中，这是中世纪意大利文化在其15世纪过分成熟期的主要特征。在巴塞尔宗教会议于1449年解体之后不到一百年的时间里，教皇处于比1414年康斯坦茨宗教会议召开时还要更不利的局势中。教皇曾经没费吹灰之力便击败了"宗教会议运动"，"他掘了个坑，深挖了它，并掉进自己挖的坑里"。[9]

在 16 世纪,我们看到了 15 世纪教廷的蛮横行为故态复萌所招致的报应。作为它选择这条道路的逻辑结果,这时的教廷被阿尔卑斯山以北的各强国看成一个侏儒,不过是成堆的意大利世俗诸公国之一,而且还是其中最弱不禁风的一个。它吸取了过去的教训,不再积极参与国际战争游戏。但教廷迟钝地表示在领土主权上让步并没有使教皇英诺森十一世免除路易十四的逼迫,也没有救出教皇庇护七世(Pius Ⅶ),避免他被拖在拿破仑的战车轮子上。

在教皇像一个意大利的世俗君主一样遭遇悲惨命运的同时,他还要作为西方教会的权力中心而蒙受更加不幸的痛苦。在那些皈依新教的国家里,他的权力被统统剥夺,而在那些表面上仍旧是天主教的国家里,他的五分之四的权力也丧失了。天主教在 16 世纪对新教挑战的应战并不是由教廷领导的,而是由一批受到启示的圣徒发起的。确实,正是教廷过于沉重的传统,使这些圣徒们的激烈运动半途而废。他们虽然使教廷摆脱了奢侈的生活方式,但对他们来说,已证明教廷的权力欲太强了,所以 16 世纪的重整旗鼓、以挽救时局的企图毕竟失败了。罗马教廷陷入一种精神麻木状态,仅是在 18 世纪世俗思想的复兴运动中,它作为反革命的力量苏醒了一阵子。对于新的民主和民族主义力量的挑战,它始终没有反应,甚至教廷自己的领地,也被意大利的复兴运动剥夺了。1870 年 9 月 20 日,它的领土主权遭到废止,这标志着希尔德布兰德体制的物质基础被削弱到最低限度。

无论如何,这种政治上的破产对教廷的悲剧意义,远比它在精神上的自我失败的悲剧意义小得多。教廷是在一系列行动中搬起石头砸了自己的脚。这些行动始于圣弗朗西斯支持教皇格列高利九世于 1227 年将皇帝腓特烈二世开除教籍,其高潮是教廷激起 16 世纪的新教暴动,反对罗马教廷的独裁。自从宗教改革运动以来,一度是西方基督教社会统一在制度上的体现的某个教会,变成了一些互相竞争的西方基督教派别的一个组成部分。各派别间的彼此仇视把西方世界撕成七零八落的碎片,也使基督教本身在那里失去了信誉,因而为民族主义——一种对基督教产生前的人类集体力量的崇拜在后基督教时代的复兴——取代基督教开辟了道路。

在 20 世纪,我们看到了一场罗马教廷的自我改革运动,这使人想起 15 世纪的"宗教会议运动",以及确立了希尔德布兰德即教皇格列高利七世领导地位的 11 世纪的觉醒运动。在这一次,罗马天主教的教士和教友们再次赋予教皇领导权。教皇庇护十一世由于在 1929 年与意大利国家缔结了拉特兰协定,纠正了与他同名的教皇庇护九世的政治错误。在这项协定中,教廷否定自己在梵蒂冈以外拥有世俗权力的主张,作为交换,意大利承认教皇在这个微型领地上的政治主权。更为重要的是教皇约翰二十三世(John XXIII)所提出的教会精神现代化运动。在短暂的在位期间(1958—1963 年),这位圣人般和蔼可亲的教皇"创造了历史"。他对自 11 世纪精神复兴以来西方天主教神职人员和教友之间的历次最激烈的运动均予以平反。安盖洛·吉赛皮(Angelo Giuseppe)使用"约翰"的名字同阿西里·拉提(Achille Ratti)使用"庇护"之名,具有同样的刻意为之的意义。因为至少一个先前叫做庇护的教皇和一些叫约翰的教皇,给这两个名字带来坏名声,而这两位教皇却为这两个名字恢复了声誉。

　　20 世纪的危机明显与 15 世纪的危机相类似。我们仍无法预测它是否将有一个比较美满的结局。但我们已能够对其加以猜测,假如目前的改革运动又不幸夭折,那么教廷的专权要求也许再次成为致命的绊脚石。教皇约翰二十三世主持的梵蒂冈宗教会议的两次常会在抵消 1869 年会议的影响方面会成功吗? 在那次会上,教皇庇护九世对教廷世俗权力的即将丧失做了某些补偿的准备,使会议接受了他在"教皇声明"中提出的教皇一贯正确的教条。至于教皇保罗六世强调其权威的努力,将使服从得到加强还是会激起反叛呢?

　　天主教会在其历史的各个阶段一直是圣人的温床。阿西西人圣弗朗西斯是迄今为止的西方世界所出现的最伟大的灵魂。圣人们一再提供自我克制的范例,但它们在精神方面的收成,却被教皇对权力的贪婪掠夺一空。这种悲剧不需要重演。圣人般的教皇约翰二十三世所推行的具有宽阔胸怀的政策,有可能会成功。如果真的成功,它将把新的灵感注入最古老的教会,这将有利于整个西方社会。另一方面,假如目前罗马教廷内部的精神复兴运动再度遭受挫折,那么这次代价也许应由罗马教廷自己的"现存体制"①来付,因为西方基督教社会已经为教廷丧失先前的统一领导地位而付出了代价。这代价就是中世纪的基督教共和国被一批偶像化的民族国家所取代。对于西方文明以及罗马教廷来说,这是一种令人忧伤的逐渐向坏的方面的转化,罪过要由教皇约翰二十三世的那些前任来负,他们在一系列紧要的历史转折关头未能挺身而起,以满足时代对占据着高位的他们所提出的精神要求。他们的精

---

① Establishment,亦可作"现存当权派"解。——译者注

神失败是因为他们陶醉在世俗的成功之中。他们的失败是对创造行为的消极面所做的一种象征性的说明。

注释

  [1] 参见本书第二十四章。

  [2] 关于这一点,参见本书第二十四章。

  [3] 爱尔兰被英国皇室征服一事,事先便得到一位在任教皇的认可。他也许不会忘记,在他成为教皇哈德良四世之前,他曾是英国人尼古拉斯·布里克斯比亚。但这个例子似乎是个例外。它的确是中世纪教皇在西方基督教世界利用自己的权威鼓动以大攻小、以强凌弱的仅有的著名例子。教皇在帮助匈牙利和波兰摆脱神圣罗马帝国的枷锁以及在伦巴底城市国家争取独立中所起的作用,才更能反映教皇对待中世纪西方基督教世界政治体系的政策特点。

  [4] 参见本书第二十四章。

  [5]《撒母耳记下》,第 12 章,第 14 节。

  [6] 爱德华·吉本:《罗马帝国衰亡史》(*The History of the Decline and Fall of the Roman Empire*),第 60 章。

  [7] 吉本:上引书,第 60 章。

  [8]《但以理书》,第 5 章,第 25—28 节。

  [9]《诗篇》,第 7 篇,第 15 行。

A
STUDY
OF
HISTORY

历史研究

(ILLUSTRATED)

下

A STUDY OF HISTORY

(ILLUSTRATED)

历史研究

（插图本）

［英］阿诺德·汤因比 著　刘北成　郭小凌 译

ARNOLD TOYNBEE

下

上海人民出版社

下册目录

第八部

英雄时代

　　我相信,各种文明之所以总是沦落到凄凉悲惨的地步,都是由于本身的种种失误,而不是由于任何外在的因素。但是当一个社会给自己以致命的打击,从而濒于崩溃边缘时,通常就会遭到边界之外的蛮族的蹂躏,最终导致灭亡。大一统国家边界的形成似乎是一个关键的事件,因为这断绝了蛮族与文明社会的和平交往,把他们拦在外边,直到他们毁灭性的入侵降临。我将描述这种蛮族的压力是如何形成的,我将显示,面对壁垒森严的文明,蛮族是如何逐渐取得了压倒的优势,因而他们的最终胜利是不可避免的。蛮族驰骋在前一个文明的破碎山河之间,享受了一个短暂的"英雄时代";但是与高级宗教不同,这种时代没有开辟文明史的新篇章。蛮族是一把大扫帚,从历史舞台上清扫了僵死文明的碎片。这种破坏工作就是他们的历史任务。他们的神话和诗歌热情赞颂这种业绩,以至于使后人几乎无法认清其真相。

第四十二章
蛮 族 的 历 史

　　在前两部分,我们研究的是当权的少数人建立的大一统国家以及内部的无产者创建的大一统教会。这部分的主题是蛮族军事部落的短暂历史中的插曲,即所谓"英雄时代"的性质。我们在前面已经指出,边界的形成是一个文明濒于崩溃时特有的各种现象之一。[1]边界的形成造成了一种社会心理氛围,英雄时代便由此产生。如果可以把成长中的文明的文化界限描述为一扇永远开放的友好之门,那么也同样可以把衰亡中的文明的军事边界比喻为一个不再开放的水域禁地的堤坝。友好之门是一个毫不张扬的作品,但安全可靠,而堤坝虽雄伟壮观,却岌岌可危,因为后者是人对自然法则的挑战,难免要受到惩罚。蛮族入侵者的洪流势不可挡地冲破这种军事堤坝,似乎成为所有大一统国家边界的命运。但是,这种社会灾难真的是不可

军事屏障
287　公元前3世纪由秦朝连接起来的中国长城是一个戒备的文明为抵御外部蛮族入侵而建立坚固的防线的明显例子。

避免的悲剧吗？为了寻找关于这个问题的答案，我们需要分析军事堤坝建造者干预文明与其外部无产者自然交往所产生的社会心理后果。

当然，建造一个堤坝所产生的第一个后果是，形成一个水库，用人造的障碍物阻止了水的正常流失，结果在堤坝的阻挡下水会积聚上涨。虽然这可能并非建造者的本意，但这却是必然的后果。用自然地理学的术语说，水库区包括刚好高于堤坝的汇水区域部分；但是，在此之上还有大片没有被水浸没的腹地。如果我们把这个比喻转换成社会现实，我们就会发现类似的分化，一方面有的民族刚好处于堤坝的上方，另一方面有的民族则留在水淹不到的更远的高处。例如，在欧洲大陆，北方的斯拉夫人在与世隔绝的普里佩特沼泽地平静地过了 2 000 年的原始生活，而在此期间，先是亚该亚蛮族（希腊古代民族统称）因邻近爱琴文明的欧洲内陆边界而受到震撼，然后是在 800 年后，条顿蛮族因邻近罗马帝国的内陆边界而受到震撼。亚该亚人和条顿人之所以震撼，是因为他们分别陷入堤坝造成的"水库"之中；在这两次大变动中斯拉夫人之所以安然无恙，是因为虽然他们的栖息之地在地理上是湿地，但在文化上却是水淹不到的高处。

288　中国人眼中的蛮族：唐代的塑像。7 世纪，唐朝建立了一个大帝国，但最终还是饱受蛮族入侵之苦。

为什么"水库区"的蛮族因邻近军事边界（同时也是文化屏障）而受到如此剧烈的影响？他们突破堤坝的力量来自何处，这种突破在理论上是否不可避免？如果我们把上述水文学的比喻再推进一步，那么关于这些问题的答案或许会浮现出来。当我们知道仅用上游的水量不能完全解释水量增多的原因时，我们就必须解释水坝中的水压是如何形成的。在这种情况下我们只能设想水的来源在下游，在百川流入的大海；另外，我们知道，水是不能向上流动的，它只能通过自然方式从低处升到高处，也就是蒸发、凝聚，然后变成雨水降到地面。重力法则在此受到挑战，但是水为这种巧妙设计的过程付出了代价，丧失了原有的构成。在蒸发的过程中,原有的海盐被留在身后,降雨造成溪水而流向水库,在冲刷沟谷时获得了新的岩盐。

这种自然现象恰好可以用来比喻社会现象:蛮族力量的聚集因受军事边界的阻遏而获得新的动力。在这种水库里聚集起来最终冲破堤坝的活力,主要不是来自境外蛮族的原始社会遗产,而来自堤坝所保护的那种文明储存。这个巨大的水源使水库充溢,最终超过了堤坝的抗应力。这是历史的一个讽刺:正是这个供水地区却因洪水泛滥而遭灭顶之灾。如果在正常情况下水量能够受到控制、滋养万物,那么为什么它会突然变成凶猛的洪流呢?答案可以从两方面来寻找,一方面是堤坝的建造——这是人对自然常规过程的干预;另一方面在于,人类的能量在从"边界"内的开化地区流向边界之外的野蛮水库的过程中发生了变化。这种变化是大自然为了克服人给它设置的障碍而造成的。

这种变化无疑是任何文化从一个社会转移到另一个社会时都要付出的代价;[2]但是这种变化的程度和性质则因情况而异。如果输出方是一个上升的文明社会,接受方是停留在野蛮阶段的社会,变化的程度最小;如果双方都是文明社会,又都处于衰败之中,那么变化最大。而我们在此探讨的情况显然是介于这两种极端之间:输出方是衰败的文明,"边界"外"水库"里的蛮族则是野蛮阶段的代表。后者之所以抵制相邻文明社会的文化扩张或辐射,并不是出于那种捍卫自己文明的积极愿望,而仅仅是出于对一种异类文化的消极敌视——那种濒于崩溃的文化已经丧失了原有的吸引力。

人类能量的变化是由一种分解过程引起的:入侵的文化先是分崩离析,然后又以新的方式重新组合起来,那些稳定的因素彼此之间形成新的关系,甚至有时既没有减少原有的因素,也没有增添新的因素。我们可以把一个成长中的文明定义为,在这种文明中,各文化因素和谐一致,形成一个统一的整体。基于同样的原则,我们也可以把一个分崩离析的文明定义为,在这种文明中,各文化因素之间日益矛盾冲突。文化解体本身就是社会陷入沉疴的表征。这不是由于一种文明对另一个异质社会的冲击造成的,而是由于这种文明本身事先已经分崩离析。统一的文化整体分裂成三种因素:经济因素、政治因素,第三种我们可以称作名副其实的文化因素;在侵略文化和被侵略文化的相互影响中,每一种文化因素在被单独吸收时,其渗透力恰恰与其社会价值成反比。具体说,经济因素最容易被吸收,政治因素次之,文化因素最不容易吸收。正因为如此,文化解体成为一种社会灾难。衰败的文明与外部无产者的主要联系是战争和贸易,而在这二者之中,战争是最主要的。

蛮族人通过边界进入文明地区的方式(先是战俘,然后是人质,再后是雇佣兵,最后是征服者)在经济层面的反映是金钱的倒流,即战利品、军饷或津贴从边界内的世界流向外面的蛮族"水库";这种金钱最后又以蛮族向文明的商业代表购买货物的方式,再流回到原处。这种接触方式有可能使蛮族在受他们侵害的社会的经济领域里扮演重要角色。一个典型的例子就是君士坦丁堡帝国政府向驻扎在匈牙利大平原的匈奴游牧民族军事首领阿提拉(在位期间为公元 434—453 年)发放津贴所造成的经济影响。这些硬币从帝国金库转到边界外阿提拉的营地,以一种间接方式把帝国内的农业人口(他们的赋税提供了这些金钱)的购买力转移到制造业和商业,后者通过制造和出售商品赚回匈奴勒索的金钱。[3] 但是,这种跨越军事边界的商业交往经常受到帝国当局的限制。这种对于交易双方明显有利的边境贸易恰好证明,在边界造成的社会状态下,在剥削边界所保护的境内同胞方面,堤坝内的商人与堤坝外

军事上的转变
文明在瓦解时实力下降,而边境上的蛮族则日益强大。在这种失败的较量中,文明社会孤注一掷,用金钱来换取人力和时间,使用蛮族雇佣军,以把自己的敌人变成盟友。
289 罗马人与蛮族作战。

290 蛮族战俘。
291 蛮族辅助战士与罗马军团战士一起作战。

| 第四十二章 蛮族的历史

的蛮族有共同利益。因为这种共同利益体现在商人与蛮族的协调行动中,对闭关自守的文明是致命的威胁。

> (因此)帝国边界……实际上具有双重功能:不仅阻止境外人进入,而且防止境内人外出……限制中国人到长城之外进行商业活动,是十分必要的,因为敢于到长城之外的中国人变成国家的负担;他们不论从事农业还是商业,对蛮族社会的贡献远大于对中国社会的贡献。他们脱离了中国人的活动范围……这些脱离中国人活动范围而加入非中国的经济和社会秩序的人,最后不是拥护蛮族统治者,就是采用蛮族的规矩——都不利于中国。[4]

帝国政府基于这些考虑而限制越境贸易;而蛮族在这种贸易中也往往局限于购买帝国的两类产品:军事首领及其扈从享用的奢侈品和他们及其士兵使用的武器。由于外部无产者和衰败文明之间从根本上是相互敌视的,边境战争长年不断,因此边境贸易实际上既不正常,也很危险。

在这种险恶的情况下,因为蛮族在政治上是自由的,所以蛮族就能主动地有选择地模仿少数当权者。

> 边界内的社会和国家的需求就必向边界外的民族让步。划定边界这一行动本身,就是承认边界外的民族是不受控制的,也无法控制。[5]

蛮族显示了他们的主动性,把他们从边界内文明那里吸取的文化因素加以改造。这种改造的方向部分地取决于他们对文明输出方的敌视。这种敌视使蛮族不愿自己借鉴的东西显示出他们不喜欢的那种异己来源。除了这种消极的厌恶动机外,还有一种实用的积极刺激,那就是改造外来东西,使之适应水库里的当地蛮族生活的需求。

仇外心理和实用主义成为采纳和改造的决定因素。这两个因素在不同的活动领域里所起的作用也是不同的。其结果也是各式各样的,有的几乎是原样照搬,有的其实已经是创新了。但是,即使是蛮族社会的创新成就,也是有缺陷的;因为它们的来源或许可以改头换面,但不可能了无痕迹;境外蛮族的全部文化产品都带有心灵分裂的创伤,而这种创伤则是与社会瓦解的病态相辅相成的。在这种心理革命中,安宁静止的社会传统的和谐状态被打破了,代之以两极的紧张状态,一极是更成熟的个人主义,另一极是更成熟的整体意识。正是这种心理革命用原始生活方式创造出一个英雄时代。

我们所谓的"能量转移"现象能够对回答我们下面这个问题提供一个线索:边界堤坝的崩溃究竟是不是不可避免的结局? 在物理工程学中,修建一个水闸就可以造成一个防御洪水的安全阀。当水库里的水量将要超过堤坝的防御能力时,就可以开闸放水。我们看到,军事边界的政治工程师是不会忽视这种通过有控制的排泄来保护堤坝的有效方法的。但是,这种补救努力仅仅是加速了本来想防止的大洪水的来临,因为建造边界的社会材料和心理材料极其脆弱,一旦这种沙质工程决口,蛮族能量的泛滥能够很快把整个建筑荡涤殆尽。在维护社会堤坝时,用有控制的排泄来减轻压力的做法实际上是行不通的;另外,由于低于堤坝的文明社会的能量转移到高于堤坝的蛮族社会,必然使堤坝承受的压力不断增大,因此决口的时刻迟早会到来,灾难也必然随之而来。

除了建造这种毫无用处的安全阀外,处于守势的文明社会还有一种办法,即巩固堤坝本身,以延缓厄运的到来。但是这种更笨拙的对策顶多能拖延时日,而不能避开厄运。时间站在蛮族入侵者一边,而不站在衰败文明一边,因为已经转移的能量形成的压力呈算术级数增大,而加固堤坝的代价则相应地呈几何级数增大。

因此,边界的建立引发了各种社会力量的运动,最终势必导致边界建造者的灭亡。而对于这些人来说,唯一能够避免末日到来的方法,便是把这两个互不相容的社会彻底隔绝开,用人造的长城划定各自的范围。对于一个帝国政府来说,断绝往来的政策确实是万全之计,但是这种强行设置的军事屏障在实际中却不可能固若金汤、天衣无缝,因为帝国政府绝不可能有效地控制住境外蛮族和境内边民。

> 被排斥在境外的"蛮族"总是被描述成骚扰者、进攻者或入侵者。这个事实表明,在某一个社会眼中的天然地理界限,其他社会并不一定当作是地理障碍,也许只是当作政治障碍。[6]

反之,

> 当一个(大一统)国家的基本方针是划定一个能够确保以它的利益为中心的界限,防止过分扩张而造成离心倾向时,这种方针就会遭到商人、拓殖者、野心勃勃的政客和军人的抵制和破坏。他们把边境之外的土地看作自己的发展机会。这样,边界地区的利益集团就形成一种联合,与中央的利益对抗。[7]

大一统国家的边民具有谋求与境外蛮族共同发展的倾向,最明显的一个例子是罗马帝国与欧亚匈奴游牧民族的关系。后者在 4 世纪晚期闯入欧亚草原的中心,定居在匈牙利大平原。虽然这群来自远方的匈奴人异常凶猛,虽然他们在罗马帝国的欧洲边界曾耀武扬威、不可一世,但是记载中至少有三个亲善的例子。首先,阿提拉的首相是罗马帝国潘诺尼亚行省的子民,名叫奥雷斯特斯,他的儿子罗慕路斯·奥古斯都成为西罗马帝国的最后一位皇帝。其次,据希腊史学家和罗马外交家普里斯克斯记载,公元448年他在阿提拉的军营中遇见一位叛变的希腊商人;这位商人是在维米纳西恩战役中被匈奴俘虏,却设法赢得了匈奴人的宠信。[8]第三个例子是"阿帕米亚的商人尤斯塔斯","在阿提拉死后多年,大约在公元484年他与一支匈奴队伍在一起,在劫掠波斯的征战中充当军师"。[9]

匈奴在欧洲的横行不过是昙花一现,因此,入侵的蛮族与被他们俘虏的文明社会的变节分子之间的亲善关系没有产生深远的影响。但是,只要想想双方刚刚遭遇时二者的生活方式相差多么大,那么这种亲善的程度就很值得注意了。凡是在蛮族势力具有较稳固基础的地方,这种可怕的联合有时会产生重要的政治后果:例如,那个在欧陆继承西罗马帝国残余部分的国家就是由法兰克"客籍"与本地代表罗马元老政治的高卢主教和地主合作的产物。清帝国也是满族和汉族边民合作的产物。

因此,边界的设立本来是要把双方隔绝开,但它的存在实际上总是导致双方的交往。不过,最常见的交往方式不是贸易,而是战争——这样说是有理由的,因为战争虽然在心理上有疏远作用,但在技术上却相互启发。大一统国家要想遏制住边境上的蛮族就免不了打仗;但是,打仗反而用自己先进的战争技术训练了蛮族。战争技术比其他领域的技术传得更快、更深入;在各种输出品中,武器比其他工具传播得更早、更远;另外,由于本地蛮族市场的需求,蛮族工匠的技术不断提高,逐渐能够复制从邻近文明社会输入的武器。欧亚大陆的游牧蛮族"如果没有输入的武器,根本不可能武装起来发动大规模的进攻……甚至12世纪的蒙古人——空前绝后的军事民族——也必须输入武器。他们主要从中国和呼罗珊进口武器"。[10]

由于蛮族能够结合自己的情况来运用这些借用的武器和技术,因此提高了它们的效能。可以假定,他们在家乡迎战外来的敌人时已经占有优势,因为文明社会是在强盛时期通过武装侵略而设立了边界,这种边界位于蛮族境内。当蛮族把自己对当地环境的熟悉与借鉴改造的武器和战术结合起来时,他们当然是所向无敌的。

例如,哥萨克蛮族最初是骚扰金帐汗草原帝国的水上强盗,当他们掌握了鞑靼人的马术后,就如虎添翼了。在罗马帝国灭亡之际和新的西方基督教社会建立之

文化衍变

292、293、294　虽然蛮族公开蔑视文明社会,但他们的艺术品显示了他们对文明社会的不由自主的欣赏:
他们劫掠外国文化的材料和观念,用于本族的艺术品上。左上图:在法兰克人的十字架上不协调地镶嵌着
罗马宝石微雕。左下图:6、7世纪的日耳曼胸针。右图:9世纪西哥特浮雕把双联罗马执政官雕刻图案转换
成本族的雕刻图案。

517　　　　　　　　　　　　　　　　　　　　　　　第四十二章　蛮族的历史

295、296　靠着中国边民的帮助,原本野蛮的满族人于1644年征服了中国;两个世纪后,满族皇帝利用蛮族同盟者打击游牧部落,拓展了帝国在中亚的边疆。这两幅木刻版画出自乾隆皇帝下令制作的两个系列作品,颂扬1755年和1795年两次征战。

前，位于天涯海角的斯堪的纳维亚蛮族首先从弗里西亚人那里学会了造船和航海技术，后来又从法兰克人那里学会了骑马打仗的技术。雅利安游牧蛮族最早从苏美尔—阿卡德社会那里学会在战争中把野驴当作战车的役马，而不是当作战士的坐骑。他们最终用这种新式技术给自己的老师以致命的打击。近代以来，西方文明侵入其他4个大陆的历史也表明，技术落后的社会从他们的老师那里学到的第一课，不仅是如何使用火枪来对付他们，而且是如何根据当地条件在狙击和游击战术中使用这种武器。

衰败文明在遭遇蛮族侵略时还有一个不利因素，即旷日持久的战争会对经济结构复杂的社会产生越来越大的破坏性影响。原始落后的蛮族全力以赴地投入战争，而文明社会的力量则被各种各样的活动所分散；旷日持久的对峙将会使文明社会承受巨大的负担。常备军数量的增加就会导致人民捐税压力的增大，从而导致经济生活的逐渐瓦解。日益萎缩的国民收入却要承担日益增加的军费消耗，这种不堪重负的情况是各种社会病态中最严重的一种，造成了5世纪西罗马帝国的灭亡，也造成了7世纪东罗马帝国的灭亡。造成罗马帝国臣民的赋税负担日益沉重的一个原因是，需要越来越多的帝国政府官员来填补地方自治政府衰败所造成的行政真空；[11]第二个原因，或许也是更致命的原因是，为了对付蛮族军事力量的增长，帝国军队的数量也不得不膨胀。为了保卫奥古斯都最初划定的国境线，自公元83年起，帝国就维持着30个军团，塞普提米乌斯·塞维鲁（在位期间为公元193—211年）又增加了3个军团，戴克里先（在位期间为公元284—305年）则是大大扩充了军队的数量。

如果边界双方攻守之势长期相持不下的话，守方迟早会失败，因为守方为了顶住对方，就需要调动兵力，但是由于蛮族战斗力不断增长，守方调动的兵力会越来越相形见绌。在这种情况下，为了挽救自己的颓势，守方显然有两种方法可循：或者充分运用自己优于蛮族的组织和技术能力，或者利用蛮族熟悉边界地区地形的优势，改善自己的军事组织和装备或雇用蛮族人力，这两种政策并不相互排斥。边界内的政权急于遏制蛮族的胜利势头，通常是双管齐下。希腊文明从来不以技术为重，原有的发展技术的微弱倾向也早已丧失了，因此在希腊文明和罗马帝国生死存亡关头，戴克里先在解决防卫问题时着力于组织而非技术。

戴克里先彻底改造了自奥古斯都以来3个世纪基本不变的帝国防御体系。奥古斯都在建立这个体系时首先关心的是，给历经百年社会革命和国内战争而遍体鳞伤的希腊世界创造最好的休养生息的机会。他的一个措施便是压缩因兄弟阋墙而膨胀起来的军队。在维护帝国安全方面,奥古斯都政权不是仰仗军队数量,而是倚重职业军队在军事素质上的优势以及罗马帝国强大形象对蛮族的威慑力。到戴克里先的时代,这种外强中干的安全体系早已岌岌可危了。蛮族在边境战争中获得的军事能力最终使他们有勇气,也有技术来突破束缚他们的警戒线。在这种危急时刻,帝国政府所能采取的唯一修补措施是,把尚属平静地区的军队调集过来。戴克里先的主要补救办法是,建立一支后备部队。按照设想,这支军队的数量不少于整个庞大军队的五分之二,而且像蛮族军队一样具有机动性,能够集结起来作战和摧毁敌人。

从一个职业军人的科学眼光看,戴克里先通过组织一支后备机动部队用纵深防御体系取代直线防御体系的做法显然是战争艺术的一大进步。在戴克里先上台前的半个世纪,帝国已经摇摇欲坠。后来,帝国居然在西部维持了一百多年,在中部和东部维持了三百多年,对此,戴克里先的军事改革功不可没。但是,这种成就的代价十分巨大,而且这种代价是由平民付出的。戴克里先的军事改革虽然从职业眼光看值得赞赏,但对平民百姓却是双重打击。一方面,军事建制的扩大需要有一个压榨性的税收制度来维持,而这种税收制度则部分地依赖于前所未有的稳定物价制度,结果造成了社会的严重破坏。当时就有人指出:"赋税供养的人数多于……交纳赋税的人数。"[12]另一方面,军队的精华被集中于机动部队,这就进一步削弱了驻扎在边防线上的警戒部队的士气和战斗力。这实际上抛弃了军队御敌人于国门之外的最后一个心理依据。人们自然会认为,战区不再是边界的蛮族一侧的开阔地带,甚至不再是紧临边界的帝国边区,而是帝国的经济和文化核心地区。科学上无懈可击的口号"纵深防御"不过是一个掩饰可悲现实的托词:平民纳税人已经受到帝国税收的压榨,为帝国军事建制的扩大而付出血汗钱,现在又面临着蛮族入侵者再次压榨的危险,因为没有什么能够阻挡蛮族进入和劫掠帝国心脏地带。

不仅长期战争对文明地区和蛮族地区的社会经济产生不同的影响,而且双方社会的组织程度和组织方式也影响了各自不同的战争后果。更直白地说,蛮族军事集团骚扰文明居民社会所造成的混乱远远大于帝国军队对蛮族社会的报复性袭击所造成的损失。帝国军队要想给蛮族敌人以致命打击是很难的,因为它很难找到一个适当的目标。在对付游牧民族时,这种情况更加明显。当大军逼近时,他们只要收

彩图 64
回光返照

成长中的文明与其边界上的蛮族社会之间的平衡是十分脆弱的。如果文明自身崩溃，丧失了其微妙的吸引力，转而发动侵略，这种平衡就会在顷刻间被打破。在这之前，文明地区与野蛮地区之间的界限是流动的，易渗透的。蛮族受到另一种社会的诱惑，会模仿后者的文化艺术。但是崩溃的文明被大一统国家重新组织起来后，会建立严格的政治边界来保卫自身，同时也会阻止文明之光向野蛮地区的辐射。这座高卢战士的半身像显示了这种潜在的吸引力：雕塑者不是很坚决地模仿罗马为死者制作放在壁龛中的半身像的风格。这是模仿已经在衰落的文明的规范时所做的原始但真诚的努力。

彩图 65
边界屏障

当文明衰落时，文明与毗邻的蛮族社会之间的流动区域就被冻结成一条不可逾越的军事边界：邻居变成了仇敌，文化交流也停止了。哈德良的长城残留下来，成为一个明显的例证：罗马帝国试图隔离北不列颠的蛮族，防止他们的侵入。

彩图 66
扭曲

当蛮族社会在一个僵死文明的疆域里享受短暂的"英雄时期"时，不得不承认被他们摧毁的文化的吸引力：他们既蔑视又羡慕这个奇异的高级文化。原始传统与半外来启示的艰难结合鲜明地体现在蛮族的珠宝首饰上——或许因为他们天性喜欢炫耀，所以他们的这种造型艺术特别引人注目。图中的这枚公元 6、7 世纪墨洛温时代的胸针，充分地显示了这种复杂的结合：中心是一块粗糙的宝石浮雕，在工艺上远远逊于它所模仿的罗马样本；但是衬底的设计大胆鲜艳，表明工匠不愿向古典的对称或精致的图案做任何让步。

拾一下行装就马上转移了。即使已经定居的蛮族社会,情况也差不多,因为当地的生活资源虽然很容易被一次袭击所摧毁,但也不难恢复。在文明程度不同的两个敌对方面的战争中,文明程度高的一方往往赢得胜利却付出极大代价,因为战争已经把他们拖垮了;反之,文明程度低的一方往往遭受失败却无损大局,因为社会组织落后反而天然地具有很强的恢复能力。游击战术在某些现代战争舞台上的成功进一步显示了这种理论上落后但实际上有利的情况。虽然今天的游击队已不再是野蛮人了,但是他们自觉而熟练地采纳和运用了这些已经被证明有效的战术来对付掌握先进技术的敌人。

另外,当文明社会与其蛮族邻居之间的关系恶化时,后者也会丢下自己原来的和平职业,转而钻研边境战争的战术。如果说蛮族最初是为了避免被文明社会征服或消灭而不得不学习自卫本领,那么当他们增长了作战能力,在自己的领土上逐渐取得了军事优势时,他们就会禁不住把战争作为自己的谋生手段。用刀剑来耕种和收获是更划算的事情,因为文明社会现在已经处于守势,蛮族可以用劫掠或坐领津贴来榨取它的财富。而且,这种以军事为主业、以农耕为副业的生活更适合他们的天性。这样,边界上的蛮族在经济上不再自足自立,而成为边界另一侧文明社会的寄生虫。

塔西佗笔下的邻近罗马帝国欧陆边界的蛮族"水库"里的日耳曼人的情况,给我们提供了一个关于蛮族依附于衰败文明、因而在经济上退化的典型例子。到塔西佗的时代,这条边界已经存在了将近150年,因此早已产生了充分的社会后果。塔西佗断定,牛是日耳曼人的唯一财产形式;[13]在这位罗马作家的记载中,农业在日耳曼经济中不太重要,但这不能归咎为无知或缺乏经验。现代考古学研究表明,在日耳曼部族中,农业一度十分发达,它后来的衰微不是因为经济上落后幼稚,而是因为发生了从高级阶段的倒退。但是,农业退化的情况只是发生在紧临边界的蛮族社会里。正如塔西佗指出的,在"水库"之外的埃斯梯人(立陶宛人)"辛勤地培育着谷物和其他大地果实,恰与日耳曼人典型的懒散形成对照"。[14]另外,居住在军事边界附近所造成的不利影响不仅体现在蛮族社会的农业倒退上,也体现在他们的政治制度上。"水库"西南部的日耳曼人倒退到不稳定的原始军事首领制,而东北部的部族依然保持着传统的族长制度。

"水库"区蛮族的军事化是他们手中的一张王牌。经济倒退反而使他们几乎没

297　公元 12 世纪，一支宋朝军队平定南方蛮族。虽然大宋帝国采用绥靖政策把南方蛮族纳入帝国版图，但是无法应付北方更凶悍的蛮族。

有什么可损失的财产；既然在与邻近文明社会打仗时不会失去什么，他们也就不怕长期对峙，不在乎敌对行动的升级。在边界拉锯战中，交战双方获得的物质后果明显不同。这种情况也体现在双方士气的消长中。对于处于守势的衰败文明社会来说，永无休止的边境战争不仅造成了日益沉重的财政负担，而且引起了人们对这个无法解决的政治军事问题的长久焦虑。但是，对于蛮族来说，这种战争却具有相反的意义：它不是负担，而是机会，不会引起焦虑，反而让人热血沸腾。这种军事较量总是困扰着文明的一方，当他们束手无策时，更觉得大难临头。反之，这种军事较量则成为军事化了的蛮族的活力所在。这种悬殊的心理状态不断发展，使得文明一方终归在劫难逃。

在这种情况下，建立边界而又身受其害的一方为了逃脱劫难而不惜孤注一掷，也就不足为奇了。既然仅靠自己不能挽回局面，那么利用蛮族的可怕力量也就成了一种极有诱惑力的选择。公元前 2 世纪一位中国哲学家主张，中国的政策应该是利用蛮夷来打击蛮夷的要害。[15]这种以夷制夷的政策听起来是很有道理的。蛮族军人在边境战争中胜过文明社会的士兵,因为他们是在自己熟悉的环境中作战;蛮族军人在个人素质方面也逐渐优于文明社会的士兵,因为前者对军人职业有一种热情,而后者缺乏这种热情。对于平民纳税人来说,这种兵源质高价廉;而且,这种把敌对军人变成友善的雇佣兵的廉价方式能够双重地减轻边界的压力,一方面能够削弱“水库”里蛮族的侵略力量,另一方面又能减弱他们的好战情绪。蛮族的力量分裂了,侵略力量自然就减弱了;雇佣兵的薪饷缓解了收入的不足,那些还想在边境上骚扰的蛮族又遇到了具有同样军事技能的对手,因此劫掠邻近文明社会的动力就大大减轻了。

基于这些考虑,大一统国家的统治者常常会对境外的蛮族加以收编,或者让他们移居到边界的帝国一侧。罗马帝国的政策是最著名的例子。汉帝国和奥斯曼帝国也采取同样的做法。但是这种政策本意是防止边界崩溃,实际上却加速了灾难的来临。造成这种奇怪现象的原因之一在于,帝国在利用蛮族的时候也逐渐把蛮族当成自己的亲信,向他们传授了许多政治军事秘诀,将来他们一旦翻脸对付老师时就如虎添翼。罗马帝国早在公元6年潘诺尼亚雇佣兵部队叛乱时就遇到了这个问题。从那时起,罗马帝国就不时地出现这种叛乱,有时敌军的指挥官也是原来在罗马帝国军队服过役的,如阿米尼乌斯和塔克法里那斯。这种政策不仅使蛮族掌握了罗马人的战争艺术,而且按照一位攻击提奥多西一世皇帝政策的批评者的看法,这种政策适得其反地向蛮族雇佣军展示了帝国的弱点。

> 在罗马军队中,此时纪律已荡然无存,罗马人和蛮族人之间已毫无分别。这两种人的团队完全混杂起来;甚至表明连队人数的花名册也找不到了。(从境外蛮族军队转到罗马帝国军队的)士兵觉得非常自由,在罗马军队中登记以后,就可以回家了,让别人来顶替自己,到自己觉得合适的时候再来服役。这种军队极端涣散的状况对于蛮族人已不是秘密,因为门户大开后交往非常方便,那些擅离职守的士兵能够向蛮族人讲述各种情况,蛮族的结论是,罗马帝国管理极其混乱,正是侵略的最好时机。[16]

因此,毫不奇怪,这种接受了良好训练的雇佣军一旦翻云覆雨,往往能给已经摇摇欲坠的帝国以致命一击。但是,我们还需要解释为什么他们会反叛自己的雇主。当他们被编入帝国军队时,他们的个人利益不是与他们的职责一致吗?他们定期从

英雄与怪物：意志与任性

蛮族神话普遍有一个英雄与怪物争夺无价之宝的主题。这可能象征着蛮族狂放不羁的精神世界中的心理斗争——当进行战争的消极价值观被巩固征服成果的积极要求所取代时，就暴露出这种破坏欲望与道德渴望之间的冲突。

298、299　古代美索不达米亚史诗中的半人半神征战英雄吉尔伽美什。希腊神话中珀尔修斯斩杀蛇发女怪。

帝国国库领取薪饷，远比他们以前偶尔的劫掠所得更稳定、更合算。而且，他们移居到边界这一侧，这不也使他们的命运与帝国的生存息息相关了吗？如果说雇佣军的服役条件已经十分优厚，为什么他们会变成叛徒？如果说保卫边界不受侵犯能使他们垄断各种好处，为什么他们邀请境外蛮族来瓜分这些好处呢？

　　答案是，在反叛帝国时，蛮族雇佣军确实会牺牲眼前的物质利益，但是他们实际上是受到比纯粹经济考虑更强大的动力的推动。造成这种局面的主要因素是，境外的蛮族长期以来一直被衰败文明所排斥。双方之间的这种精神裂痕是不能用物质交易来弥补的；另外，帝国当局在采取这种政策时试图使时光倒转，回到过去的和谐时代（蓬勃向上的文明与周边野蛮社会基于共同利益而和睦相处），不愿承认文明社会正在崩溃、蛮族已经疏离的事实，在文明崩溃、边界建立之后，被征召的蛮族很容易背信弃义，因为在签订雇佣合同时，他们丝毫没有参与这个雇用他们来保卫的文明社会的愿望，我们在前面已经看到，[17]效仿的潮流早已发生了逆转；文明社会在蛮族心目中几乎已毫无威望，而蛮族本身却受到孤独无助的少数当权者不情愿的赞美。对于征召蛮族来保卫帝国的政策来说，效仿潮流的逆转是致命的灾难。在这种

历史研究　　　　　|

心理状况下,蛮族雇佣军绝不会变成帝国正规军的一个组成部分,永远是一支不能被同化的蛮族武装团伙:使用自己的武器和战术,听命于自己的军事首领,具有自己的"团队精神",滋长着自己的野心。蛮族"自由民"定居点也绝不会变成帝国公民的文明社会,永远是不被同化的"国中之国",只要不被消灭,在政治上迟早会成为新起继任国的一个核心。总之,以夷制夷的政策注定要失败。由于这是摇摇欲坠的帝国的最后一个指望,因此它的失败直接导致边界的崩溃。

当堤坝决口时,水库的全部积水就会迅猛地冲向大海。这种蓄积已久的力量突然释放出来,就会产生三重灾难。首先,洪水会摧毁堤坝下游人类辛勤劳作的成果。其次,能够滋养万物的水本来可以为人类服务,用于灌溉、航行和产生动力,现在则在这种破坏性的倾泻中白白地流入大海。第三,水库干涸后,原有的边缘地带变成干旱的高地,原来在这个人工湖附近生长繁茂的植物失去了水源,山腰地带恢复了原始的荒芜。

这种天灾恰可用来比喻军事堤坝(边界)崩溃后的人祸。由此产生的社会剧变对于所有的人都是大灾难。当然,破坏的程度不会相同。但是损失的分布却与事先的预料相反。这里实际上发生了一种奇怪的角色颠倒。[18]一方面,正如我们已经看到的,衰败文明为挽救岌岌可危的边界所付出的代价与其暂时减轻的蛮族压力相比太得不偿失了。另一方面,一旦衰败文明被蛮族入侵所席卷,主要受害者就不再是

300、301　吉尔伽美什史诗的主题——人被怪兽两面夹击——始终在蛮族艺术中占有一席之地,例如图中瑞典和勃艮第的青铜作品。

大一统国家的臣民,而是表面上获得胜利的蛮族自身。他们期待已久的胜利最终却被证明是导致失败的契机。这是他们自己和他们的手下败将都始料所不及的。

对于这种奇怪的结果,我们的解释是,原先在边界及其背后的文明社会的压力下,蛮族的自我毁灭力量被压制住了,现在蛮族的胜利反而把这种魔鬼力量释放了出来。我们已经看到,当蛮族社会靠近边界时会产生不适的反应,因为他们的原始经济和制度受到衰败文明的政治、文化影响后发生了动摇。我们还看到,蛮族在很大程度上适应了这种咄咄逼人的影响,甚至由此激发其创造活动。这种适应和创造能力表明,蛮族的心理不适可以局限在一定的范围内,尽管效仿机制已经崩溃,但这种受局限的不适感却可以产生出某种程度的建设性后果,而不是完全令人沮丧的后果。这种有益的遏制是由于边界的存在造成的。当传统习俗被衰败文明的破坏性影响打破时,野蛮社会就丧失了必不可少的纪律,而只要边界(长城)屹立不动,就可以起到替代纪律的作用。这种纪律是长年累月的边境战争强加给蛮族社会的。一方面,这种战争使蛮族在一个严格的军事学校里接受了训练。另一方面,这种战争使蛮族在完成任务的过程中养成了纪律习惯。因此,在邻近的文明崩溃后,边界就成为一个使蛮族社会能够在其中继续存在下去的框架。

但是,由于边界突然崩溃,这种框架和保护物也就荡然无存。境外蛮族突然面临着一大堆新问题,必须完成新的任务,而这对于蛮族不成熟的创造力来说是无法胜任的。在这种困惑时刻,蛮族稚嫩的创造力就被深藏在原有文化遗产中的凶残冲动窒息了。一旦蛮族抛弃了身后的空旷原野,踏入被他们当作人间乐园的那个满目疮痍的世界,他们的不适心理就演变成了道德败坏。蛮族心理的这种邪恶转变十分典型地体现在斯堪的纳维亚人肆虐于加洛林帝国时的精神灾变上。在维京人海盗时代,他们完全抛弃了传统生活,投身于前途未卜的冒险,这种放纵的代价是致命的失衡。

> 当国王把行宫迁移到一个陌生的国度,把他的命运从自己庄园的土地和牧场上连根拔走时,生活必然会变成一连串的战场厮杀和狂欢滥饮。[19]

在这种陌生的环境里,蛮族很容易沉溺于不劳而获的寄生生活。这种懒散的寄生习气早在边界生活中就已经开始滋生了。不过,那时这种败坏蛮族心灵的影响受到遏制,因为他们必须充当雇佣兵或打家劫舍才有可能享受懒散,只是在紧张的军事活动之余才有奢侈享乐的生活。但是,入主的蛮族国家的主人们摆脱了这种循环周期,可以完全沉溺于醉生梦死的生活,直至另一个更强大的蛮族取而代之(如西哥特人被法兰克人所取代),或者直至他们把文明社会遗留的财富挥霍殆尽(如喀西特人或墨洛温人的所做所为)。

这种道德堕落的原因可以归结为这样一个事实:对于突然从边界强加的束缚中解放出来,对于从受害者突然转变为受益者,蛮族毫无思想准备。另外,尽管蛮族的军事王国曾经胜任了作为大一统国家的缓冲国的任务,但是入主文明领域的蛮族国家的命运显示,他们完全不能承担起突然加给他们的重负,无力解决面临的问题,因为对于继承了一个文明的全部政治经验的大一统政权来说,这些负担和问题都太难以应付了。既然衰败文明都在这种挑战面前败下阵来,那么又怎么能期望半道闯进来的蛮族能够在回应这种挑战时取得成功呢? 入主的蛮族国家盲目地用破产的大一统国家已毫无信用的信誉来做生意;另外,在某种道德考验的压力下,这些入主营业所的乡巴佬使内部的假象公之于世,由此也出卖了自己,加速了自己的灭亡。[20]如果一个政权完全建立在团伙对军事首领的效忠上,那么对于一个强盗组织来说,或者对于一个边疆国家的行政和防御来说,这也许是足够了。但是这完全不适合管理一个文明社会。

闯入异己的文明环境的蛮族实际上注定会在道德上堕落。这是他们这种冒险行为的必然后果。但是他们不会轻易地屈从于自己招致的厄运,而是经历精神挣扎,并在有关神话、仪式和行为准则的记载中留下痕迹。

几乎各个蛮族都有描写英雄夺宝的神话:怪物霸占着某种宝物供自己享用,不许人类获得它,英雄为了夺宝而与之搏斗,最后取得胜利。北欧传说中贝奥武甫战胜巨妖格伦德尔及其母亲的故事,日耳曼神话中齐格弗里德与龙搏斗的故事,希腊神话中珀尔修斯杀死美杜莎,并杀死海怪、救出安德洛美达并赢得她的爱情的故事,都体现了这个共同的主题。伊阿宋智胜毒蛇、盗走金羊毛的希腊神话故事,赫拉克勒斯偷盗冥界三头狗的罗马神话故事,也都体现了这个主题。这种神话似乎折射出蛮族的内心斗争,即要把人的理性意志和自决能力从不由自主的无意识力量的深渊中拯救出来。蛮族从边界外相对安全的生活进入到被打破的边界内的陌生世界,这种惊心动魄的经历使得他们的这种心理斗争公开化了。

英雄时代出现了适用于特殊环境的特殊行为准则。我们从中可以看到一种建立新的道德框架的努力。最明显的例子是荷马史诗中战士的"羞愧"和"愤慨"以及阿拉伯倭马亚政治家的"宽柔"。"羞愧是你对自己行为的感受;愤慨是你对别人行

527 |

为的感受。"[21]正如荷马史诗所描述的,在爱琴英雄时代后期,引起"羞愧"和"愤慨"的是那些意味着怯懦、说谎、假誓、无礼,以及对无助者的残忍和背信弃义的行为。[22]"羞愧"和"愤慨"作为行为准则都进入了社会生活领域,而"宽柔"则只应用于政治领域。这种美德受到阿拉伯人的推崇,但却极其罕见。

　　"宽柔"既不是忍耐,也不是中庸,仁厚、坚韧不拔、沉着稳重或成熟。它仅仅是从这些品质中吸取了某些外在特征,恰好能够蒙骗没有警惕性的观察者。这种拼凑物乃是阿拉伯人特有的一种美德。[23]

　　因此"宽柔"比"羞愧"和"愤慨"更精致,但也更缺乏魅力。它显然不是谦虚的表现;"它的目的是羞辱对手;向对手显示自己的优越;用自己的尊严和冷静来震慑对手。"[24]它与怀有厌恶和报复之心并非不能相容。它不仅推崇财富和权力,而且纵容人们滥用财富和权力,在伤害自己的邻人时不必担心后果。[25]

　　这些行为准则恰恰与英雄时代的特殊政治、社会和心理环境是一致的。它们在社会行为领域中的消失被当时的人们看作是社会衰落的一个表现,他们为此感到哀伤。但是,正如我们已经暗示的,英雄时代不过是一个过渡阶段,因此这些美德并不

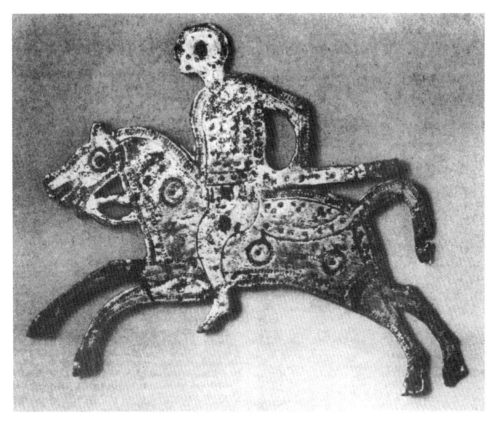

征服者反被征服

302、303 蛮族的征服通常不会持久:他们只是消极地挥霍丰富的战利品,不能建设一个新社会,因此很容易士气涣散,遭到征服。左图:6世纪北非的汪达尔地主过着与前朝罗马人相同的生活,但是从未建设一个新社会。右图:欧洲蛮族入侵者的第二次浪潮:7世纪的墨洛温骑兵。

能提供一套充分的道德准则,而只是在文明社会的价值体系暂时失效后代行其职;因此,蛮族胜利者的伦理代用品的消失,实际上也不是悲剧,而是在复出的文明社会的进逼下的一种光荣隐退。当文明社会恢复了另一套更具有建设性的美德时,蛮族的这些代用品就变得多余了。

蛮族的行为准则的要害在于,它是个人准则,而不是社会准则或制度准则。效忠领袖,尽管也许是基于一系列的个人道德义务,但它不能长期适用于一个文明的社会体系。它表明蛮族只能破坏而完全无力创建稳定而持久的政治制度,而且由此也能够解释为什么极其凶残的杀戮表演会成为英雄时代的特征。显赫一时的为所欲为在转瞬之间就变成了确确实实的虚弱无能,这种触目惊心的跌落是蛮族国家的常见命运。这种突然逆转的例子很多,如阿提拉去世后西匈奴的衰落,根瑟里克去世后汪达尔人的衰落,狄奥多里克去世后东哥特人的衰落,斯蒂芬·杜香去世后塞尔维亚人的衰落。这些蛮族曾经驰骋在文明社会的破碎山河上,但是他们的政治命脉完全系于某一个天才的军事首领。只要这根线一断,就会出现群龙无首的混乱局面。入主的蛮族国家也许会被大一统国家的最后一下挣扎打倒在地,也许会被其他蛮族致之于死地,遭到同样暴死的命运,也许苟延残喘到原来的文明东山再起或新的文明崛起时才退出历史舞台。

在埃及历史上,新兴的底比斯帝国缔造者们把喜克索斯蛮族赶出尼罗河三角洲,恢复了埃及大一统国家。查士丁尼从地中海东部出发,消灭了汪达尔人和东哥特人,重建了罗马帝国。明王朝把蒙古人赶出了中国。另一种结局是,蛮族因自相残杀而数量大减。例如,取代阿黑门尼德帝国的马其顿蛮族列国在竞争中逐渐减少,再如,在原西罗马帝国的领土上蛮族入侵一浪驱赶一浪。阿拉伯哈里发帝国和欧亚大草原西部卡扎尔帝国崩溃之时,也出现了这种蛮族自相残杀的现象。第三种情况,即苟延残喘,直到被文明复兴的开路先锋消灭,也有许多例子,如占据高卢和意大利的墨洛温人和伦巴底人被加洛林王朝所驱逐,河中地区察合台蒙古统治者被跛足帖木儿所驱逐,倭马亚王朝被阿拔斯王朝所驱逐。

注释

[1] 参见第五部,第二十九章。

[2] 参见第九部,第四十八章。

[3] 关于这种三角经济关系,E.A.汤普森做了一个精彩的分析,见《阿提拉和匈奴史》,剑桥,克拉伦顿出版社,1948 年,第 184—197 页。

[4] 欧文·拉提摩尔:《中国的亚洲内陆边界》,牛津大学出版社,1940 年,第 240,242 页。

[5] 同上书,第 243 页。

[6] 同上书,第 239 页。

[7] 同上书,第 243—244 页。

[8] 普里斯克斯:《自己时代的历史》,见 L.丁多尔夫(编):《小希腊史》,柏林和莱比锡,1970 年,第 1 卷,第 305—309 页。

[9] 扎伽利的记载,转引自汤普森:第 175 页。

[10] 汤普森:第 173、172 页。

[11] 参见第六部,第三十三章。

[12] J.P.V.D.鲍德森:《罗马:一个帝国的历史》,伦敦,1970 年,第 225 页。这个观点是卡西利乌斯·非尔米阿努斯·拉克坦提乌斯提出来的。

[13] 塔西佗:《日耳曼尼亚志》,第 5 章。

[14] 同上书,第 45 章。

[15] 这是贾谊在一篇文章里提出来的。

[16] 索西穆斯:《历史》,第 4 卷,第 31 章,第 1—3 节。

[17] 参见本章前文。

[18] 亚里士多德把人类活动中的这种变化称作"逆转"。参见本书第四部,第二十二章。

[19] V.格隆贝赫:《条顿人的文化》,伦敦,牛津大学出版社,1931 年,第 2 部分,第 305 页。

[20] 乔治·梅雷迪斯:《现代爱情》。参见本书第四部,第二十一章。

[21] 吉尔伯特·默里:《希腊史诗的兴起》,第 3 版,牛津,克拉伦顿出版社,1924 年,第 84 页。

[22] 同上书,第 85—87 页。

[23] H.拉曼:《倭马亚哈里发穆阿威叶一世统治时期研究》,载于《东方学文集》,第 2 卷,巴黎、伦敦和莱比锡,1908 年,第 67 页。

[24] 同上书,第 68 页。

[25] 同上书,第 72、79 页。

第四十三章
幻 象 与 事 实

面对这种令人沮丧的凶残记录,我们能够得出什么结论呢? 最温和的判决会斥之为徒劳无益的胡作非为。严厉的审判官则会斥之为罪恶的暴行。斥之为徒劳无益之举的判决曾经由一位被征服的蛮族军事首领昭示于天下。他原来的地位和后来的经历使他有无可置疑的权威说这种话。盖利默原来是北非的汪达尔国王。公元 534 年,罗马人俘获了他,在君士坦丁堡举行盛大的凯旋仪式。在这种仪式上他不由地想起不到一百年前自己的先辈根瑟里克征服迦太基并在公元 455 年攻陷罗马。

> 游行队伍中领头的俘虏是身披紫袍的盖利默本人,随后是他的家人以及高大魁梧的汪达尔士兵。当盖利默走到竞技场时,看到坐在高台上的罗马皇帝以及两侧站立的人。看到这种情景,他深深感到自己处境的窘迫。但是他没有潸然垂泪,也没有大声抱怨,而是不断地重复希伯来经文中的一句话:"虚妄之虚妄,一切都是虚妄。"当他抵达皇帝高台时,人们剥去他的紫袍,强迫他匍匐在地,以表示对查士丁尼大帝的畏服。[1]

反之,对于当时依然困扰着新兴希腊文明的后迈锡尼英雄时代,赫希俄德不是谴责其无所作为,而是指斥其罪孽深重。如果有人让他给他所描述的阴暗画面配上一句解说词的话,那么他可能会引用荷马史诗《奥德赛》中雅典娜女神听完宙斯讲述的埃基斯杜斯的故事后的评语:"这个恶人的下场是再合适不过了;凡是敢做出这种事情的人,都会遭到同样的毁灭。"[2]赫希俄德本人对蛮族的判决也确实毫不留情:

> 诸神之父宙斯又创造了第三代人类——青铜种族。他们是用灰烬里的硬渣造成的,可怕而强悍,一点也不像白银时代的人类。他们喜欢阿瑞斯制造哀伤的工作和傲慢的暴力行为,不食五谷,心如铁石,令人望而生畏。他们力气很大,从壮实的躯体、结实的双肩长出的双臂不可征服。他们的盔甲兵器由青铜

打造,房屋是青铜的,犁地的工具也
是青铜的(那时还没有黑铁)。他们
用自己的双手做了许多恶事,从而
把他们带到了冷酷的哈得斯(冥王)
的阴湿王国,身后没有留下姓名。
尽管他们强大勇猛,但也逃不出死
神之手,永离太阳的光芒。[3]

　　蛮族因自己的罪恶愚行而给自己
带来了无穷的痛苦。赫希俄德的这段
诗文本来已经可以作为后人对蛮族的
判决结论了,但是诗人还继续往下写:

　　　　在这个种族也被泥土掩埋以
　　后,克洛诺斯之子宙斯又在万物之
　　母的大地上创造了第四个种
　　族——这是一个更好更正直的种
　　族,一个被称作半神的英雄人群的
　　神圣种族,是广阔无涯的大地上我
　　们前一代的一个种族。邪恶的战
　　争和可怕的厮杀使他们丧生——
　　有些人是为了俄狄浦斯的后代而
　　战死在卡德摩斯王国七座门的底
　　比斯城下,另一些人为了美貌的海
　　伦渡过广阔的大海去特洛伊作战

暧昧的观念
304　蛮族入侵者对文明社会既羡慕又鄙视,使文明
社会陷入矛盾心理。图为罗马浮雕把一个达契亚族
人塑造成一个高贵的英雄。

而毁灭。在那里他们遭遇到了自己的结局,消失在死神的怀抱里。但是克洛诺
斯之子宙斯让少数人活了下来,把他们安置在远离人类的住所,记他们住在大
地的尽头。他们无忧无虑地生活在涡流深急的大洋岸边的幸福岛上。一年三
熟的富饶土地向幸福的英雄们供给甜美的收获。[4]

　　这一段与前面一段是什么关系呢?与它所提到的各类种族是什么关系呢?这
一段在两个方面打断了种族系列。首先,这里说的种族与前面的黄金种族、白银种族和青铜种族不同,也与后面的黑铁种族不同,与任何金属都没有关系。其次,那4个种族的品质有高下之分,按照金、银、铜、铁的贵贱,依次排列。而且前3个种族死后的命运与他们在人世间的品位一致。黄金种族"按照宙斯的意愿变成了神灵——漫游在大地上的神灵,凡人的保护神,财富的赐予者。"[5]次一等的白银种族依然"被凡人称作埋在地下的快乐神灵。尽管是第二等的荣耀,他们毕竟与荣耀同在。"[6]但是,当我们数到青铜种族时就会发现,他们死后的命运非常孤寂冷清。按照这种序列,我们本来应该看到下一个种族死后至少也要在地狱里受到有罪者的煎熬。然而,恰好相反,我们至少发现少数人在死后不仅没有下地狱,反而进入了生命不朽的乐园。他们生活在大地之上,而这种生活是黄金种族生前的生活。

显然,诗人是后来才把英雄种族插进青铜种族与黑铁种族之间的,无论在形式上还是在实质上,描写这两种贱金属种族的段落都应该紧密相联。如果我们把有关英雄种族的一段删除,整个诗文天衣无缝,一气呵成。插入的英雄描述破坏了全诗的连贯、对称和意义。对于这种不和谐想必诗人和我们一样感到难受。那么为什么他不惜损害自己作品的艺术性而插入这么不协调的一段呢?原因想必在于,英雄种族的形象活生生地留在诗人和当时大众的心里,因此诗人不得不在关于过去的时代序列中为之安排一个位置。诗人的困境其实是自找的,因为他为了尊重历史记忆而破坏自己的艺术作品实际上是不必要的,英雄种族其实已经包括在原有的第三种金属种族中了。换言之,英雄种族就是青铜种族。因此,插入描写英雄的一段不仅没有必要,而且是多余的重复。

这个发现是惊人的,因为这两段描写原来给我们的印象不仅不一样,而且形成鲜明的对照。实际上,相似和不同都是真实的。但是,相似是关于所谓事实的描述相似,而不同则是审美和情感的不同。青铜种族和英雄种族是怀着不同心理的人看到的同一批人:一种心理是模糊却真切的历史记忆,另一种心理则是活灵活现却虚幻的诗人想象。

赫希俄德把一种理想画面与可憎的事实并列在一起。这种双重影像乃是蛮族史诗中的暧昧性的真实反映。这位蛮族诗人所关心的不是他的男女英雄的道德声誉,而是他的诗歌的美感价值。为了达到这个目的,他情不自禁地按照艺术需要在画面上任意泼洒笔墨。这种情不自禁乃是这位史诗诗人获得巨大艺术成功的奥秘

305　上图为中国的皇帝接受一个跪拜的藩属国使者的贡品。
306　下图为蛮族英雄——一个公元前 13 世纪的迈锡尼瓦瓶上线条简单却生动鲜明的战士形象。

　　　　　　　　　　　　　　　　　　　　　第四十三章　幻象与事实

之一。蛮族艺术的这种成就乃是蛮族军事部落跨过陷落的长城后招致的一系列大失败中唯一的创造性成就。他们被挡在边界堤坝外时,曾经在政治、宗教及其他领域表现出某种创造力。但是,当他们涌入期待已久的乐园后,骄奢淫逸就征服了他们,从而泯灭了那种崭露头角的创造力。在蛮族征服者国家的道德废墟上,蛮族在诗歌方面的早期天赋是其唯一绽放异彩的潜能。这个胚芽绽放出如此美丽的花朵,使得整个荒原蒙上了一片天堂的幻影。这位蛮族诗人用魔术般的艺术给蛮族军事首领的平庸行为罩上了一圈光环,吸引和迷惑了无数后人。

把历史事实和蛮族史诗中的描述做一比较就会发现,即使史诗故事中的所谓历史事件被证明是真实的,这一事件在"英雄"传说中被渲染的重要性也与我们根据历史记载所做的价值评估并不一致。例如,勃艮第军事首领巩特尔在《尼贝龙根之歌》中声名显赫,其实在5世纪蛮族入侵高卢的过程中他仅仅是一个小角色;至于更著名的文学形象齐格弗里德,他的历史原型究竟是谁,至今众说纷纭,莫衷一是。蛮族军事首领在文学上的幸运,并不取决于他在军事或政治上的成就,而是取决于文学取材的"便利"。"英雄"史诗中对英雄的描写,从他的性格和行动变成了史诗主题那一刻,就开始脱离他的真实历史。实际上,天才诗人写的艺术作品越精美,史诗人物和情节就可能越远离历史人物和事件的原型。创造性地歪曲历史事实的最突出的例子可能是东正教世界的外部无产者塞尔维亚人的"英雄"史诗。在这部史诗中,历史上的英雄布兰克维奇变成了叛徒,而历史上的叛徒克拉耶维奇则变成了英雄。"英雄"史诗不仅随意地处理历史人物和事件,而且还常常忽略不提实际上最重要的历史人物和事件。

> 很奇怪的是,克洛维及其丰功伟绩在史诗中几乎了无痕迹。看来,……尽管大部分重要的条顿国家都出现在故事中,但是它们各自受到的重视程度却与我们的期待大不相同。最明显的是,在欧洲大陆的故事里,几乎所有的主要人物(埃厄尔门里克、西奥多里克、巩特尔、阿提拉等等)都属于6世纪末以前就消失了的国家。[7]

令历史学家感到惊讶的是,在条顿史诗中"最终一统天下的法兰克族竟然被一笔带过"。[8]但是这还不算什么。最令人惊讶的是,条顿"英雄"史诗描述的时代恰恰是北欧"流浪民族"和其他境外蛮族涌入罗马帝国的希腊文明中断期,而条顿史诗几乎完全没有提到罗马帝国的存在以及希腊文明的历史。如何解释这种空白呢?实

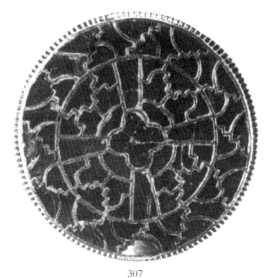

307

311

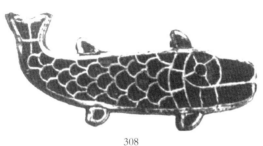

308

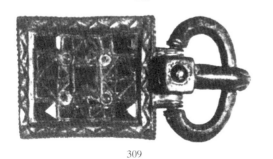

309

312

310

蛮族的创造力

蛮族的珠宝首饰与其史诗一样狂放,虽然与文明社会的作品相比十分简陋,但极富于创造性和魅力。

307　大约公元570年的一枚法兰克人的胸针。

308　6世纪勃艮第人的饰针。

309　7世纪西哥特人的带扣。

310　7世纪盎格鲁—撒克逊人的带扣。

311　7世纪西哥特人的胸针。

312　7—10世纪瑞典人的饰片。

第四十三章　幻象与事实

际上,正是征服罗马帝国僵尸的经历引起北欧"流浪民族"的狂喜,从而激发了蛮族诗人尽情地发挥浪漫想象。那么,究竟是什么使得条顿史诗的作者们缄口不提造成他们的艺术和世界的最重要因素罗马帝国呢?

老练的历史学家很难相信蛮族诗人不是故意制造空白,认为他们这样做要么是出于某种无法解释的偏见,要么是由于随心所欲、任意胡来。但是,历史学家之所以会提出这个无法解决的问题,是由于他们用自己的兴趣和观念来强求那些作者,忘记了那些作者生活在蛮族军事部落而不是生活在文明社会,他们是诗人而不是历史学家。因此历史学家犯了一个极大的非历史错误。实际上根本没有理由认为"英雄"史诗的作者们关心的是历史真实,或者说他们想给后人留下关于自己时代的准确记录。条顿史诗缄口不谈克洛维和罗马,既不是任意胡来,也不是有意回避,而是因为诗人们需要适合自己创作的主题。从他们的观点看,罗马和克洛维都是不合适的题材。他们根本没有想过事实与虚构的区分,因为真实的标准与他们的艺术创作无关。他们的眼睛只盯着可以发挥自己艺术才能的题材,他们的才能只用于如何以惊人的方式来表现选定的主题。他们浑然不觉地运用了亚里士多德所归纳的方法。但是,由于"英雄"史诗的诗人放肆地歪曲事实,以至于后人以为蛮族创立了一种深思熟虑的叙事方式。

> 荷马是把虚假之事说得活灵活现的艺术大师……人们从他那里学会了宁愿要实际上不可能但听起来似乎言之成理的东西,也不要实际上可能但听起来让人难以置信的东西。[9]

对于蛮族艺术家及其听众来说,贝奥武甫在格伦德尔巢穴中的冒险远比西奥多里克后来的经历更可信。西奥多里克由于在"血腥战役"中取得胜利,从原来的哥特营帐进入罗马宫殿,以君士坦丁堡皇帝的总督的身份统治意大利的罗马人。蛮族诗人无意继续描述已经消失在宫殿深处的军事首领。作为一个艺术家,他是对的。无论人们如何责备他缺乏历史学家的那种追根刨底的好奇心,但是他从来就没有打算成为历史学家。

多亏蛮族诗人在处理这些题材时充分发挥了奇特的想象力,蛮族战士的胡作非为才被蒙上了一种英雄主义的幻象。这种幻象比他们在历史上昙花一现的污浊原型更有生命力。在几乎毫无价值的蛮族遗产中,这是唯一受到后人珍视的一颗珍珠。在不朽的文学事业中,蛮族吟游诗人用艺术技巧给声名狼藉的同伙——那些蛮族军事首领和战士——平反昭雪,制造了一种名不副实的荣耀。"英雄"史诗的魅力使得后来的崇拜者误解了英雄时代。其实,英雄时代是诗人在创作活动中用以取代另一种历史真实的想象产物。诗人妙笔一挥,就从蛮族烧毁世界的烈焰中幻化出"世上从未有过的光亮"。[10]这种舞台灯光使一个贫民窟看上去像一个英烈祠。这虽然是一个化装舞会,却是一个光彩夺目的化装舞会。

注释

[1] 普罗克皮乌斯:《查士丁尼战争史》,第 4 卷,第 9 段。

[2] 荷马:《奥德修记》,第 1 卷,第 46—47 行。

[3] 赫希俄德:《工作与时日》,第 143—155 行。

[4] 同上书,第 156—173 行。

[5] 同上书,第 122—126 行。

[6] 同上书,第 141—142 行。

[7] H.M.查德威克:《英雄时代》,剑桥大学出版社,1912 年,第 31—32 页。

[8] 同上书,第 39 页。

[9] 亚里士多德:《诗学》,第 24 卷,第 18 节。

[10] 威廉·华兹华斯:《吊古——看描绘暴风雨中的皮尔城堡的画》。

第九部

文明在空间中的接触

　　如果我们承认单个文明并不总是可以了解的研究领域,那么我们似乎就应该更仔细地考察文明之间的接触。我想搞明白的是,当两个同时代的文明发生密切的文化接触,而且通常有一个文明正日趋瓦解之时,会出现什么情况。由于大多数高级宗教都是在若干文明混合的地区兴起的,因此这种接触显得格外重要。我首先确定这种接触的事实,然后根据这些事实来考察那些令人不安的,甚至往往令人惊骇的后果。我发现,"侵略性"文明往往把受害一方污蔑成文化、宗教或种族方面的低劣者。而受害一方所做出的反应,要么是迫使自己向外来文化看齐,要么是采取一种过分的防御立场。在我看来,这两种反应都是轻率的。文明接触引发了尖锐的敌意,也造成了相处中的大量问题。但是,我认为,唯一积极的解决办法是,双方都努力地调整自己、相互适应。高级宗教就是这样来解决这个问题的。今天,不同的文化不应该展开敌对的竞争,而应该努力分享彼此的经验,因为它们已经具有共同的人性。

第四十四章
同时代文明的相互接触

在前三部分里,我们已经对文明解体的性质和过程做了一般性探讨,对解体的文明社会分裂出来的三个部分分别做了具体研究。对于我们在一开始提出的问题——文明是不是可以理解的研究领域,我们已经隐隐约约地找到了答案。我们的结论是,如果只考虑文明的产生、成长和崩溃,那么单个文明是可以理解的研究单位。[1]的确,我们在研究文明崩溃时考察的史实似乎足以使我们得出结论:一个文明的崩溃通常应归因于某种内部决策的失误,很少能归因于外部力量的打击。[2]但是,接下来,我们发现,如果我们的视野不超出正在解体的文明本身,不考虑外部力量的冲击,我们就不能理解衰败文明的最后解体阶段。我们看到,我们必须把边界外的蛮族纳入画面。这个外部无产者不是那个解体文明的成员,但通常是他们给予文明"致命的一击"。此外,我们也不能忽视内部无产者的某些外来成分。他们是在征服其他文明之后被兼并过来的。我们也不能忽视在内部无产者创造高级宗教时外来的创造灵感所起的作用。我们还看到,大一统国家之所以青史留名,乃是因为它们不自觉地给异己的受惠者提供了方便。最后,我们看到,高级宗教本来是在文明的大一统国家的庇护下出现的,但是它们最后表明自己是不同于那种文明的新型社会组织。即使大一统国家没有给大一统教会提供方便,但是它们给蛮族或外来文明提供了服务。

这些外来文明与边界外的蛮族一样,之所以是外来的,仅凭一个简单而明显的地理现象,即它们的发源地是在大一统国家疆界之外,而它们最终侵入了大一统国家的疆域。某些高级宗教虽然崛起于大一统国家疆界之内,却也有异域色彩,因为信徒们认为,虽然自己信仰的宗教最初是在这个衰败社会中出现的,但是自己"只是存在于而并非属于"这个社会。他们周围的人也是这样看待他们。这种疏离感其实是这样一个历史事实在心理上的反映:虽然这个宗教是在这个社会中展露于世,但它的创造灵感却来源于这个社会的传统之外。基督教源于叙利亚文化,但罗马帝国给它提供了一个希腊化摇篮。大乘佛教源于印度教,但希腊人大夏帝国的蛮族后继者贵霜帝国也给它提供了一个希腊化摇篮。虽然伊斯兰教和印度教各自的主要精神启示和政治摇篮都分别是同一种文明提供的,但是这两种高级宗教的起源历史都不只与一种文明有关。伊斯兰教及其政治摇篮哈里发国家是叙利亚世界在宗教和政治上对希腊文化长期入侵的一种反应。希腊文化对印度世界的入侵稍晚一些,时间也稍短一些,但也引发了印度文化的产物印度教以及印度本土摇篮笈多帝国。看来,只有把我们的研究领域从单一文明的范围扩大到把两种或更多的文明之间的接触包容进来,我们才有可能认识至今仍有活力的四种高级宗教的起源。

历史地理的常识告诉我们,在高级宗教的起源中,不同文明之间的接触十分重要。这些常识虽耳熟能详,却不可忽视。只要我们在地图上标出高级宗教的诞生地,我们就会发现,它们集中在整个旧世界大陆上的两块较小的地区,一个是乌浒河—药杀河流域,另一个是叙利亚(广义上的叙利亚,包括北阿拉伯草原、地中海以及安纳托利亚和亚美尼亚高原的南坡)。乌浒河—药杀河流域是传布于东亚世界的大乘佛教的诞生地,在此之前,它是祆教的诞生地。在叙利亚,基督教最初是作为法利赛人的犹太教的一个变种在加利利出现的,然后在安条克获得了一种新宗教的形式,由此传遍希腊世界。犹太教本身和与之同源的撒马利亚人的宗教都是在叙利亚南部兴起的。基督教一志论的马龙教派和崇拜哈基姆的德鲁兹什叶派都以叙利亚中部为故乡。

如果我们放大眼界,把这两个核心区的临近地区包括进来,那么高级宗教诞生地在地理上的集中情况就显得更突出了。基督教的聂斯托利派和基督一性论派都是在美索不达米亚的乌尔法—埃德萨一带形成的,而伊斯兰教诞生于叙利亚南部汉志地区的麦加和麦地那。伊斯兰教的什叶派是在北阿拉伯草原的东部边缘诞生的。如果我们以乌浒河—药杀河流域为中心放大眼界,我们就可以在不远的印度河流域看到大乘佛教的诞生地。大乘佛教最初是作为原始佛教的一家之言出现的。原始佛教的诞生地就在恒河中游,佛祖之后的一支印度教的诞生地也在印度次大陆的同一地区。

对于这些明显的事实,实际上可以从地理上加以解释。叙利亚和乌浒河—药杀河流域天然地是"交通环岛区",四面八方来的车辆都可以在这里任何一点转入其他

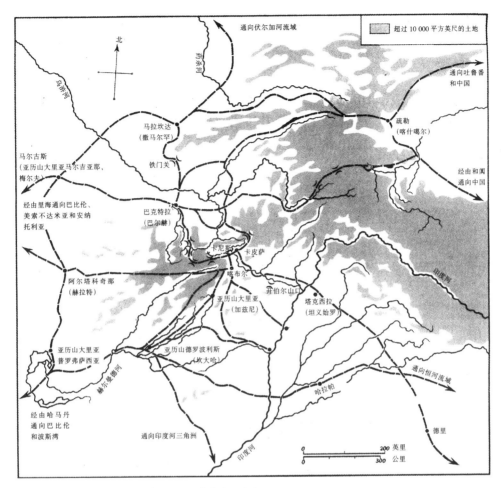

北

通向伏尔加河流域

超过 10 000 平方英尺的土地

药杀河

乌浒河

通向吐鲁番
和中国

马拉坎达
(撒马尔罕)

疏勒
(喀什噶尔)

马尔古斯
(亚历山大里亚马尔吉亚那，
梅尔夫)

铁门关

经由和阗
通向中国

经由里海通向巴比伦、
美索不达米亚和安纳
托利亚

巴克特拉
(巴尔赫)

卡尼斯
卡皮萨

印度河

阿尔塔科奇那
(赫拉特)

喀布尔

开伯尔山口

亚历山大里亚
(加兹尼)

塔克西拉
(坦义始罗)

亚历山大里亚
普罗弗萨西亚

赫尔曼德河

亚历山德罗波利斯
(坎大哈)

通向恒河流域

哈拉帕

经由哈马丹
通向巴比伦
和波斯湾

德里

通向印度河三角洲

印度河

0   200 英里
0   300 公里

313　中亚"交通环岛区"——东西方文化接触的汇聚点。

的排列组合。这种地理特征实际上助长了车辆向这些地区的十字路口汇集。只要浏览一下这两个交通枢纽的历史，就可以看出，它们是如何履行着大自然赋予它们的那种职能的。

至少从公元前 8 世纪起，乌浒河—药杀河流域就是伊朗文明、欧亚游牧文明、叙利亚文明、印度文明、希腊文明、中华文明和俄罗斯文明先后相继碰撞的舞台。公元前 8 世纪和 7 世纪欧亚游牧部落横穿乌浒河—药杀河流域，前往印度和西南亚。这个地区后来被阿黑门尼德帝国及其后继者塞琉古帝国兼并。塞琉古帝国的后继者大夏帝国和贵霜帝国在政治上把乌浒河—药杀河流域与印度西北地区统一起来。

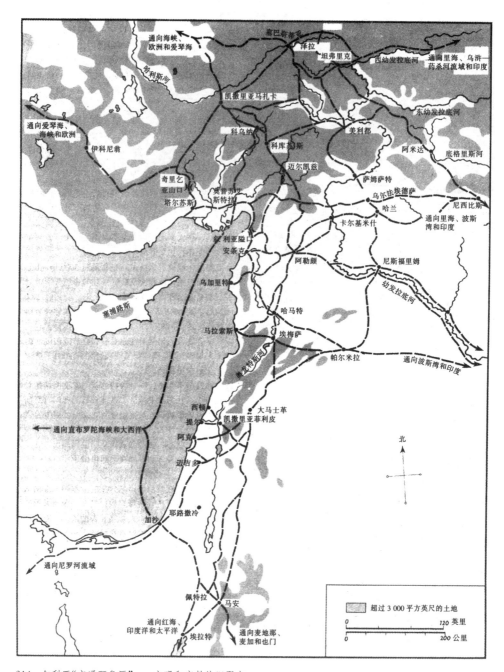

通向海峡、
欧洲和爱琴海

塞巴斯希河

泽拉

坦弗里克

西幼发拉底河

通向里海、乌浒
药杀河流域和印度

哈利斯河

凯撒里亚马扎卡

东幼发拉底河

通向爱琴海、
海峡和欧洲

科乌纳

美利都

阿米达

底格里斯河

科库苏斯

伊科尼翁

迈尔凯兹

奇里乞
亚山口
塔尔苏斯

萨姆萨特

乌尔法埃德萨

尼西比斯

莫普苏埃
斯特拉

哈兰

通向里海、波斯
湾和印度

叙利亚隘口

卡尔基米什

安条克

阿勒颇

尼斯福里姆

乌加里特

塞浦路斯

哈马特

幼发拉底河

马拉索斯

埃梅萨

奥龙特斯河

帕尔米拉

通向波斯湾和印度

西顿

大马士革

提尔

凯撒里亚菲利皮

通向直布罗陀海峡和大西洋

阿克

迈吉多

加沙

耶路撒冷

北

通向尼罗河流域

佩特拉

马安

超过3 000平方英尺的土地

通向红海、
印度洋和太平洋

埃拉特

通向麦地那、
麦加和也门

0   120 英里

0   200 公里

314　叙利亚"交通环岛区"——文明和宗教的汇聚点。

后来,阿拉伯帝国又把该地区与西南亚和埃及统一在一起。蒙古帝国则暂时把它并入一个几乎囊括欧亚大陆的大一统帝国里(这个帝国只是没有囊括印度半岛、阿拉伯半岛和西欧半岛)。帖木儿在14世纪遭到了失败,但是俄国人在19世纪成功地把整个欧亚草原并入蒙古帝国的一个非游牧民族的后继国中。如果帖木儿能够建立一个持久的帝国,那么乌浒河—药杀河流域,而不是伏尔加河流域就可能成为相当于今天苏联版图的一个大帝国的核心。实际上,俄国与阿富汗把乌浒河—药杀河流域瓜分了。阿富汗是位于乌浒河与印度河之间的一个国家,是在此之前横跨兴都库什山脉的大夏和贵霜帝国的一个复制品。这些政治变迁使乌浒河—药杀河流域作为多种文明聚汇地的文化地位显得十分重要。

叙利亚的历史地位更非同寻常。首先,在肥沃的新月地带密集着多种文明。叙利亚插在两个最早的文明故乡之间,一个是伊拉克的苏美尔—阿卡德文明,另一个是尼罗河下游的埃及文明。叙利亚在北方面对着小亚细亚的威胁,那里是苏美尔—阿卡德文明的赫梯王国的故乡。叙利亚还受到来自阿拉伯地区的游牧民族和来自地中海的航海者的侵扰。叙利亚人成功地创造出自己的文明。这是一项杰出的成就,在人类历史上留下了深刻的烙印。叙利亚的政治变迁远比乌浒河—药杀河流域更剧烈,对叙利亚的文化成就影响巨大。在公元前3000年,在苏美尔—阿卡德地区和埃及地区兴起的帝国分别占据了叙利亚北部和南部,彼此相安无事。公元前2000年的后半期,埃及人占领了整个叙利亚,东北远至幼发拉底河西部河曲,然后强行与赫梯人瓜分了叙利亚。尽管埃及人比阿卡德人对叙利亚造成的政治影响要大得多,但是阿卡德文明在公元前2000年造成的文化影响更深远。

在这一千年里,一种独特的叙利亚文明挣扎着破土而出。从阿拉伯地区、欧洲和西北非同时蜂拥到地中海的游牧民族最终给叙利亚文明的诞生提供了一个机会。埃及、亚述和巴比伦都暂时衰落,正是在这种真空状态,一个叙利亚文明脱颖而出。它从阿卡德、埃及、爱琴和赫梯文明那里继承了丰富的文化遗产;而且,与当时的希腊文明一样,它在文化上富有创造力,在政治上则是分裂的。叙利亚文明的创造者们发明了拼音字母;他们航海的距离远远超过了有史记载的苏美尔人和埃及人的成就;在宗教领域,他们创造了一神教,这在精神上和智力上都是伟大的成就。[3]

叙利亚文明在政治上取得独立的时间很短暂,而且,在希腊人摧毁了阿黑门尼德帝国后,除了撒马利亚人和犹太人外,叙利亚的各个社群都丧失了群体认同感。

但是,由叙利亚文明和希腊文明的碎片混合而成的"文化杂居区"最后却被证明是极其多产的。东正教文明、基督教文明、西方文明和伊斯兰文明正是在这片土壤上萌芽的,而叙利亚作为旧世界地图上的"交通环岛区"再次付出了政治代价。从公元前8世纪起,叙利亚被一系列帝国所兼并或瓜分。这些帝国包括亚述帝国及其后继的新巴比伦王国;阿黑门尼德帝国及其后继的托勒密王朝和塞琉古王国;罗马帝国和阿拉伯帝国;法蒂玛哈里发国家和东罗马帝国;十字军建立的各公国及其伊斯兰邻国;奥斯曼帝国及其后继的阿拉伯人国家和以色列人国家。在这些帝国中,只有塞琉古王国和倭马亚王朝是在叙利亚境内的首都实行统治的;叙利亚只有3次恢复了原来那种独立小国林立的政治局面。这3次分别是塞琉古王国衰落之后和罗马人进攻之前;法蒂玛王朝衰落和阿尤布王朝兴起之间;第一次世界大战中奥斯曼帝国瓦解之后。但是,自公元前3000年起,甚至可以说自冰河时代结束起,叙利亚虽然历经了种种政治变迁,却一直在人类生活中扮演着一个主要角色。

接触与碰撞

315、316、317 文明不会始终彼此隔绝,而是不断地以和平或非和平的方式相互碰撞。在这种碰撞中,最引人注目的就是 16 世纪西方文明与"新世界"的碰撞。左图:西班牙戟兵浮雕是"西班牙征服者"在墨西哥的一座宫殿的装饰。上面两图是比较和平的接触。上方是一幅 7 世纪的壁画,描绘的是"丝绸公主"把中国的丝绸带到和阗;这幅画提醒我们,早在西方商人侵入之前,中国的贸易活动已经在一些相距遥远的社会之间建立了联系。下图:中国的学者把历史书籍呈送给 13 世纪伊朗的蒙古统治者合赞可汗。后者命令学者撰写一部关于他的游牧民族祖先在东亚的历史。

　　　　　　　　第四十四章　同时代文明的相互接触

凭借着对叙利亚和乌浒河—药杀河流域历史的了解,我们可以大胆地断言,若要研究高级宗教,最小的可以了解的研究领域也必须大于单个文明的领域,必须包括两个或更多的文明之间的接触。这里所说的接触必须是同时代的文明在空间上的接触。当然,还有另外一种时间上的接触,即所谓的"复兴"。我们应该注意,还可能有一种同时涉及时间和空间的混合类型。希腊文明在西方世界的复兴就是一个例子。这次复兴的地理区域是在希腊文明的边缘,一部分在它之外。不过,我们把文明复兴的情况放在本书的下一部分来研究,[4]这里只探讨不同文明在空间上的接触。

318 中国文化传到印度:这是一幅莫卧儿时代的中国仕女画。图中 16 世纪印度宫廷里的中国女性穿着典型的中国服装。

在具体地探讨同时代文明之间接触的例子之前,我们先做一个整体浏览。很显然,这个领域是一个巨大的历史迷宫。我们在文化地图上标示出的文明多达 36 个。[5]我们可以按照地理分布把它们分成两组,一组起源于旧世界,另一组起源于新世界。直到近代,这两组文明还是彼此隔绝的。我们还可以按时间顺序把我们旧世界的种种文明划分成几个代——迄今为止最多划分为 3 代。这种地理和时间的隔绝显然限制了同时代文明在地理上遭遇的次数,但是总的次数依然多于文明的数目。同时代文明在历史过程中可能不只遭遇了一次;属于不同代的两个文明也可能在时间上有重叠;某个业已死亡的文明的残存顽固分子或流散分子也可能在另一个社会里保存着它的特性。最后一个导致文明接触和碰撞大大增加的因素就是新世界和旧世界文明的融合。这是 15 世纪现代西方文明征服大西洋的一个后果。西方文明的这项成就乃是历史上的一个里程碑。它可能有助于我们找到进入我们所要探讨的复杂的历史迷宫的入口处。

整个世界以西欧作为起点而不断扩大,这种看法在某种程度上无疑是一种错觉,是由于近代以来西方观察者的视角有误造成的。它没有考虑在中世纪西方社会范围之外的世界其他地区发生的探险和人口迁移。实际上那些非西方人的活动早已使得许多非西方社会彼此发生了接触。例如,在东南亚,早在西方侵略者抵达之前,中国人、印度人和阿拉伯人的探险活动已经造成了一个完整的联系网和一系列附庸国;早在西方探险者"发现"非洲大陆的许多世纪之前,非洲已经是当时多种文化的会聚场所。尽管如此,在过去5个世纪的时间里,在向同时代的社会进行文化和政治侵略渗透方面,西方文明始终是一马当先。在15世纪,西欧航海家掌握了远洋航行技术,从而有可能抵达地球上任何有人居住或适合人居住的陆地。按西方的说法,从那时起,这种征服海洋的活动致使西方与其他现存社会(无论是前文明阶段的社会还是文明社会)建立起联系。对于其他现存社会的生存来说,西方的冲击逐渐成了最主要的社会压力,"西方问题"成了生死攸关的问题。随着西方压力的增强,它们的生存状态完全被打乱了。不仅残存的前文明阶段的社会的脆弱结构遭到了毁灭,而且现存的非西方文明也被从西方产生的这一真正世界性的革命所震撼,并且遭到破坏。

1683年,奥斯曼人第二次进攻维也纳遭到失败。这一失败标志着非西方社会对西方文明的最后一次进军的终结。从那时起到第二次世界大战结束,西方具有极其强大的力量,任何单个的或成群结队的对手都不能构成对西方的威胁。在这个时期,非西方强国——例如俄国和日本——只有当自身在某种程度上西方化的情况下才能在西方的强权政治中有所作为。在整整两个半世纪中,西方列强实际上根本不顾及它们之外的任何势力,而且在物质方面,这个圈子外的整个人类命运也都取决于西方列强之间的相互关系变化。但是,1945年以后,西方的世界霸权已告终结,原因在于日本、苏联和中国等强国先后进入世界舞台,在意识形态和政治上处于前列。这些现代化的国家不再片面地实行西方化,而是独立地创造出特有的成就。从1945年到1972年,强权政治的主旋律不再是西方国家或部分西方化的国家争夺欧洲或世界霸权的斗争,而是由苏联、美国、中国和日本所分别代表的不同社会之间的竞争。从表面上看,这种变化似乎不过是国际政治变动中的最新进展。但是,如果我们跳出这种强权政治的范围,就会发现1945年以后的政治力量的组合已经不同于1683年奥斯曼人退出竞争后的任何一次组合了。1945年以后,非西方强国自1683年以来第一次重新开始在强权政治舞台上成为重要角色,而且不是按照西方的模式,而是根据自己的意愿。过去大约 250 年间,在国际政治舞台上只有现代西方文化的天然成员或皈依者彼此争执不休。现在,由于恢复了正常状态,文化冲突也就重新进入了国际政治舞台。

另外,由于这 3 个带有各自独特文化色彩的非西方强国的重新崛起,世界其他地区也沿着同一方向发生了重大变化。在西方社会扩张气焰嚣张之时,这些地区的本土文明遭受压制而黯然失色。现在,东南亚、印度和非洲的非西方社会也开始重申它们独立的政治和文化地位。如果再加上伊斯兰世界核心地区的民族国家,我们就会更清楚地看到,1945 年以后国际关系的重新组合已经提出了一个已经被搁置了 250 年的文明之间的接触问题。

基于以上的思考,我们可以说,对现代西方和其他现存文明之间的接触进行细致的考察,不仅有助于探讨当代历史的一个重大主题,而且也是研究我们目前这个问题的最好方式。然后我们就可以进一步考察这样一个现已逝去的文明:这个文明在其存在期间曾经对自己邻近文明产生类似于西方对同时代文明的那种影响。这个例子将特别有助于我们探讨文化接触所产生的心理现象。时间是问题的关键,因为两个社会之间的碰撞所造成的心理反应,只有经历了较长时间,真正触动了个人心灵后,才能显现出最终的社会后果。因此,如果我们能够对一个早已消亡的社会与其同时代社会之间的接触情况做完整的考察,那么我们就能更准确更充分地理解这种心理反应过程。

注释

[1] 参见第六部,第三十二章和第七部,第四十章。
[2] 参见第四部。
[3] 参见第三部,第十五章。
[4] 参见第十章。
[5] 参见第九章中的名单。

彩图 67
新世界

　　自 5 000 年前第一个文明诞生以来，不同社会之间就一直有接触，但是 15 世纪末西方
社会掌握航海技术后取得的成就乃是这个漫长的文化碰撞过程中具有独特意义的里程碑。
西方重大发现的直接后果，是使"旧世界"与"新世界"发生接触，但是从更长远的角度
看，也使西方的海员能够抵达任何天涯海角。从远洋帆船出现到它们被汽船和其他机械化
交通工具所取代，在这一段时期，地球上几乎没有一个角落能免受西方社会扩张的冲击。
到 16 世纪中期，葡萄牙航海者已抵达中国和日本，使这两个社会受到"西方问题"的困
扰；这个问题至今仍震撼着它们。这幅画描绘的是，一艘典型的葡萄牙商船抵达长崎，西
方商人和日本商人在码头区等候。这是 17 世纪初一幅日本南蛮（欧洲）屏风的一个部分。

РАСКОЛЬНІКЪ ГОВОРИТЪ
СЛУШАІ ЦЫРЮЛЬНИКЪ
Я БОРОДЫ СТРИЖЬ НЕ
ХОЦУ ВОТЪ ГЛЕДИ Я НА
ТЕБЯ СКОРО КАРАУЛЪ ЗАКРІЧУ

ЦЫРЮЛІ-НІИКЪ ХО
ЧЕТЪ РАСКОЛЬНІКУ
БОРОДУ СТРИЧЬ.

彩图 68、69
俄国与西方的接触

俄国最初的西方化尝试受到顽固的宗教保守势力的阻挠。上图：彼得大帝在展开
生活风俗的西方化运动时强行给"旧信徒"剪胡子。右图：传统观念在潜意识中的顽
固性处处可以看到：这张共产党的宣传画在向识字的民众发出号召时使用《圣经》中
的形象。

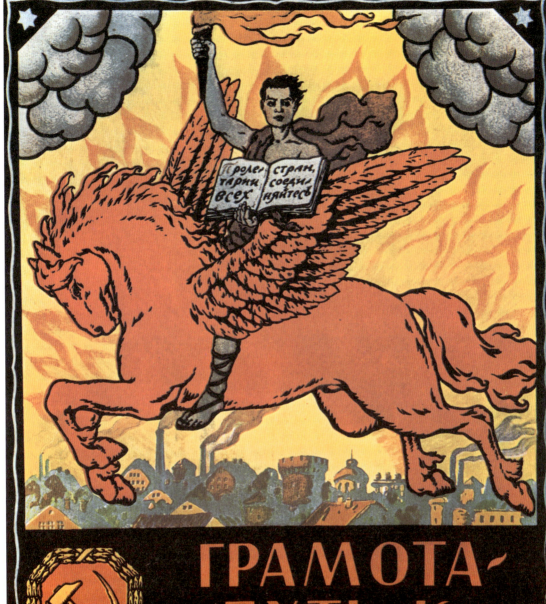

Пролетарии всех стран, соединяйтесь

ГРАМОТА-
ПУТЬ К
КОММУНИЗМУ

彩图 70
日本看西方

16 世纪晚期，日本新兴的一个屏风画派专门描绘"南蛮"（西方欧洲人）抵达日本的情况以及他们在日本的生活方式。这幅画是其中一个屏风的一段，展示了初到长崎的葡萄牙商人进城仪式的一部分，突出表现这些外国人的奇异服装、高大个头以及他们的黑奴。

彩图 71
西方注视着西化的日本

经过两个世纪的闭关自守后，日本到 19 世纪终于正视西方的一再挑战，实行一项迅速现代化的纲领；1894—1895 年，日本出乎意料地大胜中国，证明了这项新政策的成功。图上的西方新闻记者进行战地采访。他们不仅报道战况，而且亲眼看到，一个新的亚洲强国展示其西式军事威力，从而登上一直由西方支配的世界舞台。

彩图72、73

文化碰撞：宗教的解答

同时代社会之间的碰撞也可能并不造成冲突，而是产生融合。由于自己传统的宗教信仰日益衰微，希腊文明渴望用某种信仰来满足自己的精神需求。公元前4世纪，埃及的托勒密一世（救星）综合希腊和埃及宗教，创造了一种宗教，用以统一帝国内的混杂居民。这个宗教所信奉的神祇包括一个把埃及神伊希斯加以希腊化的神（右图），以及她的儿子哈尔波克拉特（即原来的何露斯）。

当时，在众多争夺希腊世界的宗教中，基督教因能够吸收和改造其他宗教的特点而赢得胜利。左图：这幅把基督画成太阳神赫利俄斯的画面无疑体现了基督教对希腊神话的让步：3世纪末，赫利俄斯变成罗马的主神，这就使基督教艺术家获得了一种关于最高神祇的明确形象。

彩图 74、75

排斥与吸收

　　在最初的扩张时期，西方社会依然是一个黩武的基督教社会。它一直要把自己的宗教强加给世界其他地区。西方的这种形象引起了它所接触的社会的疑惧和敌意。有能力自卫的社会就把门户关闭。在日本，对西方文化的抵制最终发展成对外国传教士和本国基督教信徒的残酷迫害。左图：在1622年日本大殉教事件中，在长崎处决了51名本土和外国基督徒，以期消除他们的颠覆性影响。

　　但是，西方的经济和技术优势是不能漠视的，也不能用这种方式来拒之门外。从17世纪晚期起，整个世界只能在主动西方化和被迫西方化这两者之间做出选择。右图：当代尼日利亚的一幅商店招贴画就显示了西方文化侵略的成功。在这幅画上，部落社会的酋长变成了经营西方式商业活动的老板。

彩图 76、77

"新世界" 的生物界

　　当一个文明支配了另一个较弱的
社会时，往往会把受压迫者贬低为天生
低劣，把他们归入野生动植物之列，并
在自身利益的驱使下，压榨甚至消灭他
们。左图：在比利时的这幅绘画中，对
美洲的征服被表现成一群赤身裸体的野
蛮人与一支开拓殖民地的文明人先锋队
之间的冲突。下图：这幅美洲印第安人
妇女与儿童的画出自 16 世纪 "发现新
世界" 的英国人所做的一系列有关奇异
物种的观察报告。

彩图 78
中国的回应

　　在回应西方的冲击时，中国也像俄国那样，把西方的异端意识形态马克思主义当作西式工业化纲领的原则。中国的宣传表现了一种有创见的关于共产主义工业化的西式观念；在这幅画上，毛泽东扮演了一个常见的现代化提倡者角色，教导工厂的工人鼓足干劲、建设一个自力更生的强大国家。西方人几乎很少能看到宣传之外的东西，但是，也不应该因此而轻易地说，这种表面现象就是全部事实。中国为了清除传统的那种稳定但压抑的士大夫统治残余而借鉴了西方技术；然而，西式工业化虽然能医治某些社会弊病，但也制造出一些新的社会弊病——工业化的西方发起者们既没有预料到，也没有提出任何解救方案。不过，西方观察者不应低估这样一种可能性：中国有可能自觉地把西方更灵活、也更激烈的火力与自身保守的、稳定的传统文化融为一炉。如果这种有意识、有节制地进行的恰当融合取得成功，其结果可能为文明的人类提供一个全新的文化起点。

第四十五章
现代的西方和俄国

我们已经把西方现代历史的开端确定在 15 和 16 世纪之交,[1] 把莫斯科建立俄国大一统国家的时间确定在 15 世纪末。[2] 虽然俄国政治史上的这个重大事件正好早于现代西方文明对俄国的冲击,但是"西方问题"早就以更古老的形式纠缠着俄国人了。在 14 和 15 世纪,信奉西方基督教的波兰人和立陶宛人统治了俄国东正教社会传统势力范围的大片地区,使得俄罗斯帝国在莫斯科新建的首都变成了抗击西方基督教侵略的边境要塞。与对俄国西部边陲的政治侵略相辅相成的是西方教会的侵略。1594—1596 年,当地东正教会被迫与罗马教会联合(东正教的仪式保留下来)。政治和宗教体制的双重兼并就使得俄国原来的西部地区依附于西方世界,并为其他方面的西方文化势力渗透打开方便之门。

西方文明在这些前俄罗斯领土上的政治统治逐渐赢得了文化上的皈依者,但这也是俄罗斯大一统国家与接踵而来的西欧列强不断进行军事对抗的一个主要根源。在几个世纪里,俄国逐一收复了被西方邻国侵占的领土;但是,俄国所取得的军事和政治胜利都被现代西方势力随后在文化方面的传播抵消了。这种文化影响从这些已经半西化的地区渗透到莫斯科统治的心脏地带,俄国本身也无力抗拒。

在俄国与现代西方文明之间,另一个可能更重要的接触区域是波罗的海沿岸。在俄国近邻的东欧国家里,现代西方文明的代表是比较落后的,而在波罗的海沿岸,西方文明的代表则不同了。他们是大西洋欧洲沿岸的航海民族,在 15 和 16 世纪之交就从意大利人手中夺走了西方文明扩张霸业的领导权。

这些航海国家包括波罗的海沿岸从库尔兰到芬兰在内的俄国邻国。这些国家在 18 世纪都被俄国兼并了,反而变成了西方文化向俄国扩散的一个中心。然而,尽管波罗的海各省的日耳曼人贵族和资产阶级对俄国人的生活发挥了与他们的人数不成比例的重大影响,但西欧民族对俄国的影响却更为深远。俄罗斯帝国政府为了吸收这种影响,特意开设了口岸,使之长驱直入。

俄国最早直接吸收西方文明的海上门户是北德维纳河在白海的入海口。1553年,第一艘英国船抵达那里。莫斯科政府做出的回应是,1584年在那里建立了阿尔汉格尔港口城市,经由此处进入俄国的西方人在莫斯科的门户"斯沃博达"(俄文"自由"之意)建立了一个内陆前哨基地。西欧航海者在16世纪掌握了海上航行技术之后,就开始通过白海与俄国直接交往了。但是,西方的影响是在18世纪初才变得极其强烈,因为圣彼得堡的建立使俄国和西欧之间经由阿尔汉格尔的迂回航线被大大缩短了。与此同时,这种外来影响也越过了斯沃博达的狭小范围,扩大到俄罗斯帝国的整个版图——在彼得大帝时代,俄罗斯帝国版图已经从波罗的海延伸到太平洋。

在此之前,西方对俄国已有大约200年的影响,在此之后,西方对俄国的强烈冲击持续了250多年。在这个漫长的过程中,基本发展线索是一直由两种因素之间的较量决定的。一方面是现代西方世界的强大技术力量,另一方面是俄国同样强烈的决心,即维护自己的独立,抗击一切外来者,把帝国扩大到中亚和东亚。西方的挑战激发起两种对立的反应。

少数政治上无足轻重的"狂信派"[3]坚决抵制西方对独一无二的神圣俄国的侵犯。他们认为,俄国是"第三个罗马",是真正正统的基督教的最后一个捍卫者。[4]17世纪,在莫斯科公国传统的东正教仪式是否应该向当时希腊的仪式看齐这一问题上,这些狂热的"旧教徒"与莫斯科的官方教会和国家分道扬镳。他们顽固地拒绝对莫斯科公国的地方性习俗做任何微小的变动。他们在东正教会内部的争论中尚且毫不妥协,对于向分裂的西方世界借鉴任何东西的政策就更不能容忍了。他们坚决排斥能引起人们联想的西方技术。甚至在面临强大敌人的毁灭性进攻时,他们也不赞成使用西方武器来保卫神圣俄罗斯的独立。

这些极权主义的狂信派对现代西方的压力所表现出的反应,既符合他们的逻辑,也是极其真诚的。狂信派完全指望着上帝,把东正教俄国的命运押在他们的信仰上,因为他们相信,只要他们遵从上帝的律令,上帝就会保护他们。由于旧教徒人数很少,因此这种信念从未受到考验。但是,尽管他们受到压制,这种态度在暗中还是具有某些影响。例如,19世纪"希律王式"[5]帝国统治时期的一种文化现象斯拉夫派运动就具有两个侧面。从统治者的角度看,这场运动可以被解释为当时西方浪

狂信主义

319 在俄国,恪守传统仪式乃是东正教教会的一个标志。这幅 16 世纪圣像画是为纪念白海的索罗维斯基修道院建立而作。1668—1670 年,政府围困并攻陷这个宗教保守派的大本营。

第四十五章　现代的西方和俄国

希律主义
320、321　彼得大帝用强硬手段把中世纪的俄国转变为西方化的现代国家。在波罗的海港口建成的"通向西方的窗口"圣彼得堡,乃是新纪元的象征。

漫主义运动的俄国翻版;但是从另一个角度看,它也可以被视为俄国本土的狂信派敌视西方文化的一种低调表现。这种敌视态度在西化已经成为俄国主导潮流的时代,只得用某种西方外衣来伪装自己,依附于西方的一场复古运动,因为那场复古运动乃是西方人自身对工业化的批判运动。

与极权主义的狂信主义心理相对立的另一个极端是希律主义。首先把希律主义从一种抱负变成行动的是狂信派眼中的魔鬼彼得大帝(在位期间为 1689—1725 年)。彼得的政策是使俄罗斯帝国从一个俄罗斯东正教大一统国家变成现代西方世界的一个区域性国家,使俄国人自立于西方民族或西方化的民族之林。这种政策的目的是,在现代西方生活方式逐渐流行的世界里维护俄国的政治独立和文化自主,在遵循某些国际行为准则的西方俱乐部里为俄国争取一个会员资格。这是非西方强国自愿实行西化的第一个范例。

西方定调,俄国人跳舞。彼得大帝及其后继者的希律主义政策乃是对西方压力的即兴式回应。西方的有形压力采取了一系列军事进攻的形式。这些碰撞的后果首先是显示了俄国的相对落后,然后是促使它成功地吸收西方技术;但最终却是证明了这种西化政策极其肤浅。

第一次碰撞发生在 16、17 世纪。当时,新建立的莫斯科公国为了扩张和巩固西部版图,先后与瑞典和波兰—立陶宛发生冲突。虽然新兴的俄罗斯国家在这些战争中夺取了一些土地,但是真正表明俄国与其西方邻国的相对实力的,不是边界的变迁,而是战场上的较量。当时的西方军队在战场上总是能击败俄国军队。这显然是因为西方具有技术上的优势。在与现代西方邻国的战争中,俄国发现自身的军事技术总是相形见绌。这种令人不安的经验成为一种挑战。彼得的希律式革命就是对这种挑战的回应。彼得的任务是使俄国的文官政府和军事组织赶上当时西方的水准。[6]他的政策取得了成功。最初的成效体现在他本人于 1709 年战胜了草率侵略乌克兰的瑞典人,而最辉煌的成效则是一个世纪后俄国驱逐了拿破仑的军队。

在拿破仑之后的时代里,表面西化的俄国达到了权力的顶峰。但这种表象不过是一种错觉。因为 1792—1815 年的革命战争和拿破仑战争乃是用工业化之前的西方技术进行的最后一次大规模的西方战争。在克里木战争期间(1853—1856 年)俄国还能大体上与其西方对手打个平手,但这只是因为当时法国和英国的军事将领过于保守。到美国内战和普鲁士的三次侵略战争(1861—1871 年)时,西方列强就把新

俄国彼得大帝时期的进步与传统

322　海军技术是彼得大帝的终生兴趣所在；他秘密访问西方的造船厂，学习现代技术。但他的舰船在设计方面却落后于当时西方的舰船。

的工业技术充分地应用于战争中了。而俄国只想追赶西方工业和军事技术的最新成就，这种片面的努力最终被证明是徒劳无效的。1904—1905 年俄国羞辱地败在西化的日本手下，第一次世界大战期间俄国向德国军事机器挑战反而引起总崩溃。这些令人震惊的事实表明，彼得体制不足以使俄国在飞速工业化的世界里立于不败之地。俄国共产主义革命对此做出了回应。1905 年夭折的革命是对彼得大帝的俄罗斯帝国败于日本之手的一种回应。1914—1918 年的大灾难及其对灾难根源——社会和工业极端落后——的无情揭示，使得布尔什维克夺取了政权，并最终决定了他们的纲领。

　　虽然直到彼得大帝的俄国崩溃为止，希律主义的政策贯彻了两个多世纪，但其成效被证明是肤浅的。原因之一在于，西化始终被严格地局限在少数领域里，从未

Руской Ратникъ Иванъ Гвоздила

У Басурмана нюшки тоненки душа коротенка

Что мусье промахну лся анъ вотъ тебе разъ другой бабушка дастъ

Руской Милицийской мужикъ долбила

Вить очнется Басурманъ Не вдавайся Братъ въ обманъ

Что мусье кубырнулся расъ два три асъ не прива витли мусье

323　虽然彼得推行西化措施,但仍然有许多人坚信俄国天然的优越性。这幅 19 世纪的通俗版画赞扬传统的爱国情感,歌颂俄国农民士兵战胜装备优良的法国敌人。

对俄国的生活与文化产生深刻的影响。

　　落后国家通常要吸收先进国家的物质和知识成就。但这并不意味着它应亦步亦趋,重复历史上的所有阶段……当然,中间步骤不是绝对可以省略的。跳跃的程度归根结底取决于这个国家的经济和文化能力。再者,落后国家在借鉴外来成就、使之适应自身较原始的文化时往往会使这些成就打折扣。因此,这种吸收过程就具有了自相矛盾的性质。例如,彼得一世引进某些西方的(主要是军事和工业方面的)技术和训练方法,却导致了作为基本劳动组织形式的农奴制的强化。欧式军备和欧洲的贷款——二者无疑是一种高级文化的产物——却导致了沙皇专制的强化,从而反过来阻碍了俄国的发展。[7]

　　因此,俄国在某些方面的西化实际上有碍于全面的进步。强大的传统文化力量的抵制使得沙皇专制政府无法实行充分有效的西化。吸收西方资本主义的技术时也必须实行政治和社会的自由化,这是维护俄国的独立以及军事上与西方的均势而必须付出的代价。但是,由于沙皇政府不能容忍这种自由化,彼得的希律主义政策在实践中就变成了动摇不定的敷衍。

在落后的俄国与西方社会的冲突达到高潮时,另一种同样出自西方的政治模式吸引了俄国革命运动。西方浪漫主义运动曾经从复古角度对现代西方工业化社会发动攻击,而马克思主义则是西方未来主义对这种工业社会的批判。1917年的俄国十月革命是两种因素的结合,一方面主观上是反对沙皇专制的起义,另一方面,用马克思主义的术语说,是客观上必需的无产阶级反对资本主义的起义。换言之,西方本身的反对现存西方文明形式的激进立场已经充分地渗透进俄国,从而使俄国的政治解放运动采取了西方的形式。实际上,如果说这场革命是反西方的,它只是反对代表资本主义的"西方",并不是一般地敌视西方文明或其他什么文明。马克思主义学说不承认民族之间、社会之间的高低之分,只承认超越现有民族和文化边界的阶级对垒。与历史上的高级宗教一样,它也许诺了一种普遍的解放。[8]

在非西方国家中,苏俄可能是第一个认识到,西方工业生产技术在实践中有可能脱离其西方文化母体,条件是有一个能够有效替代的社会意识形态作为后盾。彼得体制的俄国曾经试图把西方工业的一片幼芽嫁接到东正教的传统俄国社会这一具有排斥性的枝干上。由于它的现代化改革纲领不彻底,所以这种尝试失败了。于是,俄国在马克思主义的体制下开始全面地探索一种工业化的、非资本主义和非西方的社会制度的可能性。但是,对于资本主义迄今不能解决的工业社会问题,共产主义是否能够提供一个实际而人道的解决办法,人们还在拭目以待。

不过,苏俄是否能找到这种解决办法,这是另外一个问题。因为紧接着无产阶级革命之后,它已莫名其妙地堕入复活的狂信主义。在革命战争之后,苏俄被迫采取了孤立主义,当然有其实际的原因。但是,马克思主义的国际主义意识形态却极不适合做一种过时的俄国狂信运动的工具。在马克思主义者看来,共产主义是一切资本主义社会在某个发展阶段上的"未来潮流";而斯大林统治下的俄国却自称在无产阶级夺取政权的历史上占有一个独一无二的地位。它实际上是想垄断马克思主义意识形态。俄国共产党政权在世俗方面步"旧信徒"的后尘,自以为是马克思主义正统教义的唯一贮藏所,实际上完全是以俄国经验来衡量马克思主义的理论和实

狂信主义的复活
324 这张俄国的革命宣传画教育工人用加班工作来庆祝"五一"节。现代俄国已经坚决地选择了西方工业制度:甚至马克思主义的原理也是一种西方的舶来品,但人们却是以旧信徒的狂热来实践马克思主义。

践。俄国在革命方面的领先地位,使它可以趁机重申俄国的独特历史命运。这是俄国文化传统中所固有的一种观念;虽然斯拉夫派从俄国东正教教会那里吸收了这种观念并加以发扬光大,但是这种观念在历史上从来没有获得世俗政权的正式认可。(共产党政权当然并不完全是世俗的,而是一种意识形态即一种无神论形式的宗教的化身)。俄国共产党的这种说法的实质是一种最高权力地位。俄国在把东欧各国从其西方背景中拖出来、划入自己的势力范围后,就在东欧共产党集团中占有这种最高权力地位。俄国对这种自诩的角色极其看重,因此任何个人或国家"叛离"俄国共产主义阵营,都会使它恼羞成怒、怀恨在心。

因此,革命后的俄国便呈现出一幅矛盾的社会画面:这个社会以希律王方式接受了一种外来意识形态,而目的却是把它当作一种实现文化封闭的狂信派政策的工具。

注释

[1] 参见第四十四章。

[2] 参见第六部,第三十二章。

[3] 关于"狂信派"这个概念,参见第四十九章。

[4] 参见第六部,第三十二章。

[5] 关于"希律主义"概念,参见第四十九章。

[6] 参见第六部,第三十七章。

[7] 托洛茨基:《俄国革命史》,伦敦,1965 年,第 24 页。

[8] 参见第五部,第二十七章和第七部,第四十一章。

第四十六章
现代的西方和东亚

在受到现代西方文化冲击之前,俄罗斯文明早已对西方社会有了某些了解。但是,中国和日本的情况则不同。在西方的航海先驱闯到这两个社会之前,中国和日本根本不知道西方的存在。它们的这种无知或许有助于解释这样一个矛盾的事实,即这些远方的文明在第一次接触时显得比那些西方近邻更乐于接纳现代的西方。

西方的来临
325 东方是在一种极为奇特的场景中遭遇西方的。这幅中国画描绘了 1910 年第一架飞机到中国的情景。画家显然毫无动力飞行方面的知识:他把飞机画得像中国的纸风筝,根本没有想到描绘出他看到的这个飞行器所仰赖的推进器。结果,这个画面显得优雅纯真,但也会误导观众。

早在西方社会世俗化之前的西方扩张时期，西方的近邻们——犹太人、东正教徒和穆斯林——就感受到西方宗教狂热的巨大力量；因此，直到西方生活方式能够以世俗化的面貌出现，在西方价值体系的顶端用技术取代了宗教后，这些社会才开始接纳现代西方文化。中国和日本社会以及新世界的土著社会在对待闯到家门纠缠不休的西方陌生人时，就没有那么多的戒备心理。由于它们没有惨痛的经验，所以他们没有等到西方宗教狂热降温，便向处于近代早期阶段的西方敞开门户，而此时西方传统的宗教侵略依然张牙舞爪、甚嚣尘上。

尽管到 16 世纪前半期，中国和日本社会总的状况相当糟糕，但是当越洋而来的西方人第一次出现时，这两个社会都能抗拒住处于近代早期阶段的西方。它们都能沉稳地估量西方文明的价值，发现它的缺陷，然后下决心驱逐它，并运用必要的力最有效地实行一种深思熟虑的不交往政策。这是初次接触时的大体情况，但是以后的情况就大不相同了。

中国人和日本人虽然与近代早期的西方断绝了交往，但他们并没有一劳永逸

326 这幅基督教印画创作于禁令之前，是日本基督教艺术的珍品。

地抛掉了"西方问题"，因为西方并没有停留在遭到东亚排斥时的那种阶段。17 和 18 世纪之交，西方文化的世俗化揭开了西方历史的新篇章；技术取代宗教成为西方文化的最高价值，也使得中国和日本重新面临"西方问题"。西方过去一直把外邦人皈依某种西方宗教作为进入西方社会的必要条件。此时，它放弃了这种传统主张，

东方的回应

327、328　来自西欧的耶稣会传教士带着西方技术和基督教,分别于 1549 年和 1552 年抵达日本和中国。日本接受了新技术,但在 1614 年坚决地排斥这种外来宗教及其传教士。上图:一名牧师在长崎耶稣会住所做弥撒。当时所有的西方人被限定住在长崎。中国对宗教比较宽容,但对西方科学则将信将疑。左图:耶稣会士汤若望在 17 世纪 40 年代成为中国宫廷的天文官员;他的渊博知识既吸引了中国人,也让他们感到害怕,因为这种知识与他们错误的历法有冲突。

也就抛弃了原来令中国人和日本人厌恶和感到威胁的偏执。西方把精力集中于技术上，从而开始取得物质上的长足进步，很快就使自身和其他社会过去在这方面的成就黯然失色。西方的技术优势在与东亚的最初接触中似乎已强烈地吸引了中国和日本；由于这种优势又上了一个台阶，东亚人就与印度、伊斯兰和东正教世界的人民一样，面临着一个选择，要么掌握这种最好的技能，要么向它屈服。

在此后与西方的接触中，中国人和日本人的反应在某些方面相似，在某些方面不同。一个相似之处是，在第二次接触时，由于清政府和德川幕府未能带头采取必要的行动，所以对世俗化的现代西方文化的接纳是由下面发起的。不过，19 世纪日本的西化运动很快就获得了政府的支持并且变成官方强制性方针，从而与中国的西化运动分道扬镳了。在 16 世纪最初的西化运动中，这两个社会从一开始也采取了不同的路线：中华社会是自上而下，而日本是自下而上。

如果我们描绘从 16 世纪前半期到今天这两个社会回应西方的历程，我们就会看到，中国的曲线相对平稳，而日本的曲线则起伏较大。与中国相比，日本两次西化时期和插入的几次反西方时期都是走向极端的，两次政策逆转——17 世纪从接纳转为排斥，19 世纪从排斥转为接纳——都是比较突兀的。无论是向现代西方文化屈服时，还是在反西方仇外阶段断绝与西方交往时，中国都没有走得像日本人那么远；日本的政策逆转要么出自独裁者的命令，要么是出自革命，而中国的这种转变则比较缓慢而自然。

在这两个社会，早期西方基督教传教士招收的教徒最后以牺牲自己的生命来证明自己的真诚，绝不服从政府要求他们放弃外来信仰的命令；但是这两个社会之所以会尝试着接受近代早期基督教文化，其主要动机不是出自宗教方面，而是出自世俗因素。这两个社会之所以勉强容忍了传教士的那些令人难以信服的偏执宣传，是因为可以通过他们直接或间接地获得某些物质方面的好处。在这个阶段，中国朝廷对耶稣会教士的接纳，与同时代日本对他们的接纳相比，实用主义的成分少一些，好玩的心理多一些。在中国人心里，主要动力是好奇。中国人对 16 世纪的西方火器感到好奇时也和日本人一样有实用的考虑。日本军阀想掌握一种能够在争夺重新统一的日本帝国的统治权的斗争中发挥决定性作用的新军事技术。明王朝也希望用这些新式武器来巩固摇摇欲坠的政权。但是，在这方面明王朝没有日本军阀那么急切。[1]

329 西方人被视为贱民：1690 年前后长崎的荷兰工厂。1639 年后，日本基于经济利益的考虑而允许西方商人存在，但是对外国人及其宗教怀有敌意，限定他们只能居住在隔离区，强迫他们每年举行屈辱性的效忠仪式和亵渎宗教的仪式，包括亵渎十字架。

　　明清两代帝国政府都没有在西方经纪人的贸易活动中看到那种刺激起日本人的贪欲的巨大商业利润前景。到 16 世纪末，由于采用了西方的军事艺术以及与西方商人通商，日本似乎要脱离中华社会的势力范围，而进入因征服了海洋而无所不在的西方社会的势力范围。在西方航海者抵达东亚之前，日本人已经开始了海上活动。他们于 1274 年和 1281 年打败了蒙古入侵者。1369 年以后，日本人在中国沿海进行海盗活动。16 世纪末，丰臣秀吉压制了海盗活动后，日本航海者开始效仿西方人进行贸易活动。他们很快就把在太平洋的活动范围扩大到远至马六甲海峡[2]和墨西哥西班牙人殖民地[3]。

　　16 和 17 世纪之交，日本国内由武力实现的政治统一既没有彻底完成，也不够稳固，日本已经面临一个危急时刻，即有可能被外国强加某种政治统一。1565—1571年，西班牙人占领菲律宾，1581 年，葡萄牙接受西班牙国王的统治，1624 年荷兰人占领台湾。这些实例都预示着自 16 世纪中期已经与葡萄牙人发生接触的西太平洋日本群岛可能遭遇的命运。相反，不论是对 14 和 15 世纪的日本海盗活动，还是对 16和 17 世纪出现的西方海盗，领土广袤的中国大陆都无所畏惧。在中国看来，近代早期尚未机械化的西方入侵者无论如何骚扰，也没有能力征服中国。中华帝国政府真正担心的,是国内的造反和来自长城外欧亚大草原或满洲林区的陆上入侵。17 世纪,虚弱的明王朝被强悍的半野蛮的清王朝所取代。[4]在此之后的 200 年间,使满人得以登上宝座的那种内忧外患局面一直没有出现。

在近代西方海上扩张的早期,正是由于中国和日本处于不同的地理和政治形势中,所以才导致了它们在政策上的差异。中国迟至 17 和 18 世纪之交才压制罗马天主教,而且不是由于在政治方面的担忧,而是由于神学争论的结果。相反,日本很快就对基督教实行无情的镇压,并且除了保留与荷兰的关系外,隔断了与西方世界的其他一切联系。新的日本中央政府实施的一系列打击,始于 1587 年颁布的第一个驱逐西方基督教传教士的法令,在 1636 年和 1639 年禁止日本臣民出国旅游和禁止葡萄牙人留居日本的法令中达到顶峰。

日本与中国一样,最终放弃闭关锁国而与西方接触,是出自下面的主动性。人们最初纯粹出自对现代西方科学知识的兴趣,还没有想到利用这种知识达到西方那种史无前例的经济和军事霸权的实用目的。与 17 世纪初日本的罗马天主教徒一样,19 世纪初日本钻研现代西方世俗科学的热衷者也冒着生命危险来证明自己的真诚。

德川政府用禁止任何超出医学范围的兰学宣告了自己的末日。从政府的立场看,这种压制政策的唯一失误就在于不切实际。但是人们之所以对现代西方科学成就怀有纯粹知识上的好奇,乃是政府自身文化政策的间接后果。德川家族过去竭尽全力压制了动荡不安的军事和政治局面,冻结了日本社会。为了维护这来之不易的成就,他们谨慎地为日本人的精力寻找了另外一个出路,即鼓励人们追求学问,以此作为一个无害的发泄渠道。他们所提倡的智力训练就是研究中国宋明时代的新儒学。但是,18 和 19 世纪之交,既然日本反动政府允许臣民在他们批准的保守的本土思想传统研究之外对现代西方医学进行严格的实用研究,那就不可避免地为现代西方知识整体的强大洪流打开了一个通道。

19 世纪日本自下而上的西化运动是被现代西方世俗的科学思想激发起来的,而中国当时相似的运动则是源于现代西方基督教新教的启示。正如 16 世纪罗马天主教传教士与近代早期西方商业活动的葡萄牙先驱者结伴而来,新教传教士也是与推销西方工业出口产品的英美商人结伴而来。19 世纪 50 和 60 年代的太平大国起义几乎颠覆了清政权。这场政治—宗教运动不纯粹是本土"狂信主义"针对清朝"盛世"时期西方入侵影响的一次起义,而且也是把基督教新教翻译成汉语的一次尝试。19世纪晚期,中国世俗政治改革运动的发起者们也受到西方基督教新教传教士的影响。国民党创始人孙中山就是一个基督教新教徒的儿子;另一个信奉基督教新教的中国家庭有几个人在国民党后来的历史上起了无比重要的作用,她(他)们是孙中山的夫人,她的妹妹蒋介石的夫人以及她们的兄弟宋子文。

因此,19世纪的中国西化运动从一开始就不同于日本同时期的西化运动,其思想源头不是西方世俗科学,而是基督教新教。在政治上,两国的西化运动也很快分道扬镳。这两个运动都面临着一个艰巨的任务,即推翻和取代根深蒂固的全国政府,因为对于应付强大的现代西方文明的冲击这一紧急任务,原有的全国政府反应迟钝,自顾不暇,难以为继。但是,同样处于

330 西方人被视为优等人:日本重新进入西方势力范围的情况,与其退出时一样,是很引人注目的。连接东京和横滨的第一条铁路是在1872年开通的,距离以美国海军准将培理为代表的现代西方的第一次入侵不到20年。19世纪最后10年,为了在与老牌西方列强的竞争中取得商业和军事上的成功,日本急切地开始实行工业化,并以极快的速度奠定了重工业的基础。

政治危急状况,日本的西化派比中国的西化派更机敏,也更有效率。在1853年美国海军准将培理的舰队第一次出现在日本领海后,仅过了15年,日本的西化派就不仅推翻了不能应付危急局面的德川政权,而且还完成了一项更艰难的壮举,即建立了一个有能力自上而下地推行全面西化运动的新政权。中国人用118年才实现了日本人仅用15年就实现了的破坏性政治结果。1793年,马嘎尔尼使团抵达北京。这件事所显示的西方文明势力的增强,与60年后培理的舰队抵达江户湾同样发人深省。但是,中国直到1911年才推翻了旧政权。而且,取代这个大一统国家的,不是一种新的有效的西方化的政治秩序,而是一种常见的混乱局面。国民党对此束手无策。

331 西方人被视为蛮夷:乾隆皇帝于 1793 年接见马嘎尔尼使团。这个使团虽然像培理一样展示了西方的力量,但与其他几次尝试一样,未能说服中国与英国建立外交关系和向英国开放通商城市。

　　19 世纪把这两个东亚民族推出原有轨道的,乃是英国军舰在 1839—1842 年的战争中和美国军舰在 1853—1854 年叩关时显示的西方新式军事装备所产生的强大冲击。因此,在追求经济和政治现代化目标的竞赛中,日本的起飞点高于中国,也可以从 1894—1995 年中日战争爆发后 50 年间日本的军事优势看出来。在这半个世纪里,中国在军事上听任日本的摆布。虽然日本没有能力真正征服整个中国,但是很显然,如果不是美国摧毁了日本的战争机器,那么中国不可能仅凭自己的力量从日本侵略者手中夺回对于中国的西化至关重要的港口、工业区和铁路。

　　此外,日本侵略中国时所取得的胜利,是日本军国主义在 50 年的胜利进军途中众多纪念碑中最便宜的一个。不过,这种胜利进军反而最终导致了史无前例的军事和政治大灾难。1894—1945 年间,日本巧妙地从科技西方化的过程中获得了军事上的好处。相形之下,彼得体制的俄国从北方大战(1701—1721 年)获胜到日俄战争(1904—1905 年)失败这段时间所取得的成就便显得黯然失色了。在这两个西化国家之间的较量中,获得胜利的日本就像大约 200 年前俄国战胜瑞典后一样,赢得西

日本道路

332—339 走向强权：从
1867 年到 1894 年日本军队
的 现 代 化 历 程。1867—
1868 年,实行孤立主义的幕
府垮台,明治政府建立。日
本从此进入了一个主动和
迅速西方化的时期。征兵
制的建立打破了武士阶层
对军事职业和军人荣誉的
垄断。军队在训练和装备
方面都达到了一个新的水
平。1877 年,新军队平息了
保守派的叛乱,乃是这项新
政策取得成功的第一个
实例。

　　　　　　　　　　第四十六章　现代的西方和东亚

日本道路

力量的显示:明治维新后,在不到半个世纪的时间里,日本的西方化政策就获得了一个胜利的结果。它争取强国地位的显赫成就首先在 1895 年表现出来,接着在 1905 年得到确认。1895 年,日本试图在中国大陆建立一个势力范围;1905 年,它出乎意料地战胜了俄国。

340 上图为中日甲午战争期间,日本军队在朝鲜作战。

341 下图为日俄战争中的日本战舰。日本海军在对马海峡的惊人胜利标志着它已跻身于列强。

方列强的承认,成为一个强权国家。此后,日本又实现了一项惊人的成就,成为20世纪三个主要海上强国之一。从当时西方工业技术的角度看,海军实力乃是工业实力的一个表现。日本的最后一搏是,袭击珍珠港的美国海军,夺取西方列强在东南亚的全部殖民地,从而自杀性地跳进灾难的深渊。

第二次世界大战后,中国和日本都筋疲力竭,标志着这两个发展道路不同的社会第二阶段西化的第一章结束。日本曾经极力采纳西方生活方式,从而在西方列强的政治竞争中取得一席之地;中国在西化方面的努力既落后又不彻底,从而暴露了传统的西方政治模式不适宜于中国自身的组织结构。1945年以后,这两个社会各自开始以新的方式对付西方的冲击。

日本参与了一场西方战争,并独一无二地成为西方最新军事技术成就的试验场。这种灾难性经历使它放弃了自己的军事传统(至少官方如此表示),专心致力于在东亚取得经济优势(而非军事优势)。整个社会都受到向这个目标进军的压力,结果造成了社会内部的极度紧张。这不仅表现为1960年开始的几次政治骚动,而且表现为工业生产的无节制发展对生存环境和人性的压抑。人们或许可以大胆地猜测说,西方面对日本之"谜"的困惑不过是一个社会眼看着自己的文化侵略被自己的受害者挫败后的那种困惑。因为日本在表面上拜倒在西方脚下时,实际上却解除了进攻者的武装。日本目前的文化混合是否会发展成一种独特的西方传统和本土传统的混合物,我们现在还难以回答,因为日本对世界其他地区的影响刚刚开始,而且肯定会在不远的将来成为一个重大问题。

自1949年以后,中国的"西方问题"表现为两种形式,因此中国面临着远比日本更为复杂的挑战,共产党中国既有一个俄式马克思主义的"西方问题",又有一个西方式的"西方问题"。在这部分的后面一章将会讨论中国可能选择的道路;[5]我们将会看到,中国和日本现在分别代表了西方世界的两种主要文化输出品——共产主义和资本主义,另一方面,把这两种西方潮流连接起来的是技术成就的深水潜流,这种潜流以不同的速度流经这两个社会。经验提醒我们,这种西方技术输出品很可能丧失作为外来文化因素的怪异性质,变成一切或大多数社会视为理所当然的构成因素。如果这种预见能够实现,那么西方社会与非西方社会的文化接触就将变成这样一个问题:这些社会如何学会对付被西方打开的潘多拉的盒子里的东西及其在全世界产生的令人不安的后果。一个社会的工业化程度或机械化程度可能远不如这个

342　中国的大跃进:竭尽全力弥补失去的时间。约翰牛(英国)被中国骑手甩在后面,象征着中国决心凭借自己的工业发展来击败西方社会。

社会解决目前与工业制度如影相随的污染问题、资源消耗问题和社会矛盾的程度更重要。最初由西方向世界提出的问题,未来可能会有一个非西方的回答。

注释

　　[1] 对于日本与中国不同的旨趣,卡洛·M.奇波拉做了探讨,见《欧洲文化与海外扩张》,企鹅出版公司,1970 年,第 95—96 页、167—170 页。

　　[2] 日本曾于 1593—1614 年在马尼拉建立过一个殖民地(参见 C.R.博克瑟:《日本的基督教文化,1549—1650 年》,伦敦,剑桥大学出版社,1951 年,第 302 页)。17 世纪初期,日本的商人在东南亚一些地方,也建立过类似的殖民地(同上书,第 296—297 页)。

　　[3] 1597 年,日本商人到过墨西哥(参见 J.默多克:《日本史》,神户,神户年鉴,1903 年,第 2 卷,第 292 页)。在 1636 年锁国令颁布之前,日本商人在整个太平洋地区做生意(同上,第 692 页)。

　　[4] 参见第六部,第三十七章。

　　[5] 参见第四十九章。

第四十七章
世界与亚历山大以后的希腊社会的接触

用亚历山大以后的希腊观念来看希腊文明史,亚历山大大帝(在位期间为公元前336—前323年)时代标志着与过去的决裂和新时代的开始,正如用现代西方观念来看西方历史,15和16世纪之交的各种发现和发明标志着从中世纪向现代的转变。

在这两个历史上的新时代,人们之所以用现时的经验和期望来贬低过去的成就,最明显的理由是,人们突然意识到,无论是通过军事征服支配其他人的权力,还是通过地理探险和科学发现支配自然界的权力都有了巨大的增长。马其顿征服者们推翻阿黑门尼德帝国的伟业,与西班牙征服者们推翻印加帝国的伟业一样令人兴奋。大一统国家在自己臣民的心目中已经变成了永恒的自然秩序的一部分。如果一小撮军事冒险家能够如此轻而易举地摧毁一个大一统国家,那么造就这种冒险家的社会似乎应该成为全人类的未来主人。但是,在感受到新时代已经到来的新经验中,这种军事和政治权力的膨胀感并不是全部感受,也不是最主要的感受。如果我们让公元前3世纪的一个希腊人或公元16世纪的一个西方人描述一下他的新时代感,他很可能不太看重社会物质力量的增长,而更强调自己对该社会精神视野扩张的感受。为了寻找传说中的印度,马其顿人打开了一个大陆,葡萄牙人制服了海洋。当印度被真的发现后,这两次都引起轰动。这种成功的探险揭示了一个具有显然无法模仿的技艺和智慧的奇异世界,从而引起人们的惊异,反过来,这种惊异又使这种探险的壮举大为减色。亚里士多德和泰奥弗拉斯托斯的发现在希腊世界引起轰动,哥白尼和伽利略的发现在西方世界引起轰动。但是,知识的明显增加所产生的力量感被相伴而来的面对人类未知领域的无力感减弱了。人类对宇宙的理解每进一步都往往会产生这种无力感。

从这些一般的角度看,把亚历山大以后的希腊世界与现代西方相提并论是合理的。但是,我们需要指出两个重要的差异。现代西方文明与同时代文明之间的接触始于西方依然坚持一种基督教世界观的时期,西方所传布的文化包含着宗教因素(这是它原先的核心因素)。但是,到 17 世纪末,西方社会逐渐世俗化,因此西方所传布的文化逐渐变成仅仅是从旧有整体文化中抽取的世俗内容。因为希腊文明在其早熟的时期已经祛除了宗教因素,所以在亚历山大以后的希腊文化传播史上就没有这样的阶段性区别。希腊世界的启蒙运动发生在公元前 5 世纪末;到亚历山大时代,这种启蒙运动已历经一百年了,因此在亚历山大以后的希腊文明史上,希腊文化从来没有以原始形态向外传播过。希腊文明之所以能较早地挣脱传统宗教的思想束缚,其原因之一可能是,希腊社会从先前的爱琴社会继承的宗教遗产明显贫乏。相形之下,希腊文化在弥留之际转向基督教,给西方社会留下的基督教遗产则要丰富得多。在西方历史上,宗教遗产既是一种强大的动力,又是一种沉重的负担。但是在希腊文明史上,宗教遗产的贫弱显然有两方面的后果。一方面,与西方文明的情况相比,在希腊文明中理性主义比较容易抬头,因此也发展得比较早。另一方面,思想开明的希腊世界从未像世俗化的西方世界那样容易产生知识方面的自负。

在西方世界,理性主义者先是在与根深蒂固的教会进行漫长而艰辛的斗争中备受煎熬,后来又因最终取得的表面上的彻底胜利而自我陶醉。这种经历使他们产生了一种自负精神——具有讽刺意味的是,现代西方启蒙运动的这种自负本身在某些方面乃是他们曾经反抗过的犹太宗教的遗产。当然,这种遗产也支配了基督教教会对待其他宗教的态度。在扩张的第二阶段,正如西方理性主义者曾经拒斥基督教,西方世界也往往排斥非基督教的宗教。在理性主义者看来,各种形式的宗教如果不是肤浅的虚幻,那就是精心的欺骗。现代西方基督徒除了对自己的宗教外,也像西方理性主义者那样蔑视其他所有的宗教。当时,在精神领域里,西方理性主义者与西方基督徒都有一种居高临下的态度。理性主义者是出于知识方面的好奇才研究非西方的宗教;基督徒则是为了辩驳而研究它们。但是,无论理性主义者还是基督徒都没有郑重地把这些宗教当作精神发现或启示。实际上,这些发现和启示本来应该对西方人的心灵具有某种价值。

希腊文明的经验则迥然不同。公元前 5 世纪以前,不成熟的传统希腊宗教就已经开始受到了撼动。到公元前 5 世纪,宗教信仰的成熟表现具有了某些尚不能令人满意的代用品,启蒙运动则从这些代用品中进一步剔除了传统的希腊宗教。从亚历山大时代开始,希腊人在军事征服和知识开拓的胜利进军中接触到活力旺盛的非希

文化分离主义

343、344　西方社会在与其他文明接触时,把所有的异己宗教都斥之为愚蠢的迷信。左图:邪恶的"鞑靼主神",出自15世纪马可·波罗游记手稿。下图:美洲印第安人让欧洲移民观赏一根石柱。这是更早的一名探险者修建的,印第安人却愚昧地把它奉若神明。

腊宗教时看到,这些宗教的价值和有效性因为大量自愿的信徒的忠心支持而得到保障。希腊人的反应是,羡慕这些信徒占有精神上的无价之宝,而不是可怜他们成为僧侣的无耻伎俩所蒙骗的傻瓜。甚至亚历山大以后冷酷而精明的政治家融合不同的信仰而发明的宗教崇拜也不仅是为了利用非希腊世界臣民的宗教心理,而且是为了缓解宗教真空在希腊世界臣民心中产生的恐慌,例如,托勒密(救星)为了把自己的埃及和希腊臣民凝聚在一个共同的宗教基础上便制造出一个混合的神祇萨拉匹斯;再如,罗马人制造出一个恺撒崇拜作自己希腊大一统国家的宗教象征。亚历山大以后,虽然希腊征服者在军事和知识上征服了某些社会,但是他们却接纳了这些社会的宗教。希腊文明对同时代文明的冲击之所以产生了巨大的宗教后果,与这种接纳态度不无关系。

希腊文明的扩张与西方社会的扩张之间的第二个差异是更为重要的。在希腊文明史上,最重要的一个事件是,公元前 2 世纪希腊文明与一种叙利亚宗教——犹太教——之间在叙利亚科埃莱地区发生的意识形态和宗教方面的碰撞。当时,犹太教已经吸收了伊朗的一种宗教——祆教——的某些因素(相信上帝的圣灵以及未来的最后审判)。希腊世界最终转向了一种起源于犹太教的宗教。这种宗教虽然在神学和视觉方面掺进了希腊文化,并且把上帝之母纳入了神殿(上帝之母曾经被犹太教驱逐出去,但在小亚细亚和埃及都被保存下来),但是其启示和原则基本上一直是犹太教的。希腊世界皈依基督教也就结束了希腊文明。作为这种转向的结果,希腊文明丧失了自己的特质。

因此,与我们迄今看到的西方不同,希腊文明与同时代文明的这次最重要的接触反而导致了希腊文明的瓦解。叙利亚文明通过一种微妙的文化分解与混合反而把征服者变成了它的俘虏。叙利亚文明和希腊文明之间的相互影响和反影响持续了一个很长的时期,而且随着时间的流逝,变得越来越强烈。最终的结果是,二者都被瓦解了,又被重新组合成一种新的结构。这种结构虽然是混合而成的,但极为紧凑,很难分解成原来的各个因素。早在公元前 8 世纪,即亚历山大征战的 400 年以前,叙利亚文明就向希腊人传输了腓尼基字母,从而对之产生了一种持久的影响。公元前 7 世纪,它又把混杂了埃及风格和阿卡德风格的腓尼基艺术风格传输给希腊人。公元前 4 世纪,它又向希腊人传输了一套腓尼基伦理和宇宙观——斯多葛哲学。该哲学创始人芝诺是塞浦路斯岛腓尼基人城邦基提翁的公民。叙利亚世界和希腊世界之间的文化交流是相互的。早在亚历山大大帝之前,希腊文明也进入了叙利亚。[1]到公元前5世纪,叙利亚就输入了希腊陶器以及其他希腊物品和艺术品,而且采纳了雅典货币制度。"到公元前4世纪中期,波斯的总督们和西西里、叙利亚和巴勒斯坦的当地统治者(包括朱迪亚的犹太人自治国的教长们)都仿照希腊人的货币来铸造硬币。"[2]叙利亚世界面对希腊世界的是腓尼基文化区。但是,甚至在叙利亚世界的另一端,"当时的南阿拉伯人也在铸造出雅典硬币的粗糙仿制品"。[3]正是由于希腊文化早就在向叙利亚世界渗透扩散,所以当亚历山大征服了阿黑门尼德帝国在西南亚和埃及的领土后,叙利亚世界才那么迅速地屈服于希腊文明。但是,最终的结果却是,希腊文明也解体了。

叙利亚文明在解体后向希腊文明报了仇。但是这种报复却不是通过正面进攻实现的。因为它已经不存在了,所以它不可能发动反攻。另外,从公元前5世纪以后,任何异族文化向希腊文化发动的正面进攻都会被击溃。在亚历山大以后的时代,最终颠覆希腊文化的那些代表异族文化的力量发现,除非它们用迂回的方式,披上希腊思想和艺术的伪装,使希腊文化不起疑心,否则它们就不可能接近这个猎物。例如,斯多葛主义是用希腊哲学的术语提出一种与以色列和犹太先知们的观念有血缘关系的世界观。但是,这种自我改造并不仅仅是一种狡猾的化装,而是一种真正的变形。使希腊文明解体的那种工具本身已经半希腊化了。在瓦解了叙利亚文明之后,希腊文明就自我引爆了。在致命的火药桶里,既有叙利亚因素,也有希腊因素。希腊文明的最后崩溃是基督教造成的。值得注意的是,在希腊大一统国家的时代,在争夺希腊人精神世界的各种非希腊宗教中,基督教是最希腊化的。除了在视觉上使用希腊艺术的现成形式外,基督教也与其先驱斯多葛主义一样,使用希腊哲学来表述自己的理论。更有甚者,它坚决地与其犹太教前身决裂,认为耶稣是上帝之子,并且实际上是三位一体的上帝的三个化身之一。从犹太教一神论的立场看,这是向希腊宗教的两种畸形表现——凡人崇拜和多神论——做出骇人听闻的让步。

还值得注意的是,伊斯兰教虽然自觉地反对基督教那种偏离犹太教一神论的希腊化倾向,但也没有回归犹太教的严格的反希腊传统。当伊斯兰教亟需用一种系统的神学装备起来时,伊斯兰神学家就像他们的基督教先驱一样发现,必须依靠希腊哲学来达到自己的神学目的,如果不回到希腊源头,就难以做好这件事。从9世纪起,希腊哲学家和科学家的著作逐渐变成伊斯兰文化中受到承认的、甚至是必不可

文化融合

345—350 希腊社会和叙利亚社会在许多世纪里一直相互影响，最终同归于尽而汇合成一个"文化混合体"。叙利亚的主要贡献是它的宗教。神秘的拯救崇拜满足了希腊宗教所未能满足的精神需求。左上图是杜拉欧罗普斯(今叙利亚的萨利希耶堡)的一幅壁画，展现了对帕尔米拉神祇的崇拜。这种崇拜在公元1世纪传到罗马。右上图：腓尼基的巴力神是这些神祇的先驱和原型，而集埃及和巴比伦风格于一身的腓尼基雕刻，对于公元前7世纪希腊艺术的"东方化"产生了强烈的影响。反之，公元前5世纪希腊和阿黑门尼德的钱币显示出希腊文化对叙利亚文化的渗透；左下图：雅典的钱币上印着常见的雅典娜和猫头鹰的像，并刻着Athenaion(雅典人)的字头Ath，而在阿黑门尼德帝国的钱币上，用总督的头像取代了雅典娜，铭文也改为Bas(即Basileos，国王)。

基督教的综合

351、352 基督教是在希腊文化和叙利亚文化"混合体"的沃土中成长起来的。这两种文化的影响在基督教思想和艺术中都明显可见。希腊文化的影响可以通过比较两个石棺的雕刻而得到证实：上图：3 世纪一位希腊哲学家（可能是新柏拉图主义者柏罗丁）的石棺；下图：5 世纪一个基督徒的石棺。后者明显模仿希腊石棺的艺术风格和内涵的哲学观念：基督教导门徒的姿态完全是模仿哲学家教导学生的姿态。

少的部分,正如它们已经变成基督教文化中的一个有机的部分。实际上,希腊哲学家的著作有许多是通过伊斯兰版本才引起中世纪西方社会的注意。因此,完全可以说,伊斯兰教和基督教都扎根于希腊—犹太混合文化的土壤。

萌生了伊斯兰教和基督教的这片土壤的混杂性,乃是理解犹太宗教为何分化成三种相互对立的教派的一把钥匙。犹太宗教之所以有这样一种不愉快的历史,至少有一部分原因在于,到公元4世纪,叙利亚—希腊"文化混杂体"经历了5个世纪的时间而最终形成,但是叙利亚因素和希腊因素在某些方面始终水火不容。两种因素的结合虽然相当彻底,但依然有格格不入之处;这种文化混合体虽然能被印度和大西洋之间地区的大多数民族接受,但并不能被所有的民族接受。因此,这种功亏一篑的文化大融合所产生的心理和谐一直承受着某种张力,而这种张力则可以部分地解释后来宗教上的分裂。

犹太人和伊朗人(除了生活在乌浒河—药杀河流域的伊朗人外)不能接受这个文化混杂体的希腊因素;而且,他们不屈不挠地回归自己祖先的传统。西南亚肥沃新月地区和埃及的居民虽然早就在政治上屈从于希腊人,而且当时被伊拉克以西地区的希腊人的罗马继承者所统治,但是在宗教上像犹太人和袄教徒一样反对希腊文明。基督教景教派和一性论派先后脱离了希腊—罗马"官方"的"帝国主义"基督教教会。穆斯林以及从景教派和一性论派转向伊斯兰教的教徒则完全与基督教决裂;但是,正如前面已经指出的,甚至伊斯兰教以及那两个反官方教会的基督教教派也发现,在建构他们的神学时不能不使用希腊哲学配方;由于他们不可能完全抛弃希腊文化,因此他们也就不可能采取最彻底的反希腊立场,即采用毫不妥协地反希腊的叙利亚宗教—犹太教。其结果却是,犹太人本身落到了孤家寡人的地步,成为散居在半个旧世界和整个美洲的广大地区的少数异端,而大多数居民都皈依了基督教和伊斯兰教这两个非犹太人的犹太宗教中的一个。

不仅在基督教和伊斯兰教里,而且在它们分别孵化出的基督教文明和伊斯兰文明里,叙利亚因素和希腊因素都是根深蒂固的。这两种宗教都承接了叙利亚和希腊因素,而且这些因素在这两种宗教里都是最重要的因素。伊斯兰教、基督教以及它们所养育的几个文明都是同一个包含着叙利亚因素和希腊因素的混杂体的产物。

亚历山大以后希腊社会对其他文明的冲击所产生的这种最终结果,对于今天的西方人具有现实意义;虽然我们自己的现代西方文明对其他文明的冲击尚未得出最

伊斯兰教的综合

353 伊斯兰教与基督教一样,也发源于叙利亚—希腊"文化混合体"。无论它如何坚决地否认这种希腊来源,那种联系是明明白白地存在着。许多在西方已经失传的希腊文献反而在伊斯兰世界保存下来。这是用阿拉伯文翻译的 2 世纪希腊哲学家和医生加伦的著作中的一页。

希腊文化与印度文化的综合
354 中亚的犍陀罗一度成为希腊社会与印度社会的交汇点；这里的雕刻作品反映出与希腊文化接触的影响。这个婆罗门苦修僧的头像是3世纪或4世纪的作品。

后的结果，但是这个可参照的同时代文明之间接触的例子给了我们一个完整的故事。在希腊文明的例子中，这种接触开始于军事征服，结束于征服者的宗教转换以及随之而来的征服者的祖先文明的解体。在这个例子中，值得注意的是，最初的进攻和最终取得胜利的反攻是在不同层面上展开的。进攻是在军事方面，最终的反攻是在宗教方面。

还值得注意的是，针对希腊军事征服者而展开的宗教层面的反攻，并不是被征服社会最初采用的方法。他们最初的反应是，用军事力量以牙还牙。在亚历山大灭亡了阿黑门尼德帝国后，不到两个世纪，希腊人在伊朗和伊拉克的统治已经被推翻了，但是这种军事反攻的结果从两个方面看是不彻底的。它没有结束希腊在幼发拉底河以西的地中海地区和乌浒河—药杀河流域的统治。乌浒河—药杀河"交通环岛区"和叙利亚"交通环岛区"依然处于希腊统治下。而且，阿黑门尼德地区的希腊统治权的政治继承者，虽然在政治上取代了希腊人，但自己却臣服于希腊文化。罗马人的情况最为明显。直到公元7世纪，他们一直维持着希腊体制。欧亚大陆的游牧民族帕勒人在伊朗和伊拉克消灭了希腊人的塞琉古王国，建立了安息帝国，但是自身也在某种程度上希腊化了。

至于乌浒河—药杀河流域，在安息帝国把大夏的希腊人与希腊世界主体隔开后，这个地区依然处于希腊人统治下。早在公元前2世纪，大夏的希腊征服者就穿过兴都库什山脉，在印度的一大片地区建立希腊人的统治。而亚历山大本人只不过短暂地侵入印度河流域。在大夏的希腊人及其后继者——原欧亚大陆游牧民族贵霜人——的统治下，佛教的北方分支大乘佛教从印度——希腊"文化混杂体"中破土而出，接着，希腊艺术在为大乘佛教服务时也传播到东亚，而在向东南传播的过程中，它成为笈多时期印度艺术的一个催化因素。

因此,到公元 2 世纪,在贵霜人、阿萨息斯王朝的帕勒人以及罗马人的统治下,希腊文化扩散到从印度到非洲和欧洲的大西洋沿岸的广大地区;显然,今天的现代西方文明处于一个相似的政治——文化形势中。占人类大多数的非西方人已经从西方殖民统治的那段短暂但天翻地覆的时期走了出来,但是西方文明继续在西方社会以外赢得地盘。世界与西方接触的故事将来是否会重复世界与亚历山大以后的希腊文明接触所经历的过程呢? 一个新的"文化混杂区"是否会养育新的宗教,并会有新的文明接踵而来呢? 今天我们只能提出问题。我们还看不到答案,但是我们已经看到,这两种情况在技术方面是迥然不同的;这种差异会使得我们今天的情况有一个不同的结局。不管怎样,我们已经看到,[4]人类的选择实际上只有两个:要么共有一个世界,要么毁灭;[5]我们可以猜测,在一个通过自愿协商而联合起来的未来世界里,由于西方的某些态度和目标具有破坏倾向,而其他的文化价值体系提出相反的有力主张,因此西方社会必定泯灭自身的文化侵略能力。

注释

[1] 参见 W.F.奥尔布莱特:《从石器时代到基督教》,第 2 版,巴尔的摩,霍普金斯大学出版社,1957 年,第 337—338 页。

[2] 同上书,第 338 页。

[3] 同上书,第 338 页。

[4] 参见第六部,第三十八章。

[5] J.罗曼的说法。参见第一部,第四章。

第四十七章　世界与亚历山大以后的希腊社会的接触

第四十八章
同时代文明相互接触的社会后果

我们在前一章已经看到，一个进攻胜利的文明所付出的代价是，受害方的异国文化渗透进它自身内部的无产者的血脉里，这种离心离德的无产者与自以为大权在握的少数人之间已经出现的道德鸿沟也相应地扩大。

胜利的进攻对于被侵略的社会的影响，情况更为复杂，而危害却毫不减少。这两种后果恰如两句谚语所说："彼之甘饴，吾之毒药"，"一物生一物。"换言之，在本土无害或有益的文化因素，如果被分离出来，闯入异国的社会环境后，往往会变得具有危险性和破坏性；另一方面，一个孤立的文化因素一旦在新环境中站住脚跟，往往会把自己原有文化的其他因素也吸引过来。

第一种过程类似于我们所熟悉的物理科学里的一种情况。广岛和长崎的命运表明，一个原子有一个类似太阳的原子核，周围环绕着类似卫星的电子，一旦原子核失去了电子，原来无害的物质就会发生毁灭性的爆炸。这种通过原子分裂而释放出来的潜在的巨大物理能量原来是被封闭在一个完整的原子结构里，通过动力学所说的原子结构式里的动态平衡而被中和。因此，在原子里，其成分的破坏能力受到一种结合惰性的遏制。这种结合性既是物理世界也是社会生活的常态。组成生命体的细胞和由这些成分组成的有机体之间的相互依存互惠关系确实是生命的关键所在。结合体的互惠性是生物体和细胞生存的必要条件。如果一个生物体的细胞疯狂生长，而不顾及结合体的相互关系，那么这个生物体就会患上致命的癌症。

很显然，一个脱离了天然关系的基本粒子或细胞之所以能够在毫无阻碍的活动中产生破坏性后果，其原因在于，有机体本身不能适应新的活跃力量。如果我们考虑一下前面所研究的文明历程中的和谐与不和谐，[1]这些自然科学里的情况显然很类似于社会生活领域的情况。一个社会的内部引进了一种新力量，就会提出一种不可忽视的挑战。在新情况造成的新形势下，只有调整原有的生活方式，使之适应新因素，才能维持社会的健康发展。这种调整相当于用一种新模式取代旧模式，换言之，是这个社会体的彻底改造。如果无视调整的必要性或者设法逃避这种调整，那就会受到惩罚，其结果要么是革命（新生的活跃力量将会破坏僵化而没有适应能力的传统文化模式），要么是暴虐肆行（顽固的文化模式足以抗拒新生力量的前所未有的巨大压力）。无论新文化因素是从内部产生的，还是从外部侵入的，它与旧文化模式之间的冲突总是受到同样环境的支配。在这两种形式中，新因素的进入实际上迫使旧模式要么发生结构上的变化，要么发生功能上的变化。除非文化模式的结构经过逐步调整而满足这种对新生命的顽强呼唤，否则这个在另一种条件下无害甚至有益的新因素将会造成毁灭性的破坏。

此时此刻，我们关注的是眼下这样一种局面：新的活跃力量是一个外来入侵者，它脱离了出生地和原来的合作伙伴，被放逐到一个陌生而充满敌意的土地。这个被分离出来的漂泊的文化因素，由于这种胡乱放逐而一下子失去了原来的"存在理由"，同时也不再受原先的抗衡因素的制约，因此在异国他乡胡作非为。

为了说明这一点，我们可以看看西方文化的一种体制——民主政府——被引进非洲世界的后果。民主政府在原来的文化环境中一直保持着光荣的历史。从传统上看，非洲的主要政府体制是君主政体。这种体制使统治者和被统治者明显分开。在其他没有实行这种等级政治体制的非洲地区，权力往往分散在整个社会，而不是集中在明确的专门机构里。相反，在现代西方文明里，民主政体已经变成了正常而稳定的政府体制。在理论上它抹杀了统治者和被统治者之间的分野，而且可以用几个严格限定的例子加以证实；但与此同时，实际权力的运作则局限于少数专家——立法者、法官、警察等等。因此，西方民主政体和非洲君主政体这两种政治体制很少有共同之处。另外，现代非洲国家因在划分边界时没有考虑传统的部落或种族单位，所以缺乏共同体的认同感，而这种认同感是民主政体理性运作的实际必需条件。因此，我们看到，这种外来的移植物在这种完全不同的环境中扎根的可能性是极小的。

在西方民主人士眼中，在今天已获得解放的非洲存在着政治断裂危机。人们往往把这种危机归咎于殖民列强把所谓"文明"政府引进非洲时所犯的某种错误。

在两次世界大战之间，最常见的说法是，殖民统治之前的政治体制是"自然生长物",因此更适合现代世界,应该受到扶持,而不应该被摧毁。现在人们则认为,承认传统的权威从一开始就错了,因为这就支持了最顽固地反对必要的变革的那些势力,还加强了在某些新非洲国家中起破坏作用的"部族"分离主义情绪。[2]

由于殖民列强首先关心的并不是如何使自己的领地独立,因此从他们认为什么体制最适合这些领地这个角度来考虑问题是值得商榷的;但是,不管怎样,

> 事实上,非洲的殖民统治历史上,并不存在一条放之四海皆准的路线。理想的做法应该是那种对于任何大型组织都几乎是不可能的灵活做法。理由十分简单,虽然这种理由对于行动没有什么指导意义。当非洲独立时,传统的统治者支配着人民的愿望,如果当初把他们抛在一边,那么就会引起今天谴责承认政策的人们的先辈的极大不满。但是,在殖民政府所造成的新势力的影响下,某些非洲人也开始与欧洲统治者一样对传统生活方式提出批评,并因这种批评而减弱了对传统统治者的尊敬。如果殖民政府有超人的智慧,他们就会在最恰当的时刻给他们治理下的这些向前看的人以大力支持。但是,凡夫俗子怎么可能判断哪个时刻是最恰当的呢?[3]

换言之,一种外来新事物所造成的破坏性后果本来是可以在某个时刻通过对环境的精心控制而减少到最小程度的。但是,这种情况没有发生。权力是以一种专横的方式从殖民政府移交给独立政府的,完全根据西方经验产生的政府形式是好是坏,则听天由命。

因此,我们可以在当代非洲政治结构的形成过程中看到三种主要因素:衰败的本地传统;插入的殖民统治(这种统治造成了人为政治单位的认同问题);外来的西方文化。把这种舶来品融入本土文化是很困难的。最明显的一个例子是官场的腐败——当权者为亲朋好友谋取官职和地位。这种现象(至少在理论上)是西方民主人士所深恶痛绝的,但在非洲的环境里是正常的,甚至是受到称赞的。[4]再者,由于不习惯那种包含着古怪的"忠诚的反对派"理念的政治结构,因此大多数国家独立后马上就废除了多党制。[5]在这种情况下,如何建造一个确实能够使政权的转移合法化的制度,显然是一个严重的问题。

这些例子也可以说明孤立的文化因素移植到另一种环境后可能产生的问题,因为革命或暴虐肆行这两种别无选择的结果在非洲世界实在触目惊心。在民主政府

的表面理想与相去甚远的现实之间有天壤之别。这种差别其实是虚构的,因为这种西方文化因素一旦脱离了原来的文化背景就毫无意义了,因此脱离这种背景的价值判断就是无的放矢。但是,这种差别又具有破坏性,因为一旦做出这种判断,就会引起内部的不稳定和无法控制的冲突,还会引起外部的谴责和嘲笑。

在两种文明接触过程中的第二阶段,进攻者社会的一种完整的文化模式往往通过把传播过程中已经分离的文化构成因素加以汇集和重组,以求在被侵略的社会里再次确立自身的地位。被侵略的社会则往往抵制外来文化因素的渗透,在不得已的情况下,尽可能少和尽可能慢地接纳这种渗透。因此,那种重新组合的努力就不得不与这种抵制倾向做斗争。于是,当某个入侵的外来因素为原来的伙伴开辟出一条路时,这个侵略先锋的持续拉力与被侵略社会的不断抵抗之间形成的紧张关系,就会迫使相关的文化因素脱离原来的文化背景,一个接一个地破门而入。被侵略社会对外来文化那种制造痛苦与分裂的入侵的抵抗可以说是理所当然的,但最终的失败却几乎是不可避免的。把衍射过来的因素加以重新组合的动力是不可抗拒的,因为对于一组文化因素来说,整合(而不是打散)乃是自然而正常的状态。正是这种回到正常状态的动力才使得一种文化的各种因素能够跟着先锋因素接踵而至,从而在进入被侵略的社会后重新整合。被侵略的社会屈服于"不可抗力";它至多只能希望拖延这种进入和整合的过程;实际上,甚至这种拖延战术通常也不过是延长了这种碰撞的痛苦,根本不可能终止碰撞。

最初的入侵已经预示了未来的进程;被侵略的社会并非总是看不出允许微不足道的外来文化因素进入可能产生的后果。我们已经指出俄国"狂信派"对外来文化入侵的反应;[6]那是一种刻意自我封闭的顽固政策,但几乎屡试屡败。正如我们将会看到的,[7]虽然狂信派特有的气质是属于情绪和本能的反映,但是也有些狂信派的孤立主义立场是出自他们的经验。他们根据经验发现,文化交流是受到"一物生一物"的社会法则支配的。这种理性的狂信主义的典型例子是,在 1638 年以前的 51年间,丰臣秀吉及其后继者德川家族在仔细研究和斟酌后逐步地割断了日本与西方世界的联系。现代中国同样有意识地采取的狂信主义政策,在 1966 年开始的文化大革命中达到了顶峰。

红卫兵在马克思列宁主义的名义下把巴尔扎克、雨果、莎士比亚、贝多芬统统斥之为腐朽的资产阶级文化;他们捣毁了上海的普希金纪念像,大肆贬损 19

有计划的西化

355 图上显示了穆斯塔法·凯末尔·阿塔图克正在教罗马字母。他用罗马字母取代了土耳其语过去所使用的阿拉伯文字。他通过与西方妥协而使土耳其有了一个新的开端。阿塔图克没有用传统的奥斯曼哈里发帝国来解决整个伊斯兰世界的"西方问题",而是有意识地致力于一个有限而切实可行的目标:建立一个现代土耳其国家,为在一个西化的世界里立于不败之地而做好充分的准备。

世纪俄国革命运动的先驱者车尔尼雪夫斯基和赫尔岑……我们手头有一份很长的大街小巷改换名称的名单:长安街改为"东方红大街",王府井改为"防修路",隆福广场改为"援越广场",东安市场改为"东风市场",等等。我们听说……某些餐馆不再叫"全聚德",而叫"北京烤鸭店"了。理发店和裁缝店表示不再做稀奇古怪的样式,如"鸭尾式"、"卷花"的发式和牛仔裤、紧身衣、细腿裤以及各种港式服装。"我们对此不能掉以轻心,"中国媒体郑重地说,"因为资本主义复辟的大门就是从这里打开的。"……

与斯大林时代最后几年的俄国一样,中国现在轻率地陷入了以自我为中心的孤立主义和民族主义,前所未有地闭关自守,割断与外界的联系,杜绝外界的一切政治和文化影响。[8]

这种排斥任何外来方式的民族主义情绪是与坚持共产主义、反对资产阶级文化的政治热情交织在一起的。共产主义本身就是一种西方舶来品,但是在文化大革命的参与者看来,这完全是两码事。不过,承认"一物生一物"依然是这种政策的指导思想。

事实上,入侵的外来文化因素总是能够把它在原来文化模式中的伙伴因素吸引过来。这种危险的能力不是那么容易被清除掉的。一旦某个外来因素站稳脚跟,如果接受方能够消化它,使之为本土文化锦上添花,而不是破坏原有的和谐,那么这个外来因素才会失去那种吸引力。如果被侵略方不能做到这一点,不能中和这个不受欢迎的来客,那么社会要想延续下去,唯一的希望就在于实现一次心理"大转变"。如果抛弃狂信派拼命反对入侵者不可抗拒的进军的态度,不是靠自己的武器来与占优势的敌人对阵,而是采取相反的希律式策略,首先张开双臂欢迎对方,赢得对方的

356　1839 年，埃及统治者穆罕默德·阿里与英国和法国的工程师讨论在沙漠中修建一条道路的路线。

亲善，那么还可能拯救自己。[9]这种政策的实用价值生动地体现在奥斯曼帝国与现代西方接触的两个阶段中。当入侵的西方文化已经强行渗入宫廷并在奥斯曼帝国政府的军事部门站稳脚跟时，阿卜杜勒—哈米德苏丹勉强实行的最低限度的西化政策就根本不切实际了。而穆斯塔法·凯末尔·阿塔图克真心奉行的最大限度西化政策，虽然是在最后一刻采取的最后一着，却给奥斯曼人提供了一条最实际的拯救之途。

　　阿卜杜勒—哈米德的军队现代化政策乃是基于自己的一厢情愿。他以为可以把军官的西式教育局限在军事上必不可少的最低限度的技术训练，而不让他们吸收其他的西方思想。奥斯曼帝国确实陷入了无法逃脱的两难困境。如果它想确保自己有能力克服被邻近军事强国征服的危险，它就必须增强自己的战斗力，拥有按照现代西方模式建立的军队；但是它如果这样做，就必然面临另一种危险：不是被外国征服者，而是被本国革命所推翻。专制政府的军队的军事素质依赖于精通业务的军官，但接受西式专业训练的军官也会接受具有颠覆性的西方政治思想。1908 年，苏丹的幻想被打破了。下级军官领导的革命把他赶下宝座。这些下级军官正是在这个不开化的专制君主严密控制的军事学院里吸收了"危险的思想"。阿卜杜勒—哈米德的困境造成了一种特殊人物——具有自由革命思想的军官——的出现。这种人物是介于两种相互冲突的文化之间的社会边缘地带的自然现象,尽管在西方人眼中,"自由"与"军事"的结合是很怪异的。革命前的俄国也有这样的人物。他们的后裔是当今非洲或中东等地的革命政变的军事领导人;在这些地区,受过西式训练的军官把本地文化的现实与从西方输入的理想之间的暗中冲突变成了一种危机。与阿卜杜勒—哈米德相反,凯末尔领导的土耳其西化运动扩展到社会生活的各个方面;虽然这种在一个传统伊斯兰社会里全面推行世俗化的做法引起很大震动,但是,凯末尔的政策达到了其有限而实际的目标:在第一次世界大战后创造和维持了一个独立的土耳其民族国家。

如果允许一个外来病毒侵入社会生活的一个领域,那就会出现传染现象。关于这种后果已经在前面论述西方与奥斯曼帝国接触情况的一章里做了说明。19世纪初,埃及的穆罕默德·阿里为了在一个正在西方化的世界里站住脚,制定了实行军队西化的有限目标。但是,随之而来的后果表明,如果没有社会生活其他领域的一系列改革作为后盾,军事领域的新政是无法贯彻到底的。

> 穆罕默德·阿里在其军事生涯的初期就凭经验而确信欧洲战术优于东方战术;他本人曾在埃及参加对抗法国军队的战争,因此对军事科学的价值深信不疑。但是,把西方组织方式引进地中海地区的军队里,则产生了其他重要后果:机械技术、教育和医学知识的应用以及一个普遍的依附与服从体制,乃是这种新秩序必不可少的伴侣。军事权力从一群目无王法、不受约束的乌合之众转移到一支经常受到服从和纪律训练的军队,这本身就在整个社会确立了一种秩序原则。[10]

因此,穆罕默德·阿里统治下的埃及与彼得大帝统治下的俄国一样,本来是追求有限的目标,却导致了一种全面而庞大的希律式教育计划。为了选拔出受过一般西式教育的陆海军骨干来接受西方军事艺术的专门训练,穆罕默德·阿里认识到,必须造就一大批少年后备力量,让他们接受这些非技术的西方初等教育。与此同时,他还认识到,无论他把自己的军官学校及其非军事的预备学校办得多么有效,这些新学校本身并不能达到他办教育的实际目的,即造就和维持符合西方模式和标准的军事力量。这种军事力量需要辅助部门，而这些辅助部门则需要受过专门训练的技术人员；要维持这种昂贵的高级部门，就必须增加国家税收；要扩大税收，就必须提高居民的收入；要增加生产，就必须进行工农业的技术改良；要满足这些需求，就必须有更多的受过西式教育的公务员和经济专家；要选拔出必要的文职人员，就必须按照军事人才的培养模式，设置一种一般性的预备教育。

因此，教育的西化也就从原本有限的军事改革政策中自然地派生出来。在埃及，继由西方教官主持的步兵、骑兵和炮兵学校之后，又增设了工程和海军学校，然后又建立了数学和绘图学校和一所铸炮厂。为了加强军事人员和辅助人员的技术培训，埃及引进法国模式的普通教育体制，并安排优秀学生到欧洲去学习西方课程。

357 穆罕默德·阿里时代的开罗：他就是在这种中世纪背景下推行现代化政策的。

早在 1812 年，开罗就建立了第一所学校。4 年后，穆罕默德·阿里本人在自己的宫殿开设了一所工程学校。学校有 80 名学生，由外国教师使用外国设备教学。1833 年，一所作为军官学院预备学校的综合工艺学校诞生，教师中有两名法国人，两名亚美尼亚人和两名穆斯林。同年，开罗和亚历山大城设立了小学，为综合工艺学校输送学生，在各省也设立了一些地方性学校。1836 年，仿照法国建立了一个教育委员会，管理散布在全国的 50 所小学和中学。这些学校的学生都是征召来的，中学是按照军队方式管理。应征的学生领取政府发放的薪饷和口粮。根据 1839 年做的一次统计，在语言学校、医药学校、农业学校、簿记学校等非军事的专科学校里共有 1 215 名学生。这种仿照西方建立的专门和普通教育系统最终在 1867 年基本形成。从 1826 年到 1870 年前后，除了发展埃及本身的教育体系，穆罕默德·阿里

　　　　　　　　第四十八章　同时代文明相互接触的社会后果

358 19世纪中期开罗的传统学校。穆罕默德·阿里对现代埃及发展的主要贡献之一,是用西式教育体制取代这种传统教育。他的最初目的是为军队的附属机构培训人才。

及其后继者一直在巴黎保留着一个"埃及科学使馆",每年派一批学生到那里完成他们的学业。西式教育体系最初仅仅是为了建立一支现代军队这样一个特殊目的而引进的,但是随着该体系的逐渐扩大,在埃及知识分子中产生了民族主义运动,而该体系的局限性也导致了这一运动的夭折。在获取西方观念和文化时,知识分子也在文化上疏离了没文化的农民大众,因此不可能赢得他们的支持。[11]

另一个例子极其有力地表明,一个传统社会模式的外圈防线一旦被打破,它就会以极大的力量和速度分崩离析。1825年,法国军医A.B.克洛博士到埃及为埃及军队建立医疗服务系统。他最终设法使之采用了法国军队的卫生条例,并在军队医疗系统进行了其他一些改革。但他一生最大的成就是,他把自己的医疗事业扩大到军营之外,深入到埃及平民生活的广大领域。虽然他受到伊斯兰保守主义,尤其是反对尸体解剖研究的偏见所激发的强烈反对,但是他成功地说服了穆罕默德·阿里。阿里在1827年建立了一所医生学校,并附设一所护士学校,一家产科医院,一所药理学校,一所预备学校以及一所法语学校(法语是医学教学的语言)。最后,克洛还把军队的专用医院也变成了普通医院,并大大增加了军人和平民病人所需的床位。这套包括产科医院在内的医院系统促使一种最强大的伊斯兰传统禁忌在不到50年的时间里就瓦解了。以前,只有在不冒犯一种极其顽固的礼仪意识的情况下,才能给穆斯林妇女进行医学检查和治疗。结果是根本无法进行有效的治疗。克洛打破了这种禁忌,不啻一次革命。

当前第三世界各国的西化进程表面上似乎是给我们的命题"一物生一物"提供了最新的证明。西方化在欠发达国家曾经意味着工业化——采用西方技术,促进经济发展。有人早已指出,欠发达国家不可能"简单地从国外输入工业革命,好像是从包装箱里取出一台机器,然后启动它"。[12]相反,"应该强调的是,工业化进程是一个总体进程。……要进入工业化进程,……就需要总体格局实现某些特殊的改造"。[13]南美、非洲和亚洲国家在采纳西方工业体系时,不得不默许在几乎所有的社会生活和私人生活领域实行某种程度的西化。例如,为了给工业体系提供健康、熟练的劳动力,这些彼此差异极大的社会都输入和移植了西方的公共卫生标准、教育标准、城市组构标准。政治管理和公共生活的结构和标准也逐渐以西方模式为准绳;各个国家都不得不在世界经济与政治关系的网络中谋求一席之地。

这样,非西方世界的欠发达国家在经济生产领域采纳了西方标准后就在很大程度上卷入了西方化的潮流。但是,至少在某些情况下,它们与西方世界的关系并不是这样简单明了。

在殖民时代,西方文明是一个比较坚固的混合体。由于西方技术上的早熟,它的侵略活动十分顺利,从而证明了它的文化优势。被侵略社会中受过西方教育的精英可能会欢迎西方文化,视之为启蒙。激烈的狂信派则希望复兴本土文化,因此对西方文化大肆诋毁。这两种人都是把西方文明看成一个稳定清晰的整体。但是,在当今世界,西方文明不再呈现出这种完整的形象。西方技术型文化的价值和目标不再是确定无疑的;甚至起源于西方的马克思主义的救世主义理论也经过非西方社会的过滤和改造;因此,现在有某些迹象显示,对于西方自己引起的但又无法解决的社会和道德公正问题,似乎有了另一种非西方的解决之道。

因此,当前西方文明与第三世界所代表的非西方社会之间的碰撞是发生在与以前西方与俄国、日本或中国之间的碰撞完全不同的环境里。由于经受过帝国主义的侵略,前殖民地对于西方社会抱着一种含糊暧昧的态度,因为它们刚刚摆脱了它的政治控制,但是它的文化价值观似乎依然支配着这个世界。然而,技术这个曾经使西方赢得这种支配权的钥匙现在似乎转而对自己不利了,正是在它给了好处的地方收到的却是苦果。社会不公、精神痛苦以及人类自然资源的浪费,乃是一个世纪以来西方世界工业迅猛扩张的意外后果;而且,原来崇拜西方工业的人越来越多地开始怀疑,为了从西方物质财富中分沾微不足道的份额,却要付出同样痛苦的代价,这种做法是否明智。例如,坦桑尼亚已经把资金积累和工业化的目标降到第二位,而集中全力推行以农民合作社为基础的农业改造的政策。这项运动具有很大的意义;它表明,为了发展经济,原先是效仿西方的做法,现在则也许可以用不同于西方的手段来实现。

当然,这些社会的任何方面的现代化依然很可能引起整个结构的相应变化。如果不使用机器和化肥,农业生产的现代化是不可思议的;这就需要制造或进口这些东西,因此,工业化的问题也就不可能完全避免。再有,一个推行工业化的国家也需要制定教育和卫生计划。但是,侧重点的不同确实体现了精神境界的不同,因为这象征性地和在实际上把技术降到次要地位。从文化价值的角度看,这是它应有的地位。如果这种解释站得住,那么非西方社会就可以对西方文化的各种因素有选择地加以取舍。这种自觉区分西方文明中的积极价值和破坏性的异己价值的能力,就将成为人类努力控制自身集体命运的历史上的一个转折点。

注释

[1] 参见第四部,第二十一章。

[2] 露西·梅尔:《原始政府》,企鹅出版公司,1962 年,第 254—255 页。

[3] 同上书,第 255 页。

[4] J.马盖特:《非洲的权力与社会》,伦敦,1971 年,第 122—123 页。

[5] 同上书,第 118 页。

[6] 参见第四十五章。

[7] 参见第四十九章。

[8] 艾萨克·多伊奇:《俄国、中国和西方》,牛津大学出版社,1970 年,第 333、334 页。

[9] 参见第四十九章。

[10] 约翰·鲍令:《关于埃及和坎迪亚的报告》(1839 年 3 月 27 日致帕麦斯顿勋爵),伦敦,1849 年,第 49 页。

[11] 有关情况,见 P.J.瓦提基奥提斯:《埃及现代史》,伦敦,1969 年,第 49—125 页。

[12] 转引自 E.S.梅森:《发展的规划》,载于《美国科学》,1963 年 9 月,第 235 页。

[13] M.巴勒特·布朗:《帝国主义之后》,伦敦,1963 年,第 407 页。

第四十九章
同时代文明相互接触的心理后果

当两个或更多的文明发生接触时,它们往往在一开始就表现出力量上的差异。恃强凌弱乃是人的本性,因此更强大的文明往往会利用自己的优势去侵略邻近的文明。

一个进攻的文明成功地渗透进别的社会后,它的代表往往会变得像法利赛人那样狂妄自大:感谢上帝使自己与众不同、鹤立鸡群。[1]这种狂妄自大所受到的惩罚是具有讽刺意味的。自命的"优胜者"在把自己的人类同胞看作"劣败者"时却无意之中重申了一个真理:所有的人都有人性,因此在精神上是平等的;如果一个人胆敢否认其他人的人性,那就会招致报应,丧失自己的人性。但是,丧失人性的野蛮程度是有差别的。

在种种非人道的形式中,最人道的形式往往是由侵略性文明的代表体现的。在他们的文化中,人们感受到并且承认,宗教是支配性的和指导性的因素。在一个尚未世俗化的社会里,对"劣败者"人性的否认往往会采取宗教蔑视的形式。基督教世界会将他斥之为未受洗礼的异教徒;伊斯兰社会则斥之为未受割礼的异教徒。这确实是一种狂妄自大的表现。但是,既然承认"劣败者"也有一种哪怕是异端邪说的宗教,"优胜者"实际上也就承认,"劣败者"毕竟也是人。这就意味着,既然是按照宗教仪式和信仰来区分绵羊和山羊,那么这种分界就不是永远不可逾越的。随着生活在"错误"中的人逐渐皈依占支配地位的宗教,那种把人类大家庭分成优劣两部分的可恶界线最终就可能消失。因此,根据大多数高级宗教的信条,这不仅在理论上是说得通的,而且也是真正的信徒必须尽力帮助教会达到的实际目标。

我们在前面已经指出,[2]在中世纪西方基督教的视觉艺术中,把向初生的基督朝圣的东方三大博士之一画成黑人,从而象征着基督教教会这种潜在的普世性。接着,当西方社会通过征服海洋而强行出现在其他社会时,天主教会用行动真实地显

359 分类:侵略性文明往往给它所接触的其他社会贴上劣等民族的标签;不过,至少在宗教领域里,这种劣等性可以通过改变信仰而克服。对于西方征服者来说,新大陆的文化只有在被基督教同化后才是可以接受的。这幅18世纪秘鲁油画把圣母玛利亚画成一个印加公主。她前额的那绺卷发是印加传统的母子象征。

示了这种大一统意识。西班牙和葡萄牙"征服者"显得十分乐意实现全面的社会沟通,包括与真正皈依罗马天主教的人通婚,毫不顾虑可以超越的宗教差异或固定不变的语言和种族差异。穆斯林从一开始也与皈依者通婚,毫不顾虑种族差异;而且,根据先知穆罕默德本人在《古兰经》中添加的一项箴言,伊斯兰教承认,在伊斯兰教之外还有一些宗教,虽然不能与伊斯兰教相提并论,但也部分地揭示了神圣的真与善。犹太教和基督教被认为是先于并预告了伊斯兰教日出的两颗晨星。在伊斯兰教会的术语中,这两个宗教的信徒被称作《圣经》之民"。这就承认了它们与伊斯兰教的亲近关系。这种精神上的承认带来了实际上的政治后果。伊斯兰律法宣布,属于"《圣经》之民"的非穆斯林一旦臣服穆斯林的统治,同意交纳作为臣服标志的赋税,从而获得一种安全保障,他们就有权得到穆斯林"统治权"的保护,而不必放弃自

历史研究

己的非穆斯林信仰。这种特权最初可能只适用于犹太人、基督徒和萨比教徒(《古兰经》所载的一种一神教徒),但是后来则默默地扩大到适用于祆教徒,[3]甚至多神论和崇拜偶像的印度教徒。这样,穆斯林实际上逐渐承认,其他各种高级宗教的信徒在道义上都有权要求受到伊斯兰教徒的容忍,其不言自明的理由是,他们在各自不同的程度上都是唯一真主的启示的接受者。

在伊斯兰教的这种"《圣经》之民"概念中体现了一种对一切被认为与伊斯兰教有精神上的亲缘关系的宗教的肯定态度。与之相反的是基督教的"分裂派"和"异教徒"概念所体现的否定态度。从这种否定立场出发,即使某种异端信仰与正统信仰有精神上的亲缘关系,也不能因此而受到宽容;异端的分离倾向被视为一种大逆不道,如果精神感化不起作用,就必须用武力来加以消灭。伊斯兰教对异端教派也采取这种态度;

360 虽然基督徒把其他所有的宗教都斥之为虚假和盲目的,但是穆斯林则对于基督教和犹太教持一定的宽容态度,认为这两种宗教与自己的宗教有历史亲缘关系。16世纪莫卧儿帝国皇帝贾汗吉拒绝改变宗教信仰,但是尊重基督教。《贾汗吉画册》的这些周边装饰是仿照耶稣会传教士敬献的画上的基督教画像绘制的。

伊斯兰社会中的叛教行为也会被无情地罚以死刑。另外,西方基督教忽略其他一切差异,只看重民众的宗教差异,也产生另一面的后果。接受基督教信仰也就获得了社会承认,而拒绝投入基督教的怀抱则会被逐出社会。新大陆的异教徒,与旧大陆犹太人遭遇的无数不可预见的情况一样,只有两种选择,要么接受洗礼,要么毁灭——这种毁灭不是对顽固不化态度的惩罚,而是基督徒心目中别无选择的拯救之道。在中世纪西方基督教世界,当反犹暴行猖獗之时,数以千计的犹太人宁可牺牲生命也不愿背叛自己的信仰,但是任何一个犹太人都可以通过接受洗礼而拯救自己的生活。[4]这种选择当然是非人道的,因为它提供的只是两种出路,要么是深刻的精神痛苦,要么是惨烈的肉体痛苦。但是,如果我们看一看"优胜者"在其他方面实行的野蛮做法,宗教形式的非人道还算是比较人道的。

　　　　　　　第四十九章　同时代文明相互接触的心理后果

"优胜者"否认"劣败者"的人性的更坏方式是,在一个文化世俗化的社会里抹杀"劣败者"文化的价值。在世俗化文明的文化侵略历史上,希腊社会成员把"希腊人"与"野蛮人"加以区分,中华社会成员把开化的自己与"其他人"加以区分,其用意都是如此。在近现代世界,西方各国维护文化侵略的人也做类似的区分,一方面是他们的大写的"文明",另一方面是他们在全球扩张时碰到的"野蛮人"。在西方海外殖民帝国,这种态度导致了政治和文化上的家长作风,不让附属民族享有公民权,从而建立起一道文化屏障,而这道屏障是凭借着那种把异教徒转变为皈依者的简单魔法不能逾越的。但是,"教化野蛮人"的可能性并未完全被否定。在西方人的各个殖民帝国,文明发生接触时的形势就决定了"文明"测试的内容,即野蛮人考生是否具备提高到由西方教师规定的某种教育水平和文雅程度的能力。不管他的祖国与帝国主义大国之间的政治关系如何,通过检测的考生,就有可能跻身于文明人之列。

但是,这种纯粹的文化区分很少被侵略性的现代西方社会当作证实自身优于非西方人的唯一标准。想成为西方化世界中的"文雅人"的野蛮人必须在所有的方面都遵从一种蛮横地贬低自己祖先文化的外来文明准则。甚至即使他为了成为异族社会的光荣成员,享有那种可疑的好处,准备经受这种丧失人格的改造,到头来他可能会发现自己遭到"优胜者"的其他侮辱。

帝国主义征服者的另一种倾向是,把当地居民划归为"土著"(natives)——这个词本来是没有道德含义的,但现在一说起来几乎只能引起人们最轻蔑的联想。"优胜者"把其他社会的成员贬低为"土著",也就断定他们在政治和经济上微不足道,因而否定他们的人格。虽然"优胜者"承认这样一个不争的事实,即当自己出现时,他们已经占据着舞台了,但是他认为,这些"土著人"并不能仅凭优先占有就可以拥有某种在法律上或道义上排斥他的权利(然而,当同样的入侵者想从他手中夺走这个战利品时,他却以优先占有权作为自己受到侵犯的辩护理由)。在不加掩饰地把当地居民称作"土著人"时,他实际上是把他们划归到"新世界"处女地的野生生物之列。所谓"新世界"的意思是,这片地区一直等待着最近的这批强取豪夺的发现者到来并依据"征用权"占有,因为这片乐土注定会成为某个维护私人事业的战争女神赠送的礼品。在这些前提之下,拓荒者可能用两种方式来对待这片荒原上的生物。他可能把它们当作虫豸和野草加以消灭,为有利可图的农业活动清理出场地;他也可能把它们当作有价值的自然资源,从而加以仔细地保护和充分地利用。拓荒者选择哪种经济政策,部分地取决于他对自然环境的价值评估,部分地取决于他本人的性情。但是,不论他选择了哪种政策,不论他是基于什么考虑和情绪做出选择,他都是出于一种自大的假设:自己可以随心所欲地追求自己认定的最佳利益,而"土著"不过是必须消灭的豺狼或可以剪取羊毛的羔羊。从被欧亚游牧部落征服的定居居民到现代西方社会几个在亚洲、非洲建立的殖民帝国的当地居民,历史上许多附属民族都被看作是动产。采取肉体消灭政策的情况比较罕见,但是欧洲殖民者在对付他们的"新世界"的红种印第安人原住民时确实奉行了这种政策。虽然这种政策最终被放弃了,但是今天北美印第安人争取在被侵占的家园恢复自己的尊严和地位的斗争表明,要抹去给"土著人"打上的烙印是多么艰难。

把异族居民看作"土著",也就很容易把他们说成低等种族,断定他们绝对无可争议的低劣。这是"优胜者"给"劣败者"打上的最坏的烙印。首先,这等于断言"劣败者"毫无做人的资格。其次,这种种族划分不同于宗教、文化和政治—经济划分,设定了一种永远不可能逾越的鸿沟。第三,在种种区分人的假设中,种族标志是为了达到这种恶劣目的而从人性的种种方面唯一可以选出来作为标准的最表面肤浅的方面。

在现代世界,文化的、政治—经济的和种族的优劣标准在实践中已经纠缠在一起了,而且种族优越论也是从西方社会——尤其是英语社会——在与非西方文明接触时所抱有的文化优越感中派生出来的。种族理由和文化理由暗中相互支持,因为种族主义者为了证明自己的正确,会用某种文化的原始性来论证种族的低劣,或者把这种原始性说成出自种族差异的"明显事实"的例子。很显然,种族主义的污蔑很容易与其他方面的污蔑结合起来。今天,这种在道义上最丑恶的罪行所造成的恶果几乎昭然若揭了。说起来是让人很不愉快的:种族主义造成了西方社会中数以百万计的种族"低劣者"的灭绝,人们对此记忆犹新;当前,种族主义继续在世界各地造成白人对黑人的身心迫害。

当两种文明接触时,进攻的社会发现可以任意支配异族人,从而面对着一种精神考验。由上可见,它的反应是不顾一切地"直奔地狱"。在这种基本一致的反应中,唯一可以想见的差异是,在这种罪恶的堕落道路上,步子有快有慢。当我们转过来看被这种无人性的敌人逼到绝境的一方的反应时,则看到了显然相反的情况。侵略的受害者似乎可以在两种反应中做出选择。这两种选择从表面上看不仅不同,而且完全相反。

武力与改信

361—364 屈从:非基督徒通常被基督教教会视为上帝的敌人,必须用武力来战胜。但是,如果他们接受洗礼,那么这些劣等盲信者就会受到接纳,成为真正信仰者社会的平等成员。改变信仰或许会有精神痛苦,却能避免肉体惩罚。上图:基督教教会的战船战胜无信仰者(包括异教徒、犹太人和巫师)的小船。右边三图:福音派教会给异教徒洗礼。图362:寻求庇护的印加帝国统治者萨伊尔·图帕克接受了洗礼,并被西班牙征服者封为侯爵。图363:迈克·阿方索斯(中文名音译:沈富聪),17世纪中国的一位基督徒。图364:1853年,新西兰毛利族酋长特普尼接受洗礼。

我们在这一部分的前面几章中看到这些反应,而且分别命名为"狂信主义"和"希律主义"。这两个名称对于接受过基督教传统教育的人来说是耳熟能详的。这两个名称起源于叙利亚世界,表示犹太人对希腊文明入侵的两种截然不同的反应。这个先例特别具有启示意义,因为犹太人面对希腊文明的压力所做出的这两种反应极其鲜明醒目,因此可以用来表示其他历史阶段两种文明接触时相同的心理现象。

当时,希腊文明对于犹太人社会生活的各个方面都步步紧逼——不仅在经济和政治方面,而且在艺术、伦理和哲学方面。任何犹太人都无法回避或无视希腊文明的冲击问题。因此,如何做出反应,这个问题就不可避免地萦绕在每一个犹太人心头。应付这种咄咄逼人的挑战,似乎只有两种选择。正是在这个问题上,狂信派和希律派分道扬镳了。

365 剥削:侵略性文明在把被侵略社会的成员称作"土著"时,也就肯定了自己有权把他们当做商品。非洲的奴隶贸易是这种傲慢主张的极端表现。这里是卢安果地区刚果王国的一个以奴隶为题材的象牙雕刻;葡萄牙冒险家在1491年给刚果国王施洗礼,但是他们对奴隶贸易的商业兴趣远远超过纯粹的宗教情感,结果刚果国王的臣民受到残酷的剥削。

面对一个更强大、更有生气的外来文明的进攻,一些人采取了显然消极的态度,试图挡住可怕的侵略者。这些人构成了狂信派。希腊文明对他们的逼迫越沉重,他们越是极力避免希腊文明对自己的侵染;他们防止传染的办法是,躲进自己犹太文化遗产的精神堡垒中,把自己封闭起来,加强内部的团结,固守一条牢不可破的防线,通过忠诚地恪守传统的犹太教律法来获得自己的精神力量和经受苦涩的考验。激发狂信派的信念是,无论侵略者显示出多么强大的物质优势,只要他们(狂信派)一丝不苟地遵守祖先的传统,并且把这种传统原封不变地保存下来,他们就会获得神的恩宠,获得抵抗外来侵略者的神圣力量。狂信派的姿态颇像缩进壳里的乌龟或卷成一个刺球自卫的刺猬。希律派则更愿意把这个对手的态度形容成把头藏在沙子里的驼鸟。

与狂信派相对立的希律派则主要由伊多姆国王希律大帝的仆从、支持者和赞扬者组成。关于犹太人如何对付希腊文明这一问题,他的解决办法是,首先以清醒的眼光对这种外来社会势力的不可抗拒的优势做出客观的估量,然后借鉴希腊文明中一切对犹太人有用的成果来武装自己,使自己在一个希腊化势不可挡的世界里得以生存。

在狂信派眼中,这种希律主义乃是一种危险的、亵渎神圣的和胆怯的妥协。但是,希律派则可以辩护说,这种政策在各方面都比狂信派的冲动更可取。这种政策是积极的,而不是消极的,因此可以获得主动,而不是注定陷入被动;相反,狂信派的方针虽然偶尔表面上会爆发出激烈的主动性,但实质上是毫无希望地龟缩退守。另外,希律派还可以宣称,他们在推行自己的方针时表现出比狂信派更大的道德勇气,因为他们的态度虽然被狂信派贬斥为希律机会主义,但实际上是精神坚强的现实主义,敢于面对不容置疑的事实,敢于制定面对现实的政策。

希律派会辩称,希腊文明已经侵入犹太人的社会生活,对于这个不争的事实是无法回避的。狂信派对于这个外来胜利者的存在和影响采取顽固的不承认态度,是一种精神怯懦的表现,从而导致一种造成失败的不明智做法。犹太人对付希腊文明的唯一有效方式应该是,承认自己力量的明显局限性;承认当希腊文明出现在叙利亚世界的地平线上后犹太人的社会再也不会原封不变了;因此应该认识到,只有采用希腊武器才能战胜希腊文明,并且采取积极的行动。根据希律派对情况的分析,实际上只有两种选择,要么犹太人主动地实行必要程度的希腊化,要么采取狂信派不负责任的冲动做法,后者只会使犹太文化完全屈服于希腊文明,而除了无谓的牺牲外一无所获。

当我们听到希律派和狂信派的主张时,就会提出两个问题。这两种表面上对立的立场实际上是如何相互对峙的?哪一种被证明是对付外来文明侵略的有效手段?如果我们考察了历史上文明接触的情况,利用我们前面考察过的例子,我们就能够回答这些问题。

在犹太人与希腊文明接触的历史上,早在公元前 40 年希律上台的 200 年前,希

366、367 灭绝："土著"往往被看作野生生物，有待"发现者"加以驯化，用以谋利。上图：在16世纪的一幅版画中，佛罗里达的土著被画成与想象中的树木并列的东西。左图：不能用来谋利的或危险的土著必须像害虫一样加以消灭：一个19世纪的法国殖民者正在为文明事业做贡献。

律主义现象就已经出现了。据传,根据马其顿人埃及国王托勒密二世(在位期间为公元前283—前245年)的命令,72名学者把犹太教圣经从希伯来文和阿拉米文译成希腊文。即使这种说法带有某种传奇色彩,但亚历山大城的犹太移民社会自愿希腊化的历史肯定可以追溯到这个大熔炉城市的兴起之时。在犹太这个山坡国家,大祭司约书亚—耶逊早在公元前2世纪后期就在犹太教会的年轻弟子中大力推行服装和生活方式的希腊化。《马加比传》第2卷对此事的记载和诅咒[5]显示了希律派政策在狂信派心中引起的愤慨,正如狂信派把"七十子希腊文圣经"斥责为相当于金钱崇拜的罪孽。

在犹太人散居后的晚近历史中还可以看到类似的狂信主义与希律主义的对立。此时,西方社会已经开始推行解放政策,最终要打破犹太人与非犹太人在社会中的区分。晚近的希律派犹太人抓住西方自由主义提供的机会,推行一种融入当地社会的同化方针;在此之前,只有当犹太人愿意背叛自己的信仰,接受洗礼,证明自己已经变成了基督教共同体的成员时,各国的民族社会才对他们开放。(虽然洗礼依然作为获得体面的社会地位的最终标记而颇为诱人,而且犹太人和已经皈依基督教的犹太人依然要与非犹太人同胞的非官方反犹主义做斗争)。18、19世纪,西欧结束了对犹太人的社会歧视,使得犹太人能够以犹太人的身份进入各国社会,与非犹太人处于平等的地位。多少世纪以来受歧视被排斥的痛苦经历对犹太人形成了一种强烈的刺激,促使他们在可能和可行的情况下选择同化的道路。到19世纪末,许多同化派犹太人已经自以为与非犹太人同胞融为一体了,因此他们反感那些来自未解放的东欧犹太人社会的、坚持传统主义的移民,担心后者闯入已经解放的西欧,有可能破坏他们与非犹太人同胞之间新建立的一致关系。

相形之下,犹太复国主义运动不遗余力地重新培育一种独特的犹太人政治意识,因此具有真正的狂信主义的特征。但是,犹太复国主义的新狂信派却遭到那些依然生活在欧洲各地犹太人居住区里并坚持传统仪式的狂信派的诅咒。在传统主义者眼中,犹太复国主义者竟敢发起犹太人回归巴勒斯坦运动,实在大逆不道,因为上帝才有权在他认为合适的时候让犹太人返回巴勒斯坦。另一方面,在同化派犹太人看来,犹太复国主义者想按照现代西方方式建立一个犹太人民族国家的政治野心丝毫没有抵消犹太复国主义的狂信主义性质,因为犹太复国主义本身就是一种可悲的倒退。同化派不能容忍犹太复国主义者倒退到祖先的那种非理性信念:犹太人是

"特殊的选民"。因此,当今世界上大多数居住在以色列之外(当然并非都是出于自愿的选择)的犹太人发生了分裂,少数居住在以色列的犹太人也分成两派。以色列国内恪守祖先传统的顽固派与思想愈益世俗化的犹太复国主义后继者之间始终存在着矛盾,这也表明犹太复国主义面对犹太人处境所做的反应是矛盾的。世俗化的犹太复国主义实际上会通过把以色列的犹太社会整个改造得与"所有的民族"一样来达到希律派的同化目标。[6]当然,这种做法的根基依然是一种特殊的主张,即一批所谓上帝的选民声称要在以色列的土地上实现神授的权利。不管怎么样,除非立即放弃民族和宗教的排他性方针,否则以色列犹太人在应付"特殊性"问题时的任何尝试都将归于失败。

如果回溯一下狂信派和希律派最初发生时的文化背景,那么我们就会发现,与叙利亚世界一样遭受军事侵略的其他东方社会,对希腊文明也有类似的两种反应。犹太古国的犹太人狂信主义是在公元前 2 世纪前半期爆发的,但是在前一个世纪的后半期埃及已经发生了一次狂信主义骚乱。[7]约书亚—耶逊以希律方式领导耶路撒冷犹太僧侣希腊化的大胆尝试旋即遭到失败,而埃及把省会改造成类似希腊自治城市的渐进运动则最终取得成功。在亚历山大时代以后的巴比伦,一批占星术士为了抵抗叙利亚文化的进逼、维护越来越神秘的苏美尔—阿卡德文化遗产而进行一场力不从心的战斗。他们一心想躲避叙利亚侵略者的接触传染,反而采取了一种希律式亲希腊方针,张开双手欢迎希腊征服者。公元前 200—前 183 年前后,大夏希腊军事首领迪米特里乌斯入侵孔雀帝国,使印度世界与希腊文明发生了密切接触。我们在那里也能发现两种反应的表现:大乘佛教艺术带有希律式亲希腊倾向,而印度教的某些表现则具有狂信主义倾向。

如果我们不注意那种集希律主义和狂信主义于一身的形象,那么我们关于亚历山大时代以后各地文明与希腊文明接触时的心理反应的概括就是不完全的。"良父之子"米思里代蒂斯六世是阿黑门尼德帝国的一个后继国的伊朗裔国王,占有本都斯—卡帕多西亚的赫梯族土地。在欧裔和亚裔的希腊化民族眼中,他表现出一种颇为诱人的希律王态度,因此他们在公元前 88 年热烈地欢迎他,把他视为摆脱野蛮的罗马人枷锁的救星。但是,在库齐库斯人眼中,这位军阀则具有一种相反的反希腊文明的狂信派形象,因此他们在公元前 74 年对他紧闭城门,而欢迎罗马将军卢库卢斯,把后者视为使他们免于遭受外来的东方专制君主压迫的救星。在亚历山大之前的希腊历史上,杜凯提奥斯的形象也表现出类似的暧昧性。在反对希腊帝国主义的无望斗争中,他作为西塞尔蛮族的无畏领袖领导了最后一轮失败的战斗,从而声名显赫。当这位狂信派领袖从希腊世界的心脏地区流亡归来后,他担负起一种希律王的使命,试图在西西里家乡建立一个新国家,促使西塞尔蛮族自愿地接受异族入侵者的文化,与希腊殖民者友好相处。

在奥斯曼东正教地区和印度世界分别与入侵的伊斯兰文明接触的历史上,我们也能看到类似的对立反应。在"奥斯曼太平盛世"的东正教主要地区,大多数王公贵族属于"罗马的教派",恪守祖先的宗教。他们不惜屈从于外来的政治统治也要维护自己教会的独立。但是,这种狂信主义甚至在宗教上也受到少数人的希律主义的抵制。由于皈依奥斯曼当局的宗教会获得优厚的回报,这少数人受到社会利益和政治奖赏的诱惑而背叛基督教,皈依伊斯兰教。到17世纪,这种政治进取心成为希律主义的前

368　同化:19世纪西欧的犹太人解放,使犹太人第一次有机会尝试一种融入当地文化的希律政策。本杰明·狄斯雷利的态度典型地反映了这种新方向:对于他来说,基督教乃是"彻底的犹太教",因此,虽然他以自己的犹太人出身为荣,但是他把接受洗礼和同化看作是犹太人在基督教社会里必经的过程。

所未有的强大刺激。当时,西方基督教国家对奥斯曼帝国的压力开始增强了,造成了新的紧急形势,奥斯曼政府不得不设立了一些新的政府职位提供给东正教的王公贵族,既不要求他们放弃自己祖先的信仰,也不要求他们放弃自己的权利。[8]与此同时,"罗马教派"的普通信徒早就采取希律主义,通过各种琐碎却重要的方式学会使用奥斯曼主子的语言和穿戴他们的服装,但是既没有变成自由的穆斯林,也没有成为奥斯曼帝国的奴隶,甚至没有作为保持自己信仰的自由人担任奥斯曼帝国的公职。

369 排斥:19世纪撒马尔罕的犹太人。东欧和西亚几乎没有给当地犹太居民任何同化融合的机会;由于受到歧视和迫害,他们发展了一种自卫性的狂信文化,强调自己的宗教和种族的独特性。

印度教徒对当时支配印度世界的伊斯兰势力的心理反应也经历了类似的过程。在莫卧儿穆斯林皇帝以及先前的阿富汗和土耳其穆斯林的统治下,大多数印度王公也像奥斯曼帝国的东正教王公一样,激烈地抵制具有巨大社会和政治利益的叛教诱惑,但是基层民众,尤其是东孟加拉被迫皈依印度教的前异教贵族,则大量地皈依伊斯兰教,其规模超过了奥斯曼帝国统治下东正教臣民皈依伊斯兰教的情况。另外,许多婆罗门也像法纳尔人(居住在君士坦丁堡的希腊人)一样十分乐意作为保持自己信仰的自由人担任穆斯林政府的公职,也同样熟练地采用穆斯林主子的语言和服装。

我们再来看现代西方文明这个大力扩张的社会与同时代的其他所有文明接触时的情况。我们会发现,中华社会的日本支脉交替地在这两个方面对西方的冲击做出强烈反应。日本希律主义潮流在逆境中依然不屈不挠,鲜明地表现出生命力。16世纪末,日本人主要是出于好奇心而接受葡萄牙商人和传教士输入的西方武器、服饰和宗教。但是,在德川政权用死刑严令臣民断绝与西方的联系、放弃来自西方的宗教后,这种接受态度反而加强了;日本残存的秘密基督徒一直忠于他们被禁止的信仰达200多年之久——当1868年明治维新使其第9代或第10代终于能够公开露面时,这个秘密就公之于世了。

众所周知,19世纪中期日本希律主义的第二次爆发与一批英雄人物的活动有关。这些人通过兰学而秘密学习现代西方科学,为了一种非宗教的希律派事业,不

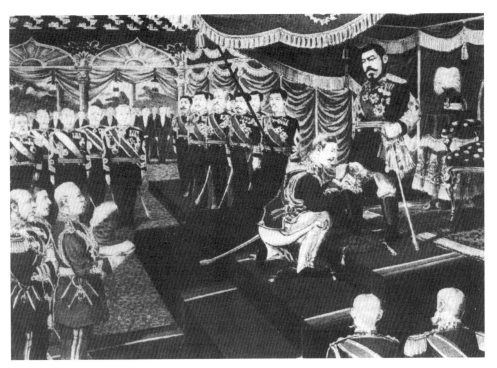

370　1906年,英日同盟条约缔结后,日本明治天皇获得英国的最高勋位——嘉德勋位。日本加入列强俱乐部,具有一种暧昧意义;虽然这在表面上是一种新的希律式开放政策的辉煌胜利,但也体现着日本的狂信主义传统,因为现代化乃是在一个西化潮流势不可挡的世界里维护日本的独立命脉的手段。

惜牺牲自己的生命,致力于推翻顽固偏狭的德川幕府。由此来看,当时的明治维新很像是日本早期对西方挑战的反应中占主流的希律主义姗姗来迟的胜利。但是,与第一回合一样,第二回合半个世纪的经历也使希律主义表象背后的现实具有狂信主义的特征——也就是说,狂信主义主导的德川时期毕竟不仅仅是一场希律派戏剧中的无关插曲。

　　日本狂信主义的力量一开始就从日本人的那种勤奋中体现出来。最初,为了对付可怕的西方外来者,日本人以表面上的希律派态度勤奋地学习制造和使用新式西方武器。更能说明问题的是,当德川政府断绝了日本与西方的联系时,它很狡猾地避免在禁止西方商品和西方宗教时放弃使用西方武器。这种政治手腕后来被证明是不合逻辑的。1853 年,德川政府在军事上无力阻止美国海军准将培理的舰队进入江户湾,使得它最终丧失了基于军事力量上的政治优势;19 世纪的日本军事劣势表明,在 215 年的锁国过程中,德川政府使自己停滞在 17 世纪水平的军事装备远远落后于西方军事技术的发展,从而使自己再也不能完成御敌于国门之外的任务。从1853年到1868年,公众情绪日益激昂,要求有效地完成被德川政府所玩忽的狂信派使命。这种情绪不仅表现为对这个已经威信扫地的政权的反抗,而且表现为对最终开始闯入日本的西方侵略者的日益强烈的排外情绪。

明治维新推翻了德川政权。其经济和政治纲领是以西方为榜样,以西化为宗旨。因此,这场革命可以看作是希律主义的胜利。但是,日本之所以主动西方化,其终极目标乃是在一个西方化大势所趋的世界里立于不败之地。因此,这场革命又可以说是狂信主义的胜利。至1945年为止的77年间,日本在表面策略上是希律主义的,但早在1882年振兴国家神道的官方活动中已经显露出战略上的潜在的狂信主义。这场有组织的运动抬出皇朝的远古偶像崇拜象征,利用这个佛教传入前的早期宗教来神化现在的日本人、日本社会和日本国家。皇朝被说成是太阳女神的神圣后裔,皇朝具有世袭的神性,天皇是神的化身,人们应该顶礼膜拜。

不难看出,在最近400年间,在这场与西方接触的考验中日本人的心理反应一直是矛盾的。根据前面考察的各国情况,我们会发现,日本在狂信主义和希律主义之间摇摆并不是独一无二的;实际上,前面考察的情况给我们留下的印象也不是泾渭分明的。我们往往看到,表面上对立的态度会自我背弃,向一个中间立场靠拢。但是,这种两面立场能给我们一个提示,有助于解释乍一看令人惊讶的结果。前面我们把狂信主义和希律主义分开考察,现在我们根据这种普遍的特征来考察它们,或许能更准确地理解它们。

如果我们想到是什么紧急情况造就了狂信派和希律派,我们就会发现,他们模棱两可的表现并不值得大惊小怪,而是完全可以理解的。二者都在反击侵入他们中间的外来敌人。狂信派和希律派的共同目标是消除危机局势,保卫他们共同的家园;虽然他们采取了不同的路线,但这不过是达到同一个战略目标的不同策略。再者,很明显的是,无论哪一方把自己的策略推至极端,都不可能达到这个共同的实际目标。如果希律派把自己变成与侵略者一模一样,结果只能是自杀式的自我愚弄。即使是那些走得最远的希律派当权者,当他们在技术、经济、社会和思想等各个方面把侵略性文明的外来文化强加给自己的臣民时,之所以采取这些不受欢迎的做法,其目标至少是为了维护国家的连续性和独立,因为他们在这个国家的政府中负有责任。主张非暴力的希律派不是因政治责任而提出这种策略,通常只是要维护自身受到侵犯的文化遗产中的某些因素——例如，维护祖传的宗教，或仅仅要求维持对该没落社会历史的记忆，要求把这一历史纳入胜利的侵略者社会的记载中。同样，每一个务实的狂信派要想避免类似自杀的命运，就会向希律主义让步。由此可见，狂信派和希律派的立场看上去与其说好像被一条无法逾越的鸿沟所隔开的两座孤立的山峰，不如说更像是逶迤相连的两座山脉。我们敢说，狂信主义与希律主义表面上的反差掩盖着同气相求的亲缘性，这两种对外来文化入侵的心理反应实际上是异曲同工。如果这种判断是正确的，那么我们就会看到，这种亲缘性会体现为一种相似的后果。事实上，我们确实发现，狂信主义和希律主义同遭失败命运，充分暴露了二者的这种相似性。

日本的两副面孔
371 1970 年大阪世界博览会海报，用西方艺术的图形表现传统的日本象征——太阳。

我们当作原型来考察的历史个案就表明，这种狂信派—希律派面对文化侵略的挑战所做出的回应都是无效的。在犹太人与亚历山大以后的希腊文明接触时，这个被侵略社会的自卫反应无论采取哪种方式都不能达到共同的目的，即为犹太人遭遇的希腊问题找到一种既切实可行又尚可容忍的解决办法。希律大帝及希律派无法说服和迫使自己的狂信派同胞默然接受罗马霸权下的政治自治；如果接受了这种自治，巴勒斯坦的犹太人就有可能与希腊文明达成妥协，同时又不会丧失犹太人在祖先家园中的群体特征。狂信派破坏了希律派的这种政策，结果使巴勒斯坦犹太人社群遭到灭顶之灾。希律派早已预见和警告过，如果狂信派不服管束、任意妄为，这种结局就不可避免。公元 70 年和 135 年两次大灾难最终把耶路撒冷圣城变成可恶的罗马殖民地（伊利厄卡皮托莱纳），堵塞了犹太教与希腊文明两种文化之间达成妥协的可能性，既宣告了希律主义的破产，也暴露了狂信主义的愚蠢。在这次灾难以后，犹太人只有两种选择了，要么抛弃犹太教，转向异教徒的基督教，要么采取一种流散天涯而埋头内省的法利赛主义。

如果我们更仔细地考察狂信主义和希律主义这两种态度的本质及其产生的环境，就能够解释二者必然失败的原因。实际上二者都是无望的防御性努力，试图无视或防止一种新的活跃因素进入社会生活所造成的新局势。在这种情况下，不期而至的外部势力对社会产生的冲击颇像是内部新势力的涌现所造成的危机；而且，我们已经看到，[9]新产生的紧张局势如果不能受到控制，要么导致暴虐肆行，要么导致革命。狂信主义和希律主义错把侵略的表面现象当作文化冲突的基本内容，因此它们注定成为竹篮打水。狂信派像复古派一样僵化。[10]希律派则要拆除或掩藏侵略者攻击的文化目标，但是这些伪装方式反而使侵略者更容易长驱直入。因此，这两种回应方式都是在加速自我灭亡。

如果当文明接触时双方的角色都是注定不变的，那么上述结论给受害方展示的只是一种暗淡的前景。但是，占优势的一方在维持支配地位时也消耗了自身的力量，因此支配地位本身就隐含着弱点，从而使这种优势注定成为昙花一现。反之，受害方表面上是退缩的，但始终在悄悄地渗入进攻方推进的战线背后的广大领域。用黑格尔的术语说，正题与反题的冲突往往会产生一个合题（综合体）；合题是由两个对立面中抽取出来的因素组成的，但恰恰由于它的来源丰富多样，它才成为不同于其来源的具有自己特色的新起点。

在希腊文明与叙利亚文明接触的历史中，由希腊文明与犹太教的冲突所产生的"综合体"主要体现为宗教的教义、礼仪和制度。叙利亚—希腊"文化混合体"乃是基督教和伊斯兰教的温床。当前，在西方不可能长久的优势已经下降后，西方社会与各个非西方社会的冲突也会产生一个更丰富、因而或许更有收获的"文化混合体"。就目前的情况而言，这种综合体似乎表现为经济和文化形式——但是，如果我们更深入地分析各方的表现，任何人类戏剧的最根本形式通常会被证明是精神形式。

今天，地球上所有有人居住的地方都陷入西方技术——民用技术和军事技术——的大网。这种由西方实现的人类表面统一囊括了一些具有不同生活方式的各类社会。西方社会、西方化的社会或部分西方化的社会加起来不过是人类的四分之一。四分之三的人类依然是新石器时代的农民。在过去的 5 000 年，他们一代又一代地生活在一个基本寄生的"权力机制"之下。超工业化的西方国家与中国就代表着对照鲜明的两极。

超工业化的西方生活方式和中国的生活方式都潜藏着自我毁灭的因素。西方方式是爆炸型的,中国的方式——传统的中国方式——是僵化型的。但是,这两种方式也都提供了让人们安居乐业所必不可少的东西。爆炸型的西方方式是充满活力的,僵化型的中国方式是稳定的。根据历史上类似的发展情况看,西方目前的优势很有可能被一种混合而统一的文化所取代,那么西方的活力就很有可能与中国的稳定恰当地结合起来,从而产生一种适用于全人类的生活方式——这种方式将不仅使人类得以继续生存,而且还能保证人类的幸福安宁。

在过去 500 年间,西方表明自己有能力震撼世界上其他地区,使之从昏昏然中惊醒过来。直到受到西方冲击之前,中国是所有现存的非西方文明中最僵滞的社会,但是西方最终也唤醒了中国。中华社会的生命力远远超过了早已灭绝的埃及社会。在 1839 年鸦片战争爆发前的 2 060 年间,中华社会也像公元前二三千年时的埃及社会那样稳定。我们可以想象,如果埃及社会能延续到近代,那么它也会像中华社会一样因受到西方的冲击而活跃起来。

西方能够激发活力或造成破坏,但是它不能造成稳定和统一。与同时期的东正教社会相比,西方历史与在先的希腊社会的历史之间的连续性被彻底打断了。更早的时候,与同时期的叙利亚社会和在先的爱琴、赫梯、埃及、阿卡德社会的关系相比,希腊历史与在先的爱琴社会之间的连续性也被彻底打破了。反之,埃及社会在爱琴社会之前就形成了,却延续到希腊社会形成之时;中华社会是在希腊社会之前形成的,一直延续到今天,尽管在最近 400 年间受到西方越来越大的压力。

当我们把目光转向西方社会内部的历史,我们就会发现,[11]甚至从西罗马帝国崩溃之日起——也就是说到今天已经长达 15 个世纪的时间里——西方在政治上四分五裂。就我们所知,其他任何文明都没有这么长久地陷入政治上的分裂状态。另外,西方的政治分裂还因为宗教分裂而加剧;自工业革命以来,阶级冲突比前工业社会中农民与"权力机制"之间的冲突更激烈,从而更加重了政治分裂。

我们可以推断,人类的政治和精神统一将不会通过任何西方力量来完成。但是,很显然,世界将来(很可能在不久的将来)会通过某种力量实现政治上的统一,因为西方技术已经制造出核武器,并且造成不可替代性资源的消耗、人类自然环境的污染以及人口爆炸,所以这是人类避免自我毁灭的唯一选择。

在难以预测的人类未来之谜中,有两点是明显的。西方的活力使得非西方的大多数人类不可能继续不变地维持前工业社会的传统生活方式;如果西方的爆炸性不受到某种坚决的遏制,现代西方生活方式也不可能维持下去。

自15世纪葡萄牙和西班牙人征服海洋起,更明显的是,自18世纪英国工业革命以后,现代西方生活方式的实质就一直是持续的经济增长和领土扩张。少数非西方国家成功地采纳了这种西方生活方式。例如,俄国使自己的核心地区工业化了,而且向相对空旷的边远地区大量移民。日本在工业化方面比俄国更成功,但是在领土扩张方面则望尘莫及。然而,其他国家则不可能重复俄国和日本的西方化道路。人类可利用的自然资源不允许这样做。

即使工业化仅限于西方国家,再加上俄国和日本,范围越来越大、速度越来越快的经济增长和领土扩张——这是所谓"发达国家"至今视为理所当然的纲领——也是以损害"落后的"大多数人和浪费不可替代性自然资源(人类唯一的世袭财富)为代价的。然而,西方和西方化国家走火入魔地在这条充满灾难、通向毁灭的道路上你追我赶,因此它们之中任何国家都不可能有眼光和智力来解救它们自己和全人类。可以推测,西方会越来越陷入自己制造出来的各种国内社会和经济问题。可以预见,由于越来越难以找到装备线所需的后备人员,传送带最终会停止运转。如果要使被西方所搅乱的人类生活重新稳定下来,如果要使西方的活力变得柔和一些,成为人类生活中依然活跃但不具有破坏性的力量,我们就必须在西方以外寻找这种新运动的发起者。如果将来在中国产生出这些发起者,并不出乎意料之外。

中国已经拥有了大约占世界四分之一的人口,而且这个比例可能还会增大。供养着如此庞大人口的广袤领土自公元前221年起就在单一政府的统治下保持着政治上的统一。其间虽然有分裂和混乱的"间断时代",但为时短暂,就像法老统治下的埃及联合王国的漫长历史上也偶尔有过这样的"间断时代"。与埃及法老、苏美尔—阿卡德帝国、阿黑门尼德帝国、罗马帝国和东罗马帝国的皇帝一样,中国的皇帝自认为而且被臣民视为"中国"(中央王国)的唯一合法统治者,而"中国"本身则是"天下"的合法宗主国。中国所承担的天命概念及其在维护中华帝国政治统一方面的实际作用,通过从公元前221年到公元1839年的长达2 060年之久的历史经验,在中国人的意识中打下了深刻的烙印。中国人经历了随后一个世纪遭受西方和日本蹂躏的屈辱,到了20世纪后期,中国人民依然是典型的具有帝国意识的人民。他们的历史"世界观"既反映了他们的历史成就,又给他们指派了促成统一和安定的角色。如果人类要想顺利地进入 21 世纪,就需要有一部分人承担这种角色。

自从 1949 年共产党在除了台湾外的整个中国建立起政权,北京政府和华盛顿政府就处处发生冲突。双方都致力于阻止四分之三的人类了解占世界人口四分之一的中国人在做些什么。对于外国人来说,毛主席发动文化大革命的意图始终高深莫测。在那些观察(更准确地说是猜测)中国事务而又莫名其妙的外国人看来,共产党政权似乎有两个否定性目标。一方面,该政权似乎决心不让中国倒退回传统的政治和社会格局。这意味着不允许中国农民像历史上那样受到沉重的上层"权力体制"的压迫。共产党政权发现,如果马克思列宁主义取代儒家学说后变成新一代官僚的辩护哲学,那么农民的命运将不会得到改善。毛及其同事意识到,必须彻底废除官僚制度本身,而且使之永远不能东山再起。但是,如果中国共产党的领导人确实是要彻底打碎前工业的农民文明社会的传统社会结构,那么他们似乎也确实决心不重蹈俄国和日本在工业化和城市化方面采取的西方极端做法。

中国似乎在探索一条中间道路,想把前工业社会的传统生活方式和近代以来已经在西方和西方化国家生根的工业方式这二者的优点结合起来,而又避免二者的缺点。传统方式把社会生产力限制在一个较低的水平,并且使农民受到一个部分地脱离生产的文化和政治精英阶层的压迫。工业方式并没有消除特权阶级和被剥削阶级这种传统的社会分裂,同时又使人的心理和自然环境陷入日益加剧的紧张状态。这种紧张状态如果不能得到缓解,迟早会导致崩溃。如果共产党中国能够在社会和经济的战略选择方面开辟出一条新路,那么它也会证明自己有能力给全世界提供中国和世界都需要的礼物。这个礼物应该是现代西方的活力和传统中国的稳定二者恰当的结合体。中国姗姗来迟的而又风险极大的社会试验究竟会产生什么结果,依然取决于非西方的神灵。人们尚无法预测中国或人类的其他部分是否能成功地把传统的"正题"与现代西方的"反题"结合起来,创造出一个能够使人类免于自我毁灭的"综合体"。

我们姑且假定,这个救世的"综合体"将会实现。这个假定是极为乐观的,但我们也必须提出警告。希腊文明和犹太教结合所产生出的基督教和伊斯兰教这两种不同的"综合体"就是明显的例子。这两个例子提醒我们,即使是最成功的综合也不能满足所有人的需求。无论基督教"综合体"还是伊斯兰教"综合体"都不能被犹太人所接受。他们不为所动,绝不放弃自己独特的隔绝的共同体。由犹太教教士约翰兰·本·撒该发起的和平的法利赛人流散运动[12]使他们在世界各地作为一个隔绝的群体生存下来——但一直经受苦难和遭受迫害。这是犹太人恪守的生活方式。在叙利亚—希腊的文化范围里,另一个极端是希腊文明的死硬派。他们本来也愿意采取同样不妥协的态度,[13]但是他们失败了,因为他们没有自公元 70 年以来流散的犹太人维持自己特性的那种决心、凝聚力和持久力。

犹太人的例子以及帕西人(印度袄教徒)的例子向我们暗示,即使中国人或其他非西方人成功地创造出现代西方活力与传统稳定性的综合体,两方面都会有某些宁可孤军奋战的顽固派。但是,历史上的先例也向我们暗示,这些离异的少数人数量不多、力量不大,因此他们的弃权并不能阻止大多数人接纳这种"综合体"。历史也警告我们,如果惩治和迫害离异的少数人,不论在过去还是在未来都是滔天大罪。人类需要团结一致,但是,在统一的大前提下,人类也能够允许一些差异,这样人类的文化将会更加丰富多彩。

注释

[1]《路加福音》,第 18 章,第 11 节。
[2] 参见第二部,第十一章。
[3] 参见《古兰经》,第 22 章,第 17 节。
[4] 参见诺曼·克恩:《千年王国的追求》,修订版,伦敦,1970 年,第 80 页。
[5]《伪经后书》,第 4 章,第 7—17 节。
[6]《撒母耳记上》,第 8 章,第 5、20 节。
[7] 参见第五部,第二十八章。
[8] 参见第二部,第十六章。
[9] 参见第四部,第二十一章和第九部,第四十八章。
[10] 参见第五部,第三十章。
[11] 参见第六部,第三十八章。
[12] 参见第五部,第二十八章。
[13] 参见第四部,第二十三章。

─────── 第十部 ───────

文明在时间上的接触

　　同时代文明之间的接触并不是文明与文明发生接触的唯一方式。当一种已经死亡的文明在一场"复兴"中又恢复了生机时，现有的文明也会与之发生接触。我认为"复兴"(renaissance)这个词不应仅限于希腊文化在意大利的"复兴"。复兴是许多社会中相当普遍的现象，除了在意大利中世纪晚期和近代早期的表现外，还发生在其他领域里。许多人似乎把意大利的"文艺复兴"看作是一次令人叹为观止的文化再生。但是我认为，一个幽灵远不如一个活生生的存在重要。我试图通过考察这些制度、思想和艺术的人为复兴来说明我的这一观点。我发现，如果一个社会接受旧事物的复兴，而不是去寻求一种新的创造起点，那么一个文明本身产生的天才就会被扼杀。

第五十章
制度、法律和哲学的复兴

把法文词 renaissance 用于表示一种死亡的文化的"再生"或一种现存文化的以往阶段的"再生",这种比喻是现代西方的特有用法。在这种特指意义上,这个词逐渐地只用单数,而不再用复数,只是一个专有名词,而不是某一类现象的统称。在现代西方的通用语言中,这个单数的"复兴"表示在某一历史时期发生在一个文明中的一个地区的两个重要活动领域的事件。这个特定文明就是西方基督教文明,这个特定地区就是意大利的中北部,这个特定时期就是西方历史上的中世纪晚期(大约公元1275—1475年),这两种特定活动领域就是文学和视觉艺术。由这个特定标签所表示的事件就是召唤一个"逝去的"文明的"幽灵"的活动。用这种招魂术所唤来的"幽灵"乃是派生出西方文化的希腊文化的影子。

在本书中,我们不止一次地提醒自己抵制因狂妄自大而导致的偏见;因此,我们最好是以批判精神来反思这个常用的西方概念"复兴"。实际上,我们会发现,用这个词来描述中世纪晚期意大利的文学艺术运动,至少在三个方面有悖于史实。首先,这个专有名词往往仅限于指中世纪晚期意大利文艺复兴的文化状况,而排除了政治领域。其次,把这个词当作中世纪晚期意大利复兴希腊文化的专有名词,这种用法忽视了一个事实;在西方历史的其他时期(早于或晚于中世纪晚期),在西方基督教世界的其他地区也发生过希腊文化的复兴运动,而这些复兴运动不限于文学、艺术和政治领域,而广泛地涉及希腊文化的其他领域。第三,这种用法还忽视了更重要的事实;在西方基督教世界之外,至少还有一种希腊化的文明,在这种文明的历史上也有希腊文明的复兴;在其他的非西方文明的历史上,也有"逝去的"文化的复兴,或现存文化以往阶段的复兴。

鉴于这些事实,把"复兴"一词当作专有名词的用法显然是不恰当的,因为它把一种反复出现的历史现象的一个特殊例子当作独一无二的现象。现有文明振兴某个逝去的文化或现存文化的某个以往阶段，实际上是一组历史事件，它们的正确名称应该是复数的"renaissances"，而不是单数的专有名词"the Renaissance"。我们在前面已经指出，[1]"复兴"是一种文明相互碰撞的方式。在这里，双方的方位差异不是用地理学家的空间尺度来衡量的距离，而是用年代学家的时间尺度来衡量的距离。这种碰撞发生在现有的文明与一个逝去的文明的幽灵之间，或者发生在现有文明与其以往某个阶段的幽灵之间。

召唤出这样一个幽灵是有风险的。最好的结果也不过是把一种刺激因素引进不同的社会环境。但是这也可能有另外的后果，即扼杀这个社会所造就的天才。我们的研究视野不仅应超出中世纪晚期意大利文艺复兴这个例子之外，而且还应该超出意大利文艺复兴所关注的领域，扩展到文化的其他方面。我们可以把这些方面归纳为政治、法律和哲学领域，语言、文学和视觉艺术领域以及宗教领域。

中世纪晚期意大利文艺复兴的政治表现一直没有引起太多的关注，但是它们先于人们所熟知的文化表现。从美学方面看，意大利文艺复兴最早是从但丁（1265—1321年）、乔托（1266—1337年）和彼特拉克（1307—1374年）那些人开始的，但是政治复兴则早在11世纪就开始了。当时，伦巴底地区的城邦政府摆脱了当地主教的控制，落入世俗行政官之手。这些行政官是由市民任命的，并对市民负责。希腊政治理想的复活不仅对11世纪意大利北部的基督教城市社会产生冲击，而且在中世纪晚期的意大利世俗文化传播到欧洲基督教世界的其他地区后对阿尔卑斯山另一侧的封建君主制国家的人民也产生了同样的冲击。无论在初期狭窄的领域还是在后来更大的范围，这种复活的希腊因素对西方政治的影响都是很大的。表面的后果是，传播了对宪政自治政府的崇拜。这种信念在激发了英国、法国和美国革命后，最终获得了受到推崇的希腊文名称——"民主"。到19世纪末，在西欧，民主政治似乎最终战胜了绝对君主政体；但是这种政治伦理所蕴含的国际主义友爱却在现实中遭到挫败：在后基督教的现代西方，民主越来越"民族主义化"和丧失人道精神。在这个意义上，它完全是古代希腊世界之后的地区性国家所体现的集体人格崇拜的再版。这个幽灵在中世纪意大利的出现比希腊文学艺术幽灵早三四百年，而它的原版在公元前4、5世纪就被希腊的地方主义崇拜者推到登峰造极的地步。

但是，希腊地方主义在意大利政治中的复兴，在西方历史上既不是唯一的、也不是最早的希腊政治复兴。在希腊世界的历史上，国家崇拜早就在对"罗马女神"和

372　一种垂死的理想：公元前336年的一块石碑，上面刻的是"民主"给雅典人加冕，塑像下刻着一道反对专制暴政的法令。这个日期与法令的结合是意味深长的：雅典人当时被迫加入由马其顿国王腓力二世组织的希腊联盟，因此希腊城邦的真正民主时代也就结束了。

　　　　　　　　第五十章　制度、法律和哲学的复兴

"神圣的奥古斯都"的崇拜中成为一种普遍化的宗教;在戴克里先专制统治之后,又出现了类似的对基督教世界大一统现世权力的世俗崇拜,在伦巴底城邦崇拜复兴之前250年,即公元800年,查理曼经教皇利奥三世加冕,成为罗马帝国皇帝。

这是第一次建立"神圣罗马帝国"的尝试。在这次尝试失败后,人们多次试图把一个大一统政治权威强加到西方基督教世界四分五裂的政治体制上。萨克森、霍亨斯陶芬和哈布斯堡的君主先后试图占有这个皇帝宝座;到本世纪,它的吸引力依然不减,当奥地利被短命的德意志帝国吞并后,神圣罗马帝国的权杖摆在了希特勒面前。但是,这种以帝国形式实现全基督教世界统一的理想(迄今为止在西方土壤上从来不能获得成功)仅仅是被利奥和查理曼所召唤来的旧日希腊世界大一统国家的幽灵的一个方面;而且,原型的扩展能力和深化能力也完全体现在纠缠着西方基督教世界的那个幽灵身上。

> 加洛林帝国……被想象成在政教合一体制控制下的全体基督徒的社会,而且(它)还想通过法令和政府监督来无微不至地控制生活和思想,包括教会唱赞美诗的方法和修道院的规则……在加洛林体制下,现世权力与精神权力的结合极其彻底,超过了那些信奉基督教的蛮族王国,甚至超过了拜占庭帝国。[2]

查理曼及其后继者试图把西方基督教世界的一切活动和所有地区都置于这个"统一的教会国家"的控制下,[3]从而把这种复活的绝对主义体制引入死胡同;但是,霍亨斯陶芬王朝的腓特烈二世再次试图创造加洛林帝国的伟业时,环境已经发生变化,因此,虽然腓特烈的政治霸权主义失败了,但是他的绝对主义体制却得以保存。

当查理曼试图在他的广阔而且继续扩大的版图上重新建立一种罗马绝对主义的宏图大业时,他遇到了障碍,因为以前罗马帝国各行省的完善的社会结构早已被摧毁了,他不得不从头开始重建这一切。相反,由于先前的拜占庭和穆斯林统治者在西西里复兴了晚期罗马体制,因此皇帝腓特烈二世在西西里起家时就继承了一个发展绝对主义大业的基地。尽管腓特烈把意大利中北部与南部统一起来的努力失败了,但是他作为西西里国王在西方历史上威名远扬,超过了他作为神圣罗马帝国皇帝在历史上的地位。罗马绝对主义在西西里的土壤上有限但成功的复兴,成为其他西方地区性国家的专制君主们的一个榜样和刺激。

腓特烈于1250年去世。250年后,意大利中北部的一些专制君主是西方基督教世界其他地区中最早效仿西西里的拜占庭王国并取得成功的人。他们扫荡了七八十个自治的城邦,建立了十个微型帝国。这些小帝国在各地留下了意大利公民自由的众多坟墓,证明它们完全忠实于西西里原型。罗马绝对主义在意大利的复兴正是从这个地区传播到阿尔卑斯山另一侧的欧洲;而且,在西方基督教世界的非意大利部分,中世纪的议会权利也几乎丧失殆尽。只是在已经克服了封建状态的英格兰王国,由于议会的权利与专制的效率结合起来,创造出一个现代代议制的宪政政府,才成功地抗拒住意大利式专制的挑战。然而,在近代早期西方基督教世界政治发展的大潮中,这完全是一个例外。在西方历史的这个时期,罗马绝对主义的幽灵几乎无往而不胜。腓力二世(在位期间为 1555—1598 年)的专制统治历经 200 年才转变为约瑟夫二世皇帝(在位期间为 1765—1790 年)的开明绝对主义。君主们把自己有限的世袭封建权利转变为无限的权力,他们的"神圣权利"历经 3 个世纪才降为拿破仑战争后复辟的君主政体所认可的平凡的"合法性"。甚至在 19 世纪后半期的西方世界,当各国逐步民主化之后,奥匈帝国的哈布斯堡政府和普鲁士—德国的霍亨索伦政府依然保留着专制残余。虽然这两个不合时宜的专制政府最终在第一次世界大战中因战败而被推翻,但移植过来的议会制责任政府的体制却未能站住脚。1919—1939 年欧洲发生的反代议制事变确实使拥护代议制民主的自由人士震惊不已,但这实际上是绝对主义幽灵的再次复活。这个幽灵在 11 个世纪之前第一次从希腊世界的坟墓中被召唤出来,以后就一直在西方社会作祟。如今,种种迹象显示,这个幽灵终于安息了,统一的理想却魅力不减。人们决定采用"欧共体"的形式通过自愿的合作来实现统一。这表明人们要与过去的行动准则实行决裂。

在非西方世界也可以看到相应的政治方面的复兴。罗马帝国曾经是希腊社会的大一统国家。但是,东正教世界也像西方基督教社会一样召唤它的幽灵;而且我们已经看到,[4] 在东正教世界,这种招魂工作完成得极其辉煌,以至于整个社会不堪重负。我们还看到,在其他文明的历史上,其他帝国的幽灵也起着同样有害的作用。在隋唐帝国形成时,秦汉帝国所体现的中华大一统国家的幽灵再次出现,纠缠着整个社会;当中华社会把一个支脉传播到日本土壤时,这种政治幽灵作为中国文化的一部分,也于公元 645 年输入到大和国。

我们从政治领域转向法律,可以再次从头开始研究西方社会历史上的复兴。我们已经看到,希腊世界历史结束后的时代在政治上表现为统一的罗马帝国分裂为许多小国的局面,此后,两种新的希腊化基督教文明在政治上竭力使罗马帝国起死回生。在法律方面,到查士丁尼时代为止,罗马法经过10个世纪缓慢而艰苦的发展,以求满足复杂的希腊大一统社会的需要,但由于它所对应的生活方式整体上迅速落伍,因此它也被搁置一边。

与政治领域一样,在法律领域里,继种种衰亡症状之后,出现了新生的迹象;在新兴的东正教世界和西方基督教世界,要求为现有社会提供一个有效法律的冲动,并没有首先推动罗马法的精制体系的复活。在法律领域里,这两个世界的最初行动不是召唤幽灵,而是创造。这两个基督教社会都表现出对其宗教信仰的真诚,努力为基督教民众创造一种基督教法律。但是,在这两个基督教世界,继这种基督教方向的全新尝试之后,出现了一场复兴运动,复兴的内容首先是基督教从犹太人那里继承的圣经中包含的以色列法律,然后是随着新文明开始成熟而越来越不适用的查士丁尼的法律。

在东正教世界,在东罗马帝国的两个叙利亚王朝缔造者利奥三世和他的儿子君士坦丁五世联合执政时期,宣告了创造基督教法律的新方向。公元740年,他们颁布了"一部基督徒法律大全","自觉地尝试用基督教原则来改造帝国的法律体系"。[5]这部革命性的作品却有一个保守的名称:《查士丁尼大帝法律汇编》[6];但是这两位法典颁布者也表明了他们的真实目的,在副标题里说明他们的抱负:这部作品也是"依据更博大的仁爱所做的修正";另外,前言的第一段宣布,法律的来源不是罗马人民的立法,而是上帝的启示,法律所施加的制裁不是出自人的行为,而是出自神的惩罚。

> 我们的上帝是万物的主宰和创造者,是人类的创造者。他赋予人类以自由意志的特权,为了帮助人类,用预言给予人类一种法律,让人类懂得应该去做和应该回避的一切。法律所规定的行为是必须做的,因为这是通向拯救之途;法律禁止的行为是不能去做的,因为违反者将受到惩罚。凡是恪守这些戒律者或无视这些戒律者都会因自己的行为而受到应有的回报。因为上帝已经先于人类立法者宣布了这些肯定或否定的戒律;而且神谕的力量——这是奖善罚恶的力量,对每一个人都威力永在——将不会消失。

对于现代研究者来说,这次对查士丁尼法典的重大人道改革看上去是打破了严厉的罗马家庭法——根据原来的罗马家庭法,家长对子女握有无限的权力;基督教的影响最强烈地体现在婚姻法的修订——按照基督教教义,婚姻不再是私人之间可

恺撒的幽灵

373、374　自 476 年罗马帝国最后一个皇帝退位后,罗马帝国的理想一直困扰着西方社会。公元 800 年,查理曼试图恢复这一帝国。他的目标是建立一个能够继承罗马的荣耀及其基督教使命的社会。因此,他有意推行了一种复兴希腊文化的政策。盎格鲁—拉丁诗人阿尔昆(约公元 732—804 年)把查理曼设在亚琛的首都称为"第二个罗马",而且将查理曼时代的一些名人称为贺拉斯、荷马等。左图:这枚钱币把查理曼塑造成罗马皇帝奥古斯都的形象。第二次有意识地复活罗马绝对主义的尝试是在 13 世纪的西西里。右图:皇帝腓特烈二世(浮雕上展示的是他与妻子)在复兴拜占庭传统的基础上建立一种绝对主义体制。腓特烈统治下的西西里有一个职业的官僚机构,这一点与东罗马帝国相似,但在当时的西方社会则是独特的。腓特烈的政府是很稳定的,他的宫廷不必像当时的其他国家那样到处流动。跪拜皇帝的礼仪,把抗辩圣旨视为忤逆行为的教条,也都体现了拜占庭式的专制。

以解除的契约,而变成一种公开的圣事。但是,从公元 8 世纪到今天,任何一个东正教教徒都会指出,这部《法律汇编》中最人道、最体现基督教精神的部分是关于惩罚罪犯的那一章。这部法律规定,在许多情况中,用戕残肢体的刑罚取代死刑。这就意味着承认罪犯也是一个罪人,应该给予悔过的机会。

这些全新的改变是在基督教神学的启示下完成的;但是,基督教教会乃是由以色列法律派生出来的,基督教教会认为《旧约》和《新约》一样是神启的语言,因此在新的基督教法律诞生后,迟早会出现原先隐蔽的以色列法律的复兴。当我们把《法律汇编》前言中提到或暗示《圣经》的地方统计一下,我们就会发现引证《旧约》的次数达引证《新约》次数的一半之多。诚然,总共 6 段《旧约》引文均出自《先知书》,而不是出自《法律书》(《旧约》第一部分),但是,由于东正教在法律领域引证《旧约》,这件事情本身就必然导致《法律书》(而不是《先知书》)最终会盛行于世。事实上,《法律汇编》后来的一个版本就是《摩西律法精选》。由此看来,《法律汇编》之所以较多地采用戕残肢体的惩罚,很可能是照搬《旧约》中摩西的"约书",而不是出自对《新约》中象征诗句的误解。[7]

如果说东正教法律在复兴以色列《圣经》遗产中的摩西律法时是逐渐的和不自觉的,那么在复兴希腊文明中的罗马法时则是自觉的和断然的。东罗马帝国马其顿王朝创始人瓦西里一世与其子君士坦丁和利奥(六世)于公元 870—879 年颁布了一部"手册"。这些立法者在《前言》中指出,《法律汇编》"除了必要的内容"外必须基本废止。公元 879—886 年颁布的"手册"第二版的前言进一步宣布:"我朝君主……完全废止伊苏里亚王朝颁布的愚蠢法律[8],因为它们冒犯了……神圣的教义,破坏了有益的法律。"

这里所宣扬的神学敌意虽然也是废止现行法律的动机,但随着文明的发展,法律必须适应日益复杂的需求,这种实际需要可能是更强大的刺激。比较简单的法律曾经满足了 8 世纪东正教社会的需要,但是经过一个半世纪的社会进步后,它们就不能胜任了。9 世纪的东正教社会急需一套更严密的法律体制。复兴查士丁尼法典的原因正在于此,而不在于叙利亚(伊苏里亚)王朝和马其顿王朝之间对待反对崇拜偶像运动的神学分歧。在两版"手册"问世后不久,在公元 888—890 年前后,60 卷之多的《皇帝敕令》正式颁布,但拖到 1045 年才在君士坦丁堡建立起帝国法律学校。

公元 9 世纪瓦西里父子召唤出的 6 世纪《法典》的幽灵表面上类似于其原型,但是如果仔细推敲,情况就不尽然了。它是许多资料的拼凑,大部分内容不是法律原文,而是注解和修订。唯一创新之处在于,它用统一的分类体系取代了查士丁尼把同一事项的资料分散在4部书中的做法。

指责这种复兴缺乏创新,或许有些吹毛求疵;不过,我们还要说,马其顿王朝在重新确立罗马法时还有另一个更严重的弱点,那就是这种努力收效甚微,因为幽灵与虚无的差别,说到底,仅仅在于它能够给它所作祟的人造成某种印象。9世纪罗马法在东正教世界的复兴表明,虽然它表面上废除了反对崇拜偶像的皇帝们颁布的新基督教法律,但是它实际上显然无力取而代之,甚至它无力驱逐它的竞争对手——从基督教法律的《旧约》根基中重新浮现的摩西律法的幽灵。

意味深长的是,"手册"及其第二版虽然在前言中抨击了《法律汇编》的制定者,但是在正文中却重复了《法律汇编》的条款。《法律汇编》之所以能够与复兴的罗马法抗衡,原因在于《法律汇编》切实反映了东正教的氛围,而晚期罗马法所体现的希腊精神对于东正教环境来说是一种异己的因素。在家庭法和婚姻法这两个领域里,回归查士丁尼法典的意图未能完全实现,因为在实践中对于现已行之有效的基督教体系只能采取修补的方式。在刑法方面,《法律汇编》的惩罚体系也被保留下来,甚至还得到发展。我们在前面引述了马其顿立法者在《法律汇编》第二版前言中谴责叙利亚王朝及其法律的那段文字。那段文字之前的一段向人们透露,新建立的基督教传统具有顽强的活力来抵制恢复罗马传统的做法。

> 我朝君主之所以寝食不安,极端热忱和极端谨慎地修订和颁布良好的救世法律,乃是由于我们在内心深处体验到圣父—圣子—圣灵的神圣介入。

因此,虽然马其顿皇帝决心重新确立被前朝叙利亚皇帝的改革错误地废除的罗马法,但是他们从未想到在人们的自愿意志中寻找法律的支持。在历史上,马其顿皇帝所维护的罗马法原本明明白白是罗马人民制定的。但是,马其顿皇帝无视罗马法的历史,表现出真正东正教教徒的立场,一口咬定,无论获得什么支持,如果没有得到上帝的旨意,任何法律都是无效的。换言之,与被他们咒骂的反对崇拜偶像的叙利亚皇帝一样,马其顿皇帝确信"神圣的教义"是法律的基础。由此观之,表面上是意识形态冲突,实际上不过是同一东正教信仰的两个难以分辨的派别之间的内讧。

有着类似的隐没和复兴经历的第二个重大法律流派是伊斯兰法律。在蒙古人和奥斯曼人统治下的伊斯兰世界沦陷区,哈里发帝国的阿拉伯《沙里亚法》被这些蛮族的法典部分地取代了,尽管在马木路克王朝统治下的埃及依然保持着全部效能。但是,当奥斯曼帝国开始扩张到阿拉伯语和《沙里亚法》盛行不衰的人口稠密地区时,《沙里亚法》反而得到复兴和重建,被应用于整个奥斯曼版图。16世纪根据苏丹苏莱曼一世的命令而编纂法典大全,成为直至19世纪现代改革以前的奥斯曼法律的基础。

最后,我们来考察哲学的复兴。在别的地方,我们已经看到,儒家文士经历了汉朝大一统国家的瓦解而香火不断,并最终在隋朝所复兴的并由唐朝所维护的汉代帝国文官制度中重新赢得了垄断地位。他们在公共行政领域大举收复失地之时,还战胜了竞争对手——道家和大乘佛教。公元622年,以儒家经典为内容的科举制度(作为帝国文官体制选拔人才的方法)得以重建,意味着道家和佛教徒丧失了取代一度似乎已经落入他们掌中的儒家文士的机会。大乘佛教在中华大一统帝国衰落和兴起之间的空白期未能在政治上得手,而基督教教会则利用了西欧亚历山大以后的时代大展宏图。二者的反差证明了一个事实,与基督教相比,大乘佛教是一个在政治上无能的宗教。甚至从公元316年晋帝国分裂到公元589年隋帝国建立期间,北朝君主给予的庇护也没有使大乘佛教的信徒在政治上取得稳固的一席之地。但是,一旦大乘佛教与儒家学说的碰撞从政治领域转到精神领域,各自的命运就发生了逆转。

当儒家信徒趁着仕途方面的政治胜利大大发扬他们经典中的思想时,他们就可能会遭遇到这种逆转。根据科举内容重建一种哲学的事业是从新儒家韩愈(公元768—824年)和李翱(大约卒于公元844年)开始的。在11世纪,这种新儒家分成了两派,由程颐(公元1033—1108年)和程颢(公元1032—1085年)兄弟分掌门户。弟弟的“理学”被朱熹(公元1130—1200年)总其大成,而哥哥的“心学”在王守仁(公元1473—1529年)的思想中登峰造极。新儒学始终宣布与道家和大乘佛教分道扬镳,但实际上却采纳了这两个宗教的某些最基本的信条。新儒学不仅吸收了道家的阴阳宇宙论,而且受到佛教禅宗的深刻影响。新儒学从大乘佛教吸取了儒学本身所缺少的思辨因素;虽然它在某些方面试图重振儒学的真正精神,但是这种尝试既软弱无力,又难以持久。相比之下,大乘佛教则始终如一地渗透进本来旨在恢复佛教传入前的意识形态的那种哲学。新儒家的哲学复兴本身反倒成了大乘佛教精神的俘虏,这就使帝国士大夫在政治统一、社会发展的中华世界摧毁外来佛教的努力变得毫无意义。

孔子的幽灵

375　17世纪由皇帝主持的中国科举考试。在公元前最后一个世纪,熟读儒家经典成为进入中国官僚体系的考试内容,但是在公元4世纪,这项制度被废弃了。公元622年,该制度的恢复,不仅意味着回归古老传统,而且体现了儒家战胜新的对手佛教。

早在汉帝国原有版图重新获得统一、以儒家经典为内容的科举考试重新确立之前,儒家反对佛教的斗争就开始了。但是,儒家信徒一旦控制了复兴的帝国政府,他们就开始系统地滥用这种权力,镇压他们痛恨的佛教对手。自公元626年起,唐帝国疆域内的佛教寺院受到了儒家官员愈益严厉的控制。公元624—819年,一系列奏折呈报到朝廷,蓄之甚久的结果是,公元842—845年官方进行了一次系统的迫害。虽然与基督教所遭受的和施加的迫害相比,这次迫害是温和的,但是在中华世界的历史上,寺院与国家的关系总体上看不太紧张,这一次则算是极其激烈的流血事件了。

从最终结果看,儒家这一压制乃至根除大乘佛教的尝试并未取得成功:大乘佛教依然是中国的一股活跃力量。但是,即使中国在11个世纪之前能够根除大乘佛教,由于新儒学在思辨方面屈服于大乘佛教,儒家在政治上的这一胜利也会毫无价值。正如我们已经看到的,在公元842年大迫害之前,新儒学的开创者们就已经沿着大乘佛教的思路前进了;在此之后,稍加乔装的禅宗佛教的某些因素也进入了官方认可的新儒学经典。

很显然,新儒家对印度大乘佛教的哲学敌意,就像马其顿立法者对东罗马帝国宝座上前朝反对偶像崇拜的叙利亚基督教立法者的神学敌意一样,都是搬起石头砸自己的脚。这两种召唤亡灵来取代活生生的思想或制度的类似做法同样遭到失败,由此可以得出一个共同的教训。召唤亡灵没有什么不好,但是如果招魂者把自身融入他所召唤出来的亡灵中,只能导致失败。幽灵毕竟是完全透明的,一个血肉之躯要想躲在这种幽灵背后,就会被一眼看破。大乘佛教的形体透过新儒学的闪光外衣赫然显现,正如人们能够透过马其顿王朝附加上的查士丁尼破烂衣衫看到叙利亚王朝的基督教立法的实际内容。

不过,如果我们看一下希腊亚里士多德哲学在西方基督教历史上的复兴,情况就完全不同了。新儒学屈服于一种被帝国官方视为外来入侵的荒诞宗教。新亚里士多德主义则是强行把自己置于一种神学之上——尽管阿奎纳照常直呼亚里士多德为"哲学家",但是这种神学在传统上是以怀疑谨慎的眼光把他视为一个异教徒。实际上,基督教教会在夺取了希腊文明原有版图后已经默许这位希腊哲学家的幽灵进入西部地区,这个异教亡灵就俘获了教会。相反,虽然儒家始终想垄断中华文明,竭力根除大乘佛教,但是中国哲学家孔子的亡灵反而被大乘佛教所俘获。如此看

彩图 79
理想的共同体

　　希腊文化在中古意大利的复兴并不局限于艺术领域,其实早在300年前就出现在政治领域了。从11世纪起,意大利城市就与帝国和教会统治做斗争,赢得了自治。这些"公社"按照理想中的古希腊城邦形式建设自己的共和政体。毫无疑问,正是这些小型政体的建立以及与之相伴随的爱国主义热情和公民自豪感,促成了后来的文学艺术的繁荣:政治与文化在这种有益结合中,各自充分地再现了古希腊模式的特征。锡耶纳"公共会堂"的装饰壁画从各个方面描绘和赞颂市民生活。这是《好政府的寓言》(作于1338—1339年)的一部分,描绘的是市民在三种美德——和平、刚毅与丰饶——统治下的聚会。

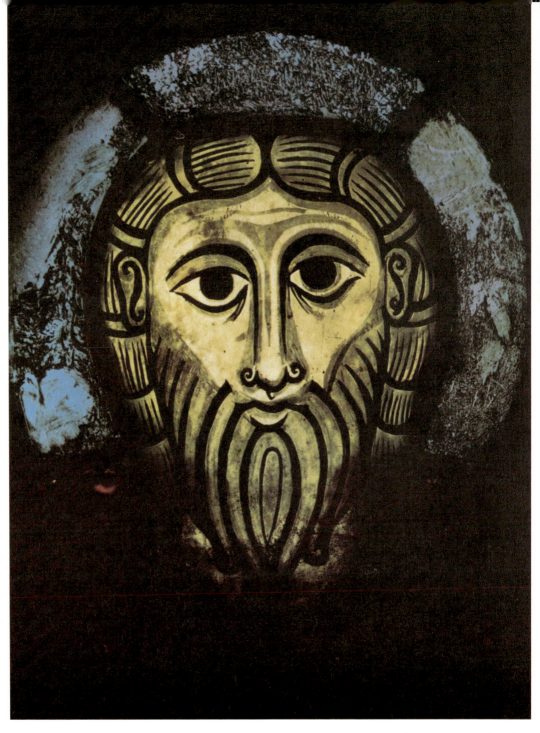

彩图 80
反希腊文化

中世纪的西方艺术，抛弃了晚期希腊艺术的那种理想化自然主义，把精神的表达置于形象的逼真之上。这是 11 世纪法国维桑堡大教堂的彩色玻璃窗。

彩图 81
希腊文化的复归

希腊文化在中古晚期意大利的复兴，导致了一种新的倾向，即尽可能地复制眼睛所见到的真实。因此，人们发明了具有精细的表现能力的油画。安托内洛·德·墨西纳（大约公元 1430—1479 年）的作品《救世主》。

彩图 82
超越希腊文化

到 19 世纪中期，西方艺术家已经能够像照相一样完美地表现事物；但是这种能力很快就因照相术的发明而变得没有用武之地了。法国画家安格尔（1780 —1867年）的作品《穆瓦德西耶夫人》。

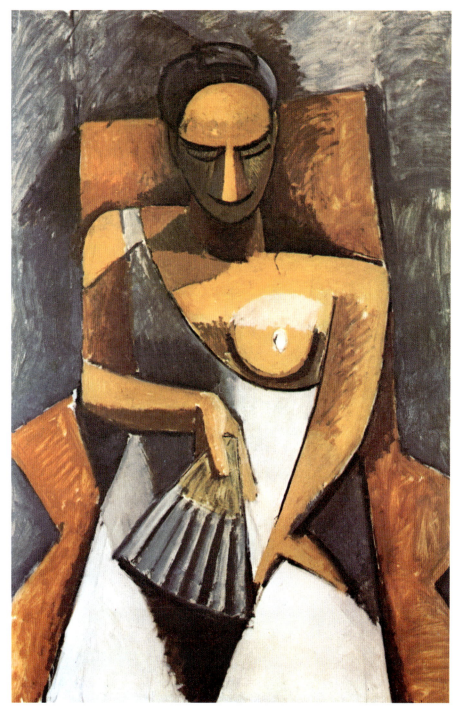

彩图 83
抛弃希腊文化

照相机征服了视觉世界，反而使得艺术家们能够自由地探索隐蔽的心理世界及其感受方式；艺术最终驱逐了希腊幽灵。毕加索的作品《拿扇子的女人》，作于 1908 年。

彩图 84、85
基督教的犹太良心

上图：天主教教堂以祭坛为中心，在雕刻的神像中以圣子基督为主角。这
显示了早期教会受希腊文化的影响，而偏离反对偶像崇拜和三位一体的犹太教传
统。在宗教改革时期，被基督教压制的犹太教传统得以复活；右图：新教教堂没
有任何偶像，教徒的注意力不是祭坛，而是布道坛。

彩图 86
基督教的犹太教来源

　　"从耶西的茎干将
会长出一根枝条，从他
的根将会长出一个分
支。"——以赛亚关于
弥赛亚必将降临的预言
在基督教艺术中获得一
种具体表现，即从耶西
平躺的身体生长出的从
耶西到基督教弥赛亚的
各代人。耶西家系树所
生动显示的《圣经·旧
约》和《新约》之间的
联系不仅仅是象征性
的：虽然基督教教会经
常试图抹杀或缩小它的
犹太教来源，但是基督
教信仰就扎根于犹太教
传统中，这种传统的因
素不断地在基督教教义
和仪式中复活。例如，
犹太教坚决信奉一神论
和反对偶像崇拜，而这
两点在基督教中都因希
腊文化的渗透而被削弱
了。但是，在基督教确
定三位一体教义的长期
激烈的论战中，在间歇
性的反偶像崇拜的风潮
中，在新教拒绝圣母和
圣徒崇拜的言行中，都
明显地表现出对犹太教
立场的重新评价。

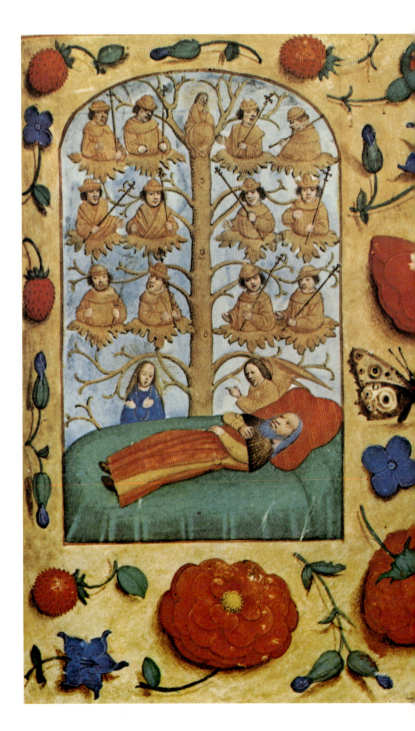

来,幽魂故事的这两种不同版本的共同点在于,得到法律支持的一方到头来反而被毫无法律可恃、只得凭借自身长处的一方所击败。

注释

［1］参见第九部,第四十四章。

［2］克里斯托弗·道森:《西方文化的兴起与宗教》,伦敦,1950 年,第 15、89 页。

［3］同上书,第 89 页。

［4］参见第四部,第二十四章。

［5］J.B.伯里校注的吉本《罗马帝国衰亡史》,伦敦,1898 年,第 5 卷,附录二,第 525 页。

［6］参见 C.E.扎哈里亚斯:《未刊行的希腊罗马法律大全》,莱比锡,1852 年。

［7］《马太福音》,第 5 章,第 29—30 节;第 18 章,第 8—9 节;《马可福音》,第 9 章,第 43—47 节。

［8］伊苏里亚王朝即叙利亚王朝。

第五十一章
语言、文学和视觉艺术的复兴

　　文学和视觉艺术的复兴与我们前面考察的法律和政治领域的情况迥然不同；原因在于，与人们的社会活动或科学技术探索不同，艺术没有直接的功用。一种政体或法律体系必须反映特定时空的实际需要，而一种艺术风格则没有受到这么严格的限制。毫无疑问，社会环境是决定一个艺术作品的形式与内容的首要因素，就此而言，艺术家是所属时代和所属阶级的囚徒；但是，我们的亲身经验告诉我们，无论我们的分析是如何精细，艺术中的人为因素和意外因素总是难以严格地确定和分类的，因为艺术所表现的人与现实的关系完全不同于其他人类活动领域所确立的人与现实的关系。艺术综合了人的感知和思考，因此，无论在艺术创作中时间和空间起了什么作用，艺术中所包含的见识的效力却会超越创作时的历史时空的暂时性和地域性。虽然人们能够根据风格和主题而迅速准确地判断一个艺术作品的历史背景，甚至能够十拿九稳把它当作确定某一社会状况的一个象征标志，但是艺术的最基本因素却是超出其时代的那部分东西，那是永远能够被人们理解、对人们有所启示、甚至神秘的"真实"。

　　因此，艺术是把在逻辑上不相容的必然与自由这两个范畴加以结合与协调，而这种暧昧性恰恰是一个文学作品或视觉艺术作品能够超越诞生它的社会，对人们的生活发生影响的关键所在。另外，当后来的社会召唤出昔日艺术的幽灵时，这种魔力则发挥出更为强烈的潜力。一种美学风格在原来的社会环境中可能是随心所欲的，当它在另外一个陌生的环境里被复活时会变得更加随心所欲。这种环境已经创造出自己的美学风格。但是，这种美学风格的拥护者几乎找不到能够抵抗外来入侵者的立足之地。任何艺术风格都不能像政府体制或法律体系那样，宣称自己是唯一能够切实解决此时此地社会问题的办法；它们也不能像自然科学或技术那样，宣称自己是该领域迄今积累的全部知识的唯一合理的总结。在没有像法律或科学可以

cum religioſo tripudio plaudendo & iubilando, Qual erano le Nym-
phe Amadryade, & agli redolenti fiori le Hymenide, riuirente, ſaliendo
iocunde dinanti & da qualúq; lato del floreo Vertunno ſtricto nella fron
te de purpurante & meline roſe, cum el gremio pieno de odoriferi & ſpe-
ctatiſſimi fiori, amanti la ſtagione del lanoſo Ariete, Sedendo ouante ſo-
pra una ueterrima Veha, da quatro cornigeri Fauni tirata, Inuinculati de
ſtrophie de nouelle fronde. Cum la ſua amata & belliſſima moglie Po-
mona coronata de fructi cum ornato defluo degli biódiſſimi capigli, pa-
rea ello ſedéte, & a gli pedi del laquale una coctilia Clepſydria iaceua, nel
le mane tenente una ſtipata copia de fiori & maturati fructi cum imixta
fogliatura. Præcedéte la Veha agli trahenti Fauni propinq; due formoſe
Nymphe aſſignane, Una cũ uno haſtile Trophæo gerula, de Ligoni-Bi
denti. ſarculi. & falcionetti, cũ una ppendéte tabella abaca cũ tale titulo.

原作与仿作

376、377、378 希腊文化在西方印刷品中的复活。
左上图:原作是 5 世纪诗人维吉尔作品《农事诗》拉
丁文手稿中的一页。左下图:查理曼时代的圣礼书
在一定程度上恢复了早已失落的希腊风格。图上的
文字是查理曼时代的小书写体,整齐,好辨认,但是
图案不是希腊风格,粗糙,混乱。上图:1499 年,意大
利的阿尔杜斯·马努蒂乌斯的印刷所印制的精美作
品中的一页,在印刷术和图案设计方面明显地具有
希腊风格。阿尔杜斯是仿照人文主义者的作品,而
人文主义者则是仿照查理曼时代学者的作品。

635   第五十一章 语言、文学和视觉艺术的复兴

利用的那种天然辩护的情况下,本土艺术与外来艺术用不同的形式表现同一个现实,其较量的结果就取决于哪一种形式更能满足人们普遍而永恒的精神需求,而不管这些人碰巧生活在什么时空中。在衡量双方各自的优点时,注重于它们是否具有永恒而普遍的价值,是否不受此时此地的干扰。在这种情况下,双方机会均等。来自往昔的入侵者与不设防的现时守卫者都有成功的机会。基于上述原因,我们将会看到,被复活的文学和视觉艺术呈现出极其明显的矛盾形象,并引起极其激烈而持久的争执。

一种活的语言,除了把它作为媒介的文学之外,也有自身的生命;在理论上,它产生于文学之前,而且它可以不管文学的发展,作为听觉交流手段而自行发展。当语言和文学从过去的世界被召唤出来时,二者的原始关系就发生了颠倒,因为语言的幽灵是作为文学幽灵的寄生物而纠缠着活人的世界。在考察语言和文学的复兴时,我们不可能把二者分开。除非为了理解"死"语言的文学丰碑,人们很少愿意下工夫去重新掌握"死"语言;而且,在文学复兴的过程中,人们通常不是要恢复说"死"语言的能力,而是要恢复书写这种语言的能力。

在这项艰苦而严格的事业中,第一步是抢救昔日文献的残片,第二步是重新了解这些残迹的意义,第三步是仿造赝品——众所周知,如此费力地制作这些赝品,完全是出于对真品的迷信崇拜。我们可以沿着这些阶段的先后顺序进行考察,当然在这个过程中我们会发现,这些阶段可能重叠,而且各阶段之间的区分不仅是时序上的差异。

在文学复兴的初期,学术上的准备工作通常是集体的努力,而非个人所能完成。文学复兴在第一或第二阶段的典型成就,通常是由某个君主邀请的一批学者所编辑的某种选集、汇编、全集、字典或百科全书;资助这种合作项目的君主往往是复兴的大一统国家的统治者,而这个大一统国家本身是政治领域复兴的产物。在历史上有5个这方面的杰出代表,即亚述国王阿苏尔巴纳帕尔、拜占庭皇帝君士坦丁七世(波菲罗格尼图斯)、中国的永乐皇帝、康熙皇帝和乾隆皇帝。他们都是复兴的帝国的皇帝。

中华大一统国家复兴时期的皇帝对收集、编辑、注释和出版昔日典籍的工作极其热衷,在世界上可能无出其右者。在永乐皇帝(在位期间为公元1403—1425年)、康熙皇帝(在位期间为公元1662—1722年)和乾隆皇帝(在位期间为公元1736—

379 斯威夫特的《古书新书之战》1710 年版的卷首插图和扉页。该书是关于古代学术和现代学术,即希腊文化与科学方法之争的讽刺作品,初版于 1697 年。斯威夫特赞成古代学术,但是历史最终宣判现代学术胜利。

1796 年)的主持下,完成了中国典籍集成的皇皇巨制。有的多达数万卷,国家甚至无力把它们都付印出来。与这些浩大的工程相比,东罗马帝国皇帝君士坦丁七世(在位期间为公元 912—959 年)的成就显得微不足道了。当然,按其他标准看,他在世时对遗存的大量希腊古典文献的收集和整理也算得上是一项相当可观的学术贡献。

在对汇编成集的文献加以诠释和注解方面,中国学者的工作仍然独领风骚。在唐代,中国人的知识至少被汇编成 3 部著名的百科全书,在宋代,至少汇编成 4 部百科全书。在明代和清代,人们在这些类书的基础上进行了更浩大的词典编辑工程。拜占庭的学者也做了类似的工作,但是无论在规模上还是在学术性上,都无法与中国学者的成就相比。

文学复兴的第三阶段是仿造经典文献。在这方面,桂冠应属于拜占庭历史学家。从 11 世纪起,他们在复兴被废弃的古希腊文时找到了自己的文学表达手段。在 15 世纪这种文体的最后一批应用者之中,东正教历史学家尼科拉斯("拉奥尼科

现代人的胜利

380 狄德罗、达朗贝尔以及《百科全书》的其他撰稿人。《百科全书》是根据狄德罗的构思于1751—1776年出版的35卷本著作。与以前中国的类书不同，它不是古书集成，而是一部学术创新之作，提出了启蒙时代的新学术。作为宣传理性主义哲学的著作，它遭到正统的和教会的思想家的严厉谴责，两度被禁止发行。

斯")·卡尔科康第拉斯和克里托波乌洛斯（"克里托乌洛斯"）把这种以假乱真的做法推到了极端荒谬的地步。他们力求模仿修昔底德和希罗多德这两位最辉煌和最难把握的希腊作家的文笔。他们作品中比比皆是的词汇语法错误足以表明他们的失败——这些败笔与他们对历史的真知灼见形成了鲜明的对照。

如果我们把眼光从中国、东正教和西方古代语言文学的复兴扩大到这3次复兴运动的全过程，我们就会看到，中国、东正教这两个地区的复兴情况很相似，而它们在两个方面有别于西方的复兴运动。首先，这两个非西方的复兴运动一帆风顺，没有遭受严重的挫折；而14和15世纪从意大利开始的西方文化复兴最早可追溯到公元8世纪在（英国）诺森伯里亚王国开始的那次半途而废的尝试。其次，这两个非西方文化复兴运动最终都被颠覆，但是这种颠覆力量不是出自本土文化的复兴。在中国和东正教世界，当地社会都从未想过要抛弃过去的幽灵；在这两个世界，过去的幽灵是被另一个西方文明的幽灵所驱逐；西方文明的幽灵在17世纪侵入东正教世界，在19和20世纪之交侵入中国。相反，近代西方的希腊文化复兴最终是由于西方自身文化的振兴而告结束的。17世纪末，西方文化的振兴导致了反希腊文化的"反革命"取得决定性的胜利。

西方基督教世界的第一次半途而废的希腊文化复兴，与西方基督教文明的诞生发生在同一时期。在英伦岛屿的诺森伯里亚王国发生的这次复兴运动的先知是贾罗隐修院的圣比德（公元675—735年）；在欧洲大陆加罗林帝国的传播者是原约克天主教学校校长阿尔昆（公元735—804年）；在被斯堪的纳维亚蛮族摧毁之前，这次运动已经开始复兴了保持希腊原文的希腊文化，同时也开始给它披上拉丁文的外衣。阿尔昆曾梦想，只要得到查理曼的合作，就能在法兰克的土地上唤回雅典的幽灵。但是这种幻想很快就破灭了；而且，迟至7个世纪之后，当意大利的人文主义者再次陷入这种幻想时，事实证明，这种幻想与影子一样不可靠，转瞬即逝。

这个幽灵在第二次姗姗来迟时，表面上显得坚实可靠，与其原型极其相似，难怪人文主义的先驱者们当时会相信能够把阿尔昆的梦想变成现实。但是，这种信念是否能够得到证实，完全取决于人文主义者的基本假设是否正确，即西方文明和希腊文化是同一实体的两个化身。对于这些西方人文主义者来说，这确实是一个关键性的信念。

在提出这个假设时，人文主义者仅仅是把招魂者的意识形态的必要信条应用于他们的招魂活动中。召唤幽灵的动机是借此改变活人的观念与行为。如果人们丝毫不为这种幽灵所动，招魂活动就徒劳了。招魂者是否成功，就看幽灵能使人们在多大程度上偏离原来的轨道。招魂者同时还必须避免受到这样一种指责，即他所亲近的幽灵不是一个可靠的向导，而是引人误入迷津的鬼火。因此，凡是成功的招魂者在召唤过去的幽灵时必须宣称，现在的人们或社会已经偏离了正道，他所提供的服务正是指引行人返回大路。近代西方的希腊文化复兴运动的参与者们竭力给同时代人造成这种印象，而且这种印象至今还有支持者。其实，仅过了二三百年，早在17世纪结束时西方世界已经驱逐了希腊文化的幽灵。但是，在这个幽灵最终被驱逐之前，它牢牢控制着西方社会，以至于还要再过二三百年，人们才能说这个幽灵真正安息了。

在这场文化内战中，向希腊文化首先发动反攻的是16世纪的博丹，后来居上的是培根和笛卡尔，最后取得决定性胜利的是法国的丰特奈尔和英国的威廉·沃顿。17世纪末，丰特奈尔的《散论古人和今人》与沃顿的《关于古代学术和现代学术的思考》是迫使"古人"投降的最后两炮。西方文明进入其现代篇章的标志之一是1695—1697年彼埃尔·培尔在鹿特丹出版的《历史和批评词典》。培尔不仅是理性主义的先知之一，而且是"学术共和国"的奠基人之一。理性主义是对宗教战争的一种反动，而"学术共和国"则是在中世纪西方基督教理想国失落以后的世俗理想。培尔的词典直接导致了狄德罗和达朗贝尔的《百科全书》，因而间接影响了后来所有集体合作的知识典籍，因为这些后来者承认《百科全书》是现代西方百科全书之母，并把这一名称变成了一种文化活动方式的一般名称。

当然,词典和百科全书不是这个时代特有的产物。早在戴克里先以后正在瓦解的希腊世界和后汉时期正在瓦解的中华世界,当时世代积累的文化财富面临遗失的危险,因此为了保存这些文化财富,人们发明了词典和百科全书。另外,我们已经看到,它们在东正教世界和后来的中华世界的复兴,乃是人们为了重新掌握被埋葬的前代文化财富并力图最终使之重新流行于世而迈出的第一步。单就规模而言,直到近代,中国百科全书鸿篇巨制的丰碑一直俯视着西方所能完成的同类最辉煌的工程。然而,近代西方的百科全书虽然在结构或规模上相形见绌,但在宗旨和精神方面则别开生面。在17世纪反对"古人"的"文化战争"中,西方"现代人"从戴克里先以后的希腊文化武库中盗取了这一武器,但不是用于保存或复兴昔日的文化,而是用来证明现有的一种文化优于古老的幽灵。

自1695年起,各种百科全书相继问世,规模越来越大,时间间隔越来越短。它们是宣言书,宣告了西方人的智慧远胜于希腊人;而且,它们也是记录公告,报道了西方思想先驱在知识处女地所取得的进展。在数学、自然科学和技术领域,西方人自信自身成就的独一无二性。回过头来看,这种自信还是有道理的。在美学、道德和宗教领域,"进步"概念是不适用的,真理的探索永远是清新的,因此很难说一个西方的浮士德比一个希腊的普罗米修斯更有资格蒙受神的恩宠。但是,有一点是明确的。这就是,在17世纪末,当时生机勃勃的西方世界毫不含糊地勒令古老的希腊文化幽灵滚蛋。

西方人完全靠自己的努力最终驱散了古老的幽灵,而东正教徒和中国人则做不到这一点。那么我们能够明确地指出西方人这次复兴的特征吗?西方的希腊文化复兴是断断续续的过程,而东正教世界和中国的类似复兴则一帆风顺,二者之间的反差至少可以给我们提供一个线索。希腊幽灵在西方的出没时断时续,给西方各民族当地口语文化的发展提供了许多机会,当幽灵卷土重来时,这些文化已经根深蒂固,难以摧毁。西方新的口语诗歌摆脱了希腊基于音节的韵律,而采用基于单词重音的韵律,这种自然韵律特别适合西方基督教民族流行的罗曼语和条顿语诗歌。这种土生土长的西方基督教重音诗歌又吸收了当时阿拉伯诗歌的韵律,而后者是希腊世界的西方基督教世界的文学传统都没有的东西。西方的这一革命转折的胜利最初在11—13世纪普罗旺斯行吟诗人的重音韵律诗歌中已微露曙光。尔后,但丁采用这种韵律创作《神曲》,抛弃了拉丁诗的六音步诗体,进一步确立了这一胜利。在做出这一历史性选择时,但丁把口语诗歌创作与对复兴的希腊文化的崇拜结合起来,表达了自己时代和环境的精神。他竟然设法毫无矛盾地同时成为复兴和新生活二者的代言人。他之所以能够达到这种奇迹般的和谐,至少部分地应归因于他的幸运:在 13 和 14 世纪之交的意大利,复兴的希腊文化的影响还没有强大到压倒一切。

这个幽灵无力扼杀在它的阴影下滋长出来的新文化,而活生生的文化则对古老的幽灵发动了反攻。这个幽灵反而被它的侵扰对象轻巧地制服了。当我们考察自 11 和 12 世纪之交以来西方基督教世界的拉丁文诗歌时,我们目睹的是一种庄重形式,但听到的是另一种口语的声音。12—15 世纪,中世纪拉丁诗歌可以说是披着拉丁外衣的口语诗歌。虽然文字是拉丁文,表面上是拉丁诗,但是它们的韵律、情感和精神都被当时西方的口语文学的创造精神所渗透。15 世纪意大利的人文主义者对原汁原味的希腊真品怀抱着一种书生气的热情,也显示出足够的聪明才智,他们写古典的拉丁诗歌有的不亚于卢卡(公元 39—65 年)、甚至奥维德(公元前 43—公元 18 年)的作品。但是他们仅仅扼杀了披着拉丁外衣的口语诗,却没有复兴希腊文学,以取代早已根深蒂固的口语诗。在人文主义者复兴了古典书面韵体之后,继之而来的不是西方当地文学的衰落,相反,西方当地文学却突然大放异彩,使得人文主义者僵化的学院活动黯然失色。

西方世界自然产生的口语文学绽放出鲜艳的花朵。在东正教世界和中华世界也有相似的情况,但是这些种子落在复兴的古代语言文学的荆棘之中,受到压抑。近代希腊语与西方口语很相似,也强调重音,而不强调音节。它还创立了一种相似的重音诗体,即所谓的"主节律",与古代希腊韵文迥然不同。近代希腊的重音诗体是 11 世纪瓦西里·迪耶涅斯·阿克里塔斯的史诗——与《罗兰之歌》相似的拜占庭史诗——的载体。但是,如果说 11 世纪的《罗兰之歌》是西方各种活语言的方言文学之父,其影响历经 900 年仍长盛不衰,那么同时代的这首拜占庭希腊语史诗却由于东正教世界复兴了古代希腊语言和文学而被阉割,丧失了原本应有的使命。甚至法国和威尼斯口语文学所提供的榜样,也不能刺激出具有自身特色的希腊口语文学。

希腊文化在东正教世界的复兴发生在这种东正教文明与西方的基督教社会发生长期接触之前。19 世纪,当希腊东正教徒对西方的态度从蔑视和敌视转变为赞扬和欢迎时,这种文化交流本来可能会把近代希腊语言从僵死的希腊文化幽灵中解放出来。但是，希腊人很不幸地从同一个西方源泉吸收了民族主义的毒汁；结果，19世纪的希腊人更强烈地认为，他们的语言与古希腊语一脉相承，他们祖先的东正教文明附属于希腊文明。这些风马牛不相及的历史联系使他们乞灵于语言复古主义，硬在自己的母语中塞进大量的古希腊词汇、变音和语法，从而败坏了母语。因此，在语言文学领域，西方文化的特色本来是利用生动的口语作为文学表达手段，而希腊人对现代西方文化的"接受"却产生了相反的结果，不是解放而是束缚现有的希腊活语言。

中华世界的情况也一样。由于蒙古人的统治对文化的破坏，运用生动的口语来表达的通俗文学在僵死的古文的阴影下滋长出来。但是，中国古文一直享有权威地位，因为它们是官方规定的教育和行政的语言媒介。因此，新兴的口语文学受到鄙视，甚至它们的作者也视之为不入流的东西。直到1905年废除了使用古文的科举制之后，中国的口语文学才获得解放。作为口语文学的文字载体的"官话"过去受到儒家经典的死语言的压制，此时拥有了合法的地位。

现在我们再来看视觉艺术的情况。首先会引起我们注意的是，这个领域的复兴情况基本上大同小异。在人们熟知的例子中，我们可以列举出公元前7—前6世纪埃及赛伊斯王朝时期已经沉寂了两千年之久的"古王国"雕刻和绘画风格的复兴；公元前9—前7世纪阿卡德浅浮雕风格在苏美尔—阿卡德世界的复兴——这种复兴的阿卡德艺术在亚述尤其发达；希腊浅浮雕风格——最杰出的例子是公元前5—前4世纪的希腊作品——在公元10—12世纪拜占庭的双联象牙作品（不是石头作品）上的小复兴。但是，无论从范围看，还是从取代以前的艺术风格的彻底性看，这三次视觉艺术复兴都远远不及西方基督教世界的那次希腊视觉艺术复兴。这次希腊视觉艺术的幽灵出现在建筑、雕刻和绘画三个领域；而且，在这三个领域里，幽灵都牢牢地站住了脚，以至于在西方从它的奴役下摆脱出来后，西方艺术家已经不知道如何利用自己刚刚恢复的自由。

西方天才们的这种瘫痪状态影响了视觉艺术的这三个领域；但是，最突出的是希腊文化复兴在雕刻领域的扫荡。在这个领域里，13世纪法国本地风格的代表人物曾经创作出足以与希腊、埃及和大乘佛教的艺术流派巅峰时期作品相媲美的杰作。相形之下，在绘画领域里，西方艺术家从未摆脱东正教社会早熟艺术的束缚；在建筑领域里，罗马式风格——顾名思义便可得知是希腊文明最后阶段的遗产——早已被

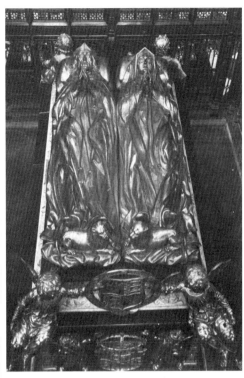

艺术的十字路口

381、382、383　英国国王亨利七世于 1503—1519
年在威斯敏斯特寺院修建的教堂,乃是本地传统与
复活的希腊文化之间斗争的一个纪念碑。左上图:
扇形穹窿是哥特式建筑的最后杰作之一。左下图:
墙上的石像属于北欧派雕刻的最后阶段的作品。上
图:使这两个本地艺术作品黯然失色的,是托里贾尼
为亨利夫妇建造的古典坟墓。这是意大利的希腊文
化复兴传到英国的先声。

　　　　　　　第五十一章　语言、文学和视觉艺术的复兴

侵入的"哥特式"风格所取代——"哥特式"是一个错误的标签,这种风格实际出自叙利亚世界。

两度被击败的西方视觉艺术与入侵的叙利亚和希腊艺术之间的较量,还可见于1503—1519年间国王亨利七世(在位期间为公元1465—1509年)主持建造的威斯敏斯特寺院教堂的建筑和雕刻。尽管希腊艺术已经侵入,但该教堂的哥特式拱顶达到了登峰造极的地步。高处的石像乃是西方基督教北欧派雕刻的绝唱。讲坛中心被意大利雕刻家托里贾尼(公元1472—1522年)的希腊风格的杰作占据着。他确信这种风格代表了未来。

"哥特式"建筑风格被驱逐出意大利中北部后,直至16世纪初在北欧依然屹立不动。因为这种风格在北欧从未像在欧洲阿尔卑斯山外地区那样彻底地取代罗马式风格。意大利是希腊幽灵在西方首先扎根的桥头堡。希腊化建设风格的胜利进军最终在整个西方世界取代了罗马式风格和"哥特式"风格。这一进程的几个阶段可见于1296年到1461年佛罗伦萨的圣马利亚教堂的建造史。1294年,佛罗伦萨人决定夷平纪念圣列帕拉塔的中世纪教堂,在原址建造一座新教堂。这个决定可以被看作是一个象征,意味着复兴的希腊文化向流行的中世纪风格宣战。这场持久战的高潮是,费利坡·布鲁内莱斯基(公元1377—1446年)在1418年赢得教堂穹窿顶设计的公开招标。

布鲁内莱斯基设计的穹窿顶使西方世界为之惊叹,进而使意大利的俗语 duomo(神屋)从此获得了表示一种特殊建筑结构的新含义。在布鲁内莱斯基通过研究希腊世界晚期建筑而重新发现了那个秘诀之前,西方建筑师一直没有办法建造那样的建筑结构。然而,布鲁内莱斯基小心翼翼搭起来的穹窿顶虽然在西方引起轰动,但在同时代在布尔萨为奥斯曼帝国苏丹穆罕默德一世(在位期间为公元1413—1421年)建造清真寺的建筑师看来则是极其笨拙的。在布鲁内莱斯基死后的400年间,他的后继者们不断地挖掘复兴的希腊技术的全部资源,革新私人和公共建筑。尽管他们在技术上不断花样翻新,最终却是造成了一片单调的美学沙漠。在这几代建筑师一门心思榨干引进的希腊丰富资源之前,西方自己的罗马式风格和外来的哥特式风格早已断了香火。

建筑领域希腊风格的复兴使西方人的才华受到阉割。这明显地体现在西方很难从工业革命中收获应有的丰硕成果。大工业给西方提供了一种前所未有的万能的新型钢铁建筑材料,但是19世纪的西方建筑师大多满足于把钢铁作为一种补充手段应用于当时流行的毫无创意的古典式或哥特式建筑。只有少数建筑——例如1869—1871年赛勒斯·哈姆林在博斯普鲁斯海岸建造的哈姆林大厦,1889年在巴黎建造的"机械商场"——大胆而充分地利用了新技术。很久以后,建筑师才摆脱了古典和哥特模式,充分发挥了钢铁构架结构的各种潜能。

作为希腊风格复兴的一个长期恶果,西方艺术家的才华受到阉割的情况在绘画和雕刻领域也表现得同样明显。自乔托(大约公元1266—1337年)以后的500多年,现代西方绘画毫无疑义地接受了希腊后期视觉艺术的自然主义观念。由此接连不断地产生出各种各样表现视觉上的光影印象的方式,通过巧妙的艺术技巧制造照相效果,直到这种持续的努力因照相技术的发明而突然失去价值。在现代西方科学的巨斧砍掉了画家的立足支点后,有些画家开创了一种拉斐尔前派运动,但由于他们求助于拜占庭艺术而一直受到指责。另外一些画家则开辟出真正的新路,探索科学所打开的心理学新世界,用他们的作品来传达"心理"的精神体验,取代个人眼中的视觉印象。这种心理探索最终也影响了雕刻领域。在这两个领域里,艺术之路大大拓宽,更深入地进入科学所打开的心理世界。

行文至此,看上去,希腊化复兴在这三个视觉艺术领域造成的西方自身才华的不育症似乎终于得到救治。但是,这种缓慢而艰难的治疗过程告诉我们,创伤是多么严重。

第五十二章
宗 教 的 复 兴

　　宗教复兴的典型例子是,犹太教不断地向世人展示它在基督教里既受到谴责而又抹杀不掉的存在。基督教与犹太教的关系在犹太人心目中是再清楚不过的了,但是对于基督徒的良心来说,这种关系则具有难堪的暧昧性。在犹太人心目中,基督教教会是犹太教的一个叛逆派别,它采纳了一个误入歧途但怀有理想的加利利(即古代巴勒斯坦北部地区)法利赛人所宣扬的错误教义。基督教征服希腊世界,并不是上帝创造的奇迹,而是异端的成功。因为这种轻而易举的征服是靠着背叛犹太教的两个基本原则和耶和华的最高启示——一神论和反对偶像崇拜——而取得的。[1] 如果犹太人愿意背叛主的信托而与希腊的多神论和偶像崇拜妥协的话,犹太人也能引诱希腊人在表面上接受犹太教。

　　在基督教向希腊文化做出这种显而易见的妥协后,犹太人的使命就变成坚守他们对上帝的永恒启示和戒律的见证。用迦玛列的一个叛逆弟子的话说:

　　　　你们要用上帝所赐的全部武器装备起来,好在险恶的日子里能够抵挡得住,并在抵挡成功后坚守得住。所以,你们要站稳,用真理作腰带。[2]

　　如果基督教没有把在理论上对犹太教一神论和反对偶像崇拜的遗产的忠诚与在实践中向希腊多神论和偶像崇拜的让步结合起来,那么它就可以把犹太人对它的辉煌成功的蔑视看作是竞争失败者恼羞成怒的表现。基督教教会重新把犹太教《圣经》当做基督教信仰的《旧约》来加以供奉,乃是它的一个致命弱点,使得犹太教的批评可以直捣基督教的要害。因为基督徒与犹太人一样确信下述戒律是上帝的命令,人们必须毫无保留地服从:"除我之外,你不可以有别的神。你不可制造任何仿佛天上或地上或地下水中之物的雕像。你不可叩拜它们,不可敬奉它们。"[3]

　　十诫是《旧约》的核心,也是《新约》一再援引和敬奉的权威教义,而且基督降临人间就是为了实现这些戒律。因此,《旧约》是基督教大厦赖以矗立的基石之一。但是，三位一体教义，圣徒崇拜，圣徒视觉形象、三位一体的三个形象以及平面艺术作品也都是基石。从这座建筑的脚下抽走任何一块基石，都会使它倒塌。然而，当犹太人指责基督教教会的希腊式做法与其信奉的犹太教理论不相协调时，基督教辩护士如何能自圆其说呢？但是，为了使基督徒相信犹太人的指责毫无道理，必须做出某种回答。原因在于，犹太人揭露基督教教会的言行不一，在基督徒心里唤起了负

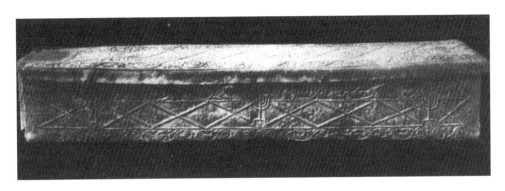

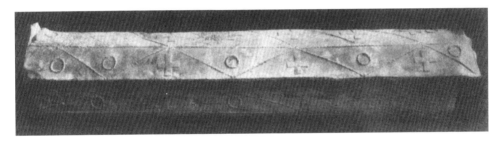

偶像崇拜：希腊起源
384、385、386　3个石棺显示了希腊偶像崇拜与犹太教反偶像崇拜在犹太教艺术和基督教艺术中的消长。最上面是公元3—4世纪一个犹太人的石棺：上面的花草乃至人物图案显示了希腊文化的侵染。中间是同一时期的一个简朴的基督徒石棺，显示了犹太教反偶像崇拜的明显回潮。但是，最下面的这个5世纪的基督徒石棺却转而采用了希腊风格的铺张装饰。

　第五十二章　宗教的复兴

387、388 "只有一个真神":犹太教的一神论口号用希腊文刻在6世纪巴勒斯坦的一个犹太教堂的柱子上端。《新约》中的三位一体观念是犹太人乃至伊斯兰教徒都不能容忍的,被看作是对希腊多神论的让步。下图:中世纪的一幅画像《圣母加冕》描绘了三位一体的3个人形,证明了基督教确实应该受到这种谴责。

罪感,这样,犹太教在对基督教进行报复时,就迫使基督教同时在两条战线作战。对于基督教教会来说,反对外部不肯归化的犹太人的斗争固然艰巨,但是在每一个基督徒心灵深处展开的内战更为可怕:基督徒的心灵已被撕裂成两半,一边是轻松的希腊异端实践,另一边是被触到痛处的犹太教良心。

这种斗争的双重性体现在基督教论战文献的不同文体上。反驳犹太人的攻击,使用的是辩护文体,教会内部偶像崇拜者与反对偶像崇拜者之间使用的是论辩文体。当然,两种文体的论点,历代作者的论点大体上是一致的。当公元4世纪整个希腊异教世界在名义上皈依基督教后,这个泛希腊世界的教会的内部争论超过了基督徒与犹太人之间的争论。但是,在6—7世纪犹太人与基督教的神学论争烽烟再起。原因在于,5世纪末犹太教徒在巴勒斯坦犹太人社区开始清理门户。由于犹太教堂在一段时间里容忍墙壁装饰中出现动物的形象,甚至人的形象,犹太教徒内部展开了反对这种近似基督教的松懈现象的斗争。这种斗争在犹太人与基督徒之间的战场上产生了回响。针对犹太人关于基督教搞偶像崇拜的指责,基督教以攻为守,进行反击。如果我们看一下基督教内部赞成偶像崇拜者与反对偶像崇拜者之间的类似争论,我们就会惊讶地发现这种争论是极其普遍的。我们会看到,从基督教教会战胜异教的戴克里先帝国之时起,甚至在此之前,在基督纪年以来的几乎任何时代,在基督教世界的几乎任何地区都会爆发这种冲突。

在还未分裂的天主教会,自公元4世纪起,仇视偶像崇拜的倾向一直在扩散。埃尔维拉会议(公元300—311年)通过的第36条教会法严格禁止在教堂里展示图像。该撒利亚的优西比乌斯(公元264—340年)拒绝了君士坦丁大帝的妹妹康斯坦蒂亚索要圣像的请求。康斯坦蒂亚城(今萨拉米斯)主教兼塞浦路斯大主教伊皮凡尼乌斯(公元315—402年)发现一座教堂里的布幔上绣有画像后一把将它扯掉。在东方的叙利亚,马布格主张基督一性论的主教色纳亚斯在公元488年前后发动了一次反对偶像崇拜的运动;6世纪,在埃德萨和安条克都发生过破坏圣像的暴动。在基督教世界的希腊核心,6世纪的记载也显示了反对偶像崇拜的强烈情绪:阿德腊密提翁(今埃德雷密特)主教朱利安禁止在他的教区教堂里摆放任何立体形象或在石头和木头上绘画,只允许在门口摆放雕刻作品。同一时期,在拉丁地区,纳博讷的一位主教觉得应该给一幅基督受难图蒙上一块布;马赛主教塞雷努斯只要在他的教区教堂里见到图像,不是打碎,就是下令撤除。公元6—7世纪,君士坦丁堡、塞浦路斯、

偶像崇拜：东正教的反应

389 早期基督教教会中的偶像崇拜，引起犹太教徒把基督教斥之为异教。早在 4 世纪，基督教教会就意识到自己的这一弱点，开始恢复自己所继承的犹太教反偶像崇拜的传统。8 世纪时，在东罗马帝国内，反偶像崇拜的潮流暂时取得胜利。当时的皇帝利奥·塞鲁斯撤除了官殿门口的基督像，教堂里的基督画像也都被撤除。在下一个世纪偶像崇拜派的心目中，这一行为无异于把基督再次钉在十字架上。图中的这页手稿就是在这种背景下产生的。

亚美尼亚和外高加索都有关于反对偶像活动的记载。

事实证明，在长达 400 年的时间里，反偶像崇拜的活动在基督教世界的核心和边缘一直很活跃，最终由东罗马帝国皇帝利奥·塞鲁斯把它变成了官方事业。这就使我们能够理解，为什么犹太教反偶像崇拜的幽灵突然在东正教世界甚嚣尘上。当公元 726 年一场破坏圣像的运动开始发生时，根本不需要召唤幽灵，因为这个幽灵已经徘徊了几个世纪，一直伺机捕捉人们的良心。

犹太教反偶像崇拜在东正教世界的复兴与希腊文化在西方的复兴颇为相似。它先在公元 726—787 年爆发，经过一段沉寂后，在公元 815—843 年再度爆发。中间那次挫折已显露失败的征兆，到 843 年，由于双方达成妥协而宣告复兴的最终失败。长达 5 个世纪的冲突最终转化为持久的和平。

东正教世界圣像之争表面上尘埃落定，但是在更大的基督教世界范围内，这个棘手的问题并没有解决。公元 787 年尼西亚会议的决议暂时恢复了东正教世界的圣像崇拜，结果在查理曼帝国引起了一片反对和抗议之声。教皇哈德良一世（任职期间为公元 722—795 年）拒绝了查理曼关于联合谴责第二次尼西亚会议决议的建议，从而平息了这次抗议。但是，在阿尔卑斯山外地区，这种长期酝酿的强烈不满最后终于爆发出来。16 世纪，犹太教反偶像崇拜在德意志爆炸般的复兴，其激烈程度不亚于 8 世纪安纳托利亚的那次爆发，而且其后果更为持久。

在西方基督教世界的这次新教改革运动中，原本作为犹太教两个基本信条之一的反偶像崇拜不是唯一卷土重来的犹太教幽灵。犹太教严守安息日的规矩也受到 16 世纪脱离罗马天主教教会的新教教派的推崇。犹太教这个因素在新教世界的复兴是不太好解释的。严格遵守安息日以及其他仪式,本来是散居各地的犹太人为了在极端敌对的环境下维持自己的认同身份和群体而做出的有效反应。但是,犹太教严守安息日主义在西方基督教世界的胜利则不能归因于散居的犹太人曾经面临的这种特殊环境。

新教徒的最高目标是回归原始教会的原始仪式;但是,在这里我们看到他们抹杀了原始基督教与犹太教二者在仪式上的差别。原始教会明确地把这种差别当做自己有别于犹太教的一个标志。原始教会为了证明自己与犹太人脱离关系,把每周的礼拜日从安息日(星期六)改到每周的第一天。新教徒则竭力消除原始基督教变革有意造

偶像崇拜:新教的反应

390　荷兰的新教士兵全面彻底地摧毁教堂里的神像和人像。在荡涤偶像、纯洁神殿的激烈行动中,绘画、雕像、窗户、坟墓和祭坛都遭到破坏。西方基督教世界的反偶像崇拜斗争没有东正教世界那样深入广泛。在基督教传入前的意大利,希腊文化已经广泛使用图像。因此,这种方式在西方教会里形成牢固的传统。罗马教廷与君士坦丁堡对于东罗马帝国反偶像崇拜运动的不同观点,乃是一系列导致东正教与罗马教廷最终分裂的因素之一。直到 16 世纪宗教改革时期,西方才恢复了犹太教的反偶像崇拜方针。新教改革的一个中心就是反对图像和反对圣徒崇拜。这个问题至今使西方教会陷于分裂状态。

成的效果,把犹太教"安息日"名称以及相关的戒律应用于"主日"。这些"圣经基督徒"怎么会不知道耶稣的箴言"安息日是为人而设的,人不是为安息日而生的"?[4] 在四大福音解释这一箴言的许多段落中[5],报道了耶稣有意打破安息日的戒律。这些"圣经基督徒"怎么会没有读到或读不懂呢? 他们难道会没有注意到他们最尊崇的圣徒保罗以全面否定摩西律法而著称吗? 这些问题的答案是,由于新教徒不再尊崇教皇的权威,而尊崇《圣经》的权威,因此他们不仅复兴了《新约》,而且也复兴了《旧约》;这两个复兴的幽灵为支配新教徒的心灵展开了较量,而犹太教幽灵占了上风。犹太教严守安息日的规矩终于得以复兴,这就更加有力地证明了自基督教诞生之日

起就困扰着它的那个幽灵的顽强力量。

犹太教因素在基督教中的复兴虽然十分醒目，但并不是宗教领域里的唯一例子。宗教复兴最常见的形式是，古老宗教的某些经过筛选的特征得以复兴，其目标往往是刺激起宗教信仰的复兴和狂热。西方基督教世界经历过一系列类似的运动。有些运动只不过是偏重正统教义的某个方面，但有的运动偶尔也会掀起改革和清洗的惊涛骇浪，而最终发展为我们已经看到的 16 世纪的宗教改革。在第二次世界大战中遭到惨败后，日本涌现出大量的新教派。其中大多数是为了适应人们的需要而对传统的神道或佛教的某些因素加以改造后形成的。当时，由于天皇丧失了神格，官方的神道教也一蹶不振，日本人力图通过人为地复兴某种信仰来鼓舞士气。[6]

当传统宗教与切身经验之间产生了鸿沟后，最终往往要用某种形式的宗教复兴来弥合。当一种宗教教义变得陈腐时，这种情况好像暂时能够证明宗教本身是不必要的虚幻。[7]但是，人类强烈地需要而且往往是借助于复兴远古时代的精神信仰来不断肯定自己的精神追求。在当前反对人类污染自然环境的潮流中，人们也许会重新肯定古代对大自然神圣性的信仰。我们的祖先凭直觉懂得，人类若侵犯大自然，是不可能不受惩罚的；现代人的经验再次证实了这个真理，即自然界不是一个可以供人类无限度利用的公共设施，而是一个生态系统，人类本身与之息息相关，若是胡作非为，必然会伤害自己。

注释

[1] 参见第九部，第四十七章。

[2]《以弗所书》，第 6 章，第 13—14 节。

[3]《出埃及记》，第 20 章，第 3—5 节。

[4]《马可福音》，第 2 章，第 27 节。

[5]《马太福音》，第 12 章，第 1—13 节；《马可福音》，第 2 章，第 23—28 节；第 3 章，第 1—6 节；《路加福音》，第 13 章，第 1—17 节；《约翰福音》，第 5 章，第 1—18 节。

[6] 参见第九部，第四十九章。

[7] 参见第七部，第四十一章。

—————第十一部—————

为什么研究历史?

　　如果在考察了历史的进程以后,没有追问,历史是什么,为什么
要写历史,那么我的这项历史研究就是不完全的。我认为,就历史
这个词的客观含义而言,历史不是一连串的事实,历史著述也不是
对这些事实的叙述。历史学家与其他的人类世界观察家一样,必须
做到让人能够理解事实。这就要求他们不断地对什么是真的、什么
是有意义的,做出判断。这就需要分类。而且,研究事实时必须抓
住要点,并加以比较,因为连续不断的事实是同时从许多溪流汇集
而来。历史学家既然承认自己工作的复杂性,因此可能会错误地提
出决定论的解释。但是,我认为,情况也不必然如此。我相信,人可
以在力所能及的范围内自由地做出选择。我还相信,历史告诉我
们,人类可以学会如何做出选择,只要学会与超越人类的现实(这种
超越人类的现实虽然是触摸不到的,但却可以感觉到)达成和谐关
系,这种选择不仅是自由的,而且是切实可行的。解释和理解世界
的好奇心刺激着人们去研究他们的过去,因此我在最后这一部分要
考察一下推动历史学家从事发现和解释工作的动力。

第五十三章
历史思想的性质

我们现在该考虑如何结束我们在第一部分提出的研究计划了。我们已经考察了各种文明的生命、它们之间的关系以及高级宗教作为一种特殊社会组织的出现。这些智力劳动的目的是，通过考察 20 世纪所能接触到的证据，使得我们能够对人类历史有一个整体的理解。我们一直假设这个目的是能够达到的，但是我们还没有考虑这个假设是否站得住脚，我们对完成自我安排的这个任务时所使用的智力工具还没有做出任何评估。无论是研究人类世界还是研究非人类的自然界，人们都要受制于自身思想的局限。最主要的局限是，在我们努力理解现实时，我们的思想不可避免地会歪曲现实。

众所周知，现实本身是一片浑沌的神秘经验整体。如果不把我们思想中关于现实的印象——或在人的头脑中所反映的现实关于自身的印象[1]——变成或表现为主体和对象，我们就糊里糊涂，无法知道现实是怎么回事。只要我们连续地思考，就会锻造出一个环节清晰的链条，而区分主体和对象就是第一个环节。

我们的意识在自动产生（或由现实产生）了分节表达和联结的作用后，就会进一步把现实分解成意识和潜意识，灵魂和肉体，精神和物质，生命和环境，自由和必然，造物主和创造物，上帝和魔鬼，好和坏，对和错，爱和权力，旧和新，原因和结果。这种二元结构是思想必不可少的分类。它们是我们在力所能及的范围内理解现实的工具。与此同时，它们也是表明人类理解力限度的众多界标，因为它们打破了现实整体性，从而歪曲地呈现现实。它们既有揭示作用，也有阻碍作用。没有它们不行，有了它们也不行。我们既不能完全弃之不用，又不能完全信以为真。

如果我们不把宇宙看作是环节清晰的，我们就无法思考它；与此同时，我们又无法捍卫我们发现的或制造的这些环节，无法对那种说它们人为武断的指责进行反驳。事实总是表明，它们割裂了某种不可分割的东西，漏掉了某种重要的东西。但是,如果不在思想上对宇宙加以条分缕析,我们就无法表达,无法思考和行动。如果我们重新陷入这种整体性的神秘经验,我们就无法继续思考和行动。因此,我们必须分解和歪曲地呈现现实,这样才能在我们所能发现的真理的指引下行动与生活。我们不可能彻底理解现实,这当然不足为奇。奇怪的倒是,整体的一部分竟然能够使自己与其他部分区分开,竟然能够获得对整体(包括自身)的一个哪怕片面的理解。这种成就虽然不完美,但毕竟是一种奇迹。这种成就与获得关于现实的真实印象究竟相差多远,这是人的头脑所无法回答的。

思想只要一启动,就会把现实打碎,但马上又会把现实加以重新组合。在分解之后,思想就进行分类工作,即把不同的对象确定为同一类型的东西。[2] 人的头脑在这些对象之间发现相似点,然后在思想上把它们归在某个标题之下,而这些对象其实不过是复杂现象的某一侧面而已。任何现象都有数不胜数的侧面,我们能够把同一现象按照它所显示的各个侧面做出多种分类。因此,任何一种分类方法所能把握的只不过是它所拼凑的一种现象的一个片断。而且,当我们按照一种现象的不同侧面(在别的现象中也能发现类似的侧面)把它归类到不同标题之下时,我们还会看到有不能归于任何分类范畴的、无法确定的残余。这就是我们所说的每一种现象中都有的某种“独特之处”。“独特性”是一个消极概念,是指那种难以理解的东西。严格地说,绝对的独特性是无法描述出来的。

在人性领域里,对独特性这种因素的高度评价,显然是把它的地位变成了关于人类世界研究中的一个紧要问题。在自然科学中情况就不是这样。由此或许也可以解释为什么在研究人类世界的众多门类的学者——哲学家、神学家、逻辑学家、心理学家、人类学家、社会学家和历史学家——中,只有历史学家不仅把研究独特性,而且把捍卫独特性作为自己的事业。最常见的历史学定义就是,它是关于在时空中运动的人类现象的研究。但是,A.L.克罗伯也提出了另外一个定义。他认为,历史学家的根本工作不是把人类事务当做有时间性的事件,而是“致力于达到对现象的概念整合,同时又维护现象的完整性”。[3] 这是与分析和分类方法相反的定义。但是,这两种不同的定义并不矛盾。历史应该维护每个事件的复杂性,“同时也应把它们建构成一个具有某种连贯意义的安排”。[4] 正确的说法是,“任何关于个别对象或事件的描述都不能不涉及属性,或抽象的可重复的性质”,[5] 因此,“任何关于过去的陈述都不可避免地具有某种抽象概括的因素”。

如果……宇宙中真正有新奇的事物,如果所发生的事件是前所未有的,那么历史就必然是对现在的一种不完全的解释。在漫长的过去以及在过去和现在之间,必须有重复和相似之处,人们才能从过去中吸取经验教训。正是由于有许多重复和相似之处,历史才能给我们某种关于过去的说明和关于现在的解释。这样,我们的选择至少能部分地得到指引。[6]

人类世界中的变迁、异常和创造都是独特性的表现,因此,历史学家最重要的目标之一就是用他们的智力捕捉住这些变迁、异常和创造。但是,他们所能使用的思想工具虽然能够对相似之处进行分析和分类,却不能对付与其他现象无关的现象因素。为了理解独特性,历史学家实际上一直在抵制理智的常规运作潮流,逆流而进。

历史解释的出发点与其他学术工作一样都基于一个假定:现实具有某种意义,而且是我们在解释活动中能够把握

391 克利奥,史学缪斯,该雕像出自一个罗马石棺。这个名字源出于希腊文 kleos,意思是通过光荣的行为赢得的声誉;在希腊神话中,克利奥赞颂英雄的事迹。克利奥的第一位仆人希罗多德在撰写他的《历史》时"唯恐希腊人和蛮族做出的伟大而神奇的业绩不能传之久远"。

的意义。我们假定,现实是能够让人理解的,尽管我们或许不能彻底理解它。也就是说,我们假定,在我们人的意识中,我们关于现实的印象是由千变万化的现象构成的,而在千变万化的现象之间至少存在着某些秩序或规律。"所有的归纳都假定,自然界存在着各种联系,而且,……归纳的唯一目的是,确定在什么因素之间建立起这些联系。"[7]这种假定有两种表达方式,即相信自然界的统一性和相信因果关系。人类的各种思想莫不如此,在思考人类事务时也不例外。"历史学家使用概念和假说,

　　　　　　　　　　　　　　　　第五十三章　历史思想的性质

因为所有的社会科学都基于一个普遍的假定:历史不是绝对的混乱或偶然,在人的行为中存在着某种程度的可观察到的秩序和模式,可以部分预见的规律性。"[8]如果我们追问做出这些假定的根据,那么我们所能说的是,否认自然界的统一性和因果规律,也就意味着把宇宙变成了一堆彼此之间毫无可以辨认的联系的碎片。

从这个意义上看,决定论是人类探索知识的认识论基础。人甚至不能想象一个不确定的宇宙。在那样一个世界里,人们无法认识物质事物及其变化。那将是一团毫无意义的浑沌状态。什么都无法辨认和区分。什么都无法预期和预测。在这样一种环境里,人会变得束手无策,仿佛在说一种无人能懂的语言。人们无法做出计划,更不用说付诸行动了。人之所以成为现在这个样子,就是因为他生活在一个有规律的世界里,而且他有思考能力来想象因果关系。[9]

虽然这种说法的真理性并不妨碍历史学家把独特性当作首要的考虑,但是,"历史关注的是独特性与普遍性之间的关系。作为一个历史学家,你不能割裂它们,或偏重哪一方,就像你不能割裂事实和解释一样。"[10]把这两对概念相提并论绝非一种武断,因为它们显然是以一种超出了认识论的方式相互联系的。

历史学家常说的"事实明摆在那里供人使用"[11]的假定无疑是错误的。实际上事实并不是像卵石那样,单纯由于自然力的作用而分离出来,经过冲刷磨损而成型,最终积存在那里,等待着历史学家拾起来利用。历史学家也不是在过去中散步时发现沿路存留的事实。事实就像是经过打磨的燧石或烧制的砖。人的活动对事实的形成起着一定的作用,如果没有人的活动,事实也就不会有人们看到的样子。历史的事实不是"存在于人的头脑之外的原始事物或事件,因为在我说出它们之前,它们已经经过人的头脑的过滤了"。[12]——还应该补充说,是在我个人的头脑能够领会它们之前。英语的"事实"(fact)这个词是从拉丁语派生出来的。实际上,事实就是拉丁词 facta 所说的那种"被制造出来的东西",也就是说,是"虚构的"东西,而不是"实际的"的东西。即使把它们称作"资料"(赠送品),也不能掩盖这个真相。正如制造意味着有一个制造者,赠送品也意味着有一个赠送者。无论我们称这些现象为"资料"还是称之为"事实",我们都承认,它们是由某个人赠送的或制造的。我们可以最大限度地把它们的出现归因于非人力的自然或上帝,但是我们洗刷不掉我们的责任,因为我们也在其中插了一手,无论我们自己如何贬低,我们的作用是必不可少的。

无论就事实本身而言,还是就我们对事实的感知而言,上面所述都是真理。"事实本身不会说话。"概念不是从证据中"浮现出来"的。[13] "只有当历史学家光顾事实时,事实才会说话:历史学家决定哪些事实可以有发言权,按照什么顺序和在什么情况下发言。……相信历史事实是独立于历史学家的解释之外的客观存在,这种想法是极其荒谬的。"[14] 因此,我们不能把历史看作是一连串的事实,不能把历史学家的工作纯粹看作是尽其所能地积累大量的事实。不仅事实"本身不会说话",而且"那些想根据事实创造理论的人从来就没有搞明白,只有先有理论,才能建构起事实"。[15] 也就是说,"'历史'给时间中的事件赋予意义,因此从来不是抽象的"。[16] 历史是探讨问题的框架,而问题是由特定时空背景下的特定的人所提出来的;人提出问题,然后援引证据来支持自己的回答,在这两种情况下,人都是利用假说来"发现"事实。甚至最纯粹的叙述史——声称"如实展示事情的本来状况",[17] 而不提出其他主张——也是如此。这种所谓的朴实性其实不过是一种虚幻:它仅仅是不把历史学家的假说摆出来——而假说乃是历史学家提出问题和做出回答时所依据的尺度。否则,历史学家就会陷入一个荒唐的信念:"所有的事实都能用,只是有些事实更合适一些。"

如果没有一种假说的帮忙,事实就不可能存在。如果我们承认,任何一个事实——按照这个词的词源——都是某种被建构起来的东西,而且这种必要的建构工作哪怕有一部分是由人的头脑完成的,那么就很可能会出现这样一种危险的情况:一方面基于把事实看作是客观的这样一个虚幻根据而把某些所谓的"事实"说成是真的,另一方面又基于把事实看作是人的头脑的创造这样一个坚实根据而把另外一些事实说成是假的。如果我们承认,所有的事实在某种程度上都是人的头脑的建构物,那么在这些事实中是否表现出这种人为因素,就不能成为区分真假的有效标准。

这个结论是否会使我们不可避免地陷入相对主义呢?没有观察者和对象之间的互动,就不会有观察。在这种互动中,他(它)们必然会相互影响。如果历史研究是这种互动——历史学家与他研究的事实之间的互动——的一个例证,那么,我们怎么会看不出在历史学家撰写的历史中有许许多多不同的想象活动,这些想象都在争取我们的支持?无论何时何地,历史学家对过去的审视都随着他本人观察立足点的不断变化而调整;在这种意义上,相对性是所有关于人的研究领域的一个局限,而这是由人的自觉思想活动的环境决定的。但是,由此可见历史中的客观性……不可能是事实的客观性，而只能是一种关系的客观性，事实与解释之间关系的客观性，过去、现在和未来之间关系的客观性。……历史学家……在进行解释时为了区分重要的现象和偶然的现象，需要建立意义的标准，这种标准也是他的客观性标准；另外，他……只有与所考虑的目的联系起来才能找到这种标准。但是，这就必然是一种演变着的目的，因为对过去的解释发生演变乃是历史的必然机制。那种认为人们总是可以根据某种固定不变的东西对变化做出解释的传统假定，是与历史学家的经验相违背的。[18]

历史学家在自己的历史研究中所考虑的客观是什么呢？首先，我们可以把这样一种看法当作公理，即人类事务的研究具有某种意义，因此历史学家应该解释这种意义或者"制造"历史的"意义"。只要他在两个事件之间建立某种因果联系，他就开始"制造"过去的"意义"；也就是说，把过去整理成某种秩序井然的体系，以便人们能够理解。所有的历史学家都致力于这个目标；但是对于许多人来说，这还不算终点。他们有一种走得更远的冲动，要对整个历史而不是部分历史做出系统的概括和解释。或许我们可以把这两种研究分别称作"历史"和"元历史"。"元历史关注的是历史的性质、历史的意义以及历史变迁的原因和意义。"[19]它超越了历史研究，而与形而上学和神学更接近。元历史学家把人类事务看作是现象，而力求在更高的层面来总结自己对现实的研究。

从这种意义上看，元历史的经典著作是圣奥古斯丁的《上帝之城》。这部著作与修昔底德和李维等人的著作恰成对照。修昔底德和李维都致力于描述和解释某一事件系列。这个事件系列在他们看来很重要，而且似乎对于现代历史学者依然很重要。修昔底德的主题是公元前431—前404年那次震撼了希腊社会的大战的原因和过程；李维的主题是他所生活于其中并且感受到衰落迹象的帝国的辉煌崛起和盛世。但是，圣奥古斯丁则是"用基督教的原则给我们提供了关于一个普遍历史的综合"。[20]

在理论上，每一个历史学家似乎都应该在某种程度上成为一个元历史学家，因为"名副其实的历史只能是由那些在历史本身中发现和接受了某种方向感的人来撰写"。[21]但是，在实际中，历史学家内部对于历史学家职业的性质就有不同的观点。有些人致力于元历史视野，有些人则认为在原则上决不陷入大视野的综述性写作恰恰是自己的主要优点。诚然，试图发现历史过程中与自然世界相类似的某种秩序或规律的中心原则,对于人的智力来说确实是一项充满困难的事业。但是,这种努力本身不应该被斥责为徒劳无益的。如果一个历史学家力求理解过去、现在和未来之间的更广阔联系,他就至少是在这种追求终极目的方面迈出了第一步,但是他不能期望自己能够达到这个目标,正如自然科学家不能期望自己将会发现物质的根本性质。

元历史学家的主要陷阱可能是,不由自主地强调因果关系的决定论因素,进而至少是简单地否定自由意志的可能性。我们在这一章里已经看到,决定论信念乃是人类获得知识的一个认识论前提,但是不能由此得出结论说,人的行动是由某种非人的或超人的力量预先规定的,是不自由的,因为"偶然性的概念……表示的是人类认识受到的一种限制,而不是宇宙或其中某个部分的状况"。[22]不管怎么说,这种信念一直对许多人产生着不可抗拒的诱惑力;在前面[23]我们已经看到,在社会极度动荡的时期,人们对于社会的衰败进程显得无能为力时,这种信念的吸引力是多么巨大。在那一章里,我们得出的结论是,当人们陷入失败主义或过于自负而不能面对这样一个既令人感到屈辱又使人思想解放的真理——"我们被假象愚弄了"[24]——时,决定论和宿命论就变成了思想的避难所。

决定论的力量来自对明显影响人的生活的"自然规律"的观察——例如,季节的永恒交替、白昼与黑夜的永恒交替,再如,生物界里生物的世代交替。这种观察也向人们提示了一种关于人类历史的循环论;正如我们前面看到的,[25]这种理论支配了印度人的思想,也得到了希腊世界的赞同。把"轮回论"应用于人类世界,乃是出于对人类绝望的一种劝解,因为这种理论否定人类有能力不断地改变自己的状况,因此教导人们忍受这种无意义的生存轮回。

诚然,当我们浏览现有关于人类(个人和集体)活动和经验的历史记录时,我们确实看到,重复现象不仅次数繁多,而且有时还影响重大。有关的资料俯拾皆是。这是不能轻描淡写、一笔带过的,而且反而使人相信,在人类生活的某些方面,将来还可能发生同样的事情。但是,如果以这些观察为依据而断言,必然而永恒的轮回论完全适用于人类历史,那就大错特错了。虽然某些事情会重复发生,甚至多次发生,但是这种情况并不能使人得出结论说,这本来是注定会重复发生的;而且,这也不能使人得出结论说,将来注定会重复发生。在人的内心生活和社会交往的领域里,我们在历史记录中发现的模式本身并没有再生的能力或冲动。把人的活动和经验归因于这种能力,乃是出于对它们的性质的误解。一组模式化的活动、经验或社会交往,完全不同于一个有机体。历史事件或状态的重复发生,不是生理遗传的后果,而是道德"羯磨"(佛教术语,意为造作,泛指一切身心活动)的后果。

不仅人类历史循环论中暗含着决定论,而且另外一种历史"线性"或直线发展观也不能免除这种错误。如果相信历史是一个不断进步的过程,就必然引起一个问题:这种进程是否有一个目标? 如果说有这样一个目标,那就又引起一个问题:无论人类是否自觉,人类究竟是否被迫奔向这个目标? 相信这个目标对一切的先定作用与相信人类在走向这个必然目标时有某种程度的自由,这二者之间的矛盾在基督教历史哲学中十分明显:圣奥古斯丁使晚期希腊世界摆脱了人生无常的命运观念,但是他却让人屈从于一个不可知的神意的任意支配。决定论中所包含的这种矛盾也体现在伊斯兰教里。这种宗教的名称就是"服从"上帝的意思。在现代世俗化的西方世界,由于自然领域里科学发现的革命性进展,决定论获得了新的力量;结果,它又出现在马克思主义的唯物辩证法中。

但是,无论西方基督教哲学还是基督教以后的马克思主义西方哲学,都不认为人只能消极地听命于必然性。只要正确地理解了辩证过程的性质,也就肯定了人摆脱这种奴役后的自由。人没有注定成为命运的玩物或神秘的甚至武断的上帝的工具。在上帝的法则和大自然的法则之下,只要人们了解了这些法则,并按照这些法则行事,就能自由地做出选择以实现自己的目标。恩格斯曾经把辩证过程描述为"从必然王国走向自由王国";[26]基督徒也可以把它描述为人自由地接受上帝关于爱的法则的过程。那么,这在实践中意味着什么呢? 按照恩格斯的说法就是:

> 自由是对必然的认识。"必然只是在它没有被了解的时候才是盲目的。"自由不在于幻想摆脱自然规律而独立,而在于认识这些规律,从而能够有计划地使自然规律为一定的目的服务。……意志自由只是借助于对事物的认识来做出决定的那种能力。……因此,自由是在于根据对自然界的必然性的认识来支配我们自己和外部自然界;因此它必然是历史发展的产物。[27]

用基督教的术语说,"上帝的孩子们的那种光荣的自由"是他们在爱的法则下所享受的,是上帝本人所拥有的最完美的自由;博爱的上帝不惜竭尽自己的全部力量[28]来行使这种自由,为的是拯救他的创造物——人类。爱的法则就是上帝自身的法则。在这种法则下,上帝的自我牺牲在人的面前树立了一个精神完善的理想,向人提出了挑战;而人有完全的自由来决定是接受这种挑战,还是拒绝这种挑战。爱的法则使人有自由选择是成为罪人,还是成为圣徒;它使人可以自由地选择他的私人生活和社会生活是走向天堂,还是走向地狱。

在这两种表述中,没有任何一种主张是从外面强加的。但是,当人自愿地遵循上帝的法则(基督教的术语)或自然的规律(马克思主义的术语)时,他会越来越自觉,因而也越来越能够自己做出决定,换言之,能够越来越自由地做出有效的选择。

392 "永生的人与永生的上帝之间的和平,乃在于对上帝的永恒律法的恪守。……魔鬼可以侵犯和平的秩序律法,但是不可能逃脱秩序安排者的法网":这幅画出自奥古斯丁《上帝之城》的14世纪版本。

注释

[1]"我们每一个人的意识都是一种自省和反思的演变。"——德日进:《人类的现象》,伦敦,1959年,第221页。

[2]参见第一部,第四章。

[3] A.L.克罗伯:《文化的性质》,芝加哥大学出版社,1952年,第70页。

[4]同上书,第79页。

[5] M.R.科恩:《人类历史的意义》,拉萨勒,1947年,第42页。

[6]同上书,第289—290页。

[7] H.W.约瑟夫:《逻辑导论》,修订版,牛津,克拉伦顿出版社,1916年,第401页。

[8]《历史研究中的社会科学》,纽约,社会科学研究学会,1954年,第95页。

[9] L.冯·迈西斯:《理论与历史》,伦敦,1958年,第74页。

[10] E.H.卡尔:《历史是什么》,伦敦,1961年,第59页。

[11]皮特尔·盖尔:《与历史学家争论》,伦敦,1955年,第140页。

[12] M.C.达西:《历史的含义》,伦敦,1959年,第48页。

[13]《历史研究中的社会科学》,第131页。

[14]卡尔:第5—6页。

[15] G.斯特德曼·琼斯:《英国历史学家》,载于《新左派评论》,1967年11—12月,第42页。

[16]同上。

[17]利奥波德·冯·兰克:《拉丁和条顿民族史》,第1卷,前言。

[18]卡尔:第114—115页。

[19]克里斯托弗·道森:《世界历史的动力》,伦敦,1957年,第287页。

[20]同上书,第295页。

[21]卡尔:第126页。

［22］冯·迈西斯:第 93 页。

［23］参见第四部,第二十章。

［24］乔治·梅雷迪斯:《现代爱情》。参见本书第四部,第二十一章。

［25］参见第四部,第二十一章;第五部,第三十章。

［26］恩格斯:《社会主义从空想到科学》,伦敦,1892 年,第 82 页;转引自 R.C.扎纳:《辩证基督教与基督教唯物主义》,伦敦,牛津大学出版社,1971 年,第 45 页。

［27］恩格斯:《反杜林论》,伦敦,1934 年,第 128—129 页,转引自扎纳:《辩证基督教与基督教唯物主义》,第 59—60 页。

［28］《腓立比书》,第 2 章,第 7 节。

彩图 87
历史的形状

　　人们必须把现实分解成无数孤立的片断，才能理解现实。这种分解和分类的过程无疑会错误地呈现现实，但这又是有意识思考的不可避免的后果，否则就只能像神秘主义者那样完全消极地凭直觉感受神圣的统一。这棵"历史之树"就是这种理解历史的一个尝试。它把资料加以分类排列，然后再把它们重新组合成一个整体。它显示了 12 世纪基督教思想家（菲奥雷的）约阿基姆的哲学。他的设计基本上是一个神学结构。这棵树分为三个时代，分别由圣父（律法和畏惧的时代）、圣子（恩典和信仰的时代）和圣灵（爱和自由的时代）统治着。由分枝所代表的重大人物和事件是，以色列的十二个部落，施洗者约翰的使命，基督第一次降临，教会的建立，预示着最后一个时代来临的教皇们，基督的第二次降临。这棵树最终以第三个、也是最后一个时代的结束为顶端。约阿基姆预言，在 13 世纪中期已经可以预见到这种结局，在第三个阶段实现后，将会是圣徒的王国，并持续到最后审判。他对历史的解释显然是中世纪西方基督徒的解释，但是类似的千年王国观念一直长盛不衰，甚至在马克思那里也能看到。

彩图 88、89

好奇心与灾难

　　左图：已消失的文明的残迹对于当地的牧羊人以及朝觐的伊斯兰教徒是毫无意义的，但是却吸引着西方考古学家。这种好奇心出自"在宁静中聚集起来的情绪"，源于吉本和伊本·赫勒敦的著作的启示。更重要的是，历史学家的好奇心可能是被自己经历的灾难激发起来的：如右图上的油画《战争》所显示的，1914 年 8 月，一个安定的世界顷刻之间坍塌了，从而激发了本书作者，正如公元前 431 年类似的冲击激发了修昔底德。

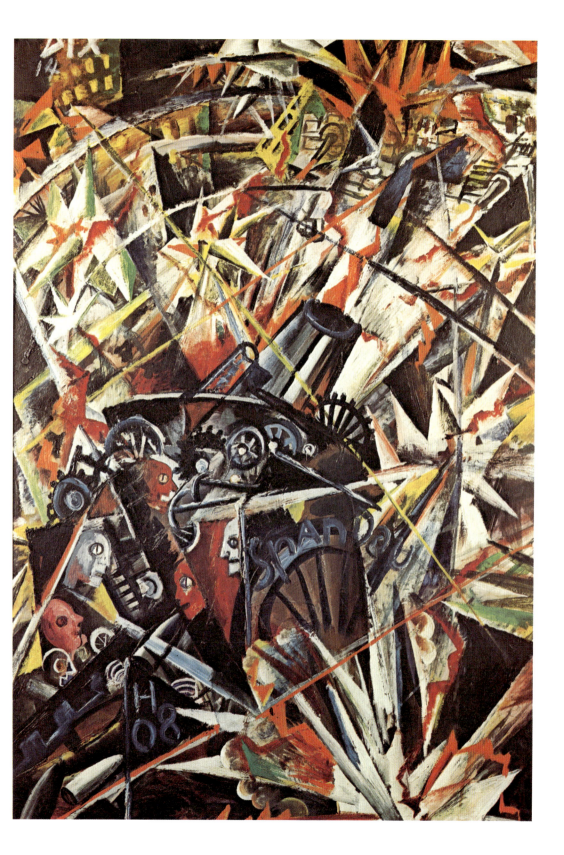

彩图 90
生命的完成

　　这幅画是弗拉·安吉利科的作品《在天廷受到赞美的基督》的一部分，表现了画家对圣徒共同体的想象。这是用视觉艺术发布的一个基督教信仰宣言：万物同心协力造福于爱上帝的人们。画家是用当时的方式向基督徒们发出呼吁，但是他同时也表达了一种普遍的观念。他的作品中的美和神圣超越了历史上的宗教和文化传统的差异。他的喜悦和希望感染了所有欣赏他的画并思考其中含义的观众。这些美好的灵魂都向基督的形象汇聚，因为基督是他们的精神源泉和崇敬对象。他们赞美他们的救世主，庆祝他的胜利——这个胜利同时也是他们自己人生历程的完成。这幅画面用一种特殊的一神论宗教展示了终极精神真实；但是弗拉·安吉利科对那种不可言喻的神秘存在的描绘也可以使人做出另一种解释。作为朝圣者的汇聚中心的基督乃是法国哲学家德日进（公元 1881—1955 年）所说的"逻辑终点"；万众一心、万邦同颂乃是印度一元论者对万物归一的直觉体验；这个场面的安宁肃穆预示了一个佛教阿罗汉正在遁入涅槃。

第五十四章
行动中的历史学家

在上一章里,我们考察了历史思考的性质以及解释历史现象的主要流派。这种研究所依据的是历史学家的工作,是他们的思想、他们的感情以及他们把这些思想感情与其同胞进行交流的活动。

在过去5 000年来已经具有一批识字民众的社会里,写作是历史学家进行交流的主要手段。但是,无论有文字的社会,还是尚未使用文字的社会,都建造了一些建筑物,用于纪念著名的人物或事件。在这些纪念物上并不是都有说明性的镌刻文字。在一些尚未发明文字的社会里,人们一直记忆着甚至可以追溯许多世代的族谱,而且,自从我们的祖先变成人类以后,各个时期也都有不用笔纸的历史学家:例如,人们虔诚地把一些珍贵的物品与死者一起埋葬,或者无意中抛弃了一些粗钝的工具或破碎的瓦罐。无论他们的态度如何,他们都给我们的考古学家提供了无言的记录。这些无言的记录虽然远不如文字记载那么清晰丰富,但也揭示了更大时空范围的东西,扩大了我们的知识。

与考古学家的这些无意识的信息提供者不同,谱系的记忆者、纪念建筑物的修建者以及叙事作者为了记录各种事件而采取了有意识的行动;这种行动的动机乃是好奇心。这种动机可以说是一种思想和感情上的关注。无论对于他们,还是对于家族的其他成员或社会的其他成员,这种关注的对象没有任何明显的实际用途。(当然,由好奇心所产生的各种发现却最终不断地、出乎人们意料地显示出有用性。)

好奇心是人类特有的一种冲动。它是意识的一种产物。人类有了意识,就必然会思考各种现象。这些现象显然仅仅是现实的片断,肯定是很表面的东西,而且无论这些现象怎样变化,都很可能是骗人的。好奇心就是驱使人们通过现象来探索现象所掩饰的现实的那种冲动。除非达到了目的,在此之前好奇心是永远不能满足的;因此,虽然它可能开始只是出于好玩,但是一旦它变成了一种执着的追求,就会最终变成一种宗教经验。深入到现象背后的现实,不仅仅是一种智力活动,也是人类的一种必要的追求;通过使人的意志与最终的真实达成一致,从而使人的自我与最终的真实达成和谐。

在人的意识中所呈现的现象会唤起好奇心。而这些现象可能会出现在一个或多个不同的领域里。一个领域是自然界,另一个领域是人类的社会活动领域,还有一个领域是人的内心精神活动领域。当人把自己的探索活动推进到最后时,就会深入第三个领域里的终极真实。人们推进这种探索的深度各有不同,而这种执着程度的差异不仅取决于个人性格的内在差异,而且也取决于人们的文化环境。例如,印度的文化环境就激发着人们对内心精神生活的好奇,而现代西方的文化环境则往往把人们的好奇心引向自然界。

不同的文化所激发起的探索人类社会事务的好奇心在程度上相差很大。在停滞的社会或群体中,这种激励最小。而且,我们可以推测,在整个旧石器时代,这种激励也是极小的。公元 1783—1785 年,西方旅游者 C.F.沃尔内发现,在伊斯兰世界里,好奇心处于一种低潮。他注意到,当时的穆斯林们对于他们周围的巨大历史建筑物毫无兴趣。[1]在那以后,由于 1798 年西方对埃及的冲击,伊斯兰民众的好奇心重新苏醒,并且从此越来越强烈。今天,中东各国和外国的考古学家在当地展开着不懈的挖掘工作。

在伊斯兰世界于 13 世纪走下坡路之前,穆斯林们表现出比当时的西方人更强烈的对自然界的好奇心;甚至在随后的伊斯兰黑暗时代,伊斯兰社会也表现出对人类社会事务的一贯兴趣,产生出一系列的历史学家,其中包括与沃尔内和拿破仑同时代的杰出历史学家阿卜杜尔—拉赫曼·阿尔·贾巴尔提以及他的突尼斯先驱、世界各地历史形态的最杰出的解释者伊本·赫勒敦(公元 1332—1406 年)。[2]穆斯林如此关切历史,并不值得大惊小怪,要知道,伊斯兰教与印度教不同,而与它的两个犹太姊妹宗教——基督教和犹太教——一样,本身扎根于人类事务的历史。

没有好奇心的刺激,就不可能有任何智力活动。但是,有了好奇心,也不见得就会产生什么行动。收藏者的那种占有型好奇心和考生的那种忧虑型好奇心就是这种例子。在这些例子中,由好奇心所积累起来的信息完全是被消极地使用着,而不是被积极地使用着。而我们现在所谈论的好奇心则会产生行动,会使探索者采取主动。这一章里首先考察的行动领域,就是对世俗人类事务的研究;但是,有些历史学家在从这个领域起步后,发现有必要超出这个领域而探索人类与隐藏在现象背后的真实之间的关系。突尼斯的两个历史学家伊本·赫勒敦和奥古斯丁都把他们各自的研究推进到这样一个地步,即把历史变成神学。这在许多现代西方人看来是一种闹剧,但是在中世纪的西方思想家们看来,则是很容易理解的。

行动起来是最重要的。不采取行动或错过采取行动的最佳时机,不仅对于实践活动,而且对于智力活动,都是一种不幸;在智力领域里,因疏于行动而犯错误的危险更加隐秘,因为其恶果通常不是很快地显现出来。由于好奇心是智力行动的动因,因此一个脑力工作者首先必须有一种不能遏制的和永不消退的好奇心。如果他有了强烈的好奇心,那么就能无坚不摧。

特洛伊遗址的发现者和挖掘者亨利·施里曼(公元 1822—1890 年)就是因为一本书上的一幅插图而唤起了好奇心。他快到 8 岁时,他的父亲给他一本书。书中一幅插图描绘的是埃涅阿斯背着他的父亲安喀塞斯逃出大火熊熊的伊林城。施里曼的父亲对他说,这幅插图中的高大城墙是人们想象出来的。而施里曼表示,他认为伊林城墙一定是真的,他将来一定把它们挖掘出来。这位父亲是一个酒鬼;因此,他的儿子身无分文。亨利从 15 岁到 42 岁(1836—1863 年)挣了一大笔钱,同时还坚持自学。从 47 岁到 69 岁,他一直进行发掘工作,先是发掘了特洛伊的第 7 层或第 8 层,然后又发掘了伊萨基岛和迈锡尼、奥尔霍迈诺斯、梯林斯的迈锡尼遗址。

权威性著作《希腊史》的作者乔治·格罗特(公元 1794—1871 年)不是一个落魄的酒鬼牧师的儿子,而是一个富有而自私的银行家的儿子。他从 16 岁起就在父亲的商业机构里工作。这位历史学家的父亲不让他得到任何闲暇和多余的金钱,为的是自己能够尽情享乐。乔治·格罗特的终身事业还受到另一种损害,因为他在完成商业职责之外喜欢用各种毫无商业价值的活动来打发那一点仅余的时间。父亲的去世和他的婚姻把他从这种境地中拯救出来。他的妻子逼迫他从 1843 年起集中精力来完成似乎早在 1822 年就开始酝酿的巨著。1855 年 12 月 23 日,他看完了《希腊史》的第 20 卷(即最后一卷)的校样。[3]虽然格罗特似乎在气质上难以集中精力做一件事,但是正如商业活动的严格纪律训练了施里曼(虽然他天生就有自我克制和坚韧不拔的英雄气质)一样,这种纪律也训练了格罗特,他最终把时间都用在一项有创造性的工作上,而这乃是他真正的使命。

好奇心使得施里曼和格罗特能够克服个人生活命运所设置的种种困难。历史形态学的杰出天才伊本·赫勒敦和西方世界在这方面的开拓者江巴提斯塔·维科（公元1668—1744年）则在好奇心的推动下克服了另一种困难。他们为了完成自己的工作，不得不设法摆脱信息匮乏的困境。

形态学研究的方法必然是比较。形态学家必须对他所能收集的大量样本有一个宏观的眼光。要研究历史形态学，就需要收集大量的文明和高级宗教的情况。1798年，拿破仑在埃及登陆时，他的远征军中有一支学者队伍。从那时起，西方的考古学家和东方学家就给这两种已知社会（文明和高级宗教）补充了大量资料，从而扩大了西方世界的历史眼光。他们使现代西方人了解了现存的非西方文明和现存的非西方基督教的高级宗教。他们还发掘了已经被人遗忘的或已经无法理解的古代文明的遗址——例如，埃及文明的后代由于地面上矗立的纪念物还会想到有一种古代文明的存在，但已没有任何相关的知识了。

到1927年，当我开始为这部著作的第一稿做笔记时，多亏了130年来考古学家和东方学家的工作，我能够考察21个文明了。到1961年，我能够考察31个文明；现在我又能加上非洲的一些文明。相比之下，18世纪初，维科在那不勒斯做研究时，他的视野中只有两个文明，即他本人置身其中的西方文明及其前身希腊文明；14世纪，伊本·赫勒敦在西北非和埃及做研究时，只考虑一个文明——他置身其中的伊斯兰文明，因为他对非伊斯兰文明，无论同时代的还是古代的，几乎一无所知。但是，维科仅仅把两个样本加以比较就能发现，这两个文明的历史遵循着相似的历程，各个阶段互相对应。他认为，希腊文明和西方文明虽然在时间上几乎没有重叠，但是在形态变化上却可相互对照。至于伊本·赫勒敦，他发现阿拉伯人两次入侵西北非的不同影响，从而对政治和宗教的关系得出了一些颇有见地的一般性结论。

7世纪时阿拉伯人对西北非的入侵，丝毫没有触动当地的经济生活，此后西北非经济反而出现了欣欣向荣的局面。相反，公元1051年以后，贝尼希拉勒和贝尼素莱木这两个阿拉伯部族对同一地区的入侵，造成了经济凋败、政治中断。伊本·赫勒敦对一系列国家的历史十分熟悉。在伊斯兰历史上，自哈里发帝国开始的这些国家是游牧民族入侵农业定居区后建立起来的。他认为，入侵者之所以能建立这些国家，是因为他们具有一种追求社会团结的"团体精神"，而这是那些定居的臣民所缺乏的。西北非的那两个阿拉伯部族本来也应该有这种"团体精神"，因为他们都是游牧民族。那么，为什么7世纪的入侵没有造成破坏，甚至还带来了好处，而11世纪的

393　到 13 世纪衰落前,伊斯兰社会在科学和历史研究领域一直保持着中世纪西方望尘莫及的高水平。这幅消化系统示意图(上图)出自 11 世纪阿拉伯医生和哲学家阿维森纳(伊本·西拿)写的《医典》的 17 世纪手抄本。直到 17 世纪,这部著作一直是西方世界的经典医学教科书。

394、395　历史写作需要有好奇心。右上图:埃及的巨大纪念物。生活在附近的人天天看到它们,已有六七千年了,但是从未想到去研究它们。远方的参观者到来后才探究它们的意义。右下图:1798 年,跟随拿破仑远征军的法国学者开始重新探索埃及的过去。

第五十四章　行动中的历史学家

396 公元前63年,庞培占领耶路撒冷后进入神庙的最神圣殿堂。这幅插图出自约瑟夫斯的《犹太人古史》的一份中世纪手抄本。约瑟夫斯的历史研究出于他的一个愿望:解释导致罗马与犹太人大冲突的事件。他说:"我看到其他人在他们的著作中歪曲这些事件的真相。"他的第一部著作《犹太人的战争》旨在公正地描述当时的军事冲突,但是他在《犹太人古史》中回到了最初的计划,用希腊文记录自创世以来犹太人的完整历史。这项工程过于浩大,一度使他踌躇不前,但是他最终决心完成这项工作,因为他确信:有必要让希腊语世界了解犹太人历史。

入侵却造成了大浩劫呢?

伊本·赫勒敦的答案是,要建设一个帝国,团体精神是不可或缺的,[4]但仅有这种精神是不够的。"只有利用某些宗教象征,如先知、圣徒或重大宗教事件,阿拉伯人才能建立起王权的权威。"[5]"拥有广泛权力和王权权威的王朝都扎根于宗教,或者是以先知为依据,或者是以严格的传教为基础。"[6]"一个王朝初期,它不仅拥有一批支持者的集体精神,而且宗教的传播使它增添了力量。"[7]由于伊本·赫勒敦敏感地意识到仅从世俗社会因素不足以解释伊斯兰时代的西北非历史,因此把上帝也纳入历史戏剧的角色中,这样他就给历史学开辟了一个新的境界。

伊本·赫勒敦和维科的出色见解,证明好奇心能够克服资料匮乏造成的障碍而取得胜利。现代考古学家对犹如天书的古老文字的破译,对这些文字所表达的古老语言的解读,乃是好奇心在解决知识之谜方面的胜利。

对古埃及文字的破译始于1799年发现罗塞达石碑。石碑上面同时用希腊文字以及法老时代的埃及象形文字和世俗文字镌刻了公元前196年托勒密五世颁布的一道敕令。在象形文字的正文中,有一组相同的文字反复出现,恰好与希腊文正文中"托勒密阿斯"这个名字反复出现的位置相对应。由于这一发现,古埃及文字的秘密被解开了。对古埃及语言的译解则借助于礼拜仪式中所保留的、由古埃及语言派生出来的科普特语(虽然科普特语对于破译象形文字毫无帮助,因为它不用象形文字,而用希腊字母书写)。

对楔形文字所表达的苏美尔语言的译解更是令人惊叹的智力成就,因为苏美尔语与已知的其他任何语言都没有关系。对楔形文字的破译只能从辨认阿黑门尼德皇帝大流士一世刻在贝希斯敦悬崖岩壁上的米底—波斯铭文中的人名开始。在此之前,人们只是知道变形了的希腊文和希伯来文名字。在贝希斯敦铭文上的大量楔形文字中,有 36 个是被当做字母来表达一种印欧语言。要搞懂全部楔形文字以及它的表意文字和音素、限定词之间的区别,就需要研究大流士的这个 3 种文字的铭文的另一部分以及更古老的、使用楔形文字来表达阿卡德语的亚述文献。与译解古埃及语一样,对阿卡德语的译解也借助于亲近的语言,不过,可借助的、流传下来的亲近语言不是一种,而是一个语系。阿卡德语与希伯来语(即迦南语)、阿拉米语(及其派生的叙利亚语)、阿拉伯语、希木叶尔语、埃塞俄比亚语都属于闪语。阿卡德语与苏美尔语没有任何语族关系。从译解阿卡德语到译解苏美尔语这最后一步的跨越能够实现,是由于发现了公元前 7 世纪(苏美尔—阿卡德文明的漫长历史已接近

397　世界地图,出自伊本·赫勒敦写的《全史》的一个同时代手抄本;地图以南为上,因此非洲在上方,欧洲在底下。伊本·赫勒敦的这部杰作源于他的好奇心。他想解释为什么 7 世纪和 11 世纪阿拉伯人两次入侵北非的后果会有所不同。第一次入侵带来的是政治和社会进步,而第二次入侵导致了混乱和毁灭。他基于自己的观察,做出了一种社会形态学的透彻分析,用一种宏观的视野考察了帝国和文明的兴衰。

结束)亚述地区编纂的阿卡德语和苏美尔语的对照词汇表、双语文本等。

好奇心战胜各种巨大障碍所取得的这些成就,证明了这种心理动力的威力。当好奇心发展成对人类社会事务的研究时,研究者就必须打破他受到的局限性和自我中心的个性,深入到其他人的情感、思想和生活中——这里所说的其他人不仅是与他同在一个文明或宗教中的伙伴,也不仅是分属于不同文明或宗教的同时代人,而且包括曾经生活在人类各个遥远的栖息地的各个古老时代的其他人。

> 天地悠悠,不会让我茕茕孑立。
>
> 无论我是喜极而狂,还是悲惨地被人遗弃,
>
> 大千世界中有无数之人
>
> 与我一起欢歌,与我一起悲泣。
>
> 这些不曾谋面的无名朋友
>
> 在我出世的一千年前已然故去。[8]

这种忘形的神交——忘形这个词的意思就是逃出了自我的束缚——超越了情感和理性的经验;这是一种精神上的胜利。要想达到这种境界,精神追求者就必须意识到自己的前前后后有众多的见证人,[9]而且,他必须使自己与但丁分别安排在《神曲》的3个阶段中的罪人、忏悔者和圣徒产生共鸣。

少数敏感的心灵通过一种内心的精神启迪而无需外界现象的刺激就能达到那种神交;但是,多数情况,甚至通常的情况是,好奇心是由某个外界对象或事件激发起来的。我们已经提到,一幅插图上的想象场景刺激起不满8岁的施里曼的好奇心,导致他在49年后去发掘特洛伊遗址。读历史记述和游历古迹也能产生同样的激励效果。以我的经验而言,维拉杜安(约公元1150—1213年,法国元帅,第四次十字军的首领之一)写的《征服君士坦丁堡》中的一段描述[10]栩栩如生地呈现了君士坦丁堡在公元1204年被威尼斯和法国"十字军"攻陷前夕的景象,伯纳尔·迪亚斯(公元1492—约1581年,西班牙军人和作家)写的《墨西哥的发现和征服》中的一段描述[11]栩栩如生地呈现了特拉尔特洛尔科在公元1519年被西班牙人毁灭之前的景象。在这两个例子中,"飞翔的文字"把我的思想带到这两个城市和这两个时间,使我目睹了与特洛伊相同的灾难。我在游历古迹时也产生类似的经验。我的思想曾经在葛底斯堡、查塔努加和阿瑟港的古战场遗址跨越时空而神游;我曾经在法萨卢斯要塞的一个制高点上,俯视法萨卢斯战场和库诺斯克法莱战场;1921年2月11

无穷尽的死亡还是永恒的生命?

398、399 勃鲁盖尔(1525—1569年)的《死神的胜利》与弗拉·安吉利科的《在天庭受到赞美的基督》象征着人类对宇宙的两种截然相反的解释。一种解释是,生命除了以毫无意义的坟墓为归宿外没有任何别的结果。另一种解释是,死亡乃是在世间追求神圣生活的灵魂功德圆满、获得永生的开始。孰是孰非? 对于这个问题还很难给出答案,因为人凭借智力不能把握现象背后和超出现象的真实,但是人在精神上却直觉地感受到那种不可言喻的真实。

　　　　　　　　　　　　　　　第五十四章　行动中的历史学家

日,我站在以弗所剧场观众席的最高一层,想象着将近19个世纪以前在这里发生的那场暴乱,《使徒行传》中对此有过生动的描述。[12]

好奇心会使人产生撰写历史的冲动,而这种好奇心有时是被当代事件激发起来的。激发历史学家的当代事件可能是公众事件,也可能仅仅是个人遭遇,有时二者兼而有之。一个著名的大城市的陷落、一场毁灭性大战的爆发,一个帝国的建立(其建造者怀有建立一个名副其实的世界国家的志向,实际上也达到了实现其野心的最后关头),都是当代给予人们的刺激。这些戏剧性的经验可能促使历史学家撰写自己时代、自己地区的历史,也可能使他们逐步远离最初记录眼前事件的初衷,抵达一个遥远的时空。

我们已经提到维拉杜安作为一个历史学家对公元1204年君士坦丁堡陷落的反应,迪亚斯对公元1512年特拉尔特洛尔科毁灭的反应。公元1258年蒙古人攻陷巴格达和公元70年罗马人毁灭耶路撒冷,这两个事件分别促使伊本·兑格台嘎和约瑟夫斯撰写自己时代的历史,但是也促使他们扩大历史记述的范围,把在当时最终陷入灭顶之灾的各自社会的全部历史都写进自己的著作中。

伊本·兑格台嘎是在1258年巴格达陷落后才出生于伊拉克东南地区的希拉。约瑟夫斯则参加了公元66—70年罗马—犹太之战,而且他有一个从双方的角度来观察这场战争的独特机遇,因为他投降做了俘虏,然后被罗马人雇为政治顾问。[13]这两个历史学家都不单纯是为了满足自己的好奇心,而且想方设法使征服者对自己征服的文明产生好奇心。

约瑟夫斯最初是用阿拉米语来撰写公元66—70年那场战争的历史,供肥沃新月地区的阿拉米语公众阅读。他后来把自己的著作翻译成希腊语,供希腊公众阅读。[14]在约瑟夫斯在世时,懂希腊语的社会从底格里斯河的塞琉古地区向马赛方向全面扩展。他在完成这件事后,为了教育这个使用希腊语的社会,又写了《古代犹太人历史》。

伊本·兑格台嘎的《全史》[15]是一部伊斯兰教从辉煌的兴起到1258年大灾难的历史。到伊本·兑格台嘎写书时,1258年的灾难显然不过是一时的阴云。旭烈兀攻陷巴格达,消灭了阿拔斯哈里发帝国,把伊拉克和伊朗都变成了辽阔的蒙古大一统国家的属地。但是仅仅过了37年,伊斯兰教的威力就又显现出来。到公元1295年,蒙古军事宗王合赞汗及其蒙古侍从皈依了伊斯兰教。伊本·兑格台嘎是用他的母语阿拉伯语写作,但是他把自己的著作献给合赞汗的摩苏尔总督法赫鲁丁一世。作者肯定是希望引起他的蒙古主子们对臣民宗教(征服者的后裔现在也信奉)的历史兴趣。

与伊本·兑格台嘎和约瑟夫斯相比,圣奥古斯丁对世俗事件的反应走得更远。公元410年,西哥特军事首领阿勒里克攻陷罗马,对于基督徒和非基督徒都是一个巨大的震撼。奥古斯丁对这一挑战做出反应,撰写了《上帝之城》,激烈地驳斥反基督教的罗马人的这样一种论点:由于信奉基督教的罗马帝国政府压迫非基督教臣民信奉的祖传宗教,公元410年的灾难乃是对罗马帝国政府的一种惩罚。[16]奥古斯丁这部22卷皇皇巨著的前5卷,是对这一问题的论辩,但是他对这一问题的回答却使他进一步探讨了另外两个问题。在第6到10卷,他宣称,非基督教的宗教不论对于此生还是对于来生都毫无帮助。他在《上帝之城》的最后12卷探讨了最后一个根本性问题:"既然由罗马帝国所体现的世俗的共同体衰落了,那么始终屹立不动的另一个共同体是什么?"奥古斯丁与他后来的突尼斯同胞伊本·赫勒敦一样,从对一个世俗事件的关注发展为探讨历史的超世俗境界。

一场大战的爆发也会引起撰写历史的冲动。

> 雅典的修昔底德撰写了伯罗奔尼撒人与雅典人之间的那场战争的历史。战争刚一爆发,他就开始记述,因为他相信,这场战争的重要性将超过以往一切战争。[17]

他开始记述了,但是他首先需要履行作为雅典公民的职责。如果不是在28年的战争期间,他作为海军军官为一件倒霉事被撤职并被流放了8年,他差点就没有闲暇来完成这项私人的文字工程。

在修昔底德身上,不愉快的个人经历与悲剧性的集体经历结合在一起,催生了一部杰出的历史作品。修昔底德不过是那些历经坎坷却锲而不舍的杰出历史学家中的一个。我们前面还提到了另外一个曾经当过俘虏的约瑟夫斯。这个名单还包括当人质的波里比乌斯,被流放的色诺芬和克拉伦登,被解职还乡的马基雅维利。这6位历史学家的个人经历恰与施里曼和格罗特形成鲜明的对照。施里曼和格罗特是故意退出实际事务,以便获得闲暇来从事酝酿已久的研究工作。这6位历史学家则是被迫享有闲暇,反而取得成就。他们开始都是从事实际活动的人,但是他们最初的事业被无情地打断了。他们退出了行动领域,反而因祸得福。这迫使他们寻找和从事他们的真正事业——撰写历史。而这些历史著述成为人类的"永恒财富"。[18]

有些历史学家的好奇心是被当时一个大帝国的崛起而激发起来的。波里比乌斯就属于这种人。

在不到 53 年的时间里,整个世界就臣服在罗马的无可置疑的权威之下。对于这样一个过程,一个人,无论多么平庸或冷漠,怎么可能不产生探究的好奇心呢?[19]

阿黑门尼德的波斯帝国更为迅速的崛起,刺激了希罗多德;蒙古帝国闪电般的崛起,刺激了两位伟大的波斯历史学家阿拉丁·朱威尼(公元 1226—1283 年)和拉什德丁·哈马丹尼(公元 1247—1318 年)。[20] 在阿黑门尼德帝国、罗马帝国和蒙古帝国期间,人类在很大范围内实现了统一。这种奇观刺激起历史学家的好奇心,促使他们扩展研究领域,尽可能地把凡是进入他们视野的人类世界都包容进来。

当历史学家把一种当代经验(无论个人的还是集体的)与关于某种恰成反差的历史境况的知识相对照时,就特别容易刺激起历史好奇心。这种对照会引出这样一个问题:"过去是那样,现在怎么会是这样呢?"这个问题深入到历史研究的根源,因为历史学关注的是可以观察到的、随时间而变化的人类事务。

我们已经指出,伊本·赫勒敦与沃尔内的好奇心都是因为他们发现各自时代的伊斯兰世界的悲惨境况与该地区以前的繁荣和显赫形成强烈反差而被刺激起来的。类似的经验也促使吉本写出了《罗马帝国衰亡史》。

那是 10 月 15 日,在夜幕下,我悠闲地坐在罗马朱庇特神殿前,有一些赤足的祈祷者在神殿里唱颂着祷文。我第一次想到我要写的这部历史。[21]

从 1764 年 10 月 15 日吉本在神殿获得灵感,到 1787 年 6 月 27 日他写完那部巨著最后一章的最后一句话,差不多经过了 23 年的时间。[22] 与圣奥古斯丁和伊本·赫勒敦一样,吉本自己也没有预料到,他的好奇心会使他走得那么远。《罗马帝国衰亡史》的最后一章乃是最初设想的全部内容,[23] 但是在最终完成的著作中,这是第 71 章。在写作过程中,这部著作从罗马帝国首都公共建筑的衰败史扩展成罗马帝国衰亡史。[24]

我也曾经因这种个人感受与相关历史知识之间的碰撞而受到触动。例如,1912 年 5 月 23 日,我坐在米斯特拉城堡的顶端,向东眺望,目光穿越了斯巴达谷地,远达尤若塔斯河(今埃夫罗塔斯河)东岸上方悬崖的梅尼莱昂遗址。这一景观让我看到，虽然梅尼莱昂的迈锡尼宫殿早在公元前 12 世纪就被摧毁，米斯特拉城堡是在公元 1249 年修建的，二者间隔了 24 个世纪，但中世纪米斯特拉的法国领主与迈锡尼时代梅尼莱昂的希腊贵族却有相通之处。再如，1914 年 8 月，我突然意识到，我产生了一种与公元前 431 年修昔底德相同的感受。虽然这两个时间相距 2 345 年之远，但是从经验的角度看，它们显然标志着希腊历史和西方历史上相似的转折点。希腊历史与西方历史的这两次碰撞，使我确信了维科的直觉：这两个文明的历史虽然不处在同一时代，但它们是平行的，可以比较的。[25] 这种信念促使我从维科的两个文明比较扩展到所有文明的比较研究——由于从 1744 年到 1914 年这 170 年来东方学家和考古学家的工作，这些文明得以出现在西方研究者的视野中。

历史好奇心指引下的探索，不仅仅是一种智力活动，也是一种情感体验；其中一种情感就是畏惧。吉本不愿意顶礼膜拜。他本人的性格和 18 世纪启蒙运动的"时代精神"都讨厌这种情感。但是，在《罗马帝国衰亡史》的结尾，吉本不由自主地把他的主题说成是"人类历史上最重大的、甚至最可怕的一幕"。维拉杜安和迪亚斯则承认，在第一眼看到他们将要攻陷的宏伟城市时，他们都有一种畏惧感。我们可以推测，虽然游牧民族的军事首领对被征服的定居民族的成果极端蔑视，但是，公元 410 年阿拉里克看到罗马城时，公元 1258 年旭烈兀看到巴格达时，都可能产生这种畏惧。公元前 146 年，斯奇庇奥·伊米利埃努斯在彻底摧毁迦太基时，他的朋友和随从波里比乌斯亲眼看到他涕泪横流，听到他背诵《伊利亚特》中预言特洛伊毁灭的那一段。[26] 斯奇庇奥事后向波里比乌斯表白心迹说，在目睹人类的各种命运后，他对罗马有一种不祥的预感。[27]

1912 年 3 月 19 日，我在从汉兹拉斯到克里特岛的东端帕莱奥卡斯特龙的路上，也有过类似的体验。我突然在一个山峁看到了一所残破的巴洛克式别墅。它可能是 1645—1669 年土耳其—威尼斯战争初期被原来的威尼斯主人遗弃的。如果这所被遗弃的詹姆士一世时代的乡间住宅建在英国，那么，与 1645 年一样，1912 年还会有人在里面生活，绝不会没人居住的。而克里特的这座近代西方建筑在 1912 年时已经与我在几天前参观过的公元前一千多年前的米诺斯宫殿废墟一样，成为毫无生气的"古代史"遗迹。1912 年，威尼斯帝国已经与传说中的米诺斯国王的"海上霸权"一样成为历史。布朗宁的《加卢皮的托卡塔曲》中的诗句浮现在我的脑海中，我突然想到,或许轮到大英帝国来重蹈威尼斯帝国的命运。

这个想法一闪而过,因为大英帝国在1912年似乎还处于巅峰状态。我对1897年庆祝维多利亚女王统治60周年的活动还记忆犹新——那时,我是一个对一切敏感的8岁儿童,却没有把吉卜林的《退场》一诗中的预言记在心上。但是,碰巧我活得很长,因此目睹了从1897—1972年这75年间大英帝国的消亡;1960年6月15日,在(巴基斯坦的)瓦济里斯坦的勒兹默格,我看到一个消失的帝国的遗迹,而这个帝国就是大英帝国。勒兹默格曾经修建了一个大兵站,可以驻扎两个师的兵力;它是奥尔德肖特兵站和卡特里特兵站的翻版;但是,到1960年,即英国人撤出印度—巴基斯坦次大陆13年后,被遗弃的勒兹默格兵站的门窗已经摇摇欲坠,营区空旷的道路上灌木丛生。在罗马人撤离不列颠后,哈德良修建的长城边上的豪斯特德要塞和切斯特斯要塞大概就是这个样子。勒兹默格很快就会像今天我们看到的豪斯特德和切斯特斯的情况。

斯奇庇奥·伊米利埃努斯在取得外在胜利的那一刻却内心深感痛苦,这是希腊人特有的性格——也是犹太人特有的性格;因为希腊人和犹太人的“世界观”——虽然在很多方面相去甚远——是与他们共有的一个信念息息相关的:灾难紧随胜利之后,沦丧继骄傲而来。

这种对命运倒转的畏惧,乃是希罗多德著作中的基调。在9卷本著作中的前6卷,希罗多德让读者逐步形成一个强大的阿黑门尼德帝国的印象,但是他在后3卷里破坏了这一印象,记录了公元前480—前479年这个所向无敌的超级大国如何被三分之一希腊世界里一小部分小国的临时联盟出人意外地打了个落花流水。一个强大帝国因诸神的嫉妒而遭到屈辱的挫败,这一幕后来也在其他舞台上反复上演。公元1260年,称霸世界的蒙古人令人吃惊地被埃及的马木路克军团击败;1842年,印度次大陆的征服者英国人被阿富汗人击败。在我写下这段文字的时候,美国人正被越南人击败。

与波斯人在萨拉米斯、普拉蒂亚和米卡利的失败一样,蒙古人在艾因扎鲁特的溃败,乃是人类历史上的一个预示性事件。正如公元前480—前479年的一系列决战使希腊文明摆脱了毁灭的魔爪,公元1260年的决战也使伊斯兰文明逃出了毁灭的魔爪。这两次戏剧性的逆转,都证实了希罗多德的看法:“上帝喜欢削短一切出头的椽子。”[28]嫉妒的诸神需要均衡灾难,死神手持大镰刀来满足他们。

权杖和王冠

都会滚落在地，

在尘土中，与弯曲的镰刀

和铲子一样锈蚀。[29]

死亡是对任何人狂妄的独立宣言的一个普遍的、无法逃避的和盖棺论定的回击。人类把自己当做另一个宇宙的中心。死亡扫荡着这种妄想。因此，历史好奇心所引发出来的畏惧表明，刨根问底的探索者已经窥见现象背后的真实。他的畏惧是对他所看见的东西的一种反应。黑天在阿周那的强求下令人恐怖地袒露了本相后，阿周那的反应就是如此。[30]但是，畏惧不是探索者在探索时产生的唯一情感。看到令人迷惑不解的现象还会产生另外两种情感——同情和欣喜。与畏惧一样，这两种情感也是因窥见现象背后的真实而产生的反应。

佛祖和菩萨的恻隐之心为脱离现象世界和进入"寂灭"（涅槃）状态——消灭不断带来痛苦的欲望——开辟了一条出路。换成基督教的神学术语说，同情心所映照出的真实就是《约翰福音》里的帝——"上帝那么爱世人，甚至赐下他的独子"，上07[31]就是马西昂（？—约160年）所宣扬的"奇怪的上帝"——这个世界的罪恶与他毫无牵连，他却自愿受苦受难来拯救世界。看到同样的现象而产生的另一种反应是欣喜。犹太教的一个诗人表示："诸天述说上帝的光荣，苍穹显示他的创造。"[32]基督教的一个圣徒说："赞美上帝，你的创造显现出你。"[33]这些狂喜的声音所道出的真实被弗拉·安吉利科描绘在意大利菲耶索莱的圣多米尼科教堂圣坛背后的作品上。这幅作品现保存在伦敦的国家艺术陈列馆里。

现象背后的真实怎么会表现出如此不同的形态？通过死亡而毁灭，通过自我寂灭而达到涅槃，以及升华到与圣徒神交，这三种终极真实的影像表面上似乎互不相容，但仔细想想，我们会发现，它们是同一个上帝的不同画面。它们都证明，罪恶、痛苦和悲伤的根源在于，有感觉的生命在现象世界的短暂旅途中脱离了现象背后超时间的真实；回归这种真实，是治疗我们这个病态世界的各种弊病的唯一有效的方法。神交、寂灭和毁灭乃是返璞归真的不同形式。它们是一种完成的不同象征。这种完成是不可言喻的，因为它是人类在地球上的短暂生命体验的反题。它们是同一主题的不同变调：从不和谐返回到和谐，或者用中国的术语说，从阳回到阴。"回到他那里，万千归一。"[34]"不可言喻的境界，在这里完成了。"[35]

注释

[1] 参见 C.F.沃尔内:《遗迹》,《全集》,巴黎,1860 年,第 12—13 页。

[2] 伊本·赫勒敦:《历史导论》,英译 3 卷本,伦敦,1958 年。

[3] 参见 H.格罗特:《乔治·格罗特的个人生活》,伦敦,1873 年,第 224 页。

[4] 伊本·赫勒敦:《历史导论》,第 1 卷,第 3 章,第 1 节,第 313 页:"王室权威和王朝的大部分权力只有借助一个团体和团体感才能维持。"第 1 卷,第 3 章,第 6 节,322—327 页:"没有团体感,宗教的传播就不可能实现。"

[5] 同上书,第 1 卷,第 2 章,第 26 节,第 305—306 页。

[6] 同上书,第 1 卷,第 3 章,第 4 节,第 319—320 页。

[7] 同上书,第 1 卷,第 3 章,第 5 节,第 320—322 页。

[8] 罗莎琳德·默里的诗。

[9]《希伯来书》,第 12 章,第 1 节。

[10] 维拉杜安:《君士坦丁堡的征服》,法文译本,第 3 版,巴黎,1882 年,第 72 页。

[11] 伯纳尔·迪亚斯:《墨西哥的发现与征服,1517—1521 年》,英译本,伦敦,1928 年,第 297—310 页。

[12]《使徒行传》,第 19 章,第 29—41 节。

[13] 参见约瑟夫斯:《驳托勒密》,前言。

[14] 参见约瑟夫斯:《犹太人的战争》,前言。

[15] 伊本·兑格台嘎:《全史》,阿拉伯文版,巴黎,1895 年;法文译本,载于《摩洛哥档案》,第 16 卷,巴黎,1910 年。

[16] 圣奥古斯丁:《沉思录》,第 2 卷,第 43 章。

[17] 修昔底德:第 1 卷,第 1 章。

[18] 修昔底德:第 1 卷,第 22 章。

[19] 波里比乌斯:第 1 卷,第 1 章。

[20] 阿拉丁·朱威尼:《世界征服者历史》,英译本,曼彻斯特,1958 年;拉什德丁·哈马丹尼:《历史全集》(不完整的波斯文本),巴黎,1836 年。

[21] 约翰·默里(编):《吉本自传》,伦敦,1896 年,第 405—406 页。

[22] 同上书,第 333—334 页。

[23] 同上书,第 270—271 页。

[24] 同上书,第 284、411 页。

[25] 当然,所谓西方文明的历史与先前的希腊文明的历史是平行的、可比较的,只不过意味着迄今西方历史实际上重复着希腊历史的老路,但是,这并不意味着这种重复是不可避免的。关于这一点请参见第五十三章。

[26] 荷马:《伊利亚特》,第 4 卷,第 164—165 行。

[27] 波里比乌斯:第 38 卷,第 22 节。

[28] 希罗多德:第 7 卷,第 10 节;参见本书第四部,第二十二章。

[29] 詹姆士·雪莱:《阿贾克斯和尤里西斯的争论》,第 1 卷,第 iii 页。

[30]《薄伽梵歌》,第 11 卷。

[31]《约翰福音》,第 3 章,第 16 节。

[32]《诗篇》,第 19 篇,第 1 行。

[33] 阿西斯的圣弗朗西斯:《赞美造物主》,第 1、5 行。

[34]《古兰经》,第 10 章,第 4 节。

[35] 歌德:《浮士德》,第 2 卷,第 12108—12109 行。参见本书第二部,第十三章。

地 图

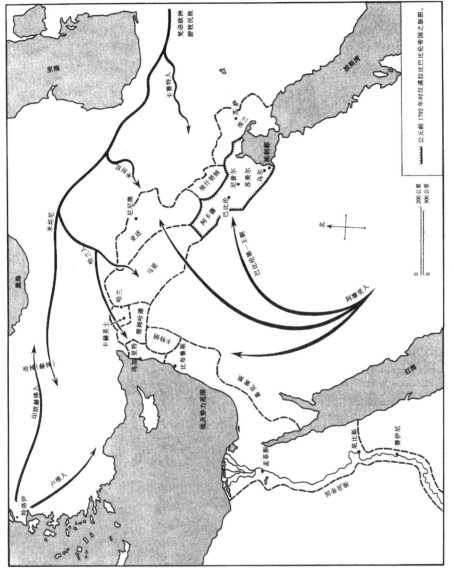

400 公元前 18 世纪的西南亚和埃及 在这个世纪里，由于喜克索斯人的入侵，埃及中王国王国灭亡；汉谟拉比建立巴比伦帝国；欧亚草原的游牧民族入侵西南亚。

地 图

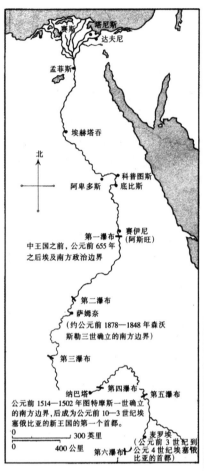

401　埃及文明　该图显示埃及人的统治如
何逐渐扩张到尼罗河流域。

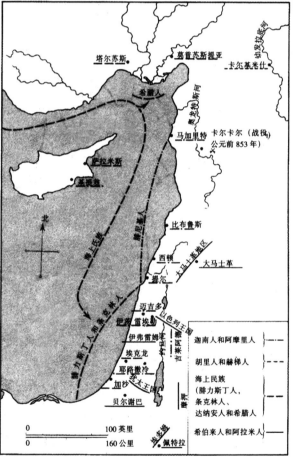

402　叙利亚文明的摇篮　从尼罗河之战（公元前 1191—1171）埃
及驱逐海上民族到叙利亚人联盟在卡尔卡尔战役（公元前 853 年）
驱逐亚述人。

403　阿育王时代(公元前 273—前 232 年)的孔雀帝国　阿育王在帝国各地留下的铭文显示了帝国的疆域。在他去世后,帝国开始瓦解,最终在公元前 2 世纪被德米特里(一世? 二世?)率领的大夏希腊人入侵者所征服。

404　笈多帝国(大约公元 450 年)　孔雀帝国瓦解后,印度四分五裂。由犍陀罗·笈多创建的笈多王朝,重建了统一的帝国。与孔雀帝国时代一样,首都是华氏城。华氏城是这前后两个王朝发源地摩揭陀王国的主要城市。公元 455—528 年间,匈奴人和瞿折罗人入侵,致使笈多帝国衰落。

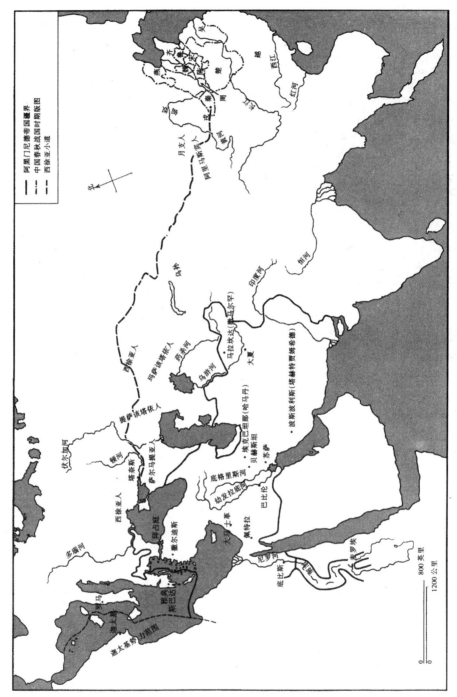

405 公元前 480 年前后的阿黑门尼德帝国和中国春秋战国时代 当旧世界东西两端的文明都陷入政治分裂状态时，阿黑门尼德帝国把叙利亚世界和伊朗明世界统一成一个大一统国家。东西方是由一条危险的商路联结起来的，这条名为"西徐亚小道"的商路穿越了牧童族所占据的大草原。

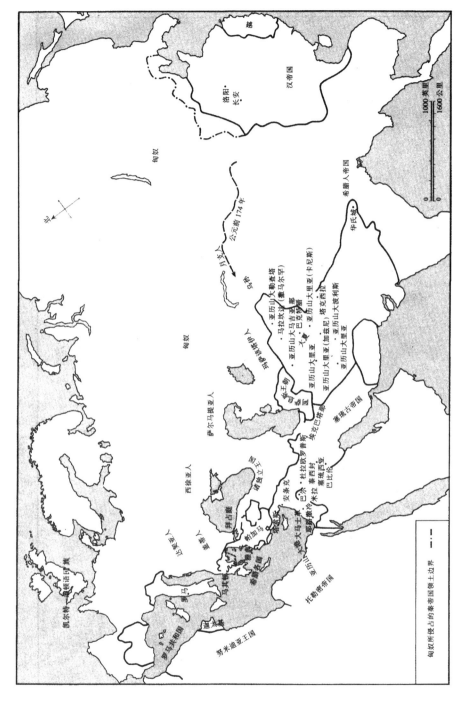

406. 公元前 171 年时的希腊世界和中国 在东方，秦汉帝国把四分五裂的中国统一起来；与此同时，阿黑门尼德帝国的瓦解产生出一争夺希腊世界霸权的地区性国家，并由此导致了亚历山大大帝的远征军兵临印度大门。离开亚洲故乡的月支人更增加了蛮族对希腊世界边境的压力。

附 图

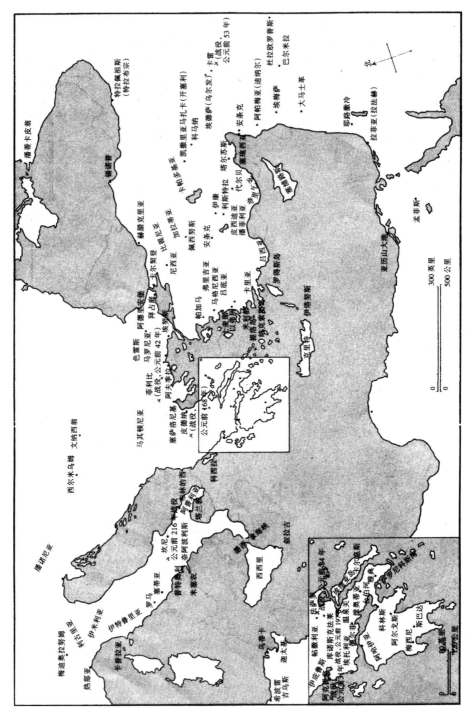

407　公元前 200 年到公元 235 年的希腊世界　这是前一幅地图的局部放大图，标示本书提到的主要城市和地区的位置。

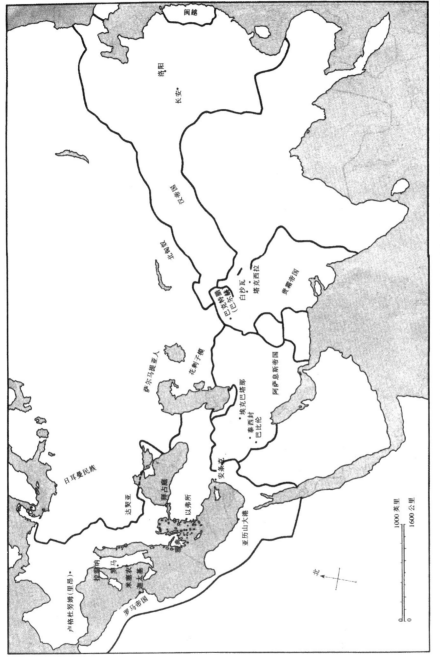

408 公元 100 年前后的汉帝国、贵霜帝国、阿萨息斯帝国、罗马帝国及其卫星国 旧世界的两大帝国——罗马帝国和汉帝国不与蛮族建立的安息阿萨息斯帝国和贵霜帝国发生直接联系。罗马帝国与阿萨息斯帝国之间，汉帝国与贵霜帝国之间，罗马帝国与贵霜帝国之间都受到北方边境一线蛮族施加的压力。帝国与阿萨息斯帝国之间建立了丁友好关系。所有的帝国都受到北方边境一线蛮族施加的压力。结果，罗马帝国与贵霜帝国之间，汉帝国与贵霜帝国之间相互相互为敌对。

图 地

409 公元815年前后的大唐帝国、阿拔斯哈里发帝国、东罗马帝国和加洛林帝国 大唐帝国和阿拔斯帝国分别是汉帝国和阿黑门尼焦帝国的复活。但是,罗马帝国则分裂为两个国家,这两个国家分别成为两支基督教文明的基地:西方基督教和东正教。

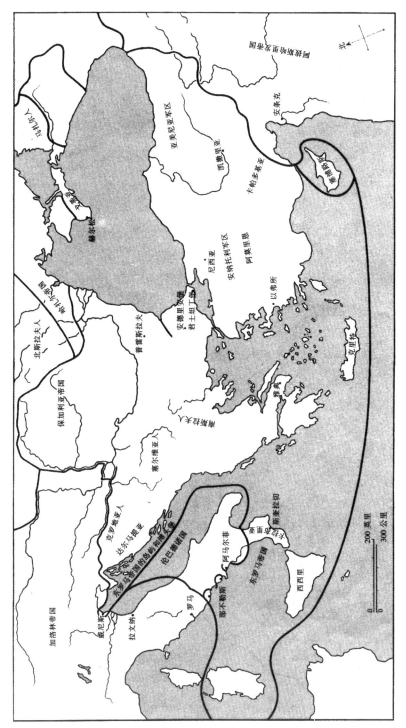

410 公元 815 年前后的东罗马帝国 这是前一幅地图的局部放大图，展示出保加利亚人向西南扩张到巴尔干半岛前东罗马帝国的版图。

691

地 图

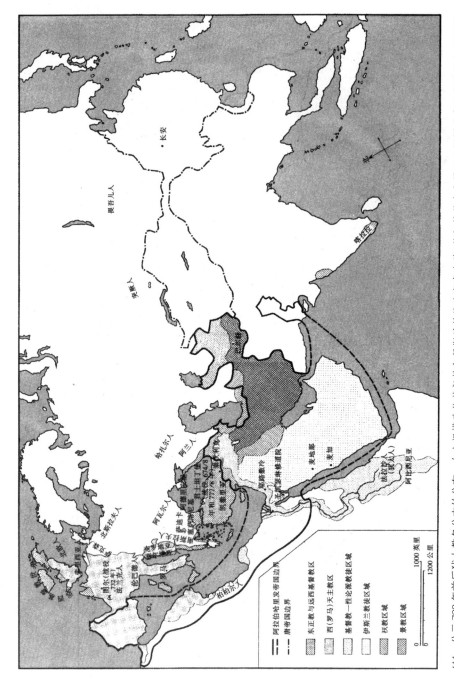

411 公元732年前后犹太教各支大教各支的分布 在大规模改信基督和伊斯兰教的浪潮发生前，基督教基本上局限于原罗马帝国的边界内；西北欧边缘的凯尔特人有一个独立的凯尔特教会。这是远西方未发展起来的基督教文明的基地。祆教依然支配着伊朗，与罗马帝国带来的难民所带来的景教并存。伊斯兰教已传遍阿拉伯半岛，但在阿拉伯人已经征服的阿拉伯半岛以外广大地区还没有多大进展。

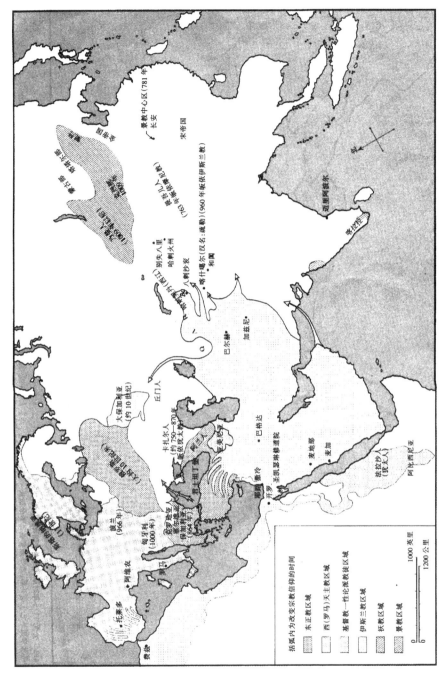

412 公元 1200 年前后犹太教各支的分布 整个西欧和中欧都已经皈依了罗马天主教,而俄国则从东罗马帝国那里接受了东正教。景教的传教士把景教传到远至中国北方的一些游牧部落。过阿拉伯人几个世纪的统治,伊斯兰教不仅经受住突厥人和西方十字军对哈里发帝国的侵袭,而且通过在阿拉伯半岛外伊斯兰教的大规模皈依运动,把这个地区内的基督教居民和祆教徒伊斯兰支变成了少数异教徒。

693

图
书

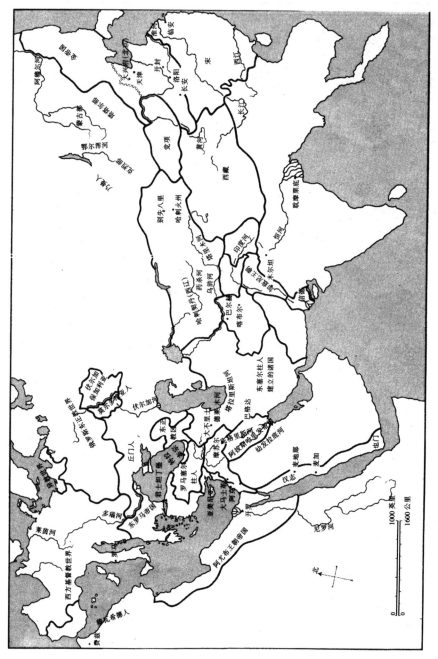

413 公元 1175 年时取代大唐帝国和阿拔斯哈里发帝国的国家　阿拉伯大一统国家和中国大一统国家的瓦解，在原先的版图上产生出一批小国。在西方，加洛林帝国早已土崩瓦解，西方基督教世界分裂成一批地方性国家，神圣罗马帝国仅仅是其中最大的一个国家。虽然所有的西方基督徒（包括边缘地区的凯尔特人）此时都承认罗马教廷的教会权威，但是其他国家并不承认神圣罗马帝国的宗主权。

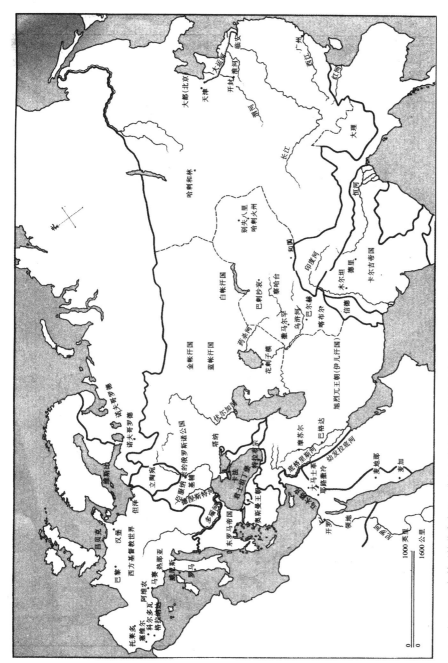

414 公元 1310 年前后的蒙古帝国 蒙古人席卷一切的征服活动,几乎把整个欧亚大陆都统一在一个大一统国家里。只有两个穆斯林国家保持着独立,一个在印度,一个在叙利亚和埃及。在欧洲基督教世界,蒙古人在俄国大部分地区行使宗主权,但是在巴尔干半岛和罗马教廷的势力范围却未能得逞。

图
表

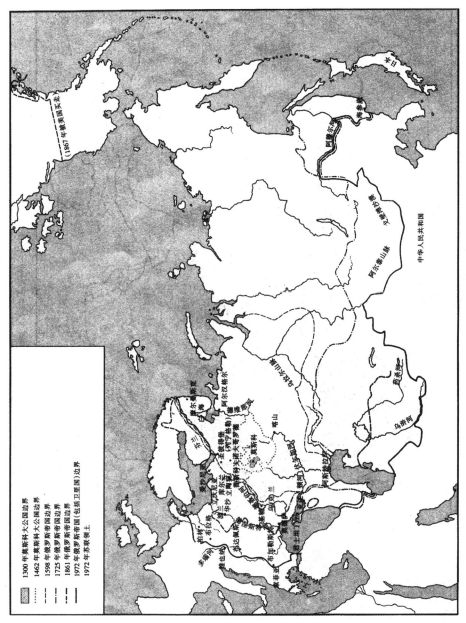

415 公元 1300 年起俄国的扩张　该图显示多民族的俄罗斯大一统国家是如何从俄罗斯东正教核心地区逐渐发展起来。

图例（地图右上角）：

- 1300 年莫斯科大公国边界
- 1462 年莫斯科大公国边界
- 1598 年俄罗斯帝国边界
- 1725 年俄罗斯帝国边界
- 1861 年俄罗斯帝国边界
- 1972 年俄罗斯帝国（包括卫星国）边界
- 1972 年苏联领土

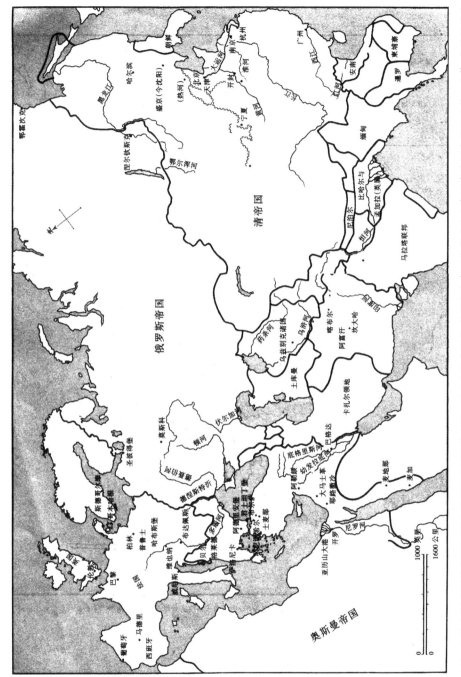

416 公元 1795 年时的奥斯曼帝国、俄罗斯帝国和清帝国 这 3 个以土耳其、俄罗斯和中国为基础的大帝国在地图上呈三足鼎立之势，但是世界的政治命运却掌握在位于西欧边缘的、领土面积不大的列强手中。

697

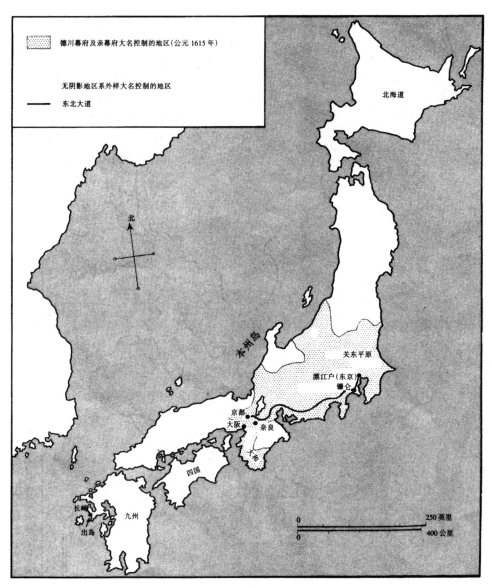

417　**日本文明**　在日本闭关锁国时期,对外贸易被限定在长崎港,荷兰商人的隔离居住点被限定在出岛,京都虽然是皇室所在地,但江户从 1603 年到 1868 年一直是德川幕府所在地,是实际的首都。

历史研究　　　| 698

大事年表

苏美尔—阿卡德文明

埃及文明

叙利亚"交通环岛区"

中亚"交通环岛区"

印度—巴基斯坦次大陆

中华文明

日本文明

希腊文明

东正教文明

伊斯兰文明①

---

① 本大事年表因划分方法或其他原因，所标注的部分具体时间可能与各国的标准提法有出入，如中国部分朝代的起止时间，我们没有予以更改，以保持原貌。——译者注

苏美尔—阿卡德文明

约公元前 4300—前 3100 年	底格里斯—幼发拉底河下游丛林沼泽地区逐渐得到开发；一种独特的苏美尔文明开始形成
约公元前 3100—前 2400 年	一批独立的苏美尔城邦国家兵戎相见，战火愈演愈烈
约公元前 2396—前 2371 年	苏美尔城邦国家经过征战，在政治上统一成一个从波斯湾延伸到叙利亚北部地中海沿岸的帝国
约公元前 2371—前 2316 年	说阿卡德语的阿卡德部落（位于后来的巴比伦附近）首领萨尔贡征服了该帝国
约公元前 2371—前 2230 年	阿卡德部落的苏美尔—阿卡德帝国（大一统国家）
约公元前 2230—前 2120 年	第一次政治分裂和衰弱时期；巴比伦帝国创建者阿摩列依人从西方迁入，古蒂人从东方迁入
约公元前 2113—前 2096 年	乌尔第三王朝的创建者乌尔纳姆重建苏美尔—阿卡德帝国
约公元前 2113—前 2006 年	乌尔第三王朝（重建的大一统国家）
约公元前 2006—前 1755 年	第二次中断时期
公元前 1894—前 1595 年	巴比伦第一王朝
公元前 1792—前 1750 年	巴比伦（重建的大一统国家）的汉谟拉比
约公元前 1732—前 744 年	第三次中断时期
公元前 18 至前 17 世纪	米坦尼人、加喜特人、胡里特人和喜克索斯人侵入；亚述沦为米坦尼人的保护国
约公元前 1732—前 1136 年	巴比伦的加喜特王朝
公元前 1595 年	赫梯人攻陷巴比伦
公元前 14 世纪	亚述恢复独立，由商业立国变为军事立国
公元前 13 至前 12 世纪	阿拉米人、迦勒底人、希伯来人、海上民族、弗里吉亚人先后入侵

公元前 1244—前 1208 年	亚述征服巴比伦
公元前 12 至前 10 世纪	亚述驱逐了弗里吉亚人和阿拉米人
公元前 932—前 859 年	亚述征服幼发拉底河以东的阿拉米人各国
公元前 853 年	卡尔卡尔战役:亚述人被叙利亚各国联盟所击败
公元前 744—前 727 年	亚述的提格拉特帕拉沙尔三世
公元前 744—前 609 年	亚述帝国:包括叙利亚、巴比伦和埃及的大部分地区以及兼并的埃兰地区
公元前 525—前 539 年	迦勒底人建立的取代亚述帝国的国家,即新巴比伦帝国(重建的大一统国家)
公元前 612 年	尼尼微被米底人和迦勒底人攻陷
公元前 539—公元 1258 年	巴比伦先后被并入阿黑门尼德帝国、塞琉古帝国、阿萨息斯帝国、萨珊帝国和阿拉伯帝国,成为这些帝国的经济基地

埃及文明

公元前第 4000 年	尼罗河流域第一瀑布以下和尼罗河三角洲部分地区的丛林沼泽地带逐渐得到开发;一种独特的埃及文明发展起来
公元前 3100 年	南方王国征服北方王国,一举实现埃及的统一
约公元前 3100—前 2160 年	古王国
约公元前 2686—前 2613 年	第三王朝
约公元前 2613—前 2494 年	第四王朝(金字塔的修建者)
约公元前 2494—前 2345 年	第五王朝(国王变成太阳神的"儿子")
约公元前 2345—前 2181 年	第六王朝
约公元前 2160—前 2052 年	第一次政治分裂和衰弱时期;亚洲人入侵?
约公元前 2052—前 1786 年	中王国

约公元前 2052—前 1991 年	第十一王朝
约公元前 2052—前 2010 年	孟图霍特普二世从底比斯出征,重新统一埃及
公元前 1991—前 1786 年	第十二王朝;中央集权逐渐重新确立;对北方的努比亚和南方的叙利亚行使宗主权
公元前 1786—前 1567 年	第二次中断时期
约公元前 1730 年起	喜克索斯人入侵,并征服埃及北部
公元前 1567 年	雅赫摩斯从底比斯出发,把喜克索斯人赶出埃及北部
公元前 1567—约前 1320 年	第十八王朝
公元前 1567—前 1085 年	新王国;向尼罗河上游扩张到纳巴塔,恰恰到第四瀑布
公元前 1468 年	麦吉多战役:埃及在叙利亚的胜利
公元前 1457 年	埃及侵略米坦尼
公元前 1370—前 1362 年	埃赫那吞改革(在宗教、艺术领域半途而废,但在语言领域影响持久;削弱了埃及对叙利亚的控制)
公元前 13 至前 12 世纪	利比亚人和海上民族侵入
约公元前 1320—前 1200 年	第十九王朝
约公元前 1286—前 1270 年	埃及—赫梯战争
约公元前 1200—前 1085 年	第二十王朝
公元前 1191 或 1171 年	尼罗河战役:埃及人驱逐海上民族
公元前 1085—前 656 年	第三次中断时期;政治分裂;利比亚人渗透
约公元前 935—前 730 年	利比亚王朝
约公元前 730—前 664 年	纳巴塔的埃塞俄比亚人与亚述人争夺埃及
公元前 664—前 525 年	第二十六王朝
公元前 525 年—公元 639 年	埃及先后被并入阿黑门尼德帝国、托勒密帝国和罗马帝国
约公元前 464—前 455 年	埃及本地小国各自为政
公元 3 至 4 世纪	皈依基督教
约公元 3 至 4 世纪	读写三种埃及文字的技艺失传

叙利亚"交通环岛区"

（参见插图314）

公元前第3千年到公元前18世纪	北部是苏美尔—阿卡德的势力范围，南部是埃及的势力范围，二者不重叠
公元前18至前17世纪	胡里特人、米坦尼人和喜克索斯人侵入
公元前15至前13世纪	埃及帝国扩张到叙利亚（但通行语言是阿卡德语）
公元前12世纪	"使用象形文字的卢维人"、希伯来人、阿拉米人和腓力斯人侵入
约公元前10世纪	从腓尼基人那里演化出阿拉米字母
公元前858—前856年	亚述征服控制着幼发拉底河河湾的阿拉米人国家比特阿迪尼
公元前835年	卡尔卡尔战役：亚述人被叙利亚国家联盟驱逐
约公元前800年	腓尼基人开始在地中海西岸建立殖民地
公元前8至前6或5世纪	现存的以色列和犹太的先知书出现
公元前732年	亚述灭大马士革王国
公元前722年	亚述灭以色列王国
公元前586年	新巴比伦帝国灭犹太王国
公元前539—前333年	叙利亚被阿黑门尼德帝国兼并
公元前333—前332年	亚历山大征服叙利亚；在原阿黑门尼德版图，希腊语取代阿拉米语，成为官方语言和通行语言
公元前301年	叙利亚被塞琉古一世和托勒密一世瓜分
公元前301年后	叙利亚北部建立安条克等希腊移民点；外约旦河地区开始希腊化
公元前201—前198年	塞琉古帝国安条克三世从托勒密帝国手中夺取叙利亚南部

约公元前 175 年	耶路撒冷"神殿国家"的希腊化运动
公元前 168 年	安条克四世迫害反对希腊化的犹太人
公元前 166—前 129 年	巴勒斯坦犹太人哈希芒王朝摆脱塞琉古帝国统治赢得独立
公元前 2 至前 1 世纪	阿拉伯人渗透进叙利亚
公元前 64 年	庞培设立叙利亚行省
公元前 63 年	庞培扼杀哈希芒王朝的独立
公元前 37—前 4 年	罗马霸权下巴勒斯坦犹太人国家的希律大帝
? 公元前 4 年至公元 27 年	耶稣
约公元 40—64 年	保罗巡游传教,最初以安条克为根据地
66—70 年	第一次罗马—犹太战争
70 年	耶路撒冷被毁
130 年	哈德良下令在耶路撒冷遗址建新城"埃利亚卡皮托利纳"
132—135 年	第二次罗马—犹太战争
262—272 年	罗马帝国东部行省实行帕尔米拉本地自治体制
272—602 年	叙利亚再次被罗马帝国兼并;但基督一性论教派脱离"帝国"教会
633—641 年	穆斯林征服叙利亚
641—969 年	叙利亚被阿拉伯帝国兼并
661—750 年	阿拉伯帝国在大马士革建都
969 年	叙利亚被东罗马帝国和法蒂玛哈里发帝国瓜分
1098—1291 年	西方基督教十字军侵略叙利亚
1516 年	奥斯曼人征服叙利亚
1831—1850 年	埃及总督穆罕默德·阿里控制叙利亚
1840—1918 年	奥斯曼帝国在叙利亚恢复统治权
1918—1920 年	叙利亚被分割成法国和英国委任托管地
1948 年	叙利亚分成叙利亚、黎巴嫩、约旦、以色列和埃及等国家

中亚"交通环岛区"

(参见插图 313)

? 公元前 17 世纪	雅利安人从欧亚大草原穿越乌浒—药杀河流域,抵达西南方向的美索不达米亚(米坦尼)和东南方向的印度
? 公元前 14 世纪	伊朗人占据乌浒—药杀河流域
公元前 8 至前 7 世纪	辛梅里安人和西徐亚人从欧亚大草原穿越乌浒—药杀河流域,抵达西南方向的西南亚和东南方向的印度河流域
公元前 6 世纪至前 331 年	乌浒—药杀河流域和喀布尔河流域被阿黑门尼德帝国兼并
公元前 329—前 328 年	亚历山大征服乌浒—药杀河流域
公元前 311 年以后	乌浒—药杀河流域被塞琉古帝国兼并
约公元前 250 年	乌浒—药杀河流域的大夏国推翻塞琉古帝国统治,取得独立
约公元前 200—前 140 年	大夏国地跨兴都库什山脉,后分裂成若干相互争斗的王国
约公元前 135—前 125 年	大夏在兴都库什北部的统治被欧亚草原游牧民族月支人推翻
约公元 48—224 年以后	贵霜月支帝国地跨兴都库什山脉(帝国残余部分一直存在到匈奴大迁徙)
公元 1 世纪以后	大乘佛教从印度经由乌浒—药杀河流域,传到东亚
? 公元 359 年以前	哌哒匈奴占据乌浒—药杀河流域
5 至 7 世纪	景教从罗马帝国经由乌浒—药杀河流域,传到中国
约 455 年	匈奴人和瞿折罗人跨过兴都库什山脉,侵入印度
约 563—568 年	萨珊波斯帝国和西突厥人瓜分了药杀河一带的哌哒人地盘
约 661—671 年	波斯占据的哌哒人地盘(吐火罗)被阿拉伯帝国兼并

739—741 年	外药杀河地区被阿拉伯帝国彻底兼并
874—999 年	阿拔斯哈里发帝国瓦解后,乌浒—药杀河流域建立萨曼王朝
962—1161 年	伽色尼王朝地跨兴都库什山脉
999 年	塔里木河流域的埃拉克汗征服外药杀河地区
1141 年	从中国北部流亡来的契丹人(喀拉汗国)征服外药杀河地区
1161—1215 年	古尔国地跨兴都库什山脉
1215—1220 年	花剌子模王国跨越兴都库什山脉
1220 年	蒙古人征服喀拉汗国和花剌子模
1227 年	蒙古人在中亚的疆土一部分归金帐汗,另一部分成为察合台的封地。
1369—1494 年	以乌浒—药杀河流域为基地的帖木儿帝国
1500 年	乌兹别克人征服乌浒—药杀河流域
1747—	阿富汗王国地跨兴都库什山脉,北部以药杀河沿线为边界
1865—1895 年	俄国征服了现在苏联的中亚地区,即乌兹别克(除兴都库什山两侧的阿富汗乌兹别克斯坦)以及土库曼斯坦

印度—巴基斯坦次大陆

约公元前 2500—前 1500 年	印度河文明的全盛期
约公元前 1500 年	雅利安人闯入次大陆
公元前最后一个千年	印度文明的兴起及其在次大陆的传播
公元前 7 世纪	欧亚游牧民族迁徙,进入印度河流域
公元前 7 至前 4 世纪	印度北部列国相争时期
约公元前 567—前 487 年	佛祖在世

公元前 539 年以后	居鲁士二世把喀布尔河流域兼并进阿黑门尼德帝国
公元前 522 年以后	大流士一世把印度河流域兼并进阿黑门尼德帝国
公元前 327—前 325 年	亚历山大抵达印度河流域
公元前 323—前 185 年	孔雀帝国(第一个大一统国家)
公元前 273—前 232 年	阿育王;于公元前 261 年接受佛教
公元前 2 世纪至公元 2 世纪	大乘佛教与印度教一神论派同时逐渐兴起
约公元前 200—前 183 年	大夏希腊人国王迪米特里乌斯(一世或二世)侵入印度
约公元前 200 年至公元 48 年	印度西北部希腊人诸国
公元前 1 世纪	萨卡人在印度河流域逐渐取代希腊人
约公元 48—224 年以后	贵霜帝国地跨药杀河和朱木拿河之间的兴都库什山脉;犍陀罗的希腊—印度混合风格的佛教艺术
公元 1 世纪以后	印度文明以和平方式从海上扩张到东南亚和印度尼西亚
公元 224 年以后	贵霜帝国被萨珊帝国兼并(贵霜帝国的残余部分一直存在到匈奴大迁徙)
320—590 年	印度北部的笈多帝国(重建的大一统国家)
约 455—528 年	匈奴人和瞿折罗人侵入印度;他们被击败了,但没有被赶走,而是皈依了印度教
606—647 年	戒日王(重建大一统国家)
711 年	阿拉伯人征服信德
约 788—838 年	商羯罗宣扬一元论哲学
962—1161 年	突厥穆斯林伽色尼帝国地跨兴都库什山脉(在旁遮普一直延存到 1186 年)
11 至 12 世纪	罗摩罗阇宣扬改造了的一元论
1175—约 1202 年	穆罕默德·古尔征服印度北部
1206—1398 年	德里的土耳其"奴隶国王"
1302—1311 年	印度北部的穆斯林征服德干高原
约 1336—1565 年	南方的毗阇耶那伽帝国(残余部分一直存在到 1646 年)
1398 年	帖木儿攻陷德里

1419—1539 年	锡克教创始人那纳克
1526—1540 年和 1555—1707 年	莫卧儿帝国(重建的大一统帝国)(在德里的残余部分1707—1857 年)
1556—1605 年	阿克巴皇帝
1659—1707 年	奥朗则布皇帝
1757—1765 年	英国东印度公司占领孟加拉和比哈尔
1818 年	英国在整个印度的统治权或宗主权一直延伸到印度河流域的东南部
1834—1886 年	罗摩克里希纳(印度教改革家)
1843—1849 年	英国人征服印度河流域
1849—1947 年	英印帝国(重建的大一统国家)
1857—1858 年	英国东印度公司的印度土兵起义
1869—1948 年	甘地
1947 年	英印帝国被 3 个国家取代:印度联邦、巴基斯坦和缅甸
1972 年	孟加拉退出巴基斯坦

中华文明

约公元前 1500—前 1027 年	中华文明开始:中国北部平原的商朝
公元前 1027—前 256 年	渭水流域和黄河下游的周朝
公元前 771 年	周朝政府被北方蛮族从渭水流域驱赶到洛阳
公元前 771—前 221 年	第一次中断时期(春秋战国时期):政治分裂,战争频繁,但中华文明的区域逐渐扩大,技术、经济和知识逐渐发展
约公元前 551—前 479 年	孔子
公元前 5 世纪	水利的开始
约公元前 479—前 438 年	墨子反对孔子的等级道德义务

约公元前 4 世纪	道家经典产生
公元前 4 至前 3 世纪	法家活跃
约公元前 4 世纪	牛拉耕犁、铁制工具和兵器出现
公元前 247—前 210 年	秦国国王嬴政
公元前 221 年	嬴政成为中华大一统国家的第一个皇帝(始皇)
公元前 221—前 207 年	秦帝国
公元前 207—前 202 年	第二次中断时期
公元前 202—前 195 年	刘邦,西汉创立者
公元前 202—公元 9 年	西汉(大一统国家)
公元前 140—前 87 年	汉武帝;儒学成为官方哲学;开始实行通过考试选拔部分官员的制度
公元 25—220 年	东汉;佛教传入中国(带来希腊罗马艺术)
184—589 年	第三次中断时期
4 至 6 世纪	南北朝对立,北方是蛮族国家,南方是流亡政府;南方被汉化;佛教在整个中国达到鼎盛时期
311 年	匈奴占领洛阳
589—618 年	隋朝;从杭州到洛阳的大运河连通
618—909 年	唐朝
622 年	科举制度恢复并制度化
8 至 9 世纪	活字印刷术诞生
842—845 年	对佛教和其他外来宗教进行迫害
875—979 年	第四次中断时期
960—1279 年	宋朝
1114—1234 年	中国北部的金朝
1126 年	宋朝被金人(满族女真部落)赶出中国北部
1131—1200 年	新儒家朱熹
1234 年	蒙古人完全征服金帝国
1260—1368 年	元朝;大运河北端连接到天津(为了供应北京所需),而不再连接洛阳(原来是为了供应长安所需)

1260—1294 年	忽必烈,整个蒙古帝国的宗主和中国的君主
1267 年	忽必烈把首都从哈剌和林迁到北京
1279 年	蒙古人完全征服宋朝,重新统一中国
1315 年	恢复科举制度
1368—1644 年	明朝
1473—1529 年	新儒家王守仁(王阳明)
16 世纪	新粮食作物的引进,造成人口爆炸
1514 年	第一个葡萄牙人抵达中国
1644—1911 年	清朝
1662—1722 年	康熙皇帝
1689 年	中俄尼布楚条约
1726—1796 年	乾隆皇帝
1839—1949 年	第五次中断时期
1839—1842 年	鸦片战争:英国吞并香港,并迫使中国开放通商口岸
1850—1864 年	太平军起义
1854—1860 年	俄国吞并黑龙江左岸以及更南面的大片沿海区域
1894—1895 年	第一次中日战争,接着引起列强瓜分中国的狂潮
1905 年	废除科举制度
1911—1912 年	清朝被推翻;帝制被废除
1931—1945 年	第二次中日战争
1949 年	在中国大陆,国民党政权被共产党政权所取代
1966—1968 年	中国大陆的文化大革命

日本文明

约公元 550—575 年	佛教经由朝鲜传入日本
646 年	中国唐代帝国制度传入;一种独特的日本文明开始形成

710—794 年	以奈良为帝国首都
749—1868 年	以京都为帝国首都
858—1185 年	天皇在京都进行统治
12 和 13 世纪	禅宗在日本扎根
1185—1590 年	政治分裂和混战时期
1205—1333 年	幕府在镰仓进行统治
1222—1282 年	日莲,佛教日莲宗创始人
1274 和 1281 年	蒙古两次入侵日本失败
1335—1597 年	京都的足利幕府将军
1542 年	葡萄牙人抵达日本
1587—1640 年	基督教遭到禁止;日本试图彻底"锁国"
1590—1598 年	丰臣秀吉在大阪实行独裁统治(建立大一统国家)
1592—1598 年	日本侵略朝鲜失败
1598—1616 年	德川家康当权
1603—1868 年	设在江户的德川幕府
1853—1854 年	美国海军准将培理率军舰进入江户湾(东京湾)
1868 年	明治维新
1894—1895 年	第一次中日战争
1904—1905 年	日俄战争
1931—1945 年	第二次中日战争
1941—1945 年	日本参与第二次世界大战
1945 年	原子弹落到广岛和长崎
1950 年	日本开始经济繁荣时期

希腊文明

公元前 12 至前 9 世纪	爱琴海地区的黑暗时期

公元前 12 至前 10 世纪	希腊人沿小亚细亚西海岸定居
公元前 12 至前 11 世纪	西北说希腊语的军事部落迁徙到爱琴文明的疆域
到公元前 8 世纪	希腊世界在政治上形成了一批各式各样的城邦
公元前 8 世纪	希腊人采用了腓尼基字母；荷马史诗具有了明确的形式
公元前 8 世纪	希腊人口开始膨胀；希腊人向南意大利和西西里殖民，形成城邦
公元前 7 世纪	希腊人在爱琴海北岸、马尔马拉海和黑海沿岸、昔兰尼加以及今法国东南部地中海沿岸建立了一系列殖民城邦
公元前 7 世纪	一些希腊城邦已经从维持生活的农业转向种植经济作物和外向制造业
公元前 7 世纪	埃特鲁里亚人和一些意大利土著民族接受了希腊文化，包括希腊字母；埃及也对希腊商人开放
公元前 7 世纪	希腊城邦之间的战争愈演愈烈
公元前 7 至前 6 世纪	在经济发达的国家，世袭君主制和贵族政治被独裁体制所取代
公元前 6 世纪	在希腊，独裁体制被富人寡头体制所取代；在西西里，独裁体制开始统一城邦
公元前 6 世纪	希腊科学和哲学的开端
约公元前 620—前 550 年	米利都的泰勒斯（希腊第一位哲学家）
约公元前 570—前 490 年	萨摩斯和克罗托内的毕达哥拉斯
公元前 6 世纪	由于西方迦太基的兴起以及东方继阿黑门尼德波斯帝国之后的吕底亚帝国的兴起，希腊殖民城邦的进一步扩展受到阻遏
公元前 480—前 479 年	阿黑门尼德帝国皇帝薛西斯试图征服欧洲的希腊，但是被斯巴达和雅典领导的希腊城邦同盟打败
公元前 479 年	希腊城邦同盟把爱琴海东北沿岸和马尔马拉海周围的希腊人社会从阿黑门尼德帝国统治下解放出来

公元前 478 年	随着希腊人社会的解放，领导权从斯巴达转到雅典；雅典—波斯战争继续进行
公元前 469—前 399 年	苏格拉底（雅典人）
公元前 466 或 464 年	斯巴达与雅典之间关系破裂
公元前 461 年	雅典实行激进民主化
公元前 459—前 449 年	雅典同时与阿黑门尼德帝国和欧洲的斯巴达同盟作战
公元前 454 年	雅典把被解放的希腊城邦同盟变成一个雅典帝国
公元前 449 年	在牺牲大陆的希腊城邦利益的条件下，雅典与波斯达成和平协议
公元前 445 年	雅典—斯巴达和平协议，肯定了中欧部分希腊社会脱离雅典的统治
公元前 431—前 338 年	一方面是希腊各国之间连绵不绝的战争，另一方面是热烈的艺术和学术活动以及希腊北部和意大利半岛的持续希腊化
公元前 429—前 347 年	柏拉图（雅典人）
公元前 405—前 404 年	斯巴达推翻雅典帝国
公元前 4 和前 3 世纪	高卢人和克尔特人民族大迁徙
公元前 386 年	"国王和约"重新确立了阿黑门尼德帝国对小亚细亚希腊人国家的宗主权，并且肯定了斯巴达在欧洲希腊的霸权
公元前 384—前 322 年	亚里士多德（斯塔吉拉人）
公元前 371 年	斯巴达的霸权被底比斯推翻
公元前 359—前 336 年	马其顿的腓力
公元前 341—前 270 年	萨摩斯的伊壁鸠鲁
公元前 340 或 339—前 266 年	罗马在政治上统一了意大利半岛；意大利进一步希腊化
约公元前 338 年	在"马其顿的和平"威慑下，除斯巴达外，达达尼尔海峡与奥特朗托海峡之间的所有希腊国家结成同盟
公元前 336—前 323 年	马其顿国王亚历山大大帝，自公元前 331 年起还是原阿

黑门尼德帝国的皇帝

公元前 333(?)—前 261 年	基提翁的芝诺,腓尼基塞浦路斯人,斯多葛学派创始人
公元前 331 年	亚历山大推翻阿黑门尼德帝国,为希腊人殖民活动和当地的希腊化创造了条件
公元前 323 年	亚历山大去世,"马其顿的和平"瓦解
公元前 323—前 146 年	在扩张了的希腊世界,战火重新燃起,连年不断
公元前 218—前 146 年	罗马打败了迦太基、马其顿和塞琉古王国的势力,成为地中海盆地的主宰
公元前 2 世纪	巴勒斯坦犹太人反对希腊化
公元前 133—前 31 年	罗马共和国及其附属国发生政治和社会革命
公元前 31 年—公元 14 年	屋大维(奥古斯都)皇帝
公元前 31 年—公元 235 年	"奥古斯都的和平":罗马统治下的希腊世界的和平(大一统国家)
约公元 40 年起	基督教在希腊世界传播
204—270 年	亚历山大港的柏罗丁
235—284 年	"奥古斯都的和平"崩溃;蛮族重新入侵
250 年	第一次有组织地镇压基督教
284—305 年	戴克里先皇帝;军事和行政改革;重振大一统国家;大一统国家的西方部分保存到 5 世纪,地中海部分保存到 602 年
303—311 年	最后一次最激烈的镇压基督教的尝试
311 年	帝国政府下令容忍基督教
313—395 年	希腊世界全部皈依基督教——最后阶段使用了武力
313—602 年	希腊文明瓦解,东正教文明兴起
378—476 年	蛮族在地中海地区又大举入侵,但在西方没有突破
533—568 年	罗马帝国政权在地中海地区精疲力竭,但在西方暂时得到部分恢复
602 年	罗马帝国在地中海地区土崩瓦解

东正教文明

306—337 年	君士坦丁一世大帝（324—337 年主宰整个罗马帝国）
311 年	帝国政府下令容忍基督教
313—395 年	整个希腊世界皈依基督教——最后阶段使用了武力
313—602 年	希腊文明瓦解，东正教文明兴起
	卡帕多西亚地区的早期教父们——神学家和教会创建者
约 329—392 年	纳西昂的圣格列高利
约 330—379 年	圣大巴西勒，东正教隐修院创建者
约 335—395 年	尼斯的圣格列高利
6 至 7 世纪	斯拉夫民族向多瑙河以南迁徙
527—565 年	查士丁尼一世
7 世纪	东罗马帝国在行政、经济和军事领域的革命：行省政府军事化；
	自耕农兴起，并组成地方民兵
602 年	莫里斯皇帝遇害；君士坦丁堡帝国政府崩溃
610—641 年	希拉克略皇帝
626 年	君士坦丁堡顶住阿瓦尔人和波斯人的围攻
674—678 年	君士坦丁堡顶住阿拉伯人的围攻
680 年	保加利亚游牧民族在多瑙河下游站住脚跟
717—741 年	利奥三世（伊苏里亚王朝，即叙利亚王朝）
717—718 年	君士坦丁堡顶住阿拉伯人第二次围攻
726 年	《法律汇编》颁布
726—843 年	偶像崇拜的拥护者与反对者之间的反复较量
741—774 年	君士坦丁五世
809—904 年	保加利亚汗国向西南扩张，深入巴尔干半岛
843 年	偶像崇拜的冲突最终达成有利于拥护者的妥协

863 年	君士坦丁—西里尔和梅索迪厄斯两位圣者到摩拉维亚传教
863 年	在与阿拉伯人的长期战争中,东罗马帝国转而采取攻势
864 年	保加利亚皈依东正教
867 年	东正教在基辅设立主教
867—886 年	瓦西里一世皇帝
870 年	保加利亚效忠东正教而不臣服罗马教廷的立场得到进一步确认
约 870—879 年	法律"手册"颁布
约 874 年	东正教在基辅设立大主教
约 879—886 年	第二版"手册"颁布
893—927 年	保加利亚的西米恩沙皇,"半个希腊人"
10 世纪起	希腊风格的视觉艺术在拜占庭复兴
10 世纪	鲍格米勒教派在保加利亚兴起,随后传入东罗马帝国和西方天主教世界
913—927 年	西米恩试图用武力把东罗马帝国并入保加利亚,遭到失败
926—1046 年	东罗马帝国扩展到伊斯兰教和亚美尼亚的疆域
928/9(?)—1003/4 年	东罗马帝国试图立法来保护自耕农,但未成功
约 961 年	在希腊圣山建立第一所重要的修道院
976—1025 年	瓦西里二世,"屠杀保加利亚人的凶手"
976—1018 年	保加利亚—罗马大战
989 年	俄国皈依东正教
1018 年	保加利亚被东罗马帝国兼并
1042—1051 年	东罗马帝国金币贬值——金融危机
1071 年	塞尔柱突厥人打败和俘获罗马努斯皇帝,接着占领小亚细亚腹地;诺曼人夺取巴里
1204 年	威尼斯和法国十字军占领君士坦丁堡;东罗马帝国分裂为拉丁帝国和希腊帝国等国家
1261—1453 年	在君士坦丁堡重建希腊东罗马帝国,但是小亚细亚西部则被一些突厥人国家占领
1353 年	奥斯曼人占领加利波利(他们在欧洲的第一个立足点)

约 1361 年	奥斯曼人占领阿德里安堡
1371—1393 年	奥斯曼人征服塞尔维亚和保加利亚
1439 年	东正教与罗马教会联合,未能成功
1453 年	奥斯曼人占领君士坦丁堡
1638 年	俄国人把东正教世界的边界推进到鄂霍次克的太平洋沿岸
17 世纪	东正教民族开始接受世俗的西方文明

伊斯兰文明

公元前 8 世纪	阿拉伯人在阿拉伯半岛如潮水般涌动;被亚述人阻挡住
公元前 2 世纪	阿拉伯人在阿拉伯半岛如潮水般涌动;塞琉古王国未能阻挡住;阿拉伯人在叙利亚和美索不达米亚建立了定居点
约公元 70—570 年	肥沃新月地区的宗教渗透到阿拉伯半岛
公元 570—632 年	穆罕默德,伊斯兰教创始人
622 年	穆罕默德从麦加出走("希吉来"),到麦地那,在麦地那建立伊斯兰国家
630 年	麦加臣服穆罕默德
632—661 年	最初的 4 个哈里发(穆罕默德的政治继承人)
633—637 年	征服伊拉克
633—641 年	征服叙利亚,包括巴勒斯坦
639—641 年	征服美索不达米亚和埃及
642—651 年	征服伊朗
647—698 年	征服西北非
653 年	亚美尼亚人和格鲁吉亚人臣服
661—750 年	倭马亚哈里发帝国(首都为大马士革)
661—671 年	征服东呼罗珊
674—678 年和 717—718 年	进攻君士坦丁堡失败

710—712 年	征服伊比利亚半岛的大部分地区
711 年	征服信德
732 年	征服高卢失败
739—741 年	基本征服外药杀河地区
750—1258 年	阿拔斯哈里发帝国，以伊拉克为直隶省
750 年	阿拔斯王朝无法在伊比利亚半岛的伊斯兰领地确立自己的统治
756—1031 年	流亡在伊比利亚半岛的倭马亚国家
788—1258 年	地跨亚、非的阿拔斯哈里发帝国不断瓦解
1016—1090 年	在原伊比利亚倭马亚疆域上政治分裂
1090—1235 年	来自非洲的穆拉比特人和穆瓦希德人先后重新统一了伊比利亚半岛的伊斯兰领地
1169—1250 年	埃及的阿尤布王国
1250—1517 年	马木路克继阿尤布王国在埃及立国，驱逐了十字军；挫败蒙古人并使其改变信仰
13 世纪	流亡的奥斯曼国在伊斯兰世界小亚细亚西北边境立国
1453 年	土耳其人夺取君士坦丁堡（伊斯坦布尔）
16—17 世纪	大部分伊斯兰世界构成了三个帝国：奥斯曼、萨非、莫卧儿
1502—1895 年	俄罗斯征服了伏尔加河流域、西伯利亚、克里米亚和土耳其斯坦西部的穆斯林
1529—1682/83 年	土耳其人未能夺取维也纳
1707 年以后	莫卧儿帝国分裂
1722 年	萨非帝国崩溃
1774 年以后	穆斯林民族开始接受世俗的西方文明
1911—1918 年	奥斯曼帝国灭亡
1919—1923 年	土耳其共和国成立
1924 年	奥斯曼哈里发的地位被废除
1945 年以后	西欧列强放弃了对穆斯林民族的统治，但苏联、中国和以色列却没有放弃
1947 年	巴基斯坦成立

图书在版编目(CIP)数据

历史研究:插图本/(英)阿诺德·汤因比
(Arnold Toynbee)著;刘北成,郭小凌译.—上海:
上海人民出版社,2019
书名原文:A Study of History
ISBN 978 - 7 - 208 - 15893 - 1

Ⅰ.①历…　Ⅱ.①阿…②刘…③郭…　Ⅲ.①历史哲
学-研究　Ⅳ.①K01

中国版本图书馆 CIP 数据核字(2019)第 135649 号

责任编辑　吴书勇
封面设计　小阳工作室

历史研究(插图本)

[英]阿诺德·汤因比　著

刘北成　郭小凌　译

出　　版　上海人民出版社
　　　　　(200001　上海福建中路 193 号)
发　　行　上海人民出版社发行中心
印　　刷　常熟市新骅印刷有限公司
开　　本　720×1000　1/16
印　　张　46.25
插　　页　52
字　　数　757,000
版　　次　2019 年 10 月第 1 版
印　　次　2019 年 10 月第 1 次印刷
ISBN 978 - 7 - 208 - 15893 - 1/K · 2864
定　　价　218.00 元(全三册)

A Study of History：(The One-Volume Edition)Illustrated

Copyright © 1972 by Arnold Toynbee

© 2019 中文简体字版专有权属上海人民出版社

Published by arrangement with Thames and Hudson Ltd.

Copyright licensed by Arts & Licensing International，Inc.

版权所有，不得翻印

A
STUDY
OF
HISTORY

历史研究

(ILLUSTRATED)

中

A STUDY OF HISTORY

(ILLUSTRATED)

历史研究

（插图本）

［英］阿诺德·汤因比 著　刘北成　郭小凌 译

ARNOLD TOYNBEE

中

上海人民出版社

中册目录

———— 第五部 ————

文明的解体

　　衰落并非是不可避免的，也不是无可救药的。但如果允许解体的过程继续下去，我发觉在大多数场合这个过程似乎都循着一个共同的模式：群众开始疏远他们的领袖，然后领袖则使用武力来取代他们已经丧失的吸引力，以便保护自己的地位。我把社会的分裂划分成当权的少数人、内部的无产者、由处于边缘地带的蛮族人构成的外部无产者这样几个集团。我再对这些不同的集团在接受解体考验时所做的社会反应加以概括。我还发现，在恰好生在这个不幸年代的人们心中，相应地出现了心理分裂现象。不和谐的心理倾向大概始终潜藏在人性当中，现在它们发现可以为所欲为了。人们失去了方向，盲目地蜂拥到各条小路上去，以寻求逃避。较伟大的心灵超然物外，更伟大的心灵则试图将人生变成某种比我们所经历的尘世生活要高级的东西，并把新的精神进步的种子播撒在大地之上。

第二十七章
社会解体的性质和征象

就文明从衰落到解体的过程而言,我们不应过于匆忙地假定其顺序是自行排好了的和不可更改的,好像一个文明一旦衰落,就必定会径直地经过分裂,然后便土崩瓦解。虽说这是希腊文明的解体模式,但我们已看到[1]它并不适用于所有的文明。我们发现我们必须转而注意另外一个可供选择的模式,以便解释与临时性的希腊定式不相符合的例子。根据那些在成长的门槛旁徘徊不定的社会[2]类推,一个衰落的文明本身在还没有充分解体之前,可能在某个方面"受阻"而停滞不前。我们有一个此类停滞现象的出色例子,这就是埃及社会。虽然埃及在公元前第 3000 年末叶就已明显露出了崩溃迹象,但它却奋力拒斥灭亡,实际上又成功地幸存了 2 500 年之久。这个时间长度几乎是它从出生、成长到第一次衰落的时间总和的三倍。然而,埃及的幸存是用某种代价换来的,因为在多活的这段时期,埃及社会的生命处于一种半死不活的状态,实际上它之所以幸存于世乃是因为它的麻木不仁。

埃及社会的这种命运使我们想起解体如同成长一样,不是一次单独的举动,而是一个需要时间的过程,于是在发展速率上是易于变化的。所以即使解体过程已经明白无误地展开,它也不是必定会直接走向灭亡。这个事实迫使我们对这一过程的性质进行更细心的考察。

我们在分析文明成长的性质[3]时得出的结论,将对我们分析文明解体的性质提供某些线索。我们发现,我们可以将成长的核心成分视为一种"冲动",它推动受到挑战的一方经过最初的成功应战而出现的平衡状态,然后进入一个因出现新的挑战而形成的不平衡状态。正是这种失衡的因素,把本是单一的挑战和应战的举动,变成了我们在文明的起源一章中曾论及的反复或者周期发生的一种有韵律的运动,而成长的概念便是这种韵律的一种暗喻。这种重复性或周期性同样适用于对解体概念的解释。正像我们刚才提到的,解体的概念与成长的概念的相似之处是二者都意

僵化的等级制度
161、162、163 僵化的等级体制使埃及社会在公元前2000年处于崩溃的边缘。居于统治地位的贵族精英——行政官员和祭司(左、中图)——阻滞了这一进程,但做到这一点仅仅是靠强化他们的控制。农民们(右图)如牛负重,承载这个窒息社会的负担达2 500多年。

味着一种过程。当然,在这里我们必须把挑战和应战这出剧的每一场次的表演改写成失败而非成功,改写成负号而非正号。但构成解体过程的这一连串的失败却与构成成长过程的连续胜利有着相同之处,因为它们都是一个环环相扣的序列,其中每一次的演出都同下一次演出紧密相连。例如,在希腊世界的国际政治史当中,梭伦的经济革命首次使希腊社会面对确立世界政治秩序的新使命,我们从那时起便能看到,雅典试图借助提洛同盟来解决这个问题,但遭到了失败,这导致马其顿的腓力试图依靠科林斯同盟①来继续解决这个问题。当腓力的企图破产后,奥古斯都又试图靠元首制支持的"罗马的和平"(*Pax Romana*)来解决它。同样,在埃及社会与社会负担加重的问题不断斗争的历史中,我们也看到,推翻被神化的王权未能成功,结果却导致这个悬而未决的问题更加复杂化,继国王之后,书吏、祭司和职业军人也成了骑在农民头上的老爷。

---

① Corinthian League,公元前338年腓力征服希腊后在南希腊科林斯召开全希腊大会,正式确立马其顿的霸权。——译者注

从周期律来看,成长的性质和解体的性质之间存在着显而易见的关系。但另一方面,我们的一些例证也表明两者之间存在着鲜明的不同之点。问题很清楚,在成长的过程中,同一种挑战从来没有出现过两次,因为根据假设,只要成长的过程仍在持续,每一个接踵而来的挑战便都将受到成功的应战,或者换句话说,都会作为一个现实的问题被人们处理,然后变成历史的陈迹。相反,如若接连而来的每一次挑战的结局不是胜利而是一连串的失败,那么我们就能看到,没有遇到回应的挑战由于始终没有得到处理,便一而再、再而三地表现自己,直至得到某种迟缓的、残缺不全的回应为止,要么就是把这个已证明积习难改、不能做出有效反应的社会推向毁灭。因此,在文明解体的过程中,作为成长标志的持久的多样性和多变性,让位给残忍的一致性和无创意性,紧张代替了多样化,成了变化的形式,这使得一系列的表演少了一些单调乏味。现在,挑战的每一次表演都与衰落初始时的首次悲剧性表演相类似,但在每一次应战失败之后,旧的没有得到回应的挑战便更加顽强地表现自己,形状上也变得更加可怖,直到它彻底支配、压倒和左右了那一败涂地的不幸的灵魂。

因此,一个文明的解体同它的成长一样,是一个渐进的、持续不断的过程。同时,我们恐怕也愿意对这一过程使用"方向"这个比喻性的用语,尽管我们在是否把这个用语同成长的过程联系起来还有些犹豫不决。[4]文明的解体是否就是趋于一种类型的失败,不是坏到顶点的彻底绝灭,就是变成僵卧不动的"化石"呢?这里所说的"僵化"并非指真正的缓刑,因为它只是判处那个解体中的社会暂时待在必然到来的彻底崩溃的边缘地带,也就是介于生死之间的地方。事实可能确实如此,但我们在运用通常的方法对证据加以验证之前,还是明智一点,不要仅看表面便接受这个观点。梭伦的"考虑后果"(Respice finem)[5]一说,如果完全不错的话,大概对一切场合都是适用的。我们在还没有看到一个人或一个社会的真正下场之前,便下绝对的结论恐怕为时早了一些。"上帝要磨炼他所爱的人"这句话,同希罗多德归之于梭伦所说的那句格言"神为了彻底毁掉许多人,总是先给它们一点快乐"一样,证明接近于终极真理。我们在没有从头至尾地研究文明解体的过程以及分析它的内在体验和外在表现之前,我们对文明解体的性质不能下最后的结论。

我们在分析文明的衰落时发现,可以把衰落的终极标准和基本原因描述为和谐的丧失,这导致一个社会失去了自决的力量。[6]然后我们在某种程度上继续考察了自决能力丧失的实际途径。我们现在从这些不再作为我们评说论据的地方入手,抓住这个分析的线索,通过对失去和谐本身的分析(如同它在社会解体过程中所显露的那样),把研究向前推进一步。从本质上说,原先作为一个结合的整体并存于一个社会中的各组成部分之间失去和谐,不可避免地会引起社会的倾轧。于是这种倾轧所反映出的社会分裂便把这个分崩离析的社会同时按两个不同的向度分割开来。一种是在地理上将各社会隔离开来的"纵向"的分裂,一种是在地理上合住在一地、但在社会方面却被阶级差别隔离开来的"横向"的分裂。

在纵向的分裂类型中,社会分化为一些狭小的国家,这在同属一个社会机体却互不相邻的成员之间,造成了日益激烈的战争仇杀。在该社会自我毁灭直至受到"致命的一击"而寿终正寝之前,这种战争已使该社会的元气大伤,最后则只剩下一个幸免于难的国家在其战友的尸首之间蹒跚独行。我们已经看到这种严重的倾轧是如何在各国之间经常造成纵向的破坏性战争的。[7]但同时我们也看到,纵向的分裂恐怕不是致使一个衰落的文明趋于解体的那种倾轧的最典型体现。一个社会分化为各种狭小的团体毕竟是整个"人类社会"这一物种所共有的现象,并不为某一特殊的"文明"种属所独有。所谓"文明化"的国家仅仅是相对于原始部落而言的一种好听的、有力的称呼而已。虽然同一个文明内部的各国之间互相残杀的战争,在破坏的程度上要比一个前文明社会内部的各部落之间的冲突大得多,但这种社会自杀的方法不过是对自我毁灭的一种可行工具的滥用,任何一个社会都可能使用这件工具。而在另一方面,一个社会依照阶级划分所出现的横向分裂却不仅为文明所特有,而且也是在文明衰落的时刻才首次出现的现象,它是衰落和解体阶段的一个显著的标志,与成长阶段缺乏阶级分裂的现象形成了鲜明对照。当然这并不是说,在前文明社会或在处于成长阶段的文明社会当中,没有横向的社会划分。不过在这样的阶段,即使等级的鸿沟很难跨越,这种不同等级的差别也不会在道义上造成破坏性的裂痕,因为按地位划分的不同等级易于在道义上被一种具有互惠功能的共识团结在一起,对于一个不可分割的社会整体的利益,即使为了保存这个社会的利益,这也是必不可少的。[8]相反,在一个衰落的社会中,各阶级的分裂乃是社会团结的风气瓦解的产物。

我们在较早的一章中已经讨论过这种横向分裂的类型,我们当时构建并分析了希腊的文明形态,[9]我们还在随后的一些章节中不时谈到这个问题。我们现在则在一个解体的文明社会中区分出这样几个阶级:少数统治阶级,内部和外部的无产者

社会的稳定

164—169　"人人都有他自己谋生的地方和手段",15世纪的雕版画反映出社会的等第。在一个成长的社会中,即在一个圣西门称为"有机的社会"中,社会共同体比阶级重要。国王、骑士、绅士、商人、手工匠人、仆人被相互依赖和共同的需要和谐地组合在一起。凝聚性是时代的基调。

阶级。我们已经在某些方面看到了这些阶级的本质和起源:少数统治者是具有创造性的少数人的角色转换,他们继承了前人的领导地位,着手实行社会压迫政策,以便用武力树立不再与其功业相一致的权威。内部的无产者构成一个社会的多数人,先前他们曾经自愿遵从少数创造者的领导权,但现在由于领导的腐败和专制,他们日益同自己的社会形同陌路。外部的无产者由处于一个文明的边界之外的蛮族社会

　　　　　　　　　　　　　　　第二十七章　社会解体的性质和征象

所组成,他们已被吸引到文明的范围以内,但他们发现自己同样与这个社会格格不入。此外,这些集团中的每一个的地位都在制度上有所体现:在少数统治者建立起一个庞然大物——大一统国家的同时,内部的无产者却与社会疏离,采纳了一种出自外来灵感的思想精神,其发展到顶点就是创造出一个大一统的教会。而外部的无产者则挣脱了迄今为止对那个居统治地位的文明的依附状态,成为一群群独往独来的、好战的蛮族军队。

除了对社会衰落的主要特点做了这些初步的考察之外,我们还对少数领导者失去创造的天赋以及失去无需武力便可吸引多数人效忠的能力之间的因果关系,进行过比较清晰的分析。[10]在这里,我们再来讨论一下少数创造者进行社会训练的权宜

社会失衡
170 在解体时期,圣西门称之为“危机”阶段,对不可调和的阶级利益的无情追逐将社会的金字塔击得七零八落,从而创造出一个新的压迫结构。正像这张法国大革命的印刷品所表现的那样,“较低下的等级”只好屈从于特权贵族的淫威,直到痛苦促使他们向少数人垄断权力的现象进行挑战。

办法,这是使无创造能力的群众就范的一条捷径,但也是处于成长阶段上的少数人和多数人关系的一个弱点。在这方面,最终致使无产者采取脱离行为的少数人和多数人之间关系的疏远,正是一种环节破裂的产物,这种环节即使是成长阶段,也只是靠利用经过良好训练的模仿能力来维持的。领导者未能继续利用一般民众的这种模仿能力,是这些领袖们未能对一种特定的挑战进行具有创造性的应战的必然结果。我们毫不奇怪地发现,大凡领导者创造力枯竭时,这一环节便不可避免地要断裂。即使是在社会历史的成长阶段上,这一模仿的环节始终是岌岌可危的,因为它具有一种危险的二元性——不情愿的奴隶伺机进行报复——这是任何机械装置本性的一个组成部分。

这些就是对一个衰落社会的横向分裂加以研究的线索,我们对这个社会的情况已经了如指掌。我们的研究欲进行下去,最有希望的方法就是把这些线索汇集到一起,然后将它们捻成一条条线绳。我们将先对分裂的类型进行比较细致的考察,然后进一步对一个衰落社会内部或周围地区分裂出来的两个派别——内部和外部的无产者——进行更加缜密地分析。我们接下来将从宏观领域转到微观领域,如同我们在研究成长过程当中适时地转移注意力一样。[11]因为我们在研究完社会倾轧的表现之后,我们想看一看内在心灵紊乱的补充形式。最后,我们将注意在一个解体文明的残骸上兴起的各种制度,我们尤其要认真审视大一统教会的性质,因为正像我们在前面所提到的,[12]这些教会的内部似乎孕育着一个新的进化过程的胚胎,它们将要突破其母体文明的陈旧局限。

圣西门①根据个人对剧烈的社会冲突、特别是在法国大革命中达到顶点的社会冲突的体验,对从成长向衰落过渡的过程中发挥作用的各种社会机制,做出了一针见血的诊断。圣西门认为,社会的历史可以分为两个轮番交替的时期,即"有条不紊的时期"和"危机时期"。在社会团结和谐的"有条不紊的时期"里,一个社会的成员被共同的社会组织和一致的社会目标联合在一起,个人关系和政治关系稳定,得到人们的一般认同。权力的运用是为了社会的福利,反映出不同的能力。相反,"危机时期"却以人们共识的解体和社会分裂为互相攻讦、彼此敌对的碎片为标志,人们的地位成了问题,相互关系变化不定,在争权夺利的斗争中,忘记了各敌对阶级和个人

---

① Saint-Simon,1760—1825 年,法国思想家。——译者注

171　上天的启示：基督教。社会解体运动的运行方向是从战争到和平，从破坏到新的创造。《圣经》传统预示，在大地上建起永恒的和平王国之前，会发作疯狂的暴行。这是丢勒的作品："四位报复天使"，出自他的《启示录》系列画。

172　启示录:共产主义。由于根源在犹太教和基督教传统,马克思主义预报了
一个社会危机和重生的模式,从无产阶级革命的总爆发到一个理想共和国——
永恒的无阶级社会的建立。这是苏维埃革命的招贴画(1919 年)。

的实际相对能力。[13]由于马克思根据无休止的阶级战争(a perpetual class war)的
观点,对社会动力问题做了更为严密深入的分析,这种社会解体与阶级冲突的结合
已为现代人所相当熟识。马克思勾勒出的关于无产阶级革命的宏大画面,对我们来
说是很重要的,因为它是关于社会危机——文明社会解体的伴侣——的经典说明,
也因为这个公式符合传统祆教、犹太教和基督教的那种上天启示的模式,即在一番
极度的狂暴过去之后,展现在人们眼前的是一个美好的结局。马克思主义与这些宗

　　　第二十七章　社会解体的性质和征象

教相同,但恐怕在所有政治教条中是唯一地"对人类的现实存在做出了一种解释,人们依靠这种解释来安排自己在世界上的位置,指导他们实现终极目标的行动,而这些终极目标是在他们目前所处形势的许可范围之外的"。[14]它"通过向个人证明,他在一出世界性的历史壮剧中扮演或能够扮演一个角色,从而把个人的生命从毫无意义的局限中解救出来……"[15]在马克思的末世论中,暴力的、破坏性的无产阶级革命,伴随着一段暂时的无产阶级专政,之后则是一个崭新的社会。在这个社会里,生产力的状况将使得阶级冲突以及因冲突而引起的政治和社会的机构彻底消亡,其终极目标是达到一个社会团结的时代,人们在这个时代将获得最终的、永久的自由,人们身上所具有的迄今绝难想象的创造能力将得到充分的开发。这幅略图事实上的确描绘出了一个衰落社会中所发生的、有确凿的历史事实加以印证的阶级斗争或横向分裂的实际过程,诚如历史向我们所展示的,解体现象表现为一种通过战争实现和平的运动,通过对以往成就的明目张胆、随心所欲的野蛮破坏,达到新的创造成果的问世。这些新事物的特性恰恰是在吞噬一切的烈焰中锻造出来的。

分裂本身是两种否定运动的产物。首先,少数统治者不顾一切正义和理性,企图用武力维持他们已没有资格享有的既定的特权地位。随后,当无产者展开脱离行动的时候,他们是在用愤怒来回击不义,用敌视来回击恐惧,用暴力来回击暴力。但说来很是矛盾,这一爆炸性的解体过程肯定将以创造性的成就而告终结,这就是大一统国家、统一教会、蛮族军队的创立。这三项成果就其自身的价值而言,无疑是很不一样的。我们在较早的时候[16]注意到,统一教会是其中唯一一个既有发展前景又有过去的根基的成果,而大一统国家和蛮族军队却只是属于过去。在这两个着眼于过去的组织当中,蛮族军队同大一统国家相比,确实要逊色许多,对这一点几乎是不言自明的。少数统治者通过创建一个大一统国家,做了一件有价值的事,暂时止住了过去因他们自己的行为引起的解体过程,使社会在最终解体之前出现了一个回光返照的时期。而蛮族军队的创立,只是外部的无产者对这个垂死的文明予以破坏性打击的一种准备。但即使在这里,如果我们能够比照的话,也还是在破坏性和精神风貌方面隐约看到一丝创造性的亮光。比如我们可以把狄奥多里克①率领的杀向

---

① Theodoric,约456—526年,东哥特国王。——译者注

罗马的东哥特军队同公元前2世纪和1世纪交接之际像潮水般越过阿尔卑斯山的辛布里人(Cimbri)和条顿游牧部落加以比较;或者也可以将在大马士革由倭马亚王朝的穆阿维亚(Muawiyah the Umayyad)统治的穆斯林,同此前七八百年从赫尔蒙(Hermon)山和安的黎巴努斯山(Antilibanus)东侧的阿拉伯半岛沙漠地带越出的伊都莱(Itureans)人异教游牧部落进行比较。

因此,作为一个衰落社会解体的外在标准的社会分裂,并不只是分裂而已。当我们从头至尾对这一运动的整体进行考察的时候,我们发现,如果我们希望赋予它一个恰如其分的称号,我们必须把它看作是一种"分裂与再生"的运动。[17]而且,在这个双重的乐章之中,正是"第二拍"才具有重大的意义。再生的美好之处不仅体现在它是先前分裂痛苦的一种补偿,而且也是分裂的结局,或者用目的论的大实话说,是分裂的目的。我们事实上发现,当分裂一旦发生之后,以及在必要的再生尚未到来之前,除了由于弥合裂缝而产生的挫折结果之外,不会有任何别的收获。一个很贴切的例证就是埃及社会的少数统治者与内部无产者之间,在公元前18世纪为反对以喜克索斯人①为代表的外部无产者而结成神圣同盟,正因为这一最后关头的妥协,延长了埃及社会的存在,以一种半死不活的僵化状态继续存活了约两千年之久,超过了这一解体过程本来预期的彻底瓦解的时间表。

埃及的这种神圣同盟的结果表明,社会分裂的这种例外的后果,乃是那些能够证明出一项法则的各种例外中的一个。我们可以把这个由例外拼合而成的法则看作是一次新生,而不是裂痕的修复,新生不仅是一次分裂的正常结局,而且很可能是一种美好幸福的结局。如果实际情况也是这样的话,那么这一点很清楚,即使是在痛苦的解体过程当中,创造精神,或者说对挑战应战的能力,并没有完全被压垮。但为了在一个解体的社会中把创造性的工作推向前进,必须找到某些可以选择的渠道。当然,少数统治者已预先注定与这创造工作无缘,因为他们已退化为一个封闭的合作集体,其观念和理想一成不变,事实上丧失了那种在成长阶段作为具有创造力的少数人特征的灵活应战能力。即使少数统治者在人员上可能通过允许"新人"(*novi homines*)的加入而得到激进的改良,但这也于事无补,因为新人被允许进入他们的行列,仅仅是由于前者接受了他们为这个团体拟定的老旧的传统。在这种僵化

---

① Hyksos,古代亚洲游牧民族,曾入侵埃及并建立喜克索斯王朝。——译者注

的条件下,少数统治者已无力面对反复提出的挑战,如我们先前所看到的,这些挑战始终是一样的。他们在接踵而至的失败中遭受的挫折可以说完全不出所料。他们用来取代创造行为的守成行为可能既懒散拖拉又顽固不化,但无论他们是疯狂地拒斥光明,还是死气沉沉地"靠在自己的桨叶上歇息",这两种姿态都表明少数统治者拒绝把他们已无力扮演的主要角色转让给其他雄心勃勃的人。

然而,少数统治者的这种"强烈拒绝"伤害的只是他们自己。他们虽然已没有资格充当创造的工具,但创造活动本身却没有就此结束,因为在这个文明正在衰落的同时,另一个文明又在兴起,创造活动仍在进行当中。当一个文明的成长被衰落终止的时候,已经僵化为少数统治者的那些自诩为创造者的人,便开始反复做出一种毫无新意的无效动作,来应付没有受到回应、于是便永无休止地出现的挑战。这种枯燥无味的失败悲剧,并非是在一个衰落文明的社会舞台上演出的唯一的戏剧。在文明的解体期间,两出情节不同的戏剧在同时分头上演。一方面是以不变应万变的少数统治者在不断重复自己的失败,另一方面是新的挑战不断激起新入围的少数人的创造性的应战。这些人以他们在每一次适当场合的崛起炫示出自己的创造力。这出挑战和应战的戏剧在持续上演,但演出的背景是新的,演员也是新人。在眼花缭乱、不断变动的各种社会力量当中,在往昔的大批追随者中间,现在分离出了一些萌生出创造精神及从事创造工作的领导人。因此,我们在无产者的脱离运动中所看到的是我们熟悉的创造活动的过程。但具有创造力的少数人的崛起以及这种模仿的过程,现在只限于一个单独的社会阶级的范围之内,而不是遍及整个社会的现象了。基本情节在这里虽然是相同的,但角色已被重新分配,戏剧的结局也变得陌生了,因为这是一种再生的结局。现在,让我们来看看这种新的创造行为在实践中是如何表现的吧。

注释

[1] 参见本书第一部,第七章。
[2] 参见本书第三部,第十八章。
[3] 参见本书第三部,第十九章。
[4] 参见本书第三部,第十九章。
[5] 希罗多德:第1卷,第32节。
[6] 参见本书第四部,第二十一章。
[7] 在本书第一部,第七章。
[8] 这种求同存异的统一例子是骑士和农奴之间的社会关系,这种关系是中世纪西方封建制度的理

彩图 34
僵化的社会

国王阿迈诺菲斯三世残破的巨大雕像矗立在底比斯干旱枯黄的地面上，背景处是矮小的现代村落。在公元前 2000 年，当这座雕像被竖立起来的时候，埃及社会实现了一次少见的复兴，但维持它的代价就是社会的僵化：社会因毫无伸缩性的等级结构而静止不动，成长受到了遏制。在 2500 年的时间里，埃及一直徘徊在一种静态的、空泛的生死转换状态之中，留给后代的大量纪念物说明，所有已知文明的这种悠久的存在都是僵滞的存在。

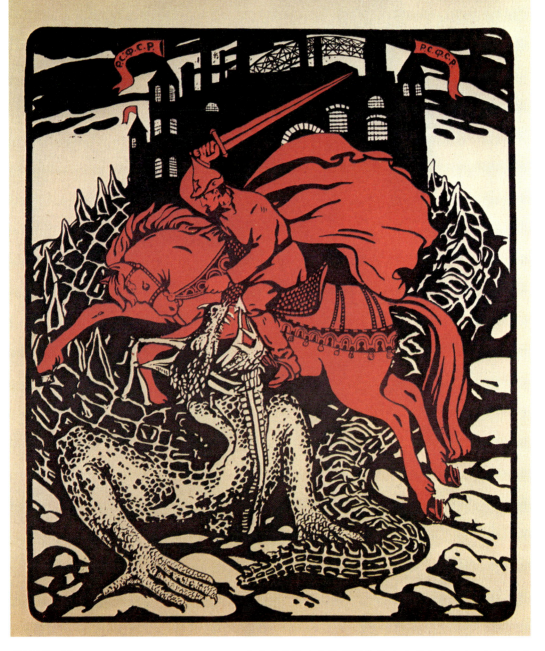

彩图 35、36
社会神话学、基督教和马克思主义

　　一个垂死的社会在最剧烈的暴力冲突之中灭亡，被得胜者视为一种社会大变动。在这种社会巨变中，邪恶的力量毁灭了，一个新的和平时代降临了：基督教的图标和马克思主义者的宣传画都利用了同样的屠龙形象，以象征这样一种结果。

彩图 37
内部无产者

在一个正在解体的社会中，"内部无产者"——精神上的被剥夺者——是重建事业的先驱，他们从地方和外族那里吸收思想源泉，创立起一个更高级的宗教。在这幅墓穴画上，将和平带给人类的基督被表现为希腊的俄尔甫斯，在用他的竖琴调驯野兽。

彩图 38　　　　　　　跨越边界的蛮族"外部无产者","借用"并以较粗俗的方式开发了他们那些开化
外部无产者　　　的邻人们的文化：这里，一枚罗马铸币被改造成一件盎格鲁—撒克逊人的装饰品。

彩图 39、40
灵魂的分裂: 弃世和自控

　　一个正在解体的社会的整体危机伴随着它的成员们的精神危机。人们因失败而情绪低落, 求助于对他们似乎已丧失了的创造灵感的拙劣模仿。上图是对酒神的狂欢般的崇拜, 它要求人们把创造行为看作是自发的自我展现的报偿。与此截然相反的是离群索居的荒野修行。禁欲者试图通过把对自我否定的崇拜推向极端的方式, 来恢复自决的力量。右图的这位印度托钵僧将他的胳膊伸向上方, 直到没有了知觉, 他在显示一种令人吃惊的自我把握的力量, 但他的这种训练只要是作为个人对无法忍受的世界的一种逃避追求, 它就像自我沉溺于狂欢仪式一样于事无补。

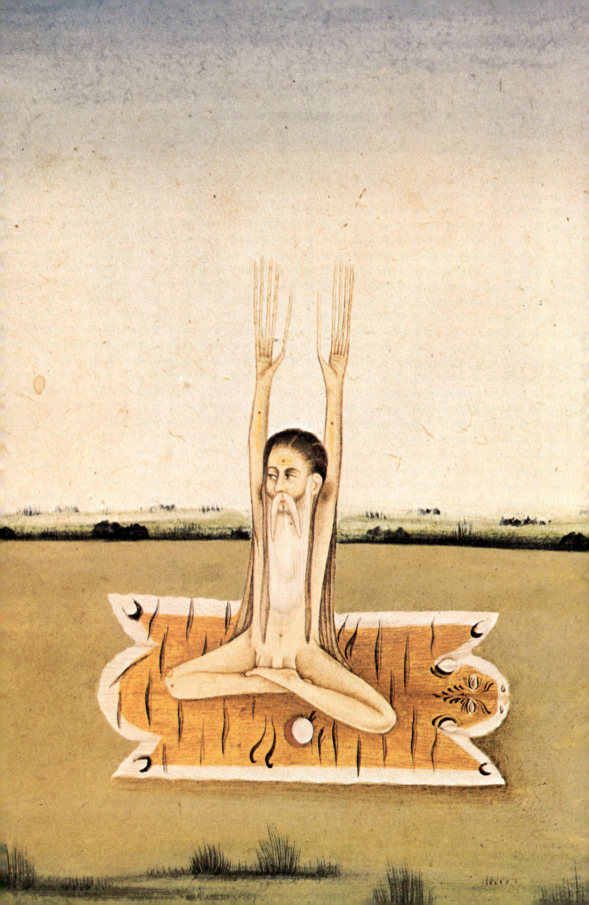

彩图 41
从死亡中再生

凤凰是再生奇迹的象征，最初是与埃及太阳神"拉"联系在一起的。在一定时间里只有一只凤凰，每只凤凰都是从它前面的凤凰于三天前在柴堆上焚烧了自己后留下的灰烬中出生的。基督教明显受到这一有力形象的吸引，用一部中世纪预言集的作者的话说："凤凰象征着圣母的儿子耶稣，他有能力按自己的意志去死，按自己意志复活。凤凰标志他为了拯救他的人民而选择了上十字架之苦。"因此，这是一种能够从痛苦的体验中赢得新生命的形象。

想——尽管在实际中并非始终如此。

　　〔9〕参见本书第一部,第七章。

　　〔10〕参见本书第四部,第二十一章。

　　〔11〕参见本书第三部,第十九章。

　　〔12〕参见本书第一部,第七章。

　　〔13〕参见 A.巴扎德所作"圣西门学说阐释",收在《圣西门和昂方丹全集》(*OEuvres de Saint-Simon et d'Enfantin*)中,巴黎,勒卢克斯出版公司,1877 年,第 41 章,第 171—174 节。

　　〔14〕A.迈克因特尔:《马克思主义与基督教》(*Marxism and Christianity*),伦敦,达克沃特出版公司,1969 年,第 2 页。

　　〔15〕迈克因特尔:上引书,第 112 页。

　　〔16〕参见本书第一部,第七章。

　　〔17〕"palingenesia"在字面上的意思是"重新出生",它的内涵是模糊的:它可以意味某种在先前出生过的事物再次降生;在这里它又可以用于另一种含义,即一种从未有过的某种事物的新生,这一事物现在正头一次降临于世。

第二十八章
内部的无产者

我们最好是从修昔底德的一段话开始我们对内部无产者的研究。这位希腊社会解体时期的历史学家在这段话中描述了公元前 431 年之后震撼该社会的社会分裂的起源：

> 科西拉①出现的阶级战争的残酷性就是这样的，因为它是这类战争中的第一次——尽管这种动乱最后几乎遍及整个希腊世界——所以它给人的印象也越发深刻。在每个国家，都有无产者的领袖和他们的反对派之间的斗争，他们分别想努力获得雅典人和拉凯戴梦人②的援助。在和平年代，他们也许永远没有求助外国人的机会或愿望。但现在出现了战争，对于每个营垒中的任何具有革命精神的人来说，获得一个盟友，对他们的敌人造成伤害，同时加强他们自己的派别队伍，是很容易做到的。这样的阶级战争把一场又一场灾祸降临到希腊各国头上。只要人性依然如故，这种灾祸就会反复发生，尽管它们因形势的不断变化而可能有所恶化或有所减轻，多少有些改变。在和平时期的顺利条件下，无论是国家还是个人都表现出比较美好的理性态度，因为他们没有为各种事件的演化逻辑所迫。但是战争却破坏了正常的生活，并依赖严酷的训练改变了大多数人的特性，使之适应新的环境。所以，希腊各邦均染上了阶级战争，连续战争的每一次爆发所引起的感觉积累起来，又对下一次爆发造成更严重的影响。[1]

在指出这种阶级战争的精神是贬低人心智的力量，它动摇了希腊社会的道德团结之后，修昔底德继续对人类心灵中释放出来的这种邪恶的冲动，进行了鞭辟入里的分析，同时也是有力的控诉：

---

① Corcyra，靠近中希腊西部沿岸的岛上城邦。——译者注
② Lacedaemonians，即斯巴达人。——译者注

173、174　奴隶（左图），阶级战争牺牲品的原型。逃亡时带有统一的标记（右图）："抓牢我，免得我逃走，把我送还给我的主人……"

　　这是一种在精心策划的阴谋和处心积虑的报复方面各显身手的竞赛。这些词汇的传统含义被任意曲解，已不能涵盖那些运用这些词语的人的行为。不负责任的鲁莽行为被看作是勇敢忠诚，小心谨慎被当作胆小怕事的别名，节制成了精神贫乏的外衣，理性的政策成了放纵不拘。狂热的盲从成了流行的行为思想，而不冒风险的阴谋诡计被当成合理的自卫手段。主张激烈成了真诚的证明，反对暴力成了猜疑的口实。阴谋获得成功是对智力高低的检验，察觉阴谋成了超常聪明的象征，任何不以阴谋诡计为个人策略的人被嘲笑为对自己的团体采取虚无态度，是他们敌人面前的一个窝囊废。总而言之，对敌人先行打击的人或者将这种策略灌输到事先根本没想到要这样做的人，同样值得赞赏。党派的关系实际上比血缘关系还要密切，[2]因为同党一接到通知，会比亲友更迅速地投身到冒险事业中去。拟议中的结合不是为了保障已有的组织的利益，而是不惜违反组织原则以满足非法的私利。对于信守诺言，共谋犯罪较之庄重的誓言要更为有效。敌对者提出的公平建议被当时掌权的一方视为采取戒备措施的信号，绝不会引起任何慷慨的回报。力求报复同避免犯这种错误相比要更被人看重。少得可怜的和解协定不过是缔约双方的一种权宜之计，只有在找不到可供选择的其他办法时才被遵守。任何发现了敌手防御弱点并及时抓住这个机会的人，更愿意靠背信弃义而不是通过公平的战斗来实行报复，因为他主要考虑的是不必冒险,并且还会使虚伪的胜利蒙上一层精明能干的光辉……

这一切现象产生的原因是对权力的贪欲,它出自掠夺和竞争的冲动,这是产生冲突的冲动,而从冲突中又产生出激情。在希腊所有城邦当中,党派的领袖们为了从他们以不烂之舌为之服务的公众利益中捞取好处,发明了一些响亮的口号,摆出一副为大众争取政治平等或主张适中的保守政治的代言人的架势。为了在寡廉鲜耻的斗争中占取上风,他们无所不用其极地控告他们的政敌。他们绝不想使自己的行动受到道德正义和国家利益的束缚,他们除了一时的任性之外,不承认来自这两个方面的任何限制。他们在夺取权力时没有丝毫的退缩,为了满足他们一时的敌意,即使不靠赤裸裸的武力,也要靠不道德的判决来对付他们的敌人。事实上,宗教对任何党派都失去了效力,每当他们干了遭人非议的举动,他们都依赖虚假的权力来挽救他们的好名声。同时,在每一个国家里,大凡持温和态度的人,便要受到两个阵营中的极端分子的摧残,其部分原因在于他们拒绝站在某一方,部分原因在于对他们幸存下去的前景表示愤慨。

于是,阶级战争把希腊社会抛入形形色色的邪恶中而不能自拔。[3]

这种精神的崩溃现象是随着公元前431年雅典和伯罗奔尼撒人的战争而来的,在这个战争与革命交织的世纪里这一现象一直未曾中断过,而革命正是这场大灾变的结果,它的第一个社会后果就是产生了一大批由"无国家"的放逐者构成的、日渐增多的流动人口。这是希腊文明在成长阶段遇到的虽令人担忧但实际上极为少见的现象。到了公元前4世纪,希腊世界麇集着这些漂泊不定的流浪汉。亚历山大曾试图劝诱各邦掌权的派别允许他们流亡在外的政敌和平地返回家园,但仍然没能克服这种不幸。放逐者发现自己能干的一件事是入伍当雇佣兵,这等于在火上加了油。大批军人给战争注入新的活力,而战争又产生新的放逐者,因而也造就了更多的雇佣兵。这种恶性的因果循环在希腊境内首次点燃了手足残杀的战火,然后把在希腊这所战争学校里训练出来的军人放出去,通过亚历山大及马其顿继任者们所制造的连绵起伏的战争,使"阿黑门尼德王朝的和平"(Pax Achaemenia)荡然无存。

这种良知泯灭造成的后果,因战争释放出来的经济分裂的力量而越发恶化。例如,亚历山大和他的继任者在西南亚的战争虽在军事上雇用了大群无家可归的希腊人,但其代价是又造就了另外一批流浪汉。支付雇佣兵们的薪饷是投入流通的金银,这些金银是在阿黑门尼德王朝的国库里逐步积累起来的,时间长达两个世纪。流通货币的陡然大增,在那些尚未遭受政治冲突之苦的城邦中造成了通货膨胀的灾难。物价飞涨,工资却没有得到相应的增长,这种财政方面的大变局把原先尚有生活保障的农民和小手工业者阶级置于贫困的境地。一百年以后,汉尼拔战争在意大利再次造成如出一辙的经济后果,即普遍的贫困。无论是在意大利的主要战争区域还是在亚平宁山外或海外的领地,意大利的农民纷纷被迫离开土地,先是因为汉尼拔军队的直接烧杀掳掠,后来则由于意大利农民必须承担的服兵役时间过长所致。当汉尼拔将意大利摧残到十室九空的地步之后,或当迦太基乞求和平之后,这些远在波河流域、伊比里亚半岛、希腊和东方的战役并未结束,而是在范围和规模上毫无顾忌地继续扩大,甚至要求征召更多的农民士兵。在这种磨难之下,起初被征入伍的那些农民的后裔简直一贫如洗,除了把原先强加在他们祖先头上的兵役义务当成职业之外,没有别的出路。自公元前133年提比略·格拉古①出任保民官开始,到公元前31年的阿克提乌姆会战②为止,这段时间是革命和内战的世纪。这种"新穷人"依靠在各个军阀麾下充当雇佣兵挣得一点微薄的收入,而现在则是军阀们在为新兴的罗马帝国的统治权殊死拼杀。

在这种残忍的"灭绝"战过程中,我们无疑目击了希腊内部无产者的"起源"过程。正如我们先前给这个词的定义所指,[4]这是就一种社会"内部"的社会成分而非"隶属"于社会的成分而言的。无产者的真正标志既不是贫穷也不是低贱的出身,而是一种对自己在现成社会结构中的传统地位受到剥夺以及被作为自己合法家园的社会当作多余的人的意识,以及由这种意识所产生的愤恨。希腊内部的无产者实际上首先是正在解体的希腊政治团体中的自由公民、甚至贵族集合而成的,尽管他们精神上的贫乏往往伴随着或几乎始终与物质的贫困联系在一起。他们很快便得到了从一开始就是精神和物质上的无产者的人员补充。希腊世界内部无产者的数量由于希腊军队的侵略而大大膨胀,而牺牲的却是同时代的文明和各个前文明社会。亚历山大及其继承者们的征服战争将整个叙利亚、埃及、苏美尔—阿卡德和伊朗社会,以及印度社会的很大一部分囊括到少数希腊人统治的网络当中,之后的征服则

---

① Tiberius Gracchus,罗马共和末期的杰出改革家。——译者注
② Actium,奥古斯都击败对手安东尼从而结束内战的一场大战。——译者注

|

将欧洲和西北非的半数蛮族社会变为囊中之物。

起初，这些异族人的命运与希腊土生土长的无产者的凄惨命运比起来，要稍好一些。虽然他们在心智和思想方面的自由被完全剥夺，但他们在开始时并没有丧失自己的土地。随着新的市场和利润的诱惑，以及在那些因战争而人口锐减的地区维持农业生产的需要，导致被征服土地上的土著居民变为农奴，被驱赶到属于战胜者们的遥远的种植园中去。利用自外部输入的奴隶劳动是一种社会的罪恶，我们于公元前480年的西西里首次见到这种现象，在汉尼拔战争结束之后，它广泛地扩展到罗马意大利的那些备受战争蹂躏的地区。在公元前的最后两个世纪，失去土地的意大利农民小所有者逐渐得到农业奴隶和牧业奴隶的补充。这种意大利种植园以及大农场对奴隶劳动力的浪费，同名义上仍享有自由权利的意大利农民构成的军人劳动力，在遥远战场上的浪费一样严重。但这种以人道或残忍无道的行径为代价换来的大量葡萄酒、油、肉、羊毛和皮革产品的利润，多到足以使人们不必经常顾惜人力的损耗。结果，我们在这个时代看到地中海沿岸的所有居民——无论是西方的蛮族人还是开化的东方人——都被非法变为纳贡人，以满足贪得无厌的意大利奴隶劳工市场的需要。

当时，处于解体之中的希腊社会的内部无产者明显包含着三种成分：受到剥夺并失去安身立命之地的原希腊社会主体的成员；受到部分剥夺的外族文明和前文明社会的成员，他们是被征服者和受剥削者，但还没有到倾家荡产的地步；那些不仅被彻底赶离土地而且变为奴隶、离乡背井、劳作到死的原依附居民的成员。这三种牺牲者蒙受的苦难同他们的出身一样各不相同，但这些差别却由于他们的社会遗产被掠夺一空、成为饱受剥削的流亡者这一共同的遭遇所完全掩盖。他们对于肆无忌惮、无法忍受的压迫的反应程度同他们的命运的凄惨程度是一致的，因此在这个时代，到处都同样充斥着无产者殊死斗争的炽热情绪。

我们可以在埃及人反抗托勒密政权残酷剥削的一系列暴动中看到这种现象。这类暴动最初爆发于公元前3世纪和公元前2世纪之交，由于埃及政府的失策，征召当地人入伍以击退塞琉古的入侵，结果埃及农民一经获得武器、组成部队并拥有了自信，便揭竿而起了。在犹太人发动的、反对塞琉古和罗马在巴勒斯坦推行希腊化政策的一连串更为壮烈和声势浩大的暴动中，我们听到了同样的音符。公元前166年，当犹大·玛喀比（Judas Maccabeus）拿起武器，反对安提柯·埃皮法奈斯（Antiochus Epiphanes)时,武装暴动便开始了。直到公元 66—67 年罗马和犹太之间的大战摧毁了耶路撒冷也没有将起义平息下去。115 年到 117 年,散居于塞莱奈(Cyrene)、埃及和塞浦路斯的犹太人中间再次发动起义。132 年至 135 年,巴勒斯坦的犹太人在巴尔·科克巴(Bar Kochba)领导下发起了最后一次悲壮的起义。同样的不计后果的怒火——曾经激起犹太人殊死反抗远比他们强大的压迫者——也煽起小亚细亚西部半希腊化的地方居民的反抗,结果使他们两次受到罗马人的残酷报复。第一次是在公元前 132 年,当他们听到最后一位国王阿塔路斯(Attalus)将他的王国遗赠给罗马的可怕消息之后,他们投身到阿塔里德的王子阿里斯托尼库斯(Attalid Prince Attalus)的队伍当中。第二次是在公元前 88 年,当时小亚细亚的城市向反罗马的本都国王米特里达泰斯(Mithridates)敞开了大门,各城的公民杀光了在他们那里经商的意大利人。

阿里斯托尼库斯起义是被征服行省中的东方依附民族同希腊社会本土的外来奴隶及贫困化的自由民起义之间的桥梁。奴隶和"贫困的自由民"[5]在阿里斯托尼库斯的起义军中并肩作战。这次起义本身可能受到奴隶暴动消息,尤其是第一次伟大的西西里奴隶战争(两次战争爆发的时间约在公元前 135—前 131 年和公元前 104—前 100 年)消息的刺激。[6]这两次西西里大起义大概是汉尼拔时代之后在西方奴隶制庄园中爆发的规模最大、时间最长的奴隶战争,但它们既不是这类起义中的第一次,也不是最后一次,恐怕也不是最残暴的一次。公元前 201 年,罗马和迦太基之间恢复了暂时的和平。此后十年时间里,爆发了一系列的奴隶起义,包括公元前 198 年在塞提亚(Setia)由奴隶和迦太基人质策划的一次流产的谋反举动,以及公元前 196 年在埃特鲁里亚(Etruria)迅即遭到镇压的起义。公元前 185 年在阿普里亚(Apulia)又发生过一次令人生畏的暴动。当暴动的演出场地暂时移到西西里之后,紧接着就是奴隶运动的顶峰、色雷斯人角斗士斯巴达克(Spartacus)拼死一搏的亡命斗争。从公元前 73 年至公元前 71 年,他率领义军纵横驰骋于意大利半岛。对少数希腊化的统治者的深仇大恨,并非仅限于奴隶反对奴隶主的起义,罗马一贫如洗的自由公民也怀有同样的情绪。罗马公民无产者在内战中,尤其在公元前 91 年—前82 年突发的内战中,对罗马豪门贵族政治的残暴态度堪与犹大·玛喀比和斯巴达克大起义的凶残相比拟。在这个烈焰熊熊的世界射出的耀眼光芒辉映下,从隐约显现的可怖轮廓中脱颖而出的那些黑色人物中,最凶恶的一批就是被迎头抛出元老院的

175　左图为犹太铸币,发行于罗马与犹太人战争期间(66—70 年)。
176　中图为即使耶路撒冷的陷落也未能摧毁犹太人的战斗性。这枚罗马钱币为庆祝攻陷耶路撒冷而发行。
177　右图为犹太人发动的最后一次悲惨暴动的见证物。这次暴动发生于 132—135 年,由巴尔·科克巴领导。

罗马革命的领袖们,他们是马略(Marius)、塞多留(Sertorius)、喀提林(Catiline)和塞克斯图·庞培(Sextus Pompeius)。

希腊的无产者在这些疯狂施暴的行动中,对他们的压迫者——少数希腊统治者还以同样的暴戾,当我们想到这些暴乱的起因时,暴乱的凶猛残酷也就不足为奇了。然而,令人惊讶和钦佩之处是,这种残暴并不是希腊无产者因巨大的挑战所激起的唯一应战,还有一种精神应战与之截然相反,遥相呼应。在这方面,内部的无产者不仅取得了与少数残存的、仍具有创造精神的统治者等量齐观的成就,而且还将他们远远地抛在了后面。事实上,我们发现,我们一直记录的那些暴力行为很难说是受害者对他们蒙受的苦难的仅有反应。虽然某些受害者通常要以眼还眼,以牙还牙,但还是有一些人并不是以暴还暴,而是以温和的态度来对付武力。即使是那些满腔怒火、奋起反抗恶魔般的主人达莫菲鲁斯(Damophilus)的奴隶们,也有着人道之心,没有用邪恶来回报善意。他们在把这个给他们带来苦难的人及其残忍的妻子折磨致死的同时,却给达莫菲鲁斯的心地善良的女儿留了一条性命。[7]在有关巴勒斯坦犹太人反抗安提柯·伊庇法奈斯(Antiochus Epiphanes)强制推行希腊化政策的半传说性质的记忆中,老文书以利亚撒(Eleazar)和七兄弟及其母亲的消极反抗,在叙述顺序上要早于英雄犹大·玛喀比的武装反抗。[8]在关于耶稣受难的故事里,这位领袖曾训示他的伙伴说:"没有剑的人,让他卖了衣服买剑。"[9]但在他的十二使徒只有现成的两把剑的时候,他却紧接着说"足够了"。[10]当他即将被逮捕时,由于这位领袖自己一本正经地拒绝战斗,他那诉诸武力的应景呼吁也就最终变得毫无意义。[11]在接下来的故事里,耶稣的使徒们对所受的迫害进行了有力的道义反抗,这与那些徒劳无益地仿效犹大·玛喀比传统战斗精神的同代人形成鲜明的对照,著名博学家迦玛列(Gamaliel)对此留下了深刻的印象。[12]于是在当时,对同一种挑战便有了两种不同的应战,而且实际上是彼此矛盾和互不相容的应战。温和的应战与暴力的应战一样,都是无产者分离意愿的一种真正的体现。公元前 2 世纪以来,在身处希腊世界的东方无产者的历史中,我们看到暴力与温和这两种思潮均力求支配人们的灵魂,直至暴力自行毁灭,留下温和独往独来于这个地区。

这个问题从一开始就提了出来。公元前 167 年,最早的一批殉道者采取的温和方式,很快就被轻率的玛喀比抛弃了,他的榜样令他的后代人如此晕眩,以致耶稣最紧密的伙伴也对他们的主人听天由命感到震惊。[13]他们"离他而去,逃之夭夭"。[14]然而,耶稣蒙难几个月之后,迦玛列已注意到这位被处决的领袖奇迹般地集合起一批门徒,这些门徒有可能证明上帝站在他们一边。几年后,迦玛列自己的门徒保罗

和平的胜利

178、179 "像一头雄狮"的幼崽一样为捕捉猎物而咆哮。犹大·玛喀比(左图)为犹太人越挫越奋的战斗精神开启了闸门。"拿剑的人将毁于剑下。"右图为拒绝暴力反抗的基督,在指出一条摆脱恶性循环的道路。

则已在宣讲被钉死在十字架上的基督的教义了。第一代基督徒充满痛苦但却硕果累累的由暴力向温和道路的转变,其代价是他们的物质希望遭到了粉碎性打击。钉上十字架一事对耶稣追随者的意义与公元 70 年耶路撒冷的毁灭对正统犹太教的意义是一样的。在这场灾变最终发生之前,一位犹太博学家不知不觉地遵从了耶稣的警告,即犹迪亚(Judaea)的基督徒在看到"可憎的荒芜"[15](武装的希腊异教)重现在巴勒斯坦的地平线上时,应当逃向深山。拉比①约哈南·本·扎凯(Johanan ben Zakkai)独自做出一项重大决定,与犹大·玛喀比创始的尚武传统决裂,躲过犹太愤激派②的警戒,从紧锣密鼓、积极备战的城市溜了出来,说服罗马统帅让他通过,以便他能在远离战场的地方继续安静地教书。由于舍弃了军事抵抗之路,他能够重建他的学校,继续传道生涯。他因而成了一个新的犹太教的奠基人。他自愿放弃对政治权力的追逐,从而使犹太人能在异乡各种陌生和险恶的环境中,在他们的祖居地之外,幸存至今。

如果说公元 70 年耶路撒冷毁灭后,正统犹太教在心灵上的这种变化使犹太教以流散社会形式在异乡残存下来,那么耶稣伙伴们的心灵在其蒙难时所发生的变化则为基督教会的更大胜利开辟了道路。公元 3 世纪,当基督教会第一次面对广泛的迫害这一巨大挑战时,它用以利亚撒和七兄弟的温和方式进行应战,而没有运用犹大(绰号"锤子")式的暴力。在公元 4—5 世纪之交的第二次考验中,皈依了基督教的罗马帝国当时正处于解体之中,教会再次以温和方式回应蛮族侵略者(尽管对他们非基督徒的公民同胞并非如此),这次它得到的回报是蛮族武士们改宗入教,它发现在这个沉沦的帝国被遗弃的西部行省中,蛮族和教会已经身居一地、无法分开了。

因此我们看到,在希腊内部无产者的思想史中,有两种不相吻合的精神——温和与暴力,始终在彼此斗争。由于温和精神得到经验的帮助,所以不无苦痛地逐渐占了上风。同时,这种斗争没有仅仅局限在无产者这一社会成员范围之内,因为在希腊少数统治者的思想史中,也多少有一些这种思想斗争的暗示。文书以利亚撒和"锤子"犹大之间的对照,或耶稣和他的同代犹太好战者泰尤达斯(Theudas)之间的

---

① Rabbi,负责教授、解释犹太教经典的教士。——译者注
② 犹太教的一个激进派别。——译者注

差别,类似于公元前 3 世纪斯巴达持温和政策的国王阿基斯(Agis)和暴躁的国王克莱奥蒙尼(Cleomenes)之间的差异,也与公元前 2 世纪罗马持温和态度的保民官提比略·格拉古(Tiberius Gracchus)和持暴力政策的保民官盖约·格拉古(Gaius Gracchus)之间的差别相似。彼得对耶稣听天由命、坐等被错误处死的做法颇有微词,类似情形在雅典也可看到,如苏格拉底蒙冤被判死刑,关押在牢中,克立托(Crito)则试图说服苏格拉底,允许他救他出狱。此外,彼得、保罗和约哈南·本·扎凯心灵中的温和战胜暴力的例子,在亚历山大大帝的明智、恺撒的仁慈和奥古斯都的忏悔等事例上也可看到。

这些希腊少数统治者的著名代表人物包括希腊伦理哲学各个流派之父、雅典人苏格拉底,也包括希腊大一统国家之父、罗马人奥古斯都。这两项希腊少数统治者创造的伟大杰作,与死不悔改的征服者和压迫者的行为恰好分属两个极端。这些哲学家们和皇帝们,使得他们所处的垂死的社会有可能暂时感受一下晚秋时节苍白的略带晴暖的阳光。就内部无产者在精神上所做的具有久远意义的贡献而言,堪与上述行将消亡的创造力的几许闪光相比的是更高级的宗教——基督教,以及它在制度上的体现——基督教会。我们稍后将对这些成就逐一进行考察。[16]

注释

[1] 修昔底德:第 3 卷,第 82 节。

[2] 参考《马太福音》,第 10 章,第 21 节以及第 34—37 节,等同于《路加福音》,第 12 章,第 51—53 节;第 14 章,第 25—27 节以及第 21 章,第 1—17 节(援引《弥迦书》,第 7 章,第 6 节);《马太福音》,第 12 章,第 46—50 节,等同于《马可福音》,第 3 章,第 31—35 节,也等同于《路加福音》,第 8 章,第 19—21 节。

[3] 修昔底德:第 3 卷,第 82—83 节。

[4] 在本书第一部,第七章。

[5] 这个用语可能是在与美国南部各州或今天南非的"贫穷的白人"进行有关类比的基础上产生出来的。

[6] "当(第一次西西里奴隶战争爆发的)消息传播开来时,奴隶暴动的火焰到处蔓延。在罗马,150 人阴谋起事;在非洲,一千多人预谋起义;在提洛岛和其他地方还有其他骚动。"(阿吉里乌姆的狄奥多洛斯:《历史集成》,第 34—35 卷,第 2 章,第 19 节,残片)提洛岛是公元前 2 世纪希腊世界的主要奴隶市场,正好位于小亚细亚西部阿塔里德王国的边缘地带,阿里斯托尼库斯的悲剧性冒险是在这里发生的。

[7] 阿吉里乌姆的狄奥多洛斯:上引书,第 2 章,第 39 和第 13 节。狄奥多洛斯谈到奴隶们对待达莫菲鲁斯之女的态度:"这表明,这种对于其他人的处理的方式并不是什么奴隶们固有的野蛮性的表现,而仅仅是对先前施加在他们身上不公的一种报偿。"

[8]《伪经后书》,第 6—8 章,此处与该卷其余部分大相径庭。

[9]《路加福音》,第 22 章,第 36 节。

[10]《路加福音》,第 22 章,第 28 节。

[11]《路加福音》,第 22 章,第 49—51 节。

[12]《使徒行传》,第 5 章,第 35—39 节。

[13]《马太福音》,第 16 章,第 21—26 节。

[14]《马太福音》,第 26 章,第 56 节。

[15]《马太福音》,第 24 章,第 21—26 节;同《马可福音》,第 8 章,第 14—23 节;同《路加福音》,第 21 章,第 20—24 节。

[16]在本书第六部和第七部中。

第二十九章
外部的无产者

外部无产者同内部无产者一样,其成因在于一个处在衰落和解体期的文明,出现了与少数统治者离心离德的举动。在这里,因脱离而引起的分裂现象是显而易见的。将内部无产者同少数统治者分离开来的是一条道德的鸿沟,在地理上内部无产者则与少数统治者混居在一起。而外部无产者与这种状况相反,他们不仅在感情上与少数统治者格格不入,而且还有一条在地图上可以看到的边界线将二者实际上分隔开来。

这样一条边界线的形成,是外部无产者的脱离行动已经发生的明确标志。一个文明只要仍处于成长时期,它就不会有牢固的边界,除非它在某个边境地段恰好与某个同类的文明发生了碰撞。[1]这是因为具有创造能力的少数人散发出的光芒,在照耀他们自身社会的同时,还会越出他们的边界,给周边的各个原始社会带来了光亮。除了它自身固有的辐射能力的局限之外,没有什么东西能够对光线照射的范围加以限制,直到光线四溢出去以后逐渐减弱至零为止。因此,在一个成长的文明当中,少数创造者对那些处于前文明社会的邻人所具有的吸引力,同他们对自身所产生的那个社会的吸引力,是完全等量的。他们释放的影响甚至在远离光源的地区都可以感受到,其证据就是满洲竟采用了叙利亚字母文字,希腊的美术风格在凯尔特不列颠(Celtic Britain)的铜币上以及在印度北部的雕像上均有所反映。

不过,文明一旦衰落,它便不再对相邻的社会有什么吸引力了。因为如果说它已丧失了自决的能力,那么它也就失去了对外界施以创造性影响的能力,不再是一个和谐的整体,继续成为其他社会的榜样了。此外,在一个解体的社会中,少数统治者不得不采取暴力和压制政策,以替代少数创造者在道义上的影响,这对一个社会的外部模仿者产生了明显的疏离作用,就像对其社会内部的那些无创造能力的群众所起的作用是一样的。位于一个解体社会周边地区的各个前文明社会,以它们自己的方式表明它们与这一文明相脱离。它们离开该解体文明的道德轨道，并因此开始对这一文明造成潜在的威胁。当少数统治者企图依靠军事手段而不是迄今一直使用的榜样的力量来赢得他人的效忠时，这些业已脱离的外部无产者便做出了以武力来对付武力的反应。一方面外部无产者对其邻人一度具有吸引力的文化表现出消极的排斥态度，另一方面他们也有一些积极的行为（虽然是破坏性的），即继续向其邻人学习，借用敌人的先进军事技术，把这些技术用在避免少数当权者的暴政统治上。结果开启了两个分离集团之间旷日持久的激烈斗争，现在每一方都在威胁着另一方的生命。随着敌视的加剧，双方之间变幻不定的边界成了一道不可逾越的坚固屏障。用一个恰如其分和印象深刻的拉丁字眼来说——既表示接触双方的密切联系又表示二者的对立——就是作为一个地带的 *limen*① 或者门槛被 lime② 或具有长度却无宽度的军事边界线所取代。

处于成长阶段的希腊历史为一个健康文明四周的这种 *limen* 或缓冲地带提供了典型的说明。希腊文化的精华朝欧洲大陆的方向传播，在北部逐渐弱化为帖撒利③的半希腊文化，西部埃陀利亚④的半希腊文化，而伊庇鲁斯⑤、马其顿尼亚⑥的次生半希腊文化又把埃陀利亚和帖撒利本身同伊利里亚⑦和色雷斯⑧的道地的蛮族文化分隔开来。希腊文化向小亚细亚方向的传播，在沿岸希腊城邦以东的内地逐渐弱化，变为卡里亚（Caria）的半希腊文化和吕底亚（Lydia）的次生半希腊文化，之后便是定居在安纳托利亚高原赫梯（Hittite）文明废墟上的那些佛里吉亚人（Phrygian）迁入者的纯粹蛮族文化了。即使在北非和意大利的希腊殖民地的内陆地区，希腊文化和地方社区之间的文化简直大相径庭，两个世界的政治关系也似乎势不两立，但在这里仍然有一些和平接触和逐步一体化的例子，以反对叙拉古⑨构造帝国的政策和意大利人和乔奈斯人（Chones）的灭绝政策。较之希腊人和蛮族人的政治和解更为引

---

① 门或入口之意。——译者注
② 边界或边境通道。——译者注
③ Thessaly，位于北希腊东北部，为平原地区。——译者注
④ Aetolia，位于中希腊西北部。——译者注
⑤ Epirus，位于北希腊的西北部，为山区。——译者注
⑥ Macedonia，紧邻希腊半岛东北部，马其顿王国的发源地。——译者注
⑦ Illyria，毗邻伊庇鲁斯的地区，大体同现阿尔巴尼亚所在位置相当。——译者注
⑧ Thrace，位于马其顿尼亚以东的沿海地带。——译者注
⑨ Syracuse，位于西西里的希腊殖民大邦。——译者注

希腊文明的传播

180—183　出自阿拉伯半岛、中亚、小亚细亚、不列颠的半身像,时间属公元 1—7 世纪间。一个成长的文明没有固定的边界,它的文化发散到邻近的各个蛮族社会当中。但当它衰落的时候,它对这些社会的影响也削弱了,而当地的文化成分则变得十分强劲。

　　　　　　　　　　　　第二十九章　外部的无产者

备战的帝国

184 罗马由于在公元前 1 世纪恢复了一个行将解体的世界的秩序,结果使自己陷入为维持这种秩序而同境外蛮族人展开的无休止的斗争之中。图为边界地带的部落战士在攻打罗马的一座要塞。

人注目的是希腊化在文化方面的和平渗入。在公元前 1 世纪的西西里,即最后一个希腊殖民地在那里建成近五百年之后,在土著西西里人的后代和希腊移民的后代之间恐怕已经没有什么区别了,他们已被共同的希腊文化、共同的希腊语言和在罗马暴政下共同蒙受的苦难联合在了一起。在塔林敦①以北的大陆意大利内地,希腊文化传播的速度尤快,势头尤其强劲,以致早在公元前 4 世纪,阿普里亚(Apulia)便明显地转向希腊文化,变为生产陶瓶(具有红色图案)的繁忙的手工工场。距离更远一些的是拉提乌姆②,那里的人们如此热情地接受外来的希腊城邦制度,以致希腊的观察家将拉丁人视为希腊人,在希腊文献中最早提到罗马的地方竟称这个拉丁共和国为"一座希腊城市"。[2]

然而,这幅自愿使自己适应希腊生活方式的画面,在希腊模式破灭之后便烟消云散了。希腊文明衰落的象征是公元前 431—前 404 年的内战。在这场灾难性冲突的第三年,蛮族人和希腊人之间的千年战争开始了第一个步骤,当时马其顿尼亚受到色雷斯游牧部落的侵略,被掳掠一空。虽然这类洗劫没有再次发生,但它标志着色雷斯自觉自愿希腊化的终结,文明和蛮族文化之间第一次卓有成效地竖起了一道森严的屏障。这种以色雷斯为前线的现象在稳定地保持了四百年之久的同时,外部无产者对希腊文明衰落所做的军事反应在大希腊③地区也越来越剧烈,越来越引人注目。在雅典和伯罗奔尼撒同盟间的战争爆发后的一百年时间里,这里的希腊殖民者几乎被周边的奥斯坎人(Oscan)部落赶到大海里去。蜂拥而至的蛮族人已经穿过麦西拿(Messina)海峡,并且在罗马军队的干预致使整个运动过程突然中断之前,于麦西拿城本身获得了一个征服西西里的基地。从那以后,罗马人担当起恢复希腊世界统一的大任,凭借一系列既反对蛮族人又反对意大利竞争者的大规模战役,保住了希腊文明。罗马军队的这一连串功业拓展了希腊少数统治者的领地,几乎远至欧洲大陆、伊比里亚半岛和非洲西北部,这就像马其顿王亚历山大的征服使它在亚洲获得的扩张成果一样。但马其顿和罗马的这些令人印象深刻的征服并不能、也没有使解体中的希腊社会的病症有所减轻,这是一种无法避免的衰落病。希腊世界这种

---

① Tarentum,希腊人在南意大利的主要殖民城邦。——译者注
② Latium,位于中意大利的一处平原,罗马即坐落其上。——译者注
③ Magna Graecia,意大利南部与西西里的希腊殖民城邦的统称,现代西文"希腊"一词便源于此。——译者注

病态的军事扩张的结果不仅没有取消反蛮族人的战线,反因它为了迫使蛮族人远离希腊少数统治者的根据地而增加了这些战线的长度。这种交通线以及战线本身的不断延长,削弱了少数统治者的打击力量,同时却加重了他们承担的义务。确实,罗马在弥合空缺和接过埃特鲁里亚人①反对克尔特人②的义务以及塔林敦人反对奥斯坎人、马其顿人反对色雷斯人和达达尼亚人(Dardanian)的承诺方面取得了成功,这使得它不可逆转地、一步步地单独负起维持反蛮族人战线的责任,而这条战线是正在衰落的希腊文明从过去承继下来的,它仅仅是这个患病的社会随心所欲地置放到自己肩膀上的附加负担之一。少数希腊统治者同时从叙利亚社会的手里接过了在北非、伊比利亚半岛和西南亚的反蛮族阵线,这些地区是由马其顿和罗马的征服战争被强力并入希腊世界的。

在公元前3—前2世纪之交,罗马成功地击败了同时代希腊世界的所有其他强国,因而不仅垄断了希腊少数统治者的财产,而且也继承了他们的债务。从公元前1世纪希腊大一统国家的边界首次划定起,到罗马帝国崩溃之前的过渡时期(大约公元375—675年)为止,这个希腊社会的四面八方——北欧、多瑙河流域、叙利亚和西北非——都受到了蛮族人的威胁。在这段旷日持久的对抗过程中,各条战线上的军事较量与相对停滞的和平时期轮流交替,蛮族人两次突破都无功而返,但第三次却取得了成功。

公元前最后两个世纪对希腊文明来说是麻烦最多的时期,我们看到蛮族萨尔马特人(Sarmatian)从顿河东岸推进到多瑙河中下游地区,他们盘踞在那里,自那时起一直威胁着希腊世界的东北边境。与此同时,在公元前2—前1世纪之交,阿拉伯人渗入了被垂死的塞琉古王朝遗弃的美索不达米亚和叙利亚的地盘。在西北非前线,努米底亚人利用迦太基在汉尼拔战争中被击败以及公元前146年被彻底毁灭的有利条件,不断蚕食北非大陆上被迦太基丢弃的行省土地。最后,在北欧前线,罗马治权于公元前2世纪第一次扩展到阿尔卑斯山以北的欧洲地区,但遇到了辛布里人③和条顿人的可怕反击,他们沿着便于行军的道路推进到意大利,这些道路现在已不再由半蛮族的缓冲势力据守了,因为它们刚好遭到罗马军队的重创或致命打击。罗

---

① Etruscan,罗马北部的一个民族,曾入主罗马。——译者注
② Celt,居住在北意大利和阿尔卑斯山以北的古代民族。——译者注
③ Cimbri,日耳曼人的一支。——译者注

蛮族大患

罗马以侵略为手段,寻求帝国的安全,得到的回应是蛮族无情的四面围攻,到了公元200年,战事已转而不利于帝国。

185　北方的凯尔特骑兵和步兵。

马人发现自己不得不在四条战线上的三条出兵干预,以便制止蛮族人的进攻势头。在北欧战线上,他们必须为自己的生存而战,即使这只是历史上三次突发性的蛮族入侵的第一次。在欧洲和非洲,马略扭转了局势,他在同努米底亚侵略者朱古达(Jugurtha)的战争(公元前112—前106年)以及同辛布里人的战争(公元前105—前101年)转败为胜。在亚洲,当庞培于公元前63—前62年组建起罗马的叙利亚行省之时,他挽救了塞琉古王朝残留的最后一份遗产,使之免遭阿拉伯军队的蹂躏。在那之后,当一支苏维人①没有因辛布里人新近的失败命运而却步,踏上同一条欧洲战争之路时,恺撒抓住了改变罗马阿尔卑斯山以北边界线的时机,将罗马版图扩展到(战争时间为公元前58—前51年)莱茵河一线,并在此之后,除了某些短暂的变动之外,罗马在那里屹立了四个世纪之久。

蛮族人的第二次流产的进攻发生在公元3世纪中叶,他们在所有四条战线上均实现了突破。这一次,多瑙河战线遇到了最沉重的压力。哥特人在这里不仅从陆路杀入巴尔干半岛的心脏地带,而且从水陆袭掠了黑海和爱琴海沿岸地区。在阿拉伯前线,穆斯林阿拉伯人的前驱帕尔米莱尼人(Palmyrene)不只暂时夺取了叙利亚,而且拿下了埃及。在同时代的西北非,柏柏尔人(Berbers)自从朱古达战争以来首次踏

---

① Suevi,克尔特人的一支。——译者注

上战争之路。在北欧战线,法兰克人和阿勒曼尼人(Alemanni)在这是越过莱茵河,洗劫了高卢地区。在蛮族人同步发动的第二次突然攻击中,罗马国家再次成功地化险为夷。侵略者几乎被彻底逐出被他们侵占的领土,各条支离破碎的战线再次得到修复。然而,这次胜利却抵不上沉重的损失和不幸的羞辱,它是以较高的代价换来的,只是在表面上恢复了原状而已。因为当旧有的边界在各地重新确立起来的同时,罗马人和蛮族人的实力对比却永久性地偏向到蛮族人的一边。

于是,一个虚弱的罗马面临第三次蛮族入侵的打击,这次打击持续了三百年左右(约 375—675 年),以希腊大一统国家的灭亡而告结束。从 4 世纪到 6 世纪,北方战线连续不断地受到匈奴人(Huns)、阿瓦尔人(Avars)、条顿人和斯拉夫人一波又一波的强大压力,他们各自为政,最终推翻了整个西罗马帝国。在 7 世纪,战场转移到小亚细亚和非洲,阿拉伯穆斯林开始发动有组织、有目的的军事战役。在小亚细亚,君士坦丁堡以放弃自己的承诺和减少在其他各条战线上的损失为代价,成功地将穆斯林从海峡地区赶回到托罗斯山脉(Taurus)一带,并据守在那里,尽管这使得新生的东正教的社会机体不得不忍受过分紧张的痛苦。但在非洲,阿拉伯人却势如狂飙,席卷尼罗河而到达大西洋地区,遭遇并击败了柏柏尔人和西哥特人,并进一步施压,渡过直布罗陀海峡,穿越西班牙,翻过比利牛斯山,直至 732 年,法兰克人将这股浪潮阻止在卢瓦尔河①和莱茵河一线。但是,作为见证在都尔(Tours)附近的会战,虽是一场令人注目的历史事件,却并非表明阿拉伯人惨败于法兰克人,而是阿拉伯人、法兰克人以及所有其他好战的蛮族军队的公敌——罗马强国的抵抗力崩溃的写照。至此为止,在罗马的心脏地带,当法兰克人在被罗马丢弃的土地上,遭遇并击败了来自南部边界的军队时,事情已经很明白,外部无产者所发动的第三次入侵一举摧毁了希腊大一统国家,并且已经大获全胜。

关于蛮族人对希腊社会这番冲击的回顾,表明暴力是外部无产者在解体文明的压力下所做出的唯一反应,同时也意味着外部无产者没有任何开发温和反应的能力,正像我们已看到的,温和的选择才是内部无产者能够完成创造举动的积极因素。凶猛的暴力的确是希腊外部无产者的标志,这一点并不是偶然的,即匈奴作为最野蛮的象征将自己的名声留给了后世,他们最著名的领袖竟被他的同代人惧称为"上

---

① Loire,位于法国中部。——译者注

186—188 多瑙河边境：来自大草原的游牧民族的骑兵。

　第二十九章　外部的无产者

帝的鞭子"。但我们同时也能在外部无产者和内部无产者的行为举止中发现些许的基本类同之处。如果我们未能注意到这些相似的地方,没有给它们以应有的评价,那我们或许要犯历史偏见的错误。从一开始,各蛮族军队在残暴的程度上便有明显的不同。西哥特人在公元 410 年洗劫罗马时的野蛮程度无疑要比汪达尔人①和柏柏尔人于 45 年后大掠罗马的行为有所逊色。的确,西哥特王阿拉里克(Alaric)授予这座被攻占城市的居民在罗马教堂中避难的权利,当他的同代人听到整个故事之后,对此留下了深刻的印象,将它载入最著名的拉丁文献的一个段落当中:

> 在罗马陷落后所遇到的灾难中,所有蹂躏、屠杀、洗劫、纵火和袭掠等行为都是根据战争惯例犯下的暴行。但在这场灾难中也有一个新的变化,出现了一种前所未有的景象。穷凶极恶的蛮族人在这次事件中看上去如此温和,以致征服者指定教堂为避难者提供宽敞的空间,并下令说,任何人在这些圣殿中不得受到刀剑的屠戮,任何人不得从这些圣殿中带走俘虏。许多囚徒确实被有善心的敌人押到这些教堂里,因而获得了自由,他们之中没有人被残暴的敌人拖出去沦为奴隶。[3]

在另一处段落中,[4]奥古斯丁②还指责当时罗马的异教徒对上帝没有感激之情,正是上帝给了这些无功受禄的人以怜悯,允许罗马注定要被蛮族攻陷一事由相对开明的阿拉里克于 410 年而非由残忍无情的拉达盖苏斯(Radagaisus)于 406 年来执行。随后,阿拉里克的继承人阿塔兀夫(Atawulf)以及东哥特人的领袖提奥多里克(Theodoric)证明蛮族人的统治有可能比阿拉里克还要宽松。彻头彻尾的野蛮习气和较为温和的蛮族作风之间的同样对比在阿奎坦③也可以看到。那里的居民在 412 年对西哥特人侵略者进行了抵抗,但在一个世纪之后,却发现他们同征服者并肩作战,反对更为野蛮的共同敌人法兰克人。另一方面,在西班牙,西哥特人却远不如穆斯林阿拉伯人那样是受到欢迎的主人。阿拉伯人于 8 世纪取代了西哥特人,倭马亚王朝以一种宽容的态度对待东西方信奉基督教或犹太教的属民,这已使他们善名远扬。

这些对比说明外部无产者受到温和作风影响的程度,当我们转而注意精神创造

---

① Vandal,日耳曼人的一支。——译者注
② Augustine,约 354—430 年,罗马帝国末期的基督教思想家。——译者注
③ Aquitaine,地处法国西南部。——译者注

因素的时候,我们发现具有同样的差异。在公元4世纪仍然驻扎在罗马边境外缘的北欧蛮族人皈依了阿里乌教派①,当时这一教派是罗马帝国官方认可的基督教形式,他们改变信仰的结果使他们更加贴近了这个文明在其所处边境地区的精神文化。然而,到了4世纪和5世纪之交,当尼西亚教派②在罗马帝国本身挫败了阿里乌教派之后,业已阿里乌化的蛮族人现在蜂拥而过帝国破损的边界,并且选择了坚持原有的宗教信仰,作为与被征服的居民存在社会区别的一种标记,对这些居民他们现在绝不予以认同。阿里乌教派的军队越发残暴地对待自己在各行省的牺牲品,也就越容易盲目地敌视天主教。例如,北非的汪达尔人除了实行经济剥削和政治压迫之外,还加上了宗教迫害。但是,当阿里乌教派的皈依者一如既往地信奉的这个宗教最终成为这支特定军队在其征服土地上的明确标志的时候,在别处边境上的其他蛮族集团却在自己的宗教生活中显示出某些新颖的地方,即使还算不上是真正的创新。譬如,在不列颠诸岛,克尔特人改信了天主教,但他们并非全盘接受了这个外来的宗教,而是进一步改造它,使它适应他们当地的传统。在罗马帝国与阿拉伯人的边界之外,蛮族人表现出更大的宗教独立性。他们把已经传入阿拉伯半岛的犹太教和基督教改变为一种属于他们自己的、更高级的宗教。当我们转过头来注意美学创造的相关领域时,我们可以看到,蛮族外部无产者并非一无是处的破坏者,尽管他们的成就比不上那些与内部无产者的高级宗教相伴随的、杰出的创新作品。外部无产者特有的文化表现模式是史诗和传奇故事,但阿拉伯人在其征服事业开始之前,在诗歌方面如同在宗教领域一样,已显示出同样的创新精神。他们创作出一种具有个人释解色彩的抒情诗,它是《古兰经》这种带有韵脚形式的散文的先导。

我们现在可以对我们迄今发现的外部无产者的性质做一个总结。我们已经看到,外部无产者来源于对文明解体的反应,这个文明先前是健康的,一度曾把它的那些处于前文明状态的邻人吸引到自己的影响范围之内。但它现在却失去了榜样的向心作用,不再对这些外部的蛮族社会有任何影响力。我们还探讨了蛮族对正在解体的希腊文明发起进攻的类型,我们看到,尽管暴力是外部无产者最初的、本能的反应,但是同内部无产者的反应相比,还是可以觉察到一种较为温和的应战痕迹。我

---

① Arianism,由希腊神学家阿里乌创立的基督教异端派别。——译者注
② Nicene,小亚细亚西北部的古城,两次基督教世界性会议的召开地,会议拟定的教义史称尼西亚信经。——译者注

们也看到,外部无产者具有接受以高级宗教为代表的、真实的终极精神的潜在能力,并能够吸收或者适应内部无产者的宗教观点,因而表现出一种虽然有限但却明显可见的创造力量。

注释

[1] 这种现象将在下面的第九部中予以考察。

[2] 在柏拉图的学生赫拉克利德斯·庞提库斯的一部业已散佚的著作的残片中,罗马得到了这样的描述。参见普鲁塔克:《卡米尔路斯传》,第22节。

[3] 圣奥古斯丁:《神国论》(*De Civitate Dei*),第1卷,第7节。

[4] 圣奥古斯丁:上引书,第5卷,第23节。

第三十章
灵 魂 的 分 裂

  我们在先前的章节中一直在考察的社会分裂现象是一种集体的体验,因而它是一种表面现象。它的重要意义在于,这是一种心灵分裂的外在征象,是"属于"一个正在解体的社会的那些个人心灵受到了创伤的体现。除去解体社会的这种社会表现之外,还有个人的行为、情感和生活的危机,它们才是社会明显崩溃的真正基础和根本的原因。个人的心灵若失去了一个社会赖以持续成长的那种发起创造性活动的机会(当然这并不是指丧失个人的创造能力),那它们在对解体压力所做的一系列可供选择的反应上,就会倾向于采取逃避的方式。我们可以把这些反应视为某些成长过程出现的病态的逆转,对这些成长过程,我们在本书[1]较前的章节中已尝试性地做了一些说明。不过,倘若我们现在试图对这些精神病症的症状进行分析,那么我们将会看到,一方面大多数由这些病症引起的情感和行动都是消极的,甚至是破坏性的,都竭力要否定或阻止解体的过程;与此同时还存在着另外一些反应,有可能导致对这个正在解体的文明进行一种真正具有建设性的尝试。正是依次通过这样一些努力,我们才能看到我们的"分裂与再生"乐章的第二部分开始初露端倪。在实际生活当中,各种反应之间的区别并不是牢固不变的,斯多葛派的自我克制可能会导致自知之明,自知之明可能会导致对超凡脱俗的认知。自我牺牲显然是一种消极的行为,却可能对于恪守训诫的灵魂是一种积极的鼓舞。基本上沉湎于追求个人充分解脱的人,可能变为具有创造性的社会行为的人。积极和消极是同一块磁石上互相对立的两极,毫无效果的姿态可能转化为进行创造的决心。换句话说,我们将发现,同我们再次打交道的不是静止的状态,而是动态的过程。在我们看到某些人对没有目标的生活之旅感到绝望的同时,我们也能够探寻到一条经过痛苦和忧患的煎熬最终到达生命的终极目标的道路。

  我们可以从观察行为和情感的形式开始,这些行为和情感似乎露出创造力丧失的迹象，它们既包括一些在业已崩溃的社会中自暴自弃的演员，也包括一些积极努力但徒劳无功地阻挡解体潮流的人，他们企图依靠一种特殊的计谋来取代真正的创造过程。有两种类型的个人行为，在它们均企图自我表现的意义上，似乎代表着一般创造力发挥的两种可供选择的形式。消极的企图是指自暴自弃，这种形式让自己完全随波逐流，认为创造性是对自然的、放纵的自发性的一种酬劳，是一种思想状态，在这种状态下，反律法主义①被当作创造性的一种替代物。与这种"顺应自然生活"的企图积极相对的，是一种严格自我克制的努力，它基于相反的信仰，即认为自然是创造的大敌，而非创造的源泉，严格地克制天然的情欲是复原失去的能力的唯一途径。希腊社会在麻烦丛生的年代，庸俗的享乐主义者误称自己是伊壁鸠鲁的信徒，他们要为自己的自暴自弃心境寻求一种权威的认可，宣称自己过的是一种靠自然法指导的生活。另一方面，对一种具有不同解释的"自然状态"的认可，在犬儒主义照自然状态过活的想法看来，就是要求自我否定的苦行生活，而同类哲学斯多葛主义的宣道者则对此做了更大的加工。对于一位斯多葛主义者来说，在"无关紧要"的万物中，没有什么事物本身是善的或者恶的，除非人们自己的意志赋予它对与错；贤哲的全部义务就是克制被享乐主义者当作自然提示的各种人类的欲望，并把这种克己修身提高到这样一个程度，即贤哲能够接受的自然状态不是享乐主义的"自然人"的冲动，而是由这种凡人生活的各种机缘和变化给他带来的考验。因而可以想象，倘若这位斯多葛主义的贤哲真能尽善尽美地做到这一点，面对各种事件都心若止水，似乎他完全有资格跻身于芝诺的门徒之列的话，那他一定会欣然顺应自然的进程。

斯多葛主义自我克制的忧郁心理在哲学皇帝马可·奥里略的《沉思录》一书中反映出来，他的哲学始终未能支撑他单独挑起挽救一个行将倾覆的世界的重担。

支配内心的力量，当它与自然相符时，便对于发生的各种事情具有一种态度，使它能够很容易适应在可能的限度内呈现在它面前的任何东西……[2]

要像在海浪不断冲击下的礁石，傲然屹立，即使咆哮的海水在它周围归于沉寂……[3]

这种极为短暂易逝的生命周期，是某种在通过时顺应其自然的东西，要优

---

① antinomianism，指基督徒既然蒙上帝恩典就无需遵守摩西律法的说法。——译者注

命运的翅膀

189、190 命运、运气、定数、机缘——对这些无法控制的力量的信仰,吸引着那些在垂死的社会中飘浮不定的灵魂。在罗马,对命运的崇拜是由官方确立的,它的影响遍及人们的生活和思想,排斥着创造性的意志。左图,命运由胜利女神的翅膀来展示,与她同在的是运气的车轮。右图,命运女神奈迈希丝,手把象征驾驭命运的方向舵,站在一个滚动的球体上。

雅美好地度过一生,就像一粒橄榄在熟透后掉落在地上一样,对生养它的自然以及承载它的树木怀有感激之情。[4]

在上面援引的三段话中的最后一段,这位饱经忧患的斯多葛派的皇帝所渴望的境界,却被跛足的斯多葛派奴隶达到了。他在先前一代人中是芝诺衣钵的最著名的传人。

　　除了赞美上帝和念他的美名,表达我们对他的感念之情,我们还应当做什么呢?无论是在挖掘、耕田还是进食的时候,我们难道不应吟唱献给上帝的颂歌……因为你们大多是睁眼瞎,倘若有某个人占据这个地方,以我们全体的名义演唱上帝颂歌,这不是很适当的事吗?除了吟唱和赞美上帝,我一个瘫老头,还能干什么?假如我是一只夜莺,我就像夜莺一样歌唱;或者假如我是一只天鹅,我便像天鹅一般歌唱。但我恰好是一个被赋予理性的人,所以我必须歌颂上帝。这是我的工作,所以我从事它,只要它继续指派给我这项工作,我就永远不放弃这个位置。我呼吁你们大家歌唱同一首歌……[5]

当死神追上了我,我希望他能够发现我正在实践我宣扬的东西,这样做是为了我能对上帝说:我是否曾经违反了您的戒律呢?我是否为了任何其他目的而非您的目的,而利用了您赋予我的天分、感觉和内在的思想呢?我曾经指责过您吗?我曾经谴责过您的统治吗?我染上了病,那是您的意愿?(我的同胞也同样患病,但我生病的时候,我并没有反抗)。由于您的意志,我才认识了贫穷,但我苦中有乐。我从来没有掌过权,因为您不愿我有权,但我也从来不想得到它。您曾看到过我因此而闷闷不乐吗?我是否在您的面前不曾有过欢愉的面容或对您可能下达的任何指示或信号未做好接受的准备呢?现在我应当离开这场喜庆,这正是您的旨意,所以我立即动身。我的整个身心充满对您的感激之情,因为您赐予我同您一道出席这场喜庆,让我看到您的工作,目睹您支配一切的过程。当死神追上我的时候,但愿我的这些想法会在我的头脑中,这些话语会在我的笔下或在我的双眼阅读的书上。[6]

在希腊社会解体的过程中,斯多葛哲学学派的最高贵的体现者,在抑制天性的禁欲苦行方面所能达到的造诣,就是这样的。当新柏拉图学派的终结以及高潮时期的希腊哲学,上升到一种神秘情感的高度,它那日渐衰亡的赞美神灵的歌声,几乎同更年轻、更有力的基督教的声音融为一体的时候,我们便在希腊史的最后一章中,看到了垂死的少数统治者身上的苦行传统,同无产者不太消极的禁欲主义混合到了一起。

我们再来看一下处于相应的困扰年代的叙利亚世界,我们同样能够看到自暴自弃和自我克制之间不可调和的对立现象,二者的对照便是《传道书》中冷静的怀疑理论和艾赛尼派信徒①修道院式的禁欲苦行的虔诚实践。在其他地方也有相同的情况。在中国混乱年代的哲学实践中,我们发现杨朱与伊壁鸠鲁的命运一样,遭到享乐主义者的利用,同时也受到孔孟学派道德维护者的严厉谴责。在日本的一次混乱年代的后期,即在德川幕府强制恢复和平之前,类似的对立表现在该时代日本高层政治的纵欲无度和同时代的武士对其封建领主近乎非人性的、完美的自我奉献上。

在我们今天的西方社会中,能够看到有关这些互相冲突的行为方式的一点迹象

---

① Essences,公元前 2 世纪到公元 1 世纪在巴勒斯坦形成的一个犹太教派别,以严格的禁欲生活出名。——译者注

吗？毋庸置疑，自从卢梭于两个世纪以前首次提出"回归自然"的时候起，这种倡议便一直声不绝耳，清晰可见。在当代"毒品文化"的倡导者宣称他们已恢复了业已丧失的自发的、不受限制的创造能力，并且为一个完美的人类社会找到了真正的模式的时候，这种喧嚣声达到了前所未有的高度。在某种程度上，近年来心理学的进步也增强了这种现代自暴自弃的倾向。由于心理学企图分析已经获得的社会经验和个人经验的层次，这些经验据说遮盖着一个真正自我的内核，并对它的表达加以抑制。这是一种对个人操守基础的腐蚀，它以一种相对无伤大雅的形式，亦即一种个人拒斥犹太教和基督教的性道德规范的形式表现出来，它以这样或那样的形式一直蕴含在整个西方社会的历史过程当中。更为严重的是，它可能把社会和政治方面的相对性原则压缩到危险荒谬的地步，破坏那个明显有效的观念，即用于定位的固定的两极，不可削减到最低限度，这既是健全的个人心理也是健全的社会心理的一个必要的成分。另一方面，禁欲主义的相反运动似乎在现代西方世界中还没有什么进展，尽管好像有了一点初步模糊的克己忘我的迹象，并且是以某种浅薄的、低等的形式，但毕竟我们能够从那种流行的说法——对"道德污染"的"反作用"中看出这一点。

当个人的创造性被这种自我表现的虚假形式所取代之后，我们就应该看到，模仿的机制将同样不能令人满意地发挥效能。在成长的时代，社会大众是靠模仿机制的诱导，才追随其领袖的。而社会训练突然解体的结果，将夺走个人对社会的认同感和相互承担义务的感觉，鼓励对危机做出完全是个人的反应。在这种思维框架内，逃离者将试图避开社会崩溃的后果，拒绝履行他对他的同胞的义务，丢弃乱成一团的大多数人，抱着不惜任何代价也要保障个人安全的自私愿望。这种脱逃现象的典型例证我们已经提到过，[7] 这就是雅典在公元前 228 年逃避希腊的联盟事业，即使这项事业对于挽救位于希腊世界中心地带的雅典及其姊妹国家的独立、使之免受环伺在这个解体社会四周的"巨人们"的统治是唯一的希望，它还是逃避了这项事业。这种懦弱的反应基于这样一种毋庸置疑的假定：当个人自私地舍弃更为广泛的社会关系时，他才有可能成功地获救。然而，也有一种利他性的逃避形式，这种形式通过个人脱离众人的队伍而服务于社会的目标，也就是说自我牺牲的殉道行为在一定意义上，等于逃离一个正在解体的社会。但这不同于消极的逃避，它具有潜在的积极作用，可以成为其他人效仿的榜样。[8]

　　　　　　　　　　　　　　　　　　第三十章　灵魂的分裂

触摸死亡

191 轮、蝴蝶、头骨和水平仪,象征命运、灵魂和无情的审判,组合成一种忧郁的、压倒一切的宿命主义的形象(出自庞培城)。

　　创造机会的丧失还意味着普罗米修斯式的冲动——成长的积极要素——不再能从行动中找到排放的出口。在这种情况下,心灵易于屈从绝望的感觉,听任自己在一个无法控制的(如果不是罪恶的)宇宙中随波逐流。事实上,我们在另一处[9]已经提到过,那些度过了一个社会衰落时代的人,共同的反应就是把他们的磨难归结于必然性或命运之类无情规律的作用。我们还可对此补充一点,这就是颠倒的感觉,认为人类的生命和劳作不过是由于盲目的、无法预测的运气使然,是同样毫无价值的。必然性和运气这两种概念因为是截然对立的,所以又是密切相关的;这种对立并非是指有关事物本质的两种舍此即彼、互不相容的观念之间的对立,而仅仅是指有随波逐流感的人和威力无比的大海之间的对立,在这种人看来正是海洋把他无情地抛来抛去,使他仿佛成了一片漂浮着的无生命的废料。在顾影自怜的情绪下,这位被遗弃的漂流者以否定的眼光,将击败他的力量看作是一种秩序荡然无存的混乱状态。正是在这种情绪下,他把他遇到的无法抵御的对手和苦难统统用一个名称来概括,这就是运气。但是,正像伯格森所指出的,[10]"混乱"的概念基本上是相对的,就像"秩序"的概念一样。无论是混乱还是秩序,除非在对比中考虑它们,否则二者是无法想象的。我们可以做一个主观的判断,当我们称某件事物或某种状态为"混乱"时,我们的意思是说我们正在对我们挑选的某种形式的秩序感到失望,此地此刻,它在思想和行动上影响到宇宙的面貌。对于这种棘手的事实状态,我们采取的口头报复形式就是给它一个"混乱"的恶名。对于我们恰好在某个时刻得出的这个武断的结论,我们可以从另外一种有无数个选择可能的立场出发,当事情是被这样来看待的时候,那么上述棘手的状态就可以——而且也确实有必要——同时被看作是秩序原则的一个例证。例如,制陶工匠的陶轮令人眼花缭乱地旋转,在一位埃及诗人的眼里,[11]它代表混乱达到了极点,他想象那块正在陶轮表面被动旋转的黏土是有生命的。但从数学角度来看,这种旋转同时又是一种有序的循环运动的例子;而从目的论的角度看,它又是一种服从的机制,把陶工意志所代表的精神指令传递给了黏土。同样,一艘失去舵手的船只,漫无目的地漂流,在柏拉图的眼里,它代表被神灵遗弃的宇宙,[12]但在一个具有为编写电脑程序所必需的动力学和物理学知识的头脑那里,这被认为是对以风和水为中介的波浪和海流有序运动的一个完美的说明。当漂流者的思想理解了这个真理的时候,控制他那种未知的力量就会使"运气"失去主观的色彩,变为客观的必然,但这对其非人类的自然本质,并没有丝毫的改变。

希腊知识界在衰落的年代里,未能理解命运的概念,所以造成了巨大的灾祸。

背离了"可被理解"的思想之后,它迅速对其背离者加以报复,于是"tyche"①或"命运"便呈现出一种"原则"的特性,按照观察者仅有的主观奇想,对无法预测的发展进行所谓的"解释"。就这点而论,它以最恶劣的形式对艺术和哲学奇想的缺陷加以了说明。

在罗马,关于命运的思想最初出现在塞尔维乌斯·图里乌斯②关于"运气女神"的说法中。虽然"她并没有出现在历书中,也没有祭司,一定是从外边引进来的",但她在这么早(公元前 6 世纪)就出现在这个城市,标志罗马人对盲目相信运气的行为的认可。这种原始的观念无论有怎样的意义,在后来的共和国时期,它被一些日益流行的概念所覆盖了,它们可能最初出自波里比乌斯,在早期

① 古希腊文,起初指运气女神,后指命运。——译者注
② Servius Tullius,约公元前 578—535 年,传说中的早期罗马的第六任国王,希埃特鲁里亚人。——译者注

帝国时期,它们在对命运之神的正规崇拜中得到了体现。在这里我们可以看到,没有什么能像把运气神圣化这样如此清晰地暴露出古典学术知识的崩溃。让历史的进程围绕这样的原则来运行,对于知识的完整性和道德的责任来说是致命的危害。[13]

运气和命运的信仰者所共有的宿命的消极心态也表现在伊斯兰的命定论当中,其典型形式是由神学家阿布尔—哈桑·阿沙里(Abu'l-Hasan al-Ashari,约873—935年)提出的。阿沙里试图解决真主的命定同人的自由意志间的明显矛盾,他提出 *Iktisab* 学说,按照这一学说,人的意志将接受真主已经指派给他的命运。根据他的说法,"人仍然是一具机器,尽管这具机器属于他的那一部分是他认为自己是自由的"。[14]在神创的宇宙中,人类自由和神圣的必然性之间的这种紧张关系始终使宗教思想感到忧虑,这表现在诸如基督教、印度教之类高级宗教以及在公元前2世纪的中国出现的较低俗的道教当中。基督教的原罪教义断言,我们今天所看到的生活在地球上的人类,其性格和行为是由亚当过去的一次堕落行为所偶然决定的。虽然基督教教条同时也强调说,亚当的罪恶出于他自己的意愿,因而人类的自由意志不应受到抨击。按照印度教相应的业报轮回的理论,一切人的精神特征都是逐步积累起来的,是一个连续统一体的若干组成部分。这个统一体通过一系列转世再生,一而再、再而三地出现在感知世界中。这些现象的存在和各自存在之间的分离状态仅仅是一种幻觉。因此,"业"(karma)这个字,在梵文字面上的意思是"行动",这时在哲学和宗教术语学上,便有了自深思熟虑的内心活动而来的道德行动的特殊含义,它对行动者的性格产生了永久的影响,从一次转世到另一次转世,永无休止地逐渐积累。

个人漂浮的感觉,在社会方面有一种极为相似的对应物,存在于对文化反常状态的体会之中,这就是一种完全丧失了特定形式和风格的感觉,它是对成长阶段的文明变异过程的逆转。于是灵魂屈从于大染缸,文化混杂的消极意义这时弥漫在社会活动的各个领域。在社会交往范围内,这导致互不调和的传统一古脑儿混合在一起,互不适应的价值杂凑在一处(*pammixia*)。在语言、文学和视觉艺术的中介上,它反映出混合语言的潮流,一种互相类似的、标准化的文学、绘画、雕刻和建筑创作风格。在哲学和宗教领域,它引起仪典和神学理论的大汇合。在一个正值解体的社会所分裂成的三个派别当中,少数统治者最愿意向文化混杂倾向屈服。而构成内部无产者的那些身心已成无根之草的流浪者们,却不仅坚定地保持他们残余的地方遗产,甚至还想方设法把某些残余遗产赋予他们的主人。而外部无产者被一道不可逾越的军事边界分隔开来,不再受垂死的文明的影响,倾向于整体上保持他们生气勃勃的蛮族文化,直到他们最终征服那个已成废墟的文明。少数统治者的这种包容性恐怕不是什么大惊小怪的事,因为他们是帝国的缔造者,大一统国家的奠基人,这种大一统国家本身便显著表明,在一个正在解体的世界里需要保持世俗的统一。

所有这些对精神不确定性的种种表现有一个共同之处,就是一种道德失败的感觉,它使得当事人与他们所在的社会以及个人存在的现实相脱离,鼓励他们去追求一种乌托邦的幻想,以代替难以忍受的现实。在复古主义和未来主义这对孪生的运动中,我们能够看到两种交替变换的企图,用仅有的时间上的转移来取代在活动领域(从精神领域向另

对过去的崇拜

192　复古主义为逃避地狱般的现实提供了一个出路,这就是对理想化的过去所做的神话般的回忆。在这一愚蠢做法的民族主义变种的画笔下,凯瑟尔·威廉一世现出一副其英雄祖先——条顿骑士的架式。

一个具有成长特点的运动)的转移。[15]在这两种乌托邦运动中,为了追求一个或许可以实现的理想世界(假设它在事实上是可能实现的),不必面对精神领域险恶变化的任何挑战,结果致力于在微观世界而非在宏观世界生活的目标便被放弃了。这种乌托邦理想代替真正的转移运动的做法,体现在企图返回到某个过去处于争论中的社会"黄金时代"或是一举飞跃到未来的想法上。以此得到的外在乌托邦,作为具有超验价值的"另外的世界",意在取代内在的精神世界。但一个"另外的世界"仅存在于肤浅的、难以令人满意的、最终毫无意义的感觉当中,是对此时此地宏观存在的暂时状态的一种否定。它是一种在表面上而非在精神上对人生的法则敷衍了事的态度,它在将灵魂从精神自杀中解救出来的同时,又试图否认时间和运动的规律,其结

193 美国黑人在浏览社会主义的小册子,他的上方是一幅浪漫的招贴画,这一情景浓缩着今天黑人民权运动中革命的未来主义和怀旧的拟古主义之间的紧张气氛。

果必定会使灾难降临到它的鼓吹者和他们的社会之上。

复古的做法可以被定义为:从对同时代的具有创造力的个人的模仿,向对祖先的模仿的一种转换。在这个意义上,它接近于从文明的动态运动转向人类在前文明阶段上的那种实际静止状态。换个方式说,它可以被定义为一种使某个特定阶段上的社会停滞不前的企图,或者是通过固定社会成长的动态因素,以遏制某种有威胁的变化。正像我们已经看到的,[16]这是对社会挑战的一种始终具有灾难性的应战。对于乌托邦复古形式的主要推动力之一是民族主义的毒菌,我们在当今世界已看到了这种毒菌兴风作浪的场面。一个染上了这种精神重病的社会,它本身仅是某个文明的一块微不足道的碎片,却往往怨恨这个文明赋予它的文化恩惠。在这种思维模式下,它将自己的很大一部分精力用于创造狭隘的民族文化,以求摆脱外来的影响。在它的社会政治制度、美学文化和宗教当中,它试图恢复某个民族独立时代的那种表面上的纯粹状态,这个时代位于它融入一个超民族的文明社会之前的某个阶段。

在我们的现代西方社会,这种向后看的民族主义的最显著的例子,就是国家社会主义在德国重建原始条顿社会的尝试,这个社会据称相当于古代日耳曼主义的"精髓",它剥离掉了在不同年代里层累到精髓上面的东西。这种企图恢复完全莫须有的过去而进行的徒劳恐怖的工作,带来了灾难性的结局,它以典型的形式说明复古主义和民族主义这两种精神病的结合所带来的报应。然而,无论它多么雄辩有力,似乎没有一个例子有足够的力量教会后代人吸取这种道德教训,因为在当今世界,同样邪恶的疾病正危害着各个社会。在现代西方文明中,我们必须把以派别集

反叛未来
194　布鲁诺·卡鲁索的作品《示威游行》。立即摆脱压迫的革命呼声成了毫无意义的口号：欲速则不达。

团为特征的黩武的民族主义看作是精神危机的明确体现，该精神危机导致对一种妄称有价值的局部的偶像崇拜，从而取代了不再受人欢迎的整体。我们可以引用一些西方国家中的黑人少数民族运动的实例，来说明这种盲目追求过去的乌托邦的破坏作用。新近的历史已把一个失去根基的黑人社会同一个西方白人社会紧密地联在了一起，黑人民权运动却致力于否定这种无可争议的和根深蒂固的联系，并且向后回顾非洲的过去，而这种过去尽管是历史的事实，但对这些旅居国外者来说却是失落和死亡的东西；所以黑人民权运动已经犯了把局部当作整体的错误。在经受了几个世纪的白人野蛮的文化和政治压迫之后，他们在把一种完全合理的、对其身份尊严的寻求，变为一种粗暴的、最终毫无结果的危险尝试，这就是要使他们自己同他们仅有的现实和未来的精神环境一刀两断。

除了这种具有潜在暴力的复古主义之外，我们还可举出一种较为温和的、但其破坏作用却不可小视的复古主义,持这种思潮的人千方百计地想把卢梭"回归自然"的呼吁,同他们自己对一个较老旧的、据说更为复杂的西方历史时代的看法结合起来。这些脱离主义倾向的持有者,因人类的物质进步和精神上的无能(无力解决物质进步所造成的各种问题)之间存在着危险的差异,而感到颇为沮丧。乍看上去,他们大概比赤裸裸的、粗暴的民族主义要更容易引起人们的同情。但我们应当清醒地认识到,这种倒行逆施的复古企图,同样会招致灾难。陷入这两种思想倾向的人,犯了相同的错误,这就是思考脱离了现实,误以为不必事先掌握操作的技能便可以设计和驾驭生活。

乌托邦的未来主义形式的基础在于一种徒劳的想望:如果有充分的力量否定真实,那么真实也就不成其为真实了。在西方文明史上,每当某地发生危机的时期,未来主义最一般的表现形式之一就是千禧年的说法①。但是,这种失常现象也可表现在不大引人注目的宗教术语当中。我们对今天以政治革命的流行伪装出现的未来主义最为熟悉。这种革命是一种观念,抛开那些武断的意识形态的标签,它本质上否认经历和体验各种痛苦的必要性(pathei mathos),[17]宣称横亘在目前的苦难和潜在的未来幸福之间的那个中间阶段,是只消一步便可以跨越的。迄今为止,这种试图改造地方社会结构的革命史表明,它不仅愚蠢地忽略了人类的时间局限,而且危险地滥用率领社会大众的领导义务。[18]这两个错误结合在一起,便在我们的这个时代导致暴虐政权的建立,而它们的属民们却要为他们主人的道德和思想错误承担不可避免的惩罚。

我们现在恐怕要对这种精神反常的范围予以充分的注意了。在社会倾覆的压力下,当灵魂放弃了它的创造义务的时候,它便成了精神反常的附属品。以权宜之计来代替创造,大概可以在短期内带来收益——假若这是不可能的,那么任何一个正在解体中的社会都会不可逆转地直接陷入天下大乱了——但从长远的观点来看,我们只能使债务越垒越高。然而,正像我们已经指出的那样,有一种辩证的解体以及成长的现象:社会崩溃的最高危机,对大多数人来说是一种无法克服的挑战,但它也会激起另外一些人进行超乎寻常的应战。这些人拒绝对社会解体的默认,也不想用创造性的虚假替代品来阻遏解体的潮流,他们拥有远见和精神上的勇气来面对挑

① millennarian,认为耶稣将复活并成为千年王国的国王。——译者注

战,在他们能力所及的范围内全力参与到更伟大的创造活动之中,其热情甚至比最具活力的成长阶段所看到的那种创造热情还要高涨。

注释

[1] 参见本书第三部,第十九章;第四部,第二十一章。

[2] 马可·奥里略:《沉思录》,第 4 卷,第 1 节。

[3] 奥里略:上引书,第 4 卷,第 49 节。

[4] 奥里略:上引书,第 4 卷,第 48 节。

[5] 伊庇克泰图斯:《论说集》(Dissertationes),第 1 卷,第 16 章,第 15—16 和 19—21 节。

[6] 伊庇克泰图斯:上引书,第 3 卷,第 5 章,第 7—11 节。

[7] 参见本书第四部,第二十三章。

[8] 参见本书第三十一章。

[9] 参见本书第四部,第二十章。

[10] 参见亨利·伯格森:《创造进化论》(L'Evolution Creatrice),第 24 版,巴黎,阿尔坎出版公司,1921 年,第 239—258 页。

[11] "一位先知的警告",载 A. 俄尔曼:《古代埃及人的文献》(The Literature of the Ancient Egyptians),英文译本由阿尔沃德·M.布莱克曼翻译,伦敦,迈森出版公司,1927 年,第 95 页。

[12] 柏拉图:《政治家》,272D6—273E4。

[13] C.N.科兰恩:《基督教和古典文化》(Christianity and Classical Culture),牛津大学出版社,1940 年,第 478—479 页。

[14]《伊斯兰大百科全书》,伦敦,卢扎克出版公司,1927 年,第 2 卷,在"Kadar"一词下。

[15] 参见本书第三部,第十九章。

[16] 参见本书第三部,第十八章。

[17] 埃斯库罗斯:《阿伽门农》,第 186—187 行;在第二部第十三章第 109 页上首次援引。

[18] 参见本书第四部,第二十一章。

新脱离

195 社会解体的痛苦危机向那些因拒绝简单答案的诱惑而蒙受苦难的人提出了挑战。一则15世纪的寓言表明,聪明人中的最聪明者将背对命运,他们泰然地站立在车轮上和没有桅杆的船上,力图驾驭任性的风力。他们之上是美德女神,哲学家克拉特和苏格拉底站在她两侧,一个正在抛撒他在世间积累的财富,另一个从她手里接过智慧的棕榈叶。

第三十一章
解 体 的 挑 战

　　成长的道路是被那些把生命和情感全部消耗在平凡事业中的人封闭的,但也可由那些能够透过平凡看到遥远的"另一个世界",即能够看到一个超凡脱俗的精神世界的人将它重新予以开放。因此,解体的社会灾变最终是作为个人心灵的一种感知危机而展现出来的。我们称之为"复古主义"和"未来主义"的生活模式,以其颇具局限的方式,通过指出另外一种选择目标,试图逃避已明显失去了作为成长中介的那个混乱的现实世界。但这两种企图都犯了一个基本的错误,这就是相信无需精神领域的任何变革,灵魂也可以得救,从而避免因一个文明的崩溃所带来的精神疾病。这无异于在说,地球上的人类生命仅仅是一种暂时性的机械装置,是在宏观物质世界中按部就班、生生死死的一种周期性的序列。复古主义和未来主义的实验之所以破产,是因为它们顽固地拒绝承认从宏观世界向微观世界转移的必要性,我们曾把这种转移看作是一个健全文明能够成长的必要前提。[1]但是,以为这种转移可以避免的幻想,最终要被精神失败的现实击得粉碎。如果这种失败并不被认为是无可挽救的话,那它就可能导致一个新的生活起点。

　　个人必须走什么样的道路才能抵达他那在内心世界实现自我的目标呢? 毕竟他同他的同胞一样,在一个解体社会对生命的共同考验中经历了同样的危机。但对其他人仅是块绊脚石之类的东西,对于他却可能成为一个极大的挑战。在一个健全社会中,当成长的动力似乎已耗尽的时候,消极的个人便会在宇宙的茫茫大海中迷失方向。但对这种失控感有一种可行的反应,这就是不向外观望被邪恶分离开来的宏观世界,而是注意自我心灵的内省,把道德失败看作自我克制的失败。这样一种个人的罪恶感与被动的随波逐流感形成了最鲜明的对照,因为随波逐流感具有麻醉的效果,它把对邪恶的默许缓缓注入人的心灵,以为邪恶驻留在外部世界,超出了这位牺牲者的控制之外。而罪恶感则具有一种刺激的效果,因为它告诉那位负罪者,罪恶毕竟不属于外部,而存在于他自身的内部,因此是从属于他的意志的。

在这里,在失望的泥淖和可以移山填海的信念之间存在着根本的不同。虽然我们同时也可以看到,在实际生活中,泥淖和山岳之间可能会有一片共同的边缘地带,即情感和行为的中间区域,不过一旦越过这个区域,那个社会解体时代饱受磨难的灵魂(如果他愿意的话),就可以实现从随遇而安向努力奋斗的艰难过渡。

两种心境交迭其中的这种无人地带的存在,在印度的概念"业"当中有所暗示;因为尽管可以从一个方面把"业"看作是由于因果律的无情运作而被强加的一种负担,但也有一线可见的光亮。虽然可以把"业"视为一种负担,但其数量的多少或有无,完全由当事人自身意志所左右的行为来决定。当这样观察问题的时候,"业"就表现为心灵的活动,心灵是它的主体,处于这个主体之外、自我无法控制的命运就不再造业了。这样一来,"业"便分解为罪过,而不是命运了。这就是说,"业"实际上是一种罪恶,那位主体本身是它的制造者,但同时他有能力减少、甚至最终消灭"业"。沿着一条基督教的道路,同样可以实现从不可征服的命运向可以征服的罪恶的转移。由于基督蒙难于十字架上,一位基督徒通过寻找和发现上帝的恩惠,其灵魂就有可能清除由亚当身上继承下来的原罪污点。恩惠并不是一种完全超然的外在力量,而是对人类努力的一种神圣的反应。典型的省悟罪恶感的例子,是以色列和犹大的先知们在叙利亚充满麻烦的年代里的精神体验。当这些先知在发现他们的真理、述说他们的预言时,生养他们及其听众的社会已被冷酷的亚述压迫者折磨得不成样子了。对于身处如此可怕的社会困境中的人来说,一项英雄般的精神伟业就是拒绝把他们的苦难似是而非地解释为不可抗拒的外部力量作用的结果,并指出虽然存在着各种外在的表现,但正是他们自身的罪恶才是他们各种苦难的终极原因,因此解脱苦难的出路在于自力更生。

如果个人的灵魂因此可以从消极的随波逐流感转向积极的、具有潜在创造性的罪恶感的话,那么整个社会的无助感也可以上升到积极的文化统一感。当一个灵魂获得这种认识的时候,他将对正在解体的文明中失去明确文化风格的现象做出反应,但不是从没有任何形式的混沌中退步抽身,而是拥抱一个带有永恒和普遍性质的宇宙。抹去了文化上的分歧之后,就会看到一座精神大厦,由于人类对这种永恒无限的宏大景象进行了地方性的暂时抵制,它的建筑风采先前是被隐匿在人们的视野之外的。当人们的视野从人类的统一扩展到宇宙的统一,再达到人类和整个宇宙内外的精神统一的境界时,这种对统一感的领悟就得到了拓展和深化。

在世俗政治生活的层面上,统一感的初现在一些头衔上反映出来。有些大一统国家用这些头衔来宣示它们的统治者对自身性质和职能所持的观念。例如,叙利亚世界的一个大一统国家——阿黑门尼德帝国的君主,便称自己为"四方土地之王"或"众王之王",以强调其统治的普遍性。这个头衔被简单地译成一个希腊词Basileus①,前面没有加定冠词。中国汉朝大一统国家的正式称谓是一个短语"天下",即在上天下面的一切。这种宣称以极为清晰的形式表达出了对一个统一世界拥有的普遍权力。希腊世界的大一统国家罗马帝国在拉丁文中也有一个类似的表达:Orbis Terrarum②,希腊文中相应的词是 Oikoumene,意指整个有人居住的世界。宇宙统一的景象——在大一统国家呆板有限的社会统一中得到预示——在一系列关于宇宙受法则支配的不同看法上体现了出来。巴比伦的占星家以及现代西方的科学家都沉迷于数学法则之中,佛教的苦行僧醉心于心理学定律,而希腊哲学家则被社会规律所俘虏。这样一些信仰起码的价值在于:它承认在世俗世界千变万化的表象之后存在着一种共同的原则,但把统一的原则与法则视为同一却忽略了"爱"的作用。爱同法则一样,在我们人类的经验中是我们所面对的真实世界的一个方面。我们知道法则是由一位握有大权的立法者强令接受的统一。我们也知道爱是一位活人对统一的追求,他那与人离隙的自我中心的心理——生命本身的另一个名称——已被一种给予而非索取的不可抑制的冲动所压倒。我们与爱和法则的结识都是在很小范围内完成的。相信爱以及法则也是终极精神实在的组成部分乃是一种信仰行为。但无法验证的假设也是实际生活的必需,人类思想的局限使得不用神人同形同性的术语就很难对一种假定的超人类的实在进行思考。当我们人类在观察一种超人类的精神实在的时候,现象世界的多样性就反映在与人相似的众神的庙堂之中,而对多样性之下的统一性的感悟则体现在从多神论向一神论的转化上。在犹太教三个宗教学派关于神人同形同性的宗教肖像中,关于上帝的气质和行为的观念都沿着同一的方向发生了变化。作为最高立法者的上帝,被看作是仁慈和富于同情心的爱的同义词。

---

① 中译名为"巴赛勒斯",此词早在荷马史诗中便已生成,并非从晚后的波斯转译而来,汤因比在这里有误。——译者注
② 世界或大地。——译者注

　第三十一章　解体的挑战

196　左图为束缚于沉思中的印度哲人。出自印度南部。
197　右图为隐修者圣西米昂，出自叙利亚的金饰板。

　　已经目睹统一景象及看到以爱为统一精神的人，在心灵上已准备好去感知"另外世界"的挑战，并已准备对挑战做出应战了，这个"另外世界"并非是指已经转化为一个想象的过去或未来的红尘世界，而是指一个实在的、具有不同秩序的世界。通过这样一番具有启迪作用的观察，心灵便可以最终发现真理，即日常世界没有对处于解体年代水深火热之中的生命提供真切的答案，它将被迫超越世俗的存在，高屋建瓴地去寻找精神生活的一个新起点。

　　超越世俗存在的一个途径是采取与这个世界及其弊病脱离的态度，这是一种哲学，它可以在不同程度上身体力行，从斯多葛派不大情愿的初步认命的行为，到修炼深厚者深思熟虑、以自我毁灭为目标的极致状态。一个人可以在诡辩式的"回归自然"的游戏中玩遁世的把戏，如玛里·安托瓦内特①在其巴黎日记中所记的那样；或如提奥克里图斯②在他位于考斯③的田园里所做的那样。一个人可以把这种游戏变成一段矫揉造作的表演，如狄奥根尼④在他的浴盆里、以及索罗⑤在他帐篷中的作

① Marie Antoinette，1755—1793年，法王路易十六的妻子。——译者注
② Theocritus，约公元前300—前260年，古希腊诗人。——译者注
③ Cos，爱琴海一岛屿。——译者注
④ Diogenes，约公元前400—前325年，古希腊哲学家。——译者注
⑤ Thoreau，1817—1862年，美国作家。——译者注

为。人们也可真正地甘冒生命之险,像一个沙漠中的隐士或丛林中的瑜伽修士那样,倾心尽力去解决生活提出的各种问题。但一位沿遁世之路而行、将达到目标并赢得奖赏的游客,其所作所为势必超出他以生命追求的东西。他必定使自己隔绝在生活之外,除了否定之外便一无所爱。当然,做到了这一点,便意味着他已超脱了人性。

> 伦理的力量能够而且必将产生幸福、平安和美好的感觉……并且只有一种途径能抵达幸福的彼岸,这就是超脱所有道德上中立的价值。你必须让自己在任何事物上都没有拥有感,你必须把一切献给上帝和机缘……并且必须全神贯注于一件事,真正属于你的事,没有任何外界的力量能够干预的事。[2]

在这部斯多葛哲学手册中,有许多地方推荐遁世实践的精神修炼法,但我们如果要沿这条遁世之路的纵深走去的话,我们或迟或早会从一位希腊的引路人那里转向一位印度指导者。因为芝诺的信徒走得是足够

198 明慧和尚在沉思。出自13世纪的日本。

远了,但印度哲学家悉达多·乔达摩的信徒们却有勇气追求彻底脱离尘世的逻辑目标——自我毁灭。这位涅槃境界的修炼人懂得,希腊那种通向涅槃的权宜之计是一个陷阱和幻觉。如果一个人服用了麻醉药,他就不可能剖腹自杀;为了实现精神自我毁灭的更为伟大的造化,他必须敏锐地自始至终都意识到他将要做什么。打开涅槃之门的钥匙不是一种美好适宜的催眠状态,而是一种艰巨和痛苦的思想斗争,下面一段小乘佛教作品的引文,描述了这种情景:

> 一个始终注意各种事物所含娱悦成分的人,贪婪的欲望就会增大。贪婪因欲念而起,因贪婪而成为实在,因实在而生,因生而老而死……似乎就像是一处

　　　　　　　　　　　　　　　　　　　　　　　第三十一章　解体的挑战

燃烧着十车、二十车、三十车、四十车薪柴的大火,而人又不断向火上投掷干草、干牛粪、干柴捆,用了这么多燃料的大火,势必要燃烧很长时间……

一个坚持注视各种造欲生贪的事物所具有的悲苦一面的人,欲望就会减小。随着贪欲的终止,随着贪婪转化为实在的终止,生即终止,随着生的终止,老与死也终止。悲伤、哀叹、痛苦、沮丧和绝望也随之终止。甚至一切痛苦都会终了。[3]

对这番追寻的酬劳就是终极目标——涅槃,涅槃则是

一种状态,即无土,无水,无火,无气,无无尽的空间域,无无尽的意识域,无虚无域,无认知域,也无无认知域……诸兄弟们,我称这一状态,既不是来也不是去,更不是站;既不是下落也不是上升,而是无定型,无移动,无根基。它是悲哀的终结。[4]

除了释迦牟尼教派之外,这种绝对的遁世境界恐怕从来就无人达到过,或者至少从未有人永久地保持过这种状态。作为一项思想成就,它是令人叹服的,作为一项道德成就,它是极为动人的。但它也有一个令人不安的道德推论,因为尽善尽美的超脱抛弃了怜悯,因而也等于抛弃了爱,这就如同它无情地清除了一切邪恶的激情一样。

爱从友谊中来,

苦随爱而生,

看到祸害源自爱,

不如像犀牛独自过活。[5]

对于这位印度贤哲的思想来说,这种无情是其哲学坚硬的内核,因为把心中的任何感觉置于首位,无论它多么道德,也就等于将人格的二元性纳入完美的意识统一体中。佛教徒关于所有感觉最终都要加重对自我的束缚的结论,希腊哲学家也独立地总结了出来,这是为了抵达同样的痛苦目标,遵循同样的逃避生活的路线的结果(虽然已经奋力进入大彻大悟的光明境界的希腊贤哲,大概因一种更大的社会责任感的感召,觉得应该重新入世,返回到他那大多数从前的难友尚在其中痛苦挣扎的黑暗中去)。

贤哲将没有怜悯之感,因为如果他自己不处在怜悯的思想状态,他就不能感受到它……怜悯是因看到别人的悲苦而产生的一种思想病,要么它可以定义为一种由别人的麻烦而感染的一种抑郁症,病人认为那些麻烦本不应是属于他的。贤哲是不会向这种思想病屈服的。贤哲是心如止水的,对任何外力引起的事件都见怪不怪。[6]

遁世哲学在力求得出一个逻辑上不可避免、道德上却无法忍受的结论的过程中,最终打败了自己。我们佩服这一哲学的解释者的坚韧精神,但我们也不能不反对它对人本身的否定。由于仅仅注意人的理想而不是人的心灵,遁世哲学任意把神已经挑选到一起的东西打得粉碎。这种哲学因拒绝考虑作为统一体的灵魂的二元性,以及对一位诗人的呼声"心在何处,脑亦在何处"[7]充耳不闻,所以离真知尚有距离。于是,遁世哲学与神秘的变形相比不禁黯然失色。小乘佛教必须为大乘佛教开辟道路,斯多葛派为基督教开辟道路,阿罗汉为菩萨开辟道路,贤哲则为圣人开辟道路。

遁世论的解释者借助否定人类自身存在所蕴含的二元性——存在与意识的差别——来求得一种虚幻的统一形式,在这个意义上,他们撤离现存世界的道路是一条精神的死胡同。如若他们不愿在极端怀疑论的愚蠢哲学中否定自己的话,就必须找到一条回到现实世界去的路。这条路是由变形论的宗教神秘主义所打开的。这种思想的核心是上帝之城的观念,就这一观念进入时间的范围而言,它并不是未来的梦想,而是一种精神上的现实,始终是这个世界的现在,除了还存在于——的确,仅仅因为它存在于——超凡脱俗的精神实在的永恒无限之中。当这种哲学家的"另外的世界",本质上是一个将我们地球排除在外的世界,是一个逃离现实世界的避难所的时候,那个神的"另外的世界"就在不停止拥抱世俗生活的情况下,超越了人类的世俗生活。

> 当法利赛人问他,上帝之城何时到来的时候,他回答他们说:"上帝之城的到来是无影无踪的,人们并不说'看啊!它在这儿或它在那儿!'因为要知道,上帝之城就在你们的心里。"[8]

但上帝之城怎么能真正存在于我们这个世界中,又基本上不属于它呢?这是一个超出了逻辑推理限度的问题。但是,如果愿意承认这个很难接受的真理,即变形的性质是超出纯粹理性思考所能认识的一种神秘事物的话,那么我们由于发现自己能够通过传递诗人直觉的比喻而窥见这种神秘之物,大概就可以为清醒地认识到我们智力的局限而得到酬劳了。

慈悲为怀
199 唐代的中国菩萨像。这位热心的圣人更多地因为对神造物的爱而爱戴神。大乘佛教在反对早期佛教徒的严格遁世学说时,把慈悲之爱化为其信仰的最高理想。

在一粒沙中看世界,

在一朵野花中看天空,

在你的掌中抓住无限,

在一个小时里把握永恒。[9]

用佛教禅宗教派的话说就是:

至小之物与至大之物一般大,

因为这里没有什么外部条件;

至大之物与至小之物一般小,

因为这里不考虑什么具体的限制……

全体中有一,

一中有全体——

只要认识到这一点,

你就不再担忧自己的不完美。[10]

　　统一体的二元性可以用这种神秘的语言加以解释,但神灵在世间的实践中如何能像在天堂一样行事呢? 用神学的术语来说——无论是大乘佛教还是基督教——神的无所不在性既表现在他遍在于这个世界及这个世界上的每个活人的身上,也表现在他超越世俗层面的存在上。在基督教有关上帝的观念中,上帝超验的神性既体现在圣父上帝这一点上,也体现在圣灵上帝的无所不在上。但基督教教义明确的且至关重要的特点在于,上帝的神性不只是二位一体,而且是三位一体,即还包括圣子。另外两个方面统一在一个人的身上,由于这种神秘性,这个人易于影响人类的心灵,却又不被人类所理解。基督这个人是神圣社会和世俗社会共同拥有的成员,他为"此岸世界"而出生于无产者阶层,死时则是一个罪犯;同时他又为"彼岸世界"而生,是上帝之国的国王。我们不禁要自问,这两种本性——一个是人,另一个是神——如何能够在单个的人身上得到真正的表现? 基督教的圣父们根据希腊哲学家的专门用语,对这个问题已经予以教条的形式的解答。但这种处理方法具有一种危险,就是可能将至关重要的神秘性变为由词汇构成的毫无意义的教条,所以它恐怕对我们不是一种唯一可行的方法。我们还有另一可供选择的假设的出发点,也就是就神性易于我们理解的方面而言,它必须是某种与我们自己的人性相同的东西。如果我们寻求一种特殊的精神能力,而我们已意识到我们自己的心灵拥有它,同时我们绝对相信上帝也同时拥有它——因为如若他没有这种能力而我们有的话,上帝的精神也就比人类低下了(quod est absurdum)——那么我们就必须首先把这种能力看作是人神共有的,它将是那些哲学家们想要抑制的能力,也就是爱的能力。

受到小乘佛教的贤哲们否定的爱,不得不被重新纳入该印度宗教当中。

"这是我自己,这是另一个人",
要摆脱这个困扰着你的束缚,
你的自我才能得到解放。

在自我和别人的这件事上不要出错,
世间万物无一例外均属于佛,
在这里有最后的完美阶段,
思想在这个阶段呈现纯然率真的本性。

美好的思想之树不知二元性为何物,
它蔓延到三位一体的世界,
生出同情的花朵和果实,
它的名字就是为他人服务。[11]

同情——在为他人服务中体现出来的爱——是鼓舞殉道者以及使他们做出自我牺牲的创造行为的动力所在。我们已经谈过苏格拉底自我牺牲的例子。[12]在叙利亚世界的混乱年代,我们也能看到一些勇于牺牲自身的异端分子,起初是以色列和犹大的先知,在随后的阶段上则是一个异教化的派别,在塞琉古统治下企图卸掉先前犹太教遗产的负担,代价是把自己的特殊的身份同巴勒斯坦犹太人中非犹太籍同胞们所接受的希腊文化形式融为一体。在希腊世界,从皇帝亚历山大·塞维鲁

(Alexander Severus)235 年之死至皇帝伽莱里乌斯(Galerius)311 年之死这段时间里,其间的两代人是以基督教会人士典型的舍生忘死行为为标志的。希腊少数统治者因行将灭亡的痛苦而变得异常残暴,认为他们是无产者发动的叛离袭击的牺牲品,于是教会成了他们临终前打击的主要目标。在这种严峻的考验下,由于要求在背弃自己的信仰和牺牲自己的生命之间进行抉择,所以在基督教阵营中,"绵羊"同"山羊"明显地分离开来。变节者为数众多,但殉道者的微小队伍却在精神上具有远比其数量要大得多的力量。

确实,爱成了《新约全书》的核心内容。在对尼哥底母①的训示中,爱既被视为促使上帝以赋予肉身和蒙难为代价来拯救人类的动力,[13]又被看作是使人类能够亲近上帝的手段。[14]爱在上帝心中的作用——推动神蒙受被钉死在十字架上之苦——在诸福音书中体现了出来。在福音书中记述了耶稣向他的信徒宣示的情景,他说他命定是受难者而非犹太未来主义者们的救世主。直到他的神性受到彼得的质疑且在三个门徒前变容时显现出来之前,他一直避免暴露这个惊人的真相。但是,他一旦显示出自己是神,也就立即打破了他对自己的受难命运一言不发的局面。这一系列的显灵表现的意义无疑在于:至死不渝的爱是神性的本原。至于爱作为亲近上帝的一种手段在人类心中的作用,在"哥林多前书"第十三章中,是作为一种至高无上而且是唯一不可缺少的实现这一目的的手段来加以赞美的。人类对上帝的爱,通过神的社会组织(Civitas Dei)的全体成员,沿着人们对其的手足兄弟的挚爱路线,在大地上流淌漫溢。

> 心爱的人们啊!上帝既然如此爱我们,我们也应当彼此相爱。没有一个人曾经看见过上帝。如果我们彼此相爱,上帝就在我们当中,他的爱在我们身上得到了完美体现。[15]

因为这种既有人性又有神性的爱,上帝的国度才有自身的和平,这种和平不是哲学遁世说的和平,而是人们身处其中并为上帝而活的那种平静的生活。一个正在解体的世俗社会的成员,一个已经懂得自我实现要靠自我依从上帝来获得的人,就会比那些仅仅"一次性生在"一个仍处于成长中的社会的成员,拥有更加可靠的希望,因而也拥有更加深沉的幸福,因为他知道通过再生的痛苦,他可以获得进入上帝

---

① Nicodemus,属法利赛派的耶稣秘密信徒之一。——译者注

之国的通行证。

　　没有什么比为了基督的缘故欣然迎接苦难更易被上帝接受以及对你自身更有益的了。如果你选择了它,你为了基督的缘故宁可挑选艰苦的折磨,而非为了获得众多的安慰。因此你将与基督及其所有的圣人更加相像。这是因为我们的功业和精神进步并非在于尽享甘美与安逸,而在于承受巨大的负担和烦恼。

　　假如有一条比受苦更好和更有利于得救的道路,那么基督也许就会在他的言辞和他的生命中揭示它。但他明确地敦促他自己的信徒和所有希望背着十字架追随他的人,说:"如果任何人要跟从我,那他就要忘掉自己,扛起十字架,随我而来。"因此,当我们阅读和研究任何事物的时候,让这一点成为我们最终的答案:"经过大量的苦难忧患,我们一定会进入上帝之国。"[16]

那么,不是寻求逃避苦难,而是拥抱并回应苦难,一个生在解体社会中的人便会赢得解脱,在一个更高层面上重新走上成长之路,而他所在的社会则迷失这条道路。这种回复的运动是分裂和再生节奏在心灵领域的第二"拍",我们在本书的开头[17]已把它假定为解体特有的运动。我们试图分析这个过程,而成长的力量有可能依靠这一过程,从表面上无可救药的社会崩溃的灾变中逃脱出来,恢复元气。我们的分析也许将证明,我们最后认识到的"重新出生",并不仅仅是在任何世俗层面上的一种社会的新生,而是指达到了一种高于世俗的状态。对这种状态所以能够使用"出生"这个明喻,显然因为它是一种充满了上帝形象的、积极的生活状态。耶稣所称他以肉身出生的最高目的,正是这样的"再生"。

　　我来是要使他们有可能具有生命,而且是更加实实在在的生命。[18]

注释

[1] 在第三部第十九章上。

[2] 伊庇克泰图斯:前引书,第1卷,第4章,第3节;第4卷,第4章,第39节。

[3] *Upadana-sutta* 第2卷,第84节,引自 E.J.托马斯:《佛教思想史》(*The History of Buddhist Thought*),伦敦,克甘出版公司,1933年,第62页。

[4] *Udana*,第8章,引自 T.C.汉佛里斯:《佛教》(*Buddhism*),哈蒙德斯沃特,企鹅出版公司,1952年,第127页。

[5] *Sutta Nipata*,引自 E.孔兹:《佛经》(*Buddhist Scriptures*),哈蒙德斯沃特,企鹅出版公司,1952年,第79页。

[6] 塞奈卡:《论性格》(*De Clementia*),第2卷,第5和6节。

［7］罗伯特·伯朗宁的诗:"不只一个词"("One word more"),第 14 行。

［8］《路加福音》,第 17 章,第 20—21 节。

［9］威廉·布莱克:《天真的预言》(*Auguries of Innocence*)。

［10］引自孔兹:上引书,第 174—175 页。

［11］引自孔兹:上引书,第 179 页。

［12］在本书第四部,第二十三章。

［13］《约翰福音》,第 3 章,第 16—17 节。

［14］《约翰福音》,第 3 章,第 3—8 页。

［15］《约翰一书》,第 4 章,第 11—12 节。

［16］托马斯·阿·坎皮斯:《效仿基督》(*The Imitation of Christ*),第 2 章,第 12 节;利奥·雪黎-普莱斯译英文本,哈蒙德斯沃特,企鹅出版公司,1952 年,第 87—88 页。

［17］参见本书第五部,第二十七章。

［18］《约翰福音》,第 10 章,第 10 节。

————— 第六部 —————

大一统国家

　　当一个社会解体时，它就分裂成三个部分，形成各自的组织。当权的少数人为了维护受到威胁的权力，把互相征战的民族统一成一个大一统国家（universal state，亦可译为"普世国家"）。我之所以使用这个名称，原因在于这些帝国虽然没有真正成为世界性的帝国，却也囊括了一个文明的全部疆域。但是，正如高级宗教与蛮族文化起源于外来因素的启示，大一统国家有时也是外来帝国建造者的作品。这些事实使我重新审视了我的命题：一个文明是一个自足的、因而是可以自明的研究领域。我首先要搞清楚：大一统国家究竟是目的本身，还是超越它们本身的某种东西的工具？在考察了它们的某些组织后，我发现，它们在无意之中有利于高级宗教和蛮族，而宗教是最大的受益者。与此同时，虽然历史上的大一统国家从来都是地区性的和暂时性的，但是它们似乎预示着一种未来的体制。在这种体制下，全人类将生活在一个政治统一体中。因此，我在最后将评估这种前景。

第三十二章
大一统国家：目的还是手段？

从本书的开头，我们便寻找那些不需要涉及外来历史事件，而仅在其自身的时空界限内就可以理解的历史研究的范围。我们最初的研究[1]使我们得出这样一个结论，即被称作文明的那种社会就是这种性质的独立自足的单位。到目前为止，我们在进行研究时一直抱着这样一个假设，即对这些不同的独立单位进行一番比较研究，能使我们认识到，我们需要努力勾画和理解人类历史的这些进程。但是，与此同时，我们也看到，某些迹象显示了我们的方法本身固有的某些局限——例如，我们曾指出，某些文明之间具有所谓的"继承性"这样一种亲密关系，[2]或者，我们也看到，在一个正在解体的文明中，某些社会阶层与当时其他社群的外来因素形成某种社会联合或政治联合。[3]它们的容纳性显露在它们所造成的各种组织中。有些大一统国家是外来帝国建造者一手兴建的；有些高级宗教是受到外来启发而兴起的；有些蛮族军事集团吸收了一种外来文化的基本要素。

大一统国家、大一统教会和英雄时代就是这样把同时代的和非同时代的文明联合在一起的。而这个事实就引起了一个问题，即我们以前一直把这些历史现象当作解体文明的副产品，以为文明本身理所当然地是历史研究的唯一对象，这种看法是否站得住脚呢？如果我们无法在单一文明的框架内理解这三种组织，而且似乎确实如此，那么我们就必须考虑，它们本身是否构成了更能让人接受的研究单位？或者它们是否只是某个包含着它们乃至文明的更巨大的整体的一部分？

我们先来研究一下把大一统国家说成是独立自明的研究领域的论断。我们所使用的这个名词就意味着这种论断的正当性，因为"大一统"就排除了任何"外在"的东西。客观地看，任何大一统国家都不会包容整个地球，都达不到名副其实的大一统。但是，就那些生活在其政权之下的人的主观感受而言，这些国家确实是大一统的，它们看上去并且让人觉得是整个世界。正如我们前面看到的，[4]罗马人和中国

骄傲与威望

200、201　左图中的鹰是罗马帝国权力的象征,后来的一些帝国也采用这个象征。右图是对皇帝的崇拜:在庆祝胜利的场面中,皇帝变成了一个神,战败的敌人被安置在他的脚下。

人都认为他们各自的帝国包容了世界上所有重要的民族;东罗马帝国也和其他许多帝国一样声称自己对整个世界有统治权。[5]这种天下一统的主观信念,从来是一种幻觉。但是我们不能因此而无视持有这种信念的人眼中的主观真实性,也不能无视一种幻觉可能造成的重大后果。正如我们将要看到的,有些帝国已经看出这是一种幻觉,因而有意识地避免这种不切实际的一统天下的说法。但是这种帝国似乎为数较少。我们还将看到,这种天下一统的幻觉并不是大一统国家的居民的唯一幻想。为了考察这些主观信念,我们甚至可以探究一下,不管其地理范围有多大,大一统国家究竟是目的本身,还是达到某种比它们本身更深远的东西的手段?

我们应该记住,大一统国家基本上是消极组织。首先,它们是在文明崩溃之后,而不是在文明崩溃之前兴起的,然后才带给这种文明一种政治上的统一。它们不是夏天,而是小阳春,掩盖着秋天,但已预示着寒冬。其次,它们是少数当权者的产物,也就是说,它们是曾经具有创造性但已经失去创造能力的少数人的产物。但是,大一统国家有一种双重性:它们虽然是社会解体的征兆,但它们本身也体现了人们遏制这种解体的努力。大一统国家的历史告诉我们,它们都几乎着魔似地追求不朽;

它们的国民不仅希望而且热烈地相信这种组织会永存于世。但是,在局外人看来,与统治阶级一样,大一统国家显然是社会衰落过程的副产品,而且它们的出生证书已经明确无误地表明,它们是没有创造力的,它们只不过是昙花一现。由此而言,相信大一统国家会永存不朽的想法,不过是一种严重的幻觉,是把这种世俗组织误认为上帝所赐予的福地。但是,毫无疑问,这种幻觉可能会广泛流传,并可能会长期延续。

罗马帝国的臣民对这个希腊化大一统国家的神化是极其著名的。我们可以看到,这种罗马不朽性的信念一直贯穿于从帝国建立之日到帝国瓦解前夕的全部历史。提布卢斯(约公元前54—前18年)曾歌咏"永恒之城墙",[6]而维吉尔(约公元前70—前19年)则让他笔下的朱庇特在说到埃涅阿斯未来的罗马后裔时宣布:"我不给他们设置任何空间和时间的界限。我给他们一个无限的帝国。"[7]军人出身的历史学家韦利奥斯(约公元前19—公元31年)在记载奥古斯都认提布卢斯为养子的情况时谈到"一种对罗马帝国的永久安全和永存于世的希望"。[8]只不过这种期待不是表现为神圣的宣告,而是表现为一种世人的希望。如果说一个以宣传为己任的历史学家可以信口雌黄,那么李维(约公元前19—公元17年)竟然也肯定提布卢斯的信念:"该城是为了永存于世而建立的。"[9]"该城……是应诸神之请,为了永存于世而建立。"[10]

自公元14年奥古斯都去世到公元138年安东尼继位的120多年的时间里,有两个不得善终的坏皇帝也坚信罗马和罗马帝国的不朽性。尼禄创设了各种竞技活动,"庆祝永恒的帝国,皇帝还颁布明确的命令,称之为'最伟大的'竞技会"。[11]《农事录》记载说,在公元66年,除了各项仪式外,还"为帝国的万世长存而奉献了一头牛以谢恩",[12]在公元86、87和90年,"在(图密善皇帝)许愿后帝国得以扩张,因此他祈求上天保佑帝国永存而许愿奉献多种祭品"。[13]

在安东尼王朝时期,我们发现有一位希腊文人用一种更文雅的祈祷文表达了奥古斯都的这种信念。他没有想到自己生活在一个小阳春时期,反而祈求上天让这个转瞬即逝的10月变成永恒的6月。

让我们祈求众神和众神之子保佑我们,让我们祈求他们赐予这个帝国和这个城市以无休止的生命和无边的繁荣世界。祝愿这个帝国和这个城市永存于世,直至铁块能够在海面漂浮,直至树木在春天忘记开花。祝愿最高执政官和他的子孙长命百岁。愿他们长久地与我们同在,把幸福散布给他们所有的臣民。[14]

此后,当人们开始感到冬天的气息时,这些没有远见的人们便无法面对这一事实,居然无视季节的变化,反而越来越强调他们被赋予了享有永恒盛夏的特权。在塞维鲁王朝时期及其以后的凄凉年代,官方宣传的皇帝的不朽性与他们实际命运的短暂性之间的反差,造成了一种令人痛苦的强烈印象。甚至在阿拉里克占领和洗劫罗马从而宣告了帝国生命的脆弱性后,我们在这种打击的巨大回声外,依然能听到一位高卢诗人高亢的声音。他从那座不再岿然不动的帝城返回到被战火蹂躏过的故乡后,却重新肯定罗马的不朽性。

罗马,把月桂树枝缠绕在你的头发上,把你神圣头颅上的白发变成年轻的乌丝……炽热的星星陨落了只是为了重新升起。你看到了月亮的亏缺,但那只是重新盈圆的开始。布伦努斯在阿利亚的胜利,并没有减少他施加的惩罚。萨谟奈人最终屈从于他的苛酷的媾和条件。在经受了皮洛士统治下的许多苦难以后,你终于打败了这位征服过你的人。汉尼拔最终也只能哀悼自己过去的辉煌。不可能沉没的身躯会以不可抗拒的活力重新出现。它们从深水中反弹而起,跃得更高。火炬倾斜反而增加光芒。你沉没后再度上升,反而更加壮丽辉煌。颁布法律,为的是使罗马万古长存。罗马,你根本无须畏惧命运女神的小伎俩……你将比那些等待你称霸的所有时代更长寿,尽管那些时代将与大地以及天空上的星辰一样长久。那些打击会使其他帝国土崩瓦解,却会使你死而复生。复活的秘诀在于你所具有的那种历难弥坚的能力。所以,投入战斗吧!亵渎神明的部落终将衰落,成为你的祭品。哥特人终将颤抖,终将低下他们桀骜不驯的头。你的疆域在恢复和平以后必定会奉献出丰盛的收益。蛮族的劫掠物必定会填满你高贵衣袍的褶层。莱茵河将为你耕种,尼罗河将为你泛滥,直至永远。富饶的世界必将养育你,她的保护者。[15]

在有关罗马魅力的所有证词中,也许最奇特的是圣哲罗姆所描述的他在避居耶路撒冷时听到罗马陷落消息时深感震惊的情况。

当耶路撒冷正在进行神学论战时,从西方传来了可怕的消息。我们听到罗马如何被包围,听到罗马市民如何付出一笔赎金以避免灾难,听到他们在遭受勒索之后又受到围攻,在已经丧失了财产之后又要被剥夺生命。我正在讲道时听到这个消息,顿时张口结舌,声音哽咽。这个城市曾经征服过整个世界——她居然被攻占了。[16]

这位圣徒已经献身为教会服务,而这个教会是公开地把希望寄托于上帝的国度,而不是寄托于任何尘世的政体。但是,这个世俗的消息却深深地影响了哲罗姆,以至于他一时无法继续进行他的神学辩论和注释《圣经》的工作了。

1258年阿拔斯哈里发帝国的陷落也给阿拉伯世界造成同样的震撼。这个事件造成的强烈心理影响甚至比罗马陷落的影响更明显。这是因为当蒙古人旭烈兀洗劫巴格达,从而向阿拔斯哈里发帝国发出最后的致命一击时,阿拔斯哈里发帝国的统治权,对于其原有领地中大部分地区来说,早就有名无实了。

或许不难理解,当权的少数人会有意无意地继续把一种影子认为是实体,因为对于他们来说,气息奄奄的大一统国家乃是他们最近的成就和最后的希望。但是,对于那些对国家的建成没有多大贡献的内部的和外部的无产阶级来说,这种组织也是一个敬畏和效忠的对象。这就明显地证明了这种组织的吸引力。由于这种情况,在一个大一统国家中,无论是合法的当权者还是外来的篡权者,都会强调一种占有这种权力的真正的或伪装的历史根据,从而在他们早已丧失了对他们的名义帝国的真正统治权后依然能维持作为唯一的合法性中心的重要地位。实际上,对这种政治上的无价之宝的垄断太重要了,因此即使蛮族征服者在征服了某个帝国省份之后,很少敢于吹嘘他是凭借武力夺取这个地区,或仅凭征服权就占有了这个地区。诚然,也有如此放肆的蛮族征服者。例如,雅利安汪达尔人就自命为罗马帝国属下非洲的主人,什叶派库塔玛柏柏尔征服者就自命为阿拔斯帝国的非洲属地伊弗里基亚(即突尼斯)和埃及的主人。然而,二者都因狂妄自大而遭受灭顶之灾。反之,雅利安东哥特人的阿马林王朝领袖和什叶派德莱木宗的布外伊王朝领袖则很聪明,懂得如何为自己在被征服地区的统治寻得一个正统的头衔,他们分别以君士坦丁堡皇帝和巴格达哈里发的副王的名义进行统治。这些雅利安部族和布外伊部族的异端宗教最终导致他们的失败,因为他们后来都各有一个野蛮的继任者,都采取了极端的措施,想通过把自己的宗教变成正统来扩大其政治合法性。甚至到13世纪末,德里的"奴隶国王们"为了使自己的权力合法化,也不得不在每一次继位时重申这种权力来自阿拔斯哈里发。

奥斯曼帝国、清帝国和莫卧儿帝国的历史也显示了这种没有实际权力为后盾的

权力的幽灵

202　蒙古人围攻阿拔斯哈里发帝国的首都巴格达。1258 年该城陷落前,巴格达的哈里发已经没有多少实际权力了,但是他们在伊斯兰世界的象征性威望依然十分巨大。自 632 年起,伊斯兰世界就是以哈里发作为自己的首领;这最后一个哈里发之死至今受到特别的悼念。

影响力是如何发挥作用的。中华帝国在清代的复兴,使得人们以为,尽管天朝帝国被迫与他国发生外交关系,但是世界任何国家的君主都与中国四邻的藩属国一样,其头衔的合法性来自天朝帝国。从 1768—1774 年俄土战争的悲惨结束到 1839—1840 年与穆罕默德·阿里最后一次较量的耻辱结局,奥斯曼帝国不断地衰落。在此期间,野心勃勃的军事首领们尽管想把埃及、叙利亚和巴尔干的领地据为己有,并且在实际上篡夺了土耳其皇帝的权力,但是仍小心翼翼地声称以皇帝的名义行事。

这两个帝国在衰落时期依然保持着对合法性中心的垄断。但是,这种成就却比不上莫卧儿帝国表演的同样的外交—心理绝技。帖木儿莫卧儿王朝在陷入了远比奥斯曼帝国和清帝国更深的软弱无力状态后,外国列强把这个莫卧儿帝国遗留的影子玩弄于股掌之中。莫卧儿王朝在与列强打交道时却依然强调它的特权。奥朗则布大帝死于 1707 年,此后半个世纪里,这个曾经有效地统治印度次大陆大部分地区的帝国,逐渐萎缩成只有数千平方英里的残骸。在一个世纪的时间里,这个残存的领地退缩到以德里的红堡城墙为界的区域。但是,在帝国实际瓦解了 150 年后的 1857 年,傀儡皇帝依然坐在阿克巴和奥朗则布曾经占据的王位上,因英国东印度公司军队印度土兵起义而狂妄地声称拥有统治他的强大祖先的帝国版图的合法头衔。这些起义军以皇帝的名义凭借暴力建立了一种反对王公统治的革命政权。他们力图用这种政权取代英国雇主控制下的已经失去神圣性的统治。在利用没有实权的蒙古大帝的威望时,他们所考虑的只是英国人早已被迫承认的印度民众舆论。

正是基于这种考虑,英国东印度公司在 1764 年和 1765 年承认了莫卧儿皇帝的宗主权,以换取他的正式授权,让他们有权在帝国的比哈尔省和孟加拉省进行管理和征收赋税。英国人后来的经验也证明,这种残余的莫卧儿皇帝权力实际上具有一种真正的重要性,是不可忽视的。尽管早在 1773 年英国人就不再承认莫卧儿皇帝对比哈尔和孟加拉继续享有宗主权,但是迟至 1811 年,他们不得不重新肯定,皇帝在这些早已割让了的省份拥有形式上的主权,因为他们发现自己很难平定这些地区。从 1803 年英国军队占领德里到 1858 年印度土兵起义被镇压,在这 55 年间,在皇帝的最后一个据点,在德里的红

一个英国画家谒见印度土邦王公

203　在莫卧儿王朝统治时期,谒见乃是一项庄重的仪式。臣民必须向皇帝或王公恭行效忠礼节。甚至在印度的统治权实际上转移到英国人手中后,还保留着某种谒见和敬礼的仪式。

堡城墙内,一直争论着一个问题:皇帝究竟是英国东印度公司的宗主还是它的傀儡? 1811 年,英国东印度公司公开宣布,它"无须从德里的国王那里获得一个额外的称号来赢得我们治下的印度臣民的效忠"。[17] 但是,在印度人看来,这个宣言只不过是空谈,更重要的是,英国人在晋见皇帝时依然履行一个臣民通常履行的致敬仪式。1857 年印度土兵起义清楚地表明,这种象征性行为在印度人眼中依然十分重要。

关于大一统国家不朽性的顽固信念甚至更坚决地体现在一种悖理的实践活动中,那就是在大一统国家实际上已经用死亡证明了自己并非不朽后,人们还在求助于它们的幽灵。于是,巴格达的阿拔斯哈里发帝国就在开罗的阿拔斯哈里发帝国中显灵;罗马帝国分别以西方的神圣罗马帝国和东正教的东罗马帝国的面目复活;中国社会的秦汉帝国以隋唐帝国的面目复活。这些幽灵都设法在消失之前获得和维持它们原来曾经享有的那种合法性中心的地位。

1261 年,马木路克军团曾急于在开罗拥立一个逃亡的阿拔斯为王,因为他们篡

夺了他们的主人阿尤布王朝的遗产,面临着如何使这种遗产在他们这些奴隶中一代代地传下去的问题。因此,与当时德里的"奴隶国王们"一样,他们一再急切地需要获得合法性。马木路克的苏丹们及其臣民似乎始终轻蔑地对待他们所立的阿拔斯傀儡国王,但是在比较遥远的印度斯坦,穆斯林统治者就像他们的先辈尊崇巴格达的最后一位阿拔斯哈里发穆斯塔辛一样,继续尊崇开罗的阿拔斯哈里发。不仅弑父的暴君穆罕默德·图格鲁克(在位期间为1324—1351年)向当时开罗的哈里发索取授权证书,而且他的那位值得尊敬的继承人菲鲁兹王(在位期间为1351—1388年)尽管没有前任那种寻求外界承认的需求,但也这样做。甚至帖木儿的孙子皮尔·穆罕默德在争夺帖木儿的遗产时似乎也要采取同样的策略。奥斯曼皇帝拜亚齐德一世(在位期间为1389—1402年)确实在1349年向开罗的阿拔斯请求授予苏丹的头衔。但是,拜亚齐德的后裔塞里姆一世(在位期间为1512—1520年)不需要获得这种合法性,也看不上傀儡皇帝所赐予的封号,因为这个傀儡皇帝是最后一个马木路克苏丹设立的,而这个苏丹被塞里姆打败和处死。新兴穆斯林世界新一代握有实权的统治者宁愿与游牧战争英雄成吉思汗更亲近一些,也不愿与麦加的神圣家族结盟。在这种情况下,开罗的阿拔斯哈里发帝国失去了吸引力。"哈里发"的称号不再具有普遍的权威性,而被贬低为一种适用于任何统治者的政治尊号。随着最后一位开罗阿拔斯于1543年去世,哈里发帝国的历史按说该结束了。但是,事情却没有完结。奥斯曼土耳其人在将近400年间从未想到哈里发制度,但是他们到了衰落之时才终于发现,这个长期被轻视的制度并不是像他们想象的那样毫无价值。

1774年,俄国和土耳其签订了库楚克—凯纳奇和约。此后的100年间,奥斯曼哈里发帝国第一次变成了西方国际政治的积极参与者。与此同时,它还利用西方列强对这一在几个世纪中早已名存实亡的职位的误解谋取好处。在西方,人们普遍以为哈里发是一个相当于教皇的精神权威,而苏丹则被看作是一个世俗权威。因此,奥斯曼皇帝被认为是集两种本来分属两个人的权威于一身。实际上,这种把教皇和哈里发相提并论的看法是完全错误的。但是,从1774年到1913年,奥斯曼帝国能够有意识地利用列强的这一错误,至少在三次和约中,凭借哈里发的名义,暂时保住了以皇帝的名义被迫放弃的领土。

慢慢地,列强终于发现和纠正了自己的错误。因此,这种欺骗不可能永远使奥斯曼帝国避免丧失对其原有领土的政治控制。但是,与此同时,作为一种"精神"组织的哈里发制度重新粉墨登场,对于国际政治产生了一种既微妙而又感觉得到的心理影响。西方的或西方化的列强利用奥斯曼帝国的政治衰弱而步步进逼,但又一直惧怕伊斯兰宗教势力的爆发。哈里发体制的复兴使之进进停停。反之,它使得已经日益萎缩的奥斯曼帝国成为各地穆斯林的一个道义中心。这些穆斯林不仅分布在原奥斯曼帝国领地上,而且散居在从未建立过哈里发政权的遥远地区,如印度和中国。奥斯曼帝国哈里发制度的心理作用,对于奥斯曼国家显然是极其宝贵的财富。阿卜杜勒·哈米德二世苏丹(在位期间为1876—1909年)就曾加以利用。当时,自由主义反对派"新奥斯曼党"非但不想废除哈里发制度,反而要保存它,使之成为贯彻他们的土耳其民族政策的工具。因此,苏丹政体于1922年被废除,哈里发制度依然存在。尽管它只延存到1924年,但是到那时为止,精神权力和世俗权力之间无法划

征服者,苏丹穆罕默德二世
204　虽然在1453年攻陷君士坦丁堡之前他的前任已经侵占了基督教东罗马帝国的大部分疆域,但是,由于他占领了该帝国的首都,获得了号令世界的资格,所以,奥斯曼人和伊斯兰教徒把他尊奉为"征服者"。

　　　　　　　　　第三十二章　大一统国家:目的还是手段?

分开,则是一个明显的事实。半个世纪以来,哈里发体制实际上已不存在,但是我们必须考虑这样一个事实,即它虽然只在两个世纪中真正拥有权力却能维持其威望超过千年之久,因此我们现在最好认为它是被暂时搁置,而没有寿终正寝。

奥斯曼帝国的皇帝们对待阿拔斯哈里发制度先是极其傲慢后来又极其狡诈,但是对待罗马帝国的遗产则要郑重得多。东罗马帝国的皇帝们,像中国皇帝一样,声称他们享有统治全世界的特权。按照东罗马皇帝和中国皇帝的说法,世界边缘国家的统治者,虽然实际上处于这种世界统治者的控制之外,但在法理上都在他的宗主权的管辖之下。东罗马帝国皇帝为其狂妄自大的主张所提出的根据是,他们的政府所在地是号称"新罗马"的君士坦丁堡。这种理论就使得东罗马帝国的近邻们也渴望占有这个能够赋予统治世界资格的城市。913 年,保加利亚可汗西米恩差一点就进入君士坦丁堡成为罗马人和保加利亚人的皇帝。[18] 14 世纪,当东罗马帝国已经濒临灭亡时,塞尔维亚王朝缔造人斯蒂芬·杜香若不是英年早逝,就可能夺取了被保加利亚的西米恩可汗错过的战利品。

一个世纪以后,在 1453 年,君士坦丁堡落入奥斯曼帝国皇帝"征服者"穆罕默德二世之手。在此之前,他的先辈已经征服了这个从多瑙河到托罗斯山脉的广袤帝国,东罗马人的君士坦丁堡仅仅是一块未被蚕食的小飞地。但是,穆罕默德二世却被尊称为"征服者"。原因在于,他和他的同胞奥斯曼人都接受了东罗马人的说法,即从君士坦丁堡发号施令的皇帝在法理上是整个世界的君主。因此在他们看来,征服君士坦丁堡的意义远远超过征服这个城市统治下的广大欧亚腹地。[19]此后,非土耳其人的穆斯林把奥斯曼皇帝称作"罗马的恺撒",把奥斯曼人称作"罗马人"。在前一章里,我们已经谈到罗马帝国是如何在东罗马帝国——东正教希腊化罗马帝国——的化身中复活,[20]我们也看到,奥斯曼帝国中的法纳尔希腊人是如何被一个复兴的希腊化罗马帝国的"伟大理想"所蒙骗,从而放弃了在土耳其罗马帝国的统治下成为奥斯曼土耳其人的伙伴的希望。[21]在法纳尔希腊王子亚历山大·伊普希兰德斯于 1821 年进攻摩尔多瓦失败后,这个土耳其罗马帝国又存在了一个世纪之久。最后一位奥斯曼土耳其罗马帝国皇帝是在 1922 年被土耳其人自己废黜的。这是在查理曼大帝在西方重建的罗马帝国寿终正寝后又过了 116 年的事情了。

东罗马帝国皇帝所谓的世界统治权与他们推广东正教的信念密切相关。这两种抱负都被俄罗斯接了过来。俄罗斯是一个东正教国家。直到 1598 年莫斯科的独立主教区在 4 个老资格的东正教主教区的祝福下诞生前,当地的教会一直处于君士坦丁堡东正教大教长的教阶制管理之下。1439 年,东罗马帝国的皇帝约翰八世帕里奥洛加斯和东正教大教长都在佛罗伦萨联合协定上签了字,承认罗马教皇对整个教会的最高地位(而不是首要地位)。但是,莫斯科大公及其臣民却否定了希腊籍的莫斯科大主教伊西多尔的签字。[22]1460 年,莫斯科大主教——此时已是俄罗斯人,不再是希腊人——宣称,君士坦丁堡在 1453 年的陷落乃是上帝对希腊人在佛罗伦萨背叛东正教的惩罚。[23]

佛罗伦萨的联合协定也受到亚历山大城、安条克和耶路撒冷的主教的谴责,还受到东罗马帝国内一些知名教士的谴责,如乔治·斯科里奥斯。他后来成为奥斯曼帝国时期君士坦丁堡的第一任大教长,称金纳迪乌斯二世。但是,俄罗斯对佛罗伦萨联合协定的拒斥更加重要,因为从 1439 年到 1484 年,当联合协定在君士坦丁堡召开的教会会议上遭到谴责时,4 位东方主教都出席了会议,[24]而莫斯科大公国是唯一一个不与罗马妥协、而且在政治上独立的重要的东正教国家。[25]而且,直到奥斯曼帝国的后继者、东南欧东正教国家在 19 世纪取得独立之前,莫斯科公国一直是唯一独立的东正教国家。

在否定罗马教皇在教会中的至高无上性、表明俄罗斯教会对东正教的坚定信仰时,莫斯科公国政府、俄罗斯教会当局和俄罗斯民众是众口一词的。但是,当 1551 年召开的俄罗斯教会会议宣称俄罗斯人比希腊人更正统时,政府反对他们的这种见解。[26]一些东正教僧侣提出,莫斯科公国是已经灭亡的东罗马帝国的继承者,因此莫斯科公国继承了该帝国统治世界的资格。政府对这种说法也不予以支持。[27]

1492 年,莫斯科主教索西穆斯把伊凡三世大公(在位期间为 1462—1505 年)称作"新君士坦丁大帝",把莫斯科称作"新君士坦丁堡"。普斯科夫修道院的一位长老菲洛修斯在给瓦西里三世大公(在位期间为 1505—1533 年)的一封信中对这种信念做了经典的阐释。

> 古罗马的教会属于异端,因此衰落了。第二个罗马——君士坦丁堡——的大门被不信基督的土耳其人的战斧劈倒了。但是,莫斯科的教会,新罗马的教会,照耀着整个宇宙,比太阳还明亮。你就是所有基督教民众的唯一普世君主,你应该因敬畏上帝而紧握缰绳,因他把他们交付给你而惧怕他。两个罗马陷落了,但是第三个罗马岿然挺立。第四个罗马是不可能有的。你的基督教王国将

不会交付给别人。[28]

又过了两代人，在东正教大教长耶利米二世签署的莫斯科第一任主教就职书上，有一段文字转述了上面这段著名文字：

> 由于古罗马因阿波利那里乌斯讲授异端邪说而陷落了，由于第二个罗马——君士坦丁堡——现在被不信上帝的土耳其人控制着，因此，虔诚的沙皇啊，你的伟大王国是第三个罗马。它的虔诚无与伦比，所有的基督教王国都并入你的国度。你是世界上唯一的基督教君主，所有忠实的基督徒的主人。[29]

发布这些宣言的东正教教士过分殷勤地想把在 1453 年从最后一位东罗马帝国皇帝身上脱落的黄袍披到莫斯科公国的政治统治者身上。但是，这位莫斯科公国君主却把它当作有毒的长袍而侧身甩开。的确，如果他披上这件华丽的衣服，就会妨碍他追求自己的政治目标。莫斯科公国的政治抱负不是向奥斯曼人占领君士坦丁堡这一既成事实挑战，而是在政治上把俄罗斯重新统一为莫斯科统治下的俄罗斯大一统国家。

在 11 世纪，原初的俄罗斯基辅公国四分五裂。在 13 世纪，蒙古帝国最西的封国金帐汗国征服了俄罗斯的这些分裂的领地的大部分，把它们置于自己的宗主权之下。在 14 和 15 世纪，西俄罗斯的广大地区，包括基辅在内，都被波兰和立陶宛吞并。莫斯科公国的目标就是把各个残余的俄罗斯国家统一在自己的统治之下，挣脱金帐汗的宗主权，收复被西方邻国吞并的俄罗斯领土。

莫斯科公国重新统一俄罗斯的决定性步骤是它在 1471—1479 年吞并诺夫哥罗德共和国。这个俄罗斯小国在反抗金帐汗和立陶宛的过程中保持了自己的独立，而且把自己的领土扩展到白海和乌拉尔山的另一侧。莫斯科大公伊凡三世在吞并了诺夫哥罗德后，于 1480 年废除了金帐汗的宗主权，并以专制君主的名义宣布独立。伊凡三世的第二个继承者"恐怖的"伊凡四世（在位期间为 1533—1584 年）于 1547 年自封为皇帝。自 1667 年起，收复被波兰和立陶宛吞并的俄罗斯领土的事业才开始进行，直到 1945 年，即沙皇制度被废除了 28 年后，这项工作才完成。1945 年，苏联吞并了在两次世界大战之间被波兰占有的白俄罗斯和乌克兰领土，这是喀尔巴阡山西南的一块狭长的前匈牙利领土，被称作喀尔巴阡—罗塞尼亚，其居民是乌克兰人。

自 15 世纪起，把所有的俄罗斯——大俄罗斯、白俄罗斯和乌克兰——重新统一起来，就一直是莫斯科的目标。正如奥博伦斯基所说的，莫斯科政府对外方针的徽

彩图 42
大一统国家

　　大一统国家的建立遏制了一个解体中的文明的迅速衰落；对于那些饱受战乱之苦
的人们来说，这些国家似乎是上天赐予的救星。在这种迫不及待的心态下，人们深信
他们的帝国会像赐予这种帝国的神祇一样万古长存。这种信念得到了另一种信念的支
持，即大一统国家名副其实地囊括了整个世界，没有留下任何足以构成威胁的外部力
量。虽然这种信念在客观上是一种错觉，但是，从主观上看，它准确地反映了一种情
况，即一个文明被完全统一在一个政体之下。这种错误的、却难以动摇的不朽和大一
统信念，非常典型地体现在一幅罗马浮雕的一个细节中：提比略皇帝坐在罗马女神身
边，接受一个"全世界"的人形化身奉上的胜利者花环。罗马神话中说，当朱庇特神
殿建成时，边界之神忒耳弥诺斯拒绝把自己的位置让给朱庇特。吉本指出："从他的这
种顽固态度可以推出一个有利的结论——罗马占卜官把这解释成一个预兆——罗马的
势力范围永远不会缩减。"

彩图 43　　　　　　大一统国家的威望比其实际寿命更长久，在帝国权力消失之后仍然引起人们的敬畏。
帝国的威望　　在印度王公的行列中可以见到的欧洲人是东印度公司的代表。他们在向"大莫卧儿"皇帝
阿克巴二世恭行效忠之礼；但是，自 1803 年起，这位皇帝就成为英国主子的傀儡。这些英
国主人履行这种虚假的仪式，只是想用皇帝的政治威望来为自己的统治正名。

彩图 44—55

帝国的扩张

　　大一统国家不仅把一个文明统一起来，而且囊括了其他社会的部分居民。18 世纪的俄罗斯帝国，从亚美尼亚到拉普兰，从乌克兰到西伯利亚，包括了各种各样的民族，显示了俄罗斯大一统国家的辽阔。在这些民族画像的旁边，是这个多民族帝国的老练的西方统治者，德国裔的女皇叶卡捷琳娜大帝。

彩图 56
帝国的交通命脉

对于大一统国家的统治者来说，交通网是维持军事和政治控制必不可少的工具。最著名的道路系统可能是希腊世界大一统国家罗马帝国的道路系统。罗马帝国的开端通常被定在公元前312年，而最早的道路至少在一百多年以前就有了。道路系统随着罗马帝国的扩张而发展：左图中的道路和里程碑是在外约旦地区。这个地区原来是一个藩属国，于公元106年变成罗马帝国的一个省。

彩图 57
首都：权力的映像

在大一统国家中，首都作为政府所在地享有巨大的威望。这是15世纪巴格达的市容风景画——现存最早的该城风景画之一。1258年，蒙古征服者在征服阿拔斯帝国的残余部分时攻陷了该城。这幅画完全是凭借对此前帝国鼎盛时期该城的想象而绘制的。在那场大灾难过去200年后，伊斯兰世界依然不能忘怀帝国时代的巴格达。

彩图 58
文官制度

　　各个大一统国家的帝国政府的行政效率大不相同，而这些国家文官制度的形成过程也大不相同。在罗马帝国和在英国统治下的印度，商业中产阶级逐渐被政府管理部门所吸纳，从一个腐败而不正规的团体转变为一个高效率的文官团体。直至 18 世纪末，英国在印度的行政机构还是由东印度公司的商务官员掌握着。这些人往往始终在国外工作。在汽船航海的时代到来之前，他们完全与英国隔绝，因此比 19 世纪的后继者更深入地体察印度的生活与文化，而后来的那些职业殖民地行政官员保持着文官的冷漠态度，远离"土著"的生活。一幅 1800 年的印度版画就表现了这种融入当地文化——往往被轻描淡写地说成是"入乡随俗"——的情况。一个英国人穿着印度服装，抽着水烟筒，在家里欣赏印度舞蹈表演。

标并不是"莫斯科—第三个罗马",而是"莫斯科—第二个基辅"。[30]

莫斯科政府确实力求建立一个把所有的俄罗斯地区都统一在莫斯科统治之下的俄罗斯大一统国家,而且它最终实现了这一目标。但是莫斯科政府不允许东正教教会把原东罗马帝国支配世界的抱负强加给它。实际上,莫斯科政府尽其可能地想使它的西方邻国相信它没有这种野心。1576 年,沙皇伊凡四世指示他派往哈布斯堡西"罗马皇帝"宫廷的使臣向对方解释,他之所以自称"沙皇",是基于他征服了伏尔加流域原属于金帐汗的喀山和阿斯特拉罕这两个"沙皇国"。[31] 1582 年,伊凡四世向教皇特使声明:"我们并不想建立拥有整个世界的王国。"[32] 这是明确地否定东正教教会强加给莫斯科政府的角色。伊凡四世声明,他没有让他的帝国作为罗马帝国的唯一继承者来恢复东罗马政府的世界统治权——在中世纪,这种权利的归属一直使君士坦丁堡的皇帝们和哈布斯堡的皇帝们争执不休。

直到彼得大帝当政时期,近代俄国也没有向君士坦丁堡进军。彼得夺取了亚速海地区,然后又因入侵摩尔达瓦失败而失去这一地区。他并不想用一个俄罗斯罗马帝国取代奥斯曼帝国。他的目标不是意识形态方面的,而是十分实际的。他要为自己被陆地封锁的领土打开通向海洋的窗口。在彼得上台时,黑海是奥斯曼帝国的内湖,波罗的海是瑞典人的内湖。莫斯科公国曾经从诺夫哥罗德共和国那里继承了位于芬兰湾顶端的波罗的海狭长海岸,但是伊凡四世在 1558—1583 年的战争中失败而丢弃了这一地区。与伊凡四世和 1858 年吞并海参崴地区的亚历山大二世一样,彼得的动机是夺取一个不冻港。

无论我们是否怀疑把东正教说成是近代俄罗斯历史中的一种衰落力量的论断,然而似乎无可置疑的是,俄国人并没有被一个罗马世界帝国的海市蜃楼所蒙骗。但是看上去,俄国人的这种清醒认识似乎太异乎寻常了。罗马幻影曾经哄

205 神奇的帝国缔造者:罗马帝国的开国皇帝奥古斯都。这位大一统国家的缔造者给饱受战乱之苦的社会带来了和平。这项丰功伟业使他获得了传奇性的名声;在人们回首当年时,这项成就如同神绩,这位皇帝也带有神性。

第三十二章 大一统国家:目的还是手段?

骗了拜占庭和法纳尔希腊人,保加利亚人和塞尔维亚斯拉夫人以及奥斯曼土耳其人。我们已经看到,罗马帝国不是唯一在灭亡后还具有这种催眠效果的大一统国家。总的来看,我们已经收集的证据似乎能够支持我们最初的论点:人们对大一统国家不朽性的信念,即使被明显而无情的事实驳倒后,依然会延存数百年乃至上千年。那么,这种奇特的现象是怎么造成的呢?

一个明显的原因是,大一统国家的奠基者及其直接后继者留下了深刻有力的个人印象。这种印象往往随着时间的推移而被放大。最能说明这一点的莫过于对"奥古斯都和平"的缔造者的正式崇拜以及对其后继者的尊崇和神化。献给奥古斯都的颂歌完全是用宗教语言写成的:

> (无比神圣的恺撒)重建了这个已经分崩离析、陷入悲惨状态的世界。他使整个宇宙焕然一新——如果不是恺撒在危急时刻诞生,成为世界的普遍福音,这个宇宙本来是宁愿消失的……天公创造了人类生命的每一个细节,在创造奥古斯都时更是竭尽全力来使其生命臻于完美。他赋予他成为人类恩主的美德,派他来做我们和我们子孙后代的救星。他的使命是终止战争,让世界井然有序。[33]

206　波斯的大流士,被至高之神阿胡拉玛兹达指派为"从日出到日落全人类的君主"。他正在接见大臣;他面前的香炉表示人们相信他受到神明的保佑。古代阿黑门尼德王朝都城波斯波利斯的浮雕。

在一个世纪的时间里,这种神化逻辑就被人们普遍接受了。

　　(盖乌斯·卡里古拉)竟然放肆地认可当时到处流行的说他确有"神的头脑"的说法,并依此行事。这在早期的罗马人看来是太过分了。但是,他们很快就习惯于这种观念了。仅仅过了40年,把图密善皇帝称作"主人和神"的一种礼节性说法就变得司空见惯了。在以后的一个世纪里,甚至像图拉真这样有法制观念的君主也毫不犹豫地接受这种方式的称颂了。[34]

　　大一统国家不朽性信念之所以经久不衰的另一原因是,这种组织本身令人难以忘怀,而这种印象有别于作为其化身的前后相继的统治者的威望。大一统国家之所以能获得人心,是因为它象征着从动乱时代的长期苦难中恢复过来。正是这一原因,使罗马帝国最终赢得了原本抱有敌意的希腊文人的尊敬。

　　实施一种脱离了权力的统治,什么都不能拯救。使自己处于优于自己的人的统治之下,是一种"次好的"选择。但是,以我们目前在罗马帝国中的经验来看,这种"次好的"被证明是最好的。这种愉快的经验使得整个世界都要紧紧地粘住罗马。就像船上的船员从未想过与舵手分离,整个世界也从未想过脱离罗马。你们肯定见过山洞里的蝙蝠紧紧地麇集在岩石上。全世界依附于罗马的情况也正是如此。今天,每个人心中最担心的是脱离这个群体。一想到被罗马遗弃,就使人不寒而栗,因此根本不会想到随便地抛弃罗马了。

　　过去导致战争爆发的关于统治权和威望的争执,现在有了一个了结。有些民族就像毫不喧哗的流水欢快而宁静——因摆脱了困顿和纷扰而欣欣然,终于懂得他们以前的种种争斗是毫无意义的。但是也有些民族甚至根本不知道或忘记了自己是否曾经盘踞过权力的宝座。实际上,我们正在看到的是潘菲里亚神话(或者就是柏拉图本人制造的神话)的新翻版。当世界各国已经因内部纷争和动乱而把自己送上火葬的柴堆时,他们突然获得了罗马的统治,因而立刻恢复了生机。他们自己也说不清是如何达到这种境地的。他们对此一无所知,只是对自己目前的福气感到惊讶。他们就像从睡梦中醒过来一样,已经想不起刚才的梦境。他们已经不再相信世界上居然会有战争这种事情。今天若有人提到"战争"这个字眼,对于大多数人来说,简直像是听到神话……

　　整个有人居住的世界现在每天都在过节。从前用于披挂上阵的铁器现在被置于一旁,并且被放心大胆地用于各种节庆和娱乐。其他各种形式的较量都已消失,所有的城市现在只有一种竞争形式,那就是竞相展示美和舒适。全世界现在到处是体育场、喷泉、大道、神庙、作坊和学校。现在人们可以有根有据地说,这个曾经历过死亡苦难的世界已经复原,而且获得了新的生命……整个大地已经被开辟成一个乐园。焚烧村庄的浓烟和警戒的烽火(无论是友邦的还是敌人的)都已消失在地平线之外,仿佛被一阵强风吹散了。那些地方都已被无数各种各样的迷人表演和竞技体育所占据……这样,唯一享受不到这些美好东西、还需要怜悯的人们是那些处于你们的帝国之外的人——如果还有这种人的话……[35]

如果还有这种人的话,他们几乎不值得居住在帝国内的人考虑。这也是人们之所以如此盲目地恪守大一统国家不朽性信念的另一个原因。大一统国家是统一意识在政治层面上的最高体现,而统一意识乃是四分五裂所造成的心理效应之一。[36]在文明处于分崩离析的动乱时期,对统一的渴望随着统一现实的消失而变得越来越强烈。到了几乎令人绝望的时候,这个长期追求的目标却意外地实现了。其心理效应无比巨大,能压倒一切。

> 天地的创造者阿胡拉马兹达使波斯人的国王成为"这个大地上威震四方的统治者",使"他成为唯一的君主,许多人的统治者";使他成为"统治许多土地和语言的王","统治大海两岸的高山和平原的王"(巴比伦碑铭)。他能够自称"阳光普照之处所有人的君主"(埃斯基涅斯,iii. 132)。他的宝座上画着各民族代表的肖像。这些民族都向他表示效忠,向他进贡,在他的军队中服役。[37]

这里所说的阿黑门尼德帝国的统一和普世的意识,也被希腊人埃里乌斯·阿里斯泰德斯用于他对罗马的赞颂中。他特别强调罗马统治的普世性及其他遍体鳞伤的希腊社会所带来的新生命。

> 说到罗马这个城市,你既不能说它因拥有斯巴达人的那种无畏精神而不设防,也不能说它是被巴比伦式的宏伟城堡保护着……但是,罗马人,你们没有忽视建造城墙。只不过你们是把城墙建在你们的帝国周围,而不是你们的城市周围。你们把城设置在大地的最边缘。但是,它们是与你们相称的十分宏伟的城墙,凡是住在其保护范围内的人都应该去参观。但是,想一睹为快的人,如果从罗马出发的话,就需要花费几个月甚至几年的时间才能抵达它们那里。这是因为你们把你们的势力推进到这个有人居住的世界的最远一圈之外,在那些无人

地带,你们以更简便的"痕迹"画出了更容易防御的第二圈——你们为了保卫全世界,却似乎仅仅是在加强一个城市的防御……这个防御圈在任何之处都是绝对坚不可破的。它使其他任何防御都相形见绌。以前建造的任何防御系统都无法与之相比。[38]

在马可·奥里略皇帝忧虑不安的统治时期,罗马的宏伟城墙开始破裂。但是,在上述文字中,这位同时代的文人却重新阐释了上一代一个作家的说法。在那个作家的时代,这个世界防御体系确实显得坚不可摧。亚历山大城的阿庇安(约公元90—160年)在其《罗马史研究》的前言中说:

> (罗马)国家的组织程度已经达到了顶峰,公共税收也达到了最高数字,与此同时,长期稳定的和平也把全世界提高到一个安定繁荣的水平。皇帝们把少数几个小国并入已经处于罗马统治的地区,其他一些造反的小国也最终归顺。但是,因为罗马已经占有了世界上最好的土地和水域,所以他们很聪明地把目标定在维护既有的成果,而不是把他们的帝国无限扩大到不开化国家的贫穷而无回报的领土上。我亲眼看见过,这些国家的代表带着外交使命到罗马来,要求成为它的臣属。皇帝拒绝接受这些国家的效忠,因为它们对于他的政府毫无价值。罗马人给另外许多国家任命了国王,因为他们觉得没有必要把它们并入他们的帝国。他们还从自己的国库中拨款给另外一些附属国,尽管它们成为他们的财政负担,但是他们极为自尊,不能抛弃它们。他们沿着帝国的边界设置了强大的军队,轻易地守卫着这片广袤的土地和海洋,就像守卫着一个小农庄。[39]

在阿庇安和埃里乌斯·阿里斯泰德斯眼中,罗马帝国是永恒的

> 正如万物的总和是永恒的,因为在帝国之外没有空间可以让它的组成分子飞离开,没有任何外在的实体能够与它对抗,能够以强大的打击来瓦解它。[40]

在罗马诗人卢克莱修写的这段话中,他的老师德谟克利特的论点看上去就像罗马的边界线一样是坚不可摧的。

> 没有任何力量能够改变万物的总和。外面没有任何空间能够让任何物质逃离开这种整体。外面没有任何空间能够产生出新的力量,闯入和改变事物的整体性质,偏移它的运动方向。[41]

大一统国家的确不惧怕外面的蛮族,正如宇宙不惧怕外来的流星群,因为流星

　　　　　　　　　　　　　第三十二章　大一统国家:目的还是手段?

207   208   209

210   211   212

帝国的长城

罗马帝国某些重要边境行省的地图,构成了帝国辽阔疆域的拼图。这些 15 世纪的作品是根据原图绘制的。
原图出自 4 或 5 世纪高卢的一位罗马官员收藏的文件,但这些文件现已失落。

207   不列颠
208   阿让托雷特
209   潘诺尼亚
210   达尔马提亚
211   西徐亚
212   底比斯

群在假设中是不存在的。但是,这种论点是错误的。因为我们在一段更早的文字中
看到:"事物是由于本身的毛病而败坏的。"[42]在物理世界中,有些元素的原子在没
有外界粒子冲击的情况下会因自身的放射性而分解。在人类社会生活中,大一统国

家"因内部的错误而暴露弱点",[43]使那些有眼光的人能够通过坚不可摧的虚幻表象,看出这些大一统国家绝不是不朽的,而是随时可能发生裂变的政体。

无论一个大一统国家的寿命可能会多么长久,它最终会被证明是一个灭亡前的社会的最后阶段。它的目标是不朽,但是,在这个世界中追求不朽,无论是盲目的还是有意识的,都是徒劳之举,是对大自然的安排的冒犯。

> 旧秩序总是要给革新让路,一种事物的修复总是要以牺牲另一种事物为代价。为了以后时代的发展,就需要源源不断地供应原材料。这些时代在走完其全部历程后,就要轮到它们步你的后尘了。完全与你一样,时代在过去中消逝,而且将继续在未来中消逝。这就是宇宙的法则。一种事物总是从另一种事物中产生。生命从来不让我们任何人完全保有。我们只是对它享有使用权。[44]

这样一个致力于追求幻影的制度,即使它的人民始终不渝地把吉莱阿德①误认为是上帝许诺的乐园,又怎么能成为人类奋斗的终极目标呢? 就此而言,我们必须拒绝把大一统国家当作目的本身的观念。但是,我们还应该考察一下,它们是否无意之中具有某种意义,成为为别人服务的手段。诚然,少数当权者在经营大一统国家时并不是抱着利他主义的目的。相反,他们的主观动机是一种自私的欲求,是想通过保护一个社会正被消耗的活力来维护他们自己,因为他们把自己的命运与这个社会的命运紧紧地维系在一起。他们之所以想建立一个大一统国家,是为了把它作为一个手段来达到这种自私的目的。然而,尽管这种意图绝不可能实现,但这种工作却可能有助于第三者的利益,因此大一统国家至少有可能间接参与一种新的创造活动。受惠者必然是大一统国家的当权机构所接触的三个群体中的一个,即这个垂死社会本身的内部无产者,或它的外部无产者,或当时某个外部文明的人群。现在让我们来看看大一统国家不自觉地提供的服务,看看这些潜在的受惠者是如何利用这些好处的。

注释

[1] 参见第一部,第二、五章。
[2] 参见第一部,第二章。
[3] 参见第五部,第二十七章。
[4] 参见第四部,第三十一章。
[5] 参见本章下文。

———————————

① 今约旦地名。——译者注

[6] 提布卢斯:《诗集》,第2卷,第23—24行。

[7] 维吉尔:《埃涅阿斯纪》,第1卷,第278—279行。

[8] 韦利奥斯:第2卷,第103节。

[9] 李维:第4卷,第4章,第4节。

[10] 李维:第28卷,第28章,第11节。

[11] 苏埃托尼乌斯:《尼禄》,第11章,第2节。

[12] G.亨岑(编):《农事录》,柏林,1874年,第81页。

[13] 同上,第115、119、126页。

[14] 埃里乌斯·阿里斯泰德斯:《罗马》,第26卷,第109节。

[15] 卢提里乌斯·纳马提阿努斯:《循环往复》,第1卷,第115—116、123—134、137—146节。

[16] 圣哲罗姆:《书信集》,第27卷,第12页,写于公元412年。

[17] 英国东印度公司理事会的信函,转引自T.G.P斯皮尔:《莫卧儿王朝的黄昏》,剑桥,大学出版社,1951年,第44页。

[18] 参见第四部,第二十四章。

[19] 有关穆罕默德二世接受这种说法的情况,见H.艾那尔西克:《穆罕默德二世对待伊斯坦布尔的希腊居民和该城中的拜占庭建筑的政策》,载于《敦巴顿橡树文件》,第23—24期,1969—1970年,第229—249页。

[20] 参见第四部,第二十四章。

[21] 参见第二部,第十六章。

[22] 参见斯蒂文·朗西曼:《被束缚的大教会》,剑桥,大学出版社,1966年,第110、321页。

[23] 参见D.奥勃伦斯基:《拜占庭国家和东欧,500—1493年》,伦敦,威登菲尔德和尼可尔森出版社,1971年,第363页。

[24] 朗西曼:第228页。

[25] 格鲁吉亚教会出席了1439年佛罗伦萨会议,因此它可能做了妥协。但是,格鲁吉亚各公国在16世纪成为奥斯曼帝国或萨非帝国的附属国,因此莫斯科大公国成为了仅有的独立的东正教国家。

[26] 朗西曼:第329—330页。

[27] 朗西曼:第323页;奥勃伦斯基,第363页。

[28] 普斯科夫的菲洛修斯,转引自N.泽尔诺夫:《俄罗斯人及其教会》,伦敦,传播基督教知识协会,1945年,第50页。另参见奥勃伦斯基:第363页。

[29] 转引自泽尔诺夫:第71页。

[30] 奥勃伦斯基:第366页。

[31] 参见奥勃伦斯基:第366页。

[32] 参见奥勃伦斯基:第365页。

[33] 铭文可能出自公元前9年;全文见W.迪坦伯格:《东方希腊铭文选》,莱比锡,1905年,第2卷,第48—60页。

[34] C.N.科克伦斯:《基督教与古典文化》,牛津,大学出版社,1940年,第130页。

[35] 埃里乌斯·阿里斯泰德斯:第26卷,第68—70节。

[36] 参见第五部,第三十一章。

[37] E.迈耶:《古代史》,斯图加特,哥达出版社,1901年,第3卷,第24—25页。

[38] 埃里乌斯·阿里斯泰德斯:第26卷,第79—84节。

[39] 阿德里安堡的阿庇安:《罗马史》,前言。

[40] 卢克莱修:《物性论》,第5卷,第361—363行。

[41] 卢克莱修,第2卷,第303—307行。

[42] 米南德:残篇,第540篇;参见本书第四部,第二十一章。

[43] 乔治·梅雷迪斯:《现代爱情》,第43首;参见本书第四部,第二十一章。

[44] 卢克莱修:第3卷,第964—965、967—971行。

第三十三章
传导与和平所带来的好处

我们首先要解决的问题是，一个被动、保守、守旧的，而且事实上在各方面都是消极的组织，怎么可能为人们提供任何服务呢？

> 罗马的世界帝国是一种消极现象：它不是自己这一方力量过剩的产物（在扎马大捷之后罗马人就不再有多余的力量），而是另一方无力抵抗的结果。说罗马人征服了世界，其实是不准确的。他们不过是占有了俯拾即是的东西。罗马帝国之所以出现，不是因为罗马动用了全部军事和财政力量——就像他们曾经对付迦太基人那样——而是由于当时的东方世界放弃了表面上的自决权……在埃及、中国和罗马等帝国中，在印度世界和伊斯兰世界的社会中，我们都可以看见帝国霸业的化石残骸。它们残存了数百年乃至数千年，从一代征服者的手中传到下一代征服者的手中：已经死亡的躯体，已经丧失灵魂的杂乱人群，已被耗尽的那个辉煌历史的材料。留下这些残骸的帝国霸业乃是社会土崩瓦解的典型征兆。[1]

像这样没有希望的状况似乎不可能激发出任何新的创造活动。当然，在一个破裂的社会愈益陷入土崩瓦解的过程中，大一统国家提供了一个暂时的喘息机会。因此，我们很容易看到，假如一旦在大一统国家中播下创造力的种子，那么它就会比在以前动乱时代的令人窒息的环境中更有机会开花结果。但是，这完全是消极的服务。这并不能解释那种重新焕发出来的创造力的积极来源。那种创造力似乎才是大一统国家给它的受惠者的最大好处，尽管表面上它本身并不能因此受惠。或许，我们可以从大一统国家的少数当权者的某种倾向中发现线索，那就是他们不知不觉地投入建设性和革新性工作，从而压倒了自己的极端保守主义。毫无疑问，大一统国家之所以会从事建设性工作，首先是由于每一个国家都有的那种冲动，即维护自己的独立政体，并为此而采取一切必要的方法。然而，尽管这种动力可能十分强大，

和平的果实
213　休养生息的罗马：4世纪突尼斯一个罗马地主庄园
的日常生活画面。上图：耕作；中图：旅行；下图：向庄园
女主人上缴农产品和账目。

但它几乎不可能成为主导性的动力。因为大一统国家感受不到竞争者的压力，而对
于区域性小国的生存竞争来说，那种压力可能是很强大的刺激。大一统国家的建立
伴随着一次从全面战乱到天下太平的突然转变过程。因为它是通过一次"狠命一
击"而产生的。一个地区性小国凭借这"狠命一击"扫清了地图上的所有竞争者，作
为战斗中的唯一幸存者脱颖而出。一个大一统国家被假设为这个世界的唯一存在。

一旦它建立起来,这种唯一性就与一个筋疲力尽的社会的惰性结合起来,维护大一统国家的存在。因此,至少在开始时,大一统国家没有什么理由为自己的安全担心,因为没有任何残存的东西能够威胁它。

大一统国家就意味着没有任何竞争对手能够幸存,因此它不需要维护。但是由大一统国家在政治上统一起来的社会则需要维护。这种需求就产生了一种强大的动力。这种内在的维护需求之所以更容易导向某种程度的建设行动,乃是因为大一统国家所继承的各种社会制度在前一段动乱时期几乎肯定都遭到了极大破坏。这种普遍的社会真空还有日益扩大的趋势。这种威胁迫使大一统国家的政府去建设所缺乏的制度,以制止这种趋势和填补真空。这是它所能采取的维护社会本身的唯一手段。而这种基本任务也就成为大一统国家存在的理由。

罗马帝国建立后两个世纪的行政管理历史就是一个典型的例子,可以用来说明这种越来越深地涉足于日益扩大的社会裂缝的必要性。在公元前 31 年的亚克兴战役之后,罗马帝国建立。罗马政府的秘诀就是间接统治原则。希腊化大一统帝国的缔造者们把帝国看作是自治的城邦国家的联合体,在希腊文化还没有扎根的外围地区则有一圈自治的公国。行政负担甚至在希腊的动乱时代结束之时也被公认为一种令人羡慕的光荣负担,此时则留给了这些自治的地方当局来承担。帝国政府仅局限于两项任务:保持各地之间的和谐,保护它们不受外来蛮族的侵犯。帝国进行这两项有限的活动,仅仅需要规模不大的军事组织和简单的政治上层建筑。这项基本国策从未被有意修改过。但是,如果仔细看看经过两个世纪的"罗马和平"之后的罗马帝国,我们就会发现,它的行政结构实际上因多次革新而发生了变化。虽然这些革新并非出于自愿,而且是零敲碎打的,但是它们都沿着同一方向,因此累积起来就具有深远的后果。

到马可·奥里略的统治(公元 161—180 年)结束时,最后一个保护国已经与行省一样了;更重要的是,行省本身已经变成了直接的行政单位,而不再仅仅是一群自治城邦的框架。之所以会有这种大步迈向一个中央集权的世界政府的步骤,并不是由于帝国当局怀有接管琐碎事务的愿望。帝国政府插手地方事务,实出无奈,乃是由于地方当局越来越没有效率。在奥古斯都时代,由类似希律大帝的藩属诸侯所统治的政府通常既残暴又有效率。我们还可以看到,除了其他特点外,这些政府在保卫自己的领土、抗击入侵者的劫掠时,比临近行省的罗马总督还积极。另外,各个城邦,无论其法治状况如何,都依然能罗致足够多的热心公益、正派、能干和富有的人来管理城邦事务,而无需支付报酬。而这些人则把那些地方官职所带来的荣誉和威望看作是对自己的丰厚酬报。但是,在以后的两个世纪里,管理地方政府的人力资源逐渐枯竭了。中央政府原来习惯于依赖地方上的行政人才,现在面对这种人才逐渐匮乏的状况,不得不派遣帝国总督来取代藩属诸侯,而且把各个城邦的行政权转交给"城市管理官员"。这种"城市管理官员"不是过去那种由当地名流选举产生的城市行政官,而是帝国当局任命的,并间接地对皇帝本人负责。

在帝国建立后的第二个世纪,也就是在虚妄的小阳春刚刚开始之时,我们可以从图拉真皇帝(在位期间为公元98—117年)与小普林尼的著名通信中看到这种令人不安的行政变化过程。小普林尼是他的朋友和部下,当时出任比希尼亚省的总督。在这段时间里,罗马帝国的整个行政权从上到下都转移到一个等级制的官僚组织手中,而以前的那些自治城邦的自鸣得意的地方行政官和市议会代表则很不情愿地沦落为中央国库的工具,向当地名流征收不堪承受的捐税。

地方当局不愿意接受这种变革,中央当局本身也并非热衷于推行这种变革。二者都是"不可抗力"的受害者。但是,在向这种必要性屈服时,大一统国家的政府只能偏离自己的目的,因为它怀着保守意图建造的新制度必然具有革新的后果。这种后果之所以是革命性的,原因在于这些制度具有高度的"传导性"。尽管帝国的建造者们的主观意图是天然保守的,但是他们本人往往对新观念特别开放。这就使行政权力集中化产生了更强烈的具体后果。他们能够在动乱时代击败对手,脱颖而出,最终成为大一统国家的主宰,其中一个原因很可能就是这种并非他们所追求的、也不被他们重视的中央集权特点。这种明显的时代特点就使得大一统国家匆忙建造的填补空缺的制度具有了一种传导性。这种传导性类似于大自然赋予大海和平原的那种传导性。

> 正如大地的表面负载着整个人类一样,罗马也把大地上所有的民族纳入自己的怀抱,一如大海接纳百川。[2]

通过大一统国家这个导体进行的社会运动,既有横向的,也有纵向的。草药在罗马帝国内的流通和纸的使用在阿拉伯哈里发帝国从东端向西端的传播,就是横向运动的例子。老普林尼曾经记载说:

214

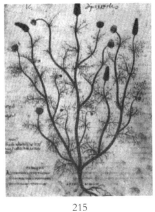

215

216

217

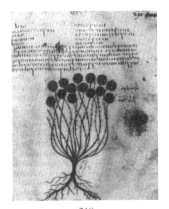

218

219

220

221

地理迁移

"各种药草在世界各地流传,用于增进人类的幸福":16世纪东罗马帝国的一份手稿中描述的罗马帝国时期的植物。一个大帝国把许多民族统一起来,促进了"横向的传导作用":天下太平和消除国内关卡,使得各种观念和新发现能够自由传播。

214　蓟
215　龙牙草
216　罂粟
217　茴香
218　虎耳草
219　铁线蕨
220　剪秋罗
221　南瓜藤

　第三十三章　传导与和平所带来的好处

社会流动

222 16世纪日本版画中的商人。当时的政府竭力使日本社会保持不变;但是,商人阶级强调和利用自身在日本经济发展中的地位,在一个世纪的时间里促使这个被遏制的社会发生了剧变。

各地的各种草药在世界上到处流传,用于增进人类的幸福。"罗马和平"的太平盛世不仅显示了人类国家和民族的多样性,而且显示了高耸入云的崇山峻岭上的动物和植物的丰富。上帝允诺这种神圣的赐予将是永恒的。罗马人赠给人类的这种礼物只能被形容为一种新形式的光。[3]

阿拉伯哈里发帝国的广袤领土具有很强的传导作用,因此中国发明的纸的传播速度令人惊讶。751年,中国的纸传到撒马尔罕,793年传到巴格达,900年传到开罗,大约1100年传到几乎可以看到大西洋的非斯,1150年传到伊比利亚半岛的哈蒂瓦。

纵向运动有时难以察觉,但是它们的社会后果往往更重要。日本社会的大一统国家德川幕府的历史就是一例。德川政权努力使日本与世界隔绝开来,并且把这种政治"壮举"维持了将近两个半世纪之久。但是,尽管它竭力把从先前的动乱时代继承下来的封建体制固定为一种永久的制度,它也无力阻止孤立的日本帝国内部的社会变化进程。

德川政府之所以封闭日本,并不是由于恐惧外来侵略者,而是由于它面对国内不满因素尤其是外样大名和浪人时缺乏自信……为了防止国内的反叛,德川幕府建立了一套十分复杂而有效的控制体制……尽管德川幕府执意维护静止的等级社会,(在18世纪)社会内部还是发生了幕府极不愿意看到的重大变化。这些变化的根源是,货币在一个自上而下建立在稻米经济上的经济体制中流传开来……到18世纪初,日本的武士,包括大名和他们的家臣,都对商人负债累累……随着时间的推移,有些势力较大的经纪人和放贷人实际上变成大封建采邑的银行家……这个资本家阶级的兴起和繁荣实际上是与封建社会的延续不能相容的。[4]

1590年,丰臣秀吉摧毁了反对他的独裁统治的最后抵抗。如果我们把这一年当作日本大一统国家的建立日期,那么我们就会看到,尽管丰臣秀吉的继承者德川家康及其后裔竭力把日本社会冻结成几乎柏拉图式的静止乌托邦,但是只过了一个世纪多一点的时间,大海深层的水就浮到表面,改变了整个社会。在没有任何外来冲击的情况下,封闭体制内部的各种力量运作就造成了社会动荡。另外,就一个大一统国家而言,德川幕府在文化上的高度统一也非同寻常。除了被隔离的长崎出岛街荷兰人商业区外,在这个几乎整齐划一的社会里,唯一的异质因素就是北部的微不足道的阿依努蛮族。正由于内部没有文化上的矛盾冲突,因此社会革命的影响——尽管德川政权竭力阻止,社会革命还是发生了——就格外引人注目。

其他大一统国家似乎都没有达到过这样高度的文化统一。标准的模式似乎是一分为三的文化结构。造就大一统国家的文明所占据的文化领域是被两侧的异质文化区包围着。这些异质文化区是对蛮族和临近文明区的兼并。例如,在印度最早的大一统国家孔雀帝国中,印度文化核心区的一侧是曾经受古叙利亚文化和蛮族文化影响的异质文化的旁遮普省。在其他地区,在印度南部,甚至在更远的锡兰与

帝国的传教领域

大一统国家为传教活动打开了广阔的新疆域;统治者致力于和平,因此最初对宗教活动持容忍态度。

223 蒙古皇帝忽必烈(在位期间为1257—1294年)。忽必烈的帝国从中国延伸到黑海,在他的统治下,这片广袤的疆域处于前所未有的太平时代。虽然萨满教是蒙古人的传统宗教,忽必烈却容忍佛教、道教、景教、伊斯兰教、儒教、摩尼教和犹太教的公开存在。他对佛教特别感兴趣,从而使佛教在蒙古人的生活中赢得一席之地,即使蒙古人的统治于1368年被推翻后,这种地位依然不变。在他统治时期,来自西方的基督教深入到中亚,而景教也向巴格达和欧洲派出了传教团。

第三十三章 传导与和平所带来的好处

和阗,帝国的印度文化核心区是被原属于蛮族的省份包围着。当笈多帝国终于振兴了孔雀帝国的事业时,在古吉拉特和德干高原西北部有一个受希腊文化影响的蛮族边缘地带,在旁遮普受其保护的领土有一个经由贵霜蛮族过滤了的希腊化边缘地带。中国汉代帝国和罗马帝国的情况也证实了这一模式。

在另外一些例子中,这种标准模式因增添了某些因素而变得更丰富。在莫斯科的沙皇帝国,包围着俄国东正教核心区的,一方面是北到北冰洋、东到太平洋、原属于蛮族的被兼并的广袤地区,另一方面是在伏尔加流域、乌拉尔山脉和西西伯利亚兼并的穆斯林地区。但是,由于彼得大帝刻意用一种西方化的文化取代传统的东正教文化,以此作为俄罗斯大一统国家的文化骨架,还由于后来在南方的伊斯兰世界和西方基督教世界兼并了一些领土,这就使文化模式变得复杂了。

阿黑门尼德帝国是以叙利亚文化为核心的。但是,在核心区原本就有创造叙利亚文明的叙利亚人和归化他们的伊朗人之间的文化差异,而且在叙利亚和仍在日益衰亡的苏美尔—阿卡德文化支配的伊朗之间还有地理分野。阿黑门尼德帝国也包容了已经被淹没的赫梯文化在东安纳托利亚占据的地区。这个地区是埃及文明最好的一部分,是夹在希腊世界和印度世界之间的边缘地带,也是受到某种教化的高地蛮族和欧亚大陆游牧民族的杂居区。当该帝国的生命被亚历山大大帝扼杀后,亚历山大的政治继承者们,尤其是塞琉古王朝继续完成着帝国的工作。如果把塞琉古王朝说成是居鲁士和大流士的希腊化的外来继承者,那就更容易理解了。当阿拉伯哈里发帝国终于振兴了阿黑门尼德帝国的事业时,在叙利亚核心区,创造叙利亚文化的人与归化的伊朗人之间的差异已经被罗马帝国的前臣民和萨珊帝国的前臣民之间的文化和地理裂痕所取代。阿拉伯蛮族的帝国缔造者们把这个文化核心区与兼并的其他蛮族地区在政治上统一起来。后者包括西北非,德莱木和泰伯里斯坦要塞,毗邻乌浒河—药杀河流域的草原。另外还有其他文明的残片,其中包括信德和木尔坦的一小片印度世界,乌浒河—药杀河流域夭折的远东基督教文明地区,基督一性论派教徒占多数的亚美尼亚以及哈兰城原封保存的苏美尔—阿卡德社会。

蒙古帝国、清帝国和奥斯曼帝国的情况也同样复杂。莫卧儿帝国和苏美尔—阿卡德帝国的情况则勉强算得上是不太复杂的。因此,大一统国家的文化构成似乎都会存在着高度的多样性。由此来看,很显然,大一统国家的传导性的一个作用就是,用不太激烈残暴的手段推进自先前的动乱时期开始的文化"大混合"进程。在大一统国家的较温和的统治下,前一个残酷时代的逃难者、流亡者、放逐者、被转卖的奴隶以及其他各种背井离乡的人,现在被商人、职业军人、哲学和宗教的传道者以及朝圣者所取代。

由于人们所持的社会、政治、历史角度不同,因此对这种"大混合"的后果的评价也各式各样,甚至截然相反。欧洲的希腊人在其文明发展的顶峰时期,进行了英勇的抵抗,才未被阿黑门尼德世界帝国所吞并。所以他们的一个后代才会写道:"目前处于波斯人枷锁下的人民极其悲惨,他们是被混杂和揉捏在一起的,因而是一盘散沙。"[5]另一个生于五百年后希腊化大一统国家小阳春时期的希腊人,鉴于先前的无政府状态,因而能够欣赏大一统国家。他把最高的颂词献给罗马:"你建造了一个容纳整个人类世界的安身之处。"[6]两个世纪后,当西罗马帝国已经遭到致命打击

224 莫卧儿皇帝阿克巴,因其雄心勃勃地把世界各种宗教融为一体而闻名。图为他参与穆斯林神学学者与耶稣会传教士的辩论。

时,有一个高卢诗人还在他的著名警句中回应着这种情感:"你把那个早已存在的圆周画了出来。"[7]对于这种结果的评价,可以各执己见,但是不论作家采取什么态度,他们提出的事实是相同的。普林尼在写到罗马的意大利及其在周围建立起的世界帝国的第一个百年"罗马和平"时,他做了一个几乎适用于任何大一统国家的描述。

> 我知道,对这个国家做如此简略的描述会被认为是失之于迟钝和懒惰。这个国家是所有国家的养育者,是它们的父母,是神圣恩宠的选民。它的使命是扫除阴霾,廓清天空,把各个四分五裂的王国聚合成一个整体,改造粗野的传统习俗,通过一种语言交流的共同媒介,把无数民族纷杂而野蛮的方言融为一体,相互沟通,给人类赋予人性。总之,它应变成全世界各民族的唯一祖国。[8]

　　　　　　　　　　　　第三十三章　传导与和平所带来的好处

帝国的不宽容态度

225　当某种宗教威胁到政府权威时,官方的漠然就转变为残忍的迫害。图为基督徒在日本遭受迫害时的第一批牺牲者。

　　当然,要实现这样一种超民族的文化融合,一个必不可少的条件就是长期的和平。我们已经看到,动乱时期的那种严重分裂和敌对使得任何有益的接触都几乎无法实现。当然,作为医治动乱时期带来的灾难的万应灵药,大一统国家是其缔造者强加给人民的,但也被人民所接受。在骨肉相残的战乱中硕果仅存的强国创造了它。而帝国缔造者们的最直接和最高目的是,在他们内部建立和谐关系,与以前的地方小国的少数当权者达成和谐。但是,非暴力是一种心理状态和行动原则,很难仅局限于社会生活的某一范围。如果它可以应用于某种社会关系的话,那么它也会在某种程度上应用于所有的社会关系。因此,少数当权者力求在自己阶级内实现和谐,也会把这种和谐推广到他们与国内外的无产者的关系上,推广到他们和这个濒于瓦解的文明所接触的任何外来文明的关系上。即使无法实现完全彻底的和平,至少也要实现某种休战状态和某种权宜的和解。

在大一统国家统治下,制止冲突成为普遍的心理要求。这就使不同的受惠者获得不同程度的好处。少数当权者能够借此休养生息——如果他们要恢复元气的话,这确实是必要条件。但是,无产者却能从中获得更大的力量。和谐本身毕竟基本上是消极的便利。少数当权者已经浪费的生命无法仅仅用避免消耗这一为时已晚的方式来恢复。但是,这种休养生息的方式却能使无产者——动乱时期的苦难不仅没有摧毁无产者,反而激励了他们——"发芽和苗壮成长"。[9]因此,在随着大一统国家建立而开始的社会休战时期,无产者将会日益兴旺,而少数当权者将会日益衰退。在和谐体制下,少数当权者保存能量的做法将会变成僵化的复古主义,但是,他们为

226　320年,罗马军团的士兵,"四十烈士"。他们因反抗皇帝的反基督教法令而被杀害。

了摆脱骨肉相残的战乱而不得不实行的宽容却始料不及地使内部无产者能够趁机建立一个大一统教会，由此来展示自己的创造力。与此同时，由于帝国当局垄断了军人职业，还由于它教导人民在政治上被动服从，大一统国家的臣民日益丧失尚武精神。这就使外部无产者可趁机闯入并夺取对这个苟安的国家的统治权。

少数当权者建立了大一统国家，并因此创造了一些有利条件，但是他们自身却从中获益较少。他们自上而下地宣扬自身的某种哲学或"花哨的宗教"时几乎总是失败，恰恰能证明这一点(一个明显的例外是中华大一统国家推行的官方儒教)。少数当权者使用政治权力机器可以成功地控制臣民的世俗生活。但是这种政治机器反而成为推行某种官方哲学或宗教教条的障碍。反之，政治上软弱的内部无产者却能最有效地利用大一统国家的太平环境，自下而上地宣传一种高级宗教，最终建立一个大一统教会。

新巴比伦帝国及其后继者阿黑门尼德帝国和塞琉古王朝，都同样地被犹太教和袄教所利用。"罗马和平"所提供的机会则被若干相互竞争的无产者宗教抓住。这些宗教包括(小亚细亚的)赛贝尔女神和(埃及的)伊希斯女神崇拜、(伊朗的)密特拉教、基督教以及信仰星运的巴比伦宗教。中华世界的汉代太平盛世所提供的机会则被印度无产者宗教大乘佛教和中国本土的无产者宗教道教争相利用；大乘佛教起源于印度少数当权者的一种哲学，道教也是从一种哲学演化而来。阿拉伯哈里发帝国为伊斯兰教、印度世界的笈多王朝为印度教都提供了类似的机会。蒙古帝国曾经一度把"游牧民族的太平盛世"推广到整个欧亚大陆；这个近乎真正大一统国家所提供

不宽容传染病

227 14世纪的意大利，教皇与教廷成员审判异端，一名受审者被烧死，其余的人被投入监狱。运用迫害手段来压制异端分子，乃是基督教教会从自己的苦难经历中学会的一种可悲的教训：公元385年基督教教会第一次处死一名异端分子。

的千载难逢的机会,吸引了一大群敌对宗教的传教士;而只要想一下这段时间是多么短暂,就可以看出,景教、西方天主教教会、伊斯兰教和大乘佛教的喇嘛教派对这一机会的利用是多么成功。蒙古大一统国家在中华世界的后继者明朝和清朝给了西方天主教教会尝试征服这个新世界的第二次机会。与此同时,西方天主教教会也曾趁日本大一统国家德川幕府建立而尝试打入日本。奥斯曼帝国也给了贝德尔丁神秘主义教派、伊玛目什叶派和比克特西教团发展的机会,印度世界的莫卧儿王朝则给了伽比尔虔诚教派和锡克教发展的机会。

那些高级宗教的传道者受益于大一统国家的有利环境,在某些时候也意识到这种局面所提供的特殊便利。他们把它归因于自己所宣扬的那种唯一真神的恩宠。在《以赛亚后书》、《以斯拉记》和《尼希米记》的作者看来,阿黑门尼德帝国是耶和华选作传播犹太教的工具。基督教早期教父中也有人用这种对大一统国家的终极原因的解释来说明自己对罗马帝国的态度:

> 上帝意志的化身如此(完美地)把神性和人性结合起来,以至于神性能够屈尊,人性能够高升。为了使这种不可言说的恩宠行为能够普泽世界,主的意旨使罗马帝国预先诞生了。它所占领的疆域大到能够使万邦各族在一个大一统国家内成为联系密切的邻居。这完全符合神的行动计划:许多王国因此而能结合成一个帝国,全人类的福音应能畅行无阻地传播到结合在一个政体下的各阶层人民。[10]

帝国的和平盛世确实给了高级宗教这样一个天赐良机。但是传道工作开始获得的这种宽容环境不可能一成不变。高级宗教利用这种环境所获得的成功往往会产生反作用,从而导致环境的逆转。在这种情况下,宗教的和平发展就会因官方的迫害而中断,或者被消灭在萌芽状态,或者被迫采取某种政治或军事立场而变质。例如,17 世纪时西方天主教在日本几乎被德川幕府彻底根除,18 世纪时在中国也受到清廷的有效遏制。1514 年,苏丹谢里姆一世无情地镇压了什叶派起义,宣告了什叶派在奥斯曼帝国的溃散。伊斯兰教受到异教的蒙古可汗的迫害。尽管在蒙古人统治时期中国和伊斯兰教地区在政治上暂时联合起来,使伊斯兰教永久地传入中国,从长远看抵消了这种迫害,但是伊斯兰教却丧失了可能在中华世界的主体部分成为大一统教会的可能性。除了在甘肃和陕西这两个西北偏远省份和西南的云南省之外,它在中国其他地方没有获得坚实的立足点;即使在那些省份,伊斯兰教社群也总是异己的少数,因地位不稳定而一再地爆发军事行动。有可能变成印度大一统教会的锡克教也有类似的命运。在莫卧儿王朝统治时期，由于遭受长期残酷的迫害，锡克教徒投入了一种徒劳的政治反抗斗争。

与这些例子相比，罗马帝国迫害基督徒所造成的不利后果就轻多了。在公元312年君士坦丁大帝尝试皈依基督教之前的三个世纪里，基督教虽然也受惠于"罗马和平"无意间提供的便利，但是教会经常有与罗马政府发生冲突的危险。在帝国时期，除了各种秘密团体引起帝国的疑惧外，在罗马传统中还有一种对奉行和传播外来宗教的秘密团体的更古老更深刻的敌意。尽管这种政策在对赛贝尔女神崇拜和犹太教上有所放宽，但是在公元前2世纪对酒神崇拜的镇压就已经预示了基督徒在公元3世纪将要遭受的命运。但是，与莫卧儿王朝统治下的锡克教徒不同，在罗马政权统治下的基督教会顶住诱惑，面对官方迫害，没有把自己从一个宗教组织变成一个政治军事组织。正是由于它坚守自己的性质，才获得了应有的奖赏，成为一个有着远大未来的大一统教会。但是，基督教会在经过这场考验之后并非完好如初。它没有谨记基督教以谦和战胜罗马的暴力这一事实，反而犯下更大的罪恶，以此给迫害过它的人做了一种无偿的辩护和事后的道德报复。公元4世纪末，在对付反对主流宗教的人时，基督教接受了把迫害当作最省事办法的习俗。这种习俗一直维持了13个世纪。至今这个教会还承受着这种精神灾难的后果。

不过，大一统国家遗留给高级宗教的这种邪恶遗产，并没有大一统国家给它们提供的便利更重要。正是在这种政治和社会框架中，并借助于这种框架，基督教、伊斯兰教、印度教和大乘佛教才得以变成大一统教会。

少数当权者建立了大一统国家，作为高级宗教的创造者，内部无产者是这种虽非持久却十分重大的成就在精神方面的主要受惠者，但政治方面的好处却往往落到别人手中。这种利益分配是由于当时的局势造成的。大一统国家禁止内部无产者分享政治权力，免除其服兵役的责任。在这种强制实现的和平中，内部无产者才有了发挥精神创造力的机会。而帝国缔造者们却在平定天下的军事活动中耗尽了精力，因此很容易丧失其祖先当年逐鹿争雄时的那种热情。从军打仗原来被认为是一种荣誉和一种施展抱负的途径，现在则成了一种不情愿的负担。帝国当局不得不指望桀骜不驯的外部无产者来充实军队。这样，在大一统国家庇护下产生的安于太平的心理就使得统治者本身无法承担维持其政治遗产的任务；而这种松懈心理的受益者，既不是统治者，也不是被统治者，而是跨越帝国边境的入侵者。他们或者代表了这个濒临瓦解的社会的外部无产者,或者代表了某个外来文明。实际上,表明一个文明灭亡(不同于解体)的是,衰亡的大一统国家的版图被来自境外的蛮族军事首领或来自另一个具有不同文化的社会的征服者所侵占,有时是二者接踵而来。蛮族蹂躏过苏美尔—阿卡德帝国、笈多帝国、秦汉帝国、罗马帝国、阿拉伯哈里发帝国以及埃及的中王国和新王国。当伊朗蛮族正在吸收叙利亚文化、准备建立叙利亚大一统国家时,他们扼杀了苏美尔—阿卡德文明的最后一个帝国新巴比伦帝国;而这个阿黑门尼德帝国又被操希腊语的马其顿蛮族所扼杀——这些马其顿蛮族在亚历山大远征前已经深受希腊文明的影响。150年后,孔雀帝国遭受与阿黑门尼德帝国同样的命运,毁于阿黑门尼德帝国的后继者大夏希腊人之手;安第斯大一统国家印加帝国也同样被西方基督教的武装传道者所扼杀,后者的首领只会模仿马其顿人亚历山大的狂热,而不学习他的克制。奥斯曼帝国在东正教的本土建立了一个外来的大一统国家。当它瓦解之时,刚刚兴起的蛮族入侵被更强大的西方化潮流所取代,然后不是被压制就是被改造;西方化方式有两种,或者是被西方或西方化的列强征服,或者帝国附属民族以及入侵的蛮族本身被西方文化改造。在莫卧儿帝国瓦解时,刚刚兴起的蛮族入侵因大一统国家以不列颠帝国的形式复出而中止。

以上的概述表明,蛮族侵略者或外来侵略者利用大一统国家造成的心理气候所取得的好处是显而易见的,而且用浅近的眼光看,也是很惊人的。但是,我们也早已指出,[11]占领被一个崩溃中的大一统国家所遗弃的版图的蛮族入侵者是没有前途的英雄;如果我们更仔细地考察这些英雄,就能证实这一点。[12]除了他们自己的文学回过头来给他们的恶作剧经历罩上了传奇和悲剧色彩外,在后世看来,他们只不过是厚颜无耻的冒险家。至于这些外来文明的军事代表的业绩,虽然很少像蛮族的胜利那样短命,但是与内部无产者的历史性成就相比,也与蛮族的胜利一样太虚幻、太令人失望了。

另外,我们至少在一个例子中看到,如果大一统国家被外来征服者过早扼杀的话,那么这种大一统国家的文明就会钻进泥土,经过数个世纪的冬眠,直到最终找到机会,驱逐入侵者,重新开始其大一统国家的历史。印度文明在沉寂了近6个世纪后显示了这种"特技";这种成就的丰碑就是笈多帝国。它恢复了最初体现在孔雀帝国身上的大一统国家。但是,我们也看到,苏美尔—阿卡德社会和埃及社会虽然都曾试图在某种程度上保存住自己的特性,但最终还是被一种叙利亚—希腊"文化混合体"所吞噬。这些例子说明,一个文明如果试图用武力吞噬和消化另一个文明,就可能有两种不同的结局;但是,历史证据表明,无论是哪种情况,最终结果都要经过漫长的时间,不能轻易下定论。因此,鉴于当前西方文明吞噬其他文明的活动才开始不久,我们不应匆忙地预测其最终结果。西方帝国主义者对非洲、中南美洲和亚洲世界的渗透,不是某一个大一统国家的行为,而是同一个文明的许多彼此竞争的地区性代表的行为。他们本来要确定一个时间,让这些地区在这段时间里被强制西方化。但是,现在西方各海外帝国遇到了前所未有的非殖民地化,再加上新独立国家和散居世界各地的民族的文化觉醒,这可能使西方化的进程受到决定性的打击。以一个明显的例子来说,阿拉伯国家最近才作为主权独立国家被允许进入西方式的国际社会,而它们之所以能实现这种抱负,是因为它们摆脱了多少世纪以来覆盖在它们上面的奥斯曼政治优势和伊朗穆斯林文化外壳。但是,难道我们没有理由说,曾经使阿拉伯人抗拒了附近社会同种文化融合的阿拉伯文化的潜在遗留力量,迟早也会发挥出来,抵制住差异更大的西方文化的影响? 如果可以这样设想的话,目前受到西方影响的其他社会最终难道不也会有同样的前途吗?

以上考察"文化改造"的最终结果的总印象,应该进一步证实我们的论点:对于大一统国家提供的服务,唯一长远的受益者是内部无产者。外部无产者获得的好处总是虚幻的,而一种外来文明所获得的好处则往往不能持久。

注释

[1]斯宾格勒:《西方的没落》,维也纳和莱比锡,1918年,第1卷,第51页。斯宾格勒这段论述的精髓可以用弗朗西斯·培根的一句名言来概括:"不是罗马人散布到世界上,而是世界散布到罗马人头上。"(《论说文》,第29篇《论王国和等级的伟大》)

[2]埃里乌斯·阿里斯泰德斯:《罗马》,第62节。

[3]小普林尼:《自然史》,第27卷,第1章,第63节。

[4]R.斯托利:《日本现代史》,企鹅出版公司,1960年,第66—67、73—75页。

[5]柏拉图:《法律篇》,第693节。

[6]埃里乌斯·阿里斯泰德斯:第102节。

[7]卢提里乌斯·纳马提阿努斯:《循环往复》,第1卷,第66页。

[8]小普林尼:第3卷,第5章,第39节。

[9]希罗多德用这个说法描述斯巴达在利库尔戈斯时期的体制影响下的进步。

[10]教皇利奥一世:《布道书》,第82卷,第2章。

[11]参见第五部,第二十七章。

[12]参见第八部,第四十三章。

第三十四章
沟　　通

我们已经看到,大一统国家赖以存在的一般条件本身就足以使其居民和邻居获得某些好处。除此之外,我们还能看到,大一统国家为贯彻和维持其统治创立了一些具体制度,其中某些制度往往无意之中为那些懂得如何利用它们的人提供了服务。我们现在需要考察一下这类制度,主要有地理上的交通系统和语言上的沟通系统、都城首府、大一统国家创建或采纳的文官制度。交通系统之所以名列榜首,是因为它们是大一统国家赖以生存的主要制度。它们不仅是大一统国家在军事上统辖全国领土的工具,而且是帝国通过公开的巡察大员和秘密的保安人员进行政治控制的工具。要想维持一个有效率的交通系统,不仅要维持好交通干线的治安,而且还要装备公共交通工具,因为旅行者如果完全依靠自己的交通工具,那他就会发现要么这些交通工具太不够用,要么费用太高。在多数大一统国家,公共运输系统通常是以帝国驿站系统的形式出现;而帝国驿站总管由于有建立和操纵情报网的得天独厚的机会,因此通常把表面的工作与领导帝国秘密保安的工作结合于一身。

公共驿站服务似乎曾经是苏美尔—阿卡德帝国政府机制的组成部分;在其本土希纳尔,灌溉渠道的堤岸似乎被用来做陆上交通的大道。苏美尔—阿卡德帝国的叙利亚和美索不达米亚省份曾经一度被喜克索斯蛮族统治。后来,埃及的“新帝国”在这些地区建立了自己的统治,利用了前朝遗留下来的道路,通过派遣外交信使和巡察大员来控制当地的小王公。在阿黑门尼德帝国,我们发现,类似的设施显然达到了更高的组织程度,具有更高的效率(尽管这种表面上的优越很可能是我们现有资料的多寡所造成的错觉)。

帝国的疆界扩张得越远,各省总督就变得越有权势;这就越有必要建立一些制度来维护帝国的统一,并确保皇帝的命令得到雷厉风行的贯彻。维护帝国统一的工具就是以首都苏撒为中心、沿着原有的贸易路线、向四面八方辐射到

　　　　　　　　　　　　　　　　　第三十四章　沟　通

整个帝国的通衢大道……这些大道是以帕拉桑(古波斯长度单位,约4英里)来度量的,并且始终畅通无阻。沿着帝国大道,大约每隔4帕拉桑就设置一个"帝国驿站和服务齐全的旅店"。各省的边界与河流的渡口都设有兵力充足的堡垒——巴比伦的沙漠边界也与其他地方一样设有类似的边防。在这些地点,来往人员都受到检查。所有的驿站都配有骑马的信差,他们的职责是日以继夜毫不间断地传送皇帝命令和紧急公文——正如希腊人形容的,"快过飞雁"。据说还有一种烽火信号系统。为了控制各地总督,皇帝会利用各种机会派遣自己的"耳目"或皇亲皇子之类的高级官员带着军队访察各省。他们往往突然出现,检查地方行政,记录和禀报弊政。为了防止总督行为不轨,皇帝还向总督身边派遣了秘书,向各省派遣了要塞司令官和其他军官;他们都是监督工具。除了这些控制手段,还有一个高度发达的谍报系统。皇帝随时倾听下面的告发。[1]

阿黑门尼德帝国就是这样利用帝国交通系统作为中央政府控制各省的工具。这种政策后来又出现在罗马帝国和阿拉伯哈里发帝国的行政管理中。罗马帝国最终继承了幼发拉底河以西的前阿黑门尼德帝国的领土。罗马帝国的公路是奥古斯都开创的;维护的负担最初是落在地方政府身上的,在哈德良和塞维鲁皇帝统治时期似乎逐渐由中央财政承担了。利用信差充当密探的做法,典型地说明了罗马体制是受到阿黑门尼德帝国的启发。罗马帝国政府的密使开始借用"征粮官"的名义,后来才使用"密使"的名称。他们是穿着罗马外衣的阿黑门尼德皇帝的"耳目"。他们既有监督帝国驿站服务的行政职责,又有秘密收集情报的政治职责。

阿拔斯哈里发帝国也是在双重意义上使用交通系统。

中央政府有一个部门能够获得关于各省总督活动的情报,因而能够控制各省总督。这个部门称作"巴里德"(邮政局)。这个词源于拉丁文(或波斯文)。在穆阿威叶哈里发时期,它最初是指传送政府文书的骑马信使。到阿卜杜勒·马利克在位期间,它逐渐变成指"邮政处",负责哈里发与各省总督或驻省的军事指挥官之间的书信往来。到曼苏尔哈里发时期,它发展成政府主要部门之一。邮政局长是巴格达政府中是一个十分重要和很有权势的官员。在整个哈里发帝国的广袤领土上,遍布于各个城市和各条公路的为数众多的"驿站"都在他的管辖之下。那些公路最早可以追溯到阿黑门尼德、萨珊、罗马或拜占庭时代。每个驿站的信差和驿马随时准备出发……"邮政局"雇员的职责不仅是传

帝国的交通命脉

228、229、230　印加帝国有一个延伸到整个版图的宏大的道路系统,主要是为了便利帝国官员而修建的。上图:一个官员及其夫人坐在轿子里。左下图:一位正在途中的帝国信差。右下图:人们在规划一条道路。16世纪西班牙统治印加时期的记实绘画。

送官方文书,而且还要收集和向巴格达传递有关农业和水利状况、当地民众情绪、各省行政管理和地方铸币厂铸造的金银硬币数量等方面的第一手准确情报。书面报告定期送到巴格达邮政局长的官署。邮政局长根据情报每天向帝国国务大臣报告……实际上,邮政局是一个在哈里发帝国内外雇用无数男男女女间谍和情报员进行监督和侦探的部门。[2]

有些大一统国家建立了类似的制度,但与这种西南亚模式的最早版本无关。中华大一统国家的开创者秦始皇就是由他的首都向四面八方辐射的公路的建造者。他也利用公路进行政治监察和统计调查。他的监察制度是精心组织起来的。总监察官(御史大夫)在首都设有官署,并有两个副手,各省还有无数的监察人员。另外,还有专门负责“藩邦属国”的监察官员。印加人也同样是公路和要塞的建造者;而且,与征服了意大利的罗马人一样,他们在有条不紊的北进运动中,也利用这些工具来巩固每一块占有的土地,为下一步征战而做好准备。他们完成的道路系统包括两条一南一北平行的主要道路,一条沿着安第斯高原,另一条沿着太平洋海岸,中间有一些交错联结的道路。这些道路在穿越河流和峡谷时,借助石桥或木桥、吊桥、缆车或吊篮。他们的建造工程极其壮观,据说单是阿普里马克河大桥本身就使附近的敌对印第安部落惊恐万分,不战而降。[3]沿着这些道路,每隔相当距离设有仓库,每隔四分之一里格(长度单位,约为 3 英里)设有跑步信差交接站,“印第安人能够一口气跑完这段距离而不感到疲劳”。[4]从库斯科到基多,直线距离有一千多英里,道路距离可能要多出一半,但传递一个消息却只需 10 天。这种服务组织应归功于第八个印加帕查库蒂皇帝(在位期间 1400—1448 年)。不仅这位印加皇帝本人,而且帝国巡察官员、地方行政官员和司法官员都能利用这些旅行设施。

(中央政府对各省的)监察是由监察官和皇帝的密探承担的。监察官是从奥雷琼人[5]中选出的,每三年时间巡察一遍全国。密探则暗中巡察各地。这些密探的任务是观察和倾听民众牢骚,然后向上报告,但没有采取措施消除弊端的权力。在这种体制下,印加皇帝图帕克·尤潘奎的几个兄弟先后被任命为监察官……总监察长的职责是由皇帝本人承担的;他坐着金轿子巡游整个帝国;他离开首都的时间很长,有时长达三四年;在他出游期间,他要亲自倾听申诉,主持裁决。[6]

虽然印加帝国的交通设施受到政府当局包括皇帝本人的充分利用,但是这些设施却不对平民旅客开放。相反,在中美洲,公路系统是商人行会开辟出来的。对利润的贪得无厌的追求使他们成为阿兹特克帝国扩张的先锋。阿兹特克帝国当局把这些商旅变成自己的政治军事情报来源,并且接管了维护道路桥梁以及保证邮政服务的工作。

在日本,"东北大道"从内地的法定首都京都到两个相邻的军事首都镰仓和江户,贯穿了本州岛的东南部。它首先是用来保护日本社会征服阿伊努蛮族领土的成果,后来则被关东地区用来征服和控制原来的首都地区大和。在日本大一统国家德川政权统治时期,这条干线及其支线都被用来为江户幕府的政策服务,不仅被当作监视京都的无能皇室的工具,而且被用于控制帝国各地图谋不轨的封建领主这一更艰巨的任务。幕府的将军要求这些"大名"每年在江户住一段时间,当他们返回自己的领地时,把妻子和家人留下做人质。这些领主一年两次在江户和自己的领地之间奔波,构成了德川时代日本社会生活的一个突出特征。这条大道及其支线就成了他们常年往返的交通手段。虽然政府为了保证安全而关心这些道路的维护,但是又同样担心路况太好会刺激和便于心存不满的大名联合起来向首都进军。因此,政府有意不架设通向江户的桥梁,也尽量不改善通向江户的道路系统。

在中国,由于往往以设在北方的政府为中心实现政治统一,甚至在经济重心从北方转移到长江流域后依然如此,大宗粮食的长途运输就成了政府的一大难题。

> 中国的商业从未发展到足以克服农业经济的地方狭隘性和排他性。各大地区都自给自足,互不依赖;在缺乏机械工业、现代交通运输设施和先进的经济组织的情况下,不可能有现代意义上的中央集权。在这种情况下,中国国家权力的统一或集中,仅仅意味着对某个经济区的控制:那个经济区的农业生产力和运输设施必须能够提供绝对多于其他地区的粮食贡赋,凡是控制了这个地区的集团就掌握了征服和统一整个中国的钥匙。这种地区应该被称作关键经济区。[7]

> 长江流域在东晋(317—420 年)和南朝(420—580 年)时期成长为重要的生产中心,自唐代(618—907 年)开始显然是关键经济区。但政治重心依然在北方……这种畸形局面就使得发展和维护一个把生产中心的南方与政治中心的北方联系起来的运输体系成为头等大事。这种联系是通过大运河建立起来的,因此中国最有头脑的人在十几个世纪里一直关注这条运河,并且为了改善和维护它而投入了无数人力和巨大财力……[8]

231　陆路运输：日本的封建藩主及其随从在东北大道上行进。这条
　　道路是中央政府控制边远地区的关键手段。藩主们每年必须在首都
　　居住一段时间，因此不得不耗费财力往返在这条通往首都的道路上。

　　尽管人们习惯于把这条运河的开凿归因于隋炀帝（在位期间为605—618
年）的才能和好大喜功，但是它并不是一个皇帝在一段时间里修成的。与万里
长城一样，人们在不同时期开凿了不相连接的片段。隋炀帝把各个向北和向南
的水道联结成一个贯通的体系，并且分别在北方和南方添加了一些较长的水
道，从而完成了这个工程。[9]

　　在10世纪和12世纪，中华世界陷入分裂，粮食的长途运输问题也就自然无关紧
要了。但是，当13世纪蒙古帝国缔造者们恢复了中国的统一时，这个问题又被提出
来，而这一次的地理情况更加别扭。由于北京处于中国最北部边境之内，而又与蒙
古游牧民族发祥的草原十分接近，便于来往，因此蒙古人把首都设在北京。他们从
这一地点挥师远征整个中国，直到广州。但是这一成就给他们提出了问题：他们如
何从位于最北端的京城管理一个地域辽阔、人口众多的版图？他们如何保证南方经
济中心供应这个比秦汉隋唐的京城远得多的京城？取代蒙古人统治的政权明朝政
府也继承了这个问题。他们很快从经验中发现，开国皇帝基于文化情感和经济便利
而尝试着把首都迁到南京，但是从军事和政治上考虑，北京更为重要。然而，如果没
有有效的交通系统，帝国政府就不能维持对遥远的长江流域以及更遥远的南方沿海

232、233 水路运输:在中国,运河被用于代替道路,尤其是用于从南方农业区向北方政治中心运送粮食。上图是大运河地图的片断。大运河是7世纪修建的主要水道,后来历届王朝又加以延伸。这条运河从图的左上角开始,向下穿越一系列船闸,流到黄河。运河与黄河是通过一个复杂的水道系统连接起来的。下图是繁忙的大运河:英国船只载着派赴中国朝廷的使节通过一个船闸。

地区的政治控制,不能把所需要的作为实物贡赋和食品供应的大宗稻米运到北方,这样北京就无法统治重新统一的中国。解决这个问题的办法是,重新联结大运河,用天津取代开封作为北方的终点。就像唐宋两朝继续利用隋代大运河一样,在驱逐了蒙古人以后,明清两朝继续利用了天津以南的元代大运河。实际上,直到19世纪传统的中国国家土崩瓦解以前,大运河一直是中国政治经济的脊髓。

我们将会看到,大一统国家的开创者和统治者在建设和维护令人注目的交通系统,把这些浩大而昂贵的工程负担加在他们的臣民身上时,通常都怀有十分明确的目的;但是更进一步地考察,我们就会发现,这个精心策划和组织的系统也可以被帝国政府之外的人用于别的目的。如果政府有先见之明的话,它当时可能不会重视甚至反对这种工程。

罗马帝国的宏大交通系统被用于另一种用途,就是这种意外后果的一个明显例子。在"罗马和平"的第二个百年,罗马这项辉煌的成就受到希腊斯多葛派哲学家爱比克泰德的承认。

> 你们看到,恺撒的出现为我们带来了伟大的和平,因为不再有各种战乱,不再有盗匪的抢劫,人们可以在任何时候出门旅行,可以在地中海任意航行。[10]

到这个百年即将结束时,希腊文人埃里乌斯·阿里斯泰德斯还在重复同样的颂词。他属于承认罗马帝国是希腊化大一统国家的那一派。

> 人们通常说,大地是万物之母和世界家园。这种说法被你们罗马人最彻底地证明了。因为在今天,无论希腊人还是野蛮人,无论行装有多少,都可以随心所欲、毫不费力地到各地旅行,而且无论到了哪里都没有背井离乡之感。西里西亚城关、穿过阿拉伯国家到埃及的沙漠小道都失去了原来的恐怖。高山不再没有人迹,河流不再成为天堑,部落民族不再凶狠残暴;身为一个罗马公民或罗马臣民,就意味着畅行无阻。荷马说:"大地为一切人所共有。"这个说法被你们变成了事实。你们勘测了全部有人居住的世界,你们筚路蓝缕、劈山架桥,直至整个世界变得四通八达——你们还把驿站设在荒野,用你们的系统和秩序把文明广布天下。[11]

如果罗马帝国交通系统的建造者和颂扬者能够预见到未来的情况,他们肯定是无法忍受的,但是在一个"条条道路通罗马"的世界,那种情况并非无法理解:当年把俘虏、请愿者和观光客带到这个帝国京城的通衢大道,总有一天会输送来蛮族军团

双向交通

234、235、236 罗马的道路系统被当时的人们赞颂为帝国统一和扩张的明显标志。上图：叙利亚的一条石砌大道。左下图：一千英里外的突尼斯的里程碑。右下图：在帝国崩溃时，这个系统也成了蛮族入侵者的捷径，使他们迅速深入到帝国的心脏地区。

或敌对帝国的军队。这些帝国大道确实使蛮族入侵者能够而且还可能启发了他们直捣希腊化世界的心脏。例如，汪达尔人于公元406年渡过莱茵河后，在3年之内就进入了西班牙，在24年之内就兵临迦太基城下。阿拉伯人于633年第一次突袭罗马帝国的叙利亚"长城"后，在6年之内抵达埃及，在64年之内抵达迦太基，在99年之内就差一点看到卢瓦尔河了。与罗马人争夺世界统治权的波斯人于603年越过罗马帝国在美索不达米亚的边界，在12年之内抵达卡尔西登，在16年之内抵达亚历山大城。被罗马人满怀信心地称作"我们的海"的地中海也同样可以被蛮族入侵者——哥特人、法兰克人、汪达尔人和阿拉伯人——所利用。

早在被征服罗马的蛮族利用之前，罗马大道就已经被用于一个更有意义的目的：便利了一个罗马公民的旅行。当奥古斯都把"罗马和平"推广到皮西迪亚这个尚未被阿黑门尼德或塞琉古实际征服的小亚细亚王国时，他无意之中为圣保罗铺平了道路，使圣保罗在第一次传道时从奥龙特斯的安条克抵达潘菲利亚，又平安地在内陆旅行，抵达皮西迪亚的安条克、伊科尼翁、利斯特拉以及德尔贝。保罗最后一次从恺撒里亚到普特奥利的重要旅行之所以能够完成，也是因为庞培扫清了西里西亚海盗。罗马和平后来对于保罗的后继者们也是同样有利的社会环境。在罗马帝国第二个百年的后半期，里昂的圣伊里奈乌斯——亚洲希腊人血统的基督教早期教父，与埃里乌斯·阿里斯泰德斯差不多是同时代人——在颂扬整个希腊化世界天主教会的统一时，也对罗马帝国表示了一种含蓄的颂扬。

> 由于教会获得了这种福音和这种信仰……因此，虽然教会分散在世界各地，但是它小心翼翼地保存着这些宝贝，仿佛它生活在一个屋顶下。教会一致相信这些真理，就仿佛大家共有一个灵魂、一颗心脏；教会众口一词地传播和解释这些真理，就仿佛大家共有一张嘴。当世界流行着多种多样的语言时，（教会）惯例的效力却是到处一样的。无论是在日耳曼人、西班牙人、凯尔特人中间建立的教会，在东方、埃及或西北非建立的教会，还是在世界中心建立的教会，它们的信仰和惯例都保持一致。正如上帝创造的太阳在全世界是一样的，真理的福音在各地显示的光芒也是一样的。[12]

这位保罗的后继者没有认识到——或者说根本不承认——基督教会的这种普遍一致性在多大程度上应该归功于罗马帝国的交通系统。但是，又过了200年，当基督教会变成罗马国家的官方合作伙伴时，在叛教的马尔凯里努斯看来，这种联系是十分显然的,也是令人不快的。

> (皇帝)君士坦丁(二世)发现基督教太简单直白,于是就往它里面掺和进无知老妇的各种迷信。由于他更热衷于制造神学的复杂花样,而缺乏维持和谐的责任感,因此他挑起了无数纠纷。他还用举行激烈尖刻的辩论来火上加油。一个后果便是,大批高级教士借口他们所谓的"宗教会议"而利用公家驿马来往奔走。这些高级教士的目标是,扭曲他们的宗教活动,使之符合他们心血来潮的奇思怪想;而君士坦丁的成就则是破坏了驿站的正常工作。[13]

帝国驿站并不是政府为了方便公众而提供的设施,而是仅仅为了官方目的而强加给公众的负担。现在它却被主教们接过来为教会服务。

罗马帝国的交通系统并不是这种讽刺历史的唯一例子。苏美尔—阿卡德帝国也正是由于这一帝国行政部门极其有效率而使自己受到沉重打击的。它在东北部的公路最终却输送来米坦尼游牧部落横扫美索不达米亚的入侵洪流,并使得喀西特山地部落慢慢地渗透到希纳尔。西北部的公路也从安纳托利亚高原运来了赫梯劫掠者,后者在大约公元前 1595 年的一次闪电般袭击中洗劫了巴比伦。当阿黑门尼德王朝修整了这条西北公路并把它延伸到爱琴海和赫勒斯滂海峡时,他们也是在把一根电导线引入自己版图的心脏。他们的通衢大道给觊觎王位的小居鲁士带领上万名希腊雇佣军从萨尔德斯到库那克萨势如破竹的进军敞开了大门,也给马其顿的亚历山大沿着他们开辟的路线实现一次希腊化世界对西南亚的征服创造了条件。但是,亚历山大及其后继者的政治伟业虽然惊世骇俗,却是消极而短暂的。尽管他们在不到 5 年的时间里就打碎了阿黑门尼德帝国,但他们却从未把这些碎片重新组合起来。阿黑门尼德帝国缔造者们的工作有两个长远的受益者,即犹太教和袄教这两个高级宗教。马其顿征服者们清扫了场地,却没有重新建立起一个帝国,这有利于希腊文化的涌入。

在希腊人入侵过了将近一千年以后,旧日阿黑门尼德帝国的版图被阿拉伯哈里发帝国重新统一起来。这时,已经延伸到欧亚大草原的特兰索西亚纳海岸的东北公路却成了自杀性的电导线,引来了突厥和蒙古游牧民族的入侵。哈里发帝国在北非的另一条主要道路系统也给另外一些入侵者提供了同样的便利。这些入侵者包括阿拉伯的贝尼希拉勒部族和贝尼素莱木部族,柏柏尔部族以及基督教十字军。但是,帝国交通系统的长期受益者不是这些入侵者。在《阿拉伯地理学家全集》中描述的这种奇迹般系统所提供的历史性贡献在于,它便利了伊斯兰教的传播。[14]

在我们已经提到的其他交通系统的历史上也可以看到类似的情况。阿兹特克人和印加人建成的道路反而使科尔特斯和皮萨罗能够以马其顿的亚历山大那种闪电般速度横行于两个新世界,从而为天主教继这些昙花一现的征服者之后尘进行持久的精神征服大开方便之门。在中华世界,秦始皇进行的道路建设也受到同样的报复。

> 虽然修建驰道有利于帝国,但也给秦朝带来危险。当大起义发生时,起义军发现,这些新修的驰道虽然能为秦朝军队服务,但也同样甚至更有利于他们。因为这些驰道都以京城为中心,所以起义军能够长驱直入挺进这个以前难以进入的西部多山国家,而秦朝将军们在对付全国各地的起义时则因为交通系统缺乏旁支而举步维艰。[15]

大运河这个中华大一统国家公共工程的代表作也把在南部沿海港口栖身的西方天主教传教士沿内陆送到北京。他们在中世纪的先驱则早已通过蒙古人修建的横跨欧亚大草原的大道到中国,并取得了一个暂时的立足点。

基于以上的考察,我们不可避免地会得出这样的结论:大一统国家的帝国交通系统的长远历史意义在于,它有利于文化、尤其是宗教的传播。这个结论本身就引出了一个涉及当代西方世界前途的重大问题,因为在当代西方世界,交通系统的扩展和完善正在以前所未有的速度进行着。自从机械化运输方式实现第一次突破,至今已经过了大约一个半世纪了;在这段时间里,不仅运输业的技术变得越来越复杂高妙,而且还有一些重大变化:首先,沟通手段发生了前所未有的变化,不再依赖于人的体力传送,而是依赖于声波和光波;其次,信息储存和回收系统发生变化,使人类解决理论和实践问题的能力有可能无限扩张。现在,整个有人居住的地球表面都被一个沟通系统联结起来。这个系统的范围实际上超过了人类本身的世界,因为它是以一系列无线电视卫星为基础,而这些卫星独立于发射它们的地球之外。

从其他各种文明的历史看,这种沟通系统的发展必然预示着,一个社会出现了这些技术奇迹,它就最终会在政治上统一起来。但是,目前西方世界的政治前景依然很模糊。因为尽管人们似乎只能在"要么一个世界,要么全体毁灭"二者之间做出抉择,[16]但是迄今为止在向前一个目标前进时总是跟跟跄跄的。看来,在过去的文明史上那种由一个地区性国家通过"狠命一击"把自己的统治强加给其他国家的做法似乎再也不会被使用了,因为它的代价将不仅是某种程度的破坏,而且是全部文明的毁灭和人类生命的灭绝。然而,如果政治统一是必要的和不可避免的,那么很可能是通过另外一种新的自愿合作的方式来实现。在本世纪两次世界大战的每一次战后时期都曾在世界范围内尝试过这种方式,目前也在有限的范围尝试向西欧超国家的政治经济一体化过渡。虽然世界各国政治家和人民越来越认识到,试验失败将可能最终导致灾难,但是这些政治大实验的前景依然是不确定的。无论如何,在这一章里考察的历史经验告诉我们,西方文明为自身目的而建立起来的世界交通网络很可能会被意想不到的受益者所利用,并且由这种讽刺作用来体现出它的历史性意义。

在这种情况下,谁能从中获得最大的好处? 很显然,在当代世界中由蛮族组成的外部无产者已经缩小到微不足道的程度,尚未被现有文明触动过的少数人在未来不太可能扮演任何独立的角色。另一方面,现存高级宗教的活动领域已经被西方科技人员编织的愈益细密的蜘蛛网相互联系起来,因此它们已经开始从由此提供的新机会中获得好处。西方天主教沿着 16、17 世纪欧洲探险家开辟的路线试探着向东方和西方进军,并且自 19 世纪起一直与在非洲根深蒂固的伊斯兰教竞争。近年来,由于大陆之间的旅行和接触变得更容易了,某些印度教和佛教派别因此传播到某些被认为是基督教安全领地的地区;马克思主义一直想在意识形态方面成为基督教的接替者,这种努力也获得了同样令人印象深刻的进展。

由这种激发出来的世界范围的传教活动所引发的问题并不仅仅是教会地缘政治问题。由于原有的高级宗教进入新的传教领域,这就引发了一个问题:一个宗教的永恒本质能否与其暂时的偶然现象区分开? 由于宗教之间的相互接触,这就引发了一个问题:它们是否能和谐而有益地共存,或者它们之中的一个是否最终会取代其余的宗教? 迄今为止,这些高级宗教之所以共存于世,主要是因为过去的交通手段不够发达,因而甚至使佛教、基督教和伊斯兰教这三大主要宗教的传播都受到了限制。它们的传播者凭借着畜力和风力成功地夺取了成片大陆,但不能覆盖整个地球表面。当今的交通手段使它们及其宗教都能够在全球各地赢得信徒。但这也向每一种宗教提出了"共存还是竞争"的问题。

佛教在传入一个国家后,一般都能与原有的宗教友好相处,我们希望这种佛教传统能够流行于世。我们所共有的人性具有各种不同的精神类型;这些不同的类型可以在不同的宗教表现中找到精神满足;现在,由于"距离的消灭",历史上第一次使得每一个人都能在长大成人后自己选择感到亲近的宗教,而不再是不管个人气质如何,仅仅因出生的时间和空间而无意识地继承某种宗教信仰。

在一个物质上统一起来的世界里,如果佛教是唯一传教的宗教,那么个人的选择自由将能得到保障。不幸的是,基督教和伊斯兰教并没有佛教那种宽容传统。迄今为止,这两种宗教都要求自己的信徒绝对效忠。这两种宗教也都不愿意容忍任何别的宗教与自己共存。自己的先驱宗教可以存在,但要根据一种羞辱的条件被置于一个较低的地位。根据这些条件,基督教很不情愿地和态度暧昧地容忍了犹太教,而且还不时地收回这种有条件的容忍;伊斯兰教则不那么勉强地和更有约束地容忍犹太教和基督教。基督教和穆斯林"当局"能否摆脱它们自身的传统呢?它们能否采取佛教的那种友善精神来满足一个在物质上统一了的世界的精神需求呢?如果伊斯兰教和基督教不能实现这种从里到外的革命性变革,它们会丧失自己的地盘吗?如果它们丧失了自己的地盘,它们的遗产会交给佛教吗?难道人类不会去信奉某种或某些尚未出现的宗教吗?"距离的消灭"已经引发了这些问题,但是现在还没有迹象表明这些问题的答案会是什么。

一种宗教的外表反映了这种宗教形成时的时代和地区的特点。一种宗教的核心则是满足人类永久的精神需求。在一个像我们今天这样技术和社会变革极其剧烈而迅速的时代,宗教很可能会以我们所不熟悉的形式呈现出来。但是,在那种外表之下,它们的本质会保持不变,与历史上的宗教(无论我们是否信仰它们,只要我们承认它们是宗教)的本质是一样的。宗教信仰乃是人性固有的禀赋之一。迄今为止,任何人类社会、任何社会中的个人都有一种宗教。无论是浑然不知,还是冷漠或敌视,都不能从人类生活中消除宗教。[17]

注释

[1] E.迈耶:《古代史》,斯图加特,哥达出版社,1901 年,第三卷,第 66—68 页。

[2] E.A.别里雅耶夫:《阿拉伯人、伊斯兰教和阿拉伯哈里发帝国》,伦敦,1969 年,第 224—225 页。

[3] 加尔西拉索·德·拉·维加:《印加的皇家商业与秘鲁通史》,英译本,得克萨斯大学出版社,1966 年,第 1 部分,第 48—52 页。

[4] 加尔西拉索·德·拉·维加:第 328 页。

[5] 西班牙征服者给印加帝国少数当权者起的别名。

［6］L.鲍丹:《印加的社会主义帝国》,巴黎,人种学研究所,1928年,第120—121页。

［7］冀朝鼎:《中国历史上的主要经济区与公共水利工程》,伦敦,1936年,第4—5页。

［8］同上书,第113页。

［9］同上书,第113—114页。

［10］爱比克泰德:《论文》,第3卷,第13章,第9节。

［11］埃里乌斯·阿里斯泰德斯:第100—101节。

［12］伊里奈乌斯:《反哈莱斯》,第2卷,第10章,第2段。

［13］马尔凯里努斯:《事业》,第21卷,第16章,第18节。

［14］M.J.德·哥埃耶(编):《古阿拉伯地图集》,莱顿,1870年。

［15］C.P菲茨杰拉德:《中国简明文化史》,伦敦,1935年,第138页。

［16］J.罗曼的说法,见 M.F.A.蒙塔古(编):《汤因比与历史》,波士顿,1956年,第350页。另参见本书第一部,第四章,注释[3]。

［17］参见本书第七部,第四十、四十一章。

第三十五章
语 言 与 文 字

一般而言，一个大一统国家总会有一套用于思想交流的官方媒介系统；它们不仅包括一种或多种口头交流的语言，而且还包括某种基于书面符号的视觉记录系统。大一统国家为此而选择的语言和文字当然必须让当局和民众都能理解，但是这种一般要求在实践中会有某些变化。在少数情况下，例如日本德川幕府或俄罗斯帝国，由于大一统国家实际上只覆盖了单一语言区域，因此帝国缔造者的母语也就成为正式通用的语言。但是，情况通常不是这么简单。大多数文明都包容着许多民族语言和文字，其中可能包括完全不同的惯用语。因此，帝国缔造者在决定大一统国家的正式语言时，面临的任务往往不是认可一个既成事实，而是在几个竞争的候选者中做出选择。在这种情况下，帝国缔造者的通常做法是，让自己的母语作为正式通用的语言，但不给它垄断权。实际上，在大一统国家的行政管理中似乎通常会使用多种正式语言；享受法定首要地位的语言可能并不是实际中应用最广泛的语言。在帝国的某些地区或某些部门，通行的可能是次要的语言。这些"通用语言"虽然在法理上没有获得认可，但在事实上赢得了地位。除了垄断与合作外，帝国缔造者的另一选择是，承认另一种语言在事实上的首要地位，因而不强制推行自己的母语。上述这些情况在过去大一统国家的历史中都可以看到。

在中华世界，秦始皇（在位期间为公元前 221—前 210 年）用一种特有的激烈方式解决语言问题。这位中华大一统国家的开创者把自己发祥地秦国的官方汉字字体规定为唯一通用的文字，从而成功地遏制住战国群雄各自发展本地文字的倾向（那些地方性文字外人只能看懂一部分）。因为汉字是表意文字，不是拼音文字，秦始皇的功绩就是使中华社会有了统一的视觉语言。哪怕口头语言分裂成相互听不懂的方言，但这种统一的文字使士大夫阶层有了一个共同的交流手段。但是，如果中华世界没有其他既有助于文字统一、也有助于口语统一的因素起作用，这种"书同文"也不能使中华世界摆脱各种语言不能沟通的悲惨局面。

首先,在秦于公元前221年统一中国时,虽然中华世界已经从原来的核心地区扩张到很远的地方,但是它的语言却幸好保持着一致性。甚至在已经远远扩大了的地区,大多数居民说的是亚洲单音节语言的汉暹语族汉语分支的各种语言,语音不同的少数人主要是使用相近的藏缅语族的某种语言的人。然而,如果不是秦始皇统一中国掀开了中华历史的新篇章,如果不是他的汉朝后继者建立了有效的文官政府来巩固他开创的大一统政府,那么这种原有的同种语言的统一影响力就会被中华社会的疆域扩张和动乱时期的政治分裂抵消了。汉朝的文官是从帝国各个地区选拔来的,被分派在除自己家乡外的任何省份。他们不能单靠文字来处理事务。这个新的帝国统治阶级需要有一种共同的口头沟通手段。于是,标准化的文字就有了标准化的发音;这种官话使得中华社会免除了方言互不沟通之苦。

倭马亚王朝哈里发阿卜杜勒·马利克(在位期间为685—705年)和中美洲的西班

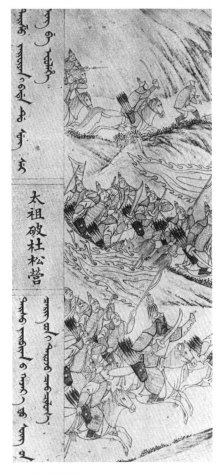

帝国统治的语言

237 为了便利辽阔疆域内的沟通,帝国缔造者们往往允许几种语言通用。这幅攻打汉人要塞的画面,出自当时的一部满族征服中国的记录。图上的说明文字使用了三种流行的官方文字:满文、汉文和蒙古文。

牙征服者也都实行类似的语言垄断。但是,帝国缔造者更常见的做法是,给自己的大一统国家规定包括自己的母语在内的几种正式语言。例如,在英国统治印度时,莫卧儿帝国的再造者出于某些目的,用自己的母语英语取代了莫卧儿王朝遗留给英国人和其他后继者的官方语言波斯语。1829年,英属印度当局把英语定为外交通信的语言,1835年,把英语定为自己辖区内高等教育的语言。但是,当1837年英属印度采取了最后步骤废除波斯语的官方语言地位时,当局并没有规定英语用于以前使用波斯语的其他各种场合。在处理司法和财政事务时，因为这些公共行政领域直接涉及各种不同民族、种姓和阶层的印度人，当局不是用英语而是用当地土语取代波斯语。梵文化的印度土语——所谓的"印度斯坦语"——实际上是英国新教传教士制造出来的，给印度北部居民提供了一个与印度穆斯林为自己制造的波斯化的印度土语"乌尔都语"相对应的语言。英印帝国缔造者们采取了一种富有人情味的明智决定，避免滥用政治权力来把自己外来的语言规定为唯一的通用语言。这种情况或许可以部分地说明为什么印度和巴基斯坦在摆脱了殖民统治的枷锁、取得独立后依然把英语作一种官方语言。

在奥斯曼帝国，帝国开创者的母语——土耳其语——成为帝国行政管理的官方语言，但是在16和17世纪帝国鼎盛时期，君主的奴隶王室的"通用语言"是塞尔维亚—克罗地亚语，而奥斯曼海军的军事用语是意大利语。另外，在内政方面，奥斯曼政府采取的是与英印政府一样的政策，即尽可能地允许臣民在有关个人的公共事务中使用他们自己选择的语言。中央政府把司法权力下放给自治的公共机构，后者在处理公共事务时使用传统的语言。[1] 由于这些公共机构也是教会机构，它们使用的语言既用于民政也用于宗教事务，因此这些语言分别是各自宗教的神圣语言。在整个奥斯曼帝国，穆斯林社会的公共法庭执行的法律是用阿拉伯文写的，东正教社会的公共法庭的法律是用希腊文写的，格列高利基督一性论教区的法律是用亚美尼亚文写的，等等。由此可以看出，奥斯曼人在东正教世界和阿拉伯世界表现出英国人在印度的那种克制态度，限制自己的母语作为官方语言的通行范围。

罗马人在把拉丁语规定为帝国官方语言时，在说希腊语的省份也显示了某种克制态度。他们仅仅限于让拉丁语作为帝国军队连队（不论连队是从何处招募的或驻扎在何处）使用的唯一军事指挥语言，以及作为在希腊或东方的意大利人殖民地的市政管理的主要语言。在其他方面，凡是他们发现已经正式使用希腊书面语的地方，他们就继续使用这种语言；他们还有意识地给希腊书面语以正式地位，使之在中央行政管理中与拉丁语平起平坐。在早期帝政时，罗马的帝国办事处同时使用希腊文和拉丁文，因此写信人在使用"这两种语言"中任何一种时（因为拉丁文和希腊文都很"直截了当"）都知道，他们的事情可以用自己选择的语言来处理。罗马人对希腊语的这种大度，不仅仅是对原来希腊语作为文化交流的媒体比拉丁语优越表示敬意，而且也体现出政治风度战胜了罗马人内心的傲慢；要知道，在帝国的广袤领土

238、239 阿黑门尼德帝国的皇帝并没有给自己的波斯母语以特殊地位。上图,著名的波斯贝希斯敦铭文,用阿卡德文、埃兰文、米底—波斯文记载大流士的武功。下图,大流士的印玺也同样用这三种文字镌刻。

　　　　　　　　　　　　第三十五章　语言与文字

上,希腊语不是拉丁语的竞争对手,拉丁语的惊人胜利本来会使除了最清醒的帝国缔造者们之外的所有人昏头昏脑的。罗马人没有在希腊语范围之外的领土上强迫所有的臣民和外国人使用拉丁文,反而把拉丁文的使用变成一种有待于追求的特权,从而增强了拉丁文的吸引力。[2]即使在同有着类似希腊语的文化和文学基础的语言和方言竞争时,拉丁语也总是胜利者。在罗马帝国其他地区,拉丁语的这种胜利进军构成了一个背景,我们必须把罗马人对希腊语的充分尊敬放在这种背景下考察。

苏美尔“四方帝国”的缔造者甚至表现出更明显的克制。他们让正在崛起的阿卡德语与苏美尔语平起平坐,而苏美尔语不仅是帝国缔造者的母语,而且是苏美尔文化的历史载体。这种宽宏大量的政策无疑是出于实际考虑:在乌尔纳木统治时期(在位期间大约是公元前2113—前2096年)阿卡德语正在流行,而苏美尔语则正在衰退;结果,在汉谟拉比(在位期间大约是公元前1792—前1750年)去世后,当说苏美尔语的帝国缔造者们开创的大一统国家走到其曲折历程的尽头时,苏美尔语已经几乎成了一种僵死的语言了。汉谟拉比这位复兴苏美尔政治大厦的阿摩立人没有自不量力地扭转他的先驱者乌尔纳木的母语的颓势。更重要的是,他似乎也没有试图用他的迦南方言来填补苏美尔语此时几乎完全空出的位置,而是让此时正处于鼎盛期的阿卡德语享有它事实上已经取得的不可动摇的真正垄断地位。

阿黑门尼德人在他们的帝国政府中给予他们的波斯母语与他们的波斯母国一样适度的地位。大流士大帝把自己的事迹铭刻在东北大道的贝希斯敦悬崖上。铭文使用了三种楔形文字,代表三个帝国首都的不同语言:埃兰语代表苏萨,米底—波斯语代表埃克巴塔纳,阿卡德语代表巴比伦。在各地帝国建筑上的官方铭文都使用的是这三种语言。阿黑门尼德人把其他两种语言与自己的母语并列,这是值得称赞的。但是对于帝国日常行政来说,这种谨慎的平衡则是过于迂腐和繁琐,难以应付实际需求。例如,埃兰语虽然曾经是苏萨的语言,但它不是“通用语言”,而且在当地已经濒临死亡;为记录米底—波斯语而特地发明出来的楔形文字虽然十分巧妙,但是无法推广,因而无法流传下去。在阿塔薛西斯二世(在位期间为公元前404—前358年)和阿塔薛西斯三世(在位期间为公元前358—前338年)的碑铭上,这种文字的使用越来越走样。这就表明,大概距离它的发明还不到200年的时间,它的正规用法就已经被逐渐遗忘。

阿黑门尼德人允许各地使用原有的非官方的语言和文字,只不过部分地弥补了最初选择官方文字和语言时的失误。例如,在爱琴海一带可以使用希腊语言和字母,在埃及可以使用埃及语的象形文字或草书文字。诚然,他们在向臣民发布官方文件时似乎通常也提供地方土语的译文。但是,使他们摆脱了因迂腐造成的困境的政治大手笔,则是在巴比伦尼亚以西的帝国省份允许阿拉米字母和语言享有与那三种官方高级语言和文字同样的正式通用地位。

结果表明,在决定一种语言的命运时,商业和文化可能是比政治更有力的工具。在阿黑门尼德帝国,说阿拉米语的人在政治上无足轻重,而说米底—波斯语的人在政治上占支配地位;除了这种政治上的"吸引力"外,米底—波斯语在其他方面也绝不是处于不利地位。以它为母语的地区虽然人口肯定很少,但在范围上可能并不比当时把阿拉米语不仅作为"通用语言"而且作为日常语言的地区小。另外,那位天才的无名氏把楔形文字改造得能够表达米底—波斯语,从而使之有了一种几乎与阿拉米字母同样方便的文字。我们可以推测,他是从阿拉米字母中得到启发,从而使楔形文字达到了楔形文字的苏美尔发明者或阿卡德、埃兰和赫梯使用者从未达到的高度;因为他仅仅用 36 个字就组成了一个字母拼音体系,在视觉上把米底—波斯语的全部声音表达出来。但是,在米底—波斯语言文字和阿拉米语言文字之间的竞争中,取得胜利的是阿拉米语。

在争夺立足不稳的阿卡德语的地盘时,阿拉米语击败了米底—波斯语。这是不值得大惊小怪的。因为阿拉米语是先到者,而且它属于闪语语系,说阿卡德语的人学习它比学习一种完全陌生的印欧方言要容易得多,这就使它具有绝对的优势。真正令人瞩目的胜利则是,在阿黑门尼德帝国之后,阿拉米文字取代了楔形文字,成为表达米底—波斯语的媒介。这一胜利似乎非同寻常,因为与之伴随的是书写艺术可悲的退化。在为米底—波斯语发明阿黑门尼德文字时,那位无名氏极富创造性地把原本表意的楔形文字仅仅当作拼音字母来使用,但是,在后一阶段,为同一语言发明巴列维文字(萨珊时代的波斯文)的人却误用了现成的拼音字母,从中制造出一种表意文字。他们不是坚持用阿拉米字母从语音上拼写波斯词,而是用与发音毫无关系的表意词来传达波斯语。阿拉米字母本来甚至在丧失了字母特有的技术优势的情况下也能传达波斯语。这种能力在当时的波斯人心目中赢得了某种威望。阿黑门尼德帝国皇帝们的母语不属于闪语语系,而属于印欧语系。但是他们却赋予阿拉米

　　　　　　　　　　　　　　　第三十五章　语言与文字

语以一种官方地位。这无疑是造成它的威望的一个原因。

在孔雀帝国,喜好哲学的皇帝阿育王(在位期间为公元前273—前232年)用婆罗米文和迦罗西蒂文①这两种不同的文字表达各地许多不同的土语,从而成功地调和了公正与实用这两种要求。在选择与其臣民沟通的媒介时,阿育王之所以表现出如此气量,乃是因为他有一个单纯的目的:要使他的臣民认识他的老师乔达摩(释迦牟尼)向人类揭示的拯救之道。这就像印加人的西班牙后继者因急于传播天主教而允许在安第斯世界用基切语来宣传福音。在西班牙征服时期,这种基切语之所以广为使用,原因在于西班牙人之前的印加统治者强迫学习基切语,把这种学习义务强加给他们自己和他们的臣民。这或许是因为印加人自己有一种神秘的语言,他们不想使之大众化。

在另外一些例子中,建立帝国的民族更坚决地不给自己的母语任何官方地位。例如,蒙古人就没有利用自己的征服之便,顺势把蒙古语推广到从太平洋到幼发拉底河与喀尔巴阡山的广大地域。蒙古可汗在中国的政府使用的是汉字和"官话";伊儿可汗在伊朗和伊拉克的政府使用的是新波斯语和波斯—阿拉伯字母。甚至察合台和拔都领地的可汗没有把他们的统帅部从大草原迁移到定居臣民的聚集地,但放弃了自己的蒙古母语,转而采用大多数游牧臣民通用的突厥语。随后几代蒙古统治者坚持了这种极端灵活的语言政策。更有甚者,在16世纪印度建立帖木儿莫卧儿帝国时,尽管帝国缔造者所采用的突厥语已经发展成一种稳定的书本语言,但是新王朝选定的官方语言不是突厥语,而是波斯语;此外,在莫卧儿宫廷和军队、印度臣民之间的社会交往中产生的非正式混合语言中,掺进印度斯坦语的也不是突厥语,而是波斯语。

这样我们看到,大一统国家的缔造者们在满足各自帝国对正式沟通媒介的需求时有各种不同的方式。当然,一种官方语言的基本特性——即它在一个广大领地的通行——往往不仅为帝国缔造者们服务,而且也为其他人服务。首先,一种在帝国内正式通用的语言很可能被遭到破坏的大一统国家的重建者加以维护,至少暂时地作为他与新臣民沟通的媒介。正如我们已经看到的,汉谟拉比从乌尔纳木帝国那里接收了阿卡德语;倭马亚哈里发帝国从罗马帝国那里接收了希腊语;英国人从印度

---

① 中文又名"佉卢文"。——译者注

240 亚述帝国的书记员用两种文字做记录,一个刻写阿卡德文,另一个书写阿拉米文。亚述王辛那赫里布官殿的浮雕。

莫卧儿王朝那里接收了波斯语;尽管在后两个例子中继承下来的语言最终被别的语言所取代。阿卡德语本身实际上表现出惊人的复原力,因为不仅在前苏美尔—阿卡德帝国的旧疆界内,而且在汉谟拉比和乌尔纳木从未统治过、甚至更早的阿卡德大王萨尔贡和纳拉姆辛从未涉足的地区,它继续被当作外交、商业和文化的媒介。公元前14世纪,阿卡德语言和文字被用于博加兹科尔的赫梯国王的档案和文献中,尤其令人惊讶的是,它们还被用于埃及帝国政府与其叙利亚附属国之间的信件以及与哈梯纳和米坦尼这样的独立强国之间的契约中。罗马帝国赋予拉丁语一种官方地位,但是在帝国消失很久以后,在已经分裂出许多民族地方语言的欧洲,拉丁语依然具有生命力,成为国际文化交流和外交的公认媒介。

一种语言的生命力及其被后来的世俗机构利用的能力也体现在阿拉米语的命运中。在阿黑门尼德帝国被亚历山大倾覆后,它的官方地位被希腊书面语所取代。尽管它丧失了享受了两个世纪的帝国恩宠,但是到公元 1 世纪,它却完成了早已开始的在东方取代阿卡德语、在西方取代迦南语的过程,成为"肥沃的新月地区"全部闪语族居民的通用语言。与此类似的是,阿拉米字母凭借着自己的优点,在 1599 年取得了更大的成功,在满族入关的前夕,被采用作为满语的拼音符号。

阿拉米字母的这次扩散是一次智力征服。它的征服范围超过了蒙古和阿拉伯游牧武士在军事和政治上的征服成果。但是在这个领域里的最后胜利者是高级宗教。它们因吸收阿拉米字母为自己服务而得以迅速传播。在"方形希伯来文"变体中,它成为犹太教圣经和礼拜仪式的载体;在一种阿拉伯人改造的纳巴泰文变体中,它成为伊斯兰世界的字母;在叙利亚文变体中,它不偏不倚地为基督教在托罗斯山脉东南分裂出的景教和基督一性论教派这两个对立异端服务;在一种被阿维斯塔语改造的佩莱维文变体中,它被用来书写祆教的经书;在一种摩尼文变体中,它为一位遭到基督徒和祆教徒两方面咒骂的异教创始人服务;在一种迦罗西蒂文变体中,它为阿育王提供了一个在前阿黑门尼德帝国的旁遮普省向臣民传播佛陀教义的工具。在这些情况中,阿拉米字母都是被教会所利用。这却使它在历史上占据了一个永久性的位置;这种位置是它作为阿黑门尼德帝国的一种官方文字而被暂时世俗经典化所不可能获得的。在这一点上,它不是独一无一的。

罗马帝国的官方语言拉丁语和希腊语及其字母也以类似方式分别作为西方的罗马教会和东正教希腊教会的礼拜仪式、神学和行政管理的载体而在历史上占据了一席之地。笈多帝国的官方新梵语也因成为印度教和大乘佛教的书面载体而堂而皇之地复活。甚至秦始皇规范汉字的伟大业绩之所以还值得后人提起,可能不是因为它对伦理和政治有所贡献,给儒家学派和帝国文官政府提供了一种通用的文字表达工具,而是因为它为宗教提供了服务——通过翻译保存了梵文中已经遗失的某些大乘佛教的经典。印加人为了教育目的而向世代受苦的臣民强行推行基切语,这也始料不及地对天主教在新世界的传播提供了帮助。佛陀的热心信徒阿育王将会一如既往地受到诵读巴利语小乘佛经的佛教徒的尊崇,因为他慎重地选用他的臣民的通用语言作为佛经的载体。

注释

[1] 非穆斯林的自治社会被称作"米列特"（millet）。这是一个阿拉伯词，兼有"民族"和"教派"两个含义。虽然占统治地位的穆斯林社会不称作"米列特"，但是其构成和地位其实是与犹太人"米列特"，和一些基督教教派"米列特"是一样的。

[2] 例如，丘米（位于那不勒斯湾）的市民从公元前338年就拥有作为罗马公民的消极权利。公元前180年，丘米根据市政当局的请求，用拉丁语取代了本地奥斯坎语作为官方语言。

第三十六章

首 都

　　大一统国家中央政府的所在地显示了一种随着时代变化而改变地点的明显倾向。而它们的迁移模式则暗示着,最终的选择不仅受到帝国开创者的私利影响,而且还受到其他因素的强烈影响。大一统国家的建立者开始通常是在仅仅对自己方便的政府所在地向全国发号施令:或者是在自己祖国(此时已经从一个地方性国家变成大一统国家)原有的首都,或者是在已经征服了的疆域的边缘特别便于帝国缔造者从本土进入的地点。但是,随着时间的推移,鉴于帝国行政的经验或种种事件的压力,帝国缔造者或他们的后继者就可能把首都迁移到新地点。这个新地点不再是单单便利帝国当权者本身,而且要便利整个帝国。例如,如果把行政便利作为一个标准,就选择中心位置,如果把国防作为首要的考虑,就可能选择位于边疆的一个战略地点。

　　大一统国家首都的最初地点及其以后的变动,显然在很大程度上取决于帝国当权者的身份和起源。在由外来文明的代表或蛮族建立的大一统国家里,帝国首都往往最初设在帝国的边缘,然后再向内地迁移。缔造奥斯曼帝国的奥斯曼人的情况就属于这种模式。14世纪,他们在贴近东正教世界边界的根据地开始建立帝国的行动。在14和15世纪,随着版图的不断扩大,他们的政府所在地也不断移动。它先是从安纳托利亚高原西北边缘的埃斯基希尔("老城")迁移到马尔马拉海附近低地的耶尼谢希尔("新城")。1326年,它迁移到布尔萨,40年后又跨越达达尼尔海峡,进入巴尔干半岛,在那里的阿德里安堡找到第一个安身之处。"征服者"穆罕默德苏丹(在位期间为1451—1481年)完成了在奥斯曼统治下除俄罗斯之外的东正教世界的政治统一。他把奥斯曼政府所在地迁移到最后的安身之处,原东罗马帝国首都和东正教文化中心君士坦丁堡。直到1923年奥斯曼帝国瓦解和土耳其共和国建立,君士坦丁堡一直保持着穆罕默德赋予它的那种地位。只是到1924年,根据土耳其宪法第二条的规定,奥斯曼帝国后继者土耳其共和国政府的所在地才从君士坦丁堡转移到安卡拉。

奥斯曼首都不断向东正教世界核心推进的情况,与蒙古可汗的首都随着蒙古对中国的征服进程而变迁是很相似的。成吉思汗生平的最初业绩是,征服占据着鄂尔浑河流域并支配着附近草原的克烈人和奈曼人,它们是两个信奉景教的突厥游牧民族。当蒙古人获得这一流域并因此获得威震四邻的优势时,他们在鄂尔浑流域的哈剌和林建立一个永久性首都,从而表明他们作为帝国缔造者的新地位。为此目的,他们把中国、俄罗斯和西方基督教世界的能工巧匠掠为俘虏,迫使他们背井离乡去装修蒙古可汗在草原上的新首都。但是,在这项工程结束之前,由于蒙古军队在中国前线取得胜利,这个首都就被废弃了。

在忽必烈可汗(在位期间为1260—1295年)统治下,蒙古人的铁蹄踏遍了中华世界的整个大陆疆域,包括长江流域和东南沿海。这片远东次大陆的引力作用直接体现在蒙古人首都的地理变动上。1264年,忽必烈开始修整北京。先前征服中国北方的金朝人就以这个地处中国东北角的城市为政府所在地。1267年,忽必烈把首都从哈剌和林迁到北京。蒙古人建都北京的持久影响比他们征服中华帝国的影响要长远得多。17世纪,当满族人步蒙古人的后尘,征服了整个中国并重建了中华大一统国家时,帝国首都位置变动的历史又重演了。在满族人准备征服长城以内的中国时,他们已经在盛京建立了一个首都。而且他们在那里扎下的根比蒙古人在自己的首都哈剌和林扎下的根要坚实得多。但是,满族领袖在越过长城之前就已经半汉化了,盛京已不仅是清政府的所在地,而且也是一个汉文化中心。尽管如此,征服中国的满族人还是做出了与忽必烈相同的决定。"少年天子"顺治(在位期间为1644—1661年)的监护人们在立他为皇帝时,也决定迁都北京,让盛京这个满族人的"学校"降到附属地位。

与这些从边缘向内地移动的例子相反的是,由某些都市势力建立的大一统国家的首都往往最初设在中心位置,然后转移到政治上统一起来的世界的边界。印度大一统国家的历史就提供了这种倾向的典型例子。最早建立和后来重建印度大一统国家的两个王朝是孔雀王朝和笈多王朝。它们继承的是地处中央的摩揭陀国家。这两个王朝都继续把它们的政府所在地设在摩揭陀地方国家的首都华氏城。华氏城位于恒河与朱木拿河的汇合处,是恒河流域的自然行政中心。尽管这一地点具有

基督教世界的罗马帝国皇帝

241、242、243　左下图:查理曼大帝在罗马接受教皇加冕,从而承认了该城的权威,并为后世开了一个先例。后来神圣罗马帝国的许多皇帝都想尝试这一艰苦的跋涉。上图:1191年旅途中的亨利六世。右下图:1452年腓特烈三世在罗马接受加冕,成为这种仪式的绝唱。

244　法兰西皇帝拿破仑试图用一个以法国为中心的帝国取代神圣罗马帝国；在废除了这个千年帝国后，他还把加冕仪式的传统颠倒过来，1804年，让教皇庇护七世到巴黎来给他加冕。

实用方面的优点，再加上传统和威望的无形力量，使之保持着作为首都的特权，但是在印度历史上的这两个相似的时期，政府所在地最终都向西北迁移，而且这两次同一方向的迁移都是由于境外的政治军事压力造成的。

公元前200—前183年，大夏国希腊君主迪米特里乌斯践踏了虚弱的孔雀帝国所放弃的领土。这位征服者把政府所在地从华氏城迁到远方西北大道旁的一个新地点，因为那个地点把原孔雀王朝的首都与迪米特里乌斯自己原来的首都、位于兴都库什山脉中亚一侧的巴克特拉（巴尔赫）联结起来。迪米特里乌斯的新塔克西利兹靠近一个同名的老城，在后来的拉瓦尔品第的附近。这个地方在孔雀帝国建立之前曾是一个地方小国的首都。这个地点控制着印度方面通向这条大道最艰难部分的要道。行人在这段路上必须连续越过三道障碍：印度河、开伯尔山口以及兴都库什的主要山脉。如果一个政权想"征服兴都库什山脉"，把恒河—朱木拿河流域与乌浒河—药杀河流域联结起来，那么这个地区就是天然的定都场所。然而，希腊军事首领迪米特里乌斯向自然环境挑战的尝试不过是昙花一现。大夏希腊人政权刚刚践踏了孔雀帝国,它本身就因为内战而四分五裂,结果为游牧部落侵略它的印度领地和兴都库什山脉中亚一侧的领地开启了大门。但是,经过两个多世纪万花筒似的政治变迁后,到公元1世纪或2世纪,贵霜帝国的建造者迦德费塞斯就恢复了希腊人帝国的建造者迪米特里乌斯的短暂伟业,他的后继者们也维持了这一成就。这个重建的印度西南地区和中亚地区的政治统一体把政府所在地设在离迪米特里乌斯最初选择的地点不远的地方。贵霜帝国的首都定在白沙瓦,位于印度河与开伯尔山口之间的西北大道上。

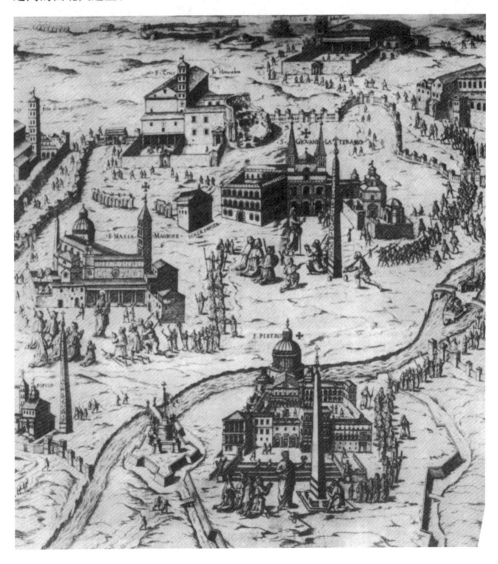

在笈多王朝重建了孔雀帝国后,历史又一次重演。笈多人与他们的前辈一样,也是在华氏城统治印度世界。但是,当笈多帝国垮台后而又一度被戒日王(在位期间为公元606—647年)恢复时,印度大一统国家的这位末代皇帝没有把他的政府所在地设在华氏城,而是设在朱木拿河上游沿岸的曲女城。该城位于德里的上方,控制着通往恒河的西北要道。在印度历史的前一段时期,从欧亚草原来的匈奴和瞿折罗游牧部落入侵者就是经由这一地区横扫笈多帝国的。

苏美尔—阿卡德大一统国家"四方帝国"的首都也有从中心向外偏移的类似经

基督教世界的首都

245、246　首都是宗教中心。在它们的帝国中心的功能被遗忘后,它们长期保持着这种宗教地位。左图:人们对于世俗的罗马七丘(古罗马城周围的七座小山,罗马七丘城是罗马的别称。——译注)的记忆已经被罗马的七座教堂所湮灭。上图:15世纪的君士坦丁堡,索菲娅大教堂的大圆顶高出其他所有的建筑。

历。帝国缔造者乌尔纳木（在位期间大约为公元前 2113—前 2096 年）在乌尔建立了这一帝国。在一个多世纪的时间里，政府所在地一直在乌尔。但是在乌尔纳木帝国崩溃后，当汉谟拉比（在位期间大约为公元前 1792—前 1750 年）部分地恢复该帝国时，由于苏美尔—阿卡德世界向西北扩展，首都也迁移到西北的巴比伦。巴比伦与北京一样，原来是一个蛮族地方小国在侵略了一个摇摇欲坠的文明的边疆后建立的首都。在前面论述不同的问题时，我们已经指出，明朝取代了蒙古人，重新统一了中国并建立了帝国政府，但由于军事方面的经验，把首都从中国的中心南京迁移到原来金朝和元朝统治时不处于地理中心位置的中华帝国首都。[1]

在考察了大一统国家首都迁移的一般模式后，我们可以进一步考察这些都城除了承担帝国缔造者所预期的政府所在地的角色外还承担着什么角色。首都所具有的最重要的附带特征实际上是从它作为政府所在地这一角色派生出来的；由于首都承担着这种全面的中枢职能，它就自成一个小世界，在各个方面成为国家生活的聚焦点。它的城墙内包容着分住在各个城区的各种民族和阶层的代表、各种语言的使用者以及各种宗教或哲学的信奉者，而它的城门连接着伸向四面八方、直至天涯海角的公路。

印加人按照"塔瓦蒂苏约"帝国的四个部分（把帝国首都库斯科）分为四个区。这种划分始于第一个印加皇帝曼科·卡帕克。他命令被他征服的蛮族人在首都必须按照出生地方向定居，来自东方的定居在东区，来自西方的定居在西区，其他依此类推。最早的臣民的居住点分散在城区内，从新征服地区来的人则按照自己原来省份的方向定居。诸侯在首都建造住宅，在进京时居住。他们的住宅彼此相连，但要靠近自己省份的那一边。如果某个酋长的省份在他的邻居的右边，那么他就应把住宅建在右边；如果在左边，住宅也建在左边；如果在后边，住宅就建在后边。这种安排的结果是，无论谁看到城里各种部落的区域和住宅，就马上看到了整个帝国，就像看一面镜子或一幅天体分布图。[2]

库斯科这样按照规划精心安排的做法或许是独一无二的。但是，任何首都在居住在其内外的人民和境外民族看来，都是它所统治的世界的一个缩影。因此，它就成为侵略者的首要目标，蛮族部落的抢劫对象，外来篡权者取得合法性的来源。残破帝国的修复者，破碎帝国的振兴者，在进行重建工作时，都要借助于古老的帝国政府所在地在人们心目中存留的威望。当篡权者把被推翻王朝的首都当作一家正在发展中的企业接收下来时,就能减轻掌握和维持政权的任务。例如,虽然北京成为政府所在地不是始于任何本土汉人王朝,而是始于契丹族,但是后来金人取代契丹和蒙古人取代金对汉人的统治,无疑都得益于保留了这个首都,因为被统治的汉人已经逐渐习惯接受一个异族主子从那里发出的命令。在中国历史的后一时期,当满族人从汉人的本土王朝明朝手里,而不是先前的异族手里夺取了这个帝国都城时,就更有理由保留北京作为帝国政府所在地了。

甚至在帝国已经衰落和灭亡之后,原来帝国首都的威望可能依然残存。在西方中世纪,日耳曼民族的"罗马皇帝"至少要参拜一次罗马的废墟,在那些废墟中接受教皇的加冕和"罗马人"的欢呼,否则就不能使他们身上的紫袍获得完全合法的资格。当时的"罗马人"并不是"渣滓",而是"罗马的败家子"。[3] 日耳曼君主们的权力来自阿尔卑斯山以北的世袭领地。对于他们来说,意大利之行总是既耗费钱财又很危险,而且往往备受屈辱、空手而归。但是,昔日罗马的阴影实在令人敬畏,致使这些卑微的国王为之奉献现实的日耳曼实体。尽管中世纪的日耳曼王国因不断地追求这个罗马幽灵而最终走向灾难,拿破仑后来的经验教训却反过来表明,中世纪西方皇帝如果完全拒绝向这个昔日帝都的无形权势顶礼膜拜的话,他们就会陷入多么大的困境。拿破仑的错误就在于,他把教皇从罗马召到巴黎出席他的皇帝加冕仪式,用他重建的帝国取代神圣罗马帝国;由于他蔑视罗马和胁迫教皇,他赢得的不是人们对他的政治权力的尊敬,而是人们对可敬的教皇成为牺牲品时那种无奈无助状况的同情。

大一统国家的首都最重要的作用是,它成为外来文化和宗教的大熔炉。由于它提供了无与伦比的便利,那些文化和宗教的代表人物被吸引到这里来,通过它密集而多样化的人口和作为沟通系统枢纽的地位来丰富和传播这些文化和宗教。大一统国家的首都正是由于有了这种功能才与未来建立了持久联系,也才展现了它们最主要的历史意义。在这方面,罗马和君士坦丁堡是两个典型的例子。这两个城市都是强大帝国的行政中心,但它们的不朽性并不是由这种功能造成的,而是出自它们作为基督教这种高级宗教的传播中心的地位。罗马的政治权力迄今已经消失了16个多世纪了,但是这个城市依然发挥着世界性影响。这种影响乃是将近两千年前彼得和保罗这两个圣徒的活动和亡故造成的后果。至于君士坦丁堡,从它诞生之日起,它的宗教使命就很明显,因为君士坦丁大帝建造这个新罗马时,与彼得大帝建造圣彼得堡一样,既怀有地缘政治方面的目的,又怀有精神方面的目的。先前的异教皇帝塞普提米乌斯·塞维鲁为了报复和惩罚而把拜占庭夷为平地,而第一个基督徒皇帝君士坦丁在这个已经清理过的场地建设他的新首都。他从一开始就要建设一个基督教城市。直到今天依然十分明显的是,与当年促使君士坦丁选择这一特殊地点建立他的新基督教首都的优越地理位置相比,这种宗教功能具有更持久的意义。在以后的1600多年里,君士坦丁堡三次赢得作为帝国首都的政治特权,先后成为罗马帝国、东罗马帝国和奥斯曼帝国的首都。但是今天它之所以依然在土耳其之外的世界产生影响,乃是因为它是一位大教长的所在地。这位大教长至今被其他东正教的教会领袖们公认是"同仁中的首席"。

注释

   [1] 参见第三十四章。
   [2] 加尔西拉索·德·拉·维加:《印加的王室纪录与秘鲁通史》(英译本),奥斯汀和伦敦,1966年,第一部分,第421—422页。
   [3] 参见西塞罗:《致阿提库斯》,第二卷。

第三十七章
文 官 制 度

我们对大一统国家体制的考察迄今涉及的例子似乎都是这类国家共同的帝国配置特征,因为我们很难想象哪一个大一统国家没有某种语言和沟通系统,没有一个首都。相形之下,在不同的大一统国家中,帝国文官制度的发展程度则迥然有异,从最初级简单的制度到最高级复杂的制度,各不相同。例如,阿黑门尼德的文官制度始终停留在最原始的阶段。其最重要的代表是帝国秘书。他们常驻各省总督的府邸,但不受总督的管辖,直接向中央政府报告情况。总督还受到巡回视察官的监视。这些巡回视察官被形象地称作"皇帝的耳目"。[1] 为了集中、控制和操纵这些分布很广的行政监督网络,中央政府似乎是把帝国卫队长变成了帝国首相,并配备了一些精明能干的行政办事人员。如果说阿黑门尼德的文官制度从未超越这种相对简单的阶段,那么奥斯曼政府则创造了一套文官制度以适应这种行政需要。奥斯曼文官制度不仅是一个高效的职业组织,而且是一个与教会组织相似的世俗组织——等级分明、纪律严明、控制严格,从而把文官变成一种"超人"或"非人"的人种。如果我们考察一下这个领域就会发现,其他大一统国家的职业文官制度是介于这两个极端之间。

如果一个蛮族帝国缔造者一蹴而就地征服了一个大一统国家,那么他可能就会别无选择地接受那个国家的文官制度。例如,伊斯兰倭马亚王朝占领了前罗马帝国和前萨珊帝国的近东地区领土后,就利用原有的基督教和祆教的文职官员来管理这些地区。虽然阿拉伯语取代了希腊语、科普特语和佩莱维语,成为公务记录的正式语言,但是阿拉伯人从未试图接管行政事务本身。尽管在后来的阿拔斯王朝统治时期,皈依伊斯兰教的进程势不可当,哈里发帝国下各个阶层和行业的大多数人都投入伊斯兰教怀抱,但是剩下的少数基督徒却继续在文官制度中承担着重要角色,担任公职者远超过其人口比例。这个例子表明,大趋势是由环境决定的。

尽管如此，蛮族篡权者还是可以对他所继承的制度做某些修改，并把自己民族传统中的某些宝贵因素保留下来。满族皇帝在中国建立统治的过程就没有那么突然，同阿拉伯人与其臣民的关系相比，满人与汉人本土行政制度的相互关系也得到更精心的调整。

满族于1644年开始了对中国内地的征服活动。在此之前的近半个世纪里，随着他们在长城外获得越来越多的"旗"和"省"，他们原来以氏族部落为基础的封建行政体制已经被一种从汉人那里学来的体制所取代。满族已经开始利用汉族文人来管理新获得的省的行政。但是，与奥斯曼君主的奴隶近卫团一样，这种文官制度从未充分发展。帝国缔造者们很快就意识到，把汉人文官作为自由人纳入文官制度中，并赋予他们在汉族政权下的传统地位，将更为有利，也确有必要。促成这种重大政策转变的，是明朝重要将领李永芳的投降。对于清政权来说，李永芳是极其重要的潜在同盟者，因此他们用提供同等待遇作为条件来诱使他为清廷服务。这个交易创造了一个先例。1631年，清帝国正式采用传统的中国行政官僚体制。在入关和征服内地之前，经过两代人的逐步汉化过程，他们拥有了一种未来的新臣民既熟悉又尊重的行政制度。事实上，正是由于这个缘故，清政权是在中国的士绅精英阶层的邀请下入主中国的，因为这个有教养的阶层认为，与其生活在取代明朝政府的同族造反者的统治下，不如生活在一个外来的半开化的政权之下。满族自觉汉化的政策不仅使他们拥有了一个统治新帝国的手段，而且在一开始就帮助他们赢得了这样一个新帝国。

在缺乏自己的文化和制度遗产方面，满族人和倭马亚阿拉伯人可能是帝国缔造者中的例外。大多数大一统国家的创建者在登上宝座时都已经有较好的基础。当他们面对着如何统治一个帝国的陌生而艰巨的任务时，他们很自然地尽可能利用帝国建立前的遗产。例如，在俄罗斯帝国和罗马帝国，帝国缔造者们利用在前一时期兴起的贵族阶层作为材料，创建一个大一统的行政机构。但是，促成这种相同政策的动机却是不一样的。彼得大帝竭力迫使旧式的莫斯科贵族变成当时西方式的有教养、有效率和发愤图强的行政官员，因为他急需大量的行政官员。奥古斯都则是经过谨慎的整顿，把有政治经验的罗马元老院变成他的新独裁统治的合作伙伴。他这样做，与其说是因为需要他们的专业知识，不如说是因为需要平息这个旧统治阶层对崛起的独裁者的敌意和争取他们的合作。

专业行政管理

247、248、249　中国的科举文官制度是历史最悠久、效率最高的帝国行政样板。此三图所显示的汉代、明
代和清代的官员跨越了 1 700 年的时间；而这种制度本身则延续了 2 000 年。

奥古斯都和彼得大帝各自遇到的问题正好相反,但都同样使大一统国家的设计师处于进退两难的困境,因为他们发现自己统治的是帝国下的臣民,而自己拥有的却是帝国之前的贵族阶层。如果贵族阶层既能干又有经验,他们就可能会厌恶这种命运变化,因为他们要想继续发挥他们在自己占据优势的前一时期形成的行政才能的话,除了不情愿地为一个独裁者服务外,没有其他任何出路。相反,如果贵族阶层悠闲懒散的话,独裁者要想利用他们,就会发现,他的这个工具虽然无害但也无用。彼得大帝努力把莫斯科贵族改造成西方式的行政官员。经过两代人后,彼得堡的帝国政府放弃了这项艰难的工作,于 1762 年给予世袭贵族有条件的豁免公职义务的特权。与此相反的是,就像彼得急于利用旧贵族一样,奥古斯都却同样急于摆脱那些元老院议员。他只能满足于让他们没有资格出任埃及行省总督(埃及是他个人的征服成果,该地丰富的资源被有效地集中到政府手中,任何一个罗马皇帝都不会眼睁睁地看着这个行省落入一个罗马元老的控制下)。将近三个世纪后,奥古斯都的后继者伽里恩努斯(在位期间为公元 260—268 年)才敢开始把元老阶层系统地排除在主要的公职之外。即使到了那个时候,整个过程的完成也用了半个多世纪的时间。

帝国缔造者们在着手大一统政治建设时,先前的贵族阶层是他们可以利用的主要的但并非唯一的行政阶层。西属美洲帝国就利用中产阶级律师的专业技能把难以驾驭的被征服者变成容易统治的臣民。在印度,大英帝国的缔造者们只能从英国运来一些"新贵",建立由他们组成的职业文官系统,以此来重建已被遗弃的莫卧儿帝国。但是,在这方面,在所有的帝国缔造者中,政府建设规模最庞大的——但结果也是最致命的——要属秦始皇了。

早在秦始皇于公元前 247 年在秦国登基的近一个世纪之前,当时战国六雄还没有向秦国最后一位国王和中华大一统国家第一位统治者屈服,它们还被笼罩在传统的周朝封建体制下,而秦国的封建制度则已经被商鞅的革命性改革扫荡了。商鞅用职业官僚阶层取代了被消灭的贵族阶层,并且通过这种激烈的行政革新把权力集中到君主政府手中。正因为如此,秦国变得越来越强大,最终由秦始皇于公元前 230—前 221 年消灭了这些邻国,建立了中华大一统国家。但是,致使秦王朝这种迅速胜利的原因,也是导致秦始皇死后不久秦王朝的命运同样迅速逆转的原因。这位具有革新思想的征服者犯了一个巨大而致命的错误:他试图用赢得胜利的工具来控制他的征服成果,却不考虑这种工具已明显地不合时宜了。在攻陷和兼并六国后,秦始皇进而废除了这些国家的王室和封建贵族,把当地的行政权转交给从秦国派来的官僚。这种举措给被征服者带来了难以忍受的痛苦。即使在一百年前的秦国,如果秦国不是一个比较落后的国家,贵族势力比其他国家贵族势力小,商鞅建立官僚体制的革新政策也会遭到失败。而文明程度更高的国家的人民被征服者粗暴地强加上一种官僚统治,只能使他们的亡国感更加强烈,乃至忍无可忍。尽管这种激进政策引起的反抗日益明显,秦始皇却我行我素,毫无通融之意。由于他不顾后果地关闭了一切安全阀,因此在他死后几年就发生了大爆炸。结果,他的王朝被平民起义领袖刘邦推翻了。

秦始皇粗暴地在他的臣民头上强加一种外来官僚统治,因而他的失败是咎由自取。反之,奥古斯都和汉刘邦在面对破碎的山河时都自觉责任重大,在建立一种新的文官制度来处理各自的问题时都采取了谨慎而宽宏的政策,因而他们的成功也是理所当然的。希腊化城市市民和中国农民建立的行政体制可能是迄今世界上最精妙的两种世俗制度。但是,眼光敏锐的观察家会发现,二者的优点与它们的寿命一样各不相同。罗马帝国行政体制在奥古斯都建立后的第 7 个世纪就土崩瓦解了,而汉朝的行政体制比它早建 150 年,却一直延续到 1911 年。前者与后者不能相比。

罗马帝国文官制度的缺点在于,它反映了旧共和体制元老院贵族与新帝国独裁统治之间的不协调。奥古斯都的妥协只能掩盖这种矛盾,而不能消除这种矛盾。在早期帝政时期的罗马帝国文官制度中,有两个完全隔绝的等级体系,两种相互排斥的升官之道。元老院文官和骑士团文官分道扬镳。正如我们已经看到的,文官制度核心的这种分裂到公元 3 世纪才告结束,但不是由于实现了公共利益一直要求的那种"阶级调和",而是由于元老阶层被强行排除出所有负责的行政位置。但是,他们的失败并不意味着他们的骑士对手就此垄断了帝国文官职务。因为到这个时候,地方自治政府的衰败[2]已经使帝国政务的工作量大大膨胀,迫使戴克里先在建立永久性文官制度和军队时只得不适当地扩大规模。在戴克里先以后的时代,文官制度不问阶级出身,向一切有必备的教育程度的罗马人打开大门。把它与汉朝帝国文官制度的历史做一个比较的话,我们能获得一些启示。自"奥古斯都和平"确立,经过三个多世纪后,罗马帝国才开放仕途。而汉帝国广招人才是从刘邦本人开始的。公元前 196 年,即公元前 202 年恢复秩序后的第六年,他就颁布诏书,要求各省地方当局根据对才能的测试选拔公职候选人,并送他们到首都,由中央政府的官员决定取舍。

刘邦的后继者汉武帝(在位期间为公元前140—前86年)使中国的新文官制度有了一种确定的形式。他决定,候选人的资格应该是擅长模仿儒家经典的文体,并能对儒家哲学做出令当时的儒士满意的解释。除了秦代暴力革新半途而废的插曲外,由于汉朝皇帝的巧妙处理,从周代的旧封建秩序向汉代的新官僚体制的转变进行得十分顺利——在不知不觉中,旧名称获得了新意义,旧学说获得了新解释。

由于汉朝皇帝采取了面向一个十分重要而又一直顽固反动的阶层——君子——的政策,因而才使贵族分封制有可能消亡。贵族阶层实际上已经被秦始皇的革命措施摧毁了。但是他们把自己的理想和政治观念传递给一个新阶层,即中央集权化的帝国的文人和官员。从这个时候起,君子不再是一个世袭贵族阶层,不再是属于少数宗族的身份。这一变革彻底摧毁了旧贵族阶层的地域和宗族基础。君子虽然还包括许多旧贵族家庭,但它已变成一个因受过教育而与大众有别的阶层,而且仅仅以教育为标志……这个名称的原有意义变得模糊了。君子原来指领主的子弟,贵族成员。在新体制下,它逐渐变成指类似现代英语所说的绅士——一个有教养的人。

后来的汉朝皇帝很聪明地优待这个新的有教养阶层。因为这个新王朝是农民出身,没有任何神圣或高贵的血统来支持他们的皇权资格,因此,为他们的政权合法性寻找某种原则,对于他们是至关重要的。他们不能自称有高贵血统或神圣祖先;像秦国那样倚重暴力,也被证明是双刃剑。汉朝皇帝的高招是,延揽始终坚持封建制度的学派来支持中央集权的国家……他们的最大成就是,使这个从未亲身经历过封建时代的新文人阶层相信,孔子的学说能够应用于新的政治体制……

秦始皇试图摧毁往昔的记忆;汉朝君主比他更精明,成功地扭曲了这种记忆。汉朝盛行的儒家学说新解释显然是这一革命的最持久的成果之一。中央集权国家的理念逐渐与这个文人阶层和儒家信徒紧密结合起来。这个文人阶层原来捍卫的是旧封建制度,但是在此之后,他们一直反对任何分裂活动。[3]

在公元前2世纪,汉朝帝国政权巧妙地诱使儒家学派成为合作伙伴。这个儒家学派无论在思想上还是在政治上都远离了创始者的立场。如果孔子看到这种情况,会大惊失色。半野蛮民族及其文化融入中华大一统国家的过程,以及在秦代发生的那次文人传统的严重中断,使得孔子哲学的折衷版本变成一个容纳外来迷信的熔炉。后来在汉朝的几个世纪里,儒家学派实际上已经放弃了大多数附加的民俗因素,让道教这个当时最主要的异端哲学取代了自己作为民众流行宗教的地位。但是,尽管儒家学说最终采取了一种枯燥而迂腐的形式,它依然能够在汉朝帝国官僚集团中激励起一种团队敬业精神。罗马帝国的文官则缺乏这样一种共同的传统伦理约束;显然,这两个官方团体在各自大一统帝国崩溃后的混乱时期之所以会有不同的命运,与此不无关系。

汉帝国和罗马帝国都用自己的社会文化遗产创造出规模宏大的文官制度。相形之下,俄国的彼得大帝及其后继者竭力促使他们的帝国西方化,却发现世袭的莫斯科贵族不能适应这种目的,于是在创建一个行政机构时,首先强行照搬西方制度,甚至招募西方人来充任官职。彼得按照当时的西方模式设置了内阁国务秘书,这位西方化的莫斯科国家独裁君主要求他做的,与阿黑门尼德皇帝要求帝国卫队长做的或罗马皇帝要求帝国卫队长做的事是一样的。当时西方政府的组织结构也包括元老院,彼得也就在 1711 年建立了元老院,并赋予它极大的权力。他还于 1717—1718 年建立了若干行政学院。这些学院开办之初大多由俄国人当院长,由外国人当副院长,向俄国人讲授最新式的西方行政管理方法。为了解决师资问题,瑞典战俘被绑来讲课,俄国学生被送到哥尼斯堡接受普鲁士的培训。1722 年,总检察署成立,宗旨是使“国王的眼睛”总能盯着这些学院和元老院。

在这种例子中,帝国文官制度是自觉模仿某种外国模式而建立的,当然需要专门安排人才的培养。但是,在各种需要建立帝国文官制度的环境中,也在某种程度上产生这种需求,因为这是大一统国家的性质决定的,也是大一统国家能否产生的条件。这种大一统政体通常是从许多小国的逐鹿争雄中脱颖而出。这些小国因不能适应新时代的要求,致使当时的混乱登峰造极,也因此而告结束。这些落伍的小国的问题、经验、制度和精神气质,显然不可能完全适应最终削平天下的那个国家的需要。新建立的大一统国家几乎总是必须自己想办法来满足自己的大部分需要。这个任务总是十分紧迫,因为它要立即解决一个接近崩溃的社会的各种麻烦。它没有充裕的时间来从经验中学习;为了尽快克服危机,它必须临时培养一批新型行政官员来建立新型政府。

在印加帝国、阿黑门尼德帝国、奥斯曼帝国和罗马帝国,皇室既是帝国政府的运

奴隶王室

250—255 奥斯曼帝国的6位官员：他们都是从小选出来做奴隶的基督徒子弟，在特殊学校里接受从事行政管理工作的训练。17世纪一部英文书上的木刻画。

转中心，又是这台机器所需的行政官员的培训学校。在前三个帝国中，皇室自身就建立了一个教育系统，贵族和名门子弟经挑选，组成干部培训团，接受行政技巧的训练。在奥斯曼帝国，苏丹穆罕默德二世（在位期间为1451—1481年）把原来的体制用于一个由基督徒奴隶组成的新的行政干部阶层——包括叛徒、战俘以及从被征服的东正教民族那里征收来的"贡童"。这些人将以一个奴隶阶层的身份来充当奥斯曼帝国的行政人员。这个由优秀分子组成的奴隶王室整整延续了一个世纪。甚至在16世纪晚期当自由身份的穆斯林强行进入了军事部门后，原来为"训练"新奴隶而建立的教育机构依然垄断着向民政部门提供训练有素的人员的任务。直到19世纪，当局才开始试图使行政制度西方化。

如果说奥斯曼皇帝随着帝国的迅速膨胀，精心地扩大他们个人的奴隶王室，使之变成帝国政府的工具，以至于排挤了奥斯曼自由民，那么罗马皇帝在应付罗马共和体制破产造成的行政管理困难而被迫同样利用个人的奴隶王室时，则对帝国自由民在世界政府中的作用采取了限制乃至排挤的措施。

我们已经指出，在"两头政治"时期，元首制开创者奥古斯都不仅把各行省交还给元老院，让元老院垄断这些行省的行政权,而且还把为元首服务的位尊任重的职务留给元老院成员。帝国自由民从来没有出任过主要帝国行省的总督或军团司令;当元老院成员最终失去出任这些高级职位的资格时,接替他们的是骑士团。在元首制早期,自由民在罗马帝国行政机构中的阵地是中央政府;在中央政府里,元首的五个侍从机构发展成五个部,分管文书、金库、申诉、司法和国史研究;甚至在这些一向被自由民独占的职位上,自由民一旦不慎而小出风头,便会断送政治前程。由于克劳狄和尼禄的自由民大臣不适当地行使权力,因此到弗拉维王朝及其后继者时期,这些重要职位一个接一个地从自由民手中转到骑士团成员手中。骑士团具有类似皇帝的"奴隶王室"的办事能力,可以被用于承担帝国的中央行政工作,又不会冒犯其他的罗马自由公民。

因此,在罗马元首制时期的文官制度历史上,中产阶级骑士阶层是在排挤受奴

职业官员
256 1775 年,东印度公司的官员。英国在印度的统治最初是由该公司经营的一项谋利的商业活动;但是,在维多利亚时期,印度的行政官员变成了中产阶级的一种模范职业。

役的社会下层和元老院贵族的情况下赢得地位的。骑士团文官在履行公务时认真而有效率,从而证明骑士团战胜另外两个对手是理所当然的。这个阶层在共和体制的最后两个世纪利用供应军队物资、包办税收和放高利贷而大发横财并积累了权势,现在则在道德上脱胎换骨、焕然一新。英属印度文官在英国统治最后四五代期间先是为东印度公司服务,然后为王室服务,其表现记录可以与罗马骑士团文官的记录相提并论,二者都是脱胎于一批没有前途的人力资源。

英属印度文官的前身也是一些商人。他们原来是一家唯利是图的私人贸易组织的雇员,他们之所以背井离乡到一个气候恶劣的地方工作,最初的动机之一是挣钱。当莫卧儿王朝突然崩溃、东印度公司从一家纯商业机构变成莫卧儿王朝的最大的和最贪婪的后继国家的实际主人时,公司职员经受不住诱惑,利用临时的政治权力大量牟取非法钱财。与罗马的骑士阶层一样,他们开始的糟糕表现似乎是,也确实是无可救药。但是,这二者却都在很短的时间里从一批贪婪残忍的恶棍变成一批不以个人金钱私利为动力的文员。他们都逐渐以不滥用手中的巨大政治权力为荣。英属印度的行政管理之所以发生这种质变,至少应部分地归功于东印度公司决定对其职员进行教育,以适应他们所承担的新政治任务;他们创立的培训制度甚至优于当时英国培训本土文官的制度。

我们对帝国文官制度人员来源和招募方法的考察显示,无论是帝国之前的世袭贵族还是帝国奴隶王室都不能提供最好的人力资源。最有希望的人才来源可能是中产阶级,因为他们在尽心经营非官方业务的过程中受到了训练。在政府行政管理变得日益复杂的今天,这一点也变得越来越明显了。当代有一个超国家的官僚组织,在某种程度上近似于历史上的大一统国家的行政组织,这就是欧洲经济共同体。欧共体认识到,既有业务或学术专长又独立于本国政府之外的人具有某些特别的优势,因此逐渐采取了从有专业知识的中产阶级人士中招募欧共体行政人员的政策。[4]这种来源的行政官员逐渐排挤了欧共体成员国政府指派的文职官员。这一事实与罗马帝国时期新兴的骑士阶层排挤贵族和自由民而发迹一样,明显地证明了从官方行政机构之外招揽人才的好处。

如果我们现在考虑一下,究竟谁是大一统国家建立的帝国文官制度的主要受益者,那么我们就会看到,最终获得最明显好处的是这些帝国的非蛮族后继国家:继承西班牙帝国西印度群岛的那些共和国,继承彼得大帝俄罗斯帝国的苏联,继承英属

政府官员和神职人员

257　教会为了建立一种组织结构而有意模仿帝国的制度。如图所示,中世纪西方的世俗等级和教会等级
是依照相同的等级制度排列的:皇帝和教皇,国王和红衣主教,伯爵和大主教,文官和教士。

印度帝国的印度和巴基斯坦,在中华世界长江流域和南方沿海地区继承汉帝国的那
些汉族国家。一个后继国家为了维持政权的稳定,通常不会因为政治或文化方面的
宿怨而拒绝继承前一个帝国的主要行政方式,甚至还可能接收现有的专业管理人
员。实际上,后继国家遵循着帝国缔造者们所遵循的利用现有制度的模式,因为他
们同样面临着在一个满目疮痍的世界如何重建秩序的任务。

　　一个职业性文官制度在为帝国创造者及其后继者服务时,也会发挥更具有历史
意义的传播某种文化的功能。被帝国当局派到帝国最偏远角落的行政官员是他们
所代表的文明的传播者。某些大一统国家的官员意识到而且自觉地发挥这种功能。
印加大一统国家的建立者在把自己的统治扩大到安第斯文明核心区之外的原始民
族时,就自以为负有一种特殊的文明教化使命。无论面对的臣民是“落后”还是“先
进”,全部征服和统治措施都是为了实现同化这一目的而设计的。在印度的英国人
也同样自觉地承担了一种政治因素和文化因素紧密结合的职责。正如我们在前一
章看到的,[5]作为政治统治工具的语言被巧妙地融入印度的公众生活,因此在帝国
主义势力撤离印度和巴基斯坦后,它依然是进行政治和文化交流的媒介。当西方社

会——不是一个大一统国家,而是一群相互竞争的地区性民族国家——开始在非洲和其他地区设计建立一系列殖民帝国时,在政治家和殖民行政官员的心目中,成为"文明"使者的意识至少是与其他世俗政治目的一样重要的。众所周知,西方社会在这方面对其海外帝国的影响比纯粹的政治影响要深远得多。

但是,帝国文官制度的最重要的受益者,既不是后继国家,也不是世俗文明,而是教会。在许多情况下,一个帝国划分为若干行省的行政举措,成为教会建立等级组织的基础。埃及"新帝国"给由图特摩斯二世在底比斯组织的、由阿蒙—瑞神(埃及主神)总祭司主持的泛埃及教会提供了基础;萨珊帝国给祆教教会提供了基础;罗马帝国给基督教会提供了基础。教会的金字塔式结构从基层到顶端都是模仿了世俗的结构特征。在顶端,底比斯的阿蒙—瑞神总祭司是仿照底比斯法老的形象而设立的;祆教教主近似于萨珊国王;罗马教皇近似于戴克里先以后的罗马皇帝。不过,与纯粹提供组织模式相比,世俗行政团体对教会的贡献更直接。它们也影响了教会的观点和风气;在某些例子中,这些思想和道德影响的传播不仅仅是通过示范作用,而且是通过具有这些影响力的个人从世俗领域转到教会领域而进行的。

在对西方天主教会的发展起了关键作用的历史人物中,有三人出自世俗的罗马帝国文官组织。安布罗斯(约公元340—397年)的父亲是一个文官,最高曾出任高卢的地方行政长官。未来的圣安布罗斯也步其父亲的后尘,成为一个前程远大的年轻总督,辖理意大利北部的利古里亚和阿梅利亚两个省。公元374年,民众强行中断了他的一帆风顺的仕途,拥立他为米兰的主教,使他大为震惊。卡西奥多鲁斯(约公元490—585年)一生大部分时间都耗在为一位蛮族军事首领管理罗马意大利这样一项吃力不讨好的工作上;只是在他退出世俗公务生活后,他才有机会把他在宦途中学习到的渊博的古典知识加以创造性运用。他在南意大利斯奎拉切区的维瓦里约姆的个人乡村地产上建立了一个修道院。院中的修士就像圣本尼迪克在蒙特卡西诺建立的本笃会一样,怀着对上帝的爱,一边从事田间劳动,一边同样辛勤地抄写古典作品和早期教父的作品。至于格列高利一世(约公元540—604年),他辞去了罗马行政长官及一切世俗公职,效法卡西奥多鲁斯的榜样,把祖传的罗马宅第变成一个修道院,由此却出乎他本人的意料而成为罗马教皇制度的创始人之一。除了这三位耀眼的杰出人物外,在其他不那么显赫的人物中,我们还可以看到两位乡绅,奥弗涅的西多尼乌斯(公元430—483年)和昔兰尼的塞尼西乌斯(公元370—415

年）。当他们的家乡被教会大灾难所席卷时,他们都被迫中断毫无创造性的舞文弄墨的生活。对这种个人命运面临的挑战,两人做出的回答是,承担起当地领导职位的重任以及随之而来的种种困扰和危险。他们都发现,出任当地教区的主教才能最好地履行自己的艰巨义务。

这五个人的出身和经历各不相同,但他们却有四个共同点。或许除了卡西奥多鲁斯外,其他四人的教会生涯都并非出于本意。安布罗斯被拥立为主教时目瞪口呆,塞尼西乌斯和西多尼乌斯对于完全不适合自己的角色感到惶恐不安,毫无自信地默认了现实。格列高利本来想做一名普通的修士,担任自己修道院的院长就很不情愿,更不用说成为副主祭乃至教皇了。这五人教会生涯的第二个共同点是,这些原来的世俗名流都不得不运用行政技巧和经验来为教会服务。第三点,他们都在教会领域找到了他们在世俗生活中找不到的运用这种才能的场所。最后,他们在精神层面表现出来的才华远超过他们作为教会行政官员的作为。因此,他们接受的教育本来是为在大一统国家的行政部门服务的,但是由于大一统国家的崩溃,使他们失去了仕途,他们便以为基督教教会服务来回应这种大挑战,竭尽全力帮助建立一种新的社会秩序。

注释

[1] 参见第三十四章。
[2] 参见第三十三章。
[3] C.P.菲茨杰拉德:《中国简明文化史》,第153—155页。
[4] 参见 D.库姆斯:《论欧洲的一种文官制》,伦敦,1968年,第39页。
[5] 参见第三十五章。

第三十八章
未来是否会有大一统国家?

这一部分的前几章探讨了历史上的大一统国家的某些制度以及其他特征,我们用一些例子对这种政体做了说明。如果把"大一统"界定为把一种文明(或一种文化"世界")的所有地区性小国都统一在一个政权之下,那么只有少数帝国实现了这种有限的野心。在这方面,俄国是一个主要的例子。[1]但是,我们看到,大多数帝国——例如中华帝国、罗马帝国、东罗马帝国——仅仅在这种意义上是大一统的,却声称完全统治了整个世界,其臣民也觉得自己的帝国实现了这种主张。

然而,无论历史上的大一统国家的居民的主观感受如何,这些大一统国家从来都不是真正大一统的。在我们已经引证过的这两种大一统国家的所有例子中,只有两个——中国和俄国——至今存在于世。这两个国家中,只有中国曾经声称是真正的大一统;但是,世界政治结构的现实也迫使中国不得不废除了自己传统的大一统说法。当人类在技术层面上变得真正世界性了,而在政治层面上分裂为越来越多的主权独立的国家(第二次世界大战结束以来,地球表面上的正式的主权国家增加了一倍)时,中国已经学会在这个国际社会中生活。从严格的政治角度看,中国现在把原来的大一统主张变成了间接地要求——苏联也同样要求——成为一种意识形态的政治领袖;按照现在中国和俄国这两个地区性国家的统治者的理论,这种意识形态是放之四海而皆准的唯一正确的信仰。

乍一看,中国现在的这种经历似乎表明,无论在过去五千年的历史上大一统国家可能显得有多么庞大,它是没有前途的。这种政体走向反面的一个最极端的例子是,公元5世纪罗马帝国在西方部分无可挽回地解体了。从那以后,西方基督教世界从未在政治上重新统一起来。最近五百年来世界的西方化乃是西方一系列分立而竞争的地区性国家的产物。它们之间的竞争乃是西方扩张的主要动力;政治上的分裂乃是西方化进程给全球政治地图造成的主要特点之一。

罗马帝国之后,西方基督教世界的政治分裂已经变成全世界的政治体制;今天,地区性主权国家达到了全盛时期。地区性的国际无政府状态曾经是公元前三千年初期几个世纪时苏美尔—阿卡德世界和公元前最后一千年希腊化世界的一个特征,今天已经变成了一个全球性特征。过去时代的大一统国家与人类的前途有什么直接关系呢?今天这种政体的两个幸存标本除了作为"博物馆的展品",还能怎么样呢?难道我们不可以把大一统国家当作历史古董来盖棺论定吗?我们的这种想法乍看很有道理,但再仔细想想,可能会被证明是不成熟的。

我们需要注意,这两个幸存的标本之一是中国,自公元前 221 年起到 1839—1842 年的鸦片战争,中国在大部分时间里能够把不断扩张的领土和不断增长的人口控制在一个大一统国家里,从而成为半个世界的文化和政治中心。中国人传统的"世界观"已经经受了中国三千多年的经验的考验,其中一个主要观念是"阴""阳"的辩证交替。无论"阴"还是"阳",只要发展到极端,就会变成另一端,从而自动地恢复自然的平衡,因为另一端发展到自然所能容忍的最大限度,就会最终回到这种交替模式。

自西罗马帝国崩溃后,在该帝国边缘部分的废墟上产生的新文明一直处于"阳性"阶段,与大一统国家的"阴性"状态形成明显的反差;罗马帝国之后西方的"阳性"活动随着时间的推移而越来越突出。阳性活动最初是在政治层面上显露出来,而且经久不衰——首先是罗马帝国的后继蛮族国家,然后是中世纪的城市国家,最后是现代西方民族国家。现代西方民族国家远远超越了西方文明最初版图上的早期城市国家,随着西方社会在全球的扩张而变成全世界的标准政体。西方基督教世界的教会统一也在 16 世纪被打破了;自 17 世纪起,由于基督教逐渐丧失控制人心的能力,西方基督教教会的碎片也变得越来越小。这种后基督教形式的西方文明在全世界扩张时就把西方这份分裂和混乱遗产传遍地球的每一个角落。

一个深受中国传统影响的观察者看到这种景象就会认为,当前"阳"在世界的猖獗已经预示着,在不久的将来,"阳"就会突然颠倒过来,转变为以"阴"为主。这位具有中国传统观念的观察者会做出这种预言,而且也能引证事实来说明他的预言。他会指出,某些文明的政治结构是以多元形式开始,而以政治统一告终。不仅中国历史,而且苏美尔—阿卡德文明、希腊化文明、安第斯文明的历史都是这样走过来的。这位中国观察者还会指出,当代有三个事实要求人类必须走向稳定。这三个事实是:核武器的发明、人口爆炸以及人类赖以生存的不可再生的自然资源的消耗与污染。

人类对外层空间的初步探索,尽管用宇宙的物理尺度来衡量是微不足道的,但是已经告诉我们,我们这个星球上的资源是我们在可以预见的未来能够支配的唯一资源。现在人类对各种无生命的自然力的支配已经使人类可能消耗尽有限的物质遗产。由于医学的进步,人类死亡率大大降低,从而消除了人口增长在过去受到的无情的自然制约。科技的发展消灭了空间距离,使人类可以把核武器用于全球大屠杀。这三个事实合在一起,似乎刻不容缓地要求人类建立一个真正的世界政府,以维护和平,保护资源,教育人民限制生育。

一个未来的真正世界大一统国家可能会具有过去五千年历史上出现过的所谓大一统国家的许多特点。与它们一

258　新社会?现代中国的运动会:西方人往往把中国看成一个难以接受的现代利维坦,但是,这个开幕式显示了一种团结合作的理想。四分五裂的世界应该从中受益。

样,它将会是实现某些目的的手段,而不是仅仅维持自己的存在。但是,与它们不同,它不会注定是暂时性的。将来不会有蛮族或异族文明从外面侵犯它;内部衰变曾经是以前大一统国家瓦解的主要原因,将来则会因为永远需要防止大屠杀、限制人口和保护资源而受到有力的遏制。因此,在人的领域内,宇宙的运动规律将会受到精心控制。"阴性"状态似乎可能取代目前的"阳性"阶段,而且将不会再让"阳"兴风作浪。基于与研究罗马史的大师吉本不同的理由,人们似乎可以断言,罗马帝国解体时的那种政治灾难和个人苦难不可能再发生了。

如果我们认为这些思考还有几分道理的话,我们就应该更仔细地研究过去大一统国家的特点;因为在这种政体的历史上,我们已经看到某种稳定不变的状态,即只

要这个星球还适合人类居住,人类似乎还得在这个星球上生活。能够显示人类这种命运的帝国,并不是那些由某一文明的社会体内的地区性国家建立的帝国,如现代西方国家建立的殖民帝国或由亚历山大大帝的后继者在阿黑门尼德帝国的残骸上切割出来的类似帝国。它们是在一系列的战争和革命不断地造成精神和物质破坏、从而使一种文明濒于瓦解时,给这整个文明区或几乎整个文明区带来政治统一的帝国,如希腊化世界的罗马帝国、印度的孔雀帝国和中国的秦汉帝国。如果我们不想生活在永远不见天日的暴政下,不把这作为逃避人类毁灭的唯一出路,那么我们最好是接受忠告,对历史上的大一统国家的正反两个方面都做一番研究。

未来的大一统国家必须是真正世界性的,但这就意味着它不一定像过去那样是一种文明的产物。西方人往往想当然地以为,他们自身文明的价值观和目标将会永远处于支配地位。这是错误的。相反,未来的世界国家很可能出自一个自愿的政治联合体,在这个联合体中,一系列现存文明的文化因素都将继续保持本色。诚然,在过去五百年里,西方一直在对世界上的其他文明进行文化侵略,但是我们还不能断言,将来不会出现新的文明,现在似乎要湮灭的文明将来不会振兴。总之,一系列的文明或文化传统将不得不学会如何在一个政治体制下和平共处。因此,我们从大一统国家历史中所获得的最大教益之一就是,相互竞争的文化如何和平共处并相互促进、相得益彰。

把一种文明在政治上统一起来的大一统国家大多包含着另外一种或多种文明的某些区域,也包含着自己社会中偏远的蛮族地区。随着时间的推移,原来成分复杂的臣民往往会在彼此之间建立起某种休戚与共的情感,仿佛是一个共同人类家庭的孩子。他们的统一性在政治上的象征就是他们生活于其中的世界国家。被迫害的少数派或受到文化压迫的臣民就不可能有这种休戚与共感。正是鉴于这种情况,大一统国家的建立者会承认和容忍自己统治范围内的这种文化多样性。我们在考察大一统国家时已经注意到,这种特有的宽容在一个方面表现为对语言多样性的宽容。[2]同理,既然一个人的宗教信仰已经成为个人自由选择的事情,那么如果政治上的统一导致了把某种宗教信仰或某种正统意识形态强加于人的情况(历史上经常发生这种情况),将是一种大倒退。在这方面,阿黑门尼德帝国的宗教宽容政策是一个令人鼓舞的先例。

我们还一再注意到大一统国家的一个特点,即它们所声称的目标与它们的实际效果之间是南辕北辙的。一般而言，如果帝国缔造者们怀有一个纯粹世俗的目的，那么，各种事实则显示，从帝国缔造者的工作中受益的不是寿命短暂而变动不居的世俗世界，而是人类对精神目标的追求。我们已经考察过一种世界性沟通系统可能会对宗教上的目的有所帮助；[3]因此，如果将来为了回应我们上面谈到的世俗挑战而建立了一个世界国家，而它后来的存在却可能服务于一种精神目标，那么我们对此是不会惊讶的。这种情况是可以预料到的，因为尽管整个人类的活动很少会出自现实以外的考虑，但是建立全世界范围的政治统一体这一行动本身就将印证一个道德真理：只有把握住生活整体，生活才是现实的。在这方面，一个未来的世界国家似乎很可能完全不同于历史上的帝国。它将不会是为一个濒于解体的文明树立的世俗纪念碑，它本身自始就包含着一种早已体现在高级宗教中的精神运动的种子，而且会主动自觉地促成这些种子的发芽和成长。

这里所谈的是未来地球上人类生活的一种可能性。大一统国家的历史情况使我们可以对我们的未来做某些假设，甚至还给我们提供了某些正面的教益；但是我们从中获取的最大教益可能是一种反面的教益。人类今天渴望一个和平、自由、统一的世界，但是在历史上，只有当长期的分裂和战争发展到使人无法忍受的混乱和苦难时，这种痛苦的经验才驱使人们用暴力削平群雄、把各个地方性政体统一起来，解救饱经苦难的社会。即使这并不一定必然产生一种暴政，但也总是预示着一个社会的最终崩溃。今天，我们不能奢望等待着再次重复我们先辈的经验，以便从中学到这种教益；因为如果我们等待着这样一种重复，那么我们将面临的只有两种选择，要么出现一种世界暴政，要么人类本身毁灭。我们已经掌握的其他社会的历史知识应该能够使我们未雨绸缪，预防灾难的降临。如果我们守株待兔的话，我们将会被不受我们控制的种种事变所席卷。

注释

[1] 参见第三十二章。
[2] 参见第三十六章。
[3] 参见第三十四章。

第七部

大一统教会

在我看来,高级宗教的兴起极其重要,标志着人类历史上的新起点,仅仅用那些文明的兴衰不足以说明它们兴起的原因。我想证明的是,它们不是垂死文明身上的寄生物,也不简单地是新文明诞生前的蝶蛹。相反,我认为,高级宗教本身就是一些新型的特殊社会;它们的目标在于使人们能够找到个人与超验现实(这种超验现实存在于宇宙里面、宇宙背后、宇宙之外)之间的一种直接关系。尽管至今它们也未能实现这种精神抱负,但大多数宗教已经走出了最基本的一步,从它们借以诞生的特定文明的襁褓中挣脱出来,而面向全人类。然而,有些宗教违背了初衷,因制度化而变得组织僵化、观念偏执。在历史上,宗教显然扮演了一个重要角色,但我还是禁不住要问:宗教到底是什么?人们总是有某种他们称作宗教的东西,但是他们信仰的对象究竟是真实的还是虚幻的?我确信它是真实的,虽然我明白我的看法在某种程度上是一种无法证实的信念,但是我还是要试着说明,只有用一种超越人类现实的假设,才能使我们理解某些已被证实的人类情感。

第三十九章
毒瘤还是蝶蛹？

　　研究大一统教会(亦可译为"普世教会")，可以从考察它们与产生它们的社会环境的关系入手。我们已经看到，大一统教会往往是在一种文明崩溃后的动乱时代问世的，是在一个大一统国家的政治框架中发展起来的。[1]我们对大一统国家的研究已经揭示了两个事实：首先，由于大一统国家可能不过是在一个文明衰落时的一种回光返照，因此这种体制的长远好处可能会属于其他集团；其次，如果说大一统国家是通过异己的受益者的创造行动这种间接代理的方式变得具有创造性，那么它们是无意之中甚至违背自己意愿的创造者。它们本身的主要目的不是成为创造者，而仅仅是谋求长久的生存；但是，想在受益者的生命中重新找回自己的生命反而丧失了自己的生命，这种经验使它们无法安于自己的命运，反而使得它们怒不可遏、暴跳如雷。我们在前一部分的考察已经证明，大一统国家的主要受益者是大一统教会；因此，毫不奇怪，当大一统国家明显地处于衰落阶段时，它的拥护者不愿意看到，大一统国家源源不断地提供的好处被在它的怀抱中的大一统教会获得，而它自己却无法受益。因此，乍看上去，教会好像是一种社会毒瘤；因为在这种形势和这种心理状态下，大一统国家的拥护者往往不仅不喜欢看到国家衰落而教会兴旺这种现象，而且会断定，教会这个受益者肯定是一个寄生虫，它显然是从寄主身上谋取好处，这一现象本身就是寄主患病的原因。这种诊断很容易被人接受，也很容易使人恼怒，因为无论在理智上还是在道义上，人们很容易把自己的弊病归咎于某种外来的东西而不是归咎于自己的责任。

　　在罗马帝国衰落时，自塞尔苏斯发出第一枪(据记载大约是公元178年)后，对基督教教会的指责越来越多，当帝国陷入垂死挣扎时则达到了一个高潮。416年，一个极端顽固的异教高卢人、罗马帝国的忠实拥护者卢提里乌斯·纳马提阿努斯，悲哀地看到许多荒岛被基督教修士拓殖，或用他的话说，成为他们的寄生地，不由地爆发出一种仇视情绪：

> 当大海向人们展现时,卡普拉亚岛浮现出来。这个岛屿被污染了:上面挤满了逃避阳光的人。他们自封为"修士"——这个希腊词意味着他们决意躲开同胞的目光,过一种离群索居的生活……这种堕落的头脑是多么愚蠢而疯狂!你们惧怕生活中的邪恶,以至于不能承受生活中的美好。[2]

但是,鲁梯留斯对卡普拉亚岛修士的这种泛泛敌意,还没有他稍后看到一个同乡熟人自愿困厄于另一个岛屿上的更可悲的景象后那么哀伤沉痛。

> 在比萨与科西嘉海岸之间,一个蛇发女怪的妖岛在大海中升起来了。我躲避着它的暗礁,因为它们使我想起最近的一个悲痛消息。在这里,一个公民迷失在一种虽生犹死的境况中。不久前我们的一个同胞——一个在财富和婚姻方面不逊于先辈的名门后裔——被这些复仇女神所迷惑,竟然抛弃了人世。他陷入妄想而自我放逐,来到这个恶劣的隐身之处。这个可怜的傻瓜竟错把污垢当作圣宴。他折磨自己,但是被他冤枉的神祇并不是这般野蛮。我请问你们,这个教派难道不比喀耳刻(希腊传说中的女巫)的毒药还邪恶吗? 在喀耳刻的时代只是把身体变成兽形,现在则让思想遭到这种厄运。[3]

在这些文字中流露出罗马帝国正在崩溃的西部行省中依然坚持异教的贵族阶级的精神。他们把罗马的毁灭归咎于异教徒皈依基督教而抛弃了传统的希腊神祇信仰,还归咎于基督教皇帝提奥多西对异教的镇压。

沉沦中的罗马帝国与正在兴起的基督教教会之间的这种争论,提出了一个具有深刻而普遍意义的问题。这个问题不仅使直接参与争论的当代人情绪激昂,而且也使后来的文人心绪难平。吉本说:"我已经描述了野蛮与宗教的胜利。"[4]这句话不仅寥寥数笔概括了他的71章巨著,而且还表明他是塞尔苏斯和鲁梯留斯的坚定支持者。我们可以看出,在他心目中,希腊化历史上的安东尼时代是一个文化顶峰,在经过被他视为文化波谷的16个世纪阻隔之后依旧岿然屹立,光彩夺目。吉本的呼声反映了自15世纪欧洲人文主义开始"复兴"以后越来越强烈的情绪。自那时起这种情绪表现得越来越明显。[5]直到今天,由于一种更严格、也更有洞察力的学术发展起来,这种情绪才慢慢减弱。[6]如此解释基督教对罗马世界的影响,有一个极大的弱点,即这种解释是建立在一个错误的时间观念上的,以为希腊化文明在那一时间达到顶峰,然后开始走下坡路。实际上,早在基督教或后来与基督教争夺一个垂死的希

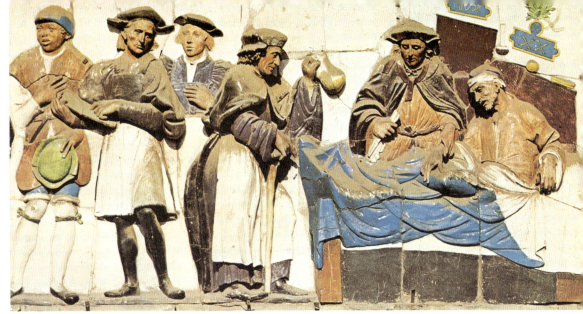

彩图 59、60
人类的同情心

崇拜仪式所体现的对上帝的爱，与对人类的同情密不可分地联系在一起，因为"一个人若不爱他所看得见的兄弟，他怎么会爱他看不见的上帝"？基督教对仁爱的呼吁可以在犹太教中看到："对于你的兄弟、穷人和困苦者，伸出你的手。"也可以在伊斯兰教中看到："对于仁爱的奉献者，我们将为他铺平拯救之路。"也可以在佛教中看到："凡迷恋虚无而疏于仁慈者，功德不能圆满。"举目四顾，众口一词，但是基督教信仰与众不同之处在于，它特别强调人有爱自己的邻人的责任。基督教的仁爱，与基督教本身一样，是毫无区别地指向所有人的。最神圣的爱体现在对陌生人和敌人的怜悯。按照《马太福音》的说法，基督教导说，有慈悲之心的人将赢得这个世界，他还陈述了获得拯救所凭借的慈悲行为。一幅 15 世纪的墙壁装饰图案形象地规劝人们去赈济饥民，探访病人；基督所要求的怜悯行为还包括给口渴者喝水，让无家者安居，给赤裸者衣服以及探访被监禁的人。

彩图 61、62
集体仪式和个人内省

任何宗教都试图理解超越人们思想范围的那种终极真实。最早的宗教把这种努力看作是一种社会事业，左图：非洲古代贝宁人的祭典是一种群体仪式。上图：高级宗教则不同，每一个人直接与上帝发生关系：圣弗朗西斯在独自与上帝进行神秘的精神交流时受了与耶稣被钉在十字架上的那种圣伤。

彩图 63
神圣的自我牺牲

自我牺牲是仁慈之爱的最高表现，被高级宗教说成是既隐含于、又超越世俗世界的终极精神真实。对于圣徒和贤人来说，自我牺牲可能是克服自爱、赢得启蒙的极其艰苦的斗争的一部分；在基督教信仰中，基督在十字架上的自我牺牲，说明这种富有成果的受难经验乃是一项独特的救赎行为。在基督教的画像中，这种受难与救赎的结合是用鹈鹕来象征的。这里的一幅 15 世纪的绘画就是这样表现的。按照中世纪的动物寓言，鹈鹕很爱自己的幼鸟，但这些幼鸟反叛自己的父母，因此被公鹈鹕杀死。三天后，母鹈鹕出于对死去的幼鸟的无限母爱，用自己的生命之血去喂养它们，而使它们复活。

> 于是鹈鹕说，
> 当我的幼鸟们被杀害时，
> 用我的血来使之复生。
> 《圣经》上记载，
> 我们的主同样死去，
> 又死而复生。（约翰·斯克尔顿）

在这个感人的传说中包含了基督教关于创世、背叛和救赎的故事的精髓。

腊化世界的其他高级宗教露出地平线以前,希腊文明就已经给自己以重创,留下了致命伤。毫无疑问,希腊世界地方自治的成就和地方团结精神的美德在那之前早已因文人和提倡者的错误导向和滥用而名誉扫地,乃至灰飞烟灭。在公元前5世纪,当实现政治统一已经变成希腊世界的最高社会要求时,希腊特有的公共生活就不再是希腊文明的光荣,而变成一剂毒药;甚至在这些小国爱国主义在雅典—伯罗奔尼撒战争爆发时导致希腊社会崩溃之后,希腊各地人民依然沉迷于各自被神化的地方国家,继续成为这种祭坛上的自愿牺牲品;经历了4个多世纪可怕悲惨的遭遇之后,他们才放弃了这种狭隘爱国主义,但不是因为他们对自己的盲目信仰有了自觉的认识,而是因为生活本身已经变得无法承受。

到奥古斯都建立了大一统国家时,在希腊化世界里除了罗马元老院贵族外,没有人还认为保留自治比摆脱社会混乱更重要,没有人还认为维护地方主权比摆脱战乱更重要。希腊化社会自身制造的创伤引发的社会危机使整个希腊化世界陷入没顶之灾,由此产生的悲惨后果引起观念上的革命性变化,从而使"奥古斯都和平"得以实现。在研究希腊化文明灭亡的原因时,对希腊化历史的这种读解如果被认为是正确的,那就宣告了基督教以及其他高级宗教的清白无辜。这些宗教信仰填补了一个精神真空,而不是制造了一个精神空白。在考察大乘佛教在中华文明史上扮演的角色时,也会得出同样的结论。

尽管在历史上高级宗教似乎显然不可能是导致文明灭亡的原因,但是在理论上并非没有这种可能性——虽然我们没有找到事实来支持这种说法,但并不能使我们不去考虑这种悲剧是否不会发生。为了深入这个问题的核心,我们必须把我们研究从宏观历史转向个人经验的微观领域。我们最关心的是,高级宗教是否从根本上无可救药地反社会。当人们的兴趣和精力从一种世俗文明所憧憬的理想转向一种宗教所憧憬的彼岸世界理想时,这种文明所维护的社会价值是否必然会受到损害?换言之,精神价值和社会价值是否彼此对立、互不相容?如果个人灵魂的拯救被当作生活的最高目标,那么文明的社会成就是否就会遭到破坏?最近一个研究罗马衰落历史的学者就肯定了这种观点:

> 只有虔诚的基督徒,尤其是修士,才可能获得真正的满足。他们把异教的斯多葛派曾经宣传过的、构成了塞内加的著作中全部内容的戒律付诸实践。这些人背对人世,以自己灵魂的得救为幸福。如果他们不是那样,而是以全部热

忱投入人世,他们也许能为拯救这个世界做些什么。[7]

但是,这个论点是基于一种对个人灵魂与社会(个人灵魂在其中发现自身)的关系的错误分析而得出来的。所谓的二元对立是一种错误的假设;因为个人只有通过与其他人的关系才能表现和发展他的人格,反之,社会不过是一个个体的关系网络与其他人的关系网络的共同基础而已,社会只能存在于个人的活动中,个人也只能存在于社会中。个人与其他人的关系和个人与上帝的关系二者之间根本没有一种预设的对立。

(对于奥古斯丁来说),很显然,在恺撒的权力和基督的权力之间从根本上是不能妥协的。因此恺撒要么放弃他的独立,屈服于基督教的原则,要么准备迎接他在与正义和真理的世俗冲突中由罪孽和错误积累起来的灭亡。正如基督指出的,他并没有说“我的王国不在这个世界”,他说的是:“我的王国不在现世。”他的意思最明确地体现在这句祷文中:“你的王国降临。”因此,凡是把“道德的人”与“不道德的社会”的二元论当作根本结论的说法,都是在散布最恶毒的异端邪说;这种说法否定了基督教的允诺,因而从根本上颠覆了基督教给世界的希望。

另一方面,如果承认这种允诺是有效的,那就意味着承认各种形式的世俗异端最终都将被克服,人类生活将会有一种新整合。这种整合之所以可能实现,原因在于,它的基础是一种善,与现世主义的实惠不同,这种善和上帝一样,是普遍存在的、包罗一切的、取之不竭的,绝不会让人觉得被剥夺了或被人垄断了。因此,当它应用于个人身上,它不会使他局限于“城邦”(一个地域的、种族的、文化的“统一体”)的狭隘天地,也不会使他不得不在“行动生活”还是“理性生活”,“社会生活”还是“冥思生活”这两种同样武断和人为的极端中做出选择。相反,它给他提供的是包容这一切的“生活”,“善意的生活”。另外,由于克服了个人生活的极端和分裂,也就克服了同样危害社会生活的极端和分裂。因为它承认个人经验中没有什么因素是不能用个人意志来解释的,所以它也就否定了在社会生活中存在着任何不能融合进“联合体”中的未知人群,因为这种联合是个人为了追求这种他们认为善的目的而有意识的联合。[8]

人们在寻求上帝的过程中也就履行了一种社会行为。

(基督教)把信奉上帝这个真善美的源泉、这个最高存在,作为个人新生和社会改革的一项基本原则,作为人类关系新体验的一个出发点。只有接受这一规定,才真正有望实现世俗生活的希望。[9]

如果说上帝之爱曾经在基督拯救人类时化为现世的行动,那么人们在努力使自己完全像按照自己的形象创造了人类的上帝一样时,也应该追随基督的榜样,以牺牲自己来拯救他的同胞。在基督徒心目中,以这种方式即按照一个基督徒的信仰来追随上帝,是人的灵魂在尘世中寻求拯救的唯一正确方式。因此,把追随上帝、拯救自己的灵魂与履行自己对邻人的职责对立起来是错误的。

> 你们要以全部的心志、情感和理智爱主——你的上帝。这是第一条最重要的诫命。第二条也一样重要:你要爱邻人,像爱自己一样。全部律法和先知的教训都是以这两条诫命为根据的。[10]

这两种行动是密不可分的,因为"他不爱自己见过的兄弟,怎么会爱他没有见过的上帝"?[11]一个基督徒真正追求灵魂的拯救,以上帝的方式爱上帝,犹如斯巴达人作为一个完全的社会人,为了拯救自己的荣誉而在温泉关为国捐躯;差别仅仅在于,基督徒的灵魂在尘世上属于一个与斯巴达小国或罗马帝国不同的团体。他不是一个世俗国家的公民,而是上帝之国的臣民。因此,他的最高目标和全部目标,不是成为一个城邦里的天才,而是最大限度地与上帝交流,模仿上帝。他与同胞的关系是他与上帝关系的结果和推论;他对同胞的态度是以他直觉中上帝对人的态度为标准的;他以上帝爱人的方式爱他的邻人,也是为了帮助他的邻人获得他自己所追求的东西,即与上帝更密切的交流,变得更像上帝。

如果这就是人世间基督教教会的信徒所承认的既是为自己也是为同胞的目的,那么很显然,在一个基督教体制下将会比在一个世俗社会体制下更能实现上帝的意志,将会像在天堂一样在尘世无限度地实现上帝的意志。同样很显然的是,在一个与世相争的教会里,将会顺带地实现世俗社会的美好目标,而且比在一个只有这些目标、而没有更高目标的世俗社会里实现得更顺利。换言之,个体灵魂在这种生活中的精神进步实际上将会比其他任何方式带来更多的社会进步。达到某种目的的最好办法,不是仅仅追求这个目的本身,而是追求某种超过这个目的的更大目的,这是一种表面上荒谬、其实千真万确的重要的生活原则。这就是《圣经·旧约》中所罗门的选择这则寓言的含义,[12]也是《圣经·新约》中所说的"失掉了生命反而得到生命"的含义。[13]

　　　　　第三十九章　毒瘤还是蝶蛹?

259 穆斯林隐修士接待一位印度王公。

啊,但是一个人的企及应该超过他的所有,否则为什么会有天堂?[14]

在这里,人对上帝的职责和人对邻人的职责这两种观念的协调,是从基督教的角度阐释的。但是这种阐释也可以翻译成密特拉教的语言或赛比利崇拜和伊希斯崇拜的语言(这些教派与基督教争夺对希腊化世界的影响力),也可以翻译成大乘佛教的语言(就像基督教吸引了希腊化世界一样,大乘佛教也吸引了中华世界)。这种阐释也可以从对一种非人形的或非个人的终极精神存在的信仰中得出。它的一个具体体现是,公元4世纪基督徒从一种完全与社会隔绝的隐士方式转变为一种修道院的共同修道方式,旨在打破那种把纯个人拯救的目标与基督教博爱的社会含义截然对立的错误二分法。

修士的热忱造成了这种运动的分离主义和个人主义倾向,从而提出一个重大问题。难道修士仅仅在追求个人的拯救?或者说,这个运动有没有一个社会目的?坚持苦修运动以社会目标优先,是(4世纪)小亚细亚地区巴西勒派的核心特征,并因此使巴西勒本人的成就具有划时代的意义……他反对把隐士的理想说成是一种脱离福音规定的爱自己的邻人、为自己的邻人服务的要求的、个人私自的追求。[15]

当隐士运动越来越牺牲其全神贯注的严肃沉思这一中心理想而偏向其更古怪的特点时,这样明确地承认基督教的社会目的是极其重要的;甚至隐士对神圣性的个人追求也被公众视为是基督教博爱的一种明确表现,同时代人也能从中汲取力量和启示:"4世纪后半期埃及沙漠中的教士们不断地受到拜访,来访者通常按照惯例请求:'神父,请对我说一个字,我将会因此获得永生。'"[16]而且,当某个隐士偶尔返

260　上图为史诗中的英雄朗斯洛求见一位隐士,向他做忏悔。这个理想化的基督教骑士既严格地自我约束,又主动地履行信仰的仪式。

261　下图为威廉·退尔向隐士弗吕厄的尼古拉斯求教。后者是瑞士爱国者,于 1465 年退出政治生活,过隐居生活。他的智慧和圣洁,使得人们纷纷来向他求教。他还是 1481 年遏止瑞士内战的调解人。

回人世干预某种世俗危机时,其威力是与他在隐居时获得的威望成正比的。例如,公元 475—476 年苦修僧圣丹尼尔应君士坦丁堡东正教大教长的使者之请,同意从博斯普鲁斯海峡的安那普鲁斯岛岩柱上下山,打破篡权的巴西利斯库斯皇帝的基督一性论对东正教的威胁。仅仅是这位圣人抵达帝国首都使徒大教堂的消息,就吓得这位皇帝离开首都,退避到 7 英里外的皇宫。这位圣人在隐居处已经生活了 24 年,

　　　　　　　　　　　　　第三十九章　毒瘤还是蝶蛹?

而且至死将一直这样生活。但是,有关民众苦难的报告竟然使他重返人世,这本身就是对皇帝处理公共事务不当的一个毁灭性指控。圣丹尼尔率领君士坦丁堡的教士和居民前往郊区皇帝藏身的宫殿,一路上用精神方式对民众进行心理和肉体治疗。当卫兵阻止人群进入时,这位圣人指示民众跟着他做《圣经》上的象征性动作,掸去身上沾染的宫殿区的灰尘。他们的动作声音如雷鸣般轰响,大多数卫兵受到感动,背弃了自己的主人而加入这位苦修僧的队伍。皇帝派人追着离去的圣人请求他再返回来;皇帝回到君士坦丁堡后,又请求丹尼尔到皇宫来。但是,这一切都徒然了。最后,皇帝不得不到大教堂拜见圣人,匍匐在他脚下。为了让丹尼尔重新回到岩顶上的住所,从而保住自己的皇位,他最终被迫付出的代价是,向东正教做公开忏悔。

基督教世界在牺牲隐士个人主义而推行修道院社会慈善事业方面取得了普遍的进步。由上面这个故事以及这种普遍进步所引申出来的一个基本真理是,凡是能够从他个人对上帝的爱推导出一种社会责任的沉思者或神秘主义者,就会比仅仅追求"人世间"的社会目标的人,脱身于世俗的军事和政治行业的人,更主动地进入一个范围更广大的关系网中。但是,这个真理是基督教信仰特有的,还是所有(除了局部狭隘的教义外)致力于达到与最高精神存在和谐一致的高级宗教的共同财富?例如,佛教的"僧伽"(僧团)长期以来一直受到西方基督教传统中强调"善行"的一派人的批评,因为它显然漠视强调积极参与"现世"事务的社会道德。

> 有时人们争论,这种团体使人消极避世、不事劳动、向平民百姓乞食、不生养子女,是否与社会利益相抵触。回答是多种多样的。人生的目的究竟是什么?如果是为了达到大彻大悟,那么"一些过着所谓隐士生活的最优秀的人就应该始终不参与社会活动,不受社会义务约束,这对于社会具有积极的社会和道德意义"。这种人在历史上一直树立着一种不受世俗欲望左右的禁欲生活榜样,并且以高度的自我克制和自我完善证明自己足以成为君主的顾问、民众的教师和所有人的楷模。[17]

当然,这种说法既适用于基督教,也适用于佛教。而且大乘佛教的菩萨教义中也承认这种真理的全部含义。

> 菩萨是一个逻辑上必然得出的概念。他的信徒说,生命是个人的,但我们是为全体而活。因此,为全体而不是为自己而工作是崇高的。任何行为,无论

好坏,不是有助于别人,就是有害于别人。有意的善行将有助于所有的生灵大彻大悟。但真正伟大之人在于忘我,毫不考虑自己"功德"的回报,乐于把这种"功德"变成众生的利益。这位愿意成为菩萨的人说,这种教义与早期佛教教义相反,后来的教义更糟糕。因为业报(因果报应)教义冷酷无情、艰深难懂;而功德的转让则充满了爱、温情和快乐。[18]

极端纯正的佛教徒始终认为真正的彻悟仅仅是对个人努力和功德的回报,认为用别人的功德来获得拯救的思想乃是对意志薄弱者和消极懒惰者的不正当鼓励。因此,对于他们来说,这种教义一直是一种绊脚石。诚然,我们应该承认,纯正派对"善行"或社会活动的价值的否定是出于这样的认识:"人在谋求解脱的过程中善行是必要的;而一旦获得解脱,善行就没有意义了。"[19]这种认识与佛教教义是一致的。然而,让爱和同情重新进入佛教,虽然是对万念俱寂这一核心教义的明确否定,但在历史上却是迈出了关键的一步,开始承认上帝之爱和人类之爱不是对立的,而是相关的。

通常人们在批评脱离尘世的圣徒时,把那些彻底与世隔绝的哲人当作正当的靶子。这些哲人在脱离世俗世界后,绝不想最终重返人世,把隐退时获得的真知灼见应用于实践。小乘佛教、斯多葛派和伊壁鸠鲁学派的圣人理想走火入魔地让人扮演一个像神一样自我圆满的超人角色,并据此指责那种想寻求摆脱困境的出路的专家是把自己局限于一种降低人性的表现。这种哲学不是试图把人变成一个受上帝恩宠启示的圣徒,而是把人本身变成一个神;由于这对于人的心灵来说是过于沉重的负担,甚至哲人也不能假装若无其事地承受着这种重负,因此只能减轻自己附加的任务,即抛弃上帝赐予的对其他人类的爱和怜悯的情感;这种哲学最阴险之处,就是用人间圣人的形象来改造人心目中理想的上帝;对于寻求信仰保障的心灵来说,这种哲学给他们提供的是一个理性化的追求尽善尽美的偶像,以此取代一个因恐惧而产生的原始上帝。

当然,确实有许多自命的圣徒由于追随这些哲人的反社会实践而违背了他们自己的宗教理想。在精神上遗世独立、不食人间烟火,与分担上帝对人世之爱并参与上帝改造人世的工作这样一种重任相比,显然容易得多。在希腊化世界,高级宗教发现哲学在这一领域里已经建立了传统和威望,时刻准备捕获神圣的爱火即将熄灭的心灵。许多或大多数追求超凡入圣之道的人都陷入歧途;但是当罗马之手无法挽救希腊化文明、使之避免以往的自杀行为所造成的最终后果时,少数在某种程度上实现基督教理想的人却能够维护基督教社会的生存。由此看来,高级宗教绝不是社会毒瘤,而是精神生活乃至社会生活的必需品。

针对把大一统教会说成是文明的阴险破坏者的观点,相反的观点认为它们是文明的救星,或者说,虽然它们不能拯救人类的个别文明,但是它们是整个文明的救星。基于这种观点,大一统教会的"存在理由"就在于,它们能够在一种文明崩溃和另一种文明诞生之间的混乱时期保护珍贵的生命萌芽,从而保护文明的延续。文明的再造过程本身就具有绝对的价值和目的。在这种重复性的再造过程中,教会或许是必不可少的。但也是次要的和过渡性的现象。仅看历史的表象,可能会从某些例子中得出这样一个结论:很显然,基督教教会作为一种历史现象所起的作用不过是消逝的希腊化社会与在同一地点诞生的西方社会之间的联结纽带;在公元2—3世纪汉帝国崩溃后的空白期,大乘佛教在中华世界也扮演了类似的角色。然而,我们并不能由此说教会的主要目的就是成为一种新文明诞生前的"蝶蛹"。相反,只要我们自问宗教或宗教信仰的实质是什么,我们就肯定会否定这种根据历史事件或进程的时间巧合而推导出的假设。关键在于,宗教信仰是为了获得神圣的恩惠。宗教不可能像狗一样尾随或迎合人的便利。

主动的爱

262 大多数宗教都非常重视慈善事业,把它当作表达人对上帝的爱和上帝对世界的爱的一个最直接方式。《七种善事》的部分画面表现了《马太福音》中基督关于怜悯的教诲:"因为我饿了,你们没给我吃;渴了,你们没给我喝;人生地疏,你们不留我住;赤着身子,你们没给我穿;病了,你们没来照顾我;坐牢了,你们没来探访我。"第七项善事是后人添加的,即埋葬死者。

在某些时候和某些地方,现存的宗教或被诱惑或被强迫着成为非宗教目的的手段;但是,把历史上的这些插曲当作它们的"存在理由",就会误解或曲解它们的使命。它们非但不是把达到世俗目标作为自己的使命,而且是与此背道而驰。每当某个高级宗教要转向这种歧途时,总会有少数精神纯粹的信徒始终对他们信仰的真正目标忠贞不渝。

在罗马帝国,当基督教教会不仅受到容忍,而且实际上变成了国家的一个部门时,隐士们就退隐到沙漠,多纳图斯派、景教派和基督一性论者也先后脱离了被基督一性论者称作"从帝派"(麦尔基派)教会。在西方,11—12世纪,当一个复兴的帝国政府试图迫使罗马主教以及它自己领土上的教会组织处于"麦尔基派"东正教教会在东罗马帝国中的那种臣服地位时,这种向教会权利的挑战就激起了教廷支持下的强大的抵抗运动,并以后者的胜利告终。这是帝国与教廷之间的最初争端。当教廷成功地抗拒了西罗马帝国,确立了自己作为中世纪西方基督教世界的主宰机构后,它的这种准政治权力先是激起了"公会议运动",最终激起了新教改革运动。路德派和英国安利甘派的新教徒逃出了狼窝又掉进了虎穴。他们直接落入专横的地方君主的魔掌中;加尔文派只是因为采取了穆罕默德式控制政治权力的权宜办法,才避免了成为地方政府的奴隶的厄运。在英国王室成功地使安利甘教会臣服之后,在英国真正坚持教会使命的是退出国教会的"自由教会"。甚至在东正教地区,虽然基督教教会被剥夺独立地位的时间比其他地方要长得多,但是在把东正教教阶制度强加给保加利亚时,也激起了鲍格米勒派的普遍反抗;近代,至少在一个东正教大国,即俄国,不信奉国教运动也像在英语国家里一样一直十分活跃。

在基督教教会的历史上,这种对独立主张的肯定和对教会被用于非宗教目的的情况绝不妥协的态度,并不是个别的例子。尽管有个别的例外,但它们一直被证明是一种普遍现象。11世纪,西方基督教的希尔得布兰德(教皇格列高利七世原名)运动并不是标志着一个新宗教的诞生。它不是与原始基督教教会精神的决裂,而是那种精神的复兴。新教徒的不信奉国教运动也不是昙花一现。今天,英国和苏格兰是仅有的保存国教的英语国家;在其他地方,包括美国,所有的新教教会以及罗马天主教教会都不受国家控制;在俄国,有约束的自由权利曾经是不信奉国教者以高昂的代价获得的特权,但是自1917年共产主义革命以来,怀有敌意的政权强加给东正教教会这种有约束的自由。这个政权旨在废除教会,因此是不怀好意的。

高级宗教对国家或其他世俗组织的臣服,乃是古代体制的复辟。在古代体制下,宗教是某种前文明社会或早期文明的整体文化的一部分,在精神上和在地域上都受到局限。但是,高级宗教总是要竭力摆脱世俗的社会和文化束缚,因为这是它们实现自己真正使命的不可或缺的条件。这种使命不是直接关注人类彼此之间的社会和文化关系,而是关注每一个人与超越人的精神存在之间的关系。高级宗教提供了关于这种关系的一种新视野。

注释

[1] 参见第五部,第二十七章,以及第六部。

[2] 卢提里乌斯·纳马提阿努斯:《循环往复》,第一卷,第 439—442、445—446 页。

[3] 同上书,第一卷,第 515—526 页。

[4] 爱德华·吉本:《罗马帝国衰亡史》,第 71 章。

[5] 譬如,J.C.莫里森说:"希腊罗马世界堕入一个通常所谓的'中世纪'。这段时间从 5 世纪延至 15 世纪,其间完成和创造了许多伟大、优美和英雄的事物,但是却没有我们所能接受的知识。在这个横亘在古代世界与我们之间的深谷中,学术复兴和文艺复兴乃是人类攀登高坡的第一个坚实的突破,值得永久地纪念。被知识改造过而焕然一新的现代人,眺望对面的山脊,在那些远处闪亮的城市、辉煌的廊柱中,在那些古代的艺术、政治和科学中,发现了与今天更亲密的联系,产生了更多的共鸣。而他们的基督教先辈所生活的深谷中只是发出经院哲学和神学的幽光。"(《为人服务:论未来的宗教》,伦敦,1887 年,第 177—178 页)。

[6] 关于罗马帝国的衰落,参见 S.马扎里诺:《古代世界的终结》,伦敦,1966 年。

[7] J.P.V.D.鲍德森:《罗马:一个帝国的历史》,伦敦,1970 年,第 246 页。

[8] C.N.科克伦斯:《基督教与古典文化》,第 510—511 页。

[9] 同上书,第 501 页。

[10] 《马太福音》,第 22 章,第 37—40 节。

[11] 《约翰福音》,第 4 章,第 20 节。

[12] 《列王纪上》,第 3 章,第 5—15 节。

[13] 《马太福音》,第 10 章,第 25 节;《马可福音》,第 8 章,第 35 节;《路加福音》,第 9 章,第 24 节和第 17 章,第 33 节;《约翰福音》,第 12 章,第 25 节。

[14] 罗伯特·布朗宁:"安德利亚·德尔·萨尔托"①,第 2 卷,第 97—98 页。

[15] H.查德威克:《早期教会》,企鹅出版公司,1967 年,第 178 页。

[16] 同上书,第 178 页。

[17] A.K.库马拉斯瓦米:《佛祖和佛教福音》,伦敦,1916 年,第 120 页,转引自 T.C.汉弗莱斯:《佛教》,企鹅出版公司,1951 年,第 132—133 页。

[18] 汉弗莱斯:见上注第 160 页。

[19] R.C.扎纳:《和谐中的不和谐:信仰的相互依存》,牛津,1970 年,第 134 页。

---

① 意大利画家,1486—1530 年。——译者注

第四十章
一种特殊类型的社会

本书在论述大一统教会时一开始就谈到它们与文明崩溃的关系。[1]因为基督教教会是我们考察的这种组织机制的第一个例子,所以我们就使用基督教的这个词"教会"(church)作为这类组织的统一标签。这个标签用起来很方便,但不十分贴切。"教会"这个词意味着一个统一的教会政府,现存高级宗教中拥有这种我们称之为"教会"的社会组织可能不超过两个。大乘密宗和基督教的罗马天主教派是被整合在实际统一的"教会"里的。但是,基督教中的东正教教会和西方新教圣公会都是独立的结合体,都没有共同的教会政府机构,而且其他大多数现存的高级宗教——如伊斯兰教和基督教贵格会——则更为松散。

在本书前面6个部分,我们陆续探讨过教会作为各种文明社会的历史现象与我们的文明研究的关系。我们发现,虽然近代以来政治单位(即各种国家)成为更有用的历史研究领域,但相比之下,文明则是更"可以理解的研究领域"。[2]所有的组织制度都是个人之间的一组关系,如果一组关系包括了其他各种关系而本身又没有被另一种更全面的关系所包容,那么这种关系就是可以理解的。这样定义的"可理解性"也是相对,因为任何不能包容整个宇宙的东西都不能被充分理解,我们对宇宙的认识已经使我们知道,我们有关它的知识仅仅是部分的知识。

我们在这一部分已经开始考察"教会"本身。在前一章里,关于教会与文明的关系我们得出了两个否定性结论:首先,尽管历史事实显示,一个教会的兴起往往是与一个文明暂时或永久的衰落是同时的,但教会不是造成文明崩溃的原因;其次,尽管在某些情况下某个教会确实就像是依附于一个衰亡文明上、并孕育出一个新文明的蝶蛹,但是这种对不同类型文明的历史作用并不是教会的"存在理由"。当教会允许自己转向这种外在的目的时,它们往往会变质,会妨碍自己履行正当的功能。

在前一章的最后一段已经指出了教会的正当功能。教会是高级宗教的制度化

集体仪式

263　罗马皇帝马可·奥里略主持祭典。早期宗教都有一种社会目的，即通过把人们与上帝的关系社会化，来降低个体精神人格，巩固社会结构和社会认同。因此，所有的社会运作都具有宗教性，崇拜成为一种表现和加强社会团结的仪式。

身，而高级宗教的真正使命与早期宗教不同，它使人类个体与存在于宇宙内外的那种超人类存在发生直接关系，而不是通过作为个人社会背景的文明或前文明社会的媒介来间接地接触这种终极精神实在。

这种对教会使命的假设引起了一系列本书到此为止还没有讨论的问题。"高级宗教"与早期宗教之间的真正差别是什么？高级宗教在历史上是否起源于早期宗教，如果是这样的话，那么它们与这些历史前身分离的程度有多深？既然高级宗教是面向个人的，那么它们为什么会逐渐形成教会，为什么教会的制度结构在某些情况下是那么僵化，在所有的情况下都不能让人在精神上得到满足，甚至在少数情况下臭名昭著？

这些问题还导致了一系列关于宗教本身的性质的基本问题。宗教是不是人性中与生俱来的、不可剥夺的素质？如果是，那么它的领域就应该是人的内在精神生活，而不是人的社会生活了吗？宗教难道仅仅是人的社会性的各种表现中的一种吗？如果是，这种情况难道是一种不成熟的表现，可以、必须和在某些情况下已经随着一种文明的世俗化和人的能力的进步而被抛弃吗？在这些问题中，最后一个问题是最关键的：宗教的对象究竟是一种现实，还是一种虚幻，可以、必须和在某些情况下已经被揭示和抛弃？在这一章和下一章里，要依次探讨这些问题。

高级宗教的突出特征，也就是我们之所以把它们视为与早期宗教分道扬镳之处，就在于高级宗教是直接面向个人，而不是通过这些个人以其他活动参与其间的那些社会的中介。

人的独特之处在于,他不仅是一个
社会动物,而且还是一个单独的个人。
社会性是人与另外一些生物(如狼和蚂
蚁)共有的一种性质。人格个性是使人
区别于这个星球上其他各种生命形式
的一个特质。我们的祖先获得了人格个
性,这是他们之所以成为人的一个值得
大书特书的方面。但是,在人类历史上,
直到最近的人类时代,社会性依然是人
类生活的首要特征。人们在自己出生成
长的社会框架中生活、感受、思考和行
动,被视为理所当然的事情。他们的宗
教也不能例外。

如果"可以理解的研究领域"是指它
们的参与者的生活的所有方面,包括宗
教在内,从它们本身就可以理解,那么
不仅文明诞生前的社会,而且早期文
明,例如苏美尔—阿卡德文明和埃及文
明,都是这种"可以理解的研究领域"。
这些社会的结构是整体性的。农耕、畜
牧、行政和战争都是宗教活动,因此这
里没有基督教所说的与宗教活动和思

个人探求

264　被称作"上帝的人"的亚历克西斯背弃 5 世纪的
东罗马社会,而做一个基督教游僧。高级宗教把人
从特定文明及其集体性宗教中解放出来,使他们与
上帝建立一种直接的关系。当人们追求一种全人类
都能接触到的普遍精神现实时,社会的重要性就降
低了。

想相区别的"世俗的"活动和思想,也就不存在独立于这些"世俗"实践的宗教实
践。宗教调节着人与人的关系,人与自然世界的关系。因此,直到早期文明的人
类历史可以从文明前社会和文明社会前后一致的角度来研究,可以被看作是包容
了许多自成一体的"可理解领域"。直到进入了第二组文明的时代,直到这些文明
的历史进入崩溃阶段,体现着高级宗教的教会才在正在瓦解的文明中兴起,这些
教会只有作为这些文明的文化现象才能理解。它们的兴起是对人性的二重性的
肯定。一个人不仅仅是社会动物,他也是一个追求与终极精神实在发生直接关系

的人格个性。

至此标志着人类历史开始了一个新纪元。由此开始,我们不能仅从文明的角度来研究历史了;我们必须把高级宗教考虑在内。这些高级宗教把人类从对祖先文明的顶礼膜拜中解放出来,而且在不止一个文明中赢得了自己的拥护者。作为社会动物的人与作为个体的人之间的紧张关系在我们祖先成为人时是潜在的,现在则变得明显了;这一点在社会层面上体现在人类历史由此分裂为诸文明的历史和高级宗教的历史。最近历史的这两大分支当然不能从任何一个包罗万象的社会的角度来研究了。

至今尚存的主要高级宗教有印度教、犹太教、祆教、佛教、基督教和伊斯兰教。以上是按照它们问世的先后排列的,但是其中两种最古老的宗教,即印度教和犹太教,已经无法准确地确定其诞生时间,因为它们与后来的 4 种不同,不是由有据可考的一个创始人创立的。后 4 种的创始人或信徒都宣称与过去的宗教实行了一次革命性决裂。当然,这 6 种高级宗教在各自的历史上都经历了许多变化,但印度教和犹太教的变化经历了更长的时间,因此它们的起源无法确定地归结到某一个创始人。例如,犹太教的摩西可能是一个历史人物。他的名字很像是一个去掉字首的埃及祭司的名字,很可能实有其人。可以确信,摩西开创了某种一神教,而这种一神教最终演变成犹太教。但是,在犹太教历史上,最早的可靠证据只能在公元前 6、7、8 世纪编纂的以色列和犹太的先知著述中寻找。在印度教的历史上。《奥义书》的作者是以色列和犹太先知的同时代人。考虑到这种情况,高级宗教兴起的时期大概从阿摩司和何西阿①时代到穆罕默德时代,前后大约 13 个世纪。

高级宗教有下列几个共同特点:它们都起源于某一种文明的框架里,都在某种程度上脱离了这种社会母体,但又没有彻底脱离出来。当然,在脱离的程度上,它们彼此之间有很大差异。

印度教和佛教起源于印度文明,犹太教起源于叙利亚文明,祆教起源于伊朗文明,基督教和伊斯兰教则起源于一个由叙利亚文明和希腊文明二者解体后的因素组成的"文化混合体"。[3]

印度教、犹太教和祆教,与另外 3 个更年轻的高级宗教相似,都把上帝看作是某

---

① 两人均为公元前 8 世纪希伯来人早期先知,见《圣经·旧约》。——译者注

种远远高于印度、以色列和伊朗社会民间神祇之上的东西。梵天、耶和华都是整个宇宙的无所不能、无所不在的主宰。袄教的阿胡拉玛兹达(善界最高神)也有类似的神性,只不过他的普遍权威始终受到一个对手安哥拉·曼钮(恶界最高神)的挑战。这3种高级宗教的信徒都坚信这种普世主义的上帝观念,努力把各自的信仰推广到作为发源地的社会之外。而且,犹太教和袄教的神学也与佛教、基督教和伊斯兰教一样,与过去的宗教实行彻底的决裂。犹太教诋毁耶和华之外的一切神祇,最初说他们不是合法的崇拜对象,最后干脆说他们根本不存在。袄教把在它之前的雅利安众神的绝大多数都贬为魔鬼。但是,这3种古老的高级宗教还没有坚决地走上一条新的道路。它们在新与旧的十字路口始终徘徊不定。

这些宗教的万能上帝的观念使它们的信徒陷入一种在基督徒或穆斯林看来是无法自圆其说的矛盾的双重思维。这些信徒一方面把上帝看作是宇宙中无所不在的主宰,但另一方面仍继续把他当作最初崇拜他的那个社会特有的地方神祇。因此,这些高级宗教在变成高级宗教的同时依然是特定社会的整体文化中的一部分;想要皈依印度教、犹太教或袄教,又不想成为印度、犹太或伊朗社会的一个成员,是绝对行不通的。皈依印度教、犹太教或袄教,就要服从一套与宗教规范密不可分的法规体系,而这种体系在基督徒看来更像是世俗法规。皈依印度教就要加入某一种姓等级,服从印度种姓制度的各种限制。正因为如此,转入这3种宗教的人极其罕见,而且它们的信徒在吸引异教徒加入他们看管的信众行列时也不那么热心。

新兴的高级宗教之所以与这3种早期高级宗教决裂,原因就在于后者不能脱离它们祖先的社会母体。印度教、犹太教和袄教虽然发现了普遍有效的真理和普遍适用的救世之道,但把它们限定在特殊人群中,即印度文明和伊朗文明的继承者以及叙利亚社会的两个继承者以色列和犹太。而新兴的高级宗教则要把这些东西传播给全人类。

耆那教徒和佛教徒在脱离印度教时漠视印度社会最基本的种姓制度。佛教普世主义为此付出代价,最终被它的发源地印度社会所排斥,但是佛教徒也获得了补偿,他们成功地使超过一半的人类皈依了佛教,其中包括中华世界以及周边的朝鲜、日本和越南。

在第一代基督徒中,在最早信仰基督教的犹太人和圣保罗创立的非犹太人基督教会之间最根本的争论是,犹太教究竟是与特定人群的文化密不可分,还是一种不

异教的遗产

265、266　高级宗教不可能完全断绝与早期宗教传统的联系。基督教的圣餐崇拜就体现了地区性异教的历史遗产,是地中海植物神崇拜的残余。在伊斯兰教中,对麦加克尔白黑石的崇拜,乃是源于伊斯兰教之前的中东宗教的一种习俗。

论原有文化和族籍如何、任何人均可信奉的宗教？非犹太人基督教会最终与犹太教徒分离，意义十分重大。这种不顾保罗和彼得和衷共济的愿望而分裂的事情发生了不止一次。600年后，受犹太教启示而创建的伊斯兰教，与基督教一样，也与犹太教徒分道扬镳，目的是把犹太教早已发现却不能有效地传播的真理和救世之道传播给外邦人。

祆教的历史也是同样情况。在祆教成为萨珊帝国国教的时代，摩尼教和玛兹达教先后于公元3世纪和5世纪从中分离出来；在以后的时代，当萨珊帝国和半个罗马帝国被穆斯林阿拉伯人征服后，新政权下的伊朗祆教臣民改信伊斯兰教的速度比伊拉克、叙利亚和埃及的基督教臣民快得多。

佛教、基督教和伊斯兰教一直是或者逐渐变成真心实意的普世主义宗教。它们都致力于向全人类传教；而且，尽管这3种宗教的长期共存证明，谁也没能实现这种抱负，但是它们各自成功地征服了整片大陆，把不同的文明区域包容在一个宗教区域里；它们在传教时都握有在现代技术的发展"消灭了距离"之前仅有的那些初步的沟通手段。[4]

印度教、犹太教和祆教一直陷入祖先文明的习俗。相比之下，正是因为佛教、基督教和伊斯兰教成功地脱离了自己历史起源的无用遗产，才获得了这种辉煌的业绩。当然，这3个传播广泛的宗教也只是部分地脱离了自己的前身。

基督教的最高仪式圣餐乃是地中海植物神崇拜的翻版，所用的面包和红酒都是当地土产。一个到过日本的人就会感受到这种地方性，因为在日本受到尊崇的是米神，而不是谷神，地中海的"主食"（面包）对于日本人完全是外来的东西，如果这个旅游者想要面包，他必须说葡萄牙语的"面包"（pan）。在基督教世界非新教的大部分地区，圣母玛利亚一直受到崇拜；新教徒同意其他基督徒把一个人加以神化——这种向埃及和希腊"异教"的倒退令犹太教徒感到震惊。唯一神教派对此加以痛斥，结果自己被逐出基督教。

伊斯兰教与唯一神教派一样，代表着一种反对基督教偏离犹太教一神论的倾向。伊斯兰教在一神论的问题上与犹太教一样专制。但是，与犹太教一样，伊斯兰教也背负着自己异教前身的遗产。朝觐麦加和崇拜克尔白的黑石都是伊斯兰教诞生前的阿拉伯遗产。麦加黑石是"天房"遗物；与之相似但更古老的是公元前204年从佩西努斯或帕加马（两地均为安纳托利亚西部犹太人社区）带到罗马的黑石，公元

伊斯兰教继承的遗产

267、268、269　伊斯兰教徒画的亚伯拉罕和以撒的袖珍画（上图）与参
孙摧毁腓力斯人神殿的袖珍画（中图）都显示了这种宗教的犹太教渊源。
伊斯兰教也承认它与基督教的联系，但这并未得到回应。下图：穆罕默
德逃离麦加时，受到基督的默默祝福。

208年从埃梅萨(古叙利亚地名)带到罗马的黑石。另外,与犹太教律法以及所有的原始律法一样,伊斯兰律法也是整体性的。与犹太教一样,在伊斯兰教里,不可能在宗教律法和世俗律法之间划出一条明确的界限。

基督教和伊斯兰教变成全人类的宗教,乃是创始人的信徒所为。这不是创始人的本来意图。

《福音书》关于耶稣的描述丝毫没有暗示说耶稣本人不是一个正统的犹太教徒;因此,他的视野就被他的民族界限束缚住了。据《马太福音》的记载,耶稣教导他的使徒宁可到"以色列人迷失的羊群里去",也不要到外邦人或撒马利亚人那里去。[5]据《马可福音》记载,耶稣也采取同样的态度,他最初以粗鲁刻薄的语言拒绝一个迦南女人的请求。[6]

穆罕默德的视野同样受到自己民族界限的束缚。阿拉伯人想成为像犹太人和基督徒那样的"信奉《圣经》的子民"的抱负也是民族主义的;而且这种抱负采取了文明边缘地区蛮族特有的形式。[7]阿拉伯人对罗马帝国的文化十分敬仰,因此追求帝国居民所拥有的那种宗教;但是他们又有独立精神,不愿简单地采纳令人羡慕的邻居的宗教,而要使之涂上阿拉伯民族色彩。在穆罕默德时代的阿拉伯人心目中,基督教是罗马人的民族宗教,犹太教是犹太人的民族宗教;穆罕默德向同胞展现的上

佛教继承的遗产

270、271 教义上的偏离,使佛祖与其先人的印度教决裂,但是轮回信念在印度传统中根深蒂固,因此也被佛教毫不怀疑地接受下来。左图:佛教的生命之轮显示了这种灵魂的不断复生。右图:佛祖涅槃的雕像。按照佛教教义,涅槃(寂灭)使人从永恒的轮回中解脱。

帝形象[8]与犹太人的上帝形象一样暧昧。他不仅是宇宙的上帝,而且是阿拉伯人的民族之神。伊斯兰教想完全成为亚伯拉罕的宗教的复兴,但是在伊斯兰教里,亚伯拉罕族系的"上帝选民"不是他的儿子以撒的以色列后裔,而是他的儿子以实马利的阿拉伯后裔。

当然,在伊斯兰教从阿拉伯地区进入罗马帝国和萨珊帝国原来的领地时,伊斯兰教中的民族主义因素大大强化了,变成阿拉伯征服者的民族宗教。这些征服者并不太想要阿拉伯人以外的信徒。对于他们来说,被征服民族最好是充当可以压榨的纳税人,而不要成为可以减免贡赋的教友。最终抢占阿拉伯人王国的是阿拉伯人中的祆教徒臣民和非阿拉伯人的基督教臣民。他们强行进入伊斯兰教徒的行列,废除了阿拉伯人在伊斯兰国家的垄断地位,使伊斯兰教有了一种组织和一种神学理论,

彻底消除了那种在民族主义和普世性这两种互不相容的理想之间徘徊的暧昧性。[9]这样非阿拉伯人的皈依者就解决了伊斯兰教创始人穆罕默德本人留下的难题。

伊斯兰教的潜力逐渐发挥出来，成为一种普世宗教，这是一项巨大的宗教成就，也是一项巨大的文化成就。这项成就可以与基督教在此之前已经达到的成就相提并论，而且也是由同一民族用同样的方法实现的。这个使基督教和伊斯兰教在精神和文化上登峰造极的有天赋的民族乃是西南亚地区叙利亚和希腊混合文化的继承

穆斯林的宽容，基督教的迫害
272、273 伊斯兰教对待非伊斯兰教的"信奉《圣经》的子民"——犹太人和基督徒——通常是宽大为怀的。《古兰经》把他们视为姊妹宗教的成员。左图：这幅伊斯兰教的小型画像画的是穆罕默德与基督教僧侣交谈。此画作于 1595 年，正值经过 24 年的休战后，伊斯兰教与基督教世界再次开战。相反，基督教一直自称是唯一的启示，竭力迫害与自己有难以摆脱历史联系的宗教：西班牙画家戈雅在这幅关于宗教审判的画下写了一句感人的提示："因为我们是犹太人的后代。"

　　　　　　　　　　　第四十章　一种特殊类型的社会

人。这些曾经接受了两种文明的人抛弃了自己的特殊文化意识,具有了包容世界的眼光,却又没有丧失文化创造力。此外,叙利亚和希腊文化在丧失自己的特殊性的过程中产生了一个具有无与伦比的滋养能力的"文化混合体"。这种造就了两个(不是一个)普世性高级宗教的丰功伟绩乃是举世无双的。但是,如果没有皈依者,基督教也许始终是少数犹太人的教派,而伊斯兰教也仅仅是犹太—基督教一神论的阿拉伯民族翻版。

佛教从来没有成为印度教的一个教派的危险。佛祖本人就使自己创立的宗教超然于原有的印度社会背景。他无视印度种姓制度,否定印度世界盛行的人性观念。按照当时的流行观念,在人性身心构成中,人的心灵是一个永恒实体,可以经过内省而与存在于宇宙而又超越宇宙的终极精神实在融为一体。"汝即彼"——"汝"指人的灵魂,"彼"指终极精神实在。佛祖的观点与此截然相反。他认为,根本没有"灵魂"这种东西,人性的心理现象只不过是断断续续的心态流转。

佛祖与当时印度教徒的分歧是不可弥合的。但是,佛祖的人生观及相应对策却建立在一种双方都视为理所当然的印度传统观念上:人生在世不止一次,死后还会再生,生死轮回永无休止;这种命运比死亡更可怕,因为如果人能确信死后不会再生,就会获得极乐的解脱。佛祖提出的解脱对策是:万念俱灭。他认为,欲念是维持心态流转的力量,人死后还会激发起这种流转,从而造成再生。万念俱灭,就能使人彻底遁入极乐的"寂灭"(涅槃)。[10]佛教的精义便是如此,至少在它最初的"南方"教义里是如此阐释的,而不同于后来的"北方"(大乘)教义。因此,佛教的依据是佛祖和反对者共同接受的那部分印度文化遗产。

尽管高级宗教脱离原有文化母体的程度各不相同,但是它们都努力使宗教超脱社会生活领域,使个人无须通过人间社会的中介而与终极精神实在直接交流,因为人成为他所处的社会的一分子纯属偶然。换言之,高级宗教都是致力于宗教的"非制度化"。但是,我们发现,高级宗教实际上都体现在我们称之为"教会"的制度机构中。这种矛盾需要人们做出解释,而我们已经暗示了一种解释。

虽然人有一种人格个性,但他也是一个社会动物,甚至他最隐蔽的个人内心精神生活也不能避开与生俱来的社会性。隐居修士无论多么努力地与世隔绝,也会不由自主地吸引来信徒,并在人世中产生社会影响。[11]另外,隐居修士在独自探求终极精神实在时也不免大发慈悲,要与人类同胞分享他的精神发现。

譬如,佛祖顿悟后就可以遁入涅槃境了,但是他为了指引众生而推延了自己的入境。这反而使他建立了"僧伽"(即僧团);因为如果没有把师傅和弟子联系起来的社会组织,就无法向别人传授解救之道。基督教的历史也显示了个人信仰制度化的必然性。这种大一统宗教抵制罗马帝国对由罗马女神和恺撒男神所象征的大一统国家的崇拜。为了与罗马帝国政府的强大力量抗衡,基督徒按照罗马政府的组织模式和权威主义精神建立了自己的教会政府。

高级宗教的信徒之所以会陷入极权主义,不仅仅是因为他们把极权主义当作集体自卫的手段,而且是因为他们自信是无比宝贵的真理和救世良方的保护者。他们觉得自己有责任把这些精神财富传播给尚未觉悟的世人。

基督教和伊斯兰教通常把异教徒看作是强制传教的对象。《古兰经》要求穆斯林宽容犹太人和基督徒——"信奉《圣经》的子民"——因为这3个犹太宗教有共同的基本教义。但是基督徒并没有因此而始终宽容犹太人和穆斯林。此外,基督教的犹太教起源和散居各地的犹太教信徒聚居区的存在往往给基督徒造成神学上的重大难题。基督徒主要是出于实际的自私考虑,才允许犹太人在基督教地区生活和信奉自己的宗教。基督徒也与穆斯林一样觉得迫害自己宗教的历史前身的信奉者是很不体面的;但是在基督教世界里,这种顾虑的约束力比在穆斯林世界弱得多,因此犹太人在基督教国家里的地位极其不稳定。基督徒和穆斯林也都把当时的正统教义强加给异端群体,一再地使用暴力手段来拘捕异教徒和分裂教会者。即使在"不信教的人"已经受到宽容的时代,他们在基督教和穆斯林区域也还受到惩治;基督徒和穆斯林之间不时地发动"圣战",他们还对异教徒和异端进行"圣战","主对仆人说:到大街小巷去,强迫他们进来"。[12]

因此,这两种高级宗教都觉得让"不信教的人"信教是他们至高无上的责任,维护正统教义重于其他任何考虑,乃至可以牺牲教义里的某些道德戒律。正因为这样,教会当局有时与最残暴的世俗政府一样专横暴戾。与基督教和伊斯兰教不同,佛教通常能与其他宗教信仰友好相处。在这3种宗教中,佛教的传教工作最为成功,这绝不是偶然的。

高级宗教的制度化或许是一种不可避免的悲剧。由此带来的恶果是一种精神紧张状态。制度化的程度越高,这种紧张状态也越尖锐。在高度制度化的教会里往往会在个人良知与教会权力机构之间发生冲突。良知为了对抗权力机构而不惧危险,但社会却不能眼看着良知受到胁迫。一个人只有首先在精神上能够自我控制,才能处理好与同胞的社会关系。良知是个人素质,不是集体素质。一个社会的精神水准不可能高于社会成员的平均水准;只有每个人都发挥主动性,集体水准才能提高;当某个人高于周围社会的水准时,这才是他个人在精神生活方面战胜自我的成果。

注释

[1] 参见第五部,第二十七章。

[2] 参见第一部,第六章。

[3] 参见第九部,第四十七章。

[4] 参见第六部,第三十四章。

[5]《马太福音》,第 10 章,第 5—6 节;第 15 章,第 21—28 节。

[6]《马可福音》,第七章,第 24—30 节。

[7] 参见第八部,第四十二章。

[8]"阿拉"在叙利亚语和阿拉伯语中的意思是"唯一上帝",即犹太教和基督教的唯一上帝。在叙利亚语翻译希腊语《圣经》和基督教早期教父的著作时,把希腊语中的基督教术语"Ho Theos"翻译成"阿拉"(Allah)。

[9] 罗马帝国和萨珊帝国之后兴起的阿拉伯国家被纳入伊斯兰大一统国家,所有的穆斯林不分民族都获得一等公民的地位。有关情况参见 M.A.沙班:《阿拔斯革命》,剑桥大学出版社,1971 年。

[10] 参见第五部,第三十一章。

[11] 参见第三十九章。

[12]《路加福音》,第 14 章,第 23 节。

第四十一章
宗教是社会对幻象的回应，还是对实在的回应？

在前两章里，我们讨论了教会与文明的关系，得出的结论是，教会是一种特殊类型的社会，如果不把它们当作一种新型制度，而是仅仅当作它们借以产生的文明里的宗教文化现象，那就不能理解它们。我们发现，用这种态度来对待前文明社会的宗教现象和历经兴衰而没有产生有教会的高级宗教的文明社会的宗教现象是切实可行的。但是，当我们的研究推进到这一步时，我们再也不能继续认为，既然文明是一种包罗万象、自成一体的关系网络，因此是可以充分理解的领域。我们发现，教会是从文明的框架中迸发出来的，因此应该把教会看作一种独立而独特的社会。教会的独特性应归因于它们所代表的宗教的独特性。高级宗教致力于使人能够与终极精神实在发生直接关系；这是它们基本不变的目标。但是，由于人不仅是有内心精神生活的个人，而且是社会动物，由此产生的一个不可避免的后果是，高级宗教也被制度化了。当然，人的内心精神生活不是这种社会性的反映，也不受这种社会性支配。

讨论至此就引起了关于宗教与人性中的社会性和个人性的关系问题。我们现在需要探讨这个问题，但首先需要探讨另一个更突出、更深层的问题，即宗教本身是什么？

宗教的一个明显特征是，它是意识的产物。人对于他所生活的世界只能局部地理解和控制。这是一个很尴尬的处境，但他又不能脱离这个世界，只能尽力而为。在这种奇异纷扰的环境中，他只能努力对不可认知的事物做出猜测，与不可控制的事物达成妥协。

……给这世界奠定基础的是宗教经验。每当人的生存陷入彻底相对论的"浑沌"时，就没有"中心"来保障人的方向感。而把"浑沌"变成"宇宙"的是宗教崇拜取向及其揭示的神圣空间结构，由此才造成了人的存在状态，也就是说，使

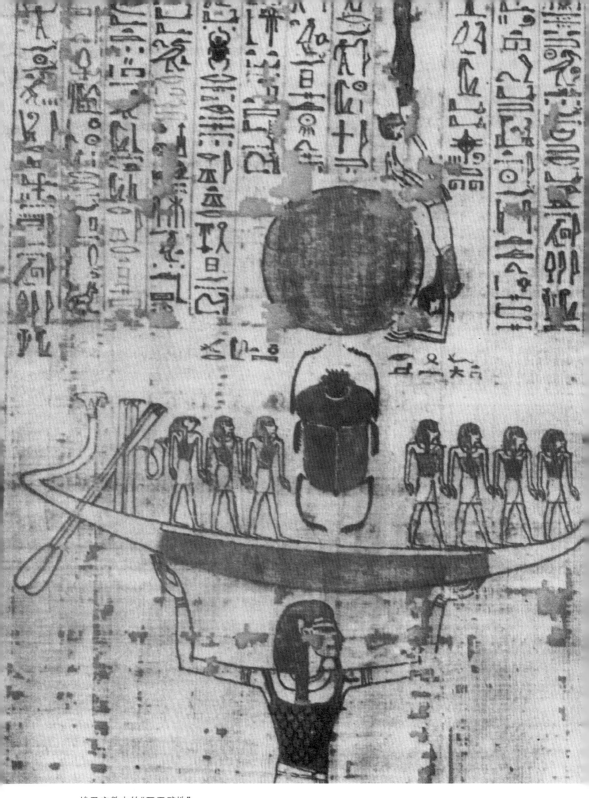

埃及宗教中的"开天辟地"

274 古埃及宗教有一套关于创世和再生的完整神话。上图的主题是创世:努(代表原始浑沌的神)举着太阳之船,上面载着圣甲虫。飞向日轮的是天空女神努特和她的儿子死神俄赛里斯。右面画的是捐赠纸草的女祭司安亥的木乃伊。

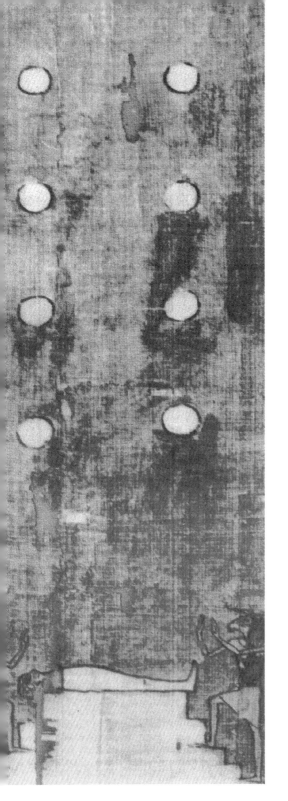

人不至于倒退到动物性生存的水平。任何一种宗教，即使是最原始的宗教，都是一种本体论：它揭示神圣事物和神圣形象的存在，并进而表明那种存在实际上是什么，从而建立了一个不再如睡梦一般的飘忽不定、无法理解的世界。[1]

宗教的任务就是试着制作一幅关于神秘的终极实在的图像，以便使人能够达到与它的和谐。如果可以这样定义宗教的话，那么就可以说，宗教包含着两个相互依存但又截然不同的因素：一个是对未知事实的猜想，另一个是遵循这些猜想采取的行动。所有的宗教概莫能外。但是，在这种共同的基本前提之下，无论是在猜想方面还是在行动方式上，各种宗教之间则相差甚远。

原始人就已经深切地意识到自己因不能充分了解自己在世界中的处境而只能听任非人性的自然界摆布。因此，他们借助人际关系的经验来猜想自然界的性质，试图认识和讨好在他们看来起作用的各种力量。有据可考的最早宗教就是关于自然界的神话以及试图与自然力建立和谐关系的仪式。这种对宇宙模拟形式的象征性确认就是罗马原始宗教的实质；这种情况在今天日本的神道中还可以看到。人类从一开始就不懈地努力控制自然界，现在已

第四十一章　宗教是社会对幻象的回应，还是对实在的回应？

经获得了巨大成功,根本扭转了形势。人类不仅不再屈从于自然界,而且征服了自然界,因此人与自然界的关系已经不再属于宗教领域。人类不再用象征性的宗教仪式来维护自然的秩序,而是借助技术来利用乃至干预自然秩序;不再用神话来猜想自然界,而是科学地探讨自然界。

人类对自然界的征服是最近两个世纪的事。人类连续地驾驭和利用了一种又一种自然力。这些无生命自然力远比人畜的肌肉力量强大得多。早在公元前 4000 年前后,人类就已经赢得了对自然界的决定性胜利。当时人类控制住了底格里斯—幼发拉底两河流域以及尼罗河下游流域的河水,从而把大片荒凉的丛林沼泽改造成高产良田。[2]这是人类集体行动最早的重大胜利。这种令人欢欣鼓舞的经验也使得人类把自己的集体力量当作崇拜的最高对象,取代了对自然界力量的崇拜。在苏美尔城邦以及后来的希腊城邦,最初代表自然界力量的各种神祇被改为代表乌尔、埃里都、斯巴达或雅典市民的集体力量。在法老统治的埃及统一王国,埃及文明的集体力量则以一种更赤裸的形式受到崇拜。头戴法老双重王冠的人干脆被奉为神灵。

人类改变了崇拜对象的性质,就陷入了傲慢自大,从而招致了灾难。傲慢必然压制谦卑,使人变得盲目,而谦卑和清醒乃是人类赖以指引行动的向导。结果,自从早期文明兴起后,人类对自身集体力量的崇拜就导致了不断的灾难。这种集体形式的自我崇拜至今仍是大多数人类的最高宗教;显然,人类的集体力量比以前更大了,而人类对这种力量的谄媚也更加极端了。因此,我们这一代已经招致了多次前所未有的惨烈灾难,也就不足为奇了。

其实,人性是大自然的一部分,也是我们所知最少并最难控制的领域。但是,正确认识和有效控制这一领域却是最重要的事,因为人性包含着的力量远比我们已经驾驭的任何无生命自然力都更有威力。人性在人类情感中以理性化的方式表现为人的意志,而人的意志决定着如何使用这些被驯服的无生命力量。无论人类在征服大自然的路上如何挺进,只要人类不能进一步控制自己的人性,人类就依然听命于大自然的摆布,而人性是不能像大自然那样由集体行动来控制的。

人的情绪、意识和意志都不是集体性的,而是个人的情操。每一个社会成员的内心精神生活都是为了控制自我而不得不进行精神战斗的战场。这种精神战斗是人类最紧迫而又最艰难的任务。说它艰难,是因为人是有生命的存在,凡是有生命的存在天生就是以自我为中心的。以自我为中心确实可以说是生命的另一名称;因此,克服自我中心天性乃是一项壮举。但是,只有当人完成这种壮举时,他才能与同胞建立令人满意的关系——人毕竟无法脱离社会。人不作为社会动物就不能生存,而顽固的自我中心天性严重地威胁着人的社会性,因为人类的社会性不是像某些昆虫那样的天性。

在人类生活中,只有当所有的社会成员在内心精神生活中战胜了自我中心的天性时,才能防止这种天性导致的社会灾难。"吃一堑,长一智"。[3] 人类发展文明的努力屡屡被自找的苦难所摧毁。这种情况使高级宗教创始人感到震惊。他们认为,拯救之途不在社会关系领域里,而在个人内心精神生活的领域里;只有战胜了自我,人类才能获得拯救。这就是为什么这些先知先觉向他们的同胞传道时,不是面向社会成员,而是面向个人。这也是为什么他们教导人们,在个人与终极精神实在之间建立正确关系的必要前提是战胜自我。

最后产生的高级宗教的创始人穆罕默德把他的宗教称作"皈服",意思是服从唯一的上帝。按照穆罕默德的教义,上帝是体现了终极精神实在的超人的"人"。"皈服"在阿拉伯语里就是"伊斯兰"。琐罗亚斯德、佛祖和耶稣也都用各自母语中相应的词来称呼他们的宗教。这4位先知关于终极精神实在的看法大相径庭。琐罗亚斯德、耶稣和穆罕默德都是有神论者,而佛祖不是。如果说佛祖还相信自己社会中原有诸神的存在,他也不认为它们有什么重要性。但是,这4位先知却不约而同地把自己的同胞当作个体来向他们传道,要求他们征服自我、放弃自我。这种一致性不是很值得注意吗?

这些先知得出的新见解是,宗教的领域是在人的内心精神生活,而不在人的社会生活领域。他们认为,宗教乃是人性中一种固有的、不可剥离的情操。但是在这一点上,他们并不是创新者。自从人诞生以来,大多数人也都认为这是理所当然的。但是,这种假设仍然需要检验,因为一直有人对它提出挑战。例如,在公元前1世纪,罗马诗人卢克莱修在其长诗《物性论》中就对此提出异议。他在诗中阐释了生活在公元前4到前3世纪的希腊哲学家伊壁鸠鲁的思想。自17世纪末以来,把宗教视为人的固有的、不可剥离的情操的信念再次受到质疑。最初是西方的少数理性主义者,后来随着西方思想逐渐传播到西方以外的世界,质疑者不仅有西方人,而且有非西方文明社会的成员。卢克莱修的挑战在近代西方之所以复兴,起因于人们对西方基督徒不同教派之间的所谓"宗教战争"的反感。在当时的西方人看来,卢克莱修关于宗教的断言

　　　　　第四十一章　宗教是社会对幻象的回应,还是对实在的回应?

听起来确有道理。"宗教引诱（人们犯下的）罪恶加在一起是多么巨大。"[4]

　　不论是卢克莱修，还是近代的追随者都不否认，当时大多数人相信自己是有宗教信仰的。这些怀疑论者否认的是把宗教说成不可铲除的。他们宣称，他们自己就已经铲除了宗教；既然他们能做到，那么其他人也能做到；而且宗教就应该被铲除。近代反宗教人士向高级宗教创始人的说法提出挑战。他们不赞成把宗教说成是人性中与生俱来的情操。他们认为，宗教仅仅是人的社会性的表现方式之一，而且是一种不成熟的表现方式。诚然，他们正确地指出，宗教体现了人对自己无知和软弱的意识，但是，他们毫无根据地期望，随着文明日益博大精深，宗教就会被人们抛弃。他们认为，宗教的衰退就是文明进步的表征。人类在童年时代可能需要依靠宗教；现在人类逐渐成熟了，就可以而且应该抛弃这个拐杖。这些论点貌似有理，其实是很值得推敲的。

　　反宗教人士的第一个论点是，宗教信仰、宗教习俗以及相关的伦理规范纯粹是

基督教和伊斯兰教中的"开天辟地"
275—284　宗教是人类把对现实的认识梳理出一个秩序，并与这类秩序求得和谐一致的尝试。各种宗教中的创世神话都是这种解释的基础部分，为人类对世界的猜测提供一个逻辑基础。上图：基督教中常见的上帝剖分光明与黑暗。右图：佛教密宗的系列图画《法相流转》对创世做了类似的、但更抽象的解释：由于浑沌的宇宙加进了某些系统而确立象征性的秩序。

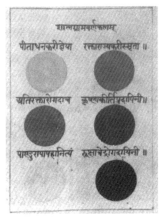

第四十一章　宗教是社会对幻象的回应，还是对实在的回应？

征服自我

285　人天生是以自我为中心的,总是把他的经验归结到他的自觉人格中的无限"自我"。对人内心自我中心性的征服,对于建立社会和谐是必不可少的。但是,正如高级宗教的创始人所显示的,只有在每个人的灵魂中进行痛苦的精神斗争,才有可能达到这一点。斋戒中的佛祖,极度禁欲的图像。

特定时空的风俗习惯的一部分,因为宗教贯彻某种伦理规范,因此宗教在这种情况下纯粹是实用主义的。按照这种论点,宗教在理论上没有什么根据,但在实践上却能有效地维护流行的社会行为方式。

宗教首先是一种社会现象。教会也许会把自己的起源归功于具有坚定个人信念的导师,但是这些导师却很少能对他们自己创建的教会有很大的影响,倒是教会对它们赖以繁荣发展的社会产生巨大影响。[5]

但是,这种看法只是在下列前提下才是正确的,即把宗教等同于其不断变化的社会背景,对宗教在个人生活中所起的永恒而必要的作用忽略不论。如果断言说,信仰结构、教会、教阶组织和社会道德都只有通过人们与世俗社会的直接关系才能维持,那么这种说法无疑是正确的。历史证实了这种唯物主义的说法,即宗教的制度形式总是体现和加强着当时的社会政治结构。

基督教世界所遭遇的最大灾难或许是,君士坦丁皈依基督教并由此导致了恺撒介入上帝的事务和上帝的教会介入恺撒的事务。仅逊于此的大灾难是,教会从一个因信奉基督而受迫害的教会转变为一个以基督的名义迫害他人的教会。[6]

我们在前面已经提到,[7]只要人类不能克服个体性和社会性之间的矛盾,制度化以及随之而来的世俗化的灾难就是不可避免的悲剧。对宗教进行的社会批判从社会角度看是有道理的,但是如果把同样的批评应用于个人精神体验和精神追求的领域,那就是无的放矢。宗教的本质是个体对超验性精神实在的体验和个体为达到与这种体验的和谐而做的探索。时空的偶然因素可能会用各种外在形式来包装宗教的这种本质,往往使人们难以把宗教的内核与其包装区分开来。但是,用社会批评的武器不可能打破个体对超验存在物——终极精神实在——的信仰。

反宗教人士的第二个论点是,人类的无知和软弱乃是暂时不成熟的表现,这些现象会随着文明日益博大精深而减少。但是,人类只是在与非人性的自然界的关系方面取得进展;把非人性的自然界等同于整个自然,则是冥顽不化,迹近天真。自然包括人性在内,而人性是人类最难对付、最难驯服的那部分自然。高级宗教的创始

286　在橄榄山的哀痛:基督耶稣在接受肉体痛苦之前做精神准备。

　　　　　　　第四十一章　宗教是社会对幻象的回应,还是对实在的回应?

人早就认识到这一真理。人类用技术征服非人性的自然界反而使人类变成人类自己最危险的敌人,因为人类现在是用前所未有的致命武器和污染手段装备起来的。自从核武器发明和使用之后,自从"和平利用核能"之后,无须先知先觉发出警告,这种危险已昭然于世。

因此,历史,尤其是现代历史,已经清楚地显示,人类的无知和软弱不是暂时的现象,而是人类生活的永恒特征。它们源于人性中固有的二重性。人既是动物,又超越动物;人既是社会动物,又是具有良知的个体;人掌握着某些知识和力量,但这些知识和力量都是有限的,而且他意识到自己的有限性。人也意识到自己有生有死,如果他不相信自己会再生,那么死亡对于他是极其可怕的前景,但是如果他相信自己会再生,那么人生在世对于他则是难以忍受的现实。人类的这种困境可能从来如此。原子时代的这种困境依然是与以色列和犹太的先知们、琐罗亚斯德、佛祖所看到的一样。把"不成熟"和"成熟"、"婴儿期"和"成长期"这类概念应用于像人类这样的生物和文明社会,显然是一种误导。这种比喻之所以不恰当,是因为成长和成熟都是生物体才会有的经历,而人类和社会都不是单个生物体。人类是一群生物体,社会是关系网络。[8]

我们可以得出结论说,上述两个论点都没有驳倒"宗教确实是人性固有的、不可剥离的情操"的论断。我们还可以推测,那些否认自己有宗教信仰的人是很真诚的,但他们实际上有宗教信仰,只是自己没有认识到而已。例如,卢克莱修就明显具有很深的宗教感。他以传道般的热情要把自己的同胞从宗教中解救出来。那种热情与激励着高级宗教创始人用宗教来解救人们的热情别无二致。

但是,即使我们承认宗教是一种不能从人心中铲除的永恒存在,也并不能由此得出结论说,宗教的对象是一种现实或宗教的目标是可以企及的。人们很容易认为,在我们所知以外可能没有我们能够理解或对我们有意义的东西,在我们力所能及的范围外可能没有我们能与之建立和谐关系的终极精神实在。相信在我们所知以外的某种东西存在,即相信在现象背后有某种终极精神实在,只不过是一种无法验证的信仰。那么,在我们所知的范围内,有没有任何"超验存在物的迹象",[9]即任何能够支持这种无法验证的假设的迹象呢?

我们最好从反面来提出这种迹象。如果有人提出,人是宇宙中的最高精神存在,我们会觉得这种说法太荒唐可笑了。虽然我们在精神上并不完美,但是我们所持有的精神标准远远高于我们能够表现的最高水平。如果一种理想没有与之相应的实在,那么人们也不会想象出这种理想。这难道不是有一种超越人类的崇高的精神实在确实存在的迹象吗?如果这是一种迹象的话,那么它当然不是一种确凿的迹象。它不是也不可能是一个证据。

超越人类的精神实在的一种正面迹象是,人懂得善恶对错,良心强迫人有一种偏好,即做自己认为正确的事情,不做自己认为错误的事情,拥护正确、反对错误。这种辨别意识和偏好似乎是人皆有之。我们可能去做我们认为是错误的事情,但是我们不会相信自己认为错误的事情是正确的。我们会说"我的好人你真坏"这样的话,[10]但是在实践中我们不会把自己的伦理价值观念颠倒过来。在我们的判断中,好的就是好的,坏的就是坏的,二者不能颠倒。当然,由于人是各式各样的,社会也千差万别,因此对于什么是好,什么是坏,众说纷纭,莫衷一是,甚至有时截然相反。但是,这些各持己见的人在两个基本原则上却是一致的:善恶对错有别,人必须做出抉择。

善恶对错的概念只在逻辑上才是相对的,在道德责任上则不能模棱两可,因为我们的良心禁止我们中立,而要求我们趋善避恶。区别对错善恶,必须做出抉择,乃是人的天性。因此,这也意味着它们乃是大自然本性中应有之义。如果这种迹象能够得到证实(当然这是不可能的),也不能说明凡是正确的就一定会取胜。但是,这可以使我们确信,凡是有意识的存在——不论是人,还是超人的存在或低于人的存在——只要是能够做出道德抉择的,都服从趋善避恶的道德要求,并且无论结果如何,都把命运系于这种抉择。

这也就意味着,如同人的良心一样,在宇宙内外有一种趋善的精神力量。这种力量也许不是万能的。如果它确实趋善避恶,它就不可能是万能的,因为我们人类所处的世界就是良莠不齐、善恶混杂,万能至善的造物主都造不出有善无恶的世界。卢克莱修早已对此做了有力的阐述。[11]

如果我们用人的形象来描述终极精神实在,把它想象成至善,那么我们在耶和华的形象中就找不到它,因为这位万能的造物主创造了世人无论善恶的一切;我们的上帝将变成马西昂(公元2世纪小亚细亚马西昂教派创始人)所说的"外来之神",他出于爱心、降临到造物主故意或因心力不足而造得不完善的这个世界来解救世人。而且,这位大慈大悲的圣客能否拯救这个世界,也是毫无保障的,因为这个世界不是他创造的,他只是出于仁爱之心,遵从行善的普遍道德律令来到这个世界。他要为自己的干预行动付出被钉在十字架上的代价。对于他来说,被钉在十字架上后不可能再生。自我牺牲的仁爱不需要其他回报。爱在自我牺牲中就获得了回报。

我们对人类的自我牺牲的仁爱有切身体验,对这个星球上某些非人类的生物的这种仁爱也有切身体验。在我们所知范围内的这种仁爱很可能体现了某种超出我们所知范围的仁爱。但是,我们所知的仁爱也不是没有受到挑战。与对错一样,爱是一个相对的概念。正如对错、善恶相互对立,与爱在逻辑上相对应的恨也不是抽象的。仇恨是一种经常甚嚣尘上的现实状态。如果有一种超越人类的精神实在,而且这种精神实在是出自于仁爱,那么就像在人世中一样,在宇宙中爱永远都在力图战胜恨,但是在这种更广阔的精神战场上,爱的胜利也是没有保障的。

爱是一种欲念,而欲念激发着生物的活力。如果上帝就是仁爱,那么这个上帝不一定是万能的,但他必然是活生生的,再加上他又有爱心,他就很像人了。但是,我们无须用人的形象来想象终极精神实在。佛教徒把它想象成一种"涅槃"状态,所谓"涅槃"就是万念俱灭,其中也包括爱在内。但是佛教徒并没有为了求得精神安宁而舍弃爱。佛祖就出于对有七情六欲的众生的爱而推迟了自己的"涅槃"。按照大乘佛教的说法,菩萨也是出于同样的情感而做出与佛祖一样的决定。[12]

对于我们最后探讨的这个问题,我们前面的回答肯定不是最终结论。我们不能断言说宗教对象是一种实在,或者说宗教的目标是可以企及的。那么,为什么人自从有了意识起就有了宗教呢?为什么宗教是人性中固有的情操,似乎只要人类存在,宗教就注定是人类的一个主要关怀对象?人类把追求一种可能是海市蜃楼的东西放在首位,是否明智呢?回答是,无知和软弱似乎是人生无法摆脱的困境。"人生就是自寻烦恼,如火花自动向前飞溅。"[13]尽管人对一种终极精神实在的信仰以及追求与之融合的努力都是无法证实的信仰行动,但是处于困境中的人若没有宗教就找不到人生出路。

另外,自从高级宗教产生以后,人类永无休止的精神探索也不是毫无成效的。这种探索证实了埃斯库罗斯的名言:"吃一堑,长一智。"在高级宗教兴起后的人类历史上,连续不断的灾难反而引发了一系列的精神进步。

人类世俗命运和宗教命运的颠倒,可以从犹太教的历史中看出。以色列王国和犹太王国灭亡的时代也正是先知出现的时代。犹太人的领袖流亡到巴比伦,从而创造了具有新组织形式——会堂——的犹太教,取代了过去只能在耶路撒冷圣殿举行仪式的旧式犹太宗教。公元70年,耶路撒冷圣殿被毁,反而使约翰兰·本·撒该能够改革犹太教,使之具有了一种延续至今的形式。[14]

三种传道的高级宗教的历史也显示了同样的情况。基督教和伊斯兰教都出自一个"文化混合体",即叙利亚文明和希腊文明碎片的混合体。佛祖生活的时代正值古老的印度文明开始进入混乱时代,佛祖反而大彻大悟,并且把自己的精神发现传给自己的信徒。

文明消长循环中的"悲哀期"反而使高级宗教发展成一种精神运动,这种精神运动不是循环往复,而是循序渐进。如果我们自问,为什么文明车轮旋转下降的运动反而使宗教战车向前向上挺进? 我们将会发现答案就在这样一个真理里面:宗教是精神活动;精神的进步是由前面引述的埃斯库罗斯的话中宣布的法则支配的。《希伯来书》的作者在下述诗句中也宣布了这一法则:"主管教他所爱的每一个人,鞭打他所接纳的每一个儿子。"[15]

注释

[1] M.埃利亚德:《神话、梦想和神秘事物》,伦敦,1960年,第17—18页。
[2] 参见第一部,第五章。
[3] 埃斯库罗斯:《阿伽门农》,第186—187行;参见本书第二部,第十三章,注[85]。
[4] 卢克莱修:《物性论》,第1卷,第101行。
[5] 伯特兰·罗素:《为什么我不是基督徒?》,伦敦,1957年,第18页。
[6] R.C.扎纳:《和谐中的不和谐:信仰的相互依存》,牛津,1970年,第22页。
[7] 参见第四十章。
[8] 参见第四部,第二十章。
[9] 彼得·伯杰:《天使的传言》,伦敦,1970年。
[10] 约翰·弥尔顿:《失乐园》,第4卷,第1章,第110行。
[11] 卢克莱修:《物性论》,第5卷,第195—227行。
[12] 参见第五部,第三十一章。
[13] 《约伯记》,第5章,第7节。
[14] 参见第五部,第二十八章。
[15] 《希伯来书》,第12章,第6节。